Dierk Loyal
Sakrale Backsteingotik im Ermland

Kunsthistorische Arbeiten
der Kulturstiftung der deutschen Vertriebenen

Bd. 1

Dierk Loyal

Sakrale Backsteingotik im Ermland

Eine bautopographische Untersuchung

mit einer Einführung
von
Gerhard Eimer

Kulturstiftung der deutschen Vertriebenen

Das Forschungsprojekt wurde gefördert mit Mitteln des Bundesministeriums des Innern

Umschlagbild:
Ostseite des Frauenburger Doms (Foto Dierk Loyal 1991)

Die Deutsche Bibliothek – CIP-Einheitsaufnahme
Loyal, Dierk:
Sakrale Backsteingotik im Ermland : eine bautopographische Untersuchung / Dierk Loyal. Mit einer Einf. von Gerhard Eimer. Kulturstiftung der Deutschen Vertriebenen. - Bonn: Kulturstiftung der Dt. Vertriebenen, 1995
(Zeitschrift für die Geschichte und Altertumskunde Ermlands : Beiheft ; 12)
(Kunsthistorische Arbeiten der Kulturstiftung der deutschen Vertriebenen ; Bd. 1)
ISBN 3-88557-124-2
NE: Kulturstiftung der Deutschen Vertriebenen: Kunsthistorische Arbeiten der ...

(Zeitschrift für die Geschichte und Altertumskunde Ermlands / Beiheft)
Zeitschrift für die Geschichte und Altertumskunde Ermlands / im Namen des Historischen Vereins für Ermland e.V. (Sitz Münster/ Westf.) hrsg. vom Vorstand des Vereins. Beiheft. - Münster/Westf. : Historischer Verein für Ermland.

12. Loyal, Dierk: Sakrale Backsteingotik im Ermland. - 1995

© 1995
Kulturstiftung der deutschen Vertriebenen
Bonner Talweg 68, 53113 Bonn
ISBN 3-88557-124-2

Herstellung: Druckerei Plump, Rolandsecker Weg 33, 53619 Rheinbreitbach

Inhaltsverzeichnis

	Geleitwort	8
	Einführung: Die Arbeitsgruppe zum Mittelalterlichen Backsteinbau in Nordeuropa am Kunstgeschichtlichen Institut der Johann Wolfgang Goethe-Universität Frankfurt am Main von Gerhard Eimer	9
	Vorwort	40
1.	**Einleitung**	42
1.1	Stand der Forschung zur Geschichte und Sakraltopographie	42
1.2	Topographie und Geschichte	50
1.2.1	Ursprung und christliche Missionierung	50
1.2.2	Der Deutsche Orden	52
1.2.3	Das Hochstift Ermland	54
1.3	Kurzbiographien der Bischöfe von 1250 – 1458	57
Liste I	**Regierungsdaten der Bischöfe im Ermland**	68
2.	***Braunsberg/Braniewo, Stadtkirche St. Katharina, ein verhinderter Dombau***	70
2.1	Baugeschichte	70
2.2	Baubeschreibung	78
2.2.1	Grundriß	78
2.2.2	Chor und Ostgiebel	80
2.2.3	Langhaus	81
2.2.4	Turm und Westbau	83
2.2.5	Gewölbe	85
2.3	Zusammenfassung	88
2.3.1	Erster Bauabschnitt	88
2.3.2	Zweiter Bauabschnitt	88
2.3.3	Dritter Bauabschnitt	89
2.3.4	Vierter Bauabschnitt	89
2.4	Filiation und Konfiguration von Grundriß– und Raumkonzept	89
3.	***Frauenburg/Frombork, Dom zur Himmelfahrt Mariens und zum Apostel Andreas***	99
3.1	Baugeschichte	99

3.2	Baubeschreibung	111
3.2.1	Grundriß	111
3.2.2	Sakristei, Kapellen– und sonstige Anbauten	113
3.2.3	Eingänge	116
3.2.4	Chor und Ostgiebel	117
3.2.5	Langhaus	119
3.2.6	Raumkonzeption	122
3.2.7	Westseite mit Schaugiebel	123
3.2.8	Ecktürme und Domdachboden	127
3.2.9	Domkampanile	132
3.2.10	Gewölbe	134
3.2.11	Innenraumdekoration	136
3.3	Westvorhalle	137
3.3.1	Baugeschichte	137
3.3.2	Baubeschreibung	137
3.3.3	Gewölbe der Westvorhalle	142
3.3.4	Herkunft und Ikonographie der Portalplastik	143
3.4	Einflüsse und Herkunft der Dombaumeister, Bildhauer und Domwerkstatt	152
3.5	Zusammenfassung	156
3.5.1	Erster Bauabschnitt	156
3.5.2	Zweiter Bauabschnitt	157
3.5.3	Dritter Bauabschnitt	157
3.5.4	Vierter Bauabschnitt	158
3.5.5	Fünfter Bauabschnitt	158
4.	**Die ermländischen Stadtkirchen**	159
4.1	*Frauenburg/Frombork, Stadtkirche St. Nikolaus*	159
4.1.1	Baugeschichte	159
4.1.2	Baubeschreibung	162
4.1.2.1	Grundriß	162
4.1.2.2	Chor und Giebelfassaden	162
4.1.2.3	Langhaus	163
4.1.2.4	Kampanile	165
4.1.2.5	Gewölbe	165
4.1.3	Zusammenfassung	166
4.1.3.1	Erster Bauabschnitt	166

4.1.3.2	Zweiter Bauabschnitt	166
4.1.3.3	Dritter Bauabschnitt	166
4.1.3.4	Vierter Bauabschnitt	166
4.2	***Seeburg/Jeziorany, Stadtkirche St. Bartholomäus***	168
4.2.1	Baugeschichte	168
4.2.2	Baubeschreibung	170
4.2.2.1	Grundriß	170
4.2.2.2	Chor und Ostgiebel	171
4.2.2.3	Langhaus	171
4.2.2.4	Turm und Westbau	172
4.2.2.5	Gewölbe	173
4.2.3	Zusammenfassung	173
4.2.3.1	Erster Bauabschnitt	173
4.2.3.2	Zweiter Bauabschnitt	174
4.2.3.3	Dritter Bauabschnitt	174
4.2.3.4	Vierter Bauabschnitt	174
4.3	***Wormditt/Orneta, Stadtkirche St. Johannes Ev.***	175
4.3.1	Baugeschichte	175
4.3.2	Baubeschreibung	178
4.3.2.1	Grundriß	178
4.3.2.2	Chor und Ostgiebel	179
4.3.2.3	Langhaus	180
4.3.2.4	Kapellenanbauten	181
4.3.2.5	Formsteine als Zierfriese	182
4.3.2.6	Turm und Westbau	183
4.3.2.7	Gewölbe	186
4.3.2.8	Raumgestaltung und Vorbilder	187
4.3.3	Zusammenfassung	190
4.3.3.1	Erster Bauabschnitt	190
4.3.3.2	Zweiter Bauabschnitt	191
4.4	***Heilsberg/Lidzbark Warmiński, Stadtkirche St. Peter und Paul***	192
4.4.1	Baugeschichte	192
4.4.2	Baubeschreibung	194
4.4.2.1	Grundriß	194
4.4.2.2	Chor und Ostgiebel	194
4.4.2.3	Langhaus	195

4.4.2.4	Turm und Westbau	196
4.4.2.5	Gewölbe	198
4.4.3	Zusammenfassung	198
4.4.3.1	Erster Bauabschnitt	198
4.4.3.2	Zweiter Bauabschnitt	198
4.4.3.3	Dritter Bauabschnitt	198
4.4.3.4	Vierter Bauabschnitt	198
4.5	Die Entwicklung des Kollegiatwesens im Ermland	199
4.5.1	*Pettelkau/Pierzchały, die Anfänge des unvollendeten ersten Kollegiatstifts*	202
4.5.2	*Glottau/Głotowo, das zweite Kollegiatstift*	203
4.6	*Guttstadt/Dobre Miasto, Stadt- und Kollegiatkirche zum Heiligsten Erlöser und allen Heiligen*	206
4.6.1	Baugeschichte	206
4.6.2	Baubeschreibung der Kollegiatkirche	210
4.6.2.1	Grundriß	210
4.6.2.2	Chor und Ostgiebel	210
4.6.2.3	Langhaus	211
4.6.2.4	Turm und Westgiebel	213
4.6.2.5	Gewölbe	215
4.6.2.6	Baubeschreibung der Stiftsgebäude	217
4.6.3	Zusammenfassung	220
4.6.3.1	Erster Bauabschnitt	220
4.6.3.2	Zweiter Bauabschnitt	220
4.6.3.3	Dritter Bauabschnitt	220
4.6.3.4	Vierter Bauabschnitt	221
4.6.4	Filiation des Guttstädter Stifts	221
4.7	*Wartenburg/Barczewo, Stadtkirche St. Anna*	223
4.7.1	Baugeschichte	223
4.7.2	Baubeschreibung	224
4.7.2.1	Grundriß	224
4.7.2.2	Chor und Ostgiebel	225
4.7.2.3	Langhaus	226
4.7.2.4	Turm und Westbau	226
4.7.2.5	Gewölbe	228
4.7.3	Zusammenfassung	228
4.7.3.1	Erster Bauabschnitt	228

4.7.3.2	Zweiter Bauabschnitt	228
4.7.3.3	Dritter Bauabschnitt	229
4.7.4	***Das Franziskanerkloster St. Andreas in Wartenburg***	229
4.7.4.1	Baugeschichte	229
4.7.4.2	Baubeschreibung	231
4.8	***Rößel/Reszel, Stadtkirche St. Peter und Paul***	232
4.8.1	Baugeschichte	232
4.8.2	Baubeschreibung	236
4.8.2.1	Grundriß	236
4.8.2.2	Chor und Ostgiebel	237
4.8.2.3	Langhaus	238
4.8.2.4	Turm und Westbau	239
4.8.2.5	Gewölbe	240
4.8.3	Zusammenfassung	240
4.8.3.1	Erster Bauabschnitt	240
4.8.3.2	Zweiter Bauabschnitt	240
4.8.3.3	Dritter Bauabschnitt	241
4.8.4	***Das Augustinerkloster von Rößel***	241
4.9	***Allenstein/Olsztyn, Stadtpfarrkirche St. Jakobus d.Ä.***	242
49.1	Baugeschichte	242
4.9.2	Baubeschreibung	245
4.9.2.1	Grundriß	245
4.9.2.2	Chor und Giebel	246
4.9.2.3	Langhaus	247
4.9.2.4	Turm	249
4.9.2.5	Gewölbe	251
4.9.3	Zusammenfassung	252
4.9.3.1	Erster Bauabschnitt	252
4.9.3.2	Zweiter Bauabschnitt	252
4.9.3.3	Dritter Bauabschnitt	253
4.9.3.4	Vierter Bauabschnitt	253
4.10	Rekonstruktion von drei umgestalteten gotischen Stadtkirchen	254
4.10.1	***Mehlsack/Pieniężno, Stadtkirche St. Peter und Paul***	254
4.10.1.1	Baugeschichte	254
4.10.1.2	Baubeschreibung	257
4.10.2	***Bischofstein/Bisztynek, Stadtkirche St. Matthias***	257
4.10.2.1	Baugeschichte	257

4.10.2.2	Baubeschreibung	260
4.10.3	***Bischofsburg/Biskupiec, Stadtkirche St. Johannes d. Täufer***	261
4.10.3.1	Baugeschichte	261
4.10.3.2	Baubeschreibung	263
5.	**Der Hallenkirchentyp, Herkunft und Vergleich der ermländischen Stadtkirchen untereinander**	265
5.1	Prämissen zum Bau der Stadtkirchen	265
5.2	Die Entstehung und Vollendung der Stadtkirchen	267
5.3	Vergleichende Betrachtung der Stadtkirchen	270
5.3.1	Grundrißentwicklung	270
5.3.2	Entwicklung der äußeren und inneren Wandgestaltung	273
5.3.3	Entwicklung der Giebelgestaltung	275
5.3.4	Entwicklung von Raum– und Gewölbegestaltung	279
5.3.5	Emporeneinbauten	283
5.3.6	Turmanlagen	284
5.3.7	Formsteine und Mauerverband	288
5.4	Herkunft der chorlosen Hallenkirche	290
6.	**Entwicklung der Dorfkirchen**	293
6.1	Die erste Entwicklungsstufe 1310 – 1350	295
6.1.1	Zusammenfassung der ersten Bauperiode	304
6.2	Die zweite Entwicklungsstufe 1350 – 1420	305
6.2.1	Zusammenfassung der zweiten Bauperiode	325
6.3	Die dritte Entwicklungsstufe 1420 – 1550	327
6.3.1	Zusammenfassung der dritten Bauperiode	332
Liste II	**Verzeichnis der Kirchen und Kapellen, die für die Untersuchung nicht in Betracht kamen**	334
7.	**Die Frage nach der Existenz einer ermländischen Bauschule**	347
7.1	Die Bauorganisation	347
7.2.1	Die Vorbilder der Orientierungsphase	354
7.2.2	Die reife und selbstbewußte Phase	356
7.2.3	Das Ende und der Zerfall	358
7.3	Äußere Einflüsse und Eigenarten der ermländischen Backsteingotik	358
7.4	Einflüsse der ermländischen Baukunst auf benachbarte ordensländische Kirchenbauten	361

Tafel I
**Anordnung der Portalplastik des Frauenburger Doms
in schematischer Übersicht** 366

Tafel II
Organisation und Finanzierung sakraler Bauten 367

Zusammenfassung (deutsch) 368

Résumé (polnisch) 371

Summary (englisch) 374

Quellen- und Literaturverzeichnis 377
Abkürzungen 377
Einzeltitel 377

Allgemeine Abkürzungen 397

Ortsregister 399

Konkordanz der ermländischen Ortsnamen 407
deutsch – polnisch 407
polnisch – deutsch 408

Abbildungen 411

Geleitwort

Die Kulturstiftung der deutschen Vertriebenen ist seit ihrer Gründung im Jahre 1974 bestrebt, Geschichte und Kultur der Vertreibungsgebiete lebendig zu erhalten, allgemein bekannt zu machen und in Wissenschaft und Forschung zu fördern.

Wertvolle Bestandteile der Kultur sind die Sakralbauten. Sie geben Zeugnis von Leben und Wirken der Deutschen in diesen Gebieten seit dem hohen Mittelalter. Diese Bauwerke haben auch heute ihre Bedeutung, nicht nur für die jetzt dort lebende Bevölkerung, sondern darüber hinaus ebenso für Europa. Deshalb hat die Kulturstiftung vor einigen Jahren der Frankfurter Arbeitsgruppe unter Leitung von Prof. Dr. Dr. Gerhard Eimer den Auftrag erteilt, die mittelalterliche Backsteinlandschaft des südlichen Ostseeraums mit ihren Ausläufern nach Westflandern und bis in das Baltikum zu untersuchen. Das vorliegende Werk eröffnet eine neue Reihe Kunsthistorischer Arbeiten der Kulturstiftung der deutschen Vertriebenen.

Die Herausgabe des Werkes wurde ermöglicht durch die finanzielle Unterstützung des Bundesministeriums des Innern. Der Historische Verein für Ermland e.V., der Apostolische Visitator für Klerus und Gläubige aus der Diözese Ermland Prälat Johannes Schwalke, die Bischof-Maximilian-Kaller-Stiftung e.V. und die Familie von Bethmann, Frankfurt am Main, haben die Drucklegung des Bandes großzügig gefördert. Ihnen allen sei dafür gedankt

Peter Riegel

Die Arbeitsgruppe zum Mittelalterlichen Backsteinbau in Nordeuropa am Kunstgeschichtlichen Institut der Johann Wolfgang Goethe-Universität Frankfurt am Main

Das wissenschaftliche Gesamtkonzept, in dessen Rahmen die hiermit vorgelegte Abhandlung von Dierk Loyal entstanden ist, ging davon aus, das mittelalterliche Backsteingebiet Nordeuropas in seiner vollen Breite zu betrachten, ohne Rücksicht auf nachträglich vorgenommene politische Aufteilungen. Es sollte grenzübergreifend gearbeitet werden, wie es mit dem damaligen geschäftsführenden Vorstandsvorsitzenden der Kulturstiftung der deutschen Vertriebenen, Odo Ratza, vereinbart worden war, um somit Zusammenhänge anschaulich zu machen, die für diese Art von Architektur tragend gewesen sind und die – wenngleich rudimentär – auch noch in unsere Gegenwart hineinragen, trotz sprachlicher und ethnischer Veränderungen.

Allzu oft mußte die Bachsteinbaukunst dazu herhalten, Staatsideologien fadenscheinig zu bestätigen. Unter dem Titel *"Zwischen Elbe und Oder"* sollte die kulturelle Autonomie der DDR anhand von Denkmälern vorgestellt werden, die damit nicht das geringste zu tun hatten. Das gleiche gilt von einem vor wenigen Jahren – zur Zeit der Wende – erschienenen Werk, das kurz hinter den heutigen deutschen Grenzen haltmacht und außer einigen französischen Kathedralen kein auswärtiges Referenzmaterial gelten lassen will, auch wenn es eng mit den besprochenen Beispielen verwandt ist.

Die durch landschaftliche Gegebenheiten herangewachsenen Regionen sind – das zeigt gerade die vorliegende Monographie mit aller Deutlichkeit – das Grundgerüst, aus dem sich das Backsteingebiet zusammensetzt. Das straff geführte Bistum Ermland, das eng umschlungen von Deutschordensgebiet seine exempte Stellung bewahren konnte, bildet eine Untereinheit von seltener Geschlossenheit in der backsteinländischen Kontinuität. Diese Feststellungen regen zu Überlegungen an, neben den regionalen Besonderheiten die Interferenzen und Vermittlungswege zwischen den verschiedenen Landschaften mit ihrem bis jetzt noch kaum überschaubaren Denkmälerbestand herauszustellen und die Rückbezüglichkeiten auf die Leitbilder in der Werksteinarchitektur zu überprüfen.

Neben Wirtschaft und Handel im hansischen Verband spielen auch kirchliche Rangvorstellungen für die Vermittlungswege eine entscheidende Rolle, ebenso wie die Filiationen der religiösen Orden. Hinzu kommt die Bevölkerungsbewegung, über die wir heute mehr wissen als die ältere Forschung, und nicht zuletzt die zeitbedingte Spiritualität, die hinter den zu behandelnden Sakralbauten steht. Auf welchen Bahnen hat sich die neue Technik der Brennöfen seit ihrer Entstehung in der Mitte des 12. Jahrhunderts ausgebreitet? Konnten sich *"backsteineigene"* Sonderformen herausbilden? Und schließlich (obwohl der Ansatz strukturalistisch klingen mag): Hat das neue Baumaterial stellenweise die architektonischen Ausdrucksmittel zu diktieren vermocht? Diese Fragen konnten bisher kaum gestellt werden, weil dafür der Einfallswinkel der auf Einzelprobleme gerichteten Forschung naturgemäß nicht ausreichte.

Das nordeuropäische Backsteingebiet

Wenn wir von einem Backsteingebiet sprechen, so sind damit Gegenden gemeint, in denen der Backstein grundsätzlich die landesübliche Bauweise darstellt, was natürlich das Vorkommen von Ausnahmen nicht ausschließt. Die zu umschreibende Bauweise steht offenbar in keiner erkennbaren Tradition zum Ziegelbau der karolingischen Epoche, welcher noch auf dem antiken römischen Erbe fußt. Sie arbeitet mit einem gänzlich neuen Steinformat, das mit geringen Toleranzmargen einem bestimmten Proportionsschlüssel (1:1/2:1/3 – Relation 6:3:2 = 25-36:10-18:6-10 cm) folgt und dieses Material im regelmäßigen Mauerverband, der als Schalenmauerwerk mit der inneren Gußfüllung verzahnt wird, verarbeitet. Das römische Prinzip der regellosen Schichtung wird zugunsten einer klaren Strukturierung aufgegeben.

Lange währt bereits der wissenschaftliche Streit über die frühesten Entstehungsorte der neuen Technik, welcher oft nur von den mangelnden Querverbindungen in der Forschung abhängt. Es scheint sich indessen ein Konsensus herauszubilden, der mit einem nahezu gleichzeitigen spontanen Aufkommen in der Zeit um 1150 an verschiedenen Orten rechnet, und zwar unabhängig voneinander.

An die erste Stelle dürfen wir die Bischofsstadt Verden setzen, obwohl von den örtlichen Sakralbauten des 12. Jahrhunderts nur die kampanileartigen Teile von Westtürmen stehengeblieben sind (Dom, St. Andreas, St. Johannes). Die Backsteinformate der ältesten Partien entsprechen noch dem römischen Ziegelmaß, was gut zu dem italianisierenden Charakter der Architektur paßt. Es ist immer wieder von lombardischen Einflüssen die Rede gewesen, doch die beiden wohldokumentierten Architekten und Werkmeister Donatus und Regnerus, die 1135-1145 am Dom zu Lund arbeiteten, schufen einen reinen Hausteinbau. Sie hatten als Lombarden vorher in Speyer und Mainz gearbeitet, wo sich ebenfalls ihr italienisches Formgefühl niedergeschlagen hat. In dieselben Jahre will man neuerdings die Klosterkirche Jerichow datieren, an der die völlige Beherrschung der neuen Technik ohne jede vorangehende Experimentierphase überrascht. Am Dom zu Brandenburg war man noch nicht so weit. Jerichow sucht nicht mit dem Werksteinbau zu wetteifern, sondern erstrebt ohne sichtliche Anlaufzeit eine Eigenästhetik. Die zahlreichen, unmittelbar anschließenden Folgebauten bezeugen mit geringen Modifikationen die feste Verankerung der neuen Bauweise in der Altmark. Dahingegen war Richard Haupt davon überzeugt gewesen, daß man erstmals im holsteinischen Segeberg Ziegel gebrannt habe. Die Ostwand des stark verrestaurierten Denkmals, die man lange für den ältesten Teil hielt, stellte sich indessen als Zutat des Spätmittelalters heraus (Wolfgang Teuchert). Im Hinblick auf wilde Verbände am Ratzeburger Dom sowie die dortigen zahlreichen Brennversuche mit Fehlfarben, die auf noch nicht ganz ausgereifte Verfahren hindeuten, möchte man die Innovation eher hierher verlegen, während sporadische Einzelvorkommen generell nicht dieselbe Gewichtung für sich in Anspruch nehmen können.

Nahezu gleichzeitig etablierte sich der Backsteinbau auf der dänischen Insel Seeland. Die Rolle, welche in Lübeck Heinrich dem Löwen zugemessen wird, spielt auf Seeland der streitbare Bischof Absalon. Allerdings ist in den ergrabenen Grundmauern der von ihm 1167 angelegten Burg von Kopenhagen noch kein einziger Backsteinbrocken zu finden. Aber bereits gegen 1160 waren die imposanten Großbauten der Benediktiner in

Ringsted und der Zisterzienser in Sorö in Gang gekommen, die den Eindruck vermitteln könnten, man habe schon immer so gebaut.

Gänzlich unbekannt verblieb bislang der Backsteinforschung die Dünenabtei bei Oostende im äußersten Westen des Backsteingebiets. Hier legte man vor über vierzig Jahren die vom Sand verschüttete, 100 Meter lange Ruine einer Zisterzienserkirche frei, welche zu den großartigsten ihrer Gattung gehört und die – von wenigen Werksteineinschlüssen am Atrium abgesehen – aus Backstein besteht. Eine präzise Datierung der Anfänge wird indessen erst dann möglich sein, wenn eine kleine Kapelle im Klosterbezirk, in welcher der heilige Bernhard noch selbst zelebriert haben soll, ausgegraben worden ist.

Daß das zisterziensische Element aus den frühesten Backsteinunternehmungen nicht fortzudenken ist, war stets anerkannt. Vollständig ignoriert hat man dagegen die Tatsache, daß der Betrieb der Brennöfen, welcher Unmengen von Holz verschlang, die Rodungsarbeiten der Konversen vorantrieb. Die triviale Erklärung, es sei der Mangel an Natursteinvorkommen gewesen, der den Übergang zum Backstein verursacht habe, ist nämlich unhaltbar. Ziegelqualitäten, welche den einfachen Feldbrand bei Niedrigtemperatur übertrafen, erforderten ganz andere Mengen an Brennholz, beziehungsweise Holzkohle sowie speziell konstruierte Öfen, was die Grabung von Hude klar ergeben hat. Mußten die Brennstoffe von weither herangeschafft werden, war es in den meisten Fällen wirtschaftlicher, auf Anlieferung von Werkstein auszuweichen; daher das seltene Vorkommen von reinen Backsteinbauten in Holland. Mitunter imitiert man an pommerschen Dorfkirchen den teuren Backstein mit Hilfe von Findlingsmaterial, um zu sparen (Marek Ober). Das waldarme Jütland war auf Import von Tuff aus der Eifel oder einheimischen *"Schwemmstein"*, wenn nicht gar auf Granit angewiesen. Die herrlichen Buchenwälder auf Seeland dagegen lieferten ausgezeichneten Brennstoff in greifbarer Nähe.

Die Beliebtheit von Tuff am Niederrhein, in Schleswig und Dänemark, meist herangeholt aus Andernach und der Eifelgegend, scheint bei der Entstehung der Backsteintechnik mitgewirkt zu haben. Als Schiffsballast oder Rückfracht wurde dieses Material auf Grund des niedrigen spezifischen Gewichts vorgezogen. Zersägt in einheitliche Formate war es leicht zu hantieren, was schließlich zur handelsüblichen Normierung wie später auch beim Backstein führte. An der Nordfront des St. Jans-Hospitals in Brügge sind Tuff und Backstein in Wechselschichten miteinander vermauert. Noch deutlicher illustriert St. Ludgeri in Norden die Verwandtschaft der beiden Baustoffe, indem am Chorumgang auf halber, beziehungsweise Zweidrittelhöhe der Backstein durch Tuff abgelöst wird. Im ausgehenden 13. Jahrhundert hat man die in Ziegel aufgemauerte Stiftskirche zu Xanten völlig mit Tuff verkleidet. Umgekehrt schützte man die Kreide- und Schwemmsteinquader der Frauenkirche von Roskilde durch eine Backsteinummauerung (Anette Kruse). Das äußerste Turmpaar am Westwerk von St. Marien zu Stralsund wurde mit flachen Kalksteinplatten verkleidet, ob allein zum Schutz vor der Witterung, bleibt ungewiß.

Im Grab Waldemars I. in Ringsted († 1182) fand man eine Bleiplatte, in welche die großen Taten des Königs eingeritzt waren. Da heißt es unter anderem: *"Er war auch der erste, der aus gebrannten Mauersteinen (con coctis lateribus) jenen Schutzwall für das ganze Reich aufführte, der allgemein Danewerk genannt wird".* Sicherlich handelte es sich nur um eine Verstärkung der im 8. Jahrhundert begonnenen Limesanlage zwischen den beiden Meeren bei Schleswig durch einen Erdwall zwischen zwei trockengeschichteten Backsteinmauern, aber die viele Kilometer lange Wehranlage beschäftigte ohne Zweifel zahlreiche Brennöfen.

Doch betrachten wir einmal das Backsteingebiet in seiner Gesamtheit zwischen Westflandern und Dorpat. Im äußersten Westen berührt es im Artois und der Thièrache noch das Einzugsfeld des klassischen Kathedralbaus mit Arras und Amiens, was für die Vermittlung von Bauideen direkt von Belang sein dürfte. In Brügge und Gent haben wir dagegen kein eindeutiges Bild, denn vielfach wechselt man hier zum Werkstein oder zum Mischbau, sofern keine Zisterzienser beteiligt waren, wie in Damme und Lisseweghe. Dasselbe Bild ergibt sich in Holland, wo man Kantenarmierungen und Gliederungen vorzugsweise in Haustein ausführte, weil Holzkohle für Hartbrände fehlte. Die frühen Klosteranlagen Klaarkamp bei Risumageest (1163) und Aduard bei Groningen (1192) hatten keine Nachfolge und wurden verwüstet. An späteren holländischen Sakralbauten in Backstein lassen sich nur St. Vitus in Naarden und Liebfrauen in Harderwijk anführen. Die Übergänge nach Ostfriesland sind fließend. Bremen jedoch war der Verschiffungsort des Obernkirchener Sandsteins und wurde damit zum Mischgebiet. Im binnenländischen Backsteingebiet gilt die Marktkirche von Hannover als das südlichste Beispiel.

Man könnte versucht sein, auch linguistische Gesichtspunkte in die Betrachtung der Backsteinverbreitung im Ostseegebiet einzubringen. Niederdeutsch, seit 1450 als Urkundensprache allgemein verwendet, besaß in etwa die gleiche Ausdehnung, namentlich bei der Stadtbevölkerung, obwohl natürlich dänisch und in gewissem Grad westslawische Sprachen hineinspielen. Im Deutschen Orden wurde – so muß einschränkend gesagt werden – noch Mittelhochdeutsch gesprochen, das die Bürger nur schwer verstanden.

Im Mitteldeutschland greift das Backsteingebiet bis in die Gegend um Dessau aus, während Altenburg in Thüringen als versprengter Ableger betrachtet werden darf. Backsteinbau kommt auch in Schlesien vor, obwohl es sich um ein typisches Mischgebiet handelt. Die Breslauer Sandkirche weist indessen so viele Berührungspunkte mit Denkmälern im unteren Odergebiet auf, daß Schlesien, insbesondere auch wegen seiner Vermittlerrolle, unbedingt berücksichtigt werden muß. Im Baltikum setzt das reiche estnische Kalksteinvorkommen und die Waldarmut eine natürliche Grenze, während die Flanke zu Kernpolen hin offen bleibt – man denke nur an die hervorragenden Denkmäler des 13. Jahrhunderts in Sandomir am großen Weichselbogen. Auch Krakau wäre hier zu nennen, um die äußeren Umrisse abzustecken.

Auf der skandinavischen Halbinsel wird der kunstgeographische Zusammenhang durch Zonen unterbrochen, die den Werkstein bevorzugen, wie die Dome von Skara und Linköping, oder als Mischgebiet zu gelten haben. Erst in Mittelschweden stoßen wir wieder auf ausgesprochenes Backsteingebiet in der Mälargegend mit den Domen von Strängnäs und Västerås sowie bedeutenden spätromanischen Objekten in Skokloster und Sigtuna. Finnland besitzt im Dom zu Turku/Åbo ebenfalls ein sehr bemerkenswertes Denkmal aus Backstein. Ähnlich ist die Situation in Riga und Dorpat.

Die Backsteinvorkommen in England sind indessen auf den Palastbau in der zweiten Hälfte des 15. Jahrhunderts begrenzt. Sie arbeiteten anfangs mit Importmaterial vom europäischen Festland, weisen aber sonst keine schlüssigen Beziehungen zu dem oben umrissenen Bestand auf.

Brennöfen und Steinfarbigkeit

Im steigenden Maße hat sich die Architekturforschung für die Arbeitsabläufe im Kathedralbau interessiert. Beim Werkstein war man saisonal streng gebunden: Im Winter mußten die Steinblöcke zugerichtet werden, um sie im Sommer verlegen zu können. Das forderte eine Vorausplanung, die sich im Einzelfall – wie man nachweisen kann – noch vor Ort korrigieren ließ. Nicht so im Backsteinbau, der einen bedeutend längeren Vorlauf nötig machte. Günther Binding rechnet mit drei Jahren. Hinzu kommt die Mutung geeigneter Gruben, die Anlage von Öfen, die Aufbereitung der Grundmasse. Außer zehntausenden von Normalsteinen war der Bedarf an verschiedenen Sorten von Formsteinen richtig abzuschätzen, was viel kompliziertere Berechnungen erforderte als bei der Vorplanung von Werkstücken aus Naturstein. Bei Lösung von Datierungsfragen ist dieser Umstand angemessen zu berücksichtigen. Ausschuß hatte man wegen der vielen Fehlbrände mehr als genug, und nicht alles ausgesonderte Material konnte zur Verfüllung dienen. Abarbeitungen nach dem Brand kommen nur ausnahmsweise in Betracht, weil man dann die versinterte Außenhaut des Ziegels verletzt hätte, die als Schutz vor der Witterung nötig war. Dagegen scheint die Bearbeitung des lufttrockenen Rohlings, insbesondere die vieldiskutierte *"Riefelung"*, im 13. Jahrhundert allgemein verbreitet gewesen zu sein. Ihre Ursprünge liegen vor Einführung der seriellen Fertigung, als man noch die Formate aus dem aufbereiteten Lehmkuchen schnitt, während man später zur Produktionsbeschleunigung zum Einstreichen in einen kastenförmigen Rahmen überging, daher *"Ziegelstreicher"*.

In diesem Zusammenhang drängen sich zwei fundamentale Fragen auf: Hatten die vielen Großbaustellen im Backsteingebiet Anteil an dem mittelalterlichen Hüttenwesen? Bei einem Betrieb wie der Danziger Marienkirche hat man dies vermutet, aber nicht beweisen können. Seit dem 14. Jahrhundert sind eine Reihe von Werkmeisternamen bekannt, die in das Backsteingebiet berufen worden sind. Waren diese Kräfte begehrt, so ließ man sie in Werkstein weiterarbeiten und die Hintermauerung durch nachgeordnete Kräfte ausführen wie in Verden und Uppsala. Doch kein Spruch der Straßburger Oberhütte ist bekannt, der sich auf das Backsteingebiet bezieht. Die für den Ausbildungsgang vorgeschriebenen Wanderungen führten ebenfalls nicht dorthin. Desgleichen hat sich keine der im Hüttenwesen üblichen großformatigen Bauzeichnungen erhalten, die mit einem Backsteinbau in Verbindung gebracht werden könnte. Allein im Rückschluß wird wahrscheinlich, daß Zeichnungen zirkuliert haben müssen, denn gängige Grundrisse aus Westeuropa wurden wiederholt, ohne daß der darüber aufgeführte Überbau mit dem Aufriß des Vorbildes übereinstimmte.

Die Suche nach den Brennöfen hat seit kurzem die Forschung beflügelt. Marian Arszyński beobachtete, wie sich der Brennbetrieb vom eigentlichen Baubetrieb absonderte. Wir müssen mit zunehmender Arbeitsteilung und Verselbständigung rechnen. Verwertung von Überschußproduktion läßt sich an der Weiterverwendung bestimmter Formsteine durch andere Baustellen nachweisen. Das Material für die Thorner Jakobskirche wurde auch an der Burg verwendet und exportiert, jedoch nicht an städtische Vorhaben abgegeben (Marian Kutzner). Von zentralen Brennorten aus konnten mehrere Unternehmen versorgt werden, so von den Zisterziensern in Hude (Dieter Zöller): Steinlieferungen wurden mit Leibeigenen bezahlt.

Nicht weit von der dortigen Klosterkirche sind eine ganze Reihe von Brennöfen ausgegraben worden. Die Öfen von Bistrup, welche den Dombau von Roskilde versorgten, erreichten einen Ausstoß von 3000 Steinen in je zehn Brennzyklen pro Jahr. In Dänemark ist 1302 sogar der Name eines Brennmeisters überliefert. In der Vermarktung nahm der St. Petri–Ziegelhof in Lübeck eine Art regionale Monopolstellung ein. Ähnlich könnte es sich in Lüneburg verhalten, wo zahlreiche Ziegelstempel vorkommen, die als Warenmarke gedeutet werden dürfen. Die Öfen von Haldensleben, Öhringen-Michelbach und Scheinfeld in Franken gehören dagegen sämtlich erst dem ausgehenden Mittelalter an.

Am Ratzeburger Dom kann man trotz der weiterentwickelten Formensprache feststellen, daß die Brennpraxis noch keine festen Normen entwickelt hatte. Unvermutete Farbwechsel von hochrot zu graugelb ("*briques de sable*") im Obergaden des Langhauses sind dafür ein Signal. In der Sockelzone der Apsis bemerkt man, daß Profilsteine verwendet wurden, die auf ein anderes, engeres Kreissegment zugeschnitten sind.

Die wenigen Brennorte, an denen man anspruchvollete Werkstücke herzustellen wußte, sind leicht aufgezählt: Die Dünenabtei konnte schwere Gewölbeschlusssteine mit den zugehörigen Rippenansätzen aus einem Stück ohne Sprung brennen. In Hude sind Konsolsteine großen Format mit ihrem Blattdekor im Ofen hergestellt worden. Und die Deutschordensbaukunst wußte schon in ihren ersten Anfängen in Kulm figurale Reliefplatten für Birgelau als Terrakotten zu gestalten. Im Kreuzgang der Marienburg wurden schließlich ganze Fialen im Stück gebrannt. Die im Ordensland häufig zu findenden Tonplattenfriese kamen indessen auch in Mittelpommern und im anschließenden Brandenburg (Dambeck bei Salzwedel um 1240) vor. Vielleicht lassen sie sich als Übertragungen aus dem dänischen Bereich deuten, wo man im Kloster Esrom schon im ausgehenden 12. Jahrhundert aufwendigere Werkstücke brannte (Tiköb). Auffallend sind auch die großen Profilsteine am Südportal der Marienkirche von Landsberg an der Warthe. Sogar um vollrunde Säulchen aus Terrakottenabschnitten hat man sich in Anlehnung an das *en delit*-Verfahren der Hausteinarchitektur (Dieter Kimpel) bemüht, und das bei einem so früh datieren Beispiel wie Jerichow. Gänzlich aus dem Rahmen fallen die Terrakotten der Johanniskirche von Dorpat angesichts ihrer frühen Datierung.

Einen neuen Aufschwung sollte der Brand aufwendigerer Sonderanfertigungen gegen Ende des 14. Jahrhunderts im Odermündungsgebiet erleben, wo Heinrich Brunsberg auf ältere Lokaltraditionen, so die großen Figurenkonsolen der Stettiner Johanniskirche, zurückgreifen konnte. Glasuren spielten nun eine größere Rolle als zuvor. Bauplastik in Gestalt von kleinen Tonstatuetten belebte die Fassaden. Auch bei den Dominikanern in Odense hat man eine Brennstätte dieser Art ausgegraben, doch ohne die Ergebnisse zu publizieren.

Die von den Erbauern gewollte Farbigkeit der Backsteinarchitektur wird meist vernachlässigt. In der Regel wurde Steinsichtigkeit trotz Riefelung und sorgfältigster Fugenbehandlung vermieden. Was man anstrebte, war eine Vereinheitlichung der Flächen mittels egalisierender Lasur am Außenbau und dünner Schlemmung im Inneren, auf die oft ein großmaschiges Quadernetz aufgemalt wurde; in der Frühzeit rot mit weißen *"Fugen"* (Doberlug, Sorö, Lügum, St. Marienchor Lübeck), dann seit dem ausgehenden 13. Jahrhundert weiß und mit rotem Pinsel quadriert. Auf diesen Untergrund konnten figurale Darstellungen aufgebracht werden. So besitzen wir im Langhaus der Lübecker Marienkirche, allerdings beeinträchtigt durch partielle Verfälschungen, das Bild einer kompletten Ausmalung, welche auch die konstruktiven Bauteile durch das Medium der Farben interpretiert. Die blinden unteren Abschnitte der Fensterbahnen im Obergaden werden wie eine Fortsetzung von Glasmalerei mit einem Figurenprogramm geschmückt. Auch St. Nikolai zu Anklam war vollständig ausgemalt, wo zur Unterstreichung der Architektur in den Unterzügen der Arkaturen Archivoltenfiguren in Grisaille aufgemalt sind, also ein Motiv aus dem Hausteinbau vorgetäuscht werden soll. Mit Sichtbackstein im Innenraum ist erst gegen Ende des 14. Jahrhunderts zu rechnen.

Ein besonderer Stellenwert steht der Pfeilerbemalung zu, weil diese im sakralen Werksteinbau sonst kaum vorkommt. Man könnte meinen, daß man sich auf diese Weise eine Ausstattung mit Pfeilerstatuen ersparen wollte. Ich denke an die Stuckapostel in der Kulmer Marienkirche aus den Jahren um 1325. Bauplastik ist im Backsteingebiet eine seltene Erscheinung und besteht – falls es sich nicht um Terrakotten handelt – in der Regel aus Kunststein oder Holz wie ein Tympanon an St. Marien zu Danzig. Fast immer gab man der Malerei den Vorzug. Am frühesten sind die riesigen Apostel auf den quadratischen Pfeilern der Jakobikirche zu Lübeck. Parallelen zu dieser monumentalen Malerei besitzen wir in den flandrischen Städten und auf Gotland.

Anders wirkt die von der böhmischen Kunst beeinflußte großflächige Ausmalung der Thorner Kirchen St. Jakob und St. Marien. Mehr architekturbezogen erscheinen hingegen die Pfeilermalereien im Mittelschiff des Kolberger Doms, durch welche die Funktion der Raumstützen im Sinne einer Weitung illusionistisch aufgelöst wird. Die mit dünnen Diensten kantonierten Achteckpfeiler waren hier übergreifend mit lebhaften Figurenszenen bemalt. Nur ein einziger von diesen hat sich retten und konservieren lassen.

Auch in der Außenerscheinung gibt sich die Backsteinbaukunst farbenfroh und konnte ihre Polychromie mit Hilfe von Glasuren dauerhaft gestalten, obwohl Oxydationsprozesse im Laufe der Jahrhunderte zu Schwärzungen geführt haben. Die Ursprünge für diese Technik, die schon am Chor von Jerichow zu sehen ist, dürfen nicht aus Oberitalien abgeleitet werden, wo Glasuren durchweg fehlen (Hanspeter Autenrieth). Die ältesten Vorkommen im Backsteingebiet sind bräunlich wie in Ratzeburg und am Ostgiebel der Frauenkirche zu Odense. Die Fialen am Chor von St. Jakob zu Thorn erstrahlen noch heute in abwechselnden Schichten im Dreiklang grün-gelb-rot. Aber schon in Lochstedt stößt man ein halbes Jahrhundert früher auf grüne und gelbe Glasuren. Zur Interpretation monumentaler Flächen spielen sie von Anbeginn in sparsamer Verwendung – gelegentlich in weitmaschigen Rautenmustern – in der Deutschordensbaukunst eine sehr verbreitete Rolle. Erst dem 15.Jahrhundert gehört die ganzheitlich grün-gelb gestreifte Außenhaut von St. Marien in Rostock an, welche sich wohl an dem älteren gleichfarbigen Wandmuster des Schleswiger Doms orientierte.

Im übrigen hat man sich sicherlich an dem in der Abendsonne aufglühenden warmen Rot des Sichtbacksteins erfreut, der allerdings meistens mit einer wässrigen Lösung (*"Ochsenblut"*, *"caput mortuum"*) übergangen wurde, um größere Einheitlichkeit der Flächen zu erreichen (F. Fischer). Für dieses Verfahren ist die nördliche Chorflanke von St. Hans in Odense, wo der stark nachgdunkelte Originalzustand erhalten ist, ein schönes Beispiel. Ein großes, weißgemaltes Johanniterkreuz erstreckt sich über die rot eingetönte Fassade, um dem durch das Nordtor eintretenden Besucher zu zeigen, wo das Hospital zu finden war. Über die anderen Choraußenwände laufen rot und gelb eingefärbte Backsteinbänder wohl als Ersatz für fehlende Glasuren. Die verputzten Blendnischen steigern den Kontrast, namentlich in den Giebeln. Gelegentlich waren sie mit Maßwerkmustern ausgemalt. Stark versinterte Brände führten im Spätmittelalter am Niederrhein und in Holland häufig durch die dunklere Farbbrechung mit einem Stich ins Blaue zu ernsteren Erscheinungsbildern.

Baugattungen

Die von der Backsteinbaukunst bevorzugten Baugattungen waren weniger der Beliebigkeit als vielmehr konstruktiven Erfordernissen und den Gesetzen der Witterung unterworfen. Es zeigt sich eine ausgesprochene Neigung, Strebensysteme unter Dach zu bringen. Teilweise versucht man, dem Gewölbedruck durch schwerere Sargmauern zu begegnen wie in Prenzlau. Die Schneelasten auf den Seitenschiffsdächern konnten durch einen stärkeren Neigungswinkel abgeleitet werden, was – je nördlicher man gelangt – die Sonderform der Pseudobasilika begünstigte. Man hat sich lange um die Klassifizierung und Benennung gestritten. Schon ein überhöhtes Mittelschiff wird gern als *"Stufenhalle"* oder *"Stutzbasilika"* bezeichnet. Auf diese Weise wird der Obergaden stark verdunkelt. Im Außenbau trennt das Nebenschiffs- vom Hauptschiffsdach nur eine kleine Stufe, in die Fenster nicht eingebracht werden konnten. Die Anbindung von Chordächern an das Hallendach wie beim Schweriner Dom und das Herunterziehen von breiten Schleppdächern führte zur Bildung von mächtigen Dachlandschaften und voluminösen Baukörpern, was sicherlich nicht ohne Hinblick auf das Stadtbild im gesamten geschehen ist. Viele Großbauten im Küstenbereich dienten außerdem als Landmarken der *"Vertonung"* der Uferlandschaft. Allein auf den Danziger Kirchen überdachte man – einer örtlichen Gewohnheit folgend – jedes Schiff separat. Infolgedessen bildete sich eine reiche Giebelarchitektur heraus, die auch im profanen Bausektor üppig ins Kraut schoß, was namentlich für die Welt des Bürgerhauses gilt, das auf Grund der schmalen, in die Tiefe gehenden Grundstücksaufteilung ohne Giebelfront nicht auskam. Im Gegensatz zum Werksteinbau konzentrierte sich die Schmuckfreude – wie bereits am Dom zu Ratzeburg – auf den Giebel, während die unteren Partien in zunehmendem Maße ungegliedert bleiben. Diese Gegensätzlichkeit steigert die monumentale Wirkung, während sich die Umrisse in den Fialen und Staffeln des oberen Abschlusses mannigfach auflösen.

Ein geraffter Abriß des Verlaufs der mittelalterlichen Backsteinbaukunst in Europas nördlicher Hälfte und die damit verknüpfte wissenschaftliche Debatte pflegt sich auf eine Handvoll Schnittpunkte zu konzentrieren. Tausende von Denkmalen, von denen viele individuelle Züge tragen und von denen jedes für sich Beachtung wert gewesen wäre, richten sich nach gewissen Leitbildern, die in folgender Weise kurz abgehandelt werden:

Als Vorreiter werden gern Jerichow, das die Magdeburger und Hildesheimer Vorbilder überraschend perfekt in die neue Bauweise überträgt, sowie die *"welfischen"* Dome Ratzeburg und Lübeck mit ihrem braunschweigischen Hintergrund hingestellt. Als nächstes kunsthistorisches Ereignis pflegt man unter Überspringung so bedeutender Großbauten wie Ringsted, Roskilde und Sorö sofort zur Problematik um St. Marien in Lübeck überzugehen, obwohl inzwischen fast über hundert Jahre verflossen sind. Danach werden die wichtigen Nachfolgebauten meist im Zeitraffertempo abgehandelt. Die Zisterzienserabteien Lehnin und Chorin bieten sich als nächste askanische Entwicklungsstufe an, weil Hude noch zu wenig bekannt ist. Die nach den Forschungen von Sigrid Thurm leicht faßbare Gruppe von Hallenkirchen um St. Johannis in Lüneburg wird knapp erwähnt, und ein Blick nach Stendal und Tangermünde scheint noch zur Erklärung der parlerischen Einflüße lohnend. Schließlich kommt Hinrich Brunsberg ins Bild und der bei Kennern der Wölbekunst beliebte Knotenpunkt Pelplin. Doch die Dünenabtei, die Mälarlandschaften, das Kulmerland, Thorn und Danzig werden ignoriert, weil sie dem Referenzrahmen des Westeuropäers seit einem halben Jahrhundert entglitten sind.

Die zentrale Frage, ob wir es bei der Backsteinbaukunst mit einer bloßen Reduktion der Kathedralarchitektur des Westens zu tun haben, oder ob es sich im Norden und Osten um autonome, vielleicht sogar konträre Abläufe handelt, läßt sich auf einer so schmalen Wissensbasis, wie sie uns heute zu Gebot steht, kaum beantworten. Das Aufspüren der Vermittlungswege, auf denen sich Formvorstellungen fortgepflanzt haben könnten, erging sich vorwiegend in bloßen Begrifflichkeiten. Meist decken sich diese Vermittlungswege nicht mit dem Filiationsschema der Klostergründungen und Diözesanzugehörigkeiten. In Anbetracht, daß die hansischen Kaufleute Fernhandel betrieben haben, sollte man sich auch Beeinflussungen auf größere Distanz vorstellen können.

Die Vorgängerbauten

Als Gemeinsamkeit unter den drei Spitzenreitern Jerichow, Ratzeburg und Lübecker Dom hat man neuerdings herausgestellt, daß Prälaten der Prämonstratenser die treibenden Kräfte gewesen sein sollen und nicht die Welfen oder Askanier, obwohl wir genau wissen, daß Heinrich der Löwe den Dombau in *"seinem"* Lübeck durch regelmäßige Zahlungen unterstützt hat. Aber warum kam es gerade hier zu einer zehnjährigen Verspätung? Diese Frage ist von Jens Christian Holst zurecht gestellt worden, scheint mir indessen durch *"gelähmte Initiative des Bischofs"* nicht zureichend beantwortet. Im Anschluß an den de facto-Beginn von 1175 kommt es nach fünf Jahren zur Unterbrechung aus politischen Gründen. Der Bau stand nach Errichtung der Apsis und der Quadren in Vierung und Querhaus unfertig da. Und beim Wiederbeginn war man inzwischen so weit gelangt, daß man auf Gipszutaten wie noch in Segeberg – so in der Kämpferzone – verzichten konnte. An den Langhauspfeilern haben wir es bei der *"lübischen Kante"* (Alfred Kamphausen) mit einer der ersten *"backsteingerechten"* Bauformen zu tun, die sich neben den Jerichower Kapitellen anführen läßt, deren technische Ausführung jedoch immer neue Diskussionen entfacht.

Im Zusammenhang mit dem Ausbau des Lübecker Domlanghauses ist der wohlerhaltene Dom zu Riga entstanden, dessen äußeres Erscheinungsbild – anfangs als Halle – interessante Rückschlüsse erlaubt. Als man an den Domen zu Schleswig (an dem aus Granit begonnenen südlichen Querhaus) und Cammin (am nördlichen Querhaus aus Feldstein) in halber Höhe zum Backstein überging, war das in Ratzeburg zu beobachtende Experimentierstadium, das sich vor allem zu Anfang an *"wilde Verbände"* und weithin *"starke Farbdifferenzen"* hält, bereits überwunden. Mit der um 1220 südlich angefügten, von einem breiten Giebel geschmückten Portalvorhalle führte Ratzeburg eine neue Raumform ein, die mit ihrem solitären romanischen *"Bündelpfeiler"* in der Folgezeit Schule machte. Hieran knüpft man eine Kette romanischer Hallen wie St. Petri I in Lübeck (ergraben von Wolfgang Teuchert), Gadebusch, Büchen, Schwaan, Vietlübbe und Breitenfelde, sämtlich in die Zeit um 1220 datierbar.

Die Ausbreitung des dänischen Machtbereichs unter Waldemar I. im Anschluß an die Wendenkriege übertrug vieles von dem auf den dänischen Inseln herausgebildeten Baurepertoire auf das Festland. Ab 1201 war Lübeck davon sogar zwanzig Jahre lang politisch berührt.

König Waldemars Bruder Absalon, der *"dänische Suger"* (1128-1201), entschloß sich für die klerikale Laufbahn und studierte in Paris, wo er sein großes Vorbild, den Abt von St. Denis, getroffen haben soll. 1158 wurde er in Roskilde zum Bischof investiert, wo er sogleich neue Bauideen wälzte. 1175 begann man mit dem heutigen Dom, was bei entsprechender Vorlaufzeit eine Plannung um 1172 bedeuten würde. Ausgesprochen französisch ist das umlaufende Emporengeschoß. Kreuzarme wurden begonnen, doch wieder aufgegeben und erheblich verkürzt. Die schlanken Scheid- und Schildbogendienste im Mittelschiff sind im ununterbrochenen Zug an die Gewölbekonsolen geführt, vielleicht gehören sie schon zu einer Planänderung im Geist der Frühgotik, die namentlich den Chor viergeschossig umgestaltete. Die Nordkonche der Kathedrale zu Tournai wird meist als Leitbild namhaft gemacht. Im Weiterbau nach Westen vollzieht sich der definitive Stilwandel zur Gotik.

Es bleibt eine offene Frage, ob die Initiative für die Verwendung von Backstein bei Großbauten allein mit Absalon in Verbindung gebracht werden soll. Zu Mitsommer 1170 konnten nämlich bereits die noch ungewölbten Ostteile der Benediktinerabtei St. Bendt zu Ringsted geweiht werden, wo man mit einem Baubeginn von 1163 rechnet, was bei allen Vorbereitungen, die man zweifellos für die neue Technik (Brennöfen von Benlöse) benötigte, auf ein Planungsdatum um spätestens 1160 hinweist. Hier sollten die Könige bestattet werden. Die zisterziensisch wirkenden vier Nebenapsiden am Querhaus mußten 1899 – 1909 neu auf den ursprünglichen Grundmauern errichtet werden, aber der Gesamteindruck von Osten vermittelt eine Monumentalität, wie sie auch für spätere Backsteinbauten des Nordens typisch bleiben sollte. Die Einwölbung erfolgte erst nach einem Brand von 1241. Das Gewölbe des Quadrums war so stark, daß es bei einer Feuersbrunst 1806 nicht von den herabstürzenden Glocken des Vierungsturms durchschlagen werden konnte.

Frühe Zisterzienserkirchen

Das wenige, was Grabungen in Esrom bisher erbracht haben, läßt sich in einzelnen Zügen mit der Choranlage von Ringsted vergleichen. Absalons Vorliebe galt indessen dem Konvent von Sorö, den er 1161 gegründet hatte und wo sein Sekretär Saxo Grammaticus große Teile eines Historienswerks verfassen sollte, das seinen Förderer verherrlichte. Die bis zur Mitte des 13. Jahrhunderts gewölbelose Konventkirche von Sorö ist in ihren Einzelformen noch mehr auf Backstein abgestimmt als die anderen dänischen Sakralbauten. An diesem Punkt müssen wir jedoch mit dem gegen 1600 zerstörten Kloster Esrom rechnen, das um 1145 durch den Erzbischof Eskil von Lund, Absalons erbitterten Rivalen, als Benediktinerkonvent begründet worden war und dann den Zisterziensern übergeben wurde. Wir haben Esrom schon unter den wichtigsten frühen Brennorten angeführt, obwohl man die dortige Produktion nur mit Mühe rekonstruieren kann.

Von Esrom aus wurden jedenfalls 1173 Kolbatz in Hinterpommern und Lügum in Schleswig begründet. Die Mönche von Kolbatz hatten aus dem Mutterkloster ihr Kalendarium, die *"Kolbatzannalen"* mitgebracht, das sie am neuen Ort weiterführten. Schon 1178 konnten sie als weitere Filiation Oliva in Pommerellen besiedeln. Die skandinavische Beteiligung an der Kolonisation der südlichen Ostseeküste ist meist grob unterschätzt worden. Die Arkadenbeschleunigung in den Langhäusern der von den Mönchen aus Esrom zügig errichteten Kirchenbauten illustriert in imposanter Weise die Dynamik der Ostkolonisation, die in den betreffenden Gegenden mit immensen Rodungsarbeiten verbunden war.

In die gleichen Jahre fällt der Dombau von Cammin, wo die gekoppelten Halbrunddienste an den Vierungspfeilern kubisch wirkende Kapitelle mit *"Nasen"* tragen, welche wir als backsteinadäquate Form ansprechen dürfen. Dagegen ist der wohlerhaltene spätromanische Sakristeieingang mit seinem eleganten Terrakottadekor eher als Imitation von Hausteindetails zu betrachten.

Auch der Zentralbau war im dänischen Bereich vertreten. Die fünftürmige Kirche von Kalundborg hatte Esbern Snare, einen der Absalonbrüder, zum Bauherrn. Die Hauptbauzeit wird auf 1168 – 1171 angesetzt. Besonders bemerkenswert sind die im selben Zuge auf schweren Widerlagern eingewölbten Kreuzarme. Vergleichsmöglichkeiten sind in diesem Fall rar, doch hat man die Marienkirche auf dem Harlunger Berg bei Brandenburg, um 1222, die wir nur als Modell kennen, herangezogen (Hans Josef Böker). Es ist an Verbindungen zu Novgorod über Gotland gedacht worden, denn Waldemars Mutter war eine Russin.

1191 zog sich Absalon von seinen Kirchen- und Staatsgeschäften zurück. Eine seiner letzten Amtshandlungen war die in Konzelebration mit dem Erzbischof von Nidaros – Trondheim vollzogene Weihe der Kirche von Gumlösa in Schonen. Ein reicher Hofbesitzer hatte dort einen zweijochigen Backsteinbau mit rechteckigem Chor aufgeführt, der im Sinne seiner monumentalen seeländischen Gegenstücke eingewölbt und voll instrumentiert ist. Später wurde noch ein Westturm angefügt. Hier kommen in Sockel- und Kapitellzone sämtliche Details vor, wie wir sie auch in Sorö finden. Erwähnenswert ist dieses Beispiel vor allem deshalb, weil wir hier ein absolutes Datum besitzen und den Beweis dafür, daß die Werkleute von den Inseln auch in der abgelegenen

Wildnis an der damaligen Grenze zu Schweden einen vollwertigen Backsteinbau hochzuziehen wußten, für den offenbar die vielen besonderartigen Formsteine über weite Strecken antransportiert werden mußten.

Auf Rügen, das seit 1169 zum Bistum Roskilde gehörte, kam 1193 die Marienkirche zu Bergen an das Nonnenkloster Roskilde. Vielleicht wurde das von Walter Ohle untersuchte Denkmal als Hofkirche des einheimischen Fürsten Jaromar errichtet. Die Emporenanlage im Westriegel ist mit dem Westbau von St. Petri I in Lübeck verglichen worden, der gern auf 1215 datiert wird (Holst). Auch Dargun an der pommersch-mecklenburgischen Grenze ist von Esrom aus besiedelt worden, obwohl die Mönche bald nach Eldena umsiedeln sollten.

Als Folgewirkung der Bemühungen um den Backstein ging eine Welle des Dorfkirchenbaus um 1200 über ganz Dänemark hinweg. Man rechnet mit über eintausend Objekten, die alle mit kleineren Varianten dasselbe Schema wiederholen und deren Grundrisse im Inventarwerk *"Danmarks kirker"* tabellarisch wiedergegeben sind.

Durch die zisterziensische Gemeinschaft mit Kolbatz, Marienwalde bei Arnswalde und Oliva eng verbunden waren die askanischen Niederlassungen Lehnin und Chorin. Lehnin war bereits 1180 begründet worden und verwendete das gebundene romanische System. Nach einem Planwechsel erfolgten 1262/70 die Weihen. Chorin, das *"Hauskloster"* der Askanier, gehört mit seiner Bauzeit von 1274 – 1334 schon ganz der Gotik an, wenngleich mit verdeckten Streben. In der Schlichtheit und Flächenhaftigkeit hat man Bettelordenseinfluß erkennen wollen (Schmoll Eisenwerth). Abgesehen von dem Blendenschmuck der Lehniner Westfront, die von Treppentürmchen flankiert wird, kann man Ernst Badstübner zustimmen: *"Zur Ausbildung von Architekturformen, die dem Baumaterial Backstein gemäß oder gerecht gewesen wären, kam es in der askanischen Baukunst nicht"*. Die der Westempore vorgeblendete Schirmfassade von Chorin gehört schon in den Beginn des folgenden Jahrhunderts und hat in breitem Rahmen Schule gemacht.

Überwiegend romanisch präsentiert sich noch die 1219 begonnene Kirche des Zisterzienserklosters Sonnenkamp in Neukloster bei Wismar. In ihrem Ostgiebel kann man eine Fortentwicklung der Ostpartie der Frauenkirche von Odense erkennen. Zu diesem Kontext gesellt sich die Pfarrkirche von Altenkrempe bei Lübeck. Zu der umschriebenen Gruppe sollten auch die Zisterzienserinnenkirche von Skokloster und die Dominikanerkirche in Sigtuna gerechnet werden, welche 1247 geweiht werden konnte. Das hervorragend erhaltene Westportal von Skokloster mit sorgfältig modellierter Kämpferzone und feinen Riefelungen zählt zu den schönsten Beispielen seiner Art.

Wettstreit zwischen Halle und Basilika

Nach der Jahrhundertmitte hebt der Wettstreit zwischen Halle und Basilika im Sakralbau an. Die drei wichtigsten Denkmäler, St. Nikolai in Rostock (anfangs chorlos), die Marienkirche zu Greifswald, sowie St. Marien in Berlin und St. Jakobi in Lübeck (später aufgestockt), welche ohne ersichtlichen Zusammenhang untereinander westfälische Hallentendenzen abwandeln, wären an dieser Stelle aufzuzählen. Im gleichen Zug verbreiten sich die Domikalgewölbe, meist achtteilig und gekuppelt oder als Zwickeldomikale in den Raumecken weit heruntergezogen wie in der Johanniskirche zu Meldorf oder St. Martin zu Groningen und Marienfeld bei Gütersloh. Der Schleswiger Dom wurde im Mittelschiff bis 1270 mit überhöhten Gewölben von domikaler Tendenz eingewölbt.

Ein frühes Beispiel mit Rundstabdomikale ist der leider nur in schwer verstümmeltem Zustand überkommene Bau in Marienhafe. Bei diesem Beispiel hat Hans Thümmler mit einer Vermittlung über den Seeweg gerechnet, so aus dem Poitou, der Urheimat dieser Bauform. In Mecklenburg-Vorpommern stößt man immer wieder auf diese Gewölbe, die raumbestimmend wirken und jedem einzelnen Joch eigene Würde verleihen. Das wegen seiner Obergadengestaltung für die Backsteinbaukunst relevante Südseitenschiff des Bremer Doms war in gleicher Weise eingewölbt. Östlich der Oder hat sich diese über Westfalen vermittelte Sonderform in der Regel nicht verbreitet; dort werden im 14. Jahrhundert unter Mitwirkung englischer Einflüsse die Sterngewölbe entwickelt.

Obwohl die domikale Wölbeform den Eindruck einer additiven Aufreihung selbständiger Raumeinheiten hervorruft, hängt sie entstehungsmäßig eng mit der chorlosen Hallenkirche zusammen. Die frühesten Beispiele liegen in Poitiers. Andererseits sind gerade die Bettelorden als Propagandisten des Hallenraums hingestellt worden, weil er der Betonung der Predigt entgegenkommt (Wolfgang Schenkluhn). Die Mutterkirche des Dominikanerordens in Toulouse aus dem letzten Viertel des 13. Jahrhunderts ist ein zweischiffiger Backsteinbau mit weitausladendem Chor und Kapellenkranz. Die meisten dieser *"Jakobinerkirchen"*, die sich durch innovative Raumgestaltung hervortaten, sind in der Französischen Revolution verlorengegangen, weil jedem Ort nur eine Kirche (und das war meist die Kathedrale) zugestanden sein sollte. Auf diese Weise fehlt uns viel komparatives Material (Robert Suckale).

Der Widerstreit zwischen *"bürgerlicher"* Halle und *"feudaler"* Kathedrale von basilikalem Schnitt ist lange von marxistischen Gesichtspunkten verunklärt worden. Sicher ist allein, daß der Rang der betreffenden Kirche und die Hoffnung, Stiftungen (z.B. eines Priesterkollegiums) an sich ziehen zu können, auf den Wettstreit zwischen Halle und Kathedralform eingewirkt hat. Will man wirklich *"bürgerlichen"* Strömungen im Sakralbau nachspüren, so sollte man den stufenlosen Übergang des Fußbodens vom Gemeinderaum zum Chor ins Auge fassen, wie er am besten heute noch in der Danziger Marienkirche zu erleben ist, während man in St. Marien zu Lübeck den Binnenchor in der Ära Malskat aufschütten ließ, um den Sitz der Geistlichkeit aus der Ebene des Kirchenvolks herauszuheben. Max Hasse ist vergeblich gegen diese schlimme Verfälschung vorgegangen, denn Bürger und Domherr sollten sich hier auf der gleichen Ebene begegnen. Schließlich sollte das als erzkonservativ bekannte ermländische Stiftsherrengremium von Guttstadt diese egalitären Neigungen vollends realisieren. Domikalgewölbe kommen auch im Dom von Strängnäs, einer zehnjochigen chorlosen Halle mit überhöhtem Mittelschiff vor. Das Rechteck des Baukörpers wird an den Ekken von Strebepfeilertürmen umstanden, hatte also ein ähnliches äußeres Erscheinungsbild wie der Dom zu Frauenburg. Im übrigen wurde der Gewölbedruck durch ein eingezogenes Wandnischensystem aufgefangen, das in halber Höhe einen Laufgang trägt, ganz wie in den Domen von Münster und Osnabrück. Der Grundriß der Dominikanerkirche von Strängnäs, den man durch eine Grabung erschlossen hat, ist mit dem Kernbau des Doms am selben Ort identisch. Seit 1268 war der Orden in Strängnäs niedergelassen und sein Konventsbau 1311 weit vorangeschritten. Armin Tuulse hat beide Denkmäler, die durch vorzügliche Inventare dokumentiert sind, 1963 auch der deutschsprachigen Forschung vorgestellt. Allerdings würde ich eher die Dominikaner als Anreger der neuen Architektur sehen wollen. Die Baudaten der Domkirche sind verhältnismäßig überzeugend aufzuzeigen. Etwa 1275 begannen die Arbeiten. Nach fünf Jahren war die Ostpartie fast vollendet. 1287 wird bereits ein Altarbaldachin erwähnt, 1291 erfolgte die Weihe.

St. Marien zu Lübeck

Armin Tuulse konstatierte eine Übereinstimmung zwischen dem Dom zu Strängnäs und dem Hallenausbau der romanischen Marienkirche in Lübeck, so wie dieser nach den Kriegszerstörungen genauer herauspräpariert werden konnte (Dietrich Ellger). Im Blick auf St. Nikolai zu Rostock wurde eine Bauperiode in den 1260er Jahren angenommen, wobei die romanische Marienkirche – wie üblich zur Fortsetzung des Kultes – mitten in der Baustelle stehenblieb – eine Hypothese, welche noch näherer Überprüfung bedarf.

Die unvermutete Aufgabe dieser im Bau befindlichen Halle und der Planwechsel zugunsten eines Kathedralchors von basilikalem Schnitt ist von der Kunsthistorie zu einem Angelpunkt im Wettstreit zwischen *"bürgerlichem"* Hallenraum und aristokratisch-klerikalem Hochchor gemacht worden. Die plötzliche Wende pflegt als völlig inkommensurabel und eine ureigenst deutsche Angelegenheit hingestellt zu werden. Es entspann sich eine Debatte, in der die verschiedenen Ansichten hart aufeinanderstießen. Anfangs hatte man den Beginn mit dem neuen Umgangschor im Anschluß an die Südervorhalle *"kurz vor 1270"* angesetzt, wobei man sich unter anderem auch auf eine fiktive Zeitbestimmung der Falsifikate Lothar Malskats stützte, die mit einer hohen Gefängnisstrafe geahndet worden waren.

In einer Epoche soziologisch orientierter Kunstgeschichtsschreibung sollte sich anschließend die Diskussion vornehmlich dem kirchlichen Rang der Marienkirche zuwenden, welche man schon des längeren als *"Bürgerkathedrale"* stilisiert hatte, um auf diese Weise eine Emanzipation des Bürgertums gegenüber Domkapitel und Bischof herausstellen zu können. Es ist das Verdienst von Max Hasse, daß er den Mut besaß, diesen Hypothesen mit den Mitteln der ernsten Quellenforschung zu Leibe zu rücken. Er entdeckte als erster die Weihedaten der Altäre im Chorumgang und stellte die Abhängigkeit des Klerus vom Lübecker Domkapitel fest. Wolfgang Erdmann hat schließlich diese Ansätze in einer äußerst sorgfältigen Untersuchung der Kritik unterworfen und gelangte prinzipiell zum gleichen Ergebnis: *"Für die Frage der Bauherrenschaft ... gibt uns der kirchenrechtliche Status von St. Marien wie auch der nach dorthin aus dem Domkapitel abgeordneten Plebane für das 13. Jahrhundert keinerlei Handhaben, von einer Ratskirche zu sprechen! Bauherr kann nur das Domkapitel gewesen sein"*. Der Rat besaß nämlich an keiner der zahlreichen Vikarien ein Patronat. Ähnlich wie der Inhaber der Oberpfarre von St. Marien zu Danzig behauptete der Plebanus gegenüber dem Stadtregiment eine autonome Stellung, was wegen der Bemühungen des Rats um größeren Einfluß in der Zeit von 1277 – 82 zum Interdikt führte. 1284/85 urteilte die römische Kurie zugunsten des Domkapitels, worauf die Stelle des Pfarrers mehrere Jahre lang vakant geblieben zu sein scheint. 1287 hat man Johann von Bocholt ernannt, der indessen 1293 Dekan des Lübecker Domkapitels wurde und 1308 als Bischof nach Schleswig ging. 1291 erfahren wir bereits von der Weihe des Altars in der Chorhauptkapelle, was eine Wölbung voraussetzt (Max Hasse).

Falls man tatsächlich darauf besteht, daß der begonnene Hallenchor, der in vielen Grundzügen und Formdetails dem Kernbau des Doms zu Strängnäs und dem Grundriß der dortigen Dominikanerkirche entspricht, eine *"bürgerliche Bauform"* ist, so läge es nahe, die Initiative zur Errichtung des Hallenchors beim Rat oder den ihm nahestehenden Kreisen zu suchen, also zu einer Zeit, die dem Interdikt unmittelbar vorausging, bei Berücksichtigung der technischen Vorlaufzeit also 1272 – 77, während die große Kehrtwendung zugunsten des Kathedralschnitts nach dem Muster des begonnenen Lübecker Domchors erst im Anschluß an das Urteil von 1284/85 anzusehen wäre. Wolfgang Erdmann hat überzeugende Belege dafür beigebracht, daß die *"structuarii"* der Lübecker Domkirche auch an St. Marien – mindestens im Sinne einer Oberaufsicht – beteiligt waren. Seit 1270 war diese Oberaufsicht institutionalisiert. Den ersten Namen eines *"magister structurae"* erfahren wir 1337 durch eine Inschrift auf der Fünte.

Von den beiden angeführten Bauten in Strängnäs, die dem begonnenen Hallenchor der Lübecker Marienkirche so nahe verwandt sind, läßt sich die Baugeschichte des Doms am besten verfolgen. Der anfängliche Plan wurde mit wenigen Modifikationen zuendegeführt. Die am Ort ansässigen hansischen Kaufleute, die mehr noch als der Bischof den Bau voranbrachten, wünschten keinen Planwechsel. Erst im 15. Jahrhundert kam es zur Zufügung eines Westturms und eines Hallenchors. In Lübeck war es offenbar der kirchenrechtliche Triumph über den Rat, welcher zu dem dramatisch zu nennenden Konzeptwechsel führte, der sich auch relativ schnell realisieren ließ, weil der Hallenbau noch weitgehend unvollendet war und man Teile davon übernehmen konnte. Das Domkapitel besaß einschlägige Erfahrung mit seinem eigenen Vorhaben eines Choranbaus am Lübecker Dom aus den späten 1260er Jahren, der jedoch – aus unbekannten Anlaß – steckenbleiben sollte, um erst 1339 mit hallenartiger Überbauung zuendegeführt zu werden.

Der Umgangschor am Dom von Verden hat dabei einen Anstoß vermittelt (Hans Joachim Kunst), doch auch aus Uppsala, wo sich das erzbischöfliche Kapitel für eine neue Kathedrale französischen Modells entschieden hatte, kam ein starker Impuls. Noch 1270 hatte man dort beschlossen, wie landesüblich in Backstein zu bauen. Doch dann kam es zu einer im Inneren gänzlich mit Werkstein verkleideten und voll instrumentierten Kathedrale. 1287 hatte man sich an das Pariser Domkapitel gewandt und war mit dem Werkmeister Estienne de Bonnueil in Verhandlungen getreten, der für sich und seine Baukolonne die Reisekosten und andere Vergünstigungen zugesichert bekommen wollte. Das betreffende Pergament gehört in die Reihe der wenigen uns überlieferten Arbeitsverträge der Kathedralgotik (Günther Binding). Es hat den Anschein, als habe Hans Joachim Kunst bereits den Ranganspruch richtig erfaßt, wenn er schreibt, daß mit dem Kathedralchor an der Lübecker Marienkirche Funktionen berührt werden, *"... die nur Erzbischöfen und erzbischöflichen Domkapiteln zustanden"*. Außerdem wäre St. Marien zu Lübeck bei besserer finanzieller Ausstattung *"mit einer Hausteinschicht verkleidet worden"*.

Lange Zeit glaubte man, Estienne de Bonnueil *"tailleur de pierre, maistre de faire l'église de Upsal en Suece"*, sei verantwortlich für den gesamten Innenausbau der Kathedrale gewesen, wo um 1300 die ersten Altarstiftungen einsetzen und man damit rechnen kann, daß um 1330 Chor und Querhaus unter Dach gekommen waren. Heute ist eine strengere Kritik nur noch bereit, ihm das Nordportal zuzuschreiben, obwohl außer Frage steht, daß er oder andere Werkleute aus Frankreich wirklich an den Dombau in Uppsala gelangt sind. Es handelt sich – wie in Verden – um ein Werksteinimplantat in einem alten Backsteingebiet. Hintermauerungen und Außenbau wurden in der regionalen Technik ausgeführt, zu der man ganz zurückkehrte, sobald das französische Zwischenspiel zuende war. Dasselbe beobachten wir am Dom zu Verden mit seinem gleichermaßen vorbildhaften Chor (1274 – 1313).

Zu der in Uppsala tätigen Baukolonne müssen indessen mehrere externe Kräfte gestoßen sein, die westfälische Pfeilerformen und eine altertümlich wirkende Flächenhaftigkeit im Triforium einbrachten, wobei manches eher unfranzösisch wirkt. Oder man könnte antithetisch behaupten, der hier leitende Meister habe *"offenbar die damals modernen gotischen Formen gekannt, sie aber bewußt nicht angewandt"* (Rudolf Zeitler). In Lübeck bemühte man sich um größere Observanz gegenüber dem französischen Vorbild, die Formsteine im Chor und die Pfeilergrundrisse werden wegen ihrer exakten Ausführung gepriesen, man hat sogar von *"steinmetzmäßig geschulten Kräften"* gesprochen. Auffallend ist das reiche Vorkommen des Birnstabs in den östlichen Teilen. Auch wenn man den technischen Vorlauf unter diesen Umständen nicht abkürzen darf, so müssen die Abbrucharbeiten an den romanischen Teilen sowie dem begonnenen Hallenchor im Vergleich zu dem Neubau recht zügig vorangegangen sein, denn in der Chornordwand sind neuerdings viele romanische Spolien festgestellt worden (Jens Christian Holst).

Trotz möglichst getreuer Übersetzung der damals schon weitgehend standardisierten Systematik des *"Style Rayonnant"* Pariser Prägung findet sich an der Lübecker Marienkirche eine Tendenz zur Aussonderung des Querhauses, der wir schon in Roskilde begegnet sind. Auch die 1244 – 99 angesetzte Zisterzienserkirche zu Doberan besitzt keine Vierung, die anstelle eines Querhauses hochgezogenen Nebenräume, werden durch die Mittelschiffsarkaturen abgetrennt und aus dem Gesamtraum ausgeschieden. Von dem Querhaus verbleibt somit lediglich ein Lichteffekt kurz vor der Überleitung in den Chor, in dessen Umgang sich nun die Seitenschiffe leichter einführen ließen. An diesem Punkt hatte schon immer die Schwachstelle des französischen Kathedralsystems gelegen.

Die Herleitung des Obergadens der Lübecker Marienkirche vom südlichen Seitenschiff des Bremer Doms, der seit jeher als Missionszentrum für den Osten und Norden maßgeblich gewesen war, ist überzeugend: über dem Laufgang oberhalb der Arkaden werden die Fensterbahnen heruntergezogen, während ein Schildbogen die Wandnische als zweischichtiges Gebilde ausweist. Die Wurzeln dieser Behandlung der Hochwand lassen sich bis auf Westfalen zurückverfolgen, wurden in Strängnäs und dem Lübecker Hallenchor weitergebildet und sollten später in Holland an einer Reihe von Sakralbauten seine Beliebtheit bestätigen.

Unmittelbar neben der parallel zur Lübecker Marienkirche entstandenen Klosterkirche in Doberan, deren Raumwirkung immer wieder durch ihre Konsequenz besticht, ist die 1319 begonnene Kopenhagener Frauenkirche zu erwähnen, deren 3/6 Chorschluß mit dem der Liebfrauenkirche zu Brügge übereinstimmt, den man in den 1270er Jahren ansetzt. Es handelt sich ebenso wie bei der Marienkirche im westflandrischen Veurne, die bereits zur Jahrhundertmitte begonnen worden war, um reine Backsteinbauten, an denen man die Umsetzung des französischen Kathedralsystems in das neue Material erproben konnte. Die früher gebräuchliche Betonung einer vermeintlichen Singularität der Lübecker Marienkirche entspricht nicht den gegebenen Tatsachen und erschwerte ihre kunstgeschichtliche Einordnung.

Eine sinnvolle Gegenüberstellung bietet sich im Dom von Turku/Åbo, an dessen Vorgängerbau man den Übergang vom Werkstein zum Backstein gut verfolgen kann. Er wurde seit 1287 als sehr aufwendige dreischiffige Halle mit reicher Profilierung begonnen, von welcher indessen nur Chor und Chorumgang nach längerer Pause in reduzierter Gestalt 1336 – 66 fertig wurden (nachträglich aufgestockt). Man vermutet eine Vermittlerrolle der örtlichen Dominikaner und deren Konvent in Sigtuna (Henrik Lilius).

Das Langhaus der Lübecker Marienkirche fällt erst in die Jahre 1316 – 30 und setzt das Chorschema in vereinfachter und gestraffter Weise mit kantigen Profilen fort, die Birnstäbe verschwinden. Eine getreue Wiederholung dieses Wandaufbaus besitzen wir in der Petrikirche zu Malmö, die ab 1319 aufgezogen wurde und in ihrer Osthälfte 1346 in Gebrauch genommen werden konnte. Hier ist man noch dem Einturmkonzept des Lübecker Vorbilds verpflichtet, denn dort kommt es zur Anlage der Doppelturmfront, in deren Gefolge auch die bedeutende Briefkapelle entstand. In Malmö haben wir eine reduzierte, aber schnittigere Version mit kantigen Profilen und einer guten Durchleuchtung im Chor, wobei die verkürzten Querhäuser eine Lichtschranke durch die Mittelachse werfen.

An beiden Türmen der Lübecker Marienkirche, die laut Inschrift 1304 und 1310 angefangen wurden, finden sich kräftige Kalksteinwiderlager für einen fast zwei Meter höheren Abschluß der Obergadenmauern, die erstmals von Bernhard Schütz beobachtet worden sind. Der aufmerksame Forscher brachte noch weitere Argumente bei, die für eine Einwölbung des Hauptschiffs sprechen, welche die heutige Scheitelhöhe von 36,5 m noch übertraf. Die im Vergleich zu der Stringenz des Gesamtkonzepts auffallend schlaffe Führung der Gewölberippen im Hochchor stammte ohnehin erst aus den Jahren nach einem Einsturzunglück um 1504, was den vorherigen Bearbeitern entgangen war. Wir müssen einkalkulieren, daß der auf gesteigerte Höhenproportionen berechnete Plan in der breit anlaufenden Nachfolge der Marienkirche nicht unbekannt geblieben sein kann und unabhängig von der veränderten Ausführung an Ort und Stelle weitergewirkt hat.

Die Nachfolge der Lübecker Marienkiche

Die Signalwirkung der dem Streit zwischen Rat und Domkapitel in Lübeck entsprungenen *"Mutterkirche"* ist niemals überschätzt worden, obwohl das abgenutzte Schlagwort von der *"Bürgerkathedrale"* nicht die neue Rangvorstellung abdeckt, welche mit einem Gotteshaus dieser Kategorie in die hansische Welt gesetzt worden war, in der

Lübeck immer noch als *"caput omnium"* galt, obwohl ihm manche der neuen Städte im Osten und Norden wirtschaftlich den Platz streitig zu machen drohten. Im Wendischen Quartier der Hanse war die Wirkung am unmittelbarsten. St. Nikolai in Stralsund übernahm als wahrscheinlich frühester Nachfolgebau das offene Strebewerk des Leitbildes mit Querhaus. Vielleicht liegt hier der Baubeginn noch im letzten Jahrzehnt des 13. Jahrhunderts, doch haben sich Zutaten, die bislang als Datierungskriterien herhalten mußten, als Ergänzungen der Restauratoren herausgestellt, weshalb die bisherige Chronologie problematisch geworden ist (Michael Huyer). Das Langhaus im holsteinischen Neustadt läßt sich dagegen durch eine Inschrifttafel von 1334 auf die Jahre unmittelbar nach Vollendung des Ausbaus der Lübecker Marienkirche datieren (Wolfgang Teuchert). Bald darauf dürfte man mit der Aufführung von St. Marien in Wismar begonnen haben, wo ebenfalls das offene Strebewerk übernommen wird und die Wettbewerbssituation zu Lübeck deutlicher hervortritt als in Stralsund, wovon namentlich das aufgesteilte Hochschiff Zeugnis ablegte. Das Querhaus war ausgesondert wie in Doberan. Das großartige Denkmal ging leider bis auf den Turm verloren. Am Schweriner Dom, der sich in der gleichen Weise orientiert, wird – offenbar nachträglich – ein dreischiffiges Querhaus mit betonter Fassadenwirkung eingezogen. Man rechnet mit der Vollendung bis 1374. Auch die in den letzten Jahren wiederhergestellte Ausmalung lehnt sich an das Lübecker Vorbild an (Gerd Baier). Sogar das Langhaus des fern im Osten gelegenen Doms zu Dorpat übernahm die Pfeilergestalt von der Lübecker Marienkirche. Die allgemeine Tendenz, auch spürbar bei St. Jakob und St. Petri in Rostock, läuft auf eine deutliche Reduktion in den Einzelformen hinaus.

Dem Verbreitungsmechanismus der Lübecker *"Viertelstabgotik"* müßte noch mehr nachgegangen werden. Marian Kutzner sieht sie nachwirken an der Jakobskirche in Thorn und stellt die entscheidende Frage: War die Lübecker Marienkirche nur ein formales Modell oder ist sie als bloßes Architekturzitat zu werten, das heißt, übertragen sich zusammen mit der Übernahme des Vorbilds auch die Inhalte? Er erkennt jedenfalls bei der Thorner Jakobskirche im Wandaufbau des Mittelschiffs das Lübecker Schema mit dem Laufgang wieder, das er in diesem Fall eher als Traditionalismus deutet. Die Baudaten liegen zwischen 1304 und 1340. Der hansische Anteil an der frühen Deutschordensbaukunst wird an dieser Stelle transparent.

Lüneburger Gruppe und märkische Halle

Im binnenländischen Bereich des Backsteingebiets blickte man auf andere Leitbilder. Die 1289 begonnene Johanniskirche am Sande in Lüneburg war Sitz eines einflußreichen Archidiakonats und wurde 1372 zur fünfschiffigen Halle erweitert. Sigrid Thurm hat die breite Nachfolge dieses Denkmals aufgelistet, welche auch die Hamburger Stadtkirchen umfaßt und deren Kennzeichen die kräftigen kantonierten Rundpfeiler sind. Auch die welfische Stiftung von St. Michael in Lüneburg aus dem Ende des 14. Jahrhunderts zog, lichtdurchflutet wie der *"weiche Stil"*, weite Kreise (Hans J. Böker). Das ausgeglichenste Raumbild dieser Gruppe bietet wohl der Bardowicker Dom.

Die gern zitierte *"märkische Halle"* ist dahingegen viel schwerer zu definieren, zumal sich ab Jahrhundertmitte neue starke Strömungen aus dem Süden geltend machen, die noch aufzuweisen sind. Besonders edel und ohne direktes Vorbild in Westeuropa war der wohl noch um 1300 entstandene, im Kriege leider verlorene Chor der Franziskanerklosterkirche in Berlin mit seinem 7/10 Schluß, der ein elegantes Gegenstück in der Stettiner Johanniskirche des gleichen Ordens besitzt, wo die zentralisierende Tendenz im Chorschluß besonders gut zur Wirkung kommt. Spätere Nachfolger finden sich in St. Petri zu Naestved und in St. Johannis zu Brandenburg. Auch der vielgliedrige Umgangschor von Rathenow wäre hier zu nennen. Will man den Ausgangspunkt für die folgerichtige Vervollkommnung der Halle greifbar machen, muß man sich wieder nach Lübeck wenden. Die romanische Halle von St. Petri II wurde ab 1305 vielschiffig im Sinne einer Raumvereinheitlichung ausgebaut. Die Pfeiler wachsen über einer schwach markierten Kämpferzone in die Gewölbe hinein, die Jochaufteilung wird verwischt und das Raumerlebnis tendiert zur Richtungslosigkeit. Die nachhaltigen Bemühungen zur Rettung dieses Denkmals sind voll berechtigt gewesen.

Das Deutschordensland

In derselben Zeitspanne war im Osten, im Deutschordensland, ein neues Zentrum der Backsteinkunst herangewachsen. Es wird häufig vergessen, daß die Wiege dieser in den Grundzügen neuen Architektur im Kulmerland gestanden hat, wo sich seit den 1230er Jahren ein Experimentierfeld auftat, wie es in seiner Mannigfaltigkeit ohne Parallele sein dürfte (Teresa Mroczko). Das Langhaus von Peter und Paul in Kulm, einer Dominikanerniederlassung, vermittelt noch einen spätromanischen Eindruck. An den älteren Teilen des Doms zu Kulmsee mit ihren gelblich-orangefarbenen Plattenfriesen und Terrakotten begegnet uns die Brenntechnik des Ordenslandes in ihren Anfängen. Im weiteren Ausbau als Halle fällt das Weglassen der Kämpferzonen in den Arkadenbögen auf. Aber noch ist die Abhängigkeit von Vorbildern in Mitteldeutschland unverkennbar.

Mit der Verlegung des Hochmeistersitzes von Venedig auf die Marienburg verlagerte sich der Schwerpunkt nach Norden zu einer Zeit, als die Deutschordensarchitektur ihr eigenes Gesicht zu gewinnen begann. Anfangs kamen die entscheidenden Impulse vom Wehr- und Nutzbau. Das klassische Ordenskastell – Brandenburg, Balga, Lochstedt – brachte mit seiner Blockhaftigkeit neue Grundformen, welche die Verwendung von Dreistrahlrippen über dreieckigen Resträumen äußerst begünstigte. Die Deutschordensbaukunst erwies sich auch in der Folgezeit auf dem Gebiet der Wölbekunst als sehr kreativ: reiche Sterngewölbe, bei denen oft die durchlaufende Scheitelrippe englischen Einfluß verrät; die einfache, funktionsbetonte *"preußische Kappe"*; palmenartig aufsteigende, in den Zwickeln tief heruntergezogene Strahlengewölbe und schließlich das wohl auf obersächsische Anregungen zurückgehende Zellengewölbe mit seiner prismatischen Struktur, das eine größere Höhenwirkung suggeriert.

Die immer wieder versuchte Herleitung der gleich zu Beginn in vollendeter Gestalt und Technik auftretenden Glasuren und Terrakottendekorationen aus dem Orient oder Italien, den vorherigen Wirkungsstätten des Ordens, scheinen wenig überzeugend. Oft gaben ordenseigene Bauten der Hausteinarchitektur, so St. Elisabeth zu Marburg, das Vorbild für Einzelformen ab. Bei den großen Vorhaben werden indessen zur Erreichung monumentaler Wirkungen ganz neue Maßstäbe gesetzt. Es ist nicht falsch, wenn man die scharf gezeichneten Konturen der Deutschordensbauten auf den herben Landschaftscharakter bezieht, sie wurden unverwechselbarer Bestandteil weiter Landstriche, aus denen sie nicht mehr wegzudenken sind.

An der Klosterkirche von Pelplin kann man studieren, wie die Zisterzienser auf die Begegnung mit der Deutschordensbaukunst reagierten: Doberan, Hude und Chorin haben beigesteuert, doch der bedeutende Wurf sind die an den Hauptgiebeln über blockhaftem Grundriß vorspringenden Flankentürme mit Zinnenbekrönungen, den Attributen des Wehrbaus. Die Bauglieder in Osten und Westen sind gleichförmig, die beiden ausgeschiedenen Querhäuser bilden als Einpfeilerräume eigene Einheiten wie in Doberan.

Die Innenräume der großen Stadtkirchen in Thorn und Danzig bieten durch reiche Durchfensterung der bewußt vereinfachten Bauteile, so der glatten Flächen der ungehemmt in die Höhe schießenden Achteckpfeiler, fesselnde Lichtwirkungen. Die Ausmalung breitet sich im Gegensatz zur Lübecker Marienkirche ohne Rücksicht auf eine architektonische Rahmung über die Flächen aus. Daneben stehen die festlichen Remter in vielen zentralen Ordensschlössern als Beispiele schwereloser Raumüberdeckung auf schlanken Granitpfeilern. Berührungspunkte mit der Lübecker Briefkapelle sind oft beschworen worden, erscheinen indessen problematisch, da nämlich deren Gewölbe im 19. Jahrhundert erneuert worden sind. Besonders meisterhaft ist die Überwölbung des Kapitelsaals von Pelplin um 1350. Im Chor der vornehmen Thorner Jakobskirche, welcher den Ordensangehörigen der nahen Burg diente, ist der Raum in viele kurze Joche aufgeteilt, um die Tiefenwirkung rhythmisch zu gliedern, während im Osten mit Hilfe eines radialen Rippensystems ein polygonaler Chorschluß vorgetäuscht wird, obwohl die Ostmauer gerade verläuft, wie in einfacher Form bereits in Lochstedt (Marian Kutzner).

Die Flächenästhetik und blockhafte Baukörperkonzeption der Deutschordenskirchen hat auch auf die Werksteinarchitektur zurückgeschlagen, so in Reval und Wisby. Das beste Beispiel dafür ist die Klosterkirche von Vadstena. In den Jahren kurz nach 1400 fast vollendet, sollte sie – dem Vermächtnis der Ordensstifterin entsprechend – aus Naturstein errichtet werden, allein der Fußboden dürfe aus *"cotto"* bestehen. Auch bei den Gewölben machte man eine Ausnahme, weil sie für Bemalung vorgesehen waren (Åke Nisbeth). Das wohlerhaltene Denkmal zeigt, namentlich in den Portalstürzen, deutlich Anlehnung an Kirchen in Danzig, das für den Birgittinismus eine erhebliche Rolle gespielt hatte. Rückvergleiche mit anderen Bauten dieses Ordens, so Maribo in Dänemark, um nur ein Backsteinbeispiel herauszugreifen, können diese Feststellung bestätigen.

Einen anderen Typus einer Deutschordenskirche vertritt der Dom von Marienwerder, seine schwere Arkatur auf dicken kurzen Achteckpfeilern im Kontrast zu den Sterngewölben über dem Mittelschiff kehrt bei mehreren hinterpommerschen Kirchen, so Stolp, Rügenwalde, Schivelbein, wieder.

Nicht nur im Deutschordensland kann man eine Wechselwirkung zwischen Profan- und Sakralbau verfolgen. Die in den 1250er Jahren vollendete Schildmauer des Lübecker Rathauses ist *"die erste nachweislich auf Grund einer Zeichnung entstandene Backsteinkonstruktion des Nordens"* (Holst). Es sind 14 verschiedene Formsteintypen festgestellt worden, aus welchen sich das Maßwerk zwischen den kräftigen achteckigen Türmen zusammensetzt. Dasselbe Pfeilergerüst kehrt, durchweg dunkel glasiert, an den Rathäusern in Rostock, Schwerin und Lüneburg wieder. Noch dem 13. Jahrhundert gehören ähnlich aufgeteilte Hospitalfassaden an, so die Potterie in Brügge und die Abtei Bijloke in Gent, sowie das Heiliggeisthospital in Lübeck mit seiner *"Viertelstabgotik"*.

Schaufassaden von der Art des Stralsunder Rathauses scheinen auf die Westfront der Klosterkirche von Chorin zurückzugehen, wo der Bezug zum rückwärtigen Baukörper schon nicht mehr gegeben ist. Prachtvolle Giebelschirme von Rat- und vornehmen Bürgerhäusern sind in der Folgezeit auch an Sakralbauten zur Verwendung gekommen. Die Neigung zur vereinheitlichenden Überdachung brachte es mit sich, daß immer größere Giebelfelder nach architektonischer Gestaltung verlangten, während der Baukörper im übrigen schmucklos blieb. Hier wären unter vielen Beispielen die Marienkirchen von Greifswald, Neubrandenburg und Friedland sowie die Stettiner Johanniskirche herauszugreifen. Die beiden Giebelfronten der Karmeliterkirche in Helsingör sind das einzige Beispiel, wo die Lisenengliederung des Giebels bis in die Sockelzone heruntergezogen wird.

Den prominentesten Giebel besitzt die Marienkirche zu Prenzlau. Man darf es als einen Wiederhall der neuen Baukunst im Deutschordensland betrachten, daß der dreischiffige Hallenraum in einen rechteckigen Baublock eingeschrieben wird, wo die drei Chorschlüsse im Inneren polygonal ausgebildet, aber dennoch in dieselbe Fluchtlinie eingeschmolzen sind. Über dieser geraden Fluchtlinie des Ostabschlusses erhebt sich der monumentale Giebel, dessen vielgliedriges Maßwerk sich in gegeneinander versetzen Ebenen entwickelt. Den Beziehungen zur Hausteinarchitektur ist Reinhold Liess nachgegangen. Als Vollendungsdatum wird das Jahr 1340 angegeben.

Die Ausstrahlungskraft der Deutschordensarchitektur läßt sich an der Wallfahrtskirche zum Heiligen Kreuz im finnischen Hattula veranschaulichen. Hier trägt die chor- und querhauslose Halle von drei Schiffen einen Giebelschmuck aus Formsteinen, der ein großes Kreuzmotiv verarbeitet. In der Nähe liegt die Burg Hämeenlinna/Tavastehus, wo reiche Portalprofile vom Kontakt mit der Deutschordenskunst ab 1320 Zeugnis ablegen (Knut Drake).

Rangstreitigkeiten

Miteinander rivalisierende Bauten dürfte es im 14.Jahrhundert nicht nur in Wismar und Lübeck gegeben haben. In Wolgast wollte sich anscheinend der dort regierende Zweig des pommerschen Herzogshauses gegenüber den in Stolp residierenden Verwandten hervortun (Norbert Buske). In Stralsund trat schließlich St. Marien in einen Rangstreit mit der Ratskirche St. Nikolai (Nikolaus Zaske). Nach einem Turmeinsturz 1382 oder 1384 schufen sich die wohlhabenden Stralsunder Gewandschneider mit St. Marien ein ehrgeiziges Denkmal, das den *"Kathedraltypus reaktiviert"* (Nikolaus Zaske). Ein dreischiffiges Querhaus und ein von einer Turmgruppe bewehrtes mächtiges Westwerk lassen das Denkmal aus dem Rahmen der Vergleichbarkeit fallen.

Das Streben nach übersteigerter Monumentalität mit Hilfe vereinfachter Elementarfiguren bringt neue Sonderformen wie spinnennetzartig eingehängte Gewölbe, Knickbögen und halbierte Fenster hervor, welche schon von Franz Kugler, einem der frühesten Vertreter unseres Fachs, 1840 nachgezeichnet worden sind. Was wir als Primärmerkmale der Gotik zu betrachten pflegen, wird an diesem großartigen Bau zugunsten einer nackten Monumentalität verleugnet. Unvermittelt ragen die mächtigen Chorpfeiler blockhaft in den Umgang hinein. Man hat sich überlegt, welcher Funktion die ausladenden Räume in dem querhausähnlichen Westwerk, welche dieselbe Scheitelhöhe wie das Mittelschiff besitzen, gedient haben könnten, und ist ratlos geblieben. Gewiß, der 1370 in Stralsund abgeschlossene Friedensvertrag mit den nordischen Mächten hatte die Stadt selbstbewußt gemacht. Aber ohne einen Blick auf die Thorner Denkmäler, namentlich die Marienkirche der Franziskaner, ist wohl eine Beurteilung kaum möglich. Auch dort findet sich, obwohl es sich um eine Hallenkirche handelt, der gleiche gewaltsame Impuls, treten als innere Konsequenz ähnliche Reduktionsformen auf. An diesem Punkt beginnt die in Bezug auf Baugattungen sonst so eklektische Backsteinarchitektur schöpferisch zu werden.

Dasselbe gilt für einen so schwierig einzuordnenden Bau wie die Katharinenkirche der Franziskaner zu Lübeck mit ihrem verkürzten zweischiffigen Querhaus, deren Einfluß im Ostseeraum außer Frage steht, obwohl der basilikale Typus eigentlich den Minoriten weniger zueigen ist als die Predigthalle. Dabei ist das Backsteingebiet reich an den verschiedensten Zwitterformen zwischen überhöhtem Mittelschiff, der Stufenhalle, der Pseudobasilika oder *"Stutzbasilika"*. Die Fachwelt hat sich noch auf keine Abklärung der Begriffe einigen können. Rein funktional konnte ein steilerer Dachneigungswinkel auf den Seitenschiffen zur Entlastung von Schneemassen dienen, doch mußte man dann die Dunkelheit im oberen Hochschiff als unausweichliche Folge hinnehmen. Alexander Piwak hat auf die *"aggressive Lichtwirkung"* im Chor vieler Pseudobasiliken aufmerksam gemacht und am Beispiel Graudenz erläutert. Für Fälle wie Preetz und Jakobi in Lübeck – nach der Mittelschiffserhöhung – mag das zutreffen, aber in Helsingborg taucht auch das Hochschiff im Chor durch den verdunkelnden Umgang völlig in Finsternis ein. In Köge hat man bei plattem Chorschluß in den östlichen Seitenschiffsjochen Helligkeit für die Altarzone geschaffen. Gerade hier werden von der örtlichen Forschung die Beziehungen zu Pommern hervorgehoben.

Hinrich Brunsberg

Die Vermittlungsschiene war bis hierhin im Backsteingebiet fast ausschließlich horizontal von Westen nach Osten verlaufen, seit dem fortgeschrittenen 14. Jahrhundert tut sie dies auch oft in umgekehrter Richtung. Nachdem die luxemburgischen Kaiser nach Prag gegangen und die Parler berufen hatten, kamen die wichtigsten architektonischen Neuerungen von dort. Wir können eine Linie verfolgen, auf der diese, vermittelt über Niederschlesien, den Oderstrom hinabwandern, um in Mittelpommern ihre volle Kraft zu entfalten. Die Bewegung ist mit dem Namen Hinrich Brunsbergs verknüpft.

Nikolaus Zaske hat anhand der Quellen und Inschriften ein Lebensbild nachgezeichnet, nach dem der in Stettin niedergelassene Meister im Deutschordensland in die Lehre gegangen war. Viel märkische Dekorationsfreude stößt in seiner Person auf den starken Zufluß neuen Formgefühls aus dem Südosten. In den 1370er Jahren hatte Karl IV. begonnen, Tangermünde als prachtvollen Backsteinort auszubauen. Am leichtesten erkennt man die neuen Stömungen in den Kirchengrundrissen bei der Behandlung des Chorhauptes, so in Luckau in der Niederlausitz. Es wird – wie im böhmischen Kolin oder Kuttenberg – ein einzelner Pfeiler mitten in die Raumachse gestellt. Ausgangspunkt für diese originelle Lösung scheint die Franziskanerkirche in Salzburg gewesen zu sein, ein Werk des Hans von Burghausen, welcher auch in Backstein gearbeitet hat. Allein schon seine besondere Hervorhebung der Scheitelkapelle im Chorumgang weist in dieselbe Richtung, hinter der man letzlich die Kathedrale von Auxerre vermuten darf, welche die Einsatzkapelle im Chorhaupt populär gemacht hat.

Als Ausgangspunkt für Brunsbergs Tätigkeit betrachtet man die Halle von St. Katharinen in Brandenburg mit ihren Umgangskapellen. Dort werden die inneren Wandvorlagen des eingezogenen Systems von zwei Umgängen durchbrochen. An die Stelle der nach innen verlegten Strebepfeiler treten im Außenbau Maßwerkbahnen aus einem Netz von Formsteinen. Brunsberg, der gern als tüchtiger Unternehmer beschrieben wird, entwickelt eine sehr persönliche Handschrift unter Verwendung von zahlreichen glasierten Wimpergen, Konsolköpfen und textilähnlichen Flächenmustern, die wie ausgestanzt wirken. Hinzu treten schließlich Statuetten aus Terrakotta. In Stettin gab es seit langem tüchtige Brennmeister, die in der Lage waren, diese großen Sonderanfertigungen herzustellen.

Es beginnt mit dem Kirchlein Peter und Paul in Stettin, dessen überwölbter einschiffiger Saal mit tiefen Abseiten vor der Barockisierung einen ungewöhnlichen Raumeindruck geboten haben muß. Die Konsolenmasken unter den flachen Außennischen der eingezogenen Streben wirken noch ziemlich rustik. Sehr wahrscheinlich hat Brunsberg dann an der Stettiner Marienkirche gearbeitet, die leider früh verlorenging. Allerdings zögert die Forschung, ihm auch den Chorumgang von St. Jakobi am selben Ort zuzuschreiben, wo ab 1380 Altäre geweiht werden. Der Innenraum dieses gravitätischen Baus hatte, was oft vergessen wird, seine Gewölbe 1693 – 1696 wiedererhalten und in dieser barocken Gestalt sind sie von der polnischen Denkmalpflege wiederhergestellt worden, während man an den Pfeilern die mittelalterlichen Eckprofile nach Befund erneuert hat.

Dies ist von Gewicht, weil der Stettiner Hallenumgangschor anscheinend die Anregung für Neubrandenburg geliefert hat. Die äußeren Lisenenvorlagen auf den eingezogenen Strebepfeilern werden paarweise mit glasierten Wimpergen dekoriert. In Stettin handelt es sich durchweg um Kopien der dort vor einem Jahrhundert wirkenden Restauratoren. An der Marienkirche zu Stargard blieb indessen mehr Originalsubstanz erhalten. Hier stockte Brunsberg den Hallenchor basilikal auf und hob die Chorpfeiler ebenfalls durch wimpergbekrönte Nischen in größerer Höhe hervor. Das Triforium ist nach Prager Muster reich gegliedert. Die in großen Zügen an diesem Beispiel erhaltene Ausmalung verrät viel von der ursprünglichen Intention. Es präsentiert sich ein festlich aufstebendes, von oben beleuchtetes Interieur, denn die Obergadenfenster sitzen direkt unter den Gewölben. Der mittlere Knick der Chorumfassungsmauer läßt die für Brunsberg unabdingbare Fortbildung der parlerischen Anregungen aufscheinen. Stargard gilt als sein Frühwerk.

Der Hallenchor der Marienkirche zu Frankfurt an der Oder gehört in diesen Kontext und fand breite Nachfolge. Man sagt, der Bischof von Leubus sollte durch den ehrgeizigen Ausbau verlockt werden, seinen Sitz hierher zu verlegen. Schon im Hallenumgang der Prämonstratenserabtei Granzow in der Uckermark, die von St. Jakob zu Brünn abhängig ist, kündigt sich diese Entwicklung an, die sich auch in St. Nikolai zu Berlin gegen 1380 niederschlägt. Was indessen für St. Marien in Frankfurt tonangebend wird, ist das neue geweitete, *"versachlichte"* Raumgefühl (Ernst Badstübner). Die mächtige Marienkirche zu Königsberg in der Neumark, geweiht 1407, welche nun mit

Hilfe beherzter Bürger gerettet werden soll, gehört zum Spätwerk Brunsbergs. Dasselbe trifft für St. Stefan in Gartz an der Oder zu, wo leider die Wimperge an den äußeren Strebepfeilernischen nicht mehr versetzt worden sind. Am meisten markant hebt ein Brunsbergschüler das Chorhauptmotiv an St. Mauritius zu Pyritz hervor. Die trapezförmige Einsatzkapelle im Scheitel des Chorumgangs wird in den Obergaden hochgezogen und durch einen Turmaufbau betont. Auf diese Weise erhält der pseudobasilikal verdunkelte Kirchenraum einen hellen Zielpunkt. Es handelt sich um eine der interessantesten Lösungen dieser Art.

Durch König Erik von Pommern gelangte die Mittpfeilerstellung nach Skandinavien. Hier wären St. Nikolai in Halmstad und die verlorengegangene Stadtpfarrkirche in Landskrona erwähnenswert. Eigentümlicherweise erfolgte eine breite Rezeption des beschriebenen Umgangsmotivs im Chorscheitel auch in Holland und am Niederrhein, so an St. Martin zu Groningen sowie St. Lambertus in Düsseldorf. Hinzu kommt eine große Gruppe nordniederländischer Sakralbauten, die uns bei unserer Themenstellung wegen ihrer Mischbauweise weniger betrifft.

Höhepunkt des Brunsbergschen Schaffens ist die Fronleichnamskapelle an der Nordwand der Katharinenkirche zu Brandenburg, die er 1401 *"signiert"* hat. Das Innere des zweijochigen Anbaus gibt sich schlicht und linear. Auch der Außenbau entfaltet seinen vollen Reichtum erst über dem Dachansatz, über dem sich eine hohe Scheinfassade aus Maßwerkelementen, eingeschrieben in ein Fialengerüst, erhebt. Brunsberg entfaltet an diesem Werk sein volles Repertoire, diesmal stellt er sogar gebrannte Statuetten in die Nischen. Ohne eine gewisse Standardisierung seiner Formsteintypen konnte er nun nicht mehr auskommen. Einen ähnlichen Aufwand an Terrakotten finden wir sonst nur an St. Johannis in Dorpat. Man fragt sich, wie weit die Arbeitsteilung in seinem Betrieb gediehen war. Brunsbergs Neigung, gerade die tragenden Bauglieder zu dekorieren, war regional vorgebildet, obwohl unser Stettiner Werkmeister in allen seinen Artikulationen plastischer wirkt als die einheimische märkische Richtung, was sich an der Schloßkirche von Ziesar festmachen läßt.

Historisierende Gotik

In die ersten Jahre des 15. Jahrhunderts fällt der Baubeginn für mehrere Vorhaben, die wir im Status ihrer Vollendung als charakteristisch für die ganze Epoche betrachten dürfen. Es sind dies St. Georgen in Wismar, die Nikolaikirchen zu Lüneburg und Wismar, die Marienkirche zu Rostock und St. Petri in Riga. Genau genommen hatte bereits die gewaltige Anlage der Stralsunder Marienkirche den Auftakt dazu gegeben, obwohl dort die für das 15. Jahrhundert kennzeichnende Neigung zur *"historisierenden Gotik"* (Nikolaus Zaske) noch nicht so ausgeprägt ist wie bei den angeführten Beispielen und statt dessen technizistische Züge – so der eigenwillige Fensterschnitt – als innovative Bestandteile ins Auge fallen.

Die Rückkehr zum offenen Strebesystem – bei St. Nikolai in Lüneburg allerdings erst seit 1869 –, die Wiedereinführung von Krypten wie in Lüneburg und Wismar, architektonische Zitate aus der Hochgotik, Achteckpfeiler mit Einschwüngen wie im Deutschordensland, welche in St. Nikolai zu Lüneburg übereck gesetzt werden, und aufgesteilte Raumproportionen mit überhöhtem Obergaden bis zu einer maximalen Scheitelhöhe von 37 m lassen sich als Sonderzüge aufzählen.

Es ist von einer Stereometrisierung des Baukörpers in der Spätgotik und einer Versachlichung des Innenraums die Rede gewesen. Unverkennbar sind auch die aristokratischen Merkmale. Zahlreiche kleinere Stadtkirchen, so in Pommern, wurden nun basilikal umgebaut. Die Vierung kehrt zurück. Bei dem Wiederaufbau der Marienkirche zu Rostock nach einem Turmeinsturz 1398 wird ein Querhaus von derselben Jochanzahl wie das Mittelschiff eingezogen, wobei der Nordabschluß wie ein Chorpolygon gestaltet ist. Vielleicht kommt von hier die Anregung für das mächtige Querschiff von St. Georgen in Wismar, dessen schlanke Giebel von achteckigen Treppentürmchen flankiert werden.

Das Motiv läßt sich weit zurückverfolgen. Über Pelplin und Oliva nach Doberan und Schwerin, in den Frühformen bis Lehnin und Sigtuna; bei St. Georgen in Wismar wird es indessen in schlichter Monumentalität neuformuliert, die ohne Impulse aus dem Ordensland kaum denkbar ist, zumal auch der Lichteinfall von allen drei Seiten durch schmale Fenster, die zu voller Höhe emporsteigen, an Thorner Kirchen erinnert. An dieser Stelle sollten auch die zahlreichen Stadttore, Türme und Rathäuser erwähnt werden, welche die Backsteinarchitektur hervorgebracht hat. Meist findet man sie nicht nur in Stendal, Friedland oder Tangermünde, sondern wider alle Erwartung mit ihren besten, sehr phantasievollen Beispielen auch weit draußen an entlegenen Orten, so in der Neumark.

Nicolaus Fellensteyn

Der Grund, warum man in Wismar die soeben umschriebenen Züge aufgreift, dürfte auch in der Patronanz des Deutschen Ordens zu suchen sein, dem diese Kirche unterstellt war. Im Osten hatte nämlich der Backsteinbau inzwischen seine Vollendung erreicht, die stark von der Profanarchitektur mitbestimmt worden war; man denke an Burgen wie Rheden, Gollub und Heilsberg, um nur einige Beispiele herauszugreifen. Die Erweiterung des Hochschlosses der Marienburg durch einen aufwendigen Residenztrakt für den Hochmeister nach Norden hin mit dem Sommerremter als besonders herausragendem Festraum läßt sich in der gesamteuropäischen Baukunst um 1400 allein mit dem Papstpalast von Avignon vergleichen. Beiden, sich kilometerlang erstreckenden Anlagen gemeinsam sind die monumentalen Blendengliederungen der Fassaden und eine gewisse Verwandtschaft in der Gruppierung der Baumassen.

Für den Ausbau der Marienburg als Residenz hatte man aus der Koblenzer Hauskomturei des Hochmeisters Nikolaus Fellensteyn kommen lassen, den wir als erste Architektenpersönlichkeit des Ordenlandes in Umrissen kennenlernen. Seine aus schlanken Granitpfeilern emporsprießenden Gewölberippen scheinen die darüber schwebenden Gewölbe kaum mehr zu tragen, sondern ihnen Wachstumskräfte zuzuführen. Der von einem einzigen Mittelpfeiler beherrschte, fast quadratische Sommerremter wird von drei Seiten hell durchleuchtet. Im Zentrum sind sechzehn Gewölberippen gebündelt, eine Kraftkonzentration, die an den Wänden auf sehr kräftigen Konsolen wieder aufgefangen wird. Die beiden klar voneinander geschiedenen Fensterzonen können ihre Herkunft aus den Mischbaugebieten am Niederrhein nicht verleugnen: Hier bestehen alle Bauglieder mit ihren horizontalen Stürzen aus Haustein. Fellensteyn war gehalten, seinen feingliedrigen Palastraum in einen massiven Mauerkubus einzuschreiben, weil das Gebäude Teil einer Burg war und Belagerungen überstehen sollte. Nur in diesen Partien – noch nicht einmal in dem zierlichen Wehrgang – herrscht Backstein vor, weshalb sich die Bearbeiter bislang schwer taten, dieses hochbedeutende Denkmal in die regionale Baukunst einzuordnen. Deshalb sollte man sich einmal die inneren Strukturen der Untergeschosse mit ihren zahlreichen Nebengelassen näher betrachten, wo mit Hilfe der *"preußischen Kappe"* Raumformen geschaffen werden, wie sie bis dahin unbekannt geblieben waren. Auch an der Hauptfront zum Fluß und an der Hofseite wird der Segmentbogen zu einem beherrschenden Motiv. Waagrechte Fenster- und Türstürze, blockhafte Zwischenpfeiler und einschneidende Aussparungen für dünne Säulchen unterstreichen diesen Eindruck einer mit völlig neuen Elementen arbeitenden Baukunst, die ihre Ableitung aus dem Nutzbau so umsetzt, daß sie als Hintergrund und Substruktion für die feingliedrige Wölbekunst dienen kann. Es läge an einer noch ausstehenden Monographie, diese Bezüge näher zu untersuchen. Die übrigen von Fellensteyn erledigten Bauaufgaben, die Ordensschlösser Herrengrebin und Bütow waren nicht von derselben anspruchsvollen Art.

Eine grundsätzlich neue Baugesinnung offenbart sich auch in der Blockhaftigkeit des Thorner Rathauses, in dem noch die Giebelfassade des Vorgängers steckt. Monumentale Blendnischen von größerer Plastizität als an der Marienburg beleben die vier Frontseiten. Auch das Stralsunder Rathaus war gegen Ende des 14. Jahrhunderts nach Süden hin zur Vierflügelanlage erweitert worden. Die daneben entstandenen Sakralbauten konnten davon nicht unberührt bleiben. Die Dynamik im Kirchenbau des Deutschordenslandes zeigt sich vor allem in Thorn, wo man an St. Johann noch nach Mitte des 15. Jahrhunderts eine kühne Erhöhung auf den alten Pfeilern vornimmt und eine Erweiterung zur Halle plant. Die Turmpartie wurde nach einem Einsturz von 1407 in ungewöhnlicher Weise in zwei Bahnen hochgezogen, die in dem zurückgesetzten Mittelstreifen eine Sogwirkung suggerieren, wie sie nicht wieder übertroffen worden ist. Die jetzt neben der alten Vorliebe für basilikale Lösungen herlaufende Hallentendenz schlägt sich auch im Langhaus des Kolberger Doms nieder, dessen Verbreiterung und Ausstattung mit Emporen – wohl verursacht durch einen kräftigen Bevölkerungszuwachs – einen voluminösen Baukörper schafft, über den parallel zu einer erheblichen Anzahl ähnlicher Fälle ein mächtiges Schleppdach gezogen wird.

Die Danziger Marienkirche

Mit der Endredaktion von St. Marien zu Danzig, der Großstadt des Spätmittelalters im Ostseeraum, wird schließlich ein Schlußakkord erreicht. Die Oberpfarrkirche der Rechtstadt war erst 1343 begründet worden. Die Vorgeschichte bleibt relativ kurz und umfaßt auch ein basilikales Stadium mit Außenstreben ähnlich dem Aussehen der Pfarrkirche von Dirschau vor ihrer Erweiterung. 1379 soll der Ausbau des Hallenchors beschlossen worden sein, für dessen Grundriß es allenfalls zisterziensische Vorbilder gibt. Ein entscheidendes Moment ist nämlich die Hochführung der eingezogenen Kapellen als Ersatz für Strebepfeiler bis zur vollen Höhe der Mittelschiffsgewölbe. Wieweit Werkmeister Hinrich Ungeradin dafür namhaft gemacht werden darf, bleibt ungewiß. Der Ausbau nach Osten geschieht unter Einschaltung einer klaren Vierung, in der sich Langhaus und Querhaus – beide dreischiffig – überschneiden. Der zentralistische Effekt wird von den quadratischen Nachbarjochen zusätzlich betont. 1410 kommt es zum Stillstand auf der Baustelle. Nach dreißig Jahren war die Vierung überdeckt, während man sich erst nach langer Pause 1484 an die Umgestaltung des älteren, noch basilikalen Langhauses machte. Die Achteckpfeiler im Hochschiff wurden zu diesem Zweck aus dem vollen Mauerwerk herausgestemmt, ein kühnes Unterfangen, das nur im Vertrauen auf die Solidität des Mauerkerns gewagt werden durfte.

Erst an der Schwelle zum 16. Jahrhundert konnte das Werk vollendet werden. Ähnlich wie bei St. Petri II in Lübeck drängt sich im Inneren eine gewisse Richtungslosigkeit auf. Die Seitenschiffe wirken optisch höher als das Mittelschiff, weil sie bereits von Zellengewölben überspannt sind. Prismatische Strukturen scheinen sich auch sonst durchzusetzen. Die Blockhaftigkeit ist uns bereits aus dem Wehrbau vertraut, sie erhält indessen mit den fünf gewaltigen Fassadenspiegeln, die vorwiegend in den 1440er Jahren aufgemauert worden sind, eine Irrationalität, deren unabdingbarer Höhendrang kaum noch zu erfassen ist. Die Verspannungen im Wandkontinuum lassen die einst mit *"caput mortuum"* lasierten Oberflächen wie eine Epidermis wirken, in der die maßwerklosen riesigen Fenster zu schwimmen scheinen. Gänzlich mit den Überlieferungen der westeuropäischen Kathedralarchitektur bricht die Behandlung der Portale, die den Fenstern untergeordnet werden, um auf diese Weise anderen Bauteilen größere Betonung zuteil werden zu lassen, was auch für die inhaltlichen Stellenwerte gilt, denn die religiöse Ergriffenheit, welche breite Schichten der Stadtbevölkerung seit den 1390er Jahren im Ordensland erfaßt hatte, darf nicht unterschätzt werden.

Für die betont schlichte Formensprache der Danziger Marienkirche ist das Wort vom *"Pathos des Verzichts"* geprägt worden (Karl Heinz Clasen). Aber wird hier tatsächlich wie im Nutzbau allein der rationale Kern bloßgelegt? Die angesprochene Nüchternheit, die sich erst über der Traufenlinie in dem Filigran der Treppentürmchen und Fialen auflöst, strebt nach Entmaterialisierung. Zinnenabschlüsse verwehren den Nahblick auf die Seitenschiffsdächer, was als anglisierender Zug gewertet werden darf. Der breit ausladende Westturm steht mit seinen kräftigen, abgestuften Strebepfeilern an den Ecken in der Nachfolge von Damme und anderen Türmen in der Umgebung von Brügge.

Mit der Danziger Marienkirche, die lange Zeit als fünfgrößtes Gotteshaus der Welt zählte, hatte die Backsteinbaukunst eine Grenze erreicht, über die hinaus Monumentalität nicht mehr als solche erfahrbar ist. Dem traditionellen Ideal der klassischen Kathedrale mit ihrer stereometrisch anmutenden Systematik hatte man ein Gegenbild entgegengesetzt, das mit völlig anderen formalen Einheiten arbeitete und jede Rede von der *"Reduktionsgotik"* in Backstein gegenstandslos macht. Jede Behandlung unseres Themas ohne Hinblick auf dieses Denkmal sowie seine Schwesterbauten in Danzig und Thorn muß daher lückenhaft bleiben.

An großen Hallenchören des 15. Jahrhunderts ist neben dem Dom zu Dorpat vor allem Århus zu nennen. Bischof Jens Iversen ließ einen im äußeren schmucklosen, nur von horizontalen Quaderbändern belebten Baukörper aufführen, dessen Chorhaupt von schlanken Rundtürmen flankiert wird. Die Abwandungen im Umgang geben dem Inneren eine ungewöhliche Raumwirkung. Es ist von englischen Einflüssen und lübeckischer Baupraxis gesprochen worden, doch eine überzeugende Herleitung steht noch aus. Die Gewölbe wurden 1467-71 geschlossen.

Eine rasch wachsende Stadtbevölkerung brachte im 15. Jahrhundert in Holland eine intensive Kirchenbautätigkeit hervor, die sich fast durchweg Kathedralbauschemata aus der französischen Hochgotik – vorzugsweise mit kapellenlosen Umgangschören – zueigen machte, oft mit stark gesteilter Tendenz. Das wird noch unterstrichen durch die Mischbauweise in den Kantenarmierungen, dem Maßwerk sowie den Pfeilern und Fialen aus Werkstein, weil man offenbar die hohen Brennstoffkosten für Qualitätsbrände umgehen wollte. Insofern sind diese Denkmäler für unser Thema nur von Belang, als sie über die Formenumsetzungen etwas auszusagen vermögen.

Lichtführung und Spiritualität

Leider pflegt die Lichtführung in den Raumgestaltungen aus Backstein wenig behandelt zu werden; obwohl gerade sie eng zusammenhängt mit den spirituellen Inhalten dieser Architektur. Die Fenster im Chor des Doms zu Århus sind 9 m hoch, förmlich aufgeschlitzt von Lichtöffnungen ist das Querhaus von St. Georgen zu Wismar, wo jedoch wegen nachträglicher Vermauerungen der Seiteneinfall nicht mehr nachvollzogen werden kann. Die Sohlbänke sinken immer tiefer herab. Eine Dynamisierung des Hochchors durch Lichtquellen in der Oberzone in Kombination mit Hallentendenz im Umgang sowie lichtumspielten Rundpfeilern wie in Holland könnte man mit der *"devotio moderna"* in Verbindung bringen. Noch die Maler des Barockzeitalters waren von solchen Lichteffekten begeistert.

Die spirituellen Inhalte dieser Art von Baukunst werden fast immer übergangen und lassen sich nur stellenweise sichtbar machen wie im Deutschordensland. Die heilige Rekluse Dorothea von Montau durchdrang Kirchenmauern mit ihrem Blick, um das *"sanctissimum"* sehen zu können. Ihre Gläubigkeit war Ausdruck einer geistlichen Bewegung, von der die zahlreichen Hagioskope Zeugnis ablegen, die wir in ihrem Einzugsbereich finden. In der Danziger Marienkirche standen die Besucher der Messe ganz untridentinisch kurz vor der Wandlung auf und drängten nach vorn, um besser sehen zu können.

Zur Akustik liegen bislang so gut wie gar keine Untersuchungen vor, obwohl beispielsweise Dähnert eine Quelle überliefert, nach der die Laufgangtribünen von St. Nikolai in Stralsund der Aufstellung von Chören dienten, die sich im Wechselgesang ablösen sollten.

Der Forschungsansatz

Selten ist ein kunstgeschichtliches Arbeitsfeld so ungleichmäßig angegangen worden wie der Backsteinbau in Europas nördlicher Hälfte. Eingeengt durch den landläufigen Begriff *"Backsteingotik"* und willkürlich gezogene Grenzen des 19. und 20. Jahrhunderts wurden die genuin historischen Perspektiven erheblich verkürzt, denn bereits in der Spätromanik waren materialeigene Sonderformen herausgebildet worden. Der Stilumbruch zur Gotik wurde zum Teil schon im Backsteingebiet selbst vollzogen und spielte sich nicht bloß im Schatten der allgemeinen Architekturentwicklung ab.

Unter dem Eindruck der jeweils vor Augen stehenden Denkmäler und einer Unmenge an populären und halbpopulären Darstellungen wurden die Schwerpunkte tendenziös angesetzt. Die mit der Backsteinbaukunst Politik machende DDR-Ideologie verlangte nach einer Bestätigung ihrer kulturellen Autonomie, und sogar noch in den Jahren der Wende meinte man im Westen, mit denselben Ausgrenzungsmethoden die Oder-Neiße-Linie historisch bestätigen zu müssen. Ferner glaubten die meisten Bearbeiter, die Entstehung der neuen Technik zur Mitte des 12. Jahrhunderts, die sich auf mehrere weit auseinanderliegende Regionen verteilt, mit absoluter Priorität für sich allein verbuchen zu können.

Am einschneidensten für die fortschreitende Erschließung des Gesamtgebiets wurde die Teilung der Welt nach 1945, welche eine Bereisung der Denkmäler im östlichen Bereich unmöglich machte oder zumindest sehr erschwerte. Daß die ehernen Arbeitsregeln unseres Fachs eine Begehung an Ort und Stelle voraussetzen, wurde bei den Nachbardisziplinen nicht wahrgenommen, was in den ersten Nachkriegsjahren den Kahlschlag in der kunstgeschichtlichen Forschung auf diesem Feld noch verschlimmerte. Diese Fehleinschätzung maßgeblicher Stellen aufgrund fachfremder Kriterien traf den wissenschaftlich geschulten Nachwuchs am empfindlichsten.

Die Vertreibung der bis Kriegsende für die Denkmäler Verantwortlichen und die immensen Zerstörungen schufen eine eigenartige Situation: Die an ihre Stelle getretenen Fachkräfte hatten zunächst alle Hände voll zu tun mit Aufgaben, die von der Praxis diktiert waren. Allein die zu Wiederherstellungsmaßnahmen dringend nötige Baugeschichte konnte erarbeitet werden, für weiterreichende Forschung fehlte fast immer die Zeit zur Vertiefung. Die durch diese Anstrengungen erbrachten Leistungen zur Rettung bedrohter Bausubstanz erweckten bald die Bewunderung der internationalen Fachwelt.

Die deutsche Kunstgeschichte zog sich unterdessen aus dem Arbeitsgebiet demonstrativ zurück, so daß verwunderte Nachfragen der osteuropäischen Kollegen nicht verstummen wollten. Am propagandistischen Mißbrauch einiger herausragender Denkmäler durch die NS-Machthaber kann es kaum gelegen haben, denn diese waren vordergründig viel mehr auf Kunstwerke wie den Bamberger Reiter oder die Dome zu Quedlinburg und Braunschweig fixiert.

Vor allem der international anerkannte, 1988 verstorbene polnische Kunsthistoriker Jan Białostocki forderte die deutsche Partizipation bei anstehenden Projekten wie beispielsweise der Edition des Steinbrecht-Nachlasses und erkundigte sich über die Nachwuchslage an deutschen Fachinstituten. Doch schon in der Vorkriegsperiode bestand ein auffallender Mangel an grenzübergreifender Zusammenarbeit zwischen den einzelnen Regionen des Backsteingebiets. Erst die Wende von 1990 mit ihrer neuen Freizügigkeit veränderte mit einem Schlag die hier skizzierte Lage: Durch die Anschauung beeindruckt verlangt ein ständig wachsendes Publikum mehr Kenntnisvermittlung, fragen Denkmalpfleger nach wissenschaftlichen Richtlinien für ihre Weiterarbeit. Gewiß hatte es in der DDR eine respektable Bauforschung gegeben, doch unter engen und zeitweise sehr gedrosselten Bedingungen. Ideologischen Vorbehalten wurden außerdem eine Reihe bedeutender Denkmale geopfert, und die Zusammenarbeit mit der Kollegenschaft in Polen hielt sich in Schranken. Heute will man kaum wahrhaben, daß sich diese unglückliche Entwicklung nicht umgehend wieder beheben läßt, denn dazu fehlen jahrzehntelange Anlaufzeiten, wie sie im Wissenschaftsbetrieb üblich sind.

In der Zwischenperiode haben sich außerdem die Forschungsmethoden verfeinert. Die Stereophotogrammetrie, zuerst erprobt bei den Vorbereitungsarbeiten für das Strängnäsinventar 1908, ist heute selbstverständlich geworden. Es stehen naturwissenschaftiche Analysen zur Altersbestimmung zu Gebot, obwohl diese zum Teil noch sehr kostspielig und nicht voll praktikabel sind. Ein gut dotierter Sonderforschungsbereich der Volkswagenstiftung konnte in Lübeck eine Reihe von Einzeluntersuchungen dieser Art durchführen, die indessen noch unpubliziert sind.

Die ältere Forschung glaubte, durch Feststellung der Mauerverbände datieren zu können. Heute betrachtet man sie eher als relatives Kriterium, auf das man allerdings nicht verzichten kann. Statt dessen erwartet man sich mehr Interpretationshilfe von den Ziegelformaten, die von Gottfried Kiesow an einer ganzen Reihe von Objekten ermittelt worden sind. Die Anwendbarkeit der formalen Kriterien, welche sich einst auf eine Aufzählung des architektonischen Vokabulars beschränkte und fixiert war auf darwinistische Entwicklungsmodelle, hat einem größeren Verständnis für die regionalspezifischen Merkmale des Einzeldenkmals Platz gemacht. Auch die Herausbildung von bestimmten Normen und der Paradigmenwechsel wird unter diesem Aspekt betrachtet. Den stilimmanenten Impulsen steht man heute ebenso skeptisch gegenüber wie dem Begriff der *"Materialgerechtigkeit"* (Hans Joachim Kunst). Man rechnet mit Rückbildungen und historisierenden Zitaten im Rahmen einer selektiven Rezeption der Leitbilder wie beispielsweise in dem um 1400 stattfindenden Regenerationsprozeß.

Die Frankfurter Arbeitsgruppe

Die Frankfurter Arbeitsgruppe bildete sich im Anschluß an eine Exkursion in die östlichen Kerngebiete des Backsteinbaus im Sommer 1984. In den Jahren bis zur *"Wende"* kam es vorrangig darauf an, den Kontakt zu den Denkmälern durch Begehungen und Fotokampagnen wiederaufzunehmen. Vor allem galt es, junge Kunsthistoriker, die nicht mehr zur *"Erlebnisgeneration"* gehörten, wieder an das Material heranzuführen. Im engen Zusammenwirken mit dem kunsthistorischen Bildarchiv FOTO MARBURG (ehemals Preußisches Forschungsinstitut für Kunstgeschichte), das noch gegen Kriegsende systematische Fotokampagnen im Osten durchgeführt hatte, wurde die Arbeit nach vierzig Jahren an genau denselben Punkten wiederaufgenommen, wo sie 1944 abgebrochen werden mußte. Neben dem Aufbau einer Sammlung neuer Aufnahmen wurde gemeinsam eine Bibliographie zum Gesamtthema aufgestellt, die fortlaufend weitergeführt werden soll.

Eine enge Fühlungnahme mit den vor Ort tätigen polnischen Kollegen war seit 1984 grundlegend für alle Aktionen der Gruppe. 1991 wurde ein internationales Symposium veranstaltet, um Gelegenheit zum Gedankenaustausch zu bieten. Die Einbindung in den Lehr- und Prüfungsbetrieb der Universität war eine weitere Maßnahme zur Förderung der Motivation. Im Laufe der Jahre sind auch Doktoranden anderer Institute beraten und gutachterlich unterstützt worden.

Der Grundsatz des grenzübergreifenden Arbeitens lenkte unsere Aufmerksamkeit auf Regionen wie Ost- und Westfriesland und das Artois sowie die vielen Wechselwirkungen mit Skandinavien. Durch die *"Wende"* wurde die Arbeitsgruppe vor neue Aufgaben gestellt. Die Denkmäler sind leichter zugänglich geworden, aber die Einwerbung von Drittmitteln stößt auf größere Schwierigkeiten als zuvor. Indem wir mit dem ersten Band der seit langem geplanten Schriftenreihe ein konkretes Ergebnis vorlegen können, scheinen die Aussichten auf eine sinnvolle Fortsetzung der Arbeit zu wachsen.

Gerhard Eimer

Vorwort

Die Spezifizierung der vorliegenden Arbeit auf die Region des Hochstifts Ermland ergibt sich aus der noch zu erörternden Tatsache, daß gerade in diesem ehemals preußischen Bistum die auffällige Geschlossenheit eines Kirchenbautyps in Erscheinung tritt: Es handelt sich bei den städtischen Kirchen überwiegend um dreischiffige Hallen mit geradem Chorschluß. Diese Architekturform ist zwar im Ordensland nicht ungewöhnlich, doch zeigt sich im Ermland eine auffällige Häufigkeit dieses Bautyps. Die bisher nur sekundär analysierten ermländischen Dorfkirchen sind in ihrer Geschlossenheit ebenfalls auffallend konform. Sie stehen in enger Beziehung zur Entwicklung in den Städten. Es sind einfache, zumeist turmlos geplante Saalbauten, überwiegend mit plattem Chorschluß.

In der Region des späteren Bistums Ermland begannen die ersten Missionierungsversuche schon um das Jahr 1000. Erst durch die Zirkumskriptionsurkunde von 1243 wird das Deutschordensgebiet in die vier Bistümer Kulm, Pomesanien, Samland und Ermland aufgeteilt. Die nachfolgenden Betrachtungen sollen als topographische Modifikation des zu untersuchenden Baubestandes nur Bauten innerhalb der ehemaligen ermländischen Hochstiftsgrenzen (vor 1772) berücksichtigen. Kirchen, die außerhalb der Bistumsgrenzen liegen, jedoch zur ermländischen Diözese gehören, werden nur dann in die Betrachtung einbezogen, wenn sich architektonische Konnexionen zu Bauten innerhalb des Hochstifts ergeben.

Die ermländische Bauforschung befaßte sich bisher vorwiegend mit Einzelfragen. Auch betrachtete man die Stadt- und Dorfkirchen isoliert. Eine typologisch-baugeschichtliche Analyse und ein übergeordneter Vergleich fehlen. Ziel der vorliegenden Arbeit ist es, erstmalig die Entwicklung der Stadt- und der Dorfkirchen miteinander zu vergleichen. Hospitäler, Kapellen und Klosterbauten werden in die Betrachtung nur einbezogen, sofern sich Vergleiche zum untersuchenden Baubestand ergeben.

Vor der eigentlichen Analyse der einzelnen Sakralbauten ist es obligat, die historischen Umstände, die die Region determinierten, darzustellen. Erst dann ist es möglich, das von politischen und gesellschaftlichen Faktoren geprägte Charakteristikum der ermländischen Sakralbaukunst zu verstehen. Danach sind die einzelnen Stadtkirchen in ihrer historischen Genese zu analysieren und zu beschreiben. Zu untersuchen ist die Innovation von spezifischen Baumerkmalen innerhalb der einzelnen Entwicklungsphasen. Zuletzt folgt als Resümee eine vergleichende Zusammenfassung. Der Baubestand der vorhandenen spätmittelalterlichen Dorfkirchen wird zeitlich in drei Entwicklungsphasen gegliedert. Durch vergleichende Betrachtungen werden die bestehenden Wechselbeziehungen analysiert. Weiterhin ist zu klären, ob sich durch die spezifische Einheitlichkeit eine noch genauer zu identifizierende bzw. definierende ermländische Bauschule oder ein Bauhüttenwesen entwickelte. Als abschließende Betrachtung ist festzustellen, in welchem Maße der ermländische Baustil den Baubestand benachbarter Bistümer beeinflußte.

Bei der Betrachtung der geschichtlichen Hintergründe wird klar, warum das einheitlich organisierte Mäzenat im Ermland zugleich eine Vereinheitlichung der mittelalterlichen Sakralbauten zur Folge hatte. Auch zeigt sich, welch bedeutenden Einfluß die

Bischöfe in ihrem Land besaßen und wie sich das Verhältnis zum Deutschen Orden und zum Papst gestaltete.

Im Jahre 1984 nahm der Verfasser an einer Polenexkursion des Kunstgeschichtlichen Instituts der Johann Wolfgang Goethe–Universität Frankfurt am Main unter der Leitung von Prof. Dr. Dr. Gerhard Eimer teil. Als Folge dieser Exkursion bildete sich am Institut die *"Forschungsgruppe Backsteinbaukunst"*. Nach ersten Erkundungsreisen konnte die örtliche Forschungsarbeit in den Jahren 1990 – 1992 teilweise durch Förderungsmittel finanziert werden. In diesen drei Jahren erfolgte zunächst eine Sichtung und fotografische Erfassung der Baubestände im Ermland. Ein besonderer Dank gilt meinen polnischen Kollegen Frau Bogusława Chorostian und Edwin Switala, denen ich besondere Hinweise verdanke und die mir im Frauenburger Dom alle Räume zugänglich machten. Parallel dazu begann die Auswertung des bisherigen Forschungsstandes unter Berücksichtigung neuer polnischer Forschungsergebnisse. Hilfreich hierbei waren die Bibliotheksbestände des Herder–Institutes in Marburg.

Die Verbindungen zum Historischen Verein für Ermland waren ebenfalls fruchtbar. Ein besonderer Dank gilt in diesem Zusammenhang Frau Dr. Brigitte Poschmann für viele wichtige Hinweise.

Weitere wesentliche Anregungen verdanke ich Herrn Prof. Dr. Dr. Gerhard Eimer. Auch der Gedankenaustausch innerhalb der Frankfurter *"Forschungsgruppe Backsteinbaukunst"* war förderlich. Ein besonderer Dank gilt auch meinem Vater und meinem Bruder Uwe, die mir in vielen Stunden bezüglich technischer Fragen innerhalb der Textverarbeitung zur Verfügung standen. Insbesondere danke ich meiner Frau für ihr Verständnis und ihre Geduld bis zum Gelingen der vorliegenden Arbeit.

Am 1.7.1994 fand die Disputation statt, und am 13.7.1994 verlieh mir der Präsident der Johann Wolfgang Goethe–Universität auf Beschluß des akademischen Senats den Moritz von Bethmann–Preis 1993 der Vereinigung von Freunden und Förderern der Johann Wolfgang Goethe–Universität Frankfurt am Main. e.V. für Arbeiten zur Geschichte und Kultur der Deutschen und ihrer Nachbarn in Ost– und Südosteuropa.

Der Kulturstiftung der deutschen Vertriebenen, Bonn, sei für ihre Förderung gedankt.

Schwalbach, im August 1995   Dierk Loyal

1. Einleitung

1.1 Stand der Forschung zur Geschichte und Sakralbautopographie

Bereits zur Mitte des 15. Jahrhunderts schrieb *"... auf Geheiss des Bischofs Paul ..."* der Domdechant Johannes Plastwich eine Geschichtschronik *"de vitis episcoporum Warmiensium"*, die im Jahre 1463 endete. Ebenso befaßte sich Thomas Treter (1547 – 1610) mit der Geschichte des Bistums.[1] Herausgegeben wurde die Chronik Plastwichs als Anhang zu Thomas Treter, *"De Episcopatu et Episcopis ecclesiae Varmiensis"* von Mathias a Lubomierz Treter, Krakau 1685.[2] Diese frühen Geschichtsquellen befassen sich grundsätzlich mit der Bistumsgeschichte. Sie enthalten bisweilen wichtige Daten und Fakten, die für eine baugeschichtliche Untersuchung von Bedeutung sind.

Erst in der zweiten Hälfte des 19. Jahrhunderts intensivierte sich das Interesse an der Erforschung der allgemeinen Geschichte und speziell an der Profan- und Sakralbaugeschichte des Ermlands.

Wilhelm Robert Alexander Ferdinand von Quast (1807 – 1877) war seit 1843 erster königlicher Konservator der Baukunstdenkmäler des preußischen Staates und führte seit 1854 den Titel eines Baurats. Er zählte zu den ersten Baumeistern, die sich nicht nur der Erhaltung von bedeutenden Baudenkmälern widmeten, sondern auch deren Baugeschichte erforschten. So publizierte Quast zwischen 1852 und 1863 die erste bautopographische Untersuchung des Bistums Ermland.[3] In seiner Veröffentlichung betrachtete Quast lediglich die bedeutendsten Baudenkmäler. Die Stadtpfarrkirchen von Frauenburg, Bischofstein, Bischofsburg und Mehlsack, sowie zahlreiche Dorfkirchen blieben unbeachtet. Dennoch besitzt diese Arbeit heute noch eine besondere Bedeutung, da einige Bauten in der Zeit nach 1863 zerstört oder umgebaut wurden.

Wichtig für die weiteren Forschungen war die Erschließung vorhandener Regesten und Urkunden zur Geschichte des Ermlands. Der Historiker Johannes Voigt (1786 – 1863) begründete die wissenschaftliche Geschichtsforschung Preußens. Er publizierte an der Königsberger Universität zwischen 1827 und 1839 neun Bände über die *"Geschichte Preußens"* und 1836 – 1861 die Urkundensammlung *"Codex diplomaticus Prussiae"*, die auch Quast für seine Betrachtungen neben den Chroniken von Plastwich, Treter und Fr. Karl Gottlieb Duisburg (1764 – 1824) nutzte.[4] In der Folgezeit wurden Ge-

---

1 Krollmann (1942), Bd. II, S. 503f.
2 SRW, Bd. I, S. 10 ff. und S. 25.
3 Von Quast studierte 1825 – 1827 in Berlin Theologie, Kameralistik und Kunstgeschichte. 1827 ging er dort zur Bauakademie und wurde Kondukteur bei Schinkel. Er mußte sein Studium unterbrechen, da er das Familiengut seines verstorbenen Vaters übernahm. 1836 konnte er seine Baumeisterprüfung abschließen. Er widmete sich neben seiner Tätigkeit als Architekt besonders der Denkmalpflege und gründete 1853 eine Kommission zur Erforschung und Erhaltung der Denkmale. Klinkott (1988), S. 459. ZGAE (Dittrich) Bd. 11, S. 263f. Krollmann (1942), Bd. II, S. 526. Kieling (1987), S. 19f. Von Quast (1852). Weitere Lit. zu von Quast, vgl. Buch (1990).
4 Krollmann (1941), Bd. I, S. 153.

schichtsvereine gegründet. Im Auftrag des ermländischen Geschichtsvereins erschienen in den Jahren 1860 – 1935 die vier Bände *"Codex diplomaticus Warmiensis oder Regesten und Urkunden zur Geschichte Ermlands"* und *"Monumenta Historiae Warmiensis oder Quellensammlung zur Geschichte Ermlands"*, Mainz 1860 – 1929.[5] Band I und II (1860 und 1864) wurden herausgegeben von den Historikern Carl Peter Woelky (Domvikar in Frauenburg), Johann Martin Saage (Archivar in Frauenburg); Band III (1874) von Woelky; Band IV (1935) wurde bearbeitet und herausgegeben durch Geheimrat Victor Röhrich (Prof. in Braunsberg), Franz Liedtke (Sekretär an der Kurie in Frauenburg) und Hans Schmauch (Privatdozent an der Staatl. Akad. Braunsberg).

Einen primären Beitrag zur Siedlungsgeschichte des Bistums Ermland lieferte Victor Röhrich mit seinem Aufsatz: *"Die Kolonisation des Ermlandes"*, dessen vollständige Fassung zwischen den Jahren 1899 und 1924 in der Zeitschrift für die Geschichte und Altertumskunde Ermlands erschien.[6]

Bereits 1868 wurde neben dem bestehenden Geschichtsverein der ermländische Kunstverein *"... zur Erforschung und Erhaltung der ermländischen Kunstdenkmäler ..."* gegründet.[7] Seit 1870 wurden die *"Mittheilungen des ermländischen Kunstvereins"* in zwangloser Reihe herausgegeben von Dompropst Franz Dittrich (1839 – 1915).[8] Es erschienen bis 1875 lediglich drei Bände mit einigen wichtigen Aufsätzen. So unter anderem der erste Beitrag von Dittrich: *"Über den mittelalterlichen Backsteinbau der baltischen Länder."* Der Aufsatz beschreibt sehr allgemein die besonderen Erscheinungsformen der Backsteinarchitektur, insbesondere der Bauten im Ermland. Dittrich war es, der sich erstmals mit den ermländischen Dorfkirchen beschäftigte. In seinen Beiträgen in der Zeitschrift für die Geschichte und Altertumskunde Ermlands zwischen 1884 und 1893[9] stellte er in den einführenden Worten fest: *"... bei der Spärlichkeit und Unvollständigkeit der Quellen, aus denen sie zu schöpfen in der Lage ist, wird eine Baugeschichte der ermländischen Kirchen immer nur lückenhaft sein, weshalb wir es auch vorläufig nur übernehmen konnten, Beiträge zu liefern, welche zu weiteren Forschungen und genaueren Feststellungen Anregung geben mögen."*[10] Dittrich bemerkte über Quast kritisch, daß er *"... nicht einmal alle Stadtkirchen und von den Landkirchen nur 'mehrere der merkwürdigsten', wie sie dem Verfasser gerade auf seinen Hin und Herreisen aufgestoßen sind, in Wort und Bild zur Darstellung bringt."*

---

5   Wermter (1977), S. 5, schrieb: *"Eine wissenschaftlich fundierte, umfassend angelegte Geschichte der Diözese und des Hochstifts Ermland fehlt leider."* Im Folgenden eine Auflistung der Literatur zur Bistumsgeschichte, soweit oben noch nicht genannt (vgl. auch Literaturverzeichnis):
J. Bender (1872); Dombrowski (1885); Hipler (1872); Matern (1953); Obłak (1959); Olczyk, (1961); Pollakowna (1953); ZGAE (Röhrich), Bd. 12, S. 217 – 266; Pottel (1911); ders. (1925); Romahn (1927); Ruhnau (1837); ZGAE (Schmauch), Bd. 26, 271 – 337; APF (Schmauch), Bd 11, S. 153 – 167; APF (Schmauch) Bd. 15, S. 241 – 265; ZGAE (Thiel), Bd. 3, S. 244 – 268, 409 – 459; ders. (1858); Treter (1637); ZGAE (Wermter), Bd. 29, S. 198–311.
6   ZGAE (Röhrich), Bd. 12, S. 601 – 724; Bd. 13, S. 325 – 487, 742 – 980; Bd. 14, S.131 – 355, 611 – 709; Bd. 18, S. 243 – 394; Bd. 19, S. 173 – 306; Bd. 20, S. 1 – 227; Bd. 21, S. 277 – 337, 394 – 411; Bd. 22, S. 1 – 31.
7   ZGAE (Dittrich), Bd. 11, S. 264.
8   Krollmann (1941), Bd. I, S. 135.
9   ZGAE (Dittrich), Bd. 8, S. 599 – 646; Bd. 9, S. 174 – 252 und 412 – 451; Bd. 10, S. 585 – 742.
10   ZGAE (Dittrich), Bd. 8, S. 602.

Dittrichs Versuch einer Baugeschichte ermländischer Kirchen blieb jedoch gleichfalls ein unvollständiger Beitrag.

Auch die verschiedenen kleineren baugeschichtlichen Aufsätze von Eugen Brachvogel (1882 – 1942) lassen sich eher als ein Ausdruck der Freude an der Kunst bewerten. Er selbst betonte öfters seinen *"blutigen Dilettantismus"*. Seine Fähigkeiten und Verdienste in der wissenschaftlichen Betrachtung lagen mehr bei der Copernicus–Forschung.[11]

Im Jahre 1871 ergriff das preußische Staatsministerium den Gedanken der Erforschung von Denkmälern nach Provinzen. Für die Provinz Ostpreußen beauftragte man 1886 Adolf Boetticher (1842 – 1901). Im Jahre 1891 berief ihn das Ministerium zum Konservator von Ostpreußen.[12] Im Jahre 1894 erschien in Königsberg i. Pr. mit dem vierten Heft das den Baubestand lückenlos erfassende Inventar von Boetticher.[13] Im Jahre 1906 folgte das *"Handbuch der Nordostdeutschen Kunstdenkmäler"* von Georg Dehio (1850 – 1932).[14] Als Neufassung dieser Ausgabe entstand das Handbuch von Dehio/Gall, das erst im Jahre 1952 unter Mitwirkung von Bernhard Schmid und Grete Tiemann erschien. Die dortige Inventarauflistung berücksichtigt zwangsläufig nur den Stand des Jahres 1944.[15]

Bezüglich der ermländischen Dorfkirchen erschienen vor 1945 nur sehr vereinzelt kleinere Aufsätze.[16]

Eine überarbeitete Neuauflage der Bautopographie in der Reihe 'Dehio–Handbuch der Kunstdenkmäler West – und Ostpreußen' mit Angaben zum Erhaltungszustand sowie eine Beschreibung der Kriegszerstörungen brachte Michael Antoni im Jahre 1993 zum Abschluß.[17] Die in diesem Handbuch zusammengefaßten Angaben beruhen allerdings überwiegend auf der vorherigen Ausgabe von 1952. Die neueren Forschungsergebnisse zur ermländischen Bauforschung wurden kaum berücksichtigt.

Erst im Jahre 1978 gab der polnische Kunsthistoriker Tadeusz Chrzanowski einen Kunstführer über die kirchlichen Denkmäler des nördlichen Ermlands heraus. Die Erkenntnisse Quasts, Boettichers und Dehio/Galls wurden wesentlich ergänzt und die thematischen Zusammenstellungen der Kunstwerke weitergeführt.[18] Doch blieb auch diese Arbeit nur eine topographische Zusammenstellung. Auf Herkunft und Filiation außerhalb des Bistums wurde nur ansatzweise eingegangen.

Die polnischen Kunsthistoriker Marian Arszyński und Marian Kutzner erstellten im Jahre 1980 erstmalig wieder ein Bauinventar, das das nördliche Ermland mit den

---

11 ZGAE (F. Buchholz), Bd. 28, S. 1–42, (mit Schriftenverzeichnis). Brachvogel war von 1907–1917 Domvikar, 1917–1921 Benefiziat der Frauenburger St. Annenkapelle mit dem Titel 'Probst', 1921–1931 Subregens bzw. Regens am Priesterseminar in Braunsberg, 1931–1924 Pfarrer in Tiedmannsdorf.
12 Krollmann (1941), Bd. I, S. 66f., ZGAE (Dittrich) Bd. 11, S. 265.
13 Boetticher (1894).
14 Georg Dehio (1906).
15 Dehio / Gall (1952). (Bearbeitung vor 1944 unter Mitwirkung von Berhard Schmid und Grete Tiemann).
16 Vgl. hierzu Fußnoten zu den einzelnen Dorfkirchen und Literaturverzeichnis.
17 Antoni (1993).
18 Chrzanowski (1978).

Orten Braunsberg, Frauenburg und Wormditt betraf.[19] Diese Arbeit lieferte jedoch keine neuen Ergebnisse. Beide Autoren faßten lediglich die bisher bekannten Fakten zusammen.

Marian Kutzner setzte sich 1978 intensiv mit den gesellschaftlichen Prämissen der Herausbildung eines individuellen Charakters der sakralen gotischen Architektur des Ermlands auseinander. Seine Betrachtungen beruhen auf soziologischen Voraussetzungen.[20] Gerade zur Klärung, ob jemals eine ermländische Bauschule oder Bauhütte existierte, bietet dieser Aufsatz einen wichtigen Ansatz, verlangt aber noch nach einer präziseren Verifikation. Ebenso versuchte bereits der Dekan und Oberstudiendirektor Georg Matern (1870 – 1938)[21] in seiner Arbeit: *"Preußische Bauhütten"* (Braunsberg 1911), durch Auswertung verschiedener Quellen Einblicke in das mittelalterliche Gefüge des Bauwesens zu erlangen. In seinem Aufsatz: *"Eine ermländische Bauhütte des 15. Jahrhunderts"* (Heilsberg 1929), versuchte Matern die Besonderheit des ermländischen Kirchentyps herauszuarbeiten.[22] Beide Arbeiten stellten bereits einen wichtigen Ansatz in der Bauforschung dar. Es verwundert, daß diese Aufsätze in der Forschung kaum Beachtung fanden.

Als ersten Ansatz zu einer analytisch – morphologischen Betrachtung über die Entwicklung der gotischen Giebelform im Ermland kann man auch die 1980 publizierte Arbeit von Elżbieta Piłecka bewerten.[23] Die Untersuchung beschränkt sich auf die Entwicklung innerhalb der Hochstiftsgrenzen, ein Vergleich zu den übrigen ordensländischen Bauten fehlt.

Neben den topographischen Werken sei an dieser Stelle auf die Dissertation *"Das Domkapitel von Ermland im Mittelalter"* (Königsberg in Preußen 1911) des Historikers Bruno Pottel hingewiesen. Bezüglich der Verfassungs- und Verwaltungsgeschichte des ermländischen Domkapitels besitzt diese Arbeit noch heute einen besonderen wissenschaftlichen Wert.

Es war Karl Heinz Clasen, der in einem Vortrag im Dezember 1929 vor der Altertumsgesellschaft Prussia in Königsberg in Preußen das ungewöhnliche Erscheinungsbild der ermländischen Hallenkirchen erkannte und als besonderen *'Kirchentyp'* hervorhob. Clasen datierte das Aufkommen des ermländischen Hallentyps in die zweite Hälfte des 14. Jahrhunderts.[24] Ebenso wies Oberbaurat Bernhard Schmid (1872 – 1947) im Jahre 1931 auf die besondere Bauart der ermländischen Stadtkirchen hin und versuchte, den Typ der einräumigen Saalkirchen als eine Weiterentwicklung zu deuten.[25] Seine These ließ sich allerdings, wie sich zeigen wird, nicht erhärten.

Erste Versuche, die Einmaligkeit und Einheitlichkeit der ermländischen Hallenkirche zu ergründen, leistete der Kunsthistoriker Herbert Zink mit seiner 1938 veröffentlich-

---

19 Arszyński / Kutzner (1980).
20 Kutzner (1978), 49 – 88.
21 Krollmann (1942), Bd. II, S. 423f.
22 Matern (1929). Ders. (1911). Bereits Zink ließ die Aufsätze von Matern für seine Untersuchungen völlig außer acht, obwohl Matern wichtige Zusammenhänge und urkundliche Fakten lieferte.
23 Piłecka (1980), S. 73 – 82. Dort weitere Literaturangaben zur polnischen Forschung über das Ermland.
24 Der Vortrag wurde in der Königsberger Allgemeinen Zeitung am 5. Dez. 1929 veröffentlicht.
25 Schmid (1931). Krollmann (1942), Bd. II, S. 619f.

ten Dissertation über die *"Ermländische Hallenkirche"*.[26] Am Ende seiner Einleitung bemerkte er: *"Es darf nicht übersehen werden, daß eine umfassende Bearbeitung der kirchlichen Architektur des Ermlandes durch den Mangel an zuverlässigen Vorarbeiten sowie durch das Fehlen eines brauchbaren Inventars sehr erschwert wird."*[27]

Im Jahre 1942 veröffentlichte Hans Schmauch (1887 – 1966)[28] seinen Aufsatz: *"Die Eigenart der ermländischen Stadtkirchen"*, der zugleich eine kritische Auseinandersetzung zu Zinks Beitrag darstellte.[29] Schmauch kritisierte unter anderem an Zinks Arbeit, daß er den Kirchen in Bischofstein, Bischofsburg und Mehlsack keine Beachtung schenkte. Er nahm an, daß diese Bauten wohl nur in einfacher und einschiffiger Bauweise ausgeführt waren.[30] Weiterhin veröffentlichte er in dieser kritischen Auseinandersetzung wichtige historische Quellen, die Zink außer acht ließ und auf die in der nachstehenden Arbeit an entsprechender Stelle noch besonders eingegangen wird.

Es fehlt neben einer zusammenhängenden, kritischen Auseinandersetzung mit dem vorhandenen sakralen Baubestand auch der Vergleich zu anderen verwandten Bauten außerhalb des Hochstifts. Soweit dieses angestrebt wurde, blieb Zink bei globalen Aussagen. Die Frage nach einer möglichen ermländischen Bauschule bzw. Werkstatt und Relationen zu anderen ordensländischen und weiter entfernteren Bauten untersuchte er nicht befriedigend. Lediglich die Verbindungen zur Pelpliner Klosterkirche sind überzeugend und ausführlich. Die, wie sich zeigen wird, engen Werkstattbeziehungen zu Elbing und Danzig hat Zink, wie sich zeigen wird, in seiner Untersuchung nicht erkannt. Auch blieben ihm die wichtigen Aufsätze von Matern (1911 und 1929) unbekannt. Die Arbeit Zinks blieb bis in unsere Tage der letzte umfassende Versuch, die Genese der ermländischen Hallenkirchen zu ergründen.

In umfangreichen und vielseitigen Forschungsbeiträgen zur ermländischen Sakralbaukunst war man in der 2. Hälfte des 19. Jahrhunderts und vor dem Zweiten Weltkrieg vor allem um umfassende und elementare Inventarisationen bemüht. Die so begründete Backsteinforschung im Ermland fand bedingt durch die Kriegsjahre und durch die politische Situation in den Nachkriegsjahren ein abruptes Ende. Die Zusammenarbeit zwischen den polnischen und deutschen Kunsthistorikern war erschwert. Die Forschung ging dadurch getrennte Wege, und ein überregionaler Vergleich mit den benachbarten westlichen Backsteingebieten unterblieb.

Neben den wenigen großen topographischen Bearbeitungen erschienen vor 1945 verschiedene Beiträge, die sich überwiegend mit einzelnen Bauten beschäftigten. Davon seien nachfolgend nur die wichtigsten Monographien und Aufsätze genannt. Mit der Braunsberger Stadtgeschichte und der dortigen Katharinenkirche befaßte sich besonders Franz Buchholz. So erschien im Jahre 1940 der erste kleine Führer durch die

---

26 Zink (1938).
27 Ebenda, S. 6.
28 Forstreuter / Gause (1975), Bd. III.
29 ZGAE (Schmauch), Bd. 27, S. 398 – 419.
30 Ebenda, S. 399.

St. Katharinenkirche. Eine zusammenfassende Baugeschichte und Zuordnung der Kirche fehlt bisher. Auch Brachvogel schrieb bereits im Jahre 1935 einen kleineren Beitrag zur Braunsberger Pfarrkirche.[31]

Erste neue Hinweise zur Baugeschichte lieferte der polnische Kunsthistoriker Rzempoluch. Er belegte erstmalig aufgrund von Baubeobachtungen, daß der Kirchenraum zunächst als Pseudobasilika errichtet und dann nach Planwechsel als Halle vollendet wurde.[32]

Zur Frauenburger Domgeschichte schrieb Dittrich eine heute noch wichtige Arbeit.[33] Einige ungeklärte Fragen und Fehlinterpretationen konnten ergänzt und berichtigt werden. Die umfangreiche Baugeschichte und die genaue Bearbeitung des Inventars setzte eine gründliche und lückenlose Archivforschung voraus, die noch immer sehr wertvoll ist. Aufgrund der hervorragenden Auswertung der Archivalien durch Dittrich erübrigte sich eine erneute Archivbearbeitung. Im baugeschichtlichen Teil des Kapitels zum Frauenburger Dom werden alle wichtigen Bauveränderungen ausführlich aus den Artikeln von Dittrich zitiert und in einen neuen chronologischen Zusammenhang gesetzt. Auf einen stilistischen Vergleich und die zeitliche Einordnung zu anderen gotischen Sakralbauten ging Dittrich nicht ein. Im Jahre 1922 schrieb Franz Fleischer (1858 – 1924)[34] den *"Führer durch den Dom zu Frauenburg"*. In dieser Betrachtung wurden allerdings nur bekannte Fakten erneut zusammengefaßt, auch lag der Schwerpunkt mehr in der Beschreibung des Dominventars. Eine weitere mehr allgemein gehaltene Betrachtung *"Der Dom in Frauenburg"* lieferte im Jahre 1934 Eugen Brachvogel.[35]

Schmid widmete in seiner Arbeit über *"Die Baumeister im Deutschordensland Preußen"* (Halle 1939) ein eigenes Kapitel dem Dom zu Frauenburg und unterstrich damit den besonderen Stellenwert dieses Baudenkmals.[36] Noch Anton Ulbrich lehnte in seiner *"Kunstgeschichte Ostpreußens"* (Königsberg in Preußen 1932) die Stellung des *"Lyphardus de Daddeln"* als Dombaumeister strikt ab.[37] Während Kletzl in seinem Aufsatz über *"Titel und Namen von Baumeistern deutscher Gotik"* (München 1935) in der Person des Frauenburger Magisters Lifhard von Datteln einen Baupfleger und Verwalter in der fabrica sah, erkannte Schmid das Gegenteil und stellte den Baumeister wohl zu recht und heute allgemein anerkannt in die Reihe der großen ordensländischen Baumeister der Gotik.[38] Nach dem Zweiten Weltkrieg wurden im Dehio/Gall lediglich die bekannten Forschungsergebnisse über den Frauenburger Dom zusammengefaßt.[39] Auch die Untersuchungen von Z. Swiechowski (1953), T. Zagrodzki (1969), J. Obłak (1969), G. Chmarzyński (1972), A. Miłobedzki (1978), G. Reiffer-

---

31 Brachvogel (1935). F. Buchholz (1940).
32 Rzempoluch (1991), S. 38.
33 ZGAE (Dittrich), Bd. 18, S. 549 – 708 und Bd. 19, S. 1 – 172.
34 ZGAE, Bd. 22, S. 141.
35 Brachvogel (1934).
36 Schmid (1939).
37 Ulbrich (1932), S. 35.
38 Kletzl (1935), S. 18 und 34. Schmid (1939), S. 23, 32ff. und 42. Braunfels (1985), Bd. 5, S. 247.
39 Dehio / Gall (1952), S. 195 – 198.

scheid (1984) und F. Borchert (1987) sowie die zahlreichen kleineren Beiträge über den Frauenburger Dom brachten keine wirklich neuen Erkenntnisse.[40]

Erst die Veröffentlichungen polnischer Kunsthistoriker – W. Walczaks über den Dachverband des Frauenburger Doms, M. Lubockas zur Ikonographie der Ausstattung der Domvorhalle in Frauenburg (1973), Z. Nawrockis über die Wehrgänge des Domes (1975) und die 1988 erschienene Magisterarbeit über den Dom von Waldemar Moś cicki – ergaben eine Reihe wichtiger Erkentnisse und neuer Thesen.[41]

Über die Stadtpfarrkirche in Frauenburg fehlt bisher eine gesonderte baugeschichtliche Untersuchung. Bereits Quast ließ sie in seiner Veröffentlichung außer acht. Boetticher betrachtete sie in seinen Untersuchungen nur oberflächlich. Auch Zink schien sich nicht besonders mit dieser Stadtkirche auseinandergesetzt zu haben und datierte ihre Entstehung fälschlich um 1400. Ebenso vernachlässigt bezüglich einer Baugeschichte sind die Stadtpfarrkirchen von Seeburg, Wartenburg, Mehlsack, Bischofstein und Bischofsburg. Anläßlich der 600-Jahrfeier von Seeburg im Jahre 1938 verfaßte Studiendirektor Adolf Poschmann eine Stadtgeschichte. Zur dortigen Kirche lieferte Zink in der genannten Chronik einen Beitrag.[42] Über die *"Geschichte der Stadt Bischofsburg"* schrieb R. Teichert 1943 eine Arbeit, in der sich auch Angaben zur Baugeschichte der Stadtkirche befinden.[43] Über die Kirche von Bischofstein brachte im Jahre 1935 Eugen Brachvogel einen Aufsatz. In dieser Untersuchung wurden nicht nur alle bekannten Fakten in eine neue Übersicht gestellt, sondern auch bisher unbekannt gebliebene Quellen einbezogen.[44] Für einen Rekonstruktionsversuch der gotischen Kirche von Bischofsburg und Bischofstein sind die oben genannten Arbeiten heute noch unentbehrliche Grundlage.

Anläßlich der 550. Jahrfeier von Wormditt schrieb Schmauch 1929 eine kleinere Schrift: *"Zur Geschichte der St. Johannispfarrkirche zu Wormditt."*[45] Rzempoluch veröffentlichte im Jahre 1981 in einem Aufsatz seine Beobachtungen an der Pfarrkirche in Wormditt und faßte seine Ergebnisse zu einer Baugeschichte zusammen.[46] Besonders interessant ist sein Vergleich der Wormditter Kirche mit dem ersten Langhaus der St. Marienkirche in Danzig, so wie es Willi Drost rekonstruierte. Weshalb gerade in Wormditt die einzige ermländische Basilika entstand, ließ Rzempoluch jedoch offen.

Die bedeutende Burg in Heilsberg zog stets das besondere Interesse auf sich. So kam es, daß man die dortige Stadtpfarrkirche kaum beachtete. Auch in dem nur wenige Seiten umfassenden Stadtführer von Rzempoluch aus dem Jahre 1989 wurden über die Stadtpfarrkirche lediglich bekannte Daten zusammengefaßt.[47]

40	Swiechowski (1953), Bd. I, S. 64 – 78. Zagrodzki (1969), S. 181f. Chmarzyński (1972), Obłak (1969). Miłobedzki (1978), S. 512. Reifferscheid (1984). Borchert (1987), S. 162 – 168. Ebenso übernahm Braunfels (1985, Bd. 5, S. 247f.) unkritisch die bekannten Fakten.
41	Walczak (1970); Lubocka (1973); Nawrocki (1975); Mościcki (1988).
42	A. Poschmann (1938).
43	Teichert (1934).
44	ZGAE (Brachvogel), Bd. 35, S. 19 – 56.
45	Vgl. zu Wormditt: ZGAE (Dittrich), Bd. 9, S. 191 – 244.
46	Rzempoluch (1981), S. 89 – 111.
47	Rzempoluch (1989).

Über das Kollegiatstift in Guttstadt veröffentlichte Dittrich in seiner Reihe zur Baugeschichte der ermländischen Kirchen einen ausführlichen Beitrag.[48] Im Jahre 1932 folgte die Dissertation von Anneliese Birch–Hirschfeld.[49] Diese mehr aus einer historischen Perspektive entstandene Arbeit besitzt heute noch einen besonderen Stellenwert in der Forschung. Auf die Baugeschichte und die architektonische Bedeutung sowie Einordnung des Stiftsbaukörpers wird dort nur am Rande eingegangen.

Dekan Georg Matern veröffentlichte in zwei Bänden eine Baugeschichte *"Die Pfarrkirche SS. Petri und Pauli in Rößel"* (Königsberg in Preußen, Bd. I, 1930; Bd. II, 1935).[50] Diese sorgfältige und umfangreiche Arbeit stellt gleichfalls einen wichtigen Beitrag zur ermländischen Baugeschichte dar. Ein Vergleich zu den ermländischen und ordensländischen Bauten fehlt allerdings. Die Schrift von Adolf Poschmann: *"600 Jahre Rößel. Bilder aus alter und neuer Zeit"* (Rößel 1937) brachte keine neueren Erkenntnisse zur Baugeschichte, sondern schloß sich den Untersuchungen Materns an.

In der Reihe der Bau– und Kunstdenkmäler von Ostpreußen verfaßte im Jahre 1933 Carl Wünsch *"Die Bau– und Kunstdenkmäler der Stadt Allenstein"*. Der Baugeschichte und Baubeschreibung der Pfarrkirche St. Jakobi wurde ein eigenes Kapitel gewidmet.[51]

Die Forschungsbeiträge zur ermländischen Sakralbaukunst in der 2. Hälfte des 19. Jahrhunderts befaßten sich schwerpunktmäßig mit der topographischen Erfassung und elementaren Darstellung. Erst nach der Jahrhundertwende bis hin zum Zweiten Weltkrieg erschienen wissenschaftliche Arbeiten, in denen es mehr um Datierungs– und Einzelfragen wie Herkunft und Zuordnung ging. Nach 1945 erschienen lediglich Arbeiten zu spezifischen Fragen oder zu einzelnen Bauwerken.[52]

---

48 ZGAE (Dittrich), Bd. 10, S. 585 – 747.
49 ZGAE (Birch–Hirschfeld), Bd. 24, S. 273 – 438 und 595 – 758.
50 In der älteren Literatur wechselt die Schreibweise zwischen 'Rößel' und 'Rössel'. Sofern es sich nicht um eine zitierte Quelle handelt, wird nachfolgend die bis 1945 amtliche Schreibweise 'Rößel' verwendet.
51 Ergänzend zur Arbeit von Wünsch wäre noch die Schrift von Arendt (1927) zu benennen.
52 Woelky / Saage / Schmauch (Hrsg.), Monumenta Historiae Warmiensis oder Quellensammlung zur Geschichte Ermlands, Codex diplomaticus Warmiensis, oder Regesten und Urkunden zur Geschichte Ermlands, Bd. I – IV, Mainz und Braunsberg 1860 – 1935 (nachfolgend mit CDW abgekürzt); Monumenta Historiae Warmiensis oder Quellensammlung zur Geschichte Ermlands (Mainz 1860 – 1929, insges. 11 Bde.). Weitere wichtige Veröffentlichungen finden sich in der Zeitschrift für die Geschichte und Altertumskunde Ermlands (ZGAE), 1860 – 1943 (insges. 28 Bde. bzw. 85 Hefte), seit 1956 bis heute weitergeführt.

1.2. Topographie und Geschichte

1.2.1 Ursprung und christliche Missionierung

Das Ermland, auch *"Warmia"* nach der *"terra Warmia"* genannt, war einst vor der Christianisierung eine vom baltischen Volksstamm der Prußen besiedelte Region. Das Gebiet der verschiedenen Prußengaue erstreckte sich von der unteren Weichsel bis zum Frischen Haff, vom Drausensee bis hin zur Pregelmündung. Das Gebiet Warmien in der Mitte am Haff gelegen gab dem Bistum seinen Namen, jedoch verlaufen die späteren ermländischen Hochstiftsgrenzen anders. Nur der Mittelteil des prußischen Herrschaftsgebietes gehörte zur späteren ermländischen Diözese und dem Hochstift. Das nördliche Drittel und der Südwesten Warmiens wurden später zu Teilen des Ordensgebiets.[53]

Tacitus nannte in seiner um 98 n. Chr. verfaßten Schrift *"Germania"* die Bewohner dieser Gebiete *"Aestii"*. Das Volk war im Römischen Reich durch den Bernsteinhandel bekannt. Es war seßhaft und lebte in Dörfern und Einzelhöfen. Man baute Getreide und andere Früchte an. Es existierte keine staatliche Einheit, die zersplitterten Stämme wurden von einzelnen Anführern beherrscht. Im 10. Jahrhundert nannte man das dort lebende Volk *"Brus"* und im weiteren Mittelalter *"Prußen"*.[54]

Die Bezeichnung *"Erm–Land"* entstand wohl im frühen Mittelalter.[55] Das spätere Bistum Ermland umfaßte die prußischen Landschaften Warmien, Pogesanien, Klein Barten, Galinden, Teile des nördlichen Pomesanien und von Nadrauen sowie Sudauen in der südlichen Hälfte. Der Bischofsanteil, das Hochstift, entsprach den 1816 gebildeten vier Kreisen Braunsberg, Heilsberg, Rößel und Allenstein.[56]

Die Prußen waren in deutschen und polnischen Augen keine rückständigen Verwandten, sondern ein wildes, kriegerisches, fremdartiges Volk ohne Schrift und Zeitrechnung. Die Sprache und heidnischen Bräuche waren den christlichen Siedlern und slawischen Nachbarn unverständlich, wie auch die Lebensweise mit Vielweiberei und Kindesaussetzung.

Erste Versuche, das Land der Prußen zu missionieren, unternahm der hl. Adalbert von Prag (956 – 997). Er stammte aus dem böhmischen Fürstenhaus Slavnik, mütterlicherseits war er ein Verwandter der Ottonen. Sein Taufname war wohl Wojtech. Er wurde

---

53 Boockmann (1992), S. 79.
54 Im nachfolgenden Text wird die heutige allgemein gebräuchliche Volksbezeichnung *"Prußen"* beibehalten. Im Mittelalter und in späterer Zeit war die Schreibweise *"Pruzzen"* gebräuchlich. Vgl. Jähnig / Biewer (1989), S. 56. Vielfach wird in der Literatur von den *"Preußen"* gesprochen, diese Bezeichnung ist jedoch irreführend, da der Volksstamm der Prußen nichts mit dem späteren Staat Preußen gemein hat. Vgl.: Sante (o.J.), S. 561. *"... um 956 gebraucht der spanisch–arabische Jude Ibrahim Ibn Jakub den Namen 'Brus' (= Prus)..."*. Vgl.: Tacitus, Germania, von Publius Cornelius Tacitus, Kap. 45.
55 Im Lagerbuch Waldemars II. findet sich 1233 die Bezeichnung 'Ermelandia', 1262 die Bezeichnung 'Wormeland', 1388 'Warmeland'. Vgl. CDW, Bd. I, R. Nr. 1, S. 1, 1231 *'Ermelandia'*; R. Nr. 5, S. 2, 1238 *'Warmia'*. Boetticher (1894), S. 4.
56 Nach den Angaben von A. Poschmann (1962, S. 3) hatte das Bistum Ermland im Jahre 1936 eine Größe von 4.248,62 qkm und 277.900 Einwohner. Vgl. auch Boetticher (1894), S. 4.

983 Erzbischof von Prag. Nach seiner Firmung hatte er zu Ehren seines väterlichen Freundes, Erzbischof Adalbert von Magdeburg, seinen Namen geändert. Er kam um 996 in das Gebiet von Danzig, wo er seine Missionsversuche begann und schließlich am 23. April 997 den Märtyrertod fand. Heiden erschlugen ihn mit einem Ruder und durchbohrten ihn mit Spießen.[57] Seine Gebeine wurden im Dom zu Gnesen beigesetzt.[58] Schon kurze Zeit nach seinem Tode begann eine große Verehrung des Heiligen, und sogar Kaiser Otto III. unternahm im Jahre 1000 eine Wallfahrt zu seinem Grab.[59]

Um 1008 versuchte der hl. Bruno von Querfurt erneut eine Christianisierung der ungläubigen Prußen. Er war zuvor Kanoniker zu St. Moritz in Magdeburg gewesen und trat später der Benediktinerkongregation von Camaldoli bei. Erzbischof Dagino von Magdeburg gab ihm die Weihe zum Missionsbischof. Im Jahre 1008 zog er mit 18 Gefährten ins Land der Prußen. Am 14. Februar 1009 wurde auch Bruno von Querfurt zusammen mit seinen Begleitern von den Heiden ermordet.[60]

Die ersten Versuche, die Prußen zu missionieren, blieben somit erfolglos. Auch der um 1210 unternommene Kreuzzug des Dänenkönigs Waldemar zwischen Weichsel und Pregel scheiterte.[61] Missionierungserfolge erzielte erst der Zisterziensermönch Christian, den Papst Innozenz III. im Jahre 1215 zum Bischof der Prußen weihte.[62] Daß die Weihe direkt durch den Papst und nicht durch den Erzbischof von Gnesen als zuständigen Metropoliten erfolgte, zeigt, daß der Innozenz die Prußenmission zu seiner eigenen Sache machte. Die weiteren päpstliche Bullen bestätigen diese Politik.

Im Jahre 1216 widersetzten sich die Prußen erneut erfolgreich den fremden Eindringlingen, die ihnen einen anderen Glauben aufzwingen wollten. Schließlich rief Papst Honorius III. zum Kreuzzug gegen die widerstrebenden Prußen auf. Sein Ruf fand jedoch keinen Widerhall.[63] Die Gefahr durch die aufständischen Prußen erreichte im Jahre 1218 erneut einen Höhepunkt, so daß die angrenzenden polnischen Teilfürstentümer Masowiens mit dem Schlimmsten rechnen mußten.[64]

Am 5. Mai 1218 wurde durch eine päpstliche Bulle die Unabhängigkeit Bischof Christians bestätigt. Der Papst ermächtigte Christian, Kathedralkirchen zu errichten und Priester zu Bischöfen zu weihen.[65]

Papst Honorius III. ernannte 1224 den gebürtigen Kölner Wilhelm von Modena zum päpstlichen Legaten für Livland und das Gebiet der Prußen. Hierin drückte sich nicht

---

57 Kirschbaum / Braunfels (1968 – 1976), Bd. 5, S. 25. Andere Vermutungen gehen davon aus, daß sein Martyrium im Samland statt fand, vgl. Borchert (1987), S. 287.
58 Darstellung der Tötung von Adalbert an der um 1130 entstandenen Domtür in Gnesen.
59 ZGAE (A. Kolberg), Bd. 15, S. 5.
60 Weltzer und Welte (1886), Bd. 2, S. 1373f. Das Sterbedatum wird in der Forschung unterschiedlich angegeben (1008 oder 1009). Kirschbaum / Braunfels (1968 – 1976), Bd. 5, S. 451.
61 Holst (1981), S. 78.
62 Christian soll aus dem polnischen Kloster Lekno stammen. Sante (o.J.), Bd. 1, S. 562. Vgl.: A. Schneider (1989), S. 88.
63 Hermanowski (1983), S. 10.
64 Zimmerling (1976), S. 100.
65 Schneider (1986), S. 85. Bereits in der Bulle vom 3. März 1217 erhielt Christian die Vollmacht zur Kreuzpredigt (SRW, Bd. I, S. 47, dort Anm. 6).

eine abweisende Haltung des neu gewählten Papstes gegenüber Bischof Christian aus, sondern es war die päpstliche Reaktion auf das Vorgehen Kaiser Friedrichs II., der im Januar 1224 die Neubekehrten in Livland, Litauen und im Gebiet der Prußen in seinen und des Reiches Schutz genommen hatte, d. h. die Ernennung richtete sich gegen den Kaiser, von dem der Papst sich die Führung bei der Missionierung nicht aus der Hand nehmen lassen wollte.

Herzog Swantopolk von Pommern, der auch an von polnischer Seite ausgehenden Kreuzzügen um 1223 beteiligt war, übergab 1227 auf Bitten des Bischofs Michael von Kujavien dem Dominikanerorden die Nikolaikirche zu Danzig. Die Dominikaner sollten von dort aus das Land der Prußen christianisieren. Bereits 1231 läßt sich ihre Tätigkeit in Pomesanien und in der Gegend des späteren Preußisch Holland nachweisen.[66]

1.2.2 Der Deutsche Orden

Nachdem die friedlichen Missionsversuche und Kreuzzüge von polnischer Seite aus gescheitert waren, rief der polnische Herzog Konrad von Masowien den Deutschen Orden zu Hilfe. Als Gegenleistung versprach er dem Orden die Überlassung des Kulmerlandes und der Burgen Nessau und Vogelsang auf dem Westufer der Weichsel.[67]

Kaiser Friedrich II. garantierte dem Deutschen Orden im März 1226 mit der Goldenen Bulle von Rimini die Besitznahme des von Konrad von Masowien angebotenen Kulmerlandes und alle etwaigen Eroberungen im Land der Prußen und schuf damit die Grundlage für den zukünftigen souveränen Ordensstaat.

Da sich der Hochmeister zunächst am fünften Kreuzzug Friedrichs II. 1228/29 ins Heilige Land beteiligte, verzögerte sich der Eroberungszug im Lande der Prußen.[68]

Im Auftrag des Hochmeisters begann Landmeister Hermann von Balk [69] im Frühjahr 1231 mit sieben Ordensbrüdern und einer Pilgerschar vom Waffenplatz Vogelsang bei Nessau aus – nach langer und sorgfältiger diplomatischer Vorbereitung – den planmäßigen Kreuzzug gegen die Heiden östlich der Weichsel. Er eroberte im gleichen Jahr das Gebiet der späteren Stadt Thorn. Kulm erhielt am 28. Dezember 1233 das deutsche Stadtrecht (*Jus Teutonicum*)[70] in Anlehnung an das Magdeburger Recht.[71] Diese Stadtrechte waren Neufassungen. Bald danach wurden weitere Stadtrechte nach dem Kulmer Vorbild vergeben. Im selben Jahr wurden Thorn und Marienwerder angelegt, es folgten in erstaunlich schneller Abfolge die Gründungen der Burgen Rheden (1234), Elbing (1237), Balga (1239) und schließlich (1241) diejenigen der Burgen in

---

66 Roth (1918), S. 3f.
67 Sante (o.J.), Bd. 1, S. 562.
68 Sante (o.J.), Bd. 1, S. 561.
69 Hermann von Balk war erster Landmeister des Deutschen Ordens in Preußen, wo er seit 1230 Thorn, Kulm, Marienwerder und Elbing gründete. Sante (o.J.), Bd. 1, S. 564.
70 Katalog (1990), S. 75. Die erste Kulmer Handfeste vom 28.12.1233 ist vermutlich 1244 verbrannt, am 1.10.1251 wurde die Handfeste erneuert. Vgl. CDW, Bd. I, R. Nr. 3, S. 1. Holst (1981), S. 90.
71 Holst (1981), S. 83.

Braunsberg, Rößel und Heilsberg. In der Schlacht an der Sirgune (Sorge) wurden zahlreiche Prußen getötet.[72]

Bereits am 3. August 1234 übertrug Papst Gregor IX. mit der Bulle von Rieti das Kulmer Land und das neu eroberte Land der Prußen als *"patrimonium sancti Petri"* dem Deutschen Orden als ewigen und freien Besitz, wobei er sich selbst die kirchliche Neuordnung vorbehielt.[73] Das päpstliche Privileg widersprach nicht dem kaiserlichen, sondern war eine zusätzliche Sicherung. Die doppelte Garantie von Kaiser und Papst förderte die Stellung des Deutschen Ordens im neueroberten Land wesentlich.[74]

Gestützt auf das Landheer des Hermann von Balk und mit der Hilfe des Markgrafen Heinrich von Meißen konnte 1237 die Stadt Elbing mit ihrem für Handel und Besiedlung bedeutenden Seehafen gegründet werden.[75] Die dortige Burg wurde Residenz des Landmeisters.

Kolonisten aus der Mark Meißen, Niedersachsen, Westfalen und aus dem Niederrheinischen folgten über die Ostsee ins neu eroberte Land.[76] Neu gegründete Städte und Burgen sicherten als Stützpunkte das Gebiet. Niederdeutsche und Mitteldeutsche, vor allem schlesische Kolonisten, siedelten sich im Ermland an.[77]

Bis 1291 verblieb der Hauptsitz des Deutschen Ordens in Montfort nahe der Stadt Akkon. Nach der Eroberung durch die Araber wurde der Sitz nach Venedig und 1309 auf die Marienburg verlegt.[78]

Die ab 1231 beginnende Eroberung der Prußengebiete durch den Deutschen Orden und die Kämpfe mit den Heiden waren um 1283 nahezu abgeschlossen.[79] Es folgten nach dieser Zeit noch die Übernahme der Gebiete Pommerellen (1309) und Estland (1346). Mit der Verpfändung der Neumark im Jahre 1402 seitens der Markgrafen von Brandenburg und der Besetzung der Insel Gotland 1398 – 1407 erreichte der Ordensstaat seine weiteste Ausdehnung. Innere Geschlossenheit und Stärke sowie eine wohlgeordnete, straffe Administration waren die wesentlichen Gründe dafür, daß der Deutsche Orden sich so lange in diesem Gebiet behaupteten konnte.

Fast gleichzeitig mit der Eroberung der östlichen heidnischen Gebiete durch den Deutschen Orden ließen sich die Dominikaner zwischen den Jahren 1233 und 1238 in Kulm nieder.[80] In der Stadt Elbing erhielten sie am 24. April 1246 von Hochmeister Heinrich von Hohenlohe einen Platz zum Aufbau einer massiven, turmlosen Klosterkirche. Bereits im Jahre 1238 jedoch läßt sich ihre Niederlassung nachweisen. Die

---

72 J. Buchholz (1903), S. 15. Roth (1918), S. 4. Vgl. Sante (o.J.), Bd. 1, S. 562.
73 Katalog (1990), S. 45. Pottel (1911), S. 1. Wermter (1977), S. 5.
74 Sante (o.J.), Bd. 1, S. 561.
75 Weise (1981), S. XX.
76 F. Röhrig (1937), S. 14.
77 Hellmann / Wermter (1959), Bd. 3, S. 1033.
78 Holst (1981), S. 90.
79 Ulbrich (1932), S. 3.
80 Roth (1918), S. 153.

'preußischen' Dominikanerklöster gehörten zur polnischen Ordensprovinz und standen in enger Beziehung zueinander.[81]

Franziskaner bezogen im Jahre 1239 in Thorn ihr erstes Kloster im Ordensgebiet. Es folgten 1258 die Niederlassung in Kulm, 1282 Kloster Neuenburg, 1296 Kloster Braunsberg[82], 1349 Kloster Wehlau und 1364 das Kloster in Wartenburg.[83] Die Franziskanerklöster gehörten zur sächsischen Ordensprovinz.

Über die Errichtung von städtischen Klöstern im Deutschordensgebiet entschieden die jeweiligen Ortsbischöfe. Man wollte damit verhindern, daß die Klöster durch Landbesitz und reiche Stiftungen einen zu großen wirtschaftlichen Einfluß erhielten.[84] Dieser Grundsatz wurde auch vom ermländischen Bischof und dessen Domkapitel befolgt, obwohl letzteres im Gegensatz zu den Domkapiteln der benachbarten Bistümern dem Deutschen Orden nicht inkorporiert war. Das bedeutete, daß im Frauenburger Domkapitel keine Deutschordensbrüder Domherren und Bischöfe werden konnten.

Das Verhältnis der Dominikaner zum Deutschen Orden war von den Anfängen bis gegen Ende des 13. Jahrhunderts gut. Von päpstlicher Seite aus wurden die Dominikaner bevorzugt mit der Aufgabe der Christianisierung betraut. Erst im 14. Jahrhundert änderte sich das Verhältnis. Als Grund hierfür die enge Bindung der Dominikaner zum polnischen Provinzialkapitel und dessen starker Einfluß anzusehen. Dadurch ergaben sich politische Entfremdungen und Konflikte zwischen beiden Gruppierungen.[85]

Anders verhielt es sich mit den Franziskanern. Roth bemerkte hierzu:

> *Von öffentlichen Fragen hielten sich die Minoriten fern. Sie mischten sich nicht wie die Dominikaner in politische Angelegenheiten ein und erregten kein unliebsames Aufsehen in religiösen Streitfragen. Und während die Dominikaner einen schnellen Niedergang nahmen, ... haben die Minoriten durch Leben und Tätigkeit ... zum Wohl des Deutschen Ordensstaates gewirkt.*[86]

Es bildeten sich sogar feste Freundschaften, und bei Streitigkeiten schlichteten die Minoriten unter den Parteien. Bedingt durch die unterschiedlichen politischen Einstellungen gegenüber dem Ordensstaat herrschte zwischen den Dominikanern und den Franziskanern stets ein gespanntes Verhältnis.[87]

1.2.3 Das Hochstift Ermland

462 Noch ehe das Land durch den Deutschen Orden erobert war und die Prußen sich den neuen Herrschern unterworfen hatten, teilte der von Papst Innozenz IV. bevollmächtigte Legat Wilhelm von Modena am 4. Juli 1243 das Kulmerland und das Land der Pru-

---

81 Ebenda, S. 8. CDW, Bd. I, R. Nr. 29, S. 7.
82 Roth (1918), S. 89.
83 CDW, Bd. II, Nr. 368, S. 380.
84 Ebenda, S. 14.
85 Roth (1918), S. 18ff. und 33ff.
86 Ebenda, S. 104f.
87 Ebenda, S. 118.

ßen in vier Bistümer auf und legte die Grenzen von Kulm, Pomesanien, Ermland und Samland fest.[88]

Das Bistum Ermland war nach der Teilung bei weitem die größte der vier Diözesen, was wohl auf die noch ungenügenden geographischen Kenntnisse des Deutschen Ordens und des Legaten über den Umfang des noch zu unterwerfenden, von einem breiten Wildnisgürtel umgebenen Landes zurückzuführen ist. Die Bischöfe erhielten ein Drittel ihrer Diözese als weltliches Herrschaftsgebiet. Damit wurde eine selbständige Territorialherrschaft der Bischöfe und der Domkapitel geschaffen.[89] Der Papst sanktionierte in einer Urkunde vom 8. Dezember 1243 die Landesteilung.[90]

Als Bischofsresidenz wählten die ersten Bischöfe die Burg Braunsberg, wo sie sich zwischen 1250 und 1341, also den Amtszeiten von Bischof Anselm bis Bischof Heinrich Wogenap, befand. Im Zuge der sich weiter nach Süden ausdehnenden Kolonisation des Ermlands und wohl aufgrund des anfänglich gespannten Verhältnisses zu seinem Domkapitel verlegte Bischof Hermann von Prag 1341 – 1349 seine Residenz nach Wormditt. Schließlich wurde Schloß Heilsberg durch Bischof Johann I. von Meißen und dessen Nachfolger um 1350 zur festen Residenz ausgebaut.[91] Erst im Jahre 1836 verlegte Bischof Andreas Stanislaus von Hatten die Residenz nach Frauenburg.[92]

Die Bischöfe teilten ihr weltliches Territorium wiederum mit ihren Domkapiteln im Verhältnis 2:1. Das Ermland fiel aus dem Rahmen der übrigen preußischen Bistümer, deren Kapitel ausschließlich mit Deutschordenspriestern besetzt waren und die in der Folgezeit auch Deutschordensangehörige zu ihren Bischöfen wählten. Wie erwähnt war im Gegensatz hierzu das ermländische Domkapitel als einziges niemals dem Deutschen Orden inkorporiert – der Hochmeister hatte lediglich die Rechte eines Schirmvogtes.[93]

Dies erklärt auch die Wahl der Patrozinien der Stadtkirchen. So konnte Tidick nachweisen, daß die ermländischen Bischöfe einen kleineren Kreis von Heiligengestalten bevorzugten, dazu gehörten die Jungfrau Maria und die Apostel. Tidick bemerkte dazu:

> *So haben die ermländischen Hirten vielfach die Apostel als Kirchenpatrone bevorzugt. Hiervon legen nächst dem Frauenburger Dome vor allem die Pfarrkirchen der (zwölf) Städte des alten Hochstifts Ermland Zeugnis ab, deren acht unter einem Apostelpatrozinium stehen. Die Grundlage für diese Vorliebe ist in der allgemeinen Tatsache zu suchen, daß die Bischöfe des Erdkreises sich stets*

---

88 CDW, Bd. I, R. Nr. 10, S. 3. Wilhelm von Modena wurde Kardinal und Bischof von Sabina, wo er am 31.3.1251 starb (SRW, Bd. I, S. 46, dort Anm. 3).
89 ZGAE (B. Poschmann), Bd. 30, S. 227ff. Vgl. auch Preuß. UB. 1 / 1 Nr. 143. CDW, Bd. I, Nr. 5, dort mit 4. Juli 1243 angegeben *"XLIII quarto die stantis Julii"*; nach Strehlke, SRP, Bd. III, S. 464: der 28. oder 29. Juli 1243.
90 Hellmann (1959), Bd. 3, S. 1032. CDW, Bd. I, R. Nr. 10 – 14, . 3f. J. Buchholz (1903), S. 20.
91 Fleischer (1922), S. 4. Nach dem Zweiten Weltkrieg wurde die Residenz nach Allenstein verlegt.
92 Pottel (1911), S. 81, dort Anm 572.
93 Von seiner Gründung her war das Ermland den anderen preußischen Bistümern und Hochstiften völlig gleich. Für das Gebiet der Hochstifte war der Deutsche Orden de iure nur Schirmherr. Die nachträgliche Inkorporation der Domkapitel der drei anderen Bistümer hatte dann zur Folge, daß sowohl die Bischöfe als auch die Domherren Deutschordenspriester sein mußten, die der Obödienz des Hochmeisters unterstanden.

als Nachfolger der Apostel betrachteten und diesen gern besondere Verehrung gezollt haben, wenn nicht lebendige Lokaltraditionen sie auf andere Wege wiesen, wie es z. B. beim Bistum Samland der Fall war. Immerhin ist es auffallend, daß unter den preußischen Kirchenfürsten gerade die ermländischen Bischöfe diese römische Tradition so stark unterstrichen haben, und wenn man nicht nur an erzieherische Absichten glauben will, so könnte man auf den Gedanken kommen, daß man im Ermland durch einen betonten Apostelkult dem Orden gegenüber auf die apostolische Sendung besonders hinweisen wollte. Ein direkter Beweis hierfür läßt sich natürlich nicht erbringen.[94]

Besonders auffällig ist, daß insgesamt drei Stadtpfarrkirchen – von Heilsberg, Mehlsack und Rößel – den Apostelfürsten Petrus und Paulus geweiht wurden. Diese Patrone finden sich im übrigen Ordensland seltener. Demzufolge wurde im Ermland großer Wert auf die Apostelfürsten gelegt, da man sich wohl in der Tradition des apostolischen Stuhls sah.[95]

Seit der Mitte des 15. Jahrhunderts wurde das Bistum von zahlreichen Kriegen heimgesucht. Zunächst verwüsteten der Städte– (1454 – 1466), Pfaffen– (1467 – 1479) und Reiterkrieg (1519 – 1525) das Land. Im 17. Jahrhundert folgten die drei Schwedenkriege (1626 – 1629; 1654 – 1660; 1700 – 1721) und im 18. Jahrhundert der Siebenjährige Krieg (1757 – 1763).

Das Ermland wurde 1772 dem preußischen Staat einverleibt.[96] König Friedrich II. mediatisierte das Hochstift, auf dessen Gebiet im 19. Jahrhundert die vier Landkreise Braunsberg, Heilsberg, Allenstein und Rößel eingerichtet wurden. Dies hatte auch finanzielle Folgen, so daß wichtige Bauunterhaltungen an den Sakralbauten unterblieben.

Durch die päpstliche Bulle "De salute animarum" vom 16. August 1821 wurde die Diözese Ermland um fünf, bisher zum Bistum Kulm gehörende Dekanate erweitert. Im Preußischen Konkordat von 1929 wurde die Diözese auf die ganze Provinz Ostpreußen ausgedehnt und der neugeschaffenen Kirchenprovinz Breslau als Suffraganbistum unterstellt. Die Vertreibung der deutschen Bevölkerung schuf neue Verhältnisse. Seit August 1945 leiteten apostolische Administratoren mit dem Titel 'Bischof in Allenstein' – seit 1972 als Ordinarien – den polnisch gewordenen Teil der Diözese. Das nunmehrige Bistum Warmia wurde am 25. März 1992 zum Erzbistum erhoben und auf seinem Territorium zwei neue Suffraganbistümer, Elbing/Elbląg und Lyck/Ełk, errichtet. Sitz des Bischofs und Domkapitels sowie der Bistumsverwaltung ist seit 1945 Allenstein/Olsztyn.[97]

94	ZGAE (Tidick), Bd. 22, S. 380.
95	Ebenda, S. 375.
96	Karp (1974), S. 116–136.
97	Hellmann (1995), Bd. 3.

1.3 Kurzbiographien der Bischöfe von 1250 – 1458

Der erste Bischof des Ermlands war Anselm (1250 – 1278).[98] Er war der erste und zugleich einzige Deutschordenspriester auf dem ermländischen Stuhl. Die Weihe erhielt er am 28. August 1250 durch den päpstlichen Legaten Petrus de Collemedio von Albano in der Dominikanerkirche zu Valenciennes.[99]

Gemäß den vom 27. April 1251 und 27. Dezember 1254 datierenden Teilungsurkunden zwischen Orden und Bischof wählte Bischof Anselm den mittleren Teil der Diözese als seine Landesherrschaft aus, die späteren Kammerämter Braunsberg, Guttstadt, Heilsberg, Rößel, Seeburg, Wartenburg, Wormditt, Allenstein, Mehlsack und Frauenburg.[100]

Im Juni 1260 gründete Bischof Anselm sein Domkapitel. Die 16 Domherren, darunter 5 Prälaten, sollten von Bischof und Kapitel gemeinsam gewählt werden. Braunsberg sollte Sitz des ermländischen Bischofs und Domkapitels sein.[101]

In der Urkunde von 1260 findet sich außerdem der erste Beleg dafür, daß Bischof Anselm als Diözesanpatron den hl. Andreas wählte.[102] Ein Motiv für die Patroziniumswahl ist die schon sehr frühe Verehrung des hl. Andreas im Ordensland. So erhielt die um 1250 begonnene Elbinger Schloßkirche diesen Patron als Schutzheiligen. Der größte Schatz in der dortigen Kapelle war ein Stück vom Heiligen Kreuz, das Hermann von Salza als Geschenk von Kaiser Friedrich II. erhalten hatte. Die Reliquie genoß in der Elbinger Burgkapelle große Verehrung.[103] Tidick sah den Grund der Bevorzugung des Apostels Andreas zum einen darin, daß er unter den Aposteln der Erstberufene war und zum anderen, daß er zusammen mit seinem Bruder Petrus als Schutzpatron der Fischer und Schiffer galt. Er wurde daher in Küstenstädten wie Elbing und Braunsberg, deren Erstsiedler aus Holstein und den niederdeutschen Küstengebieten stammten, als Kirchenpatron besonders verehrt.[104] Die Wahl des hl. Andreas als Diözesanpatron kam damit der Tradition der Siedler als Handelsleute und Seefahrer entgegen.[105]

---

98 ZGAE (Schmauch), Bd. 20, S. 704f.
99 CDW, Bd. I, R. Nr. 61, S. 15. ZGAE (Schmauch), Bd. 20, S. 704. ZGAE (Röhrich), Bd. 12, S. 603.
100 CDW, Bd. I, D. Nr. 26, S. 47, und D. Nr. 31, S. 61.
101 CDW, Bd. I, R. Nr. 100, S. 25. Bereits in einer Urkunde vom 20. Mai 1261 wird ein *"... Herwicus canonicus Brunsbergensis plebanus Elbingensis et vices gerens venerabilis partis domini Anselmi warmiensis episcopi ..."* erwähnt (vgl. CDW, Bd. I, D. Nr. 42, S. 79). Dies mag ein Hinweis sein, daß sich bereits ein Domkapitel zu jener Zeit in der Burg Braunsberg befand. Die erste Stiftungsurkunde ist nicht mehr vorhanden und wurde wohl gleich nach Ernennung im Jahre 1260 ausgestellt. Die Bestätigungsurkunde datiert vom 27. Jan. 1264, vgl. hierzu CDW, Bd. I, D. Nr. 48, S. 85. Seit 1255 war das Bistum in geistlichen Angelegenheiten dem Erzbistum Riga unterstellt. ZGAE (Röhrich), Bd. 12, S. 613.
102 Wermter (1977), S. 5.
103 Hauke / Stobbe (1964), S. 31.
104 F. Röhrig (1937), S. 14. Weise (1981), S. 24 und 45f.
105 ZGAE (Tidick), Bd. 22, S. 377. Im Ordensland fand das Patrozinium des hl. Andreas ansonsten fast keine Verbreitung. Tidick (ebenda, S. 376).

Der Orden hatte bereits 1240 in Braunsberg eine Burg errichtet, die zwei Jahre später aufständische Prußen zerstörten. In dieser Zeit erfolgten die Errichtungen der Burgen Heilsberg und Rößel und alsbald auch Stadtgründungen.[106]

Johannes Fleming, Sohn eines Lübecker Ratsherren[107] und Bruder des späteren zweiten Bischofs im Ermland, gründete 1249 in Braunsberg eine Siedlung. Im selben Jahr wird *"Brusebergue"* erstmals urkundlich erwähnt. Die erste Handfeste mit lübischem Stadtrecht verlieh im Jahre 1254 Bischof Anselm.[108] Im zweiten großen Prußenaufstand von 1261 brannte die Burg in Braunsberg erneut nieder.[109]

Seit 1262 wird Anselm auch als apostolischer Legat für Böhmen und Mähren sowie für die Kirchenprovinzen Riga, Gnesen und Salzburg erwähnt. Seine weitere Tätigkeit konzentrierte sich auf die Kolonisation, die staatliche Ordnung der bischöflichen Landesteile, auf die Christianisierung der Diözese und die Schaffung der entsprechenden Einrichtungen.[110]

Im Jahre 1278 starb Bischof Anselm in Elbing, wo er mit seinem Kapitel Zuflucht vor den aufständischen Prußen gefunden hatte.[111]

Kurz nach dem Tod Bischof Anselms wurde Heinrich I. Fleming (1278 – 1301), aus Lübeck stammend, vom Domkapitel *"per viam compromissi"* zum Bischof gewählt. Fleming war vor seiner Bischofswahl als erster ermländischer Dompropst von 1277 – 1279 tätig gewesen.[112]

Unter der Leitung des Bischofs Heinrich Fleming wurde die Kolonisierung im Bistum intensiviert. Durch Einsetzung seiner Geschwister Gerhard, Johannes, Albert und Walpurga konnte er seine Ziele geschickt verwirklichen. Das Land wurde insbesondere durch Lübecker Bürger besiedelt. Zunächst wurde die Küstenregion gesichert und kolonisiert, dann erst folgte das Landesinnere.

Bischof Heinrich gründete im Jahr seiner Wahl erneut die Stadt Braunsberg unweit der zerstörten Erstgründung.[113] Sein Bruder Johannes Fleming leitete als Lokator den Wiederaufbau und der Ort erhielt am 1. April 1284 eine neue Handfeste mit allen Rechten und städtischen Privilegien.[114]

---

106 CDW, Bd. I, R. Nr. 110, S. 28.
107 Der Familienname Fleming, Vleming u.ä. findet sich um 1300 neben Lübeck auch in Rostock und Stralsund. Vgl. Bahlow (1990).
108 Vgl. Schultz (1928), S. 6.
109 a.a.O.
110 CDW, Bd. I, D. Nr. 54, S. 82, D. Nr. 48, S. 85.
111 J. Buchholz (1903), S. 23. ZGAE (Schmauch) Bd. 20, S. 705. Die Verlegung des Kapitels nach Elbing bezeugen die Urkunden von 20.5.1261 und 27.1.1264 (CDW, Bd. I, D. Nr. 42, 48). Eine genaue Bestätigung für den Sterbeort Elbing existiert nicht. Angeblich soll er in der St. Annenkapelle des Ordensschlosses begraben sein, hierzu fehlen entsprechende Belege (SRW, Bd. I, S. 3, dort Anm. 2). Da er Dominikaner war und im dortigen Elbinger Kloster Zuflucht fand, könnte er auch dort begraben sein.
112 Pottel (1911), S. 37. SRW, Bd. I, S. 3, dort Anm. 3.
113 ZGAE (Röhrich), Bd. 12, S. 622, vgl. dort die Diskussion über die Lage von Erst– und Zweitgründung.
114 CDW, Bd. I, D. Nr. 56, S. 79ff. In der Urkunde aus dem Jahre 1282 wird erstmalig die Burg Braunsberg genannt *"castro Brunsberg"* (CDW, Bd. I, D. Nr. 61, S. 108). J. Buchholz (1903), S. 23). Preuß. UB Bd. I, Nr. 436, S. 278

Gerhard Fleming, ebenfalls ein Bruder des Bischofs, gründete zwischen 1270 und 1278 die Stadt Frauenburg, die analog Braunsberg lübische Rechte erhielt.[115] In einer undatierten Urkunde von 1278 findet sich folgende Bemerkung:

> ... *Heinricus dei gracia Warmiensis Episcopus, desolacioni Ecclesie nostre condolentes, et eius promocionem intendentes, de communi consensv et assensv nostri Capituli Gerhardo fratri nostro, qui primus exstitit fundor et tutor tocius Ecclesie nostre, ...*[116]

Demnach wird Gerhard nicht nur als Gründer von Frauenburg, sondern auch als Schützer *"unserer"* Kirche bezeichnet. Man faßte wohl kurz nach der Bischofswahl von 1278 den Beschluß, das Domkapitel von Braunsberg nach Frauenburg zu verlegen. Vermutlich waren es die großen Prußenaufstände, die diese Verlegungsabsichten begründeten. Die Wehranlage von Frauenburg als Höhenburg erschien fortifikatorisch geeigneter als die im flachen Land liegende Burg Braunsberg. Auch war genügend Platz vorhanden für Wohn-, Wirtschafts- und Verwaltungsbauten neben der zu errichtenden Kathedralkirche. Die Verlegung konnte jedoch nicht sofort nach Beschluß realisiert werden – zunächst erfolgte die Planung. Es war erforderlich, die vorhandene Burg in Frauenburg auszubauen. Es mußten Wohn- und Wirtschaftsräume für die Domherren entstehen und eine provisorische kleinere Domkirche errichtet werden. Auch waren vor der Verlegung die ökonomischen Voraussetzungen, wie Wasser- und Wirtschaftsversorgung zu schaffen. In der Zwischenzeit fanden die Sitzungen des Domkapitels weiter in der Burg von Braunsberg statt. Die dortige Kapelle war dem Apostel Andreas geweiht. Daraus läßt sich ableiten, daß die Kapelle als erste Kathedrale anzusehen ist, bis der geplante Frauenburger Dom vollendet war. Das Domkapitel konnte demzufolge nach dem Beschluß von 1278 den Umzug erst nach 1284 realisieren.[117]

Bereits Bischof Anselm muß dem Frauenburger Domkapitel ein Drittel des bischöflichen Teils zugewiesen haben, wie aus der Vertragsurkunde vom 2. September 1288

---

115 B. Poschmann (1986), Bd. III, S. 2159. CDW, Bd. I, D. Nr. 54, S. 92. Katalog (1990), S. 76.
116 CDW, Bd. I, D. Nr. 54, S. 92f und R. Nr. 121, S. 32.
117 Ein genaues Datum der Entscheidung zur Verlegung des Domkapitels ist urkundlich nicht überliefert. Es gibt aber in der Verschreibungsurkunde vom Jahre 1278 einen möglichen weiteren Hinweis, der eine Verlegung um 1278 andeutet. Die Domherren hatten *"obstaculum canonicorum"* in der Baude ein Wehr errichtet, damit in dem angestautem Wasser Fische gezüchtet werden konnten *"pro captura piscium"*, wohl um damit das Domkapitel zu versorgen. Weiterhin baute man einen Kanal, der den Ort Frauenburg mit Wasser versorgen sollte (CDW, Bd. I, D. Nr. 54, S. 93, dort Anm. 9). Reifferscheid (1984), S. 11. Da aber in einer Urkunde aus dem Jahre 1284 noch ein Peregrinus als *"canonicus Brunsbergensis"* genannt wird (CDW, Bd. I, D. Nr. 68, S. 118), kann man davon ausgehen, daß erst nach dieser Zeit das Kapitel und die Domkirche nach Frauenburg verlegt wurden. Die von Dittrich (ZGAE, Bd. 18, S. 552) vermutete Verlegung nach 1275 erscheint aufgrund der zitierten Urkunde als zu früh. Auch die Datierung um 1280 in dem Aufsatz von C. Klein ist demzufolge zu früh. Vgl. C. Klein (1963), Nr. 2, S. 6. Bergaus Vermutung aufgrund der Urkunde CDW, Bd. I, D. Nr. 54, S. 94 und Bd. II, S. 52, daß das Domkapitel bereits 1278 nach Frauenburg verlegt worden sei, ist nur bedingt richtig. Richtig ist, daß eine Verlegungsabsicht geäußert wurde, der eigentliche Umzug kann aufgrund obiger Begründung erst nach 1284 anzusetzen sein. Vgl. Bergau (1871), Heft 2, S. 44ff. Diese Meinung vertrat auch Fleischer (1922, S. 4). Der Chronist Plastwich berichtete, daß das Domkapitel sich vorläufig die Kapelle der Burg Braunsberg eingerichtet hatte (SRW, Bd. I, S. 52).

hervorgeht. Die Domherren erhielten *"ex antiqua donatione"* ein Drittel des Hochstifts.[118]

Zum Eigentum des Frauenburger Domkapitels zählte 1288 der Landstrich südlich von Frauenburg und das Land Wewa, in welchem später der Ort Mehlsack lag. Im Jahre 1348 besiedelten Kolonisten die Gegend um Allenstein. Weiterhin gehörten dem Kapitel noch zwei Dörfer in Barten und später noch einige um Seeburg, Wormditt und Braunsberg.[119]

Bischof Heinrich I. Fleming starb am 15. Juli 1301 in Frauenburg.[120] Sein Grab befindet sich im Frauenburger Dom, auf der Nordseite des Mittelschiffs, vor dem sogenannten Maturaltar. Er war der erste Bischof, der im Dom beigesetzt wurde.[121]

Seit 1290 förderte der aus Schlesien stammende Bischof Eberhard von Neisse (1301 – 1326) als Kapitelsadministrator mit Hilfe seiner schlesischen Siedler die Kolonisation der *"terra Wewa"*, des mittleren Teils des Bistums und späteren Gebiets um Mehlsack. Eberhard war 1275 – 1276 Notar und Domherr, ab 1287 Pfarrer von Braunsberg, seit 1289 Kantor in Frauenburg und ab 1290 *"Procurator Capituli"*.[122] Seine Wahl erfolgte per *"viam compromissi"* durch das Kapitel. Die Konsekration fand am 6. Oktober 1301 statt.[123] Am 6. März 1302 bestritt Erzbischof Isarnus von Riga energisch die Gültigkeit der Wahl des Bischofs Eberhard von Ermland, da dies nicht in seinem Auftrag geschehen sei. Die Wahl wurde dennoch bestätigt, und Eberhard von Neisse blieb im Amt.[124]

Bischof Eberhard verlieh Stadtrechte an Frauenburg (1310, lübisches Recht), Wormditt (1316, kulmisches Recht) und Heilsberg (1308, ebenfalls kulmisches Recht). Diese Orte werden schon im 13. Jahrhundert als *"Heilsperch"*, *"Frouwenburg"* und *"Wurmedyten"* genannt. Im Jahre 1312 gründete das Domkapitel die Stadt Mehlsack. Der Ort *"Malcekuke"* findet schon 1282 urkundliche Erwähnung.[125] Die Stadt Guttstadt und die Burg von Wartenburg wurden 1325 auf Betreiben des Bischofs angelegt.[126]

Am 25. Mai 1326 starb Bischof Eberhard.[127] Das Domkapitel wählte den Dompropst und *"plebanus in Retz"* Magister Jordan (1327 – 1328) als Nachfolger. Er war zuvor Pfarrer in Christburg.[128] Der Erzbischof von Riga erkannte jedoch auch hier die Wahl

---

118 CDW, Bd. I, D. Nr. 78, S. 135. In dieser Urkunde wird bereits von einer Kirche gesprochen: *"Quae tertia pars incipit a castro Dominae nostrae, ubi est ecclesia Cathedralis"*.
119 Boetticher (1894), S. 5.
120 Hauck (1958), Bd. 5, S. 1187. ZGAE (Schmauch), Bd. 20, S. 707. Aufgrund der Untersuchungen von Bernhard Schmid (1935, Nr. 139) konnte eindeutig nachgewiesen werden, daß Bischof Heinrich Fleming im Jahre 1301 verstorben ist. Schmid verglich die Minuskelform auf dem Grabstein mit den Minuskeln der Weiheplatte im Domchor und stellte fest, daß beide wohl zur gleichen Zeit entstanden sind. Demzufolge konnte der Grabstein erst zur Zeit der Chorweihe um 1342 vollendet worden sein. Brachvogel (ZGAE, Bd 25, S. 811) folgerte logisch daraus: *"Keinesfalls darf der Grabstein fernerhin noch für baugeschichtliche Folgerungen in Anspruch genommen werden ..."*
121 ZGAE (Hipler), Bd. 6, S. 292f.
122 Pottel (1911), S. 39. SRW, Bd. I, S. 4.
123 ZGAE (Schmauch), Bd. 20, S. 707f.
124 CDW, Bd. II, Nr. 547, S. 577.
125 ZGAE (Hipler), Bd. 6, S. 293f.
126 ebenda, S. 294.
127 ZGAE (Schmauch), Bd. 20, S. 709.
128 ZGAE (Röhrich), Bd. 18, S. 244

nicht an. Erst nachdem der Erzbischof in Avignon vor dem Papst nachgab, erhielt Jordan am 12. August 1327 zu Avignon von Erzbischof Johann von Toledo die bischöfliche Weihe. Jordan starb jedoch schon am 26. November 1328.[129]

Als Nachfolger wurde 1328 Heinrich II. Wogenap (1392 – 1334) gewählt und erhielt wohl im August 1329 die Bischofsweihe.[130] Er läßt sich urkundlich bereits 1305 als ermländischer Domherr nachweisen, war 1317 – 1328 Kustos und von 1328 – 1329 Dompropst in Frauenburg.[131] Er war der erste Elbinger auf dem Bischofsstuhl. In seiner Regierungszeit leitete der Bischofsvogt Heinrich von Luter das Kolonisationswerk im südöstlichen Teil des Bistums. Dort war die Zahl der Prußen besonders groß.[132] 1329 erhielt Guttstadt das Stadtprivileg.

Heinrich Wogenap bat Papst Johannes XXII. bereits kurz nach seiner Weihe im Jahre 1329 um Ablässe zur Errichtung einer Domkirche. Er begann mit dem Massivbau des Frauenburger Doms. Nach seinem Tode am 9. April 1334 – die Beisetzung erfolgte im unvollendeten Dom [133] – begann ein Streit um die Kathedra: Es war dem Deutschen Orden gelungen, seinen Einfluß innerhalb des Domkapitels zu vergrößern. So wurde der im Ordensdienst stehende Domherr Martin von Guideto 1334 zum Bischof gewählt, der aber von der Kurie nicht anerkannt wurde. Folge des Streits war eine von 1334 – 1337 dauernde Sedisvakanz des bischöflichen Stuhls.[134] Während dieser Zeit lag die Administration in den Händen des vom Domkapitel gewählten Bistumsadministrators.[135] Als Folge der Sedisvakanz wurden die Bauarbeiten am Frauenburger Dom und an anderen Kirchen im Hochstift nach und nach eingestellt.

Schließlich providierte Papst Benedikt XII. 1337 den Domkustos von Prag und päpstlichen Hofkaplan in Avignon Hermann von Prag (1338 – 1349). Dieser war Doktor des kanonischen Rechts und Auditor der Rota in Avignon. Er erhielt am 3. Dezember 1337 in Avignon vom Papst seine bischöfliche Weihe.[136] Wegen der Ablehnung des Frauenburger Domkapitels konnte er erst 1340 sein Bistum betreten.[137] Am 24. November 1338 hatte er den aus dem Kloster Goldenkron bei Krumau/Böhmen (Diözese Prag) stammenden Zisterzienser Paulus Pauri als Verweser im Ermland eingesetzt.[138] Eine

---

129 CDW, Bd. II, Nr. 551, S. 580 und Nr. 552, S.583. ZGAE (Hipler), Bd. 6, S. 294. ZGAE (Schmauch), Bd. 20, S. 709ff. SRW, Bd. I, S.4. Pottel (1911), S. 99.
130 Hauck (1958), Bd. 5, S. 1188. ZGAE (Schmauch), Bd. 20, S. 711.
131 Pottel (1911), S. 38. SRW, Bd. I, S. 4. ZGAE (Eichhorn), Bd. 3, S. 310.
132 ZGAE (B. Poschmann), Bd. 30, S. 342. Heinrich von Luter war von 1333 – 1342 Bischofsvogt.
133 CDW, Bd. I, D. Nr. 244, S. 408.
134 Pottel (1911), S. 5 und 94. Hauck (1958), Bd. 5, S. 1188. Vgl. hierzu Röhrich (1908). ZGAE (Schmauch), Bd. 20, S. 713.
135 Pottel (1911), S. 86. Gewählt wurde der Kanonikus *"magister Nicolaus von Brunsberg administrator, vices gerens venerabilis patris nostri domini Episcopi"* oder *"tunc temporis administrator in Brunsberg"*.
136 CDW, Bd. II, Nr. 554, S. 585. Hauck (1958), S. 1188. ZGAE (Schmauch), Bd. 20, S. 715. SRW, Bd. I, S. 56. ZGAE (Birch–Hirschfeld), Bd. 24, S. 280.
137 ZGAE (Schmauch), Bd. 20, S. 714.
138 CDW, Bd. II, Nr. 556, S. 588. *"... Dominos fratrem Paulum Pauri (Pauci) de Praga, professum monasterii sante Corone Cistersiensis ordinis Pragensis dyocesis"*. Weiterhin beauftragte er zur Verwaltung den Domherrn von Prag und Saaz Bartholomäus Gerlach, den Scholastiker von Melnik und Domherrn von Wissegrad Johannes, und zu seinem Hofkaplan berief er den von Melnik stammenden Nikolaus Puschmann, ZGAE (Röhrich), Bd. 18, S. 248.

Tätigkeit des Paulus Pauri im Ermland ist urkundlich nicht faßbar. Auffällig ist allerdings, daß noch vor der Ankunft des Bischofs Hermann Bautätigkeiten wieder aufgenommen wurden. Da das Domkapitel während der Sedisvakanz nichts gegen das Erliegen der Bautätigkeit unternahm, stellt sich die Frage nach der treibenden Kraft. War es Paulus Pauri, der im Namen des Bischofs nicht nur den zügigen Weiterbau der Domkirche förderte, sondern auch die im Bau befindlichen ermländischen Stadtkirchen in Frauenburg und Seeburg, sowie bei den Dorfkirchen in Bertung, Pettelkau und Plaßwich zum Weiterbau veranlaßte?

Das Domkapitel verlieh in der Zeit der Abwesenheit des Bischofs Stadtrechte an Rößel (1337) und Seeburg (1338).

Am 18. August 1340 bestätigte Bischof Hermann in Braunsberg die Gründung der Stadt Seeburg.[139] In diesen Jahren sorgte der Bischof für die Erweiterung Braunsbergs und gründete mit lübischem Recht die Neustadt–Braunsberg.[140]

Seine Residenz verlegte Bischof Hermann von Prag im Jahre 1341 nach Wormditt.[141] Bei der Verlegung der Residenz spielten zwei Faktoren eine wesentliche Rolle: Aufgrund der anfänglich ablehnenden Haltung des Kapitels gegenüber Bischof Hermann von Prag war das weitere Zusammenarbeiten erschwert. Zudem mußte die Kolonisierung im südöstlichen Bistum vorangetrieben werden.

In der nachfolgenden Zeit begann in Wormditt eine rege Bautätigkeit. Das Rathaus und die Pfarrkirche wurden errichtet. Hermann von Prag hielt dort seine erste Diözesansynode ab, gründete 1341 das einzige Kollegiatstift mit Sitz in Pettelkau, das Bischof Hermann und dessen Domkapitel später nach Guttstadt verlegten. Weiterhin richtete er, beeinflußt durch den in seiner Heimat Böhmen sich ausbreitenden Frühhumanismus, die Domschule in Frauenburg, die Stiftsschule in Guttstadt und die Bischofsschule im Schloß Heilsberg ein. In seiner Regierungszeit gründete er mit Zustimmung des Papstes Klemens VI. am 20. November 1347 das Augustinerkloster in Rößel und schenkte den Mönchen zum Bau eines Klosters Grund und Boden neben der Burg. Es war das erste Augustinerkloster im Ordensland. Die ersten Mönche kamen wohl aus Böhmen.[142]

Bischof Hermann von Prag weihte am Sonntag Cantate (28. April) 1342 den Frauenburger Domchor.[143]

Domherrn von Wissegrad Johannes, und zu seinem Hofkaplan berief er den von Melnik stammenden Nikolaus Puschmann, ZGAE (Röhrich), Bd. 18, S. 248.
139 CDW, Bd. I, D. Nr. 308, S. 497.
140 Vergleiche zur Datierung der Gründung der Neustadt.
141 CDW, Bd. II, S. 12, Nr. 11.
142 CDW, Bd. III, Nr. 96. B. Poschmann (1986), Bd. 3, S. 2195. ZGAE (Birch–Hirschfeld), Bd. 24, S. 280. Dehio / Gall (1952), S. 225. Die Klostergebäude sind aufgrund verschiedener Brände heute nicht mehr erhalten. Die Klosterkirche wurde mehrfach baulich verändert. Vermutlich stammten die Mönche aus dem Augustinerkloster zu Melnik, da der Bischof aus diesem Ort auch zwei Geistliche als Verwalter ins Ermland berief. Die Geschichte des Klosters untersuchte ausführlich A. Poschmann (ZGAE, Bd. 24, S. 1 – 109).
143 ZGAE (Hipler), Bd. 6, S. 295.

Er starb in Wormditt in der Neujahrsnacht 1349 und wurde am 3. Januar 1350 im Chor zu Frauenburg beigesetzt.[144]

Nachfolger wurde Johann I. Frank aus Meißen (1350 – 1355), genannt *"von Belger"* nach seiner Heimat Belgern, einem Städtchen im Regierungsbezirk Merseburg. Er war seit 1323 Domdekan[145] und wurde am 4. Januar 1350 einstimmig vom Domkapitel zum Bischof gewählt. Papst Klemens VI. erklärte zunächst die Wahl für ungültig, setzte aber schließlich doch Johann zum ermländischen Bischof ein und ließ ihn von Bischof Bernhard von Porto in Avignon am 29. April 1350 weihen.[146] Am 12. August 1350 kehrte Bischof Johann I. in sein Bistum zurück.

Er setzte das Siedlungswerk im mittleren und südlichen Ermland fort und vergab eine Reihe von Dienstgütern. In Rößel und Seeburg ließ er zum Schutz gegen die einfallenden Litauer feste Burgen bauen. Seine Bischofsresidenz verlegte er um 1350 auf die Burg Heilsberg. Unter seiner Regierung wurde das Langhaus des Frauenburger Doms errichtet.

Das Domkapitel gründete 1353 die Stadt Allenstein. Dort sollte der Administrator des Kapitels, der Dompropst, residieren und das dem Domkapitel gehörende Land verwalten. Die Burg und die St. Jakobikirche wurden in der nachfolgenden Zeit errichtet.[147]

Bischof Johann I. von Meißen starb am 30. Juli 1355 und wurde in der Bischofsgruft in Frauenburg beigesetzt.[148]

Am 3. August 1355 wurde Johannes II. Stryprock (1355 – 1373) zum Nachfolger gewählt. Er war in Frauenburg seit 1328 Domkustos und in der Zeit des Bischofs Hermann seit 1343 'Vicedominus'. Auch seine Wahl durch das Domkapitel wurde zunächst vom Papst nicht anerkannt. Daraufhin reiste Johannes II. nach Avignon und Papst Innozenz VI. revidierte seine Meinung. Am 17. November 1355 erfolgte durch Bischof Talarirandus von Albano die Ordination von Johannes II.[149]

Stryprocks Familie stammte aus Lübeck und war über Elbing nach Braunsberg eingewandert. Der Bischof holte weitere Verwandte ins Ermland. Mit der Kolonisation betraute er seinem Vetter Dietrich von Czecher.

Nachdem die Erträge des domkapitulären Landes sich im Laufe der Jahre gut vermehrten, erhöhte man im Jahre 1363 die Anzahl der Domherrenstellen von bisher acht auf 24.[150] Vermutlich flossen später die Einkünfte spärlich und das Kapitel bestand in der Folgezeit aus 16 *"praebendae maiores"*, 4 *"mediae"* und 4 *"minores"*. Dies änderte sich erst im Jahre 1372 und die 8 kleineren Präbenden wurden den 16 großen gleichgestellt.

---

144 Ebenda, S. 298. ZGAE (Schmauch), Bd 20, S. 716. CDW, Bd. II, 152.
145 Pottel (1911), S. 38.
146 CDW, Bd. II, Nr. 158, S. 158. ZGAE (Schmauch), Bd. 20, S. 716. CDW, Bd. II, 157. Hauck (1958), Bd. 5, S. 1188. ZGAE (Hipler), Bd. 6, S. 298. SRW, Bd. I, S. 6.
147 Wünsch (1933), S. 4. CDW, Bd. II, Nr. 202, S. 200. Weise (1981), S. 2, Im Jahre 1378 kamen noch 4 1/2 Hufen Land und 60 Hufen Wald hinzu. SRW a.a.O.
148 ZGAE (Hipler), Bd. 6, S. 298.
149 CDW, Bd. II, Nr. 227, S. 229. ZGAE (Schmauch), Bd. 20, S. 718. Pottel (1911), S. 38. SRW, Bd. I, S. 6.
150 CDW, Bd. II, Nr. 339.

Der Papst und das Kapitel gaben dazu ihre Einwilligung.[151] Pottel wies jedoch nach, daß in Wirklichkeit die 8 kleineren Präbenden niemals die gleiche rechtliche Stellung wie die 16 großen Domherren erlangten. Dies hatte wohl nicht nur wirtschaftliche Gründe, vielmehr ließen es die 16 großen Domherren, die die Erträge für eigene Zwecke verwenden wollten, nicht zu.[152]

Bischof Johannes II. Stryprock förderte wie seine Vorgänger die ermländische Siedlungspolitik. Auf seine Initiative hin wurde im Jahre 1364 die Stadt Wartenburg gegründet.[153]

Die wechselnden Residenzorte waren wohl durch seine zahlreichen Bauunternehmungen in Heilsberg, Braunsberg und Frauenburg bedingt. In einer Urkunde vom Oktober 1366 nennt er ausdrücklich die Burg Braunsberg *"Castrum habitacionis nostre"*, d.h. als seine Residenz.[154]

Ein Streit mit dem Deutschen Orden über die östlichen Bistumsgrenzen führte Bischof Johannes II. am 24. Juni 1369 nach Neukirch bei Frauenburg, wo er mit dem Hochmeister Winrich von Kniprode verhandelte.[155] Das Gespräch führte zu keiner Einigung. Der Bischof wandte sich daraufhin an den Papst. Am 2. September 1371 erging die päpstliche Bulle, in der der Papst Gregor XI. den Deutschen Orden ermahnte und aufforderte, die okkupierten Gebiete dem ermländischen Bischof zurückzugeben. Doch der Deutsche Orden bestand auf seinen Besitzanspruch, und es kam erneut zu keiner Einigung.[156] In der Zwischenzeit war Bischof Johannes II. nach Avignon gereist, um seine Rechte vor dem Papst zu verteidigen. Doch am 1. September 1373 starb er und wurde in Avignon beigesetzt.[157] Der bestehende Prozeß zog sich bis zum Kompromiß vom 18. Juni 1374 hin. Der Schiedsspruch erfolgte schließlich am 28. Juni 1374.[158]

Nachfolger wurde der vermutlich 1340 in Elbing geborene Heinrich III. Sorbom (1373 – 1401).[159] Er studierte in Prag und war zunächst Pfarrer in Weidenau (Diözese Breslau), dann in Wolframskirch und erhielt später ein Kanonikat bei St. Peter in Wissegrad bei Prag. Er wurde schließlich Kanonikus von Breslau und Propst von Wolframskirch, zudem Notar und Sekretär Kaiser Karls IV. Am 5. September 1373 providierte Papst Gregor XI. Heinrich III. in Avignon zum Bischof des Ermlands.[160] Noch bis ins Jahr 1377 begleitete der Bischof den Kaiser als Sekretär bei seinen Reisen nach Tangermünde, Dortmund, Cambrai sowie zum Hof in Karlstein bei Prag.[161]

---

151 Ebenda, Nr. 468, S. 473; Bd. III, Nr. 470, S. 476f.
152 Pottel (1911), S. 10f.
153 ZGAE (Schmauch), Bd. 20, S. 719.
154 CDW, Bd. II, Nr. 401, S. 414.
155 Töppen (1866), S. 645.
156 a.a.O.
157 ZGAE (Hipler), Bd. 6, S. 299.
158 Töppen (1866), S. 645.
159 Es gibt, wie u.a. Reifferscheid (1979, S. 2) bemerkte, etwa 18 verschiedene Schreibweisen dieses Bischofsnamens. Im folgenden Text wird einheitlich die angegebene Schreibform gewählt. Der Familienname Stripederok findet sich um 1260 in Lübeck, Rostock und Greifswald, vgl. Bahlow (1990), S. 495.
160 ZGAE (Schmauch), Bd. 20, S. 719. SRW, Bd. I, S. 8. CDW, Bd. II, Nr. 480, S. 490.
161 SRW, Bd. I, S. 76, dort Anm 55.

Während der Regierungszeit Bischof Heinrich III. läßt sich im Ordensland ein starker italienischer Einfluß nachweisen. Dies bezeugen vor allem die großartigen Mosaikkunstwerke in Marienburg und Marienwerder. Dieser Einfluß wurde durch den Prager Hof Kaiser Karls IV. initiiert. In Prag und Karlstein waren nachweislich italienische Künstler tätig. Diese Zusammenhänge erkannte bereits Baumeister Steinbrecht und schrieb darüber:

> *Karl IV. hatte persönliche Beziehungen zum Ordensland. Den Komtur Günter von Hohenstein auf Brandenburg nannte er seinen Freund, und machte ihm einmal eine wertvolle Reliquie (der hl. Katharina von Alexandrien) zum Geschenk. Diesen Vorgang vermittelte der Bischof Heinrich III., der Vollender des Schlosses Heilsberg, als er beim Kaiser in Karlstein weilte.*[162]

Die Reliquie der hl. Katharina wurde in der Kapelle des Ordensschlosses zu Brandenburg untergebracht.[163]

In der Regierungszeit Heinrichs III. erreichte nicht nur die Baukunst eine Blütezeit, sondern auch die Wissenschaft. Der Bischof gründete die Stiftskirche in Guttstadt und führte den Bau einiger Stadt- und Dorfkirchen zu Ende. Auch der Frauenburger Dom und die Bischofsresidenz Heilsberg wurden in dieser Zeit vollendet. Dem Domkapitel gab er eine neue Satzung. 1395 hielt er die zweite Diözesansynode ab.[164]

Am 29. Juli 1374 erfolgte die letzte und endgültige Regelung der ermländischen Grenzen. Seitdem blieben die diese bis auf geringfügige Erweiterungen im 16. Jahrhundert unverändert. Die Grenzziehung im Südosten war für die damalige Zeit ungewöhnlich. Fast 78 km lang wurde eine schnurgerade Grenze durch die Wildnis gezogen.

Mit den Stadtgründungen von Bischofstein und Bischofsburg im Jahre 1395 brachte Bischof Heinrich III. die Kolonisationsperiode zum Abschluß. Neugründungen erfolgten nach seiner Zeit nicht mehr. Es blieb bei zwölf Städten im Ermland.

Am 12. Januar 1401 starb Bischof Heinrich III. Sorbom und wurde im Frauenburger Dom beigesetzt.[165]

Nachfolger wurde Heinrich IV. Heilsberg von Vogelsang (1401 – 1415). Er war 1381 in Santoppen Pfarrer, studierte ab 1381 in Prag das kanonische Recht, promovierte 1386, wurde Pfarrer in Wartenburg und 1391 bischöflicher Offizial und Domherr in Frauenburg. Seine Wahl erfolgte am 15. Januar 1401, und am 29. März providierte ihn Papst Bonifaz VIII. Die Bischofsweihe erfolgte im gleichen Jahr am 24. Juli in Heilsberg. Damit war er der erste ermländische Bischof, den man innerhalb der Bistumsgrenzen weihte.[166]

Anfang des 15. Jahrhunderts begann der Niedergang des Ordensstaates. Landadel und Städte suchten Verbindungen mit den polnischen Nachbarn und gaben damit den Anstoß zum Krieg. Bereits im Jahre 1409 kam es zu Aufständen gegen den Orden in

---

162 Steinbrecht (1912), S. 30f.
163 ZGAE (Tidick), Bd. 22, S. 410.
164 ZGAE (Hipler), Bd. 6, S. 302.
165 ZGAE (Hipler), Bd. 6, S. 302.
166 SRW, Bd. I, S. 9.

Samogitien. Es folgte der *"Große Krieg"* Polens mit dem Deutschen Orden. In der Schlacht von Tannenberg/Grunwald am 15. Juli 1410 erlebte der Orden seine erste schwere Niederlage. Dank der Tüchtigkeit des Komturs Heinrich von Plauen konnte sich der Deutsche Orden in der nachfolgenden Zeit behaupten. Doch die inneren Zustände im Ordensland besserten sich nicht.[167] Am 1. Februar 1411 kam es zum ersten Thorner Friedensvertrag.[168] Bischof Vogelsang huldigte König Jagiello–Ladislaus II. von Polen (1351 – 1434) und floh außer Landes.[169] Der Hochmeister versuchte den Bischof zu verdrängen, um ein Mitglied des Deutschen Ordens einzusetzen. Doch die Bemühungen, der ermländischen Eigenständigkeit ein Ende zu setzen, blieben erfolglos. Nach dem Straßburger Waffenstillstand vom 7. Oktober 1414 kehrte der Bischof in seine zerstörte, geplünderte und niedergebrannte Diözese zurück.[170] Domherr Johannes Hermansdorf führt in seinem Schadensbericht 26 Kirchen als verbrannt auf.[171] Schon am 4. Juni 1415 starb Bischof Heinrich IV. Seine Beisetzung erfolgte im Dom zu Frauenburg.[172]

Die beiden nachfolgenden Bischöfe Johann Abezier (1415–1424) und Franz Kuhschmaltz (1424–1457) unterstützten den Deutschen Orden aufgrund ihrer gemeinsamen landesherrlichen Interessen. Im Jahre 1440 vereinigten sich die preußischen Stände zum Preußischen Bund. Dies führte zu heftigen Auseinandersetzungen mit dem Deutschen Orden. Es kam zwischen 1454 und 1466 zum sogenannten Städtekrieg. Der spätere Bischof Paul von Legendorf versuchte vergeblich, neutral zu bleiben, verband sich letztlich 1464 mit dem Preußischen Bund und mit dem polnischen König.[173]

Im zweiten Thorner Frieden kam am 19. Oktober 1466 der westliche Teil des Deutschordensgebietes, das spätere Westpreußen, zusammen mit Marienburg und Elbing unter polnische Herrschaft. Ebenso wurde die Schirmherrschaft über das Bistum Ermland mit dem Bischof und seinem Domkapitel dem polnischen Königs zugestanden.[174] Das Bistum versuchte indessen, seine Eigenständigkeit zu wahren. Als König Kasimir (1427 – 1492) den Polen Vincent Kielbasa von Kulm zum ermländischen Bischof bestimmte, überging er das freie Wahlrecht des ermländischen Domkapitels, das bereits Nikolaus von Tüngen gewählt hatte. Daraufhin begann ein Krieg zwischen dem König von Polen und Nikolaus von Tüngen, der sogenannte Pfaffenkrieg (1467 – 1479). Schließlich erkannte 1479 Bischof Nikolaus von Tüngen die Oberherrschaft des polnischen Königs an. Der Petrikauer Vertrag vom 15. Juli 1479 brachte Bistum und Territorium in das gleiche Abhängigkeitsverhältnis wie den restlichen Ordensstaat. Jeder neue Bischof mußte dem König von Polen einen persönlichen Treueid leisten.[175] Auch

---

167 Bonwetsch / Wilmanns / Eberle (1954), S. 83. Der genaue Ort der historischen Schlacht läßt sich heute nicht mehr genau feststellen. Sie soll ca. 20 km südwestlich von Hohenstein / Olsztynek zwischen den Dörfern Tannenberg / Grunwald und Ludwigsdorf / Lodwigowo stattgefunden haben. Vgl. hierzu Katalog (1986), S. 68, 589f und 582f.
168 Katalog (1986), S. 589.
169 Pottel (1911), S. 96. Wermter (1977), S. 7.
170 ZGAE (Hipler), Bd. 6, S. 303.
171 CDW, Bd. III, Nr. 496, S. 507.
172 ZGAE (Hipler), Bd. 6, S. 303.
173 Wermter (1977), S. 7.
174 Katalog (1986), Nr. 592, S. 529f.
175 Weise (1981), S. 53. SRW, Bd. I, S. 351, dort Anm. 4.

durfte das ermländische Domkapitel nur einen dem Polenkönig genehmen Bischof wählen.[176] Die ermländischen Bischöfe gehörten seitdem dem polnischen Senat an, bekamen fürstlichen Rang, hatten das Recht, bei Thronerledigungen die preußischen Stände zu berufen, präsidierten im preußischen Senat und hießen deshalb *"Prussiae regiae Primates"*. Die alte Selbständigkeit des Bistums war somit durch die Machtbefugnisse der polnischen Könige stark eingeschränkt.[177]

---

176   Borchert (1987), S. 291.
177   Wermter (1977), S. 7f.

Liste I: Regierungsdaten der ermländischen Bischöfe[178]

1.	Anselm	1250 – 1278
2.	Heinrich I. Fleming	1278 – 1300
3.	Eberhard von Neiße	1301 – 1326
4.	Jordan	1327 – 1328
5.	Heinrich II. Wogenap	1329 – 1334
	vakant	1334 – 1338
6.	Hermann von Prag	1338 – 1349
7.	Johann I. von Meißen	1350 – 1355
8.	Johannes II. Stryprock	1355 – 1373
9.	Heinrich III. Sorbom	1373 – 1401
10.	Heirich IV. Heilsberg von Vogelsang	1401 – 1415
11.	Johann III. Abezier	1415 – 1424
12.	Franz Resel, gen. Kuhschmaltz	1424 – 1457
13.	Aeneas Sylvius Piccolomini	1457 – 1458
14.	Paul Stange von Legendorf	1458 – 1467
15.	Nikolaus von Tüngen	1467 – 1489
16.	Lukas Watzenrode	1489 – 1512
17.	Fabian von Lossainen	1512 – 1523
18.	Mauritius Ferber	1523 – 1537
19.	Johannes Dantiscus von Höfen	1538 – 1548
20.	Tiedemann Bartholomäus Giese	1549 – 1550
21.	Stanislaus Hosius	1551 – 1579
22.	Martin Kromer	1579 – 1589
23.	Andreas Bathory	1589 – 1599
24.	Petrus Tylicki	1600 – 1604
25.	Simon Rudnicki	1604 – 1621
26.	Johann Albert Wasa	1621 – 1633

---

[178] Die nachfolgende Liste der ermländischen Bischöfe wurde entnommen aus Hermanowski (1983), S. 68, und um die neuesten Daten ergänzt. Seit der Erhebung der Diözese zum Erzbistum (25. 3. 1992) führt Bischof Piszcz den Titel Erzbischof.

27.	Nikolaus Szyszkowski	1633 – 1643
28.	Johann Konopacki	1643
29.	Wenceslaus Leszczyński	1644 – 1659
30.	Johann Stephan Wydzga	1659 – 1679
31.	Michael Stephan Graf Radziejowski	1679 – 1689
32.	Johann Stanislaus Sbąski	1689 – 1697
33.	Andreas Chrysostomus Graf Załuski	1698 – 1711
34.	Theodor Andreas Potocki	1711 – 1723
35.	Christoph Andreas Johannes Szembek	1724 – 1740
36.	Adam Stanislaus Grabowski	1741 – 1766
37.	Ignatius Krasicki	1766 – 1795
38.	Karl von Hohenzollern – Hechingen	1795 – 1803
	vakant	1803 – 1808
39.	Joseph von Hohenzollern – Hechingen	1808 – 1836
40.	Andreas Stanislaus von Hatten	1836 – 1841
41.	Joseph Ambrosius Geritz	1841 – 1867
42.	Philipp Krementz	1867 – 1886
43.	Andreas Thiel	1886 – 1908
44.	Augustinus Bludau	1908 – 1930
45.	Maximilian Kaller	1930 – 1947
	vakant	1947 – 1972
46.	Józef Drzazga	1972 – 1978
47.	Józef Glemp	1979 – 1981
48.	Jan Obłak	1982 – 1988
49.	Edmund Piscz	1988 – heute

2. Braunsberg/Braniewo, Stadtpfarrkirche St. Katharina, ein verhinderter Dombau

2.1 Baugeschichte

In den Jahren um 1241 wurde Braunsberg unweit der Mündung der Passarge ins Haff gegründet und zum Schutz eine Burg durch den Deutschen Orden errichtet. Diese erste Besiedlung wurde kurz nach Errichtung von den einfallenden Prußen zerstört.[179]

In der vom päpstlichen Legaten Jacobus, Archidiakon von Lüttich, ausgestellten Friedensurkunde vom 7. Februar 1249 findet sich die erste Erwähnung des Ortes *"Brusebergue"*. Jacobus bestimmt darin, daß die Warmier hier eine Kirche errichten sollen.[180] Bischof Anselm befestigte und besiedelte wohl kurz nach seiner bischöflichen Weihe im Jahre 1250 erneut den Ort. Ein Pfarrer Fredericus wird 1251 urkundlich erwähnt.[181]

In einer auf Schloß Kulm ausgestellten Urkunde vom 27. Dezember 1254 erklärte der Bischof, er habe zur größeren Sicherheit gegen feindliche Einfälle von jenen drei Teilen, in welche der Orden die ermländische Diözese geteilt habe, sich den mittleren, worin Braunsberg liege, wo er seine Kathedralkirche zu errichten gedenke, zu seinem Bischofsteil gewählt, und gab dessen Grenzen an.[182] Demnach war schon 1254 eine Kathedralkirche geplant. Weiterhin wird aus dieser ersten Handfeste ersichtlich, daß Braunsberg längst eine Stadt – mit lübischen Rechten – war: *"... que continet civitatem Brunsberg in qua sedem cathedralem nostram decrevimus collocare."*[183]

Im Juni 1260 äußerte der Bischof erneut in einer Urkunde den Wunsch, in Braunsberg die ermländische Kathedralkirche unter dem Titel des hl. Andreas zu errichten. Dieser Heilige wurde zugleich Patron der Diözese.[184] Es blieb jedoch nur bei der Planung, denn der Ort wurde von neuem zwischen 1260 und 1262 durch aufständische Prußen zerstört.[185]

In der Urkunde vom 27. Januar 1264 sanktionierte Bischof Anselm noch einmal seine im Juni 1260 zu Heilsberg gegründete Stiftung des Domkapitels und der Domkirche

---

179 ZGAE (J. Bender), Bd. 5, S. 275. Über die Entstehung des Ortes Braunsberg vgl. auch: SRW, Bd. I, S. 50. Woelky bezog sich hierbei auf die 1374 verfaßte Chronik von Przibico. Danach soll der Ort durch Bischof Bruno von Olmütz gegründet worden sein. Ein urkundlicher Beleg hierfür fehlt.
180 CDW, Bd. I, Nr. D. 19, S. 37.
181 SRW, Bd. I, S. 409, dort Anm. 113. ZGAE (J. Bender), Bd. 5, S. 289.
182 CDW, Bd. I, R. Nr. 85, S. 21.
183 Ebenda, Nr. 31, S. 62.
184 Ebenda, R. Nr.100, S. 25. In dieser Urkunde erklärt Bischof Anselm daß, nachdem er vom Papst zum Bischof von Ermland eingesetzt und seinen ihm gebührenden Landesteil erhalten hatte, sich die Pfarrkirchen gemehrt hätten und eine Mutterkirche erforderlich sei. Diese Kathedrale sollte unter dem Titel des hl. Andreas in Braunsberg errichtet werden. Aus dieser Urkunde geht weiter hervor, daß es schon vor der Braunsberger Kathedralplanung mehrere Kirchen im Ermland gab.
185 Weise (1981), S. 24. Von Quast (1852), S. 35.

"... *Ecclesiam ad titulum sancti Andree apostoli in ciuitate que Brunsberg appellatur erigimus cathedralem ...*"[186]

Am 28. Februar 1269 verpflichtete sich der Landkomtur des Deutschen Ordens in Böhmen und Mähren, Helwicus, zum Aufbau der Kathedralkirche im Ermland 100 Mark reines Silber zu zahlen.[187] Diese Urkunde belegt, daß noch zu dieser Zeit eine Kathedrale projektiert war.

Wegen der unruhigen Zeiten und der Bedrohung durch die Prußen verlegte Bischof Anselm schließlich sein Domkapitel nach Elbing. Die Stadt lag zwar außerhalb des ermländischen Hochstifts, gehörte aber zur ermländischen Diözese. Da der Bischof ein Dominikaner war, läßt sich vermuten, daß er im dortigen Dominikanerkloster Zuflucht fand. Die Errichtung einer Kathedralkirche in Braunsberg konnte er nicht realisieren. Er starb im Jahre 1278 in Elbing.

Im Rahmen geschickter Familienpolitik setzte der nachfolgende Bischof Heinrich I. Fleming seinen Bruder Johannes Fleming als Lokator und Fundator von Braunsberg ein. Die neu gegründete und planmäßig errichtete Siedlung an der Stelle der heutigen Stadt Braunsberg kolonisierten vorwiegend Lübecker Bürger. Bereits seit 1278 findet eine *"Civitas de Brunsberg"* urkundliche Erwähnung.[188] Die Burg errichtete man wohl ebenfalls in dieser Zeit neu, sie wird urkundlich erstmalig 1282 erwähnt.[189]

In der Regierungszeit Bischof Heinrichs I. Fleming erfolgte um 1278 die Verlegung des Domkapitelsitzes nach Frauenburg.[190] Dort war aufgrund der topographischen Situation und der fortifikatorischen Gegebenheiten der Sitz des Domkapitels besser gesichert.[191] Residenz des Bischofs blieb weiterhin die Burg in Braunsberg. Erst Bischof Hermann von Prag verlegte nach 1340 seine Residenz nach Wormditt.

Am 29. März 1280 erhielt Braunsberg seine zweite Handfeste, in der die lübischen Stadtrechte vergeben wurden. Die Pfarrkirche St. Katharina erhielt als Dotation sechs Hufen. Der hl. Andreas wird nicht mehr als Patron genannt. Dies zeigt deutlich, daß man die Idee einer Kathedralkirche fallen ließ.[192] Die Frage nach einem Vorgängerbau

---

186   CDW, Bd. I, D. Nr. 48, S. 85.
187   Eine Ortsangabe zur erwähnten Kathedralplanung ist aus der Quelle nicht ersichtlich. Da jedoch die Verlegung des Domkapitels nach Frauenburg erst unter Bischof Heinrich I. Fleming (um 1278) verfügt wurde, kann hier nur die Braunsberger Kathedralplanung gemeint sein. CDW, Bd. I, D. Nr. 315, S. 511.
188   CDW, Bd. I, D. Nr. 54, S. 93.
189   CDW, Bd. I, D. Nr. 63, S. 110.
190   Zur Datierungsfrage der Kapitelverlegung vgl. oben.
191   Holst (1981, S. 120) irrte sich, wenn er behauptete, daß *"seit 1265 eine wehrhafte Domkirche in Frauenburg"* erbaut wurde. Dieses Datum erscheint nach den gegebenen Fakten als zu früh.
192   CDW, Bd. I, D. Nr. 56, S. 97. *"Inter hec omnia nolentes esse immemor Ecclesie parochialis Sancte Katherine eiusdem ciuitatis cui tenemur ex debito providere eidem Ecclesie Sex mansos proximos ex illa parte molendini arnoldi versus castrum domine nostre pro dote eidem ecclesie assignamus ita tamen ut hij sex mansi inter Centrum mansos liberos quos ciuibus dedimus debeant numerari."* Die Datierung bei Boetticher (1894, S. 45) mit 1284 ist falsch. Tidick (ZGAE, Bd. 22, S. 410) stellte bei ihren Untersuchungen über die preußischen Patrozinien fest, daß dieser volkstümlichen Heiligen im Ordensland neben der Jungfrau Maria die meisten Kirchen geweiht waren. Neben der Braunsberger zählt die Danziger Stadtkirche zu den ältesten Gründungen. Im Deutschen Orden sollte das Fest der heiligen Katharina erst seit 1297 als *'titulus duplex'* mit feierlicher Oktav begangen werden, nach

der jetzigen Kirche blieb bisher ungeklärt. Nach den vorliegenden Urkunden verstärkt sich die Vermutung, daß vor der Dotation von 1280 kein Vorgängerbau vorhanden war. Es ist vielmehr zu unterstellen, daß vor der Frauenburger Kathedralerrichtung die ersten Domkapitelversammlungen in der Kapelle der Braunsberger Burg stattfanden. Sie war dem Apostel Andreas geweiht, was diesen Ort als erste provisorische Kathedrale kennzeichnet.[193]

In den Jahren 1287 – 1301 wird Eberhard von Neisse als Pfarrer von Braunsberg genannt. Das Domkapitel wählte ihn 1300 zum Bischof.[194] Als Nachfolger der Pfarrstelle werden urkundlich die Domherren Johannes 1301 – 1322 und Nicolaus 1328 – 1341 erwähnt.[195] In den vierziger Jahren des 14. Jahrhunderts sorgte der nachfolgende Bischof Hermann von Prag (1338 – 1349) für die Erweiterung der aufblühenden Stadt und gründete mit lübischem Recht die Neustadt-Braunsberg.[196]

So ließ er die Braunsberger Stadtpfarrkirche errichten. Eine Aufzeichnung des im Jahre 1344 begonnenen Bürgerbuchs belegt, daß am 9. Oktober 1346 die Aushubarbeiten für das *"fundamentum Chori nostri in Brunsberg"* begannen und man schon wenige Tage später, am 28. Oktober (Simon und Judas), mit den Maurerarbeiten begann.[197]

Tidick *" ... ein Beweis dafür, daß der Kult dieser Martyrerin von den Einwanderern direkt aus Altdeutschland herübergebracht worden ist."* Dies bedeutet für Braunsberg, daß der Titel durch die eingewanderten Lübecker Bürger übertragen worden ist.

193 J. Bender (ZGAE, Bd. 5, S. 276) und von Quast (1851, S. 36f.) waren davon überzeugt, daß vor der heutigen Backsteinkirche bereits als Vorgängerbau eine kleine Holzkirche errichtet worden war, die angeblich bei einem Stadtbrand zerstört wurde. Diese Vermutung läßt sich nicht belegen. Boetticher (1894, S. 44f.) glaubte, daß die alte Kirche zwischen Köslin und der Kreuzkirche an einem Ort lag, der in Urkunden gegen Ende des 13. Jahrhunderts mit *"Der alte Kirchhof"* genannt wird. F. Buchholz (1934, S. 5) vermutete ebenso, daß *"... ein primitives Kirchlein erbaut, wohl dort, wo man östlich des heutigen Klenauer Weges schon im 14. Jh. ein Ackerstück als alten Kirchhof bezeichnete."* Diese Annahmen bleiben spekulativ, da diese Bezeichnung ebenso ein Hinweis auf eine ältere Begräbnisstätte sein könnte (vgl. hierzu auch CDW, Bd. II, S. 420, dort Anm. 1). Pottel (1911, S. 3) behauptete, daß 1260 eine Kathedralkirche unter Bischof Anselm errichtet wurde. (Vgl. Pr. Urkdb. I, 2 Nr. 105, 216, CDW, Bd. I, D. Nr. 48). Bei der letztgenannten Urkunde wird jedoch lediglich die bischöfliche Stiftung des Domkapitels bestätigt, von einem realisierten Kathedralbau ist keine Rede. Wie schon in der oben genannten Stiftungsurkunde von 1269 war zu dieser Zeit noch keine Kathedrale im Ermland errichtet. Bei genauerer Betrachtung der Quellen bemerkt man, daß nur projektierte Kirchen genannt werden, ein klarer urkundlicher Beweis für einen Vorgängerbau aus Holz fehlt. Im dem Aufsatz N.N. (1875), Heft 3, S. 47ff., finden sich weitere Hinweise zur Braunsberger Burgkapelle. Sie soll sich im Torturm befunden haben und kann daher auch als Torkapelle bezeichnet werden.

194 *"Ebirhardus Plebanus in Brunsberk"*, CDW, Bd. I, D. Nr. 75, S. 129. 1251 wird urkundlich ein *'Plebanus Fridericus'* in Braunsberg genannt. (vgl. ebenda Bd. I, D. Nr. 26 und 27). Die Anwesenheit eines Pfarrers in einem Ort ist kein Beweis, daß eine Stadtkirche vorhanden war, wie es von Quast (1852, S. 37) und Boetticher (1894, S. 45) behaupteten. Es ist durchaus denkbar, daß Gottesdienste in der St. Andreas-Kapelle in der Burg abgehalten wurden oder unter freiem Himmel stattfanden.

195 SRW, Bd. I, S. 409, dort Anm. 113.

196 Ein Gründungsdatum ist nicht überliefert. Dehio / Gall (1952, S. 171) nennt als Gründungsdatum 1345, Orłowicz (1991, S. 267) und Weise (1981, S. 24) geben das Jahr 1342 an. J. Bender (ZGAE, Bd. 5, S. 286) gibt kein genaues Datum an, sieht aber mit der Verlegung (1343) des Kollegiatstifts, das er in der Vorstadt vermutet, das Gründungsjahr. J. Bender irrt sich hier, da sich das erste Kollegiatstift mit größter Wahrscheinlichkeit in Pettelkau befand. Die zweite Handfeste der Neustadt wurde 1398 verliehen (SRW, Bd. I, S. 56, dort Anm. 18). Am 28. März 1394 wurden Alt- und Neustadt Braunsberg vereinigt. (SRW, Bd. I, S. 78, dort Anm. 59).

197 CDW, Bd. II, Nr. 81, S. 84. *"Nota quod Sub Anno domini Millesimo CCCxi. sexto (1346) In die dyonisii (9. Okt.) Inceperunt fodere pro fundamento Chori nostri in brunsberg, SEQuenti die fuit*

Damaliger Braunsberger Pfarrer war der am 14. Juli 1342 eigens von Papst Klemens VI. ernannte Otto von Russen.[198] Es wurde ihm durch päpstliche Bulle am 10. November 1344 das nächstvakante Kanonikat an der ermländischen Kirche verliehen. Am 15. März 1345 erhielt er das Kanonikat vom Dompropst Johannes und wurde gleichzeitig zum Vizepfarrer von Braunsberg nominiert.[199] Demnach besaß Pfarrer von Russen ein hohes Ansehen und als Frauenburger Domherr stand er in engem Kontakt zum Bischof. Auf die Bauorganisation dürfte sich dies wohl nützlich ausgewirkt haben. Seine päpstliche Einsetzung blieb im Ermland ein einmaliges Vorgehen. Wann er verschied, ist unbekannt, er wurde zuletzt 1384 erwähnt.[200]

Im Jahre 1347 werden im Bürgerbuch die drei Maurermeister (*muratores*) Godico de Hamme, Hermannus Penkune[201] und Heyne Penkune als Bürger der Stadt genannt.[202] Im Jahre 1352 müssen noch Bautätigkeiten im Gange gewesen sein, denn ein *"murator Crakow"* zog nach Braunsberg und wurde Bürger der Stadt. Die genannten Maurermeister kamen wohl alle aus Lübeck und ließen sich wegen der großen Bauvorhaben in Braunsberg nieder.[203]

Es folgte nach einer anfänglich eifrigen Bautätigkeit im wendischen Mauerverband eine Bauunterbrechung.[204] Wie eine Urkunde von 1366 belegt, residierte zu dieser Zeit

---

inventus in passeria circa obstaculum quidam submersus qui sepultus fuit in fouea in angulo prope aurifabrum et statim pars fundamenti incepta fuit ante Symonis et Jude (28. Okt.).". Vgl. F. Buchholz (1934), S. 18; Lilienthal (1846), S. 450. Dehio / Gall (1952, S. 172), schreibt "... *1343 Baubeginn, wahrscheinlich mit dem Langhaus,...*". Die ungewöhnliche Vorgehensweise, einen Kirchenbau mit dem Langhaus anzufangen, sowie die Jahreszahl 1343 werden von Gall leider nicht belegt. Untersuchungen an zugänglichem Forschungsmaterial und am Baukörper, konnten dies nicht bestätigen. Galls Erläuterungen zum Baubeginn können daher nur als These zugelassen werden. Gall nahm fälschlich an, daß das Gründungsdatum aus einer Niederschrift von 1655 stammte. Wie oben erwähnt, ist die Quelle das 1344 begonnene Bürgerbuch. Brachvogel (1934), Nr. 142.

198 CDW, Bd. II, Nr. 17, S. 17. SRW, Bd. I, S. 213 und 409.
199 CDW, Bd. III, Nr. 629 und Nr. 630. SRW, Bd. I, S. 213.
200 SRW, Bd. I, S. 231, dort Anm. 4.
201 Da im Jahre 1350 eine Witwe Pankune im Braunsberger Bürgerbuch genannt wird (CDW, Bd. II, S. 306, Nr. 305), muß Hermanus Penkune vor diesem Jahr verstorben sein. Vgl. ZGAE Bd. 25, S. 438, Matern (1929), S. 5.
202 Der Vorname Heyne ist die Kurzform zu Heinrich (vgl. Bahlow 1990, S. 211). Der später genannte Heynricus dürfte mit dieser Person identisch sein.
203 CDW, Bd. II, S. 305 Nr. 305. "*godico murator de hamme eod(em) a(nno) In crastino nativitatis marie (8.Sept.)*"; "*eod(em) a(nno) In crastino Sancti Michaelis angeli (=29. Sept.) Hermannus Penkune murator*"; "*Heyne Penkune murator eod(em) die et a(nno).*" CDW, Bd. II, S. 307. Als Zimmermann findet bereits seit 1345 in Braunsberg der Meister Johannes Boye urkundliche Erwähnung. Auch wird 1364 urkundlich ein Zimmermeister Peter als "*in arte carpentatoria*" erwähnt. Matern (1929), S. 5. In den Lübecker Neubürgerlisten findet sich u.a. der Familienname Boye. Auch wird am 29. Sept. 1339 ein "*Godico de Hamme*" erwähnt und dürfte mit der Person in Braunsberg identisch sein. Vgl. Ahlers (1967), S. 86, Nr. 126. A. Poschmann (1962, S. 13) vermutete, daß Godico ursprünglich aus Hamm in Westfalen stammte. Eine Bestätigung hierfür fehlt. Im Jahre 1352 wurde "*Crakow murator Quinquagesimo secundo die beate Mararethe (12. Juli).*" Bürger von Braunsberg. vgl. Schmid (1939), S. 10, 44. Von Quast (1852), S. 38. In den Lübecker Neubürgerlisten findet sich am 29. Sept. 1331 ein "*Bartolomeus de Crakowe*", der möglicherweise identisch mit dem oben genannten ist. Vgl. Ahlers (1967), S. 62, Nr. 175. Bei Hoppe (1976) findet sich der Name Tydemann Krakow (1374), Johannes Krakow (1353, 1374, 1378).
204 Ein Grund für die Bauunterbrechung ließ sich bisher nicht finden. Lilienthal (1846, S. 450) vermutete, daß sie mit Kriegshandlungen gegen die Litauer zusammenhing.

im Oktober Bischof Johannes II. Stryprock in Braunsberg.[205] Es ist anzunehmen, daß auf sein Betreiben hin die Bauunterbrechung der Pfarrkirche beendet wurde. Denn bereits am 1. August 1367 wurde der Vertrag zwischen dem Rat der Stadt und *"Heynricus penkun"* geschlossen, der das *"opus muratorie"* übernahm. Da der Vertragssteller und Bauherr der Stadtrat war, wird deutlich, daß es sich um eine ausgesprochen bürgerliche Stadtpfarrkirche handelt. Finanz- und Materialbeschaffung sowie die Bauorganisation unterlagen der Aufsicht der Stadt. Zahlreiche Stiftungen von Braunsberger Bürgern belegen die Opferbereitschaft der Gemeindemitglieder.[206]

Da ausschließlich mit Heinrich Penkune der Vertrag geschlossen wurde, kann man in ihm nicht nur einen einfachen Maurermeister sehen, sondern vielmehr eine Person, die als Werkmeister die Baustelle beaufsichtigte. Er erhielt laut Vertrag einen Stücklohn. Auch daraus läßt sich schließen, daß er eine leitende Funktion innehatte.[207] Ebenso spricht dafür seine gesellschaftliche Stellung als Bürger der Stadt. Da er schon seit 1357 in Braunsberg lebte, kann man davon ausgehen, daß er am Kirchenbau seit dieser Zeit tätig war, jedoch zunächst noch nicht in verantwortlicher Stellung. Die Planung und Bauleitung lagen zuvor in anderen Händen. Heinrich Penkune änderte nach seiner Ernennung zum Werkmeister den ursprünglichen Plan von einer projektierten Pseudobasilika hin zu einer Hallenkirche.[208] Das unvollendete Langhaus im wendischen Verband wurde nunmehr ab etwa zweidrittel Höhe im gotischen Mauerverband zur Halle erhöht.

Im Jahre 1381 war das aufgehende Mauerwerk bis zum Dach soweit vorangeschritten, daß ein Vertrag mit dem Zimmermeister Johannes abgeschlossen werden konnte. Dieser sollte für 200 Mark den Chor decken und auf dem Dach ein Glockentürmchen errichten.[209] Ein Meister Johann sollte es mit Blei eindecken.[210] Noch im selben Jahr,

---

205 CDW, Bd. II, S. 412ff., Nr. 400ff.
206 Boetticher (1894), S. 45. Dehio / Gall (1952), S. 172. CDW, Bd. II, Nr. 378, S. 392. *"Nota anno quo scribitur MCCCLXVIJ. (1367) in die vincula petri (= 1. August) Heynricus penkun opus muratorie parochialis ecclesie coram nostra presencia acceptauit condicione vero tali, ut vitrici ecclesie pro milleno laterum X (10) sc. dicto Heynrico penkun pro laboribus suis dare tenentur et ad hos. VIJ.(7) ulnas de panno pulchro quolibet, anno quando dictus Heynricus laborat."* Laut Vertrag erhielt Heinrich Penkun als Lohn für tausend Ziegel 10 Scot (= 1 rheinischer Goldgulden) und dazu jährlich 7 Ellen Tuch. F. Buchholz (1934), S. 19. Schmid (1939), S. 10, 44.
207 Schmid (1939), S. 5. Conrad (1990), S. 53.
208 Daß die erste Braunsberger Planung eine Pseudobasilika war, läßt sich heute aufgrund von Beobachtungen am Baubestand nachvollziehen und wird in der Forschung allgemein anerkannt. Vgl. hierzu Arszyński und Kutzner (1980), S 14. Die fachliche Raumbezeichnung einer *"Pseudobasilika"*, *"Stufenhalle"*, *"Scheinbasilika"* oder *"Staffelhalle"* ist in ihrer Bedeutung identisch. Gall vermied eine begriffliche Unterscheidung, er ordnete nur zwei Typen – Halle und Basilika –, Pseudobasiliken ordnete er den Hallen zu. In neueren wissenschaftlichen Publikationen scheint sich der Begriff *"Pseudobasilika"* stärker durchzusetzen. Aus diesem Grund wird im folgenden diese Wortwahl ebenso bevorzugt. Vgl. hierzu auch Gross / Kobler (1990), Bd. 6, S. 214 (Staffelhalle); Ulbrich (1932), S. 35 (Scheinbasilika); Buettner (1939), S. 28 (Pseudobasilika); Rzempoluch (1991), S. 38 (Pseudobasilika); vgl. hierzu auch Piwek (1987).
209 CDW, Bd. II, Nr. 379. S. 393. *"Anno domini MCCCIXXXJ (1381) in vunsir frauwen tage vorholen (Mariä Verkündigung am 25. März) do vordingete man dy kirche sante katherine meister Johanni czu buwende also, das man in sal sniden daz holcz czu der hant, vund den kor vund eyn turmche vf dy kirche sal her machen vund sal sy latten, dorvor sal man Im geben ijc (200) mr. vund man sal im halden xxx. (30) man czu dem heben ciiij. (14 Tage) tage czu xxxvi (36) span."* Vgl. Schmid (1939), S. 44.

im Zusammenhang mit dem Dachstuhl, sollte Meister Berndt den Chorgiebel errichten und mit Farbe anstreichen. Die Rechnung wurde am 25. März 1381 ausgestellt.[211]

Wie schnell die Vollendung voranschritt, zeigt sich darin, daß schon im Jahr 1381 Glasfenster von den Zimmerleuten Peter und Nikolaus eingesetzt wurden.[212] Die Fenster waren ursprünglich wohl mit einfachem Maßwerk unterteilt und wurden erst in späterer Zeit durch grobe Vermauerungen und im 19. Jahrhundert durch schlechte Restaurierungen völlig zerstört. Aufgrund älterer Ansichten läßt sich dennoch vermuten, daß die heutige Maßwerkform zumindest in ihrer Erscheinung der ursprünglichen entspricht.

Das Datum der Weihe ist nicht überliefert. Es läßt sich jedoch unterstellen, daß Bischof Sorbom die Benediktion nach 1381 durchführte.

Im Jahre 1407 findet sich ein Hinweis, daß man bei Trauungen zu Orgelmusik sang. Demnach wurde zu dieser Zeit der Raum für kirchliche Zwecke genutzt.[213] Anfang des 15. Jahrhunderts bezeugen zahlreiche weitere Stiftungen für Kapellen und Altäre eine rege Nutzung der Kirche, obwohl die Bauarbeiten noch nicht vollständig abgeschlossen waren. Auch wurden, wie eine Stiftung von 1442 belegt, die Gewölbe erst in der Mitte des 15. Jahrhunderts eingezogen.[214] Davor waren das Langhaus und die Seitenschiffe mit einer provisorischen Holzdecke geschlossen.

Im Jahre 1426 findet sich in einer Stiftungsurkunde der Hinweis, daß die Braunsberger Rats- und Bürgersfamilie 'Peter Bayseman' Geld zum Turmbau stiftete. " ... C. mark sullen dynen czum thurme, do dy glocken ynne hengen, und czu keynem ander nutze sal das gelt dynen ...". [215] Die Urkunde belegt, daß 1426 der Turm soweit vollendet war, daß zur Zeit der Stiftung schon Glocken in ihm hingen. Der Baubeginn des Turms läßt sich demzufolge wohl um 1420 datieren. In der Urkunde wird zum ersten-

---

210 CDW, Bd. II, Nr. 379, S. 393. (1381): *"Meistir Johan sal den turm decken mit bleye vund den czu vorczynnen."* Vgl. Schmid a.a.O.

211 CDW, Bd. II, Nr. 379, S. 393. *"Meistir bernt sal muwern den gebil, van dem M.* (d. h. für 1000 Stück vermauerter Ziegel) *sal man Im geben iij.* (3) *fert. vund her sal in aberichten mit vnsir varbe vund dy kirch czu behengen van dem M.*(d. h. für 1000 Stück verlegter Dachsteine) *iiij* (4) *scot. sal man Im geben."*

212 Dehio / Gall (1952), S. 172. Von Quast (1852), S. 38a. *"Wissentlich si das di kirche ist scholdig her claus langen vnd sinen vrinden xx mr. van seines bruders wegen, dyselben xx mr. sullen czu eynem glasvenster das hat der siczende rat vorgelibet Anno dni Mccclxxxj. pascha."* (Braunsberger Rathsarchiv Acta petrorii Bd. 84. fol 5)

213 Lilienthal (1846), S. 451. *"Item Anno domini M CCCCVII in die Petri, do wart der rat eyns, wenne eyne hochczit ist ader wenn eyne vrowe czur kirchen geet, wil ymand denne lassen uff den orgelen syngen, der sal geben der kirchen J. scot. vunde dem schulemeister J. scot."* CDW, Bd. III, Nr. 419, S. 412.

214 Von Quast (1852), S. 38, vgl. Anmerkung: *"Die Erbar frauwen Margarete kuchenbeckirsschen macht vor den zu ihr gehenden Rathsmännern zu Braunsberg ir testament eres letzten willen und bestimt darin Czum irsten der pfarkirchen sente katherine czum gewelbe j. mark. etc. ... MccxLicj. (1442)"*. S. Buettner (1939, dort Anm. 2, S. 67), vermutete ebenfalls: *"... die Braunsberger Pfarrkirche stand nach 35jähriger Bauzeit noch ungewölbt und turmlos da."*

215 CDW, Bd. IV, S. 153f., Nr. 99. Dehio / Gall (1952), S. 172. Boetticher (1894), S. 45. Bereits im Jahre 1402 findet sich die Erwähnung eines Glöckners (CDW, Bd. III, S. 373, Nr. 384). Die Kirche besaß seit 1381 einen Dachreiter mit Glocke.

mal neben der hl. Katharina die hl. Maria Magdalena als Mitpatronin der Pfarrkirche genannt.[216]

Im Jahre 1427 folgten weitere Legate zum Bau des Glockenturmes. Weitere Glasfenster wurden von Peter Pruse und Johann Steinborn gestiftet.[217]

Schmauch vermutete aufgrund der oben zitierten Urkunde, daß der Glockenturm vor 1450 vollendet war. Später, in der Zeit des dreizehnjährigen Städtekrieges (1454 – 1467) und des Pfaffenkrieges (1467 – 1479) waren wohl kaum größere Bautätigkeiten möglich.[218]

Die Seitenkapellen am Turm werden 1440 und 1446 erwähnt und belegen, daß der Turmrumpf vollendet war. Auf der Nordseite des Turms befindet sich die sogenannte *"Schiffsleute Kapelle"*, seit 1490 auch *"Kapelle der Schiffsleute und Hauptleute"* genannt. Sie wird erstmalig im Jahre 1440 urkundlich erwähnt. Auf der Südseite entstand die durch Heinrich Fluggen im 15. Jahrhundert gestiftete sogenannte *"Fluggenkapelle"*, die erstmalig 1446 Erwähnung findet. In der Zeit des Bischofs Nikolaus von Tüngen (1467 – 1489) wurden dort Donnerstagsprozessionen abgehalten, daher trägt sie seit dieser Zeit den Namen *"Donnerstagskapelle"*. Nach der Stiftung eines *"Beneficium Rosarianum"* durch den Frauenburger Domherr Jonas Werner wurde die Kapelle als *"Muttergottes- oder Marienkapelle"* bezeichnet. Die Südkapelle war um 1700 so baufällig, daß sie die Kirchengemeinde 1721 völlig neu aufbauen ließ.[219]

Im Mai 1480 entstanden schwere Beschädigungen durch Blitzschlag am Turm und den Gewölben. Daraufhin schickte der Rat der Stadt Braunsberg ein Bittschreiben an die Ratsherren der Stadt Danzig. Im Schreiben berichtet der Rat, daß *"... durch entczeugunge des Weters, als euwir herlichkeit villichte wol ist vorgekomen, an unser pfarrekirche, es sey Gote geclagt, ist gescheen also, das sie gantca unde gar ist ausgebrant durch die plage unsers heren mit dem glogthorm unde allen glocken, dorynne hengende, die gebel, die gewelbde nedirgesslagen haben, das mit nichte zcu retten stundt. So seyn wir schwach unde arm, die widdir zcu bauwen unde ofzcubrengen ..."*[220]. Demnach war der Glockenturm durch Blitzschlag in Brand geraten, daraufhin brannte der Dachstuhl nieder. Die Folge war, daß die Giebel ihre Standfestigkeit verloren und Teile der Gewölbe durchschlugen.

Im Zusammenhang mit dem großen Wiederaufbau von 1480 errichteten Danziger Bauleute auf dem Turm das sechste, höhere Obergeschoß. Schmauch und Zink sahen in

---

216 CDW, Bd. IV, S. 153, Nr. 99, *"... gote czu lobe und in dy ere der iuncfrauwen Maria und der heiligen iuncfrauwen sente Katherine un der heiligen frauwen sente Marien Magdalene umme ihrer selen selikeit willen ..."* Tidick (ZGAE, Bd. 22, S. 120, dort Anm. 7) bemerkte zur Mitpatronin Maria Magdalena: *"Eigenartig ist ihre Zusammenstellung mit Katharina, der büßenden Sünderin mit der reinen Jungfrau, an der Braunsberger Pfarrkirche. Üblich ist die Verbindung der Maria Magdalena mit Johannes Ev. als Vorbild der büßenden und der reinen Liebe, die beide während ihres Erdenwandels dem Heiland in besonderer Weise nahe standen. Obwohl nur patrona secundaria, ist Maria Magdalena hier Stadtpatronin geworden, und dieses Patrozinium könnte dann für Frauenburg vorbildlich geworden sein, wo sie ebenfalls als Stadtheilige erscheint."*
217 CDW, Bd. IV, S. 219, Nr. 172.
218 ZGAE (Schmauch), Bd. 27 , S. 409.
219 Dehio / Gall (1952), S. 173. Boetticher (1894), S. 51f.
220 ZGAE (Schmauch), Bd 27, S. 416.

der Gestaltung des Turmobergeschosses Parallelen zum Turm der Danziger Marienkirche, der zwischen 1452 und 1465 vollendet war.[221] Aufgrund der oben angeführten Urkunde läßt sich diese Verbindung leicht nachvollziehen. Demnach hatte man nicht nur Baumaterial aus Danzig geliefert, sondern auch gleich einen Baumeister aus der Bauhütte der Marienkirche mitgeschickt. In der Zeit des Wiederaufbaus von 1480 wurden die Mittelschiffsgewölbe repariert, ebenso besserte man Teile der zerstörten Seitenschiffe und der nördlichen Turmkapelle aus.

Um 1500 ließ Bischof Lukas Watzenrode eine kleine Empore im gotischen Mauerverband errichten und dort sein Wappen aus Stein anbringen. Unter der Empore wurde ein Sterngewölbe eingezogen. Als Vorbild diente wohl das um 1388 angelegte "Chörlein" der Frauenburger Domkirche. Ebenfalls in der Zeit um 1500 fügte man die Sakristei im Winkel zwischen Chor und Nordseitenschiff neu an.[222]

Die bei der polnischen Belagerung im Jahre 1520 entstandenen Kriegsschäden besserte im Jahre 1536 'Meister Niclis aus Wormditt' aus.[223]

Im Jahre 1622 brannte das Dachreitertürmchen nach einem Blitzschlag nieder. Kurze Zeit darauf erfolgte der Wiederaufbau.[224] Die Eingangsvorhalle auf der Nordseite wurde 1772 an Stelle einer älteren neu errichtet.[225]

Der Zustand des Ostgiebels war im Jahre 1858 so desolat, daß man ihn vollständig abtrug und neu aufzog, allerdings nicht in der ursprünglichen Form.[226] Im Jahre 1859 erneuerte man den Triumphbogen.[227]

In den Jahren 1855 – 1859 und 1891 – 1897 erfolgten an der St. Katharinenkirche die umfangreichsten Restaurierungsarbeiten.[228] Unter anderem wurde 1892 die Kirche un-

---

221 Ebenda, S. 409, Zink (1938), S 92, dort Datierung mit 1563. Dehio / Gall (1952), S. 8 mit genauerer Datierung.
222 Dehio / Gall (1952), S. 173. Antoni (1993, S. 67) bezeichnete die Empore als Orgelempore. Ob diese Empore wirklich eine Orgel trug, bleibt fraglich. Da bereits seit 1407 in der Kirche eine Orgel existierte, scheint die Empore eher als Bischofsloge gedient zu haben.
223 Dehio / Gall (1952), S. 172. Von Quast (1852), S. 39, vgl. dort Anm.: *"Wyssentlich sey All uvnd Idermanniglichen das Im Jore xv und xxxvj (1536) freytag vor Pauli Eynsidel den siebenten Januarii eyn Erasmer Rath der Aldenstadt Braunszbergk dem bescheydenen Meyster Niclis eyn Meurer wonhafftig ezu Wormidith den Glockenthorm volgender Weyst vordingeth heth Szo bescheidenthlich, das Meister Niclis der Meurer den thorm, dho er nydder gefallen wydder uff furen, die ander syten, Orther ader Ecken dorczu alle gebrechen ahm Thorme was dho czuschossen vund auszgefallen, esz sey auswendigk oder Inwendigk, besseren vund allen fehll vund schelunge was daranne mith der kellen zu wandeln, auszubereithem machen vund ausbessern sall, vund deme also threwlich noch zu gehen zu machen vund zu handeln mith handtstreckungk gelobeth, vorsprochen und vorheysschen on alles geferde vund agrlisth. ..."* Es folgt die Aufstellung der Entlohnung. Am 17. August findet sich der Eintrag: *"... zu widder uffurung und Mauerungk des glockenthormsz welcher Ihm erliedenen Krieg Im 1520sten Jore In belogerung dieser Stadt von Ko. Maj. von Polen Sigismundo seinen kriegs Volck zu Schossen und nochmals ausgefallen, Eyn ettlich kyrchen szulber und nicht von den Lehen, ausz anligender nothdurfft des Bawes ausz der pfarkyrchen Sanct Catharine enterpffangen haben ... welcher Baw isth Im 1536sten Jore Noch dem Sonntage Letare den 27. Marcii angehaben Vund Im selbigen Jore kurtz nach Michaelis vollendeth worden."*
224 Boetticher (1894), S. 45.
225 Dehio / Gall (1952), S. 172.
226 Boetticher (1894), S. 45. Über das Aussehen des alten Giebels gibt uns die Zeichnung von Quast (1852) ein ungefähres Bild.
227 Dehio / Gall (1952), S. 172.

ter Leitung des Konservators Ludwig Persius von dem Maler Justus Bornowski aus Elbing nach dessen eigenen Plänen ausgemalt.[229] Die um 1500 errichtete Sakristei wurde 1895 umgebaut.[230]

In den letzten Tagen des Zweiten Weltkriegs ist die Braunsberger Pfarrkirche nahezu total vernichtet worden. Sie wurde am 19. und 20. März 1945 durch deutsche Truppen gesprengt und der Turm bis auf die Grundmauern zerstört.[231] Seit 1977 bemühte man sich um den Wiederaufbau in historischer Gestalt unter Verwendung der teilweise erhaltenen Außenmauern. Die Arbeiten am Rohbau waren im Jahre 1983 grundsätzlich abgeschlossen.[232] Im Jahre 1991 fanden kleinere Ausbauarbeiten an den Seitenkapellen statt.

2.2 Baubeschreibung

2.2.1. Der Grundriß

Die besondere Bedeutung der Stadt Braunsberg, ihre wirtschaftlich günstige Lage, die Verbindung zur Hanse seit Mitte des 14. Jahrhunderts, die Handelsbeziehungen im Ostseeraum über Gotland bis hin nach England, Flandern und Köln, ihr schnelles Expandieren, artikulieren sich besonders in der Größe und in der Konfiguration des Grundrisses der Stadtpfarrkirche. Diese liegt auf der Südseite der Stadt unmittelbar an der Stadtmauer. Mit einer Langhausraumlänge von etwa 41 Metern und einer Raumbreite von etwa 24 Metern zählt sie neben dem Frauenburger Dom (58 : 23 Meter), der Kollegiatkirche in Guttstadt (60 : 25 Meter) und der Stadtkirche in Allenstein (58 : 24 Meter) zu den großen Stadtkirchen im Ermland.

Der regelmäßige, wohlgegliederte und nach Osten ausgerichtete Grundriß zeigt eine Dreischiffigkeit, wobei die Seitenschiffe eine Breite von etwa 5,50 Metern und das Mittelschiff eine Breite von etwa 9 Metern besitzen. Das Mittelschiff und die Seitenschiffe sind durch oktogonale Pfeiler in sechs Joche geteilt. Im Langhaus sind die Joche (9 x 6,95 Meter) querrechteckig, in den Seitenschiffen (6,95 x 5,50 Meter) längsrechteckig angeordnet.

Auf der Ostseite tritt aus dem Mittelschiff ein 5/8 Chor hervor, der die Größe eines Joches umfaßt. Die Ostecken der Seitenschiffe sind abgeschrägt. Es entsteht der Eindruck eines gestaffelten Dreiapsidenchors. Das Strebepfeilersystem ist nach außen gesetzt, so daß die Innenwände keinerlei Gliederung besitzen. Die spitzbogigen Fensteröffnungen liegen jeweils zwischen den Strebepfeilern.

---

228   a.a.O. N.N. (1906), S. 269 und 272.
229   ZGAE (Dittrich), Bd. 11, S. 277. Boetticher (1894), S. 46. Dehio / Gall (1952), S. 172: *"häßliche Ausmalung"*. Arszyński und Kutzner (1980), S. 15.
230   Dehio / Gall (1952), S. 173.
231   Trotz der starken Kriegszerstörung lassen sich heute am Innen- und Außenbau noch alte Baunähte und Mauerstrukturen erkennen. Besonders klar sind diese im Innenraum auszumachen, nachdem der störende Verputz völlig entfernt wurde. Lorck (1982), S. 244.
232   Orłowicz (1991), S. 270. Antoni (1993), S. 66.

Eine später angefügte Nordsakristei liegt quer zwischen der nordöstlichen Seitenschiffsecke und der Nordseite des Chors. Die Sakristei nimmt keinerlei Bezug auf den Gesamtplan und wirkt daher als angefügt.

Betrachtet man den Grundriß hinsichtlich seiner Struktur und Ordnung, erkennt man einen gut gegliederten und wohlproportionierten Raum. Diese Raumordnung läßt sich mittels Hilfslinien belegen. Teilt man den Grundriß im *'Decumanus'* Mittelschiffsscheitel und legt eine *'Crux decussata'* im Winkel von 30 Grad an, entstehen zwei gleichschenklige Dreiecke. Durch mehrfaches Halbieren des *'Decumanus'* entstehen die Jocheinteilungen in Nord–Süd–Richtung. Der äußere *'Cardo'* und gleichzeitig Basislinie des Dreiecks ergibt den äußeren Abstand des Chorabschlusses. Der zweite *'Cardo'* auf der Ostseite bildet den Außenabschluß der Seitenschiffe. An den Schnittpunkten dieser zweiten Linie mit den Schenkeln des Dreiecks bilden sich in Ost–West–Richtung die äußeren Seitenschiffswände. Auf der Nordseite bestimmt der zweite *'Cardo'* den Westabschluß der Schiffe. Der Turm nimmt im Grundriß keinerlei proportionalen Bezug auf die regelmäßige Gliederung und wirkt dadurch angesetzt. Die Westteile gehen deshalb über den ersten *'Cardo'* hinaus.

Es stellt sich die Frage, wie das ursprüngliche Planungskonzept für die Braunsberger Pfarrkirche bezüglich einer Turmplanung aussah. Wie aus der Baugeschichte ersichtlich ist, hat man den Westteil mit Turm und Seitenkapellen erst nach 1426 ausgeführt. Die Kirche selbst war wohl seit 1399 in Benutzung. Der erste Bauabschnitt des Turms wurde zwischen 1420 und 1430 errichtet. Der Bau stand also etwa 27 Jahre turmlos. Auf dem Langhaussatteldach existierte schon um 1381 ein Dachreiter mit Glocke. Demnach war anfänglich gemäß der Grundrißgestaltung kein Turmbau beabsichtigt.

Die Scheitellinie der Seitenschiffe ergibt sich aus der Breite des Mittelschiffs. Die Mittelschiffsbreite findet sich im Abstand von Mittelschiffs– zu Seitenschiffsscheitel wieder. Daraus ergibt sich, daß sich das Mittelschiff (9 Meter) zu den Seitenschiffen (5,50 Meter) nicht im Verhältnis von 1 : 2 verhält, sondern die Seitenschiffe breiter sind. Verbindet man beide Nordecken der gedachten Proportionsdreiecke mit einer Linie, so zeigt sich, daß die Nordwand der Eingangshalle mit dieser abschließt. Im Innenraum ist erkennbar, daß sich oberhalb des Nordportals drei Spitzbogenfenster befanden, die zu einer ehemaligen Emporenöffnung gehörten. Demnach wurde die 1772 errichtete Vorhalle auf älteren Fundamenten erneuert, jedoch nicht zweigeschossig. Folglich orientierte sich die erste Vorhalle am bestehenden Grundrißschema und wurde wohl zusammen mit dem Langhaus errichtet.[233]

Der Grundriß der Braunsberger St. Katharinakirche spiegelt den Gedanken des 'ordo' wider, ein Grundelement mittelalterlichen Gedankengutes. *"Ordnung ist das Mittel, durch das alles bestimmt wird, was Gott festgelegt hat, definiert Augustinus. Nichts steht außerhalb der göttlichen Ordnung. Nichts im Universum ist ungeordnet. Ordo ist das sicht– und erfahrbar gewordene Tun Gottes in der Welt."*[234] Der 'ordo' als Begriff des Pythagoräismus, vermittelt durch Augustinus, galt im gesamten Mittelalter als wichtige Voraussetzung für die Errichtung einer Kirche. Der Braunsberger Baumeister

---

233 Diese Vermutung wird später noch genauer erörtert.
234 V. Naredi-Rainer (1986), S. 19. Vgl. Schenkluhn, Ordines studentes, S. 232.

war, wie aus dem Grundriß ersichtlich, vertraut mit dieser weit verbreiteten Ästhetik und Proportionslehre. Die Aufteilung der Grundrißproportionen in gleichschenklige Dreiecke (Triangulation) ist nicht daher atypisch, sondern steht in der europäischen Bautradition des Mittelalters.

2.2.2 Chor und Ostgiebel

Die Braunsberger Pfarrkirche zählt mit dem Dom zu Frauenburg zu den beiden städtischen ermländischen Hallenkirchen mit Chorraumausbildung. Wie aus der Grundrißbeschreibung ersichtlich, ist der Chor in das Gesamtkonzept eingebunden und Bestandteil der ursprünglichen Planung. Die Apsis ist nach Osten ausgerichtet.[235]

7

8 Ohne Sockel und besondere Gliederung steigen die Choraußenwände gerade bis zur Traufe im wendischen Mauerverband empor. Kurz unterhalb des Dachansatzes sieht man ein umlaufendes schmales Gesimsband mit Doppelrundstab.

9 Die Chorstreben sind dreifach durch einen Wasserschlag abgestuft und enden kurz unterhalb des Dachgesimsbandes. Die Fensteröffnungen lagen ursprünglich tiefer und sind unten in einer Höhe von etwa 80 cm vermauert. An der Ostseite des Chorraums und der östlichen Langhausecke sind, bedingt durch Anbauten, die Fenster vermauert. Die äußeren Fensterlaibungen besitzen einen umlaufenden Birnstab. Unter den Fenstern befand sich ursprünglich ein umlaufendes, leicht vorspringendes Gesimsband, das heute stark abgeschlagen und stellenweise neu vermauert ist. Das Band wird um die Streben herumgeführt, jedoch nicht durch ein vorgesetztes Gesimsband, sondern optisch durch hochkant gestellte Binder. Das Binderband wiederholt sich ebenfalls an den Streben knapp unterhalb des oberen Wasserschlags.

Zur Chorausbildung bemerkte Quast, daß sie zusammen mit den abgeschrägten östlichen Langhausecken und den gleich hohen Ostfenstern, "... *der ganzen Ostseite der Kirche fast das Ansehen eines mit einem Kapellenkranze umgebenen Chorschlusses...*" gibt.[236] Auch Zink bemerkte, daß "*durch die Abschrägung der beiden östlichen Ecken der Umfassungswände ... ein kapellenartiger Abschluß der Seitenschiffe erzielt*" wird.[237] Zink stellte weiter fest, daß sich dies nachteilig auf den Ostgiebel auswirkte und bedingt dadurch die Giebelwand an den Ecken abgeschrägt werden mußte. Die Ausführung erscheint deshalb als stark reduzierte Form eines Kapellenkranzes. Gall empfand "*... die Lösung ungewöhnlich*".[238]

464 Dittrich fiel auf, daß das Langhaus und der Chor nicht gleichzeitig, sondern durch unterschiedliche Meister ausgeführt wurden. Er begründet dies mit der Beobachtung, daß das Kaffgesims am Chor niedriger sei als am Langhaus und die inneren Halbpfeiler am Chor durch profilierte Ecksteine in ihrer Gestaltung aufwendiger erschienen.[239] Dittrichs Vermutung hat ihre Ursache darin, daß die erste Planung eine Pseudobasilika

---

235 Wohl die älteste Darstellung der Kirche findet sich auf der im Jahre 1635 gefertigten Altstadtansicht von Konrad Grötke, herausgegeben durch Paul Stertzel. Vgl. ZGAE (Triller), Bd. 40, S. 80 – 88.
236 Von Quast (1852), S. 39.
237 Zink (1938), S. 27.
238 Dehio / Gall (1952), S. 172.
239 ZGAE (Dittrich), Bd. 11, S. 277.

vorsah, woraus die Bauunterbrechung und die unterschiedliche Höhe des Kaffgesimses resultieren.

Bereits Buettner erkannte in der Braunsberger Chorausbildung und Proportionierung zum Langhaus eine allmähliches Verblassen der Choridee, welche *"... umso stärker in Erscheinung tritt, je mehr das 14. Jahrhundert sich seinem Ende nähert, und das etwa am Anfang des folgenden Jahrhunderts zum vollständigen Aufgeben des Chores geführt hat. Ungefähr um die Mitte des 14. Jahrhunderts muß das Altarhaus den Höhepunkt seiner Längsdehnung erreicht haben, in der zweiten Hälfte beginnt dann der Rückbildungsprozeß."*[240] Der Braunsberger Triumphbogen besitzt eine weite Öffnung zum Langhaus, so daß der Übergang zwischen beiden Raumteilen fließend wirkt und das Sanktuarium vom Betrachter nicht als selbständiger Bauteil empfunden wird, sondern als Nischenerweiterung, als ein Bestandteil des Schiffs.

Nachdem die Backsteinmauerung beim Wiederaufbau freigelegt wurde, kann man erkennen, daß die Dienste im Chorraum ursprünglich bis zum Fußboden verlaufen sollten. Nach der Planänderung vermauerte man die Wandaussparungen für die projektierten Dienste sorgfältig.

Bei der Betrachtung des reich ausgebildeten Chorgiebels wurde bereits festgestellt, daß die ursprüngliche Giebelform von 1381, bedingt durch den Brand von 1480, nicht mehr zu ermitteln ist. Der heutige Giebel wurde nach dem Vorbild von 1858 rekonstruiert, und diese Form soll wiederum nach alter Überlieferung gestaltet worden sein, so wie sie Quast in seiner Topographie von 1852 zeichnete. Wegen der reichen Geschoßgliederung mit Doppelblendfenstern und spitz zulaufenden Zierformen zwischen den horizontalen und vertikalen Bändern und den verwandten Doppelblenden am Turm läßt sich auf eine Verbindung zur Danziger Bauhütte schließen, die nach dem Brand von 1480 in Braunsberg tätig war. Demzufolge war diese Bauhütte auch mit dem Wiederaufbau des zweiten Chorgiebels betraut. Kongeniale Zierformen finden sich bei dem nach 1467 errichteten nordwestlichen Halbgiebel der Wormditter Pfarrkirche. Auch der kurz nach 1474 errichtete Chorgiebel von Rößel besitzt verwandte Formen. Aufgrund der unregelmäßigen Gestaltung der einzelnen Giebelgeschosse löst sich die Braunsberger Giebelform wieder auf und entspricht somit der Formensprache des endenden 15. Jahrhunderts.

2.2.3 Langhaus

Die außen kaum gegliederten Langhauswände besitzen keinen Sockel. An einigen Stellen tritt lediglich ein Feldsteinfundament hervor. Direkt unterhalb der alten Sohlbankhöhe ist ein ursprünglich auch am Chor durchlaufendes Gesimsband aus Formsteinen zu erkennen. Es ist heute zum größten Teil abgeschlagen. An den zweifach gestuften Strebepfeilern wird das Gesimsband optisch durch eine hochstehende Binderschicht fortgesetzt. Der Ziegelverband am Langhaus ist bis in zweidrittel Höhe durchgehend im wendischen Verband gemauert. Nach einer deutlich zu erkennenden Baunaht an den Seitenschiffen folgt in zweidrittel Höhe der gotische Mauerverband. Das Back-

---

240 Buettner (1939), S. 38.

steinformat hat eine durchschnittliche Länge von 29 cm, eine Breite von 14 – 14,5 cm und eine Höhe von 8 cm.

3   Das in sechs Joche gegliederte Langhaus wird durch fünf oktogonale Pfeiler in drei Schiffe geteilt. Bedingt durch die nach außen angelegten Strebepfeiler besitzen die Langhausinnenwände außer den dazwischen liegenden schmalen, hohen, spitzbogigen Fenstern keinerlei Gliederung. Lediglich ein wohl ursprünglich unterhalb der Fenstergesimse gelegener Fries wurde bei der Restaurierung von 1855 – 1859 wiederentdeckt.[241] Die spitzbogigen Fensteröffnungen sowohl im Langhaus als auch im Chor hatten ursprünglich ein stark reduziertes aus drei– (Langhaus) und zweibahnigem

470, 472   (Chor und Chorseitenkapellen) Maßwerk. Bei den dreiteiligen Fenstern überschneiden sich die Spitzbogenformen über dem Mittelbogen. Die Maßwerkpfosten und Umrandungen waren aus einem durchlaufendem Birnstab gebildet. Bedingt durch Restaurie-

6   rungen im 19. Jahrhundert und Kriegszerstörung haben sich diese Birnstäbe nur teilweise erhalten. Die starke Reduzierung ohne jede weitere Maßwerkfiguration ist für das ausgehende 14. Jahrhundert nicht ungewöhnlich. Gerade im Backsteingebiet findet sich diese Gestaltung häufiger.[242] Am Außenbau herrscht durch die Fenster– und Pfeilerrhythmisierung eine starke Vertikalgliederung.

An der Ostwand des Innenraums bilden sich Halbpfeiler, die an den Ecken ein Rundstabprofil aufweisen. Die übrigen Pfeiler sind glatt belassen. Die Westhalbpfeiler wurden bei der Anfügung des Turms zur Verstärkung ummantelt, jedoch anläßlich des

466   Wiederaufbaus entfernt. Die Kapitellzone bildet sich durch eine vorgekragte Backsteinlage mit Formsteinschmiege. Darüber führt ein umlaufendes Putzband, über dem

465   wiederum ein vorgesetztes Band läuft, auf dem die Scheidbögen ruhen. Die Gewölberippen werden nicht durch Dienste, wie ursprünglich im Chorraum projektiert, bis zu den Basen abgeleitet, sondern von Konsolen aus Kalkstein getragen. Sie liegen kurz unterhalb der Kapitellzone.

471   Auf Höhe der Gewölbekonsolen der Seitenwände des Langhauses ist deutlich eine unregelmäßige Bauschicht mit einem Läuferband zu erkennen. Ursprünglich gingen demnach die Mauern bis zu dieser Höhe. Nach der Planänderung wurden die oberen Außenmauern des Langhausabschlusses im gotischen Mauerverband erhöht, so daß die Seitenschiffe mit dem Mittelschiff in einer Höhe liegen.

466   Bei genauer Betrachtung der vierfach mit Birnstäben gestuften Scheidbögen ist zu erkennen, daß die südlichen etwas niedriger liegen als die nördlichen. Es entsteht dadurch zwischen Mittelschiffswand und den Gewölbeansätzen ein kleines Stück gerader Wandfläche. Darüber liegt jeweils ein Gewölberippenbogen, der sich an das Deckengewölbe anschließt. Auf der Nordseite dagegen treffen die Gewölberippen direkt auf die profilierten Scheidbögen. Es läßt sich daher vermuten, daß der Baumeister zunächst mit den Südscheidbögen begann und nach der Planungsänderung den Umbau mit dem nördlichen Seitenschiff in geänderter Form weiterführte. Idee des Meisters war es, die Gewölbescheitel der Seitenschiffe etwas niedriger zu legen als im Mittelschiff. Vermutlich stieß diese Gestaltungsabsicht ebenfalls wie die pseudobasilikale Gestaltung

---

241   Dittrich (1870), Heft 1, S. 38.
242   Haas (1981), Bd. 7, S. 1301.

auf Ablehnung. Als man anschließend mit dem Nordseitenschiff weiter baute, erhöhte man bei diesem geringfügig die obere Kapitellzone, so daß die Scheidbögen im Scheitel höher kamen. Hierdurch bedingt erhielten nach der Planänderung alle Gewölbe die gleiche Scheitelhöhe.

Im Raumverhältnis zwischen Chor und Langhaus zeigt sich eine klare Langhausdominanz. So artikuliert der einjochige Chor noch den Kathedralgedanken. In der Verschmelzung der beiden Raumteile und der Simplifizierung des Ostabschlusses formuliert sich jedoch eher eine bürgerliche ästhetische Vorstellung.

Insgesamt besaß die Pfarrkirche einst sechs Eingänge[243]. Zwei Portale liegen im Langhaus auf der Nordseite, vom Chor aus im ersten und dritten Joch. Auf der Westseite befindet sich im Turmuntergeschoß ein Eingang. Auf der Südseite befanden sich ursprünglich zwei ältere spitzbogige, dreifach mit Birnstab profilierte nach innen abgestufte Portale. Eines liegt im zweiten Joch, das andere im fünften Joch vom Chor aus gesehen. Ein weiteres, heute ebenfalls vermauertes, zweifach abgestuftes, spitzbogiges Portal liegt auf der Südschräge des Chors. Da die Kirche in der südlichen Stadthälfte liegt, wurde der Nordeingang stärker frequentiert, folglich vermauerte man später die Südeingänge. Eine Bestätigung, daß die Nordeingangshalle, wie schon vermutet, im ersten Planungsabschnitt vorhanden war, läßt sich deutlich an der Gestaltung der Innenwand erkennen. Über dem Eingang befanden sich drei kleine, heute vermauerte spitzbogige Fensteröffnungen, die ursprünglich wohl eine Emporenöffnung darstellten. Demnach war die erste Eingangshalle zweigeschossig mit einer dreiteiligen Emporenöffnung zum Seitenschiff hin.

2.2.4 Turm und Westbau

Der angefügte, rechteckige, etwa 60 Meter hohe Turm zählt laut Gall zu den "großartigsten" des Ermlands.[244] Über einem ungegliederten Unterbau erheben sich sechs unterschiedlich hohe Geschosse, alle im gotischen Mauerverband. Auf der Westseite befindet sich ein aus Formsteinen profiliertes Portal, das sich nach innen abstuft. Die einzelnen Stockwerke sind durch ein umlaufendes Horizontalputzband voneinander getrennt. Die Spitzbogenfenster sind nur im Mittelbereich der vier Turmfassaden paarweise geöffnet. Auf der Westseite umschließen ungefähr bis zur Hälfte der Turmhöhe jeweils zwei Blendspitzbogenfenster die beiden geöffneten Mittelfenster. In der oberen Turmwestfassade befindet sich neben den vier geöffneten Fenstern jeweils nur zu beiden Seiten eine Blendnische. Das Obergeschoß ist in seiner Ausbildung reicher als die darunterliegenden. Die vier Fensteröffnungen werden jeweils paarweise mit einer Spitzbogenumfassung zu einem Biforium zusammengefaßt, so daß der Eindruck von zwei größeren Hauptfenstern entsteht. Zwischen den paarweise angeordneten Fenstern befindet sich im oberen Zwickelfeld eine Kreisblende. Als oberster Abschluß sind über den Blenden noch fünf Kreisblenden angeordnet. Darüber liegt ein durchlaufendes Putzband und das Pyramidendach mit Laternenabschluß. Durch die Gestaltung der

---

243 Dittrich (1870), Heft 1, S. 24.
244 Dehio / Gall (1952), S. 173. Boetticher (1894), S. 45. Aufgrund der völligen Vernichtung im Zweiten Weltkrieg beziehen sich die folgenden Betrachtungen auf Bilddokumente vor der Zerstörung. Mit der Laterne besitzt der Turm eine Höhe von 63 Metern.

Turmfassaden und die Licht- und Schattenwirkung von Blenden und Fenstern wird die Monumentalität des Baukörpers besonders gesteigert.

Schon in der Grundrißbetrachtung wurde deutlich, daß der Turm sich nicht in das Proportionsverhältnis einfügt. Auch unterstreicht die erwähnte nachträgliche Halbpfeilerummantelung auf der Westinnenseite des Langhauses die These einer ursprünglich turmlosen Planung. Demnach bestand der erste Abschluß vor der Errichtung des Turms und dessen Seitenkapellen zunächst aus einer geschlossenen, turmlosen Front.

Wie oben nachgewiesen, wurden der Turm und die Seitenkapellen relativ spät zwischen 1420 und 1430 angefügt. Im Jahre 1425 hat man die Turmuhr bei Nikolaus Pughusen in Braunsberg bestellt.[245] Urkundlich werden 1426 die Glocken im Turm erwähnt. Der Turm war demzufolge spätestens 1430 vollendet.

Betrachtet man den oberen Abschluß des Turms, so findet sich, wie bereits Zink und Schmauch bemerkten, eine deutliche Kongenialität zum Turmabschluß der Danziger Marienkirche. Diese Ähnlichkeit resultiert aus dem Wiederaufbau des 1480 zerstörten Braunsberger Turms durch Danziger Bauleute.[246]

Die Seitenkapellen neben dem Turm standen trotz Weiterführung des Sockelprofils mit den Seitenschiffen nicht, wie Gall glaubte, im Verband. Allerdings war die Nordkapelle (Donnerstagskapelle, erwähnt seit 1440) mit dem Turm im Verband. Demnach wurde sie zusammen mit dem Turm um 1426 errichtet.[247] Gall erkannte aufgrund des Baubefundes, daß die Blende der Westseitenschiffswand im Dachboden ursprünglich niedriger geplant war, was heute nicht mehr nachprüfbar ist.

Im Innern besitzt die Kapelle zwei reiche Sterngewölbe, deren Rippen auf Konsolen verlaufen. Die Konsolen sind fächerartig aus mehreren, sich zweimal übersteigenden halben Bögen geformt. Bereits Quast erkannte, daß sich gleiche Konsolen im oberen Kreuzgang des Marienburger Hochschlosses finden.[248] Analog sind die Konsolen in der Burgkapelle in Rheden gebildet.

Das im östlichen Kapellenjoch befindliche Gewölbe scheint in seiner Ausbildung älter zu sein und besteht wie in den Schiffen aus vier zusammengefügten Sternen. Es dürfte noch aus der Erbauungszeit um 1426 stammen. Das anschließende westliche Gewölbe besitzt ein reiches netzartiges Sterngewölbe. Vermutlich wurde es in der Folge der Brandzerstörungen nach 1480 gänzlich erneuert. Es zeigt mit seiner kuppelartigen Form und komplizierten Musterung eine nahe Verwandtschaft zu den von Meister Hinrich Hetzel zwischen 1499 und 1502 geschaffenen Gewölben der Danziger Marienkirche. Ähnliche Formen finden sich auch bei den Gewölben der um 1514 vollendeten Danziger Peter und Paul-Kirche und bei dem 1526 erneuerten Gewölbe der Danziger Katharinenkirche.[249] Ebenso besitzt die Elbinger Dominikanerkirche St. Marien ein in den Jahren zwischen 1504 und 1513 erneuertes netzartiges Sterngewölbe. Ob Meister

---

245 Dehio / Gall (1952), S. 172.
246 Zink (1938), S. 91. ZGAE (Schmauch), Bd. 27, Urkunde 1, S. 416 und S. 409.
247 Dehio / Gall (1952), S. 173. Boetticher (1894, S. 45) vermutete irrtümlich, daß die Kapellen erst nach der Turmerrichtung angefügt wurden.
248 Von Quast (1852), S. 41.
249 Dehio / Gall (1952), S. 4, 9, 18.

Hetzel persönlich in Braunsberg und Elbing tätig war, ist nicht überliefert. Jedoch war nachweislich die Danziger Bauhütte der Marienkirche in Braunsberg tätig. Wegen der ähnlichen Gewölbeformen ist nicht auszuschließen, daß Meister Hinrich Hetzel an der Danziger Bauhütte schon vor 1496 tätig war.[250]

Die gegenüberliegende Marienkapelle auf der Südseite der Braunsberger Stadtpfarrkirche wird erst 1446 erwähnt. Aufgrund der schlechten Erhaltung mußte die Kapelle 1721 neu errichtet werden.[251]

2.2.5. Gewölbe

Den oberen Abschluß der drei Schiffe bilden Sterngewölbe. Sie sind halbkreisförmig gebust, wobei die Sterne in zwei Reihen verlaufen, so daß jeweils durchlaufende Scheitelrippen entstehen. Betrachtet man die Jochfelder im Mittelschiff, so bilden sich in einem Feld jeweils vier aneinandergesetzte vierstrahlige Sterne. Im Jochzentrum entsteht dadurch ein achtstrahliger Stern. Diese Aufteilung findet sich auch bei den Seitenschiffsjochen, die jedoch im Gegensatz zu denen des Mittelschiffs längsrechteckig sind. Trotz der einfachen netzartigen Struktur der Gewölbe entsteht ein optisch reiches Bild.

3
465
15

Die Rippen werden im Langhaus nicht von Diensten getragen, sondern von Maßwerkkonsolen. Deutlich ist erkennbar, daß sie nachträglich eingepaßt wurden.

Auf der Chorseite sind die Seitenschiffe an den Außenecken abgeschrägt. Die beiden Gewölbe der jeweiligen Jochfelder schließen mit neunstrahligen Sternen ab. Dadurch wird dem Betrachter der Eindruck eines Staffelchors vermittelt. Im 5/8 Chor bildet das Gewölbe einen zwölfstrahligen Stern. Das Turmerdgeschoß schließt mit einem einfachen, achtteiligen gerippten Sterngewölbe ab.

464
9
468

Eine Stiftungsurkunde von 1442 belegt, daß die Gewölbe zu dieser Zeit noch nicht vollendet waren. Die Datierung der Gewölbe fällt somit in die Mitte des 15. Jahrhunderts. Bei dem verheerenden Brand von 1480 stürzten Turmobergeschoß und Giebel auf die Gewölbe, auch das Dach des Langhauses brannte völlig nieder. Die Schäden waren insgesamt so groß, daß, wie erwähnt, der Braunsberger Stadtrat in einem Schreiben den Rat der Stadt Danzig am 18. Mai 1480 um Hilfe bat.[252]

Gall vermutete wohl richtig und formulierte: *"... die Beschädigung der Gewölbe beim Turmeinsturz 1480 war anscheinend unerheblich, die Ausführung wirkt ganz einheitlich, abgesehen von einigen Verstärkungen infolge ursprünglicher Standunsicher-*

3

---

250 Schon seit 1486 – 1492 ist Meister Hetzel in Danzig tätig und wird bei den Bauarbeiten des Rechtsstädtischen Rathauses als Baumeister genannt. In den Jahren zwischen 1496 und 1498 errichtete er das südliche Querschiff der St. Marienkirche in Danzig. Antoni (1993), S. 92, 113. Schmid (1939), S. 13f. Wenn Meister Hinrich Hetzel nach 1480 in Braunsberg tätig war, stimmt wohl die Vermutung von Schmid, daß dieser nicht nur in Danzig tätig war, sondern auch die Gewölbe der Johanniskirche in Marienburg einzog. Diese Kirche wurde 1457 – 1460 durch polnische Besatzung im dreizehnjährigen Krieg zerstört, der Wiederaufbau begann ab 1468. Rzempoluch (1991), S. 52. Nach Gewölbeinsturz von 1535 blieben nur zwei alte Gewölbe im südlichen Seitenschiff erhalten. Die übrigen Gewölbe wurde danach erneuert. Antoni (1993), S. 394.
251 Dehio / Gall (1952), S. 173.
252 ZGAE (Schmauch), Bd. 27, S. 409.

heit."[253] Schmauch dagegen nahm aufgrund der Angaben in der Bittschrift von 1480 an, daß die Gewölbe völlig neu errichtet wurden. Weiterhin glaubte er, daß sie durch einen Danziger Baumeister hergestellt wurden.[254] Wie bei der Nordturmkapelle festgestellt, trifft dies allerdings nur für das Kapellengewölbe zu, das wohl total zerstört war. Es entspricht aufgrund seiner netzartigen Konfiguration stilistisch mehr der Zeit um 1480. Demzufolge wurden die übrigen beschädigten Gewölbe in ihrer alten Struktur wieder hergerichtet. Es erscheint unlogisch, daß bei dem verheerenden Brand alle Gewölbe bis hin zum Chor völlig zerstört wurden. Bei einer solchen Beschädigung hätte man die Gewölbe eher nach dem bestehendem Zeitgeschmack durch Netzgewölbe analog der Nordkapelle erneuert.

Auch Zink datiert die heutige Gewölbegestaltung stilistisch richtig in die Mitte des 15. Jahrhunderts.[255] Bereits das Gewölbe der 1344 geweihten Kapelle in der Marienburg besaß eine durchlaufende Scheitelrippe, die in der Längsachse die Raumdecke zu einer tonnenartigen Einheit bindet. Diese Scheitelrippe in Verbindung mit Sterngewölben entstand erstmalig in England, bezeichnet später als 'Decorated Style' (um 1250 – 1350). So findet sich im zwischen 1238 und 1255 entstandenen Vierungsquadrat der Kathedrale von Lincoln eine analoge Gewölbeform mit vier zusammengesetzten Flechtrippensternen. Eine ähnliche Gewölbeform wurde in der zwischen 1245 und 1269 entstandenen Vierung von Westminster Abbey verwendet.[256] Im Unterschied zu Braunsberg erscheinen die englischen Beispiele reicher, weil die rechtwinklig verlaufenden Flechtrippen durchlaufen und so kleinere Quadrate entstehen.

In das Ordensland vermittelt wurde diese Form unter anderem durch die Zisterzienser. So zeigen die um 1399 errichteten Gewölbe von Kloster Pelplin erstmalig Sternformen mit Flecht- und Scheitelrippen. Auch wenn eine Reihe von Jochen in der Folgezeit neu eingewölbt werden sollte, bleibt die Beispielhaftigkeit bestehen.

Auch die Hanse, die mit England enge wirtschaftliche Beziehungen pflegte, könnte die englische Gewölbeart ins Deutschordensgebiet vermittelt haben.[257]

Der Name des Baumeisters der Gewölbe der Braunsberger Pfarrkirche ist nicht belegt. Gall vermutete den gleichen Gewölbemeister wie am Braunsberger Franziskanerkloster.[258] Dort wurden um 1445 die Gewölbe durch den aus Thorn stammenden Meister Hans Gotland eingezogen. Dieser Meister hatte *"von eynes gewelbis wegen und auch umbe andirding"* einen Streit mit den Franziskanermönchen. Er wurde daraufhin ge-

---

253 Dehio / Gall (1952), S. 172.
254 ZGAE (Schmauch), Bd. 27, S. 305f.
255 Dehio / Gall (1952), S. 173. Zink (1938), S. 30 und 57, ZGAE (Schmauch), Bd. 27, S. 409, Beilage 1. Bei totaler Zerstörung der Gewölbe hätte man sicher diese mit einen um 1480 üblichen kleinteiligen Netzgewölbe geschlossen.
256 Frazik (1985), S. 14.
257 Clasen (1930), S. 147. Nußbaum (1985), S. 112.
258 Dehio / Gall (1952), S. 172. Hans Gotland war von 1428 – 1433 an der St. Johanniskirche in Thorn mit der Errichtung des Turmobergeschosses beauftragt (ebenda, S. 73); um 1432 am Thorner Fährtor beschäftigt (ebenda, S. 81); wohl um 1442 Einziehung der Gewölbe in Braunsberg St. Katharina und 1445 Franziskanerkirche. (ebenda, S. 175).

bannt, schließlich erhielt er durch Schiedsspruch vom Guardian 10 Mark Entschädigung. Vom Bann mußte er sich allerdings selbst loskaufen.[259]

Mit Braunsberg vergleichbare Gewölbe finden sich in den Stadtkirchen von Wormditt, Bartenstein, Rößel, Seeburg und in der Rathaushalle in Preußisch Holland. Eine dortige Tätigkeit des Hans Gotland ist bisher nicht nachweisbar.

---

259   Roth (1918), S. 142f.

2.3 Zusammenfassung

2.3.1 Erster Bauabschnitt

9

Die Fundamente werden im Herbst 1346 ausgehoben, und man beginnt den Bau des Chors mit 5/8—Schluß und polygonalem Seitenschiffsabschluß. Mit der Bauausführung sind die aus Lübeck stammenden Maurermeister Godiko de Hamm, Hermanus und Heyne Penkune beauftragt. Eine deutlich zu erkennende Baunaht zwischen Langhaus und Chor, sowie das am Chor niedriger gelegene Kaffgesims belegen eine Planänderung. Die Chorhalbpfeiler sind im Gegensatz zu den Langhausstreben reich mit Eckformsteinen profiliert.

Die eigenartige Ostgestaltung und die Grund- und Wandausbildung bezeugen eindeutig, daß man den Baukörper zunächst als Pseudobasilika anlegte.

Im Jahre 1352 sind noch Bautätigkeiten im Gange, denn in diesem Jahr zieht Maurermeister Crakow, wohl gleichfalls aus Lübeck stammend, nach Braunsberg und wird Bürger der Stadt.

Nach Vollendung des Chors und der niedrigen Seitenschiffsaußenwände im wendischen Mauerverband folgt eine längere Bauunterbrechung mit anschließender Planänderung.

2.3.2 Zweiter Bauabschnitt

13

469,
472

Nach der Planänderung entschließt sich der 1367 unter Vertrag gestellte Werkmeister Heinrich Penkune für die Errichtung einer Halle. Der schon bestehende Chorbau und die polygonal begonnenen Seitenschiffsabschlüsse werden in das neue Konzept einbezogen. Die vollendeten Seitenschiffswände werden nun im gotischen Mauerverband erhöht, wie auch die am Außenbau liegenden Strebepfeiler. Sie erhalten zwei Kaffgesimse mit Wasserschlägen. Die Aussparungen für die noch nicht ausgeführten Seitenschiffsgewölbe und Dienste im Chor werden sorgfältig ausgemauert.

Der Umbau beginnt mit Aufstockung des Südseitenschiffs, danach folgt die Erhöhung des Nordseitenschiffs. Die schon teilweise vollendeten Scheidbögen werden durch ein Ausgleichsmauerstück erhöht. Nach Vollendung des Umbaus können die Gewölbe in der Weise eingezogen werden, daß alle Scheitellinien auf einer Höhe liegen und der Raum zu einer Halle wird. Wegen fehlender Finanzen wird die Halle wohl zunächst provisorisch mit einer Bretterdecke geschlossen.

Die Ausführung einer Turmanlage ist zu diesem Zeitpunkt nicht vorgesehen. Ein Dachreiter mit Glocke ersetzt diese. Die Halbpfeiler der Westseite sind genauso stark wie die der Ostseite. Auch die Proportionsverhältnisse und die Gliederung des Grundrisses lassen eine beabsichtigte Turmplanung nicht zu. Die Westseite schließt gerade ab. In der zweiten Bauphase verzichtet der Baumeister auf Formsteine. Die Halle ist um 1381 vollendet und der Bau Ende des 14. Jahrhunderts in Benutzung.

2.3.3 Dritter Bauabschnitt

Wohl kurz nach 1420 entschließt man sich zu einem Turmanbau an der Westseite. Es 4, 6 folgen in den Jahren 1426 und 1427 Stiftungen für den Turm. Um 1430 ist dieser vollendet. Zur Verstärkung und Stützung in Richtung Langhaus werden die bereits stehenden Westhalbpfeiler ummantelt. Zu gleicher Zeit entstehen im Mauerverband mit dem Turm Seitenkapellen. Nach Vollendung des Turms im gotischen Mauerverband werden die Gewölbe wohl von Hans Gotland erst Mitte des 15. Jahrhunderts eingezogen.

2.3.4 Vierter Bauabschnitt

Im Jahre 1480 wird nach einem großen Brand das Turmobergeschoß durch die 6 Bauhütte der Danziger Marienkirche neu aufgebaut. Erkennbar ist eine starke Analogie mit dem Turmobergeschoß der Danziger Marienkirche. In der nördlichen Seitenkapelle wird das zerstörte Gewölbe durch ein Netzgewölbe ersetzt. Die übrigen beschädigten Gewölbe im Langhaus werden in ursprünglicher Form ausgebessert. Die nahe Verwandtschaft der nördlichen Turmkapellengewölbe mit den Gewölben des Danziger Meisters Hetzel läßt vermuten, daß dieser am Wiederaufbau beteiligt ist.

2.4. Filiation und Konfiguration von Grundriß- und Raumkonzept

Auf der Suche nach der Filiation der Braunsberger Kirche erkannte bereits Quast im Ostbau von St. Katharina die *"... in Preussen ungewöhnliche Polygonform ..."*[260] Auch Gall bemerkte, daß *"... die Lösung ungewöhnlich ..."* sei, gibt jedoch keine nähere Erläuterung.[261] Zink bemerkte, daß die Stadtkirche sich *"... nicht nur von den übrigen ermländischen Hallenkirchen, sondern von allen Kirchenbauten des Ordenslandes ..."* unterscheide. Das kapellenartige Motiv der Seitenschiffe finde sich *"... bei keiner anderen ordensländischen Kirche ..."* wieder. Zink sprach sogar von einem architektonischen *"Sonderfall"* im Ordensland.[262]

Wenngleich viele Autoren immer wieder die Einzigartigkeit des Grundrisses lobten, versuchte keiner der Zitierten etwas über die Herkunft bzw. eine Genese zu ergründen. Erst der polnische Kunsthistoriker Rzempoluch erkannte die Projektion einer *"Pseudobasilika"*, gab hierzu jedoch keine weiteren Begründungen.[263]

Wichtig ist bei weiteren Betrachtungen der rasche Planwechsel nach der Bauunterbrechung von einer Pseudobasilika hin zur Halle. Auch die besondere polygone Chorausbildung mit den auffälligen Seitenchören in Form eines reduzierten Staffelchors ist für weitere Untersuchungen von besonderer Bedeutung.

Sucht man nach Vorbildern der Braunsberger Pfarrkirche als erste pseudobasilikale Planung im Ordensland, so findet sich im benachbarten Bistum Pomesanien der Dom

---

260 Von Quast (1852), S. 40.
261 Dehio / Gall (1952), S. 172.
262 Zink (1938), S. 28.
263 Rzempoluch (1991), S. 38.

von Marienwerder, der ebenfalls als Pseudobasilika angelegt wurde.[264] In einer Urkunde aus dem Jahre 1344 wurde *"Religiosus vir, frater Rupertus, murorum, magister, Marienwerder"* als Baumeister des zweiten Dombaus genannt.[265] Der Dom wurde um 1355 in relativ kurzer Zeit vollendet. Ein Vergleich mit der Braunsberger Stadtpfarrkirche zeigt jedoch, daß der Dom zu Marienwerder außer dem 5/8 Chorschluß und den massigen oktogonalen Pfeilern in völlig anderen Proportionen errichtet wurde. Die Chorausbildung mit drei schmalen Jochen ist ebenfalls nicht mit der Braunsberger Kirche verwandt. Außer der pseudobasilikalen Gestaltung sind somit keine Verbindungen feststellbar. Demnach scheidet der Dom von Marienwerder als mögliches Vorbild aus.

Der Dom zu Königsberg in Preußen wurde 1344 im Langhaus zunächst als flache Basilika gedeckt und 1351 geweiht. Wohl noch in der Zeit des Hochmeisters Winrich von Kniprode (1351 – 1382) fand ein Umbau statt. Die Seitenschiffe wurden erhöht und das Mittelschiff im Scheitel höher gewölbt als die Seitenschiffe. Die Obergadenfenster fielen dadurch weg. Der Umbau muß um 1382 vollendet gewesen sein.[266] Da der Umbau in eine Pseudobasilika jedoch zu spät erfolgte, zudem der Dom in seiner Gesamterscheinung mit einer Doppelturmfassade und in seiner Grundrißgestaltung abweicht, kann man auch diesen Bau als Vorbild ausschließen.

Die pseudobasilikale Pfarrkirche St. Nikolaus in Graudenz besitzt einen 5/8 Chorabschluß, der aus dem Ende des 13. Jahrhunderts stammt. Das Langhaus, wohl Ende des 14. Jahrhunderts angefangen, wurde erst in der Wende des 15. zum 16. Jahrhunderts im Mittelschiff überhöht und eingewölbt. Wegen der späten zeitlichen Einordnung entfällt auch dieses Beispiel.[267]

Die pseudobasilikale Pfarrkirche St. Katharina in Christburg entstand um 1310 und ist in ihrer Raumproportionierung im Vergleich zu Braunsberg völlig andersartig. Die platte zweijochige Chorgestaltung läßt sich in gleicher Weise als Vorbild für die Braunsberger Pfarrkirche ausschließen.[268]

Ebenfalls kann man die Franziskanerkirche in Kulm, die vom Ende des 13. bis in die 2. Hälfte des 14. Jahrhunderts als Pseudobasilika erbaut wurde, als Vorbild vernachlässigen, da die Raumproportionierung mit quadratischen Mittelschiffsjochen und extrem schmalen Seitenschiffen unterschiedlich gestaltet ist. Ferner schließt der Chor platt.[269]

Die Dorfkirche von Praust wurde im 14. Jahrhundert als dreischiffiger Bau mit überhöhtem Mittelschiff ähnlich der Kulmer Franziskanerkirche errichtet. Der Chor ist gerade geschlossen. Nach starken Zerstörungen im 15. und 16. Jahrhundert wurden die Mittelschiffsmauern erhöht und der Bau zu einer Basilika umgestaltet. Auch bei die-

---

264   Nußbaum (1985), S. 133. Miłobedzki (1978), Bd. II, S. 511. Buettner (1939), S. 28. Dehio / Gall (1952, S. 106) charakterisierte den Kirchenraum von Marienwerder als dreischiffige Halle, obwohl die Seitenschiffe eindeutig niedriger im Scheitel liegen als das Mittelschiff. In gleicher Weise beschrieb er die Kirchbauten von Graudenz, Christburg usw.
265   Schmid (1939), S. 22f. Derselbe wurde 1334 auch als *"murator"* bezeichnet.
266   Dehio / Gall (1952), S. 372.
267   Buettner (1939), S. 29. Dehio / Gall (1952), S. 93. Piwek (1987), S. 42.
268   Buettner (1939), S. 30. Dehio / Gall (1952), S. 139.
269   Buettner (1939), S. 29. Piwek (1987), S. 44. Binding (1989), S. 379, Abb. 491 – 493.

sem Beispiel einer ursprünglichen Pseudobasilika läßt sich aufgrund andersartiger Raumproportion und platter Chorgestaltung kein Vorbild erkennen.[270]

Die gegen Ende des 14. Jahrhunderts errichtete Pfarrkirche von Labiau besitzt ebenfalls ein leicht überhöhtes Mittelschiff. Der ursprünglich einschiffige Saalbau wurde gegen Mitte des 15. Jahrhunderts zu einer dreischiffigen Anlage umgestaltet. Der zunächst flach geschlossene Raum ist erst im 16. Jahrhundert eingewölbt und das Mittelschiff dabei leicht erhöht angelegt worden. Wegen der späten Umgestaltung und der völlig verschiedenen Proportionierung des Grundrisses entfällt auch dieser Bau als Vorbild.[271]

Die Pfarrkirche St. Thomas in Neumarkt bei Strasburg wurde im 14. Jahrhundert als Pseudobasilika begonnen, jedoch im gleichen Jahrhundert als Basilika ausgebaut. Auch hier war der heute dreiseitige Chor ursprünglich gerade geschlossen. Die erste Chorausführung und die schlanke Mittelschiffsgestaltung lassen erkennen, daß keine Verbindungen zu Braunsberg bestehen.[272]

Wie bereits festgestellt, scheiden somit alle bisher bekannten Pseudobasiliken im Ordensland als Vorbilder aus. Auch liegen sie weit gestreut, so daß ein Zusammenhang nicht erkennbar ist. Für eine weitere Betrachtung müssen daher Beispiele aus westlichen Backsteinregionen herangezogen werden.

Sucht man Sakralbauten, die als Pseudobasilika mit Staffelchor ausgebildet sind, so findet man diese Kombination grundsätzlich im niederrheinischen Gebiet. In der Gegend um Kleve liegt ein besonderes Zentrum der Pseudobasiliken. Vorbild dieser Kirchen ist bis in die 1. Hälfte des 15. Jahrhunderts die Stiftskirche St. Mariä Himmelfahrt zu Kleve. Die Fundamente der Stiftskirche wurden 1341 (Braunsberg 1346) gelegt, 1356 vollzog Erzbischof Wilhelm von Gennep die Weihe des Stiftschors. Um 1380 wurde wohl schon an der Westfassade gebaut, das Langhaus war um 1394 fertiggestellt. In der folgenden Zeit bis um 1626 wurde die Westdoppelturmfassade vollendet.[273] Der Entwurf der Stiftskirche geht auf einen Magister Konrad zurück, der auch als Baumeister leitend in Xanten tätig war. Ebenso arbeitete Meister Gisbert Schairt van Bommel, Baumeister der Stiftskirche in Kranenburg (1409 Baubeginn), in Xanten.[274]

19

18

Vorbild der gestaffelten polygonalen Apsiden der Klever Chorlösung ist im Niederrheingebiet nachweislich die Xantener Stiftskirche, deren gotischer Neubau um 1263 in Werkstein begonnen wurde, bevor man um 1300 zur Ziegelmauerung überging, die aber schließlich mit Tuff verkleidet worden ist. Erst im Jahre 1437 konnte der Chor vollendet werden.[275]

---

270   Dehio / Gall (1952), S. 45.
271   Ebenda, S. 457. Die Angabe: Mittelschiff um 1400, Seitenschiffe um 1500, von Ulbrich (1932, S. 28) erscheinen aufgrund der Wölbeform als zu früh datiert.
272   Dehio / Gall (1952), S. 89.
273   Schwarz (1938), S. 22f. Ullmann (1981), S. 118.
274   Ullmann, a.a.O. Schwarz ebenda, S. 24. In Kleve läßt sich der Baumeister Konrad aus Xanten bis 1380 und in Xanten bis 1384 nachweisen. Hilger (1984), S. 10 und 12.
275   Ullmann, a.a.O. Böker (1988), S. 194.

21 Der Chor der Stiftskirche von Kleve ist eine Simplifizierung des Xantener Vorbilds. *"Die Auflösung des differenzierten 5/10–Hauptpolygonschlusses in Xanten zum einfachen 5/8–Schluß findet sich schon ein Jahr vor der Grundsteinlegung des dortigen Chores an der Katharinenkirche in Oppenheim und um 1269 am Chor der Pfarrkirche zu Ahrweiler."*[276]

16 Die Chorausbildung der Xantener Stiftskirche St. Viktor greift auf das bekannte französische Vorbild für staffelförmige Chorlösungen der 1216 geweihten Kirche St. Yved in Braine zurück.[277] Dieser Chortyp entfaltet sich auch in Westfalen, wo er bereits um 1272 an der Soester St. Petri–Pfarrkirche und besonders an der 1331 begonnenen Wiesenkirche Verwendung fand.[278] Diese Chorlösung verbreitete sich auch bis in den niedersächsischen Raum, und so finden wir an der um 1340 vollendeten Marktkirche St. Jacobi und Georgii in Hannover die gleiche Chorlösung entsprechend der Soester Wiesenkirche. Beide sind als dreischiffige Halle ausgebildet.[279] Die Proportionsverhältnisse und die 7/10 bzw. 5/10 Chorschlüsse lassen erkennen, daß die westfälischen Beispiele nach dem Vorbild von St. Yved eine andere Entwicklungslinie verfolgen und mit der Braunsberger Grundrißlösung nicht in Verbindung stehen. Sie dokumentieren aber, daß gerade in der ersten Hälfte des 14. Jahrhunderts Hallenkirchen mit gestaffeltem Chor nach dem französischen Archetyp weite Verbreitung fanden.

Nimmt man eine Verbindung zwischen der besonderen Chorausbildung der Braunsberger Pfarrkirche und den Chorausbildungen im niederrheinischen Gebiet mit der speziell im Raum Kleve zu beobachtenden Präferenz des Staffelchors an[280], so stellt sich die Frage, wie sich eine mögliche Vermittlung vom Niederrhein hin nach Braunsberg vollzogen hat. Hier könnte neben dem bestehenden Fernhandel von Köln über die Rheinverbindung nach Xanten und Kleve bis nach Lübeck unter anderem auch der Franziskanerorden eine wesentliche Rolle gespielt haben. Schon 1285 rief Graf Dietrich VII. Minoriten aus Lübeck nach Kleve und beauftragte sie mit der Pfarrseelsorge in der Stadt.

20 Es wäre nun zu prüfen, inwieweit die Lübecker Franziskaner–Klosterkirche St. Katharinen in diese Untersuchung einzubeziehen ist. Das Kloster wurde nach 1300 begründet, der Chor war um 1325 in Benutzung.[281] Thurm schrieb zur besonderen Gestaltung der Lübecker St. Katharinenkirche:

---

276 Ebenda, S. 24.
277 Nußbaum (1985), S. 25.
278 Dehio / Gall (1949), S. 305f.
279 dies. (1977), S. 406f.
280 Schwarz (1981, S. 25) lehnte eine Verbindung zwischen Braunsberg und Kleve entschieden ab. Als Grund dafür gab er an, daß der Braunsberger Bau 1346 begonnen wurde und bereits 1381 vollendet war. Demzufolge schloß er eine Bauverzögerung oder Planungsänderung aus. Wie oben belegt, irrte sich Schwarz hier. Es gab nachweislich eine Bauunterbrechung wohl in der Zeit um 1360 und danach eine Planungsänderung. Was Schwarz zu seiner Zeit nicht wissen konnte ist, daß Braunsberg ursprünglich ebenfalls wie in Kleve als Pseudobasilika angelegt war. Somit ist nicht nur die Baunsberger Chorausbildung mit Kleve verwandt, sondern auch die ursprüngliche Raumkonzeption. Demzufolge erscheint die Beziehung zu Kleve nach heutigem Forschungsstand doch nicht so abwegig.
281 Böker (1988), S. 123.

... dreiapsidiale Chöre sowohl in der gleichfluchtenden als auch in der gestaffelten Form gab es im nordostdeutschen Backsteingebiet nur bei romanischen basilikalen Anlagen. Nach Mitte des 13. Jahrhunderts tritt diese Chorform nicht mehr auf. Soweit nach dem erhaltenen Denkmälerbestand zu urteilen ist, scheint die unmittelbare gotische Umbildung der romanischen drei Apsiden im 13. Jahrhundert nicht stattgefunden zu haben. Erst im zweiten Drittel des 14. Jahrhunderts taucht die basilikale Form des dreiapsidialen Chores ein einziges Mal in der Katharinenkirche in Lübeck auf, deren Ostpartie, die später entstanden ist als die Lübecker dreiapsidial geschlossene Hallenkirche, im Grundriß einen letzten Niederschlag von St. Yved in Braine darzustellen scheint.[282]

Jaacks bemerkt dazu, daß die Lübecker dreiapsidial geschlossenen Hallenkirchen (St. Petri, Chor um 1300 und St. Jacobi, 1334 vollendet) später entstanden seien. Einen Vergleich der Chorausbildung lehnt er wie Teuchert ab.[283] Ebenso verwirft Jaacks die Herleitung der Chorausbildung vom Typ St. Yved und bietet als überzeugende Analogie die 1266 im Chor vollendete Kirche St. Urbain in Troyes an. Diese Analogie zeigt sich deutlich in den Polygonabschlüssen der Seitenschiffschöre, die nicht aus der Flucht der Langhauswand hervortreten.[284]

17

Bei der Lübecker Katharinenkirche findet sich noch eine Querschiffsausbildung. Wie Böker erkannte, tritt das Querhaus im Innenraum räumlich nicht in Erscheinung. Die Flucht der Querhausarme reicht nicht über die Seitenschiffe hervor, sondern führt in gleicher Länge weiter. Aufgrund der eigentümlichen Form vermutete Böker richtig, daß es sich um einen nachträglichen Ausbau zweier Seitenschiffsjoche handelte.[285] Jaacks datiert den Beginn des Umbaus des Langhauses auf 1335 und dessen Vollendung um 1359.[286] Die Reduktion durch Verzicht von Querschiffen wird erstmalig bei der 1245 begonnenen (Chorweihe 1260) und 1350 vollendeten Kölner Minoritenkirche deutlich.[287] Hoben die Bettelorden mit ihrem Ideal der Seelsorge am Volk erstmals die strenge Trennung zwischen Klerus und Gläubigen auf, so war der Verzicht auf ein ausgeprägtes Querhaus baulicher Ausdruck hiervon. Es enstand der Typus der querschiffslosen Predigerkirche. Jaacks sieht in der Grundrißplanung der Lübecker Katharinenkirche, d. h. im Weglassen eines Chorumganges und in dem nicht aus der Langhausflucht tretenden Querhaus, die um 1300 beginnenden Reduktionstendenzen franziskanischer Architektur.[288]

Die Architekturform mit Querhaus wird schließlich bei den deutschen Bettelordenskirchen seit Mitte des 13. Jahrhunderts nicht mehr verwendet. Bei vielen Pfarrkirchen pflegte man als ausgeprägten Predigtraum die Form der querhauslosen Saal– oder Hallenkirche, so auch bei der endgültigen Braunsberger Stadtkirche St. Katharina.[289]

---

282 Thum (1935), S.7f.
283 Teuchert / Ellger (1960), Bd. IV, S. 69.
284 Jaacks (1968), S. 22.
285 Böker (1988), S. 123.
286 Jaacks (1968), S. 59ff.
287 Binding (1985), S. 372.
288 Jaacks (1968), S. 22.
289 Böker (1988), S. 123.

Die Tatsache, daß Braunsberg von Lübecker Bürgern besiedelt wurde und die Beziehungen auch in den nachfolgenden Jahrzehnten zu Lübeck wohl sehr eng waren, läßt es nicht abwegig erscheinen, daß als Vorbild Lübecker Kirchen gedient haben. Auf der Suche nach Vergleichsbauten fällt besonders die Chorausbildung der Katharinenkirche der Franziskaner in Lübeck auf, ein Baukörper, der in seiner Gestaltung den Höhepunkt der franziskanischen Sakralarchitektur in Norddeutschland repräsentiert. Durch seine Größe und Vornehmheit tritt der Bau in deutliche Konkurrenz zu den Lübecker Stadtkirchen. Bereits Richard Krautheimer bemerkte, daß St. Katharinen zu Lübeck *"außerhalb der Reihe der deutschen Bettelordenskirchen"* stehe.[290]

Die Lübecker und Braunsberger Katharinenkirche sind in nahezu gleicher Zeit entstanden, auch ihre Namensgleichheit ist auffallend.[291] Trotz einiger Unterschiede, finden sich viele interessante Gemeinsamkeiten. Beide Bauten besitzen eine Chorerweiterung mit 5/8 Abschluß. Bei der Lübecker Katharinenkirche fügen sich noch jeweils polygonale Seitenkapellen als Abschluß der Seitenschiffe an.

Braunsberg wurde zunächst nachweislich als Pseudobasilika projektiert, jedoch nach einer Planungsänderung zur Hallenkirche umgestaltet. Die Lübecker Katharinenkirche dagegen wurde als Basilika geplant und auch als solche vollendet.

Es stellt sich die Frage, warum an der Braunsberger Pfarrkirche eine Bauunterbrechung stattfand und warum der ursprüngliche Plan verändert wurde. Wie oben festgestellt, sah Lilienthal die Kriegshandlungen gegen die Litauer als Grund für die Bauunterbrechung an.[292] Möglich wären auch finanzielle Probleme oder die Planungsänderung selbst.

Betrachtet man die schriftlichen Bauquellen der späteren Jahre des 14. und 15. Jahrhunderts, so ist auffällig, daß bei der Bauausführung und Vergabe von Bauaufträgen der Rat der Stadt Braunsberg erscheint. Es handelt sich, wie schon festgestellt, um eine

---

290 Krautheimer (1925), S. 16.
291 Jaacks (1968, S. 11) bemerkte, daß die hl. Katharina als Klosterpatronin nur selten bei den Franziskanern zu finden ist. Als auffällig bewertete er, daß ein um 1230 begründetes Franziskanerkloster in Visby auf Gotland ebenfalls die hl. Katharina (St. Karin) als Patronin erhielt. Der Orden war 1230 nach Gotland gekommen, kurze Zeit danach, wohl um 1235 – 1250, wurden das Kloster und die Kirche errichtet. Die erste Kirche war einschiffig, turmlos und besaß einen etwas eingezogenen geraden Chorschluß. Anfang des 14. Jahrhunderts begann eine größere Umgestaltung. Zunächst wurde zwischen 1376 und 1388 der alte platte Chor durch einen polygonen 3/8 Chorschluß ersetzt. Danach wurde das Langhaus durch zwei Seitenschiffe erweitert zur einer dreischiffigen Pseudobasilika. Die ersten vier Pfeiler wurden 1397 vollendet, 1400 zwei weitere und dazu die sechs Joche mit Backsteinen eingewölbt. Quack (1991), S. 153. Svahnström (1986), S. 36ff. Lagerlöf / Svahnström (1991), S. 64ff. An der heutigen Klosterruine kann man deutlich die pseudobasilikalen Erscheinungsformen erkennen. Das Mittelschiff ist leicht erhöht, im Gegensatz zu den niedrigeren Seitenschiffen. Der Baukörper wurde einst durch ein großes Dach geschlossen. In vielen Baubeschreibungen wird der Raum als Halle beschrieben, obwohl dies aufgrund des Baubefundes nicht zutrifft. Anhand der obigen kurzen Baugeschichte wird deutlich, daß wegen des späten Umbaus die Braunsberger Pfarrkirche in keine Beziehung zu ihr gesetzt werden kann. Im Deutschordensland steigerte sich die Verehrung und Wallfahrt der hl. Katharina erst seit der Schenkung einer Reliquie nach Brandenburg (Krs. Heiligenbeil) im Jahre 1379 durch Kaiser Karl IV. an den dortigen Komtur Günther von Hohenstein (Weise 1981, S. 22). Die heute eingestürzten Gewölbe von St. Karin in Visby bestanden wahrscheinlich aus Backstein. Die Weihe erfolgte durch den Bischof von Reval.
292 Lilienthal (1846), S. 450.

ausgesprochen bürgerliche Stadtpfarrkirche. Über die Baufinanzierung und Bauorganisation vor der Planänderung ist urkundlich nichts bekannt.

Ursprünglich war in Braunsberg eine Kathedrale geplant, für deren Ausführung der Bischof und das Domkapitel verantwortlich gewesen wären. Da der Bischof seinen Kathedralsitz schon um 1278 nach Frauenburg verlegte, bestand für ihn kaum Interesse mehr an der Braunsberger Planung. Der Bischof blieb weiterhin Patronatsherr der Kirche. Er mußte nach alter Sitte zwei Drittel der Baukosten der Kirche an die Baukasse der Stadt Braunsberg zahlen. Belege zur Baufinanzierung durch die fabrica lassen sich nicht finden, dennoch kann man davon ausgehen, daß der Bischof diese Abgaben leistete. Die Bauorganisation und Aufsicht überließ er letztlich der Stadt Braunsberg. Die bischöfliche Residenz hatte Bischof Hermann von Prag bereits 1341 nach Wormditt verlegt.

Es ist vorstellbar, daß die Braunsberger Franziskaner an der ersten frühen Bauplanung der Domkirche beratend beteiligt waren. Die Ähnlichkeit zwischen Kloster und Pfarrkirche bemerkte bereits Bender. Beide Bauten hatten eine annähernd gleich lange Bauzeit.[293] Auch die oben an mehreren Stellen belegten Verbindungen zur Bettelordensarchitektur, speziell zu der des Franziskanerordens, fallen auf. Zwar wurde der Braunsberger Franziskanerkonvent nicht von Lübeck aus gegründet, sondern durch die Provinziale Erfurt, dennoch kann man annehmen, daß es enge Verbindungen zum Lübekker Franziskanerkonvent gab.

Schon im Jahre 1296 waren die Franziskaner nach Braunsberg gekommen. Bischof Heinrich I. Fleming hatte ihnen einen Platz innerhalb seiner Stadt zur Errichtung eines Klosters gegeben. Im Jahr 1297 wurde der Konvent aus dem Kapitel zu Erfurt vom Provinzial Burchard in den Verband der sächsischen Provinz aufgenommen.[294] Das erste Braunsberger Kloster wurde wie auch das zweite Kloster zerstört. Dieses wurde um 1300 außerhalb der Stadt neu angelegt, 1308 vom Provinzialkapitel zu Neiße rezipiert und kurz danach durch Kriegshandlungen zerstört. Das dritte Kloster errichtete man erneut innerhalb der Stadtmauern. Die Mönche erhielten am 20. Februar 1330 die Zustimmung zur Verlegung durch Papst Johannes XXII. Das neue Kloster sollte der Jungfrau Maria geweiht werden und muß schon 1381 weitgehend fertiggestellt gewesen sein. Die Mönche kauften in diesem Jahr vom Bürger Claus Brosicke einen Bauplatz hinter dem Chor, damit die Chorfenster auch künftig besseres Licht hätten.[295] Die endgültige Bauvollendung wurde rasch angestrebt, aber noch 1388 erhielten die Mönche Kalk und Ziegel für ihren Klosterbau von der Stadt Braunsberg.[296] Diese Ur-

---

293   J. Bender (1870), Heft 1, S. 40 – 46. J. Benders Artikel erschien bereits, in: Braunsberger Kreisblatt, Jg. 1864, Nr. 79 und 84.
294   Roth (1918), S. 140. Das Erfurter Mutterkloster als Vorbild für die Braunsberger Franziskanerklosteranlage oder der Braunsberger Stadtkirche kommt aus verschiedenen Gründen nicht in Betracht. Die Erfurter Barfüßerkirche wurde ab 1291 nach veraltetem System in 5/8 Chorschluß und als Basilika begonnen. Der vierjochige Langchor wurde erst 1361 vollendet. Vgl. Nußbaum (1985), S. 138.
295   CDW, Bd. III, Nr. 119, S. 87. ZGAE (Tidick), Bd. 22, S. 364. Roth (1918), S. 139ff.
296   CDW, Bd. III, S. 184, Nr. 225. Am 10. April 1388 fand in Braunsberg ein Vergleich zwischen dem Minoriten–Guardian und dem Rat der Stadt wegen Baumaterials statt: *"Anno domini M CCC lxxxvij (1388) feria vi post Quasi modo geniti. Do quam vor vuns der gardian her ryba vund trug mit vuns*

kunde zeigt, daß der Rat der Stadt selbst in Baufragen enge Verbindungen mit den Franziskanern unterhielt. Das Kloster wurde 1808 abgebrochen, da durch eine schadhafte Wasserleitung die Krypta und die Fundamente überflutet worden waren.[297]

Bei der Betrachtung des Mutterklosters zu Erfurt, der Barfüßerkirche, zeigen sich schon deutliche Tendenzen zum Hallenraum. Die Kirche wurde ab 1291 als Pfeilerbasilika begonnen, die Chorweihe erfolgte 1316, die Arbeiten am Langhaus gingen bis ins 15. Jahrhundert fort. Bei der Raumgestaltung läßt sich erkennen, daß die Scheitel der Langhausarkaden in Höhe der Gewölbeanfänge liegen, so daß die Schiffe stark miteinander kommunizieren. Hierdurch bedingt liegen die Pultdächer der Seitenschiffe flach und die Hochschiffswand des Mittelschiffs besitzt zwischen Obergadenfenster und den Arkaden nur einen geringen Abstand. Der Außenbau ist geprägt vom Verzicht auf Querhaus, Turm und Strebebögen. Der Eindruck einer blockhaft geschlossenen Einheit wird erreicht.[298]

Die oben aufgeführten analogen Erscheinungsformen sowie die enge Zusammenarbeit mit dem Stadtrat bei der Bauorganisation lassen es durchaus denkbar erscheinen, daß der Braunsberger Franziskanerkonvent zumindest in beratender Funktion herangezogen wurde. Der Baukörper erscheint in Aufbau und Proportion wohlüberlegt und zeigt typische Charakteristiken der Bettelordensarchitektur. Das zuerst turmlose Planungskonzept findet sich in den 1310 durch das Generalkapitel erneuerten und verschärften Statuten der Franziskaner wieder. *"... Campanile ecclesiae ad modum turris de cetero nusquam fiat ..."*[299] Diese Bauvorschriften finden sich ebenso bei den anderen Bettelorden und bestanden in der Praxis auch schon bei den Zisterziensern.

So läßt sich resümieren, daß die Braunsberger Chorentwicklung am Ende einer Reihe von Bauten steht, die ihren Ursprung und Weiterentwicklung vom Kathedralchor nahm und mit dem Kapellenkranz ihren Höhepunkt erreichte. Der Typ von St. Yved in Braine wurde über Xanten und Kleve vermittelt. Auch die Form der Lübecker Katharinenkirche beeinflußte wohl mit ihrer Reduzierung der Chorstaffelung die Planung der Klever Stiftskirche. Die Kirche von St. Urbain in Troyes steht in ihrer Chor- und Querhausgestaltung in naher Verwandtschaft zur Lübecker Katharinenkirche.

Wirkt sich im Niedersächsischen, Westfälischen und Niederrheinischen der St. Yved-Typ aus, so ist es der Typ von St. Urbain, der sich in Lübeck weiterentwickelte. Es waren wohl die Franziskaner, die die Vermittlerrolle übernahmen. Sie hielten sich zwar in der Struktur an das französische Vorbild, brachten jedoch bedingt durch ihre Bauverordnungen Ordenseigenarten in den Baukörper ein. Diese waren Turmlosigkeit, der Verzicht auf ein Querhaus, nicht bis zu den Basen geführte, sondern auf Konsolen gestellte Dienste und eine insgesamt reduzierte Raum- und Wandgestaltung. Der Typ der Pseudobasilika brachte eine Annäherung an den Predigtraum, der letztlich erst in der Halle seinen Höhepunkt fand.

---

obir eyn vm den kalk van der stadt wegen vund vum den czigel van der munche wegen, das ist berichtet vund geendit vund gelendit."

297 N.N. (1875), Heft 3, S. 39. Dittrich (1883), 15. Als man im Jahre 1935 die Krypta freilegte, zeigte sich ein Kreuzgewölbe mit Mittelpfeiler. Lorck (1982), S. 121.
298 Ullmann (1981, S. 109) bemerkte: *"Der Kirchraum wandelt sich über Zwischenstufen zur Halle."*
299 Braunfels (1985), S. 308.

In der Braunsberger Kirche befand sich vor ihrer Zerstörung im Zweiten Weltkrieg auf der Westseite eine Holztür, die von Quast wegen ihrer Gestaltung in enge Beziehung zum Niederrheinischen stellte. Er bemerkte weiter, daß auch *"ein namhafter Baumeister, Meister Jacob von Mainz, Werkmeister des Doms zu Xanten, ein Jahr lang (1360 bis 1361) in Preußen war ... doch ist über seine Thätigkeit daselbst bisher nichts ermittelt."*[300] Auch wenn der Xantener Meister, der auch in Kleve nachweislich tätig war, nur kurze Zeit in Preußen weilte, so läßt sich doch nicht ausschließen, daß er als Berater für Bauplanungen oder Bauänderungen herangezogen wurde. Es ist auffällig, daß gerade in dieser Zeit der Braunsberger Baumeister an der Stadtpfarrkirche eine Planungsänderung vornahm und den Bau als Halle vollendete. Bemerkenswert ist, daß zu dieser Zeit auch in Königsberg in Preußen eine Änderung der bestehenden Basilika in eine Pseudobasilika geplant und realisiert wurde. Es bleibt leider ungeklärt, ob Meister Jakob auch hier mitwirkte.

Alle nachweislichen Maurermeister und auch der Baumeister Heinrich Penkune stammten auffälligerweise aus Lübeck, dies abgesehen davon, daß ein Großteil der Braunsberger Bürger ehemalige Lübecker waren.

Es läßt sich hinsichtlich der Braunsberger Pfarrkirche resümieren, daß – worauf die pseudobasilikale Gestaltung und die besondere Chorausbildung hinweisen – der Baumeister in seiner ersten Planung neben anderen Paradigmen entscheidend von Vorbildern aus dem niederrheinischen Gebiet beeinflußt worden zu sein scheint.

In der besonderen Chorgestaltung und dem raschen Wechsel von der Pseudobasilika zur Halle zeigt sich die gesellschaftliche und baukünstlerische Auseinandersetzung, die das 14. Jahrhundert beherrschte. Bereits in der Xantener Stiftskirche findet sich eine Ablösung des klassischen Kathedralsystems. Der Raum gliedert sich zweigeschossig. Auch werden in Xanten die Seitenschiffe mit dem Hauptschiff räumlich stärker verbunden. Auf ein Querhaus wird bereits völlig verzichtet. Schon in Kleve und Kranen-

---

300   Von Quast (1852), S. 40 (die Datierung der Tür um 1340 erscheint aufgrund der Grundrißdatierung von 1346 als zu früh). Wilkes / Rotthoff (1957), S. 34. Thieme / Becker (1925), Bd. 18, S. 231f. Schwarz (1938, S. 16) zweifelte an der Beziehung zum Niederrheinischen bezüglich der Braunsberger Türgestaltung. Schmid (1939), S. 9f. Meister Jacob wird urkundlich 1302, 1307 und 1358 – 1361 in Xanten an der dortigen Bauhütte erwähnt, wo sein Vater bereits als Baumeister tätig war. 1358 reiste Jakob nach Köln zum Steinankauf. Bereits *"am Fastnachtsonntag 1360 kündigte Meister Jakob dem Fabrikmeister auf, um sein Glück anderswo zu suchen. Zwei seiner Gesellen folgen ihm, der dritte wartete noch vier Tage und ging auch. Der Fabrikmeister mußte der Frau des Meisters Jakob das Handwerkszeug kaufen, das nöthig war, um weiterzubauen, und eine Anzahl Steine, die ihrem Manne gehörten."* Der Bruder von Jakob, Meister Heinrich von Mainz, übernahm 1358 – 1361 die Fortführung des Baus als *"Henricus lapicida de Moguntia"* (Beissel 1966, S.458f). Meister Jakob reiste nach Preußen, wo er sich vom 7. Februar 1361 bis 9. März 1362 aufhielt. In den Rechnungsbüchern der Xantener St. Victor-Kirche finden wir den Vermerk: *"Magistro Jacobo reverso de Pruscia circa quatuor ymaginibus circa januam in choro prepositi 3 mr, 12 den"*. Jakob war nicht nur leitend in der Bauhütte tätig, sondern er arbeitete auch als Steinmetz. Am 20. Januar 1374 starb Meister Jakob in Xanten. Beissel (1966), S. 355. Wie bereits von Quast und Schmid feststellten, ist leider nicht nachweisbar, wo er als Baumeister im Ordensland tätig war. Die Verbindungen zum Niederrhein und bis hin ins Erzbistum Mainz lassen sich schon für die Zeit Bischof Heinrichs I. belegen. Im Jahre 1298 wird Bischof Heinrich I. Fleming als Stellvertreter des Erzbischofs Gerhard II. von Mainz urkundlich erwähnt. (SRW, Bd. I, S. 3, dort Anm. 3.)

burg hatte diese Entwicklung folgerichtig zur pseudobasilikalen Raumgestaltung geführt.[301] In Braunsberg protegierte gerade das aufstrebende und durch Handel mächtig gewordene Bürgertum die Errichtung der Hallenkirche.

---

301   Hilger (1984), S. 12.

3. Frauenburg/Frombork, Dom zur Himmelfahrt Mariens und zum Apostel Andreas

3.1 Baugeschichte

Am Frischen Haff, zwischen der Mündung der Baude und des Narzbachs, liegt zu Füßen einer Hügelkette die Stadt Frauenburg. Auf dem mittleren Dünenberg wurde die Domburg errichtet.

Schon in einer Verschreibungsurkunde von 1278 wird eine *"civitas Frowenburg"* erwähnt. Der Bruder des Bischofs Heinrich I., Gerhard Fleming, erhielt Ländereien, gelegen zwischen der Baude und Braunsberg, und den dritten Teil der Fischerei im Wehr der Domherren, weiterhin noch vier Hufen zwischen Burg und Stadt Frauenburg. In dieser Urkunde findet sich die erste Erwähnung eines *"Castrum Dominae nostrae"*, in dem später die Domburg zu Ehren *"Virginis gloriose Marie"* errichtet wurde. Gerhard Fleming war somit der Lokator und erster Schultheiß von Frauenburg.[302] Demnach etablierten sich um 1270 Burg und Stadt.[303] Die fast quadratische Stadtgründung wurde planmäßig mit rasterartig verlaufender Straßenführung angelegt.

Bedingt durch die Dislokation der ermländischen Kathedrale und des Domkapitels um 1278 von Braunsberg nach Frauenburg ergaben sich Schwierigkeiten in der Besitzverteilung. Daher erfolgte die Verleihung der Stadthandfeste mit lübischem Recht an die bereits bestehende städtische Siedlung *"vnser vrowenburk"* erst am 8. Juli 1310 durch Bischof Eberhard von Neiße. Die Burg und die sie umschließenden beiden Anhöhen, *"mons prope castrum, mons ante castrum"*, wurden in der Handfeste ausdrücklich von den städtischen Zinshufen ausgeschlossen.[304] Es ist anzunehmen, daß Bischof Hein-

---

[302] CDW, Bd. I, Nr. 54, S. 93. Die feminine Endung von *"dominae"* zeigt, daß der Ort wohl von Anfang an Maria geweiht war. Von Quast (1952, S. 24) deutete bereits darauf hin. Weitere Schreibformen finden sich in den Urkunden von: 1284 *"Frowenburg"*, 1304 *"Vrowenburch"*, 1310 *"unser vrowen burk"*, 1315 *"Wrounbure"* (vgl. Czubiel, 1968, S. 23). Im benachbarten Bistum Pomesanien erhielt ebenfalls der Ort des Domkapitelsitzes den Namen nach Maria mit Marienwerder (*"Insula Sanctae Mariae"*), vgl. Holst (1981), S. 84. Der Dom des Erzstifts zu Riga wird bereits 1205 als *"ecclesia b. Maria"* erwähnt. Im Samland erscheint seit 1335 im Siegel des Domkapitels die Krönung Mariae, urkundlich läßt sich Maria als Mitpatronin und Schutzherrin erst 1421 nachweisen. In Kurland wurde 1290 das Domkapitel gegründet und die Kirche von Memel erhielt ein Marienpatronat. Lediglich die Kathedrale zu Kulmsee besitzt kein Marienpatrozinium. ZGAE (Tidick), Bd. 22, S. 364f. Ganz besonders förderte der Deutsche Orden mit Sitz auf der *"Marienburg"* die Marienverehrung. Ebenso aufschlußreich bezüglich der Marienverehrung sind die Untersuchungen von B. Poschmann / J. Schwalke (1989, Bd. II, S. 398f.). Der starke Marienkult wirkte sich auch im Ermland aus. Von 192 Pfarrkirchen und Kuratien besitzen 87 ein Marienpatronat mit 14 verschiedenen Titeln. Marienwallfahrtskirchen im Mittelalter waren Frauenburg, Heiligelinde, Krossen und Pettelkau. Demzufolge war die Marienverehrung auch im Ermland besonders beliebt. Tidick ebenda, S. 364f. Der vollständige Titel der Frauenburger Kathedrale lautet: *"Maria assumta et Andreas ap."* (SRW, Bd. II, 1, dort Anm. 124.)
[303] Keyser (1939), Bd. 1, S. 50.
[304] CDW, Bd. I, R. Nr. 247, S. 84; D. Nr. 145. ZGAE (Dittrich) Bd. 18, S. 550. Bereits Dittrich lehnte die Sage des Chronisten Plastwich ab, daß eine verwitwete altpreußische Fürstin Gertraudis Paslocissa, welche den Burgberg besaß und durch Bischof Anselm bekehrt, ihre Güter dem Bischof Heinrich für die Errichtung einer Kathedralkirche stiftete. Demnach soll der Name *"Frauenburg"* entstanden sein.

rich I. Fleming kurz nach seiner Nominierung zusammen mit dem Domkapitel beschloß, die Kathedrale nicht, wie es sein Vorgänger wünschte, in Braunsberg errichten zu lassen, sondern in dem schon seit 1278 bestehendem *"Castrum Dominaë nostrae"* in Frauenburg. Als bischöfliche Residenzstadt blieb Braunsberg bis 1340 weiterhin bestehen.[305]

Die Errichtung des Doms und der Bauarbeiten an den erforderlichen Wirtschafts- und Wohngebäuden verhinderten eine sofortige Übersiedlung des Domkapitels. Es erscheint daher nicht verwunderlich, daß das Kapitel in dieser Übergangszeit noch in der Braunsberger Burg verweilte, in der auch bis um 1300 Urkunden vom Bischof und dem Domkapitel ratifiziert wurden.[306] Demnach errichtete man zwischen 1278 bis um 1288 den ersten provisorischen Dom und die für die Unterbringung des Domkapitels benötigten Wohn- und Wirtschaftsbauten.[307]

Über den ersten Dombau, von dem die Chronisten Plastwich und Treter angaben, *"simplicem structuram habebat"*, ist kaum etwas bekannt.[308] Die erste Erwähnung der Kathedrale findet sich in der Landesteilungsurkunde zwischen Bischof und Kapitel vom 2. September 1288: *"... Tertia pars incipit a castro Dominae nostrae, ubi est ecclesia cathedralis".*[309]

Das Jahr 1288 ist definitiv der *'terminus ante quem'*, denn aus der Urkunde geht hervor, daß zu diesem Zeitpunkt schon eine Kathedrale mit einem Chor in der Domburg stand. Eine Bestätigung dafür ist, daß sich seit 1301 die bischöflichen Urkunden mit dem sich wiederholenden Wortlaut: *"in Castro domine nostre in nostra kathedrali ecclesia"* mehren. Folglich war die erste Kathedrale vollendet, und es fanden bereits in ihr Sitzungen statt.[310] Auch findet sich im Jahre 1305 die erste Erwähnung eines Kapitelhauses, *"domus capitularis"*, neben der Kirche.[311] Somit war zu diesem Zeitpunkt auch das Kapitel nach Frauenburg übergesiedelt.

Am 1. Juni 1311 stellte das Domkapitel die erste Urkunde *"in Cathedrali ecclesia nostra warmiensi"*, in der neuen Domkirche aus.[312]

In einer Urkunde vom 26. März 1313 verpflichtet der Bischof seinen Vogt, Otto von Russen, zwei Stein Wachs zu entrichten, je einen für die Schloßkapelle in Braunsberg und die Kathedralkirche zu Frauenburg.[313] Diese Urkunde verdeutlicht die Bedeutung

---

Der Name bezieht sich eindeutig auf die Marienverehrung, die im Ordensland und auch im Bistum Ermland von großer Bedeutung war. Vgl. hierzu auch SRW, Bd. I, S. 51, dort Anm. 10. Keyser a.a.O. Röhrich (ZGAE Bd. 12, S. 719) versuchte der Sage ebenfalls einen gewissen Wahrheitsgehalt nachzuweisen. ZGAE (Tidick), Bd. 22, S. 365, dort Anm. 6.

305 Keyser ebenda, Bd. 1, S. 31. Röhrich ebenda, S. 720.
306 Zur Datierungsfrage der Kapitelverlegung vgl. Fußnote 117.
307 Schmid (1939, S. 32) kam zu den gleichen Datierungen. In der Stadthandfeste von 1310 wird urkundlich erstmalig die *"curia domini Bartolomei"* genannt. Diese befand sich wohl rechts am Wege nach Sonnenberg. CDW, Bd. I, D. Nr. 145, S. 267, dort Anm. 2.
308 ZGAE (Dittrich), Bd. 18, S. 552.
309 CDW, Bd. I, D. Nr. 78, S. 135. SRW, Bd. I, S. 60.
310 CDW, Bd. I, D. Nr. 122, S. 217.
311 Schmid (1939), S. 32.
312 CDW, Bd. I, D. Nr. 169, S. 279.
313 Ebenda, R. Nr. 266, S. 95. D. Nr. 168.

beider Sakralräume. So behielt die alte Schloßkapelle noch nach der Kathedralerrichtung ihre besondere Stellung als bischöfliche Kapelle.

In der Testamentsbestätigung des Dompropstes Heinrich von Sonnenberg aus dem Jahre 1320 findet sich der Vermerk: "... *Actum vrowenborch in Ecclesia kathedrali warmiensis in Choro ante altare beate virginis. Anno domini MCCCXiiiI (1314)"*[314]. Der Hauptaltar im Chor war demnach der Heiligen Jungfrau geweiht. Vor diesem Altar hielt das Domkapitel vermutlich sporadisch schon um 1288 seine Sitzungen ab.[315] Im obigen Testament von 1314 werden auch erstmalig Vikare erwähnt, demnach existierten schon mehrere Altäre.

Als Bischof Heinrich I. Fleming am 15. Juli 1301 starb, fand er in der Kathedralkirche seine Ruhestätte. Heute noch befindet sich seine Grabplatte auf der Nordseite des Mittelschiffs vor dem sogenannten Maturaltar. Dittrich vermutete, daß, vorausgesetzt der Leichenstein befindet sich noch an seinem ursprünglichen Ort, dies die Stelle vor dem alten Marienaltar des Domvorgängerbaus war. Die alte Kathedrale war demnach schmaler als der heutige Bau und der Ostgiebel ging nur bis zum Eingang des jetzigen Chors.[316]

Der heutige Dom zur Himmelfahrt Mariens und zum heiligen Apostel Andreas wurde von Bischof Heinrich II. Wogenap um 1330 kurz nach seiner Bischofsweihe neu gegründet. Zur Finanzierung eines Neubaus *"nova structura"* erbat er sich von Papst Johannes XXII. einen auf zehn Jahre ausgelegten Ablaß von 40 Tagen. Der Papst konzedierte den Ablaß am 12. November 1329 in Avignon. In der Urkunde wurde weiter vermerkt, daß der Bischof die *"structura"* und *"edificatio"* der neu zu errichtenden Domkirche *"... ad honorem eiusdem virginis gloriose fundata..."* unternehmen sollte, da diese noch nicht aus Stein errichtet war *"... necdum edificata exista ..."*. Daraus läßt sich entnehmen, daß die erste Kathedrale aus einer Holzkonstruktion bestand.[317]

Wann genau die Fundamente für den neuen zweiten Dom gelegt wurden, ist urkundlich nicht belegt. Da aber Bischof Heinrich II. Wogenap unverzüglich nach seiner Ernennung die Baufinanzierung durch Ablässe bewirkte, kann man annehmen, daß er ebenso zügig die Baumaßnahmen beginnen ließ. Zunächst wurden nach einer Vorbereitungszeit und der Vermessung die Fundamente ausgehoben und man begann mit der

---

314 Ebenda, S. 336, Nr. 195.
315 Da der Hauptaltar in der frühen Domkirche ein Marienaltar war, kann man schließen, daß sich auch der Name der Stadt auf eine frühe Marienverehrung bezieht. Die Wahl des Patronats muß nicht unbedingt durch starke Marienverehrung des Deutschen Ordens begründet sein, denn auch die Zisterzienser pflegten eine starke Marienverehrung. Vgl. Schneider (1986), S. 151ff. Im Bistum Ermland waren das Franziskanerkloster in Braunsberg, das Dominikanerkloster in Elbing und das Augustinerkloster in Heiligenbeil Maria geweiht. Vgl. B. Poschmann / Schwalke (1989), S. 390.
316 ZGAE (Dittrich) Bd. 18, S. 553. Wie oben erwähnt, stellte auch Brachvogel (ZGAE, Bd. 25, S. 811) fest, daß der Grabstein aufgrund der Minuskelform erst zusammen mit der Weiheplatte um 1342 niedergelegt wurde. Für baugeschichtliche Rückschlüsse bezüglich einer Datierung scheidet somit das Sterbedatum aus.
317 CDW, Bd. I, R. Nr. 375, S. 141; D. Nr. 244, S. 408. Schmid (1939), S. 32. ZGAE (Dittrich), Bd. 18, S. 552. Auch von Quast (1852, S. 30) hielt die Vermutung von Plastwich für richtig, daß die erste Kathedrale viel kleiner und aus Holz gefertigt war. SRW, Bd. 1, S. 61. Der Satz *"Erat enim antea summa ecclesia lignea et parva"* bestätigt, daß die Kirche aus Holz gefertigt war. Vgl. hierzu Conrad (1990), S. 13.

Errichtung des Chors. Da Bischof Heinrich II. Wogenap bereits 1334 starb, blieb der Chor wohl unvollendet. Auch der darauf folgende vierjährige Streit um die Besetzung des Bischofsstuhls begünstigte wohl kaum den Weiterbau.

Als Nachfolger wurde Bischof Hermann von Prag (1337 – 1349) nominiert, der sich wegen der ablehnenden Haltung des Frauenburger Domkapitels ihm gegenüber zunächst in Avignon aufhielt. Er setzte 1338 den Zisterzienser Paulus Pauri als Verweser im Ermland ein.[318] Dieser oder das Domkapitel protegierten im Namen des Bischofs den zügigen Weiterbau, so daß die Chorweihe am Sonntag Cantate (28. April) 1342 erfolgen konnte. Eine quadratische Inschrifttafel mit 44 cm im Geviert befand sich bis 1861 im Chorfußboden. Sie trug eine Lapidarinschrift in gotischen Minuskeln:

anno d(omi)ni: mcccxLii: dedicatus e(st): chorus[319]

Angesichts der genannten Quellen muß man davon ausgehen, daß der Ausbau in Backstein vor dem Ablaß von 1329 noch nicht begonnen war, sondern erst nach dieser Zeit (terminus post quem). Aufgrund der Weiheinschrift von 1342 wissen wir, daß der Chor schon vollendet war (terminus ante quem). Demzufolge lag zwischen 1329 und 1342 die Errichtung der Domchoranlage.

Sollte die Ansicht von Dittrich zutreffen, daß der alte Chor vor dem heutigen endete, muß man sich den Bauvorgang so vorstellen, daß die alte Domkirche stehen blieb und der neue Chor einfach vor dieser gegründet wurde. Nachdem der neue Chor fertiggestellt war und 1342 seine Weihe erhalten hatte, konnte man die alte Kirche abtragen und mit dem Langhaus beginnen. Diese Vorgehensweise war im Mittelalter durchaus üblich, da so, trotz der Baumaßnahmen, eine kontinuierliche Nutzung der Kirche gewährleistet war.

Bereits am 1. Juli 1343 fand auf Betreiben des Bischofs Hermann eine Diözesansynode in Frauenburg statt. Aus der Urkunde geht hervor, daß die Synode "*in nostra ecclesia katedrali*" abgehalten wurde, womit nur der fertig errichtete Langchor gemeint sein kann.[320]

Schon am 30. Oktober 1343 erfolgte neben den Ablässen zur Baufinanzierung die Überweisung der Dörfer Santoppen und Heinrichsdorf an die Domfabrica.[321] In dem gleichen Dekret wurde festgesetzt, daß mit der Kustodie das Amt des *'provisor fabricae'* bzw. *'magister fabricae'* verbunden sein solle. Hierzu bestellte man den Frauenburger Domkustos Johannes II. Stryprock (als Kustos seit 1328 tätig), der später 1355 zum Bischof gewählt werden sollte. Die Einnahmen der *'fabrica ecclesiae'* konnte der *'magister fabricae'* fakultativ durch Ankauf von Zinsen oder Grundbesitz vermehren. Als Leiter und Verteiler der Zinsen dieser Geschäfte war er jedoch an den Rat des Ka-

---

318 CDW, Bd. II, S. 588.
319 SRW, Bd. I, S. 60, dort Anm. 20. Die Platte ist heute in der südlichen Innenmauer des Chors eingelassen. Reifferscheid (1984, S. 16) gab als Datum den 27. April 1342 an (richtig ist der 28. April). Schmid (1935), S. 76, Nr. 14.
320 CDW, Bd. II, S. 599. SRW, Bd. I, S. 338, dort Anm. 65, ist die älteste bekannte Diözesansynode in Ermland. "*Hermanns geschultes juristisches Wissen und die überaus rege Entfaltung des kirchlichen Synodallebens, das er von seiner Heimat, von Prag her kannte, veranlaßten ihn wohl auch, im Ermland die Synoden einzuführen.*" ZGAE (Röhrich), Bd. 21, S. 411.
321 CDW, Bd. II, S. 27, Nr. 29.

pitels gebunden.³²² Die Kirchenfabrica erhielt an festen Geldern nicht nur die Einkünfte der zugeteilten Dörfer, sondern unter anderem auch Eintrittsgelder von den neueintretenden Prälaten: Es mußten " ... *10 Mark dem magister fabricae an die Kirchenfabrica ... innerhalb von fünf Jahren an die bestimmte Kasse abgeführt werden; starb ein Kanoniker vor dieser Zeit, dann wurde der von ihm bis dahin noch nicht gezahlte Betrag von seiner Präbende abgezogen."*³²³ Diese Abgabe wurde zwar erst in den Statuten des Domkapitels am 23. Januar 1384 festgelegt, war aber wohl schon vor dieser Zeit üblich.³²⁴ Desweiteren erhielt die fabrica auch Gelder aus testamentarischen Vermächtnissen oder freiwilligen Spenden aus dem Territorium.³²⁵

Weitere Ablässe für die Domkirche erwirkte Bischof Johann I. von Meißen (1350 – 1355) anläßlich seines Aufenthaltes in Avignon am 21. Mai 1350 von Papst Klemens VI.³²⁶

Unter Bischof Johann I. von Meißen, wurde das Langhaus fundiert.³²⁷ Der Chronist Plastwich berichtet darüber: *"Ipsius etiam temore fundamenta ecclesiae Warmiensis locata sunt."*³²⁸ Da der Bischof bereits 1355 starb, konnte in dessen Regierungszeit das Langhaus nicht vollendet werden. Eine deutlich zu erkennende Baunaht im Sockelbereich des Langhauses läßt sich in diese Zeit datieren. Es war aber nicht nur der Tod des Bischofs, der eine Bauunterbrechung bewirkte, sondern es fehlten anscheinend auch Gelder zum Weiterbau.

Kurz vor seinem Tode stiftete Johann I. von Meißen am 11. Juli 1355 die ersten drei Vikarien in der noch unvollendeten Domkirche.³²⁹

Erst unter Johannes II. Stryprock (1355 – 1373), der als Kustos mit den Bauangelegenheiten bestens vertraut war, wurde der Dom im Langhaus weitergebaut. Die schwierige Finanzierung eines so großen Bauunterfangens wird durch die wiederholte Beantragung von Ablaßbullen deutlich. So verliehen Papst Innozenz am 12. Januar 1356 ³³⁰ und Papst Urban V. am 23 Februar 1367³³¹ weitere Ablässe zur Baufinanzierung.

Da Bischof Johannes II. am 1. September 1373 starb, konnte auch er die Vollendung der Domkirche nicht mehr erleben. Erst seinem Nachfolger Heinrich III. Sorbom (1373 – 1401) war dies vergönnt. Am 23. Januar 1384 erneuerte Heinrich die Statuten

---

322 Pottel (1911), S. 39, 64, 76. SRW, Bd. I, dort Anm. 19, S. 59.
323 Pottel ebenda, S. 24.
324 CDW, Bd. III, S. 119, Nr. 165.
325 Pottel (1911), S. 76.
326 CDW, Bd. II, S. 159, Nr. 160. Die Ablaßbulle war geweiht der Himmelskönigin, der jungfräulichen Gottesmutter Maria. ZGAE (Röhrich), Bd. 20, S. 2.
327 Pottel (1911), S. 38. Nachfolger im Kustodenamt wurde 1355 – 1372 Johann Hoyke. Dieser wurde am 17. Nov. 1355 von Papst Innozenz VI. durch eine Benefizienverleihung eingesetzt (CDW, Bd. II, S. 231, Nr. 228) und 1375 – 1384 Johann Rone.
328 SRW, Bd. I, S. 60.
329 CDW, Bd. II, Nr. 224, S. 222.
330 Ebenda, S. 233f., Nr. 232.
331 Ebenda, S. 422, Nr. 411.

des ermländischen Domkapitels. In Abschnitt 19 sorgte er dafür, daß auch in Zukunft Gelder für die Bauunterhaltung von den Domherren an die fabrica gezahlt wurden.[332]

Laut Bauinschrift in der ursprünglich nicht geplanten Westvorhalle wurde die Kathedrale im Jahre 1388 vollendet. Da das *"Anniversarium dedicationis"* einst am 3. September gefeiert wurde, war somit die Westvorhalle im September vollendet.[333]

Am 17. Dezember 1392 gewährte Papst Bonifaz IX. in Perugia einen Ablaß für die Oktav von Mariae Himmelfahrt (15. August) mit dem großen Ablaß von Vadstena.[334] Dieser finanzierte, *"visitantibus ecclesiam Warmiensem vel ad eius fabricam manus porrigentibus adiutrices"*, somit die fabrica. Dittrich glaubte, dieser Ablaß diene der Bauunterhaltung des schon 1388 vollendeten Doms.[335] Es ist jedoch vielmehr anzunehmen, daß verschiedene noch vorhandene Bauschulden damit finanziert wurden, denn die Kathedrale kann vier Jahre nach Fertigstellung noch nicht unterhaltungsbedürftig gewesen sein.

Am 12. November 1393 stiftete Papst Bonifaz IX. eine Ablaßbulle für das Ave–Maria–Geläute in der Domkirche.[336] Da zu dieser Zeit der Domkampanile noch nicht errichtet war, kann nur die Glocke auf dem Dachreiter des Langhauses gemeint sein. Im Jahre 1412 veranlaßte der Domherr Arnoldus Hüxer, *"magister fabrice ecclesie Warmiensis"*, einen Zinskauf für die Baukasse des Doms.[337]

Nach der Schlacht von Tannenberg/Grunwald im Jahre 1414 brach eine polnische Reiterabteilung in das Gebiet von Frauenburg ein. Der Dom wurde geplündert und die Einrichtung schwer beschädigt.[338]

Im Jahre 1456 drangen böhmische Söldner in die Domburg ein und verwüsteten das Inventar der Kathedrale. Der Chor wurde zum Pferdestall und die Sakristei zur Küche zweckentfremdet. Die Domherren wurden gefangen nach Elbing geführt. Bis in das Jahr 1465 blieb die Domkirche im Besitz der Söldner.[339] Auch im sogenannten Pfaffenkrieg (1467 – 1479) wurde die Domkirche durch ein polnisches Heer als Pferdestall

---

332 *"(19) Item statuimus, quod Canonicus mayorem prebendam optinens de nouo intrans ad fabricam ecclesie decem marcas infra quinquennium illi Canonico, qui fabrice ecclesie prefuerit, soluere teneatur. Quodsi medio tempore, antequam soluat, decedat, de sua prenda tantum retineatur."* CDW, Bd. III, S. 123, Nr. 165.

333 SRW, Bd. I, S. 61, dort Anm. 20. Heute wird das Einweihungsfest an dem Sonntag gefeiert, der dem 1. Oktober am nächsten liegt. Als Grund für die Verlegung des Weihefestes vermutete Woelky (SRW, Bd. I, S. 98, dort Anm. 102), daß aufgrund verschiedener Entweihungen die Kirche erneut geweiht wurde und daher sich auch das Kirchweihfest im Datum änderte.

334 CDW, Bd. III, Nr. 263, S. 233f. ZGAE (Tidick), Bd. 22, S. 358, dort dort Anm. 3, 365. Bereits unter Papst Urban VI. erhielt das schwedische Kloster Vadstena den Ablaß für das Fest St. Petri ad Vincula, d.h. alle päpstlichen Ablässe, welche die Kirche St. Petri ad Vincula zu Rom erhalten hatte. Dieselbe Vergünstigung wurde auch auf den Frauenburger Dom übertragen. Im Jahre 1397 gewährte Papst Bonifatius IX. den Besuchern der Marienkapelle auf der Marienburg den gleichen Ablaß. Die Deklaration über die verliehenen Ablässe von 1392 erfolgte am 1. November 1394. CDW, Bd. III, Nr. 293, S. 271.

335 ZGAE (Dittrich), Bd. 18, S. 556. CDW, Bd. III, Nr. 263, S. 233.

336 *"... in ecclesia Warmiensi singulis diebus de mane et de sero Campanam pro Aue maria pulsari contigerit ..."*, CDW, Bd. III, Nr. 279, S. 250.

337 Ebenda, Nr. 472, S. 483.

338 ZGAE (Dittrich), Bd. 18, S. 570.

339 Ebenda, S. 572. SRW, Bd. I, S. 104, dort Anm. 108.

profaniert. Das Domkapitel war geflüchtet. Nach der Rückkehr der Domherren wurde am 10. Januar 1480 in einer Versammlung beraten, wie die Schäden behoben werden könnten. Bischof Nikolaus von Tüngen stiftete in seinem Testament vom 29. Januar 1489 eine größere Summe für die Behebung der Kriegsschäden.[340]

Im Jahre 1520 mußten die Domherren erneut aus Frauenburg fliehen, denn Hochmeister Albrecht von Brandenburg ließ die Stadt brandschatzen. Dabei brannte die Kurie der Domherren ebenfalls nieder. Bischof Moritz Färber (1523 – 1537) ließ die Schäden beheben.[341]

Am 17. Mai 1551 entstand durch Blitzschlag ein großer Brand, der den Dachstuhl stark beschädigte.[342] Am heutigen Bau lassen sich die Brandschäden noch im Dachboden an den geschwärzten Innenwänden der Giebel erkennen. Große Teile des mittleren Ostgiebels und Teile des Westgiebels wurden zerstört. Auch dieEcktürmchen litten unter dem Brand und stürzten teilweise herab.

Bereits am 17. Juni 1551, nur vier Wochen nach dem Brandunglück, schloß das Domkapitel mit dem Zimmermeister Nikel Nitschmann einen Vertrag über die Errichtung eines neuen Dachstuhls.[343] Wenige Tage später, am 29. Juli, schrieb Bischof Stanislaus Hosius ein Bittgesuch an den Rat der Stadt Danzig. Es sollte ein Maurermeister entsendet werden, der in der Wölbekunst die nötige Erfahrung besaß.[344] Demzufolge waren nicht nur die Giebel teilweise herabgestürzt, auch die Gewölbe partiell durchgeschlagen. Die Stadt Danzig schickte den Meister Galen aus Brabant, der am 4. August seine Arbeit begann.[345]

Aus den Urkunden erfährt man: *"... der Dachstuhl sollte aus zwei miteinander verbundenen Sätteln bestehen, die einzelnen Schranken drei Fuß voneinander entfernt sein, bei der Lehrarbeit sollten die scharrwerkspflichtigen Leute des Domkapitels helfen."* Für den Arbeitslohn wurden Naturalien und Handgeld genau festgelegt. *"Der Vertrag betraf nur die Erneuerung des Dachstuhles über dem Langhause, das Dach über dem Chor war beim Brande unversehrt geblieben."*[346]

Für den Wiederaufbau hätte nach alter Sitte der Bischof 2/3 und das Kapitel 1/3 der Baukosten aufbringen müssen. Da jedoch die Kosten sehr erheblich waren, berief der Bischof am 4. September 1551 das Kapitel nach Guttstadt ein, und eine Kathedralsteuer zur Finanzierung des Wiederaufbaus wurde wenige Tage später am 20. September genehmigt.[347]

Schon am 11. Januar 1563 berichtete der Landpropst Jakob Tymmermann dem Domkapitel über die Preisverhandlungen für das zur Eindeckung der Domkirche benötigte Kupfer. Am 10. Juni 1564 stellte das Domkapitel dem Kupferdeckermeister Hans

---

340   ZGAE (Dittrich), Bd. 18, S. 573f.
341   Von Quast (1852), S. 26.
342   Zink (1938), S. 36. Boetticher (1894), S. 87.
343   ZGAE (Brachvogel), Bd. 24, S. 533.
344   ZGAE (Dittrich), Bd. 18, S. 578. Brachvogel ebenda, S. 534.
345   Dittrich a.a.O. Dehio / Gall (1952), S. 198.
346   ZGAE (Brachvogel), Bd. 24, S. 434. ZGAE (Dittrich), Bd. 19, S. 102.
347   Boetticher (1894), S. 87. ZGAE (Dittrich), Bd. 18, S. 578.

Stuhm für die vollendete Eindeckung von sechs Domtürmen eine Quittung aus. Er hatte folglich die vier Eck- und zwei weitere Türme mit Kupferblech gedeckt. Da der Uhrenturm an der Traufe des südlichen Langhauses erst durch Bischof Kromer (1579–1589) errichtet wurde, können nur noch als weitere Turmeindeckung der kleinere Signalglockenturm und der Dachreiter auf dem Langhausfirst gemeint sein.[348]

Es ist zu vermuten, daß wegen der starken Zerstörung des Daches die gesamte Dachkonstruktion niedriger angelegt wurde. Dabei entfernte man den alten Dachwehrgang. Infolgedessen wurde der Westgiebel um eine Arkadenreihe gekürzt.[349]

Wohl am Anfang der Regierungszeit von Bischof Martin Kromer wurde um 1580 der südliche Uhrenturm über der Traufe des Langhauses errichtet. Bei einem weiteren Brand um 1587 ist der Uhrenturm stark beschädigt worden. Zahlungsbelege der bischöflichen Kasse finden sich zum 28. Mai, 27. Juni und 10. Oktober 1587. Ebenso gibt es in den Rechnungen einer Testamentsvollstreckung des am 23. März 1589 zu Heilsberg verstorbenen Bischofs Kromer den Hinweis auf eine Stiftung: *"Item zu widerbawung (Wiederaufbau) des (1587) abgebrandten seigerthurms auf der Thumkirchen Frawenburg"*.[350] Der Uhrenturm, auch *"Seiger–Turm"* genannt, erhielt das Wappen des Bischofs.[351] Ein im Dachknauf befindliches Pergament, welches 1842 bei Restaurierungsarbeiten wiederentdeckt wurde, bestätigt, daß der Uhrenturm 1588 vollendet war.[352]

Weitere Reparaturen folgten unter Bischof Simon Rudnicki, wie aufgeführt: 1604 und 1607 Instandsetzung des Dachs über der Orgel, der Kirche und dem Glockenturm. 1606 Ausbesserungen an den Außenmauern und Neudeckung der Pfeiler mit Blei (ebenso 1615). 1616 Reparatur am Gewölbe.[353] 1626 – 1629 hausten während des ersten Schwedenkrieges Truppen von König Gustav Adolf in Frauenburg. Sie plünderten und brandschatzten die Stadt. Die Domherren mußten fliehen, die schwach besetzte Bischofsfestung wurde daraufhin gestürmt und beraubt.[354] Einzelne Ausstattungsstücke wurden entführt und sind in schwedischen Kirchen (z. B. Storkyrkan, Stockholm) er-

---

348   ZGAE (Brachvogel), Bd. 24, S. 534f. Brachvogel (1931), 11. Jg,. Nr. 9. In der Quittung von 1564 ist auch die Rede davon, daß die Turmdächer mit Farbe gestrichen wurden, d.h. die grüne Patina war unecht. Boettichers (1894, S. 87) Annahme, daß der Dachreiter von Bischof Martin Kromer (1579 – 1589) errichtet wurde, da sich auf dem Knopf das Wappen dieses Bischofs befand, ist falsch. Der Dachreiter muß aufgrund der Dachrechnung von 1564 bereits zusammen mit der Dacherneuerung entstanden sein. Demzufolge irrte sich auch Dittrich (ZGAE, Bd. 18, S. 578), wenn er vermutete, daß die Dacharbeiten erst unter Bischof Martin Kromer vollendet wurden.

349   Fleischer (1922, S. 9) vermutete fälschlich, daß mit der Dacherneuerung der Giebel erst 1721 verkürzt wurde. Daß der Westgiebel einst höher lag, ist aufgrund einer älteren Bildüberlieferung (ZGAE, Dittrich, Bd. 18, S. 579) belegbar. Der Verbleib der Darstellung ist unbekannt.

350   ZGAE (Brachvogel), Bd. 24, S. 532.

351   Seiger ist eine alte Bezeichnung für Uhr. Wohl in dieser Zeit wurde auch das Wappen auf dem Dachreiter angebracht.

352   Brachvogel (ZGAE Bd. 24, S. 532) vermutete, daß der Uhrenturm durch Baumeister Wilhelm Martin aus Elbing errichtet wurde, der auf der Burg Seeburg und wohl auch in Guttstadt tätig war. Bereits am 23. August 1584 *"bittet der Kanzler in Frauenburg das Kollegiatskapitel, ihren an der Ausbesserung ihrer Türme erprobten, fleißigen und geschickten Baumeister zur Ausbesserung des Frauenburger Doms zu schicken."*

353   ZGAE (Dittrich), Bd. 18, S. 580, dort Anm. 4.

354   Ebenda, S. 604f.

halten geblieben. 1631 (17. Nov.) kehrten die Domherren nach Frauenburg zurück. Die Wiederherstellungsarbeiten begannen in den darauf folgenden Jahren. Der Westgiebel sowie die Dächer an Kirche und Vorhalle wurden ebenfalls ausgebessert. Die geraubten Eisenstangen für die Befestigung der Türme ergänzte ein Schmied und die sechs Holzsäulen der Kuppel des Uhrenturms wurden erneuert. Weiterhin folgten Mauerflickungen an Fenstern und Wänden.[355] 1636 erfolgte die Wiederherstellung der Uhr auf dem Domkirche.[356] Die Schäden an der Westvorhalle wurden beseitigt und am Südeckpfeiler eine Sonnenuhr angebracht.[357] 1639 befestigte man den westlichen Eckturm durch Eisenstangen.[358] 1640 erfolgte eine Umdeckung des Kirchdachs.[359] 1650 werden Reparaturen am *"kleinen Chor"* erwähnt.[360] 1655 mußten die Domherren im zweiten Schwedenkrieg (1654 – 1660) aufs neue flüchten. Es entstanden erneut Schäden durch die zweite Besetzung.[361] 1647 wurden die Strebepfeiler mit Blei eingedeckt.[362] 1663 zogen brandenburgische Soldaten in den Dom und benutzten ihn als Pferdestall. 1664 wurde der Dom in einer Kapitelsitzung als ruinös bezeichnet.[363] 1666 gab es Reparaturen über der großen Vorhalle und an dem runden Fenster der südlichen Vorhalle.[364] Es erfolgten 1668 Instandsetzungen am Dach, Signalturm, Uhrturm und an Pfeilern, 1670 eine Ausbesserung der brüchigen Gewölbe,[365] 1673 die Vollendung des Domfußbodens mit quadratischen Steinplatten an Stelle der alten Tonfliesen,[366] 1676 Ausbesserungen am Westgiebel, 1679 Instandsetzungen am West- und Ostgiebel.[367] 1682 wurde das Uhrenhäuschen mit dem Zifferblatt zur Stadt hin auf der Dachnordseite in Holz neu errichtet. Der Giebel erhielt zwei Holzkugeln.[368]

Bereits 1688 unterrichtete eine Baukommision Bischof Sbąski über den schlechten Zustand des Domdachs und des südlichen Uhrenturms. Als der Nuntius David im Jahre 1697 Frauenburg besuchte, stellte das Kapitel den schlechten Zustand von Dach und Uhrenturm vor und bat um Anweisung für die Herstellung. Lediglich die Notwendigkeit der Reparatur wurde durch den Nuntius anerkannt, eine umfassende Dacherneuerung blieb aus. Noch im Jahre 1700 und 1704 fehlten dazu die Finanzmittel. Im Jahre 1709 und 1710 entstanden durch Blitzschläge erneut Schäden, die notdürftig ausgebessert wurden.[369] Erst im Jahre 1712, als Bischof Potocki in Frauenburg einzog,

---

355 Ebenda, S. 610.
356 Ebenda, S. 614, das Uhrwerk wurde 1638 aus Danzig geliefert. ZGAE (Liedtke), Bd. 15, S. 716. Weitere Reparaturarbeiten folgen 1842, 1869, 1880, 1908. ZGAE (Dittrich), Bd. 19, S.101, 108, 116).
357 ZGAE (Dittrich), Bd. 18, S. 612.
358 Ebenda, S. 614.
359 Ebenda, S. 615.
360 Ebenda, S. 657. Der sogenannte kleine Chor war das *"Chörlein"*, welches sich auf der Ostseite des nördlichen Seitenschiffs befand. Die Erwähnung ist ein Hinweis, daß die um 1388 errichtete Empore zu dieser Zeit noch vorhanden war.
361 Ebenda, S. 656.
362 Ebenda, S. 616.
363 Ebenda, S. 656f.
364 Ebenda, S. 658.
365 Ebenda, S. 657.
366 Ebenda, S. 640.
367 Ebenda, S. 657.
368 Ebenda, S. 568.
369 Ebenda, S.1f.

wurde das stark verfallene Dachwerk erneuert.[370] Sakristei, Dachkonstruktion, Uhrenturm, Gewölbeschäden und der eingestürzte südwestliche Eckturm sowie die Verstärkung der übrigen Türme wurden erneut bis zum Jahre 1721 hergestellt.[371] 1719 – 1720 erfolgte die Errichtung der *"Crypta canonicalis"* für die Domgeistlichen unter dem Chor.[372]

In den anschließenden Jahren waren verschiedene Instandsetzungen erforderlich: [373] 1725 Arbeiten an den Kupferdächern der Kirche, 1728 die Eindeckung der Strebepfeiler mit Kupfer, 1735 Dachreparaturen an der Kirche. 1738 wurde der Chor neu mit Biberschwänzen eingedeckt und das alte, 1682 aus Holz gefertigte Uhrtürmchen auf der Nordseite massiv in Stein neu aufgemauert. 1739 wurden undichte Stellen am Dach geflickt. 1740 folgten Gewölbereparaturen, der Westgiebel wurde als *"sehr ruinös"* bezeichnet. 1744 schlossen sich umfassende Herstellungsarbeiten an Dach und Westgiebel an, 1747/48 die Befestigung der wankenden Domtürme durch einen Schmied, 1771 die Ausbesserung von Rissen und Mauerschäden.

Nach der Eingliederung des ermländischen Hochstifts in den preußischen Staat im Jahre 1772 und der damit verbundenen Säkularisierung des geistlichen Besitzes waren die Einkünfte stark geschmälert. So unterblieben dringende Baureparaturen. Selbst Appellationen des Kapitels an den preußischen König zur Bauunterhaltung wurden abgelehnt.[374]

Im Jahre 1819 berichtet der Fabricerius von Szujski über den schlechten allgemeinen Zustand der Domkirche:

> *Dach, Pfeiler, Fundamente, Uhrenturm; letzterer neigte sich nach Westen. Es regnete durch das Dach wie durch ein Sieb, besonders an der Nordseite, wo das Dach überall mit Moos bedeckt war; die Ständer, Sparren, Latten, der Dielenbelag – alles war angefault, die Mauern, zumal in den Winkeln an den Ecktürmen, verwässert. ... Der große Pfeiler in der Sakristei, welcher das Gewölbe trug, war, um Stand zu halten, mit dreizölligen Bohlen und eisernen Reifen umbaut.*[375]

Seit Herbst 1820 wurde die Sakristei hergerichtet. Die Dächer wurden neu eingedeckt, die Strebepfeiler erhielten über den Wasserschlägen als Abschluß Kupferbleche. Die nach der preußischen Eingliederung ausgeführten Reparaturarbeiten wurden entweder unsachgemäß ausgeführt oder man hatte an Material und Geld gespart, so daß keine nachhaltige Verbesserung des Bauzustands erreicht wurde. Wie schlecht der allge-

---

370 Fleischer (1922), S. 9.
371 ZGAE (Dittrich), Bd. 19, S. 4. Im Visitationsbericht von 1725 fand Bischof Szembek die Kathedrale in einem tadellosen Zustand vor.
372 Bereits 1709 wurde der Fabricerius angewiesen, Vorbereitungen zu veranlassen, um im Chor ein Grabgewölbe zu errichten. Erst im Jahre 1719 begann man mit den Arbeiten (ZGAE, Dittrich, Bd. 18, S. 661). Vgl. ZGAE (Brachvogel), Bd. 23, S. 733 – 770. Der alte Grufteingang lag zwischen Chor und dem Maturaltar, er wurde 1861 nach außen auf die Chorsüdseite verlegt und ist heute vermauert.
373 Soweit nicht angegeben, beziehen sich nachfolgende Angaben auf: ZGAE (Dittrich), Bd. 19, S. 6ff.
374 Ebenda, S. 81ff.
375 Ebenda, S. 85.

meine Zustand war, geht aus dem Bericht des königlichen Baudirektors Schinkel bei seiner Ostpreußenreise am 5. Januar 1835 hervor. Schinkel stellte fest:

> *Daß die verfehlten Restaurationen am Äußern des Domes zu Frauenburg sich vorzüglich auf sehr mangelhafte, mißverstandene Ergänzungen der Gesimse, Leistenwerke und ornamentalen Anordnungen in gebranntem Stein beziehen. Die Ergänzung ist teils nicht vollständig in der alten Art bewirkt, teils spielt statt des neu einzusetzenden Backsteins bloßer Kalkstuck eine große Rolle, teils sind die verwitterten Gegenstände ganz weggebrochen und gar nicht wieder hergestellt worden. Mit den Baurissen in der Hand wird ein geschickter Baubeamter die Mangelhaftigkeit dieser Restauration am speziellsten nachweisen und jedenfalls für die Folge dabei eine Beaufsichtigung und Leistung haben müssen, damit dies Geschäft nicht allein den Bauhandwerkern überlassen bleibt.*[376]

Mit einem Kabinettsbeschluß vom 27. Mai 1825 versuchte der preußische Staat den Baufonds durch eine Kathedralsteuer zu verstärken. Doch die Mittel reichten nicht aus.[377]

Bauinspektor Bertram sollte laut bischöflichem Beschluß vom 14. März 1835 einen Schadensbericht über den Zustand und über die mangelhaften Restaurierungen erstellen, doch der Bauinspektor war zu überlastet, um einen solchen Bericht zu erarbeiten. Er erstellte am 2. November 1836 lediglich einen Kostenvoranschlag für eine vollständige Reparatur der Domkirche, einschließlich einer ausführlichen Beschreibung der Wiederherstellung der Außenwände. In seinem Bericht merkte Bertram an:

> *... so halte ich es doch für meine Pflicht, Ew. Hochwürdiges Domkapitel ganz ergebenst darauf aufmerksam zu machen, daß die Reparatur des Daches nicht länger verschoben werden kann, wenn dem Gebäude nicht der größte Nachteil erwachsen soll.*[378]

So wurde 1836 lediglich das Dach der Kirche notdürftig ausgebessert. In den folgenden Jahren war man mit der Regelung der Baufinanzierung beschäftigt, so daß die umfangreichen Restaurationsarbeiten erst am 22. April 1839 begannen.[379]

Bei den Arbeiten am Westgiebel im Jahre 1839 – 1841 entstand eine Diskussion über die Mittelnische und über die Einfügung eines großen 18 Fuß hohen Madonnenbildnisses. Aus Kostengründen entschloß sich das Domkapitel für eine einfachere Lösung. Die Nische wurde in Form eines Blendfensters ausgemauert.[380]

Im Jahre 1861 wurde der alte Fußbodenbelag der Kirche umgelegt und teilweise erneuert.[381]

---

376   Ebenda, S. 88.
377   Ebenda, S. 87.
378   Ebenda, S. 90ff.
379   Ebenda, S. 101.
380   Ebenda, S. 97f. Dehio / Gall (1952), S. 196.
381   ZGAE (Dittrich), Bd. 19, S. 175. Vermutlich wurde bei dieser Fußbodenerneuerung die alte, viereckige Weiheplatte von 1342 in die Südchorwand eingemauert.

Am 18. Oktober 1868 fertigte Baumeister Bergau ein Gutachten zur Restaurierung der Kathedrale. Hierzu hatte er sich mit Konservator von Quast, der das Gutachten prüfen sollte, besprochen und von diesem eine Zustimmung erhalten. Bergau empfahl wichtige Veränderungen an der Westvorhalle. Er wollte den alten Zustand der Giebel wiederherstellen. Die Dachkonstruktion der polnischen Kapelle sollte durch Satteldächer mit Schmuckgiebel hergerichtet und im Westgiebel eine Madonna aus Glasmosaik eingefügt werden. Weiterhin wünschte er sich die Wiederherstellung des Sichtbacksteins im Innenraum sowie die Entfernung der Kalkbemalung in der Westvorhalle. Diözesanbaumeister Dreesen schrieb daraufhin ebenfalls seine Vorschläge auf. Die Südvorhalle müßte man seiner Meinung nach abbrechen und als Ersatz im Innern der Kirche einen Windfang einbauen. Das Pultdach der polnischen Kapelle sollte lediglich flacher gelegt werden, um das verstellte Chorfenster weiter zu öffnen. Die Dominnenwände sollte man neu verputzen und weiß anstreichen.[382]

Im Jahre 1871 begann man mit den verschiedensten Wiederherstellungsarbeiten. Dabei mußte Dreesen bei den abgeschlagenen Putzpartien feststellen, daß die Wände und Pfeiler ursprünglich in "Ziegelrohbau" gehalten waren. Dennoch empfahl er die Beibehaltung des Verputzes, da die Ziegel bedingt durch den Putzauftrag sehr gelitten hätten. Von Quast lehnte am 29. Mai 1873 diesen Vorschlag ab und trat eindringlich für eine Wiederherstellung des ursprünglichen Sichtbacksteins ein. Wieweit sein Entschluß durch den Zeitgeschmack mitbestimmt war, läßt sich kaum ermessen. Aber in der Tat stützte er sich auf den Befund. Er schrieb in seinem Gutachten:

> *Ich kann nur dringend raten, dem Frauenburger Dom seinen ursprünglichen Schmuck zurückzugeben; Ew. pp. und alle übrigen Beschauer werden dann die Freude haben, die sonst einfachen Formen des Innern durch das Hervortreten der Ziegelgliederung wie neubelebt, und alle Möblierung der Kirche, die Altäre und Monumente auf dem tiefroten Grund kräftiger und zugleich harmonischer hervortreten zu sehen, während über dem Ganzen das lichte Gewölbe gleich einer Zeltdecke schwebte, nur durch die dunkleren Grate gleich Zeltschnüren zierlich durchbrochen. Dagegen würde die Ausschmückung über einer lichten Färbung der Wände und Pfeiler ... keinen günstigen Effekt machen oder mehr einen verzierenden, was meines Erachtens durch die nur mageren und sparsamen Farbendekorationen noch vermehrt würde. Letztere dürfen nur sehr vorsichtig angebracht werden, da sie zu leicht den Charakter des Spielenden annehmen, wie es auch im vorliegenden Entwurf (dem Dreesenschen) der Fall zu sein scheint. Es wird der Farben auch weniger bedürfen, wenn solche in den Fenstern nur energisch vertreten sind, was allerdings dringend zu wünschen wäre. Allerdings müssen sie auch im Charakter der Architektur gehalten werden.*[383]

Neben den laufenden Wiederherstellungsarbeiten wurden weitere Gutachten, Kostenvoranschläge und Überlegungen zur Erneuerung der Kirche eingeholt.

---

382   Ebenda, S. 118ff.
383   Ebenda, S. 123f.

Im Jahre 1877 drohte der Anfang des 18. Jahrhunderts eingestürzte südwestliche Eckturm erneut herabzustürzen, worauf Bauinspektor Bertram sogleich für eine Wiederherstellung sorgte.[384]

Nach einer langen Diskussion über die Erneuerung des Domintern wurde schließlich, anläßlich des nahenden 500-jährigen Jubiläums der Domvollendung, in den Jahren 1888 bis 1890 der Innenraum durch den Maler Bornowski aus Elbing vollständig ausgemalt. 1891 folgte die Ausschmückung des Chors unter dem gleichen Künstler.[385] 1909 installierten Handwerker eine Heizungsanlage.[386]

Im Jahre 1956 wurde auf Initiative von Weihbischof Wilczyński das ermländische Kathedralkapitel durch den mit päpstlichen Vollmachten ausgestatteten Primas von Polen wieder eingesetzt.[387]

In den darauffolgenden Jahren zwischen 1964 und 1970 erfolgte die Behebung der im Zweiten Weltkrieg entstandenen Schäden.

1991 wurde die Westvorhalle gründlich renoviert, wobei man die alten Kalkübertünchungen entfernte. Dadurch erhielt der Raum sein ursprüngliches Kolorit zurück. 1992 fanden kleinere Restaurierungs- und Erhaltungsarbeiten statt.

3.2 Baubeschreibung

3.2.1 Grundriß

Die nach Osten ausgerichtete Kathedrale liegt auf einem Bergkegel in einem langgestreckten, stark befestigten Domhof. An der Festungsmauer reihen sich neben den Wehrtürmen einzelne Häuser wie die Wohnungen der Domkapitulare und der Bischofspalast. Die Bauten sind aus unterschiedlichen Zeiten und zeigen eine jahrhunderte-

25 –
27

---

384 In der Kugel der Wetterfahne lag ein Pergament mit der Beschriftung: *"Anno 1717 haec turricula per validam ventorum tempestatem usque ad murum ecclesiae fracta et dejecta fuit. Anno vero 1719 noviter erecta est, cujus globum cum vexillo, fracta iterum per tempestatem pertica ipsius ferrea, in Anno 1721 dejectum, denuo reparari et reimponi fecit anno 1731 R(mus) D(nus) Josephus Hugvenin Canonicus Varmiensis et Fabricerius. Iterum anno 1747 die 12. mensis Decembris vehementissime flante vento Occidentali, cum tres turriculae, et quidem una versus Orientem, altera versus Septentrionem, et haec tertia versus Meridiem totaliter vacillare atque propemodum casum et ruinam minare cernebantur, proinde impensis fabricae ejusmodi tres turriculae reparatae fuerant; potissum cum pertica ferrea istius turriculae, in cujus globo haec membrana asservatur, plurimum visa fuit debilis, ideo deposita et Gedani fortior effecta, per Hon. Seeloff fabrum ferrarium et civem Frauenburgensem reimposita fuit die IX Septembris anno Domini MDCCXLVIII (to.) Facta sunt haec sub felicissimo regimine S(smi) D(ni) N(ri) D(ni) Benedicti Papae ejus nominis R(eumi) Principis D(ni) Adami Stanislai in Grabowo Grabowski Episcopi Varmiensis et Sambiensis, Terrarum Prussiae Praesidis. Farbicerio tunc quoque existente R(mo) D(no) Josepho Hugvenin, Can(co) Varmiensis. Pro memoria annotavi et reposui Antonius Prochnau, R(eumi) C(apli) Varmiensis Secretarius. mppa."* Auf einem Zusatz findet sich die Bemerkung, daß 1748 die Fahnenstange ohne Gerüst erneuert wurde. Nach der Vollendung der Arbeiten von 1877 legte man ein zweites Pergament über die ausgeführten Arbeiten hinzu (Ebenda, S. 106f.).
385 Ebenda, S.126ff. Dort ausführlich Angaben zur Innenraumgestaltung.
386 Ebenda, S. 162f.
387 Triller (1961), Jg. 7, Nr. 1.

lang sich entwickelnde, gewachsene Struktur. Auf der Nordhofseite in nahem Abstand zur Festungsmauer liegt der Dom. Er bildet das Hauptwerk und gleichzeitig den Mittelpunkt der Festungsanlage.

Die Bedeutung als ermländische Kathedrale manifestiert sich am Frauenburger Dom besonders in der eindrucksvollen Grundrißgestaltung. Mit einer Gesamtlänge von etwa 92 Metern ist der Dom das längste sakrale Bauwerk im Ermland.

Das gestreckte Langhaus mit den Raummaßen 57,90 x 22,87 Meter ist dreischiffig und in acht Joche gegliedert. Der anschließende, nach Osten ausgerichtete orthogonale Chor mit den Außenmaßen 30 x 11 Meter (Innenmaße 28 x 10,28 Meter) besitzt in kurzer Folge fünf Joche.[388] Das Strebepfeilersytem ist nach außen gesetzt. Dadurch erhalten die Innenraumwände keinerlei Gliederung. Zwischen den Streben liegen die schmalen Fensteröffnungen.

Achteckige Pfeiler trennen das Mittelschiff von den Seitenschiffen. In den Raumecken sind oktogonale Treppentürmchen eingestellt, die, wie später zu erörtern ist, nicht mit dem Langhaus in Verbindung stehen.

Der erste Eindruck, den der Frauenburger Domgrundriß vermittelt, ist eine starke Streckung der gesamten Raumvolumina. Die Mittelschiffsjoche sind querrechteckig und die der Seitenschiffe längsrechteckig. Die Rechteckjoche im Chor stehen im Verhältnis zur Chorlänge 3 : 5, dadurch wird die Jochabfolge sehr kurz. Der Chor verhält sich in seiner Länge zum Langhaus 1 : 3. Die Seitenschiffe (4,5 Meter) sind halb so breit wie das Mittelschiff (9 Meter), so daß ein Verhältnis 1 : 2 entsteht.[389] Gall sah dieses Maßverhältnis als Hinweis dafür, daß das Langhaus unter Zisterziensereinfluß stand, und verwies auf die analogen Proportionen von Pelplin.[390]

Jedes Mittelschiffsjoch besitzt ein Verhältnis von 3 : 4. Dadurch ist die Jochabfolge im Vergleich zum Chor weniger kurz. Die Raumlängung entsteht durch die Anzahl von acht Jochen. Im Vergleich zum Braunsberger Grundriß sind die Frauenburger Seitenschiffe schmaler proportioniert. Damit erhält das Mittelschiff eine stärkere Bedeutung, und der Raum wirkt noch gestreckter.

Die verschiedenen Proportionsverhältnisse zwischen Chor und Langhaus lassen nicht nur auf zwei Bauabschnitte, sondern auch auf einen Konzeptionswechsel schließen. Dies bestätigt die bereits angedeuteten Vermutungen, daß der Baumeister des Chors nicht mit dem des Langhauses identisch ist und mit dem Baumeisterwechsel eine Planungsänderung stattfand.

Ließ sich der Grundriß der Braunsberger Stadtpfarrkirche durch eine trianguläre Proportion gliedern, so muß man feststellen, daß sich die Frauenburger Kathedrale an

---

388 Maßangaben vgl. Zeichnung in: ZGAE (Brachvogel), Bd. 23, nach S. 768. Miłobedzki (1978, Bd. II, S. 512) glaubte, die für das Ordensland ungewohnte Raumstreckung von acht Jochen diene der Unterbringung von zwei Altarreihen mit je acht Domherrenaltären. Da bereits 1264 im ganzen 24 Domherrenstellen vorgesehen waren, muß die Zahl der Joche nicht zwingend mit den Domherrenstellen in Zusammenhang gebracht werden.
389 Reifferscheid (1984), S. 20.
390 Dehio / Gall (1952), S. 197.

anderen Proportionsprinzipien orientiert und die Gesamtplanung nicht kontinuierlich ist.

Die Westseite besitzt keine Turmbauten, sondern nur eine Eingangshalle in der Breite des Mittelschiffs.[391] Weitere Anbauten befinden sich auf der Südseite im dritten Langhausjoch vom Chor aus mit einer kleineren Eingangshalle und dem angeschließenden Treppenaufgang zum Dachboden. Auf der Nordostseite am Chor schließt sich ein Sakristeibau an. An der Südwestseite des Chors liegt die sogenannte polnische Kapelle mit zwei Jochen.

3.2.2 Sakristei, Kapellen- und sonstige Anbauten

Zu den ältesten Anbauten auf der Nordseite des Chors zählt die angrenzende Sakristei. Sie ist in zwei Joche gegliedert und mit achtteiligen Sterngewölben ausgestattet. Bereits Boetticher erkannte, daß die Birnstabrippen der Sakristei wohl gleichen Alters sind wie die nahezu identischen Chorrippen.[392] Sie ist im wendischen Mauerverband errichtet und steht mit der Nordchorwand in organischer Verbindung. Demzufolge muß die alte Sakristei schon während des Chorbaus errichtet worden sein und war folglich zur Chorweihe im Jahre 1342 vollendet.

Bereits 1678 klagte man, daß die Sakristei zu klein sei, und der Fabricerius wurde mit dem Bau einer neuen Sakristei beauftragt. Die Räume waren wohl 1690 vollendet, denn zu dieser Zeit fanden Sitzungen des Kapitels in einer *"sacristia minor"* statt. Diese neue Sakristei der Domherren lag an der Nordchorwand, direkt neben der alten Sakristei.[393] Im Jahre 1702 wurde das Dach der *"nova sacristia"* repariert und mit einer Wasserrinne aus Eichenholz versehen. Beide Sakristeien waren beheizbar und hatten einen Tonfliesenboden.[394]

Der hinter der alten Sakristei liegende Raum mit drei flachen Kreuzrippengewölben wurde erst im 17. Jahrhundert angefügt und erhielt im Jahre 1718 ein Gewölbe.[395]

Im Jahre 1623 findet sich der erste Hinweis auf eine ältere, dem Verfall ausgesetzte nördliche Kapelle, die nach der Errichtung der neuen Sakristei als Holzkammer diente. Über das Alter dieser Kapelle ist nichts mehr feststellbar. Aus dem Jahre 1751 stammen Pläne für die Umgestaltung der neuen Sakristei in eine Chorkapelle, *"capella hyemalis"*. Dafür wurden die älteren Anbauten der Nordkapelle und die sogenannte neuen Sakristei abgebrochen. Im Herbst 1751 erfolgte der Aushub der Fundamente, und im Juli des nächsten Jahres folgte die Dacherrichtung. Die neue Chorkapelle lag nicht direkt an der nördlichen Chorwand. Ein heute noch erhaltener Gang, der zusammen mit der Kapellenerrichtung angelegt wurde, lag zwischen Chorwand und Chorkapelle. Dieser Gang zur Sakristei ermöglichte es, daß Meßknaben während des Gottes-

---

391   Gall (a.a.O.) führte den Verzicht auf Westtürme auf den Einfluß der weichselländischen Zisterzienser zurück.
392   Boetticher (1894), S. 92.
393   Dieser Bau darf nicht mit dem Anbau auf der Nordseite der alten Sakristei verwechselt werden.
394   ZGAE (Dittrich), Bd. 19, S. 9.
395   Boettichers (1894, S. 92) Datum bezieht sich auf den Gewölbeeinbau. Eine Bauinschrift *"Anno 1718"* befindet sich am Gewölbe.

dienstes in die Sakristei gelangen konnten, ohne den Chordienst zu stören. Aufgrund von Zahlungsschwierigkeiten erwirkte man 1754 in Rom einen Ablaß *"pro celebrandis missis anniversariis in capella hiemali ad altare S. Georgii"* und nahm zusätzliche Anleihen von der Szembekschen Kapelle. Die Kapelle wurde am Ende des 18. Jahrhunderts kaum noch für den Chordienst genutzt und diente als Utensilienkammer. Auch war der Raum schlecht beleuchtet, was nicht nur durch die Nordlage, sondern auch durch die nahegelegene Festungsmauer bedingt war. Im Jahre 1809 beschloß man, die *"finstere Kapelle"* abzubrechen, dabei wurde der alte Gang für die Meßknaben zur Sakristei beibehalten. Er mußte allerdings wegen der Abbrucharbeiten neu errichtet werden.[396]

33, 35 An der Südwand des Chors befindet sich am Außenbau zwischen dem dritten und viertem Strebepfeiler ein Treppenaufgang, über dessen rechtsläufige Spindel man links eine offene, zierlich kleine, kreuzrippengewölbte Vorhalle erreicht. In den Gewölbekappen finden sich noch ältere Bemalungen, Kreise mit sechszackigen Sternen. Die Rippen stützen sich in den Ecken auf kleine, kelchförmige Kalksteinkonsolen, die wiederum auf schmalen, eingestellten Diensten ruhen. Von dieser Vorhalle aus konnte man durch ein heute vermauertes, schmales, spitzbogiges, zweifach abgestuftes Portal auch in den Chor gelangen. Über der Vorhalle befinden sich zwei kleinere Kammern. Die Treppenspindel führt direkt auf den Chordachboden. Das obere Mauerwerk ist abgebrochen, und es ist erkennbar, daß ursprünglich der Treppenaufgang einen anderen vermutlich höheren Abschluß besaß. Der Aufgang wurde nicht nachträglich angefügt, sondern steht mit dem Pfeiler- und Wandmauerwerk im Verband. Auch der Sockelabsatz und das Sohlbankgesims laufen als Wandkontinuum durch. Ebenso ist der Treppenaufgang bis zur Traufe mit Zahnfries konform im wendischen Mauerverband errichtet. Demzufolge gehört er zum ursprünglichen Baubestand der Choranlage und wurde zusammen mit dieser errichtet.

475 Auf der Südseite des Chors befindet sich die Georgskapelle, die seit 1639 auch "Polnische Kapelle" genannt wird.[397] Die niedriger gelegene Kapelle ist nur vom südlichen Seitenschiff aus zugänglich. Das Mauerwerk ist im gotischen Verband erbaut. Der orthogonale Raum mit den Innenmaßen 11,10 x 6,93 Meter wird durch zwei nebeneinander liegende, vierstrahlige Sterngewölbe geschlossen.[398] Die Rippenprofile sind schmal und birnstabförmig. Sie verlaufen direkt auf Maskenkonsolen.

Dittrich rekonstruierte wohl richtig aufgrund der Hinweise aus den Rechnungsbüchern, daß die Kapelle ursprünglich ein dreiteiliges Satteldach mit je drei Giebeln besaß, davon zwei halbe an den Seiten und ein voller zur Südseite gelegen.[399] Da zur Kapellen-

---

396 ZGAE (Dittrich), Bd. 19, S. 10ff.
397 Bischof Szyskowski ordnete laut Visitation von 1639 an, daß der Gottesdienst für die in Frauenburg lebenden Polen in der St. Georgskapelle in polnischer Sprache gehalten werden sollte. Der Domdekan Szembrowski stiftete ein Benefizium für einen polnischen Prediger. (ZGAE, Dittrich, Bd. 18, S. 564f.) Nach dem Tode des königl. Sekretärs Stephan Sadorski 1640 setzte das Domkapitel diesem ein Epitaphium in der Kapelle. Daher findet sich in Urkunden auch die Bezeichnung *"Capella Sadirsciana"* (ZGAE, Dittrich, Bd. 18, S. 623f.). Arszyński / Kutzner (1980), S. 84.
398 ZGAE (Brachvogel), Bd. 23, Zeichnung nach S. 768.
399 ZGAE (Dittrich), Bd. 18, S. 566. Bereits Bergau (1871, Heft II, S. 71) forderte 1870 in einem Gutachten zur beabsichtigten Restauration des Doms, das Kapellendach wie oben beschrieben wieder herzustellen. Er stützte sich auf eine ältere Darstellung.

errichtung der südwestliche Strebepfeiler störte, wurde er vom Kapellenbaumeister einfach abgeschlagen. Den Mauerschub führte er über das Kapellengewölbe durch einen Strebebogen zur Südmauer der Kapelle hin. Diese tektonische Konstruktion erklärt auch die ehemalige besondere Dachform der Kapelle mit einem Mittel- und zwei Halbgiebeln an der Ost- und Westseite. Eine vergleichbare Dachkonstruktion wurde zwischen 1390 und 1494 bei den Kapellenanbauten in Wormditt verwendet. Ein entsprechender Blendgiebelaufbau findet schon bei der 1388 vollendeten Westvorhalle Anwendung.

Über das Alter der Kapelle wurden bisher unterschiedliche Angaben in Vorschlag gebracht. Hierzu wurden verschiedene architektonische Gesichtspunkte herangezogen. Für eine Datierung ins letzte Viertel des 15. Jahrhunderts sprechen die Sterngewölbeform auf Kopfkonsolen und die auffallende ursprüngliche Dachgestaltung sowie der verwendete gotische Mauerverband.

"Im Jahre 1498 stiftet Kanonikus Martin Sengener eine Vikarie. Nach seinem Tode wurde die Dotation vervollständigt und die Vikarie dem Altar in der Kapelle des hl. Georgs überwiesen."[400] Weiterhin vermutet Dittrich, daß die Kapelle aufgrund von Stiftungen durch Archidiakon Johann Skulteti 1510 und Balthasar Stockfisch 1519 wohl erst kurz vor dieser Zeit fertiggestellt wurde.[401] Gall schloß sich dieser Datierung an und datierte den Kapellenanbau aufgrund seiner dünnen Formen ebenfalls in die erste Hälfte des 16. Jahrhunderts.[402] Gegen diese späte Datierung sprechen allerdings die oben aufgeführten Gründe. Auch setzt die Stiftungsurkunde von 1498 eine Benutzung von vorhandenen Altären voraus. Demnach läßt sich die Kapellenerrichtung wohl richtig gegen Ende des 14. Jahrhunderts datieren. Dafür spricht auch die analoge Gestaltung zu den Wormditter Seitenkapellen, die bereits 1494 vollendet waren. Auch in Wormditt verlaufen die Gewölbe auf Maskenkonsolen, und am Außenbau sind Schaugiebel errichtet.

Die Kapelle ist mit der Langhausmauer und dem angeschnittenen südlichen Treppenaufgang nicht verbunden. Dazu kam noch, daß bei der Errichtung teilweise die Chorstrebepfeiler entfernt wurden. Die lose Anfügung und eine wohl schlechte Fundamentierung verursachten zahlreiche Reparaturen. Im Jahre 1697 erneuerte man das Dach und entfernte dabei wohl die alten Blendgiebel. Schon 1721 mußte das Dach verankert und Mauerwerk teilweise erneuert werden. Hierzu verbrauchte man 500 Ziegel. 1747 zeigten sich Risse im Gewölbe, und eine Reparatur war erforderlich. Im Jahre 1758 wurde die Kapelle durch Entfernung der Erde auf ihr altes Fußbodenniveau gebracht.[403]

1861 flickte Maurermeister Braun aus Braunsberg Risse am Gewölbe und erneuerte die Fenstereinfassungen aus Stuck bzw. Gußstein. Da Gewölbeschäden wiederholt auftraten, errichtete man im Jahre 1908 an der alten Stelle wieder Strebepfeiler. Der alte

---

400 Dittrich ebenda, S. 565.
401 a.a.O.
402 Dehio / Gall (1952, S. 198) beschrieb den Raum fälschlich mit drei Jochen. Arszyński und Kutzner (1980, S. 84) datierten den Kapellenanbau um 1500.
403 ZGAE (Dittrich), Bd. 19, S.18.

Strebebogen im Dachboden war nun überflüssig, so daß man ihn beseitigte. Teile der Gewölbekappen und Rippen wurden ebenfalls erneuert.[404]

Domherr Gottfried Friedrich von Eylenburg ließ 1728 an der Nordseite eine kleine Brunokapelle errichten. Im Jahre 1734 erlaubte das Kapitel, eine Tür zum Dominnern einzubrechen. Die Kapelle war durch ihre Nordlage und schlechte Fundamentierung feucht, und schon 1752 klagte man über diesen Zustand. 1774 hatte sich der Zustand verschlechtert, so daß schließlich 1838 die Kapelle abgebrochen und der Zugang zum Dom vermauert wurde.[405]

36 Im Barockzeitalter stiftete Bischof Szembek am zweiten Südwestjoch die sogenannte Szembeksche Kapelle, auch Salvatorkapelle genannt. Die mit Pilastern gegliederte quadratische Kuppelkapelle wurde mit Grundsteinlegung vom 15. August 1732 begonnen und 1735 konsekriert.[406] Im Jahre 1878 erhielt sie farbige Glasfenster.[407]

3.2.3 Eingänge

29 Das Innere des Doms erreicht man heute durch zwei Haupteingänge. Im Westen wurde 1388 eine prächtige Vorhalle angefügt. Aufgrund ihrer Einzigartigkeit und prachtvollen Ausgestaltung wird sie in einem gesonderten Abschnitt behandelt.

Auf der Langhaussüdseite lehnt sich außen mit einem Pultdach im dritten Langhausjoch vom Chor eine kleinere Vorhalle im gotischen Verband an. Die Raummaße betragen 6,23 x 3,43 Meter.[408] Das darüber befindliche Langhausfenster wird zum Teil durch das Pultdach verdeckt. Der heutige Vorraum war wohl ursprünglich nicht geplant und wurde, wie sich an der Fensterüberschneidung zeigt, erst später angefügt. Bereits Dittrich stellte fest, daß die Südvorhalle keine repräsentative Gestaltung und architektonischen Wert besitzt und nur die Funktion eines Windfanges übernimmt.[409] Der Raum ist mit zwei Kreuzgewölben geschlossen, dessen Birnstabrippen auf Kalksteinkonsolen verlaufen. Das Eingangsportal ist durch Birnstäbe mehrfach profiliert. Direkt auf der gegenüberliegenden Westseite befand sich ebenfalls ein heute vermauerter, spitzbogiger Eingang. Demzufolge konnte man den Raum der Vorhalle einst von zwei Seiten betreten. Anfänglich besaß die Vorhalle kein Fenster. Das heutige westliche Rundfenster wurde erst zusammen mit der Vermauerung des Westeingangs im Anfang des 17. Jahrhunderts eingefügt.[410]

474 Ursprünglich existierten noch zwei weitere Eingänge am Chor, so die *"porta episcopalis"*, ein Eingang, den der Bischof, von der Kurie kommend, benutzte. Er lag auf der Südseite und stand mit der oben erwähnten offenen, kleineren Vorhalle in Verbindung. Der Chorzugang wurde um 1840 vermauert. Nach einer Urkunde von 1607 gab es weiterhin eine *"Porta chori retro Ecclesiam"*. Dieser Zugang lag wohl direkt hinter dem

---

404   Ebenda, S. 115.
405   Ebenda, S. 17f. Die Kapelle ist noch bei Dehio / Gall (1952, dort Grundriß, S. 196) auf der Nordseite eingezeichnet.
406   Ebenda, S. 16f. Hippler (1886), 18.
407   Dittrich ebenda, S. 117
408   ZGAE (Brachvogel), Bd. 23, vgl. Zeichnung dort nach S. 768.
409   ZGAE (Dittrich), Bd. 18, S. 564.
410   Bereits 1660 werden Reparaturen am Fenster der Vorhalle erwähnt. ZGAE (Dittrich), Bd. 18, S. 658.

Hochaltar. Ob und wann er vermauert wurde, ist unbekannt. Auch finden sich heute am Außenbau keine Spuren dieses Eingangs.[411]

3.2.4 Chor und Ostgiebel

An das gedehnte Langhaus schließt sich im Ostteil das oblonge, niedrige, mit einem Satteldach geschlossene Presbyterium an. Das Langhaus besitzt kein Querschiff.[412] Die Ostchorwand schließt den Langchor platt ab. Das Presbyterium hat die gestreckten Maße von 30 Metern Länge und 11 Metern Breite.[413] Die Chorachse divergiert leicht von der Dommittelachse, womit die Problematik des *"caput inclinatum"* gegeben ist, für die sich die ältere christlich-archäologische Forschung sehr interessiert hat. Der Chor ist bis zur Traufe im wendischen Mauerverband errichtet. Wie schon bemerkt, sind es fünf Joche in enger Folge. Die aus drei Rundstäben gebündelten Dienste sind formenreich und sorgfältig behandelt. Sie werden im Gegensatz zum Langhaus sogar teilweise bis zum Boden geführt. So besitzen die beiden Ostjoche drei gegenüberliegende, bis zum Boden durchlaufende, reiche Dienstbündel. Diese enden auf kleinen, runden, konkav und konvex abgestuften Basen, die wiederum auf zweifach abgestuften, polygonen Sockeln ruhen. Die profilierte Abstufung der polygonen Dienstbasen erfolgt in zwei Drittel Sockelhöhe. Die drei folgenden Dienste verlaufen nicht bis zum Boden, sondern enden kurz unterhalb der Sohlbankhöhe auf Tonkonsolen. Als man im Jahre 1738 das Chorgestühl einbaute, wurden diese Konsolen und Teile der Dienste abgeschlagen und danach zugestellt.[414]

34 –
35

48 –
50

Die Gewölberippen der Westchorseite enden nicht auf Diensten, sondern verlaufen direkt auf Maßwerkkonsolen. Die vier südöstlichen Kapitelle sind mit feingliedrigen, sehr edel gebildeten Blattkapitellen geschmückt. In der Nordostecke befindet sich ein Maßwerkkapitell, darauf folgen zwei Blattkapitelle und drei Maßwerkkapitele. Alle Kapitelle, Basen und Dienste sind aus Ton gefertigt. Da die Kapitelle in ihrer Ornamentik sehr unterschiedlich und zugleich äußerst sauber ausgearbeitet sind, kann man davon ausgehen, daß sie nicht nach Schablonen geformt wurden. Die versierten Ziegelmeister schnitten und modellierten die Blätter frei in den lederharten Ton.[415]

47

---

411   Ebenda, S. 564.
412   Im ersten östlichen Langhausjoch stand laut Inventar von 1578 *"extra chorum in medio ecclesiae"* ein Kreuzaltar. Auch erscheint die Achse des Chors mit einer Neigung nach Norden, *"womit angedeutet werden sollte, daß der Herr am Kreuze sein Haupt neigte, bevor er seinen Geist aufgab."* (Ebenda, S. 557). Die Auffassung Dittrichs, daß in der Chorneigung eine anthropomorphisierende Auffassung des Kirchenbaus, d.h. die Deutung des Doms als mystischer Leib Christi im Sinne des *"caput inclinatum"*, zum Ausdruck komme, muß angezweifelt werden. So besitzt der Dom keine Kreuzform, und auch der Langhauskörper sowie das Presbyterium erscheinen als besonders gestreckt. Die leichte Verschiebung zwischen Chor und Langhaus findet eher eine Erklärung in der Bauunterbrechung nach der Chorvollendung und dem Wechsel der Personen im Baubetrieb. Außerdem könnten topographische Voraussetzungen die Grundrißverschiebung verursacht haben.
413   a.a.O.
414   Im Sitzungsbericht vom 6. Dezember 1738 findet sich der Hinweis, daß ein Maurer im Chor arbeitete *"ad reparandum murum pro stallis"*. Demzufolge wurden zu dieser Zeit die Konsolen und Teile der Dienste für die Einstellung des Chorgestühls abgeschlagen. (ZGAE, Dittrich, Bd. 19, S. 23, dort Anm. 7).
415   Dehio / Gall (1952, S. 197) und Reifferscheid (1984, S. 20) gaben fälschlich als Material für die Kapitelle Stuck an.

46, 49 50	Die Gewölberippen sind sehr weit nach unten gezogen, so daß erst in etwa zweidrittel Höhe die Kapitelle ansetzen. Dadurch erhält das Gewölbe *"ein überaus freies, hochstrebendes, kühnes Aussehen."*[416] Da die Gewölbescheitellinie im Chor etwas höher liegt als im Hauptschiff, verstärkt sich zusätzlich dieser aufstrebende Raumeindruck. Die strenge Bildung des Chorgewölbes, das birnförmige Rippenprofil, sowie die gesamte Raumgestaltung des Presbyteriums zeigen, daß das Chorgewölbe stilistisch zu einer anderen Zeit gehört als das Langhaus. Die Merkmale deuten nicht nur auf eine frühere Datierung des Raumkonzepts hin, sondern auch auf die frühere Einziehung des Chorgewölbes.
50	Die beiden Nordfenster in den beiden ersten Jochen sind schmaler als die übrigen Fenster. Sie sind vermauert und besitzen eine Hohlkehlenprofilierung an den Laibungen. Auf der Südseite ist im dritten Joch von Osten, bedingt durch den außen liegenden Treppenaufgang, kein Fenster vorhanden. Die Fenster des Chorraums haben trotz Nachbildung *"noch ihr altes nach preußischer Weise aus Stuck gebildetes Masswerk mit recht guter Formbildung bewahrt"*.[417] Das aus Stuck und Formsteinen gefertigte Stab- und Maßwerk der Fenster besitzt dieselben Profile wie die Gewölberippen. Von Quast und Dittrich erkannten, daß sich ein analoger Birnstab auch auf der Marienburg und im Schloß Heilsberg wiederfindet. Von Quast glaubte sogar, daß die Steine *"... aus derselben Ziegelform gebildet ..."* seien.[418] Daraus muß man folgern, daß sich nicht nur die Bauten in ihrer Entstehung zeitlich nahe stehen, sondern auch die Steine möglicherweise aus der gleichen Ziegelproduktion stammen.
	Über dem Eingang der Sakristei befand sich ursprünglich in der hohen Mauerblende eine emporenartige Öffnung, die heute vermauert ist. Dahinter befindet sich ein kapellenartiger, überwölbter Raum, von dem man einst dem Gottesdienst im Chor beiwohnen konnte.[419]
35 27	Der Außenbau des Chors besitzt nur sehr sparsame Formen. Die Südwand gliedert sich stark horizontal durch den Wechsel von zweifach gestuften Strebepfeilern und hohen Spitzbogenfenstern. Lediglich ein Treppenaufgang unterbricht die Abfolge. Der gesamte Baukörper ruht auf einem niedrigen, leicht vorspringenden Sockel. Das Sockelgesims besitzt keinerlei Profilierung, sondern läuft schräg. Das zweite horizontale Band liegt in Sohlbankhöhe. Die dreifach gestuften Eckstrebepfeiler sind rechtwinklig angeordnet und unterstreichen die starke lineare, geometrische Gesamterscheinung des Außenbaus. Die Chorostwand besitzt die gleichen durchlaufenden, horizontalen Gliederungen im Sockel und im Sohlbankgesims. In der Mitte öffnete sich einst ein hohes Spitzbogenfenster, das im Zusammenhang mit dem Hochaltar um 1752 vermauert wurde.[420] Das Maßwerk der oberen Fensteröffnung wurde 1839 – 1841 zur Zeit der Restaurierung der Ostwand neu ergänzt.[421] Seitlich schließen sich zwei schmalere,

---

416 ZGAE (Dittrich), Bd. 18, S. 558.
417 Von Quast (1852), S. 30. Dittrich (1870), Heft 1, S. 20.
418 Von Quast (1851), Bd. XI, Heft 2, S. 116. ZGAE (Dittrich), Bd. 18, S. 560.
419 Um 1598 wird dieser Raum als Bibliothek erwähnt. Wohl in dieser Zeit erfolgte auch die Vermauerung der Wandöffnung zum Chorraum. Seit 1680 diente er als Schatzkammer (Dittrich ebenda, S. 590, 608, 658).
420 N.N. (1875), Heft 3, S. 35.
421 Von Quast (1852), S. 30.

spitzbogige Blendfenster in gleicher Höhe an. Sie sind mit einer umlaufenden Hohlkehlung eingefaßt. Den oberen Wandabschluß bildet ein durchlaufender Zahnfries. Darüber erhebt sich über einem schräg nach unten verlaufenden Kantenziegel der hohe Chorgiebel.

Im Giebeldreieck sind drei aufragende Spitzbogenblenden eingestellt, von denen die mittlere höher und etwas schmaler ist. Kreisblenden befinden sich jeweils in den beiden unteren Giebelecken und oberhalb der beiden äußeren Spitzbogenblenden. Ein horizontaler doppelreihiger Zahnfries befindet sich oberhalb der unteren Kreisblenden. Die Giebelschrägen sind mit Tonkrabben besetzt. Auf den Ecken erheben sich fialartige Türmchen mit schmalen Öffnungen. Diese besondere Eckgiebelgestaltung, welche um 1342 vollendet war, wurde für viele ermländische Chorgiebel zum Vorbild.

Der Chorgiebel besitzt mit seiner bescheidenen und einfachen Ziergliederung noch die Formensprache des 13. Jahrhunderts.[422] Da der Chor 1342 geweiht wurde, muß auch sein Giebel in dieser Zeit vollendet gewesen sein.

Schon Schmid erkannte, daß der Chorgiebel vergleichbare Merkmale mit der altstädtischen Pfarrkirche St. Johann in Thorn und der Dominkanerklosterkirche von St. Marien in Elbing aufweist.[423] Da die Grundsteinlegung der Choranlage vermutlich von Bischof Heinrich II. Wogenap vorgenommen wurde und dieser aus Elbing stammte, kann man annehmen, daß er eine Elbinger Bauhütte für die Domerrichtung beauftragte. Der im Jahre 1338 nachfolgende, aus Prag stammende Zisterzienser Paulus Pauri wurde als Verweser im Ermland eingesetzt. Wohl auf sein Betreiben hin konnte im Auftrag des Bischofs Hermann von Prag der Chor im Jahre 1342 vollendet werden.

Auffällig ist die besonders harmonische Verbindung von drei Spitzbogenblenden und vier Kreisblenden. Bei den Zahlen wird man an die Heilige Dreieinigkeit und an die vier Evangelisten erinnert. So war die geometrische Form des Kreises seit Platons Deutung im gesamten Mittelalter ein Symbol der Vollkommenheit und des Allmächtigen, aber auch das Symbol der Welt. So war es Aufgabe der Evangelisten, den Glauben in die vier Weltteile hinauszutragen. Ebenso symbolisiert die Zahl drei die Vollkommenheit *"omne trinum perfectum"*.

3.2.5 Langhaus

In seinem äußeren Erscheinungsbild ist der Frauenburger Dom, wenn man ihn den übrigen chorlosen ermländischen Hallenkirchen gegenüberstellt, einzigartig. Auch im Vergleich zu anderen ordensländischen Sakralbauten nimmt der Dom in seiner gesamten Erscheinung eine Sonderstellung ein.

Der Baukomplex ist vollkommen aus unverputzten, gefugten Ziegeln im wendischen und gotischen Mauerverband errichtet. Lediglich einige Festungsmauern gründen auf einem Findlingsteinsockel. Die durchschnittliche Größe der Backsteine beträgt in den untersten Schichten, bis etwa 90 cm Höhe: Länge 27 cm, Breite 13 cm und Höhe 5–6

---

422 Dehio / Gall (1952), S. 196.
423 Schmid, (1939), S. 33.

cm. In den darüberliegenden Schichten sind die Steine etwa 28 cm lang, 13 cm breit und 8 cm hoch, entsprechen also dem klassischen Proportionsschlüssel.

22 Die Strebepfeiler der Domanlage liegen am Außenbau. Dabei ist zu bemerken, daß die Choreck- und Ostlanghausstreben rechtwinklig zueinander verlaufen. Sie sind durch Kaffgesimse mit Wasserschlag dreifach gestuft. Die Westeckstreben sind im Gegensatz zu den östlichen leicht schräggestellt und zweifach gestuft. Daher läßt sich unterstellen, daß der Baukörper nicht aufgrund einer kontinuierlichen Konzeption entstand. Wie sich zeigen wird, wurden Chor und Langhaus nicht nur im zeitlichen Abstand, sondern auch von unterschiedlichen Baumeistern errichtet.

Der Dombau wirkt in seiner Gesamterscheinung, bedingt durch seine Turmlosigkeit, kubisch und blockhaft. Das Mittelschiff und die Seitenschiffe überspannt ein großes Satteldach. Auf dem Langhausfirst ruht in der Mitte ein hoher, mehrfach abgestufter Dachreiter. Auf dem östlichen Langhausfirst befindet sich ein zweites, kleineres Signaltürmchen.

480 Die Langhauswände besitzen am Außenbau eine sparsame Formgebung. Neben der Vertikalgliederung durch Streben und Spitzbogenfenster setzt sich etwa 0,90 – 1,00 Meter über dem Sockel ein horizontal umlaufendes Sockelgesims mit schrägem Rücksprung ab. Darüber folgt in Fensterhöhe ein horizontal verkröpft umlaufendes Sohlgesims, schräg vorgesetzt mit Tropfband. Das Gesims verkröpft sich auch um die Strebepfeiler. In etwa zweidrittel Höhe treppen sich die Streben durch einen Wasserschlag ab. Der obere Spitzbogenfensterverlauf bildet auch gleichzeitig die Höhe, auf der die Streben in zweiter Stufe abtreppen und an der Langhauswand enden. Darüber liegt ein umlaufendes zweifach gestuftes Gesimsband. Bis zur Traufe erhebt sich noch ein kurzes, glattes Stück Mauer. Im Dachboden erkennt man, daß der heutige obere Mauerverlauf abgeschlagen ist und die Langhauswände ursprünglich höher lagen.

28 Deutlich ist aufgrund der Mauerstruktur erkennbar, daß das Langhaus erst nach einer längeren Bauunterbrechung fertiggestellt wurde. Eine Naht zwischen Chor und Langhaus zeigt, daß zunächst der Chor vollendet worden ist. Danach erfolgte die Errichtung der Nordseite bis in etwa zwei Drittel und die Südseite bis zur Hälfte im wendischen Verband. Darüber schließt sich der gotische Verband an. An der Farbe der Backsteine ist dies deutlich sichtbar. So folgt auf einen dunkleren, porösen Backstein ein fester, heller Brandstein.[424] Nach der Bauunterbrechung setzte der neue Meister mit dem gotischen Verband die Bautätigkeit fort. Dabei veränderte er das Profil und führte das Hauptgesims etwas tiefer versetzt gegen den Chor.[425]

43 Der Innenraum wird durch Fensteröffnungen an den Seitenschiffswänden und Stirnwänden beleuchtet. Sie liegen jeweils zwischen den Strebepfeilern. Die Nordfenster sind schmaler, ohne Kantenprofilierung und zweiteilig, auf der Südseite dreiteilig, mit umlaufenden Birnstab und etwas breiter. Das Maßwerk der Nordfenster wurde bei der Restaurierung durch Baumeister Reichert aus Marienwerder im Jahre 1867 entworfen, 1874 mit Zementstücken völlig erneuert und im Stil der Spätgotik gestaltet. 1880 wurden die südlichen Glasfenster eingesetzt. Bereits Dittrich kritisierte den Stil und be-

---

424 Dehio / Gall (1952), S. 197.
425 Ebenda, S. 197.

merkte, daß diese Formen an der Kirche fremd wirken.[426] Gall bemängelte ebenso die Fenster, weil sie mit *"trockenem Maßwerk westlicher Herkunft"* erneuert worden seien.

Da die Strebepfeiler nach außen gelegt wurden, sind die Langhausinnenwände glatt. Lediglich die Jochabfolge wird durch die heruntergezogenen Gewölberippen angedeutet. Sie verlaufen auf Kapitellen, die wiederum auf dreifachen Dienstbündeln ruhen. Die Dienste sind auf zweidrittel Höhe herabgezogen und enden etwa in Höhe der Fenstersohlbank auf Tonkonsolen. Die darunter liegende Wandfläche ist glatt.

Der Chorraum öffnet sich zum Langhaus in einem schlank gebildeten Triumphbogen. Das Langhaus besitzt eine Innenlänge von etwa 60 Metern und eine Breite von 22 Metern. Die Höhe zum Gewölbescheitel beträgt 16,5 Meter.[427]

Die oktogonalen Pfeiler, die das Hauptschiff von den Seitenschiffen trennen, sind schlicht und ohne jegliche Profilierung durch Formsteine an den vertikalen Kanten. An den Basen besitzen sie einen umlaufenden, etwas breiteren Sockel, der mit einem schräg auslaufenden, profilierten Karnies abschließt. Darüber folgt der glatte Pfeiler. Unterhalb der Höhe der Scheidbögenansätze ist ein einfacher, einen halben Stein vorkragender, breiter, glatter Kämpfer ausgebildet. Über diesem liegen nicht nur die Scheidbögen, sondern ruhen auch die Gewölberippen. — 41, 52

Im nördlichen Seitenschiff befand sich im östlichen Gewölbejoch ein sogenanntes *"Chörlein"*, eine baldachinartige Empore. Spuren des Gewölbeansatzes kann man heute noch erkennen. Dittrich vermutete, daß ursprünglich an der Westseite keine Orgelempore geplant war und die Fenster aus diesem Grund zunächst nicht vermauert waren. Die Orgel sollte vielmehr an der Nordostecke über dem sogenannten Chörlein ihren Platz finden.[428] Die Domvikare Martin Unsze und Clemens Leonard werden 1486 und 1496 als Organisten erwähnt. Wann und wo die alte Orgel stand, ist nicht überliefert. Vermutlich wurde die Empore zuerst nur von den Chorsängern genutzt und später eine Orgel aufgestellt.[429] Da die Wände des Chörleins in analoger Weise zur Westvorhalle mit einem Maßwerknetz gebildet sind, kann man schließen, daß der Einbau um 1388 erfolgte. Wann der Emporenbau abgetragen wurde, ist unbekannt. Noch im Jahre 1650 wird der *"kleine Chor"* anläßlich einer Instandsetzung erwähnt. Als — 51 – 53

---

426 ZGAE (Dittrich), Bd. 18, S. 561. Bd. 19, S. 116f, 149f.
427 Ebenda, S. 667.
428 ZGAE, (Dittrich), Bd. 11, S. 284. Boetticher (1894, S. 89) und von Quast (1852, S. 32) bezeichneten fälschlich diese Stelle als Kapelle.
429 Dittrich (ZGAE, Bd. 18, S. 559) lehnte die These von Karl Woelkys (ungedruckte Geschichte des Doms) zurecht ab, daß dieses Chörlein einst der Rest eines Lettners war. Die hochgelegenen Türöffnungen der beiden Osttürme sollen nach Woelky der Zugang zum Lettner gewesen sein. Diese Vermutung ist gleichfalls aus den oben geschilderten Gründen abzulehnen. Demzufolge ist die Vermutung von Quasts (1852, S. 30) falsch, daß " ... *noch geringe Spuren das ehemalige Vorhandensein eines lettnerartigen Abschlusses sich erkennen lassen*". Im Jahre 1782 findet sich der Hinweis, daß ein den Chor vom Hauptschiff trennendes Eisengitter entfernt wurde (ZGAE, Dittrich, Bd. 19, S. 7). Ab wann das Gitter vorhanden war, bleibt unbekannt. Ebenso auszuschließen ist die Vermutung, daß die Verzierung eine im Innenraum umlaufende Dekoration gewesen sein könnte. Durch die Restaurierungen im 19. Jh. und aufgrund heutiger Beobachtungen nach Entfernung des unteren Verputzes finden sich am Langhaus keinerlei Spuren unterhalb der Fenster. Vgl. SRW, Bd. I, S. 236, dort Anm. 94; S. 243, dort Anm. 136.

man im Jahre 1684 die große Orgel im Westen errichtete, verlor das Chörlein seine Funktion und wurde wohl kurz danach abgetragen.[430]

Bedingt durch den niedrigeren Langchor bildet sich auf dessen Westseite ein Zwischengiebel. Dittrich vermutete, *"... daß er ehemals einen ähnlich aufsteigenden Fries hatte wie der Westgiebel. Wenigstens finden sich noch heute zwischen den Ecktürmen und der Dachschräge ähnliche Ansätze wie dort."*[431] Zink bemerkte zu diesem Giebel, daß er eine *"... aus verschiedenen Zeiten stammende Gliederung von großen und kleinen Blendfenstern ..."* besitzt, machte aber keine genauen Zeitangaben für seine Entstehung.[432] Über das Aussehen des ersten Giebels, der noch aus der Zeit um 1380 stammte, läßt sich heute, nach zahlreichen Veränderungen, wenig sagen. Es ist kaum möglich, ihn zu rekonstruieren. Er muß beim Brand von 1551 so stark zerstört worden sein, daß er zum größten Teil neu errichtet wurde und sein heutiges Aussehen erhielt. Gall datiert die heutige Form des mehrfach veränderten Zwischengiebels gegen Ende des 15. Jahrhunderts.[433]

3.2.6 Raumkonzeption

Betrachtet man den Grundriß und die Raumproportionierung der Domkirche, so zeigen diese eine enge stilistische Verwandtschaft zu den übrigen ermländischen Hallenkirchen. Sie besitzen die typischen oktogonalen Pfeiler ohne Kantenprofile und haben eine einfache Kämpferausbildung. An der Ost– und Westwand sind Halbpfeiler ausgebildet. Hochgelegene Arkadenbögen trennen das breite Mittelschiff von den halb so breiten Seitenschiffen. Die Beleuchtung des Raumes erfolgt durch die hohen Seitenschiffsfenster. Bedingt durch die hochragenden Arkaden wird das Mittelschiff gut ausgeleuchtet, und es entsteht der Eindruck einer hellen weiten Halle.

Diese Gestaltungsmerkmale finden sich auch in der fast zur gleichen Zeit, jedoch mit anderen Raumverhältnissen errichteten Hallenkirche in Braunsberg. Interessant ist, daß nach der Frauenburger Presbyteriumausbildung keine weiteren Chorbauten im Ermland folgen. Demzufolge wurde der Gedanke von Choranlagen völlig aufgegeben. Schon in der differenten Proportionierung des Frauenburger Doms zeigt sich ein Gesinnungswechsel (Reduktionsgotik).

Der Langhausraum wird durch die Konfiguration des Triumphbogens stärker vom Chorraum abgeschieden, so daß zwei Raumteile entstehen. Ebenso vermittelt die Gewölbegestaltung mit einer durchlaufenden Scheitelrippe im Langhaus ein Zusammenfließen der Jochfolgen. Der Hallenraum des Langhauses wirkt dadurch noch einheitlicher und gestreckter.

Leider wurde die Kirche Ende des 19. Jahrhunderts im Geist des Historismus farbig ausgestaltet, wodurch der eigentliche Raumeindruck teilweise verloren ging. Eine vergleichbare ursprüngliche Monumentalität und räumliche Weite kann man im Ermland

---

430 Dehio / Gall (1952), S. 200. Emporeneinbauten finden sind im Ermland sehr häufig. Fast alle Stadtkirchen besitzen eine oder mehrere.
431 ZGAE (Dittrich) Bd. 18, S. 561.
432 Zink (1938), S. 32.
433 Dehio / Gall (1952), S. 197.

heute besonders gut in den unverputzten Räumen von der Kirchen Braunsberg und insbesondere von Guttstadt beobachten.

3.2.7 Westseite mit Schaugiebel

Markant sind an dem ansonsten schlichten Bau die Schaugiebel. Besonders reich gestaltet ist der Westgiebel mit der vorgelagerten Vorhalle. An den oberen Ecken der Langhausabschlüsse treten aus dem Innenraum oktogonale Treppentürmchen mit spitzen Hauben hervor. 29, 40

Zusammen mit dem reich gegliederten westlichen Schaugiebel und dem dichten Wechsel von Streben und Fenstern entsteht, trotz blockhaftem Unterbau über dem Traufenband, ein stark aufstrebender, hochgotischer Charakter. Wie erwähnt, wurde nach dem Brand von 1551 der Langhausdachstuhl erneuert und niedriger angelegt. Demnach hatte der ursprüngliche Baukörper einst ein noch mehr vertikal gestrecktes Aussehen. 473, 36

Über einem leicht vorspringendem Sockel erhebt sich die durch Spitzbogenfenster und Streben gegliederte Westseite. Die zweifach durch einen Wasserschlag abgestuften Eckstreben sind diagonal angeordnet. Dittrich nahm an, daß sich über der Vorhalle ursprünglich ein breites Spitzbogenfester befand, das nach dem Brand von 1551 vermauert wurde. Ursprünglich war das Pultdach der Vorhalle wesentlicher flacher angelegt, so daß das Westfenster nicht verdeckt war.[434] Eine logisch mögliche andere Datierung der Fenstervermauerung wäre der im Jahre 1684 erfolgte Orgeleinbau.

Die kaum gegliederte untere Westseite schließt mit einem horizontalen Zahnschnittfries mit zwei übereinander gesetzten Ziegeln. Darüber folgt ein kurzes Stück glatte Ziegelmauer und ein zweites Band. Es besteht aus einer Aneinanderreihung von kleinen Blendbögen, deren oberer Abschluß aus einem halben Vierpaßformstein gebildet wird, so daß eine Arkade jeweils mit einem Kleeblattbogen geschlossen wird. Direkt über den Bögen sind quadratische Tonplatten mit durchbrochenem, senkrechten Vierpaßmotiv angebracht. In den sich bildenden Ecken sind kreisförmige Löcher eingelassen. Fast identische Formsteine wurden in Elbing am Nordportal der St. Nikolaikirche eingefügt. Über dem Vierpaßfries ruht ein dreifach gestuftes, durchlaufendes Band. Darüber erhebt sich der auf Fernsicht ausgerichtete Schaugiebel, in dessen Mitte sich eine gestufte Spitzbogen–Blendentrias, mit je einer eingestellten Doppelblende, befindet. Über den Doppelblenden, noch im Hauptspitzbogen, sind Kreisblenden eingefügt. Diese sind mit einem Gittermaßwerk geschlossen, das wohl aus späterer Zeit stammt. Die heute deutlich an der differierenden Ziegelfärbung erkennbare, neu vermauerte Mittelblende lag vor 1841 tiefer, so daß ein nischenartiger Eindruck entstand. Zwischen den beiden Außenblenden und der höheren Mittelblende befinden sich zwei weitere kleinere Spitzbogenblenden. Das innere Giebeldreieck schließt mit einem nach außen abgetreppten Band ab. Ein viertes Band ist sowohl außen als auch innen mit versetzten Tonkrabben verziert. Darüber erhebt sich eine kleinteilige Galerie mit spitz zulaufenden kleinen Blendbögen, welche im Bogen mit einem sphärisch gerahmten, 89

40

---

434   ZGAE (Dittrich), Bd. 11, S. 248.

tönernen Dreiblattmaßwerk abschließt. Die Spitzen der Galeriebögen sind mit kleinen Kreuzblumen bekrönt. Über diesen erhebt sich ein kurzes glattes Mauerstück. Den abschließenden Rahmen bildet wiederum ein dreifach nach außen abgestuftes Gesimsband. Auf dem Giebelkamm sind Tonkrabben aufgesetzt.

31   Auf den Ecken der Giebelseite ruhen oktogonale Türmchen, die im anschließenden Abschnitt untersucht werden. Betrachtet man die Mauernansätze zwischen Türmchen und Giebelecken, ist deutlich erkennbar, daß der ursprüngliche Abschluß einst höher lag. Völlig unmotiviert zwischen Giebel und Turmansatz endet ein profiliertes senkrechtes Band aus quadratischen Tonplatten mit ausgespartem, übereck gestellten Vierpaß und Tonkrabben auf einem dreifach nach außen abgestuften Band. Auch Dittrich rekonstruierte gedanklich den Giebel um eine Galerie höher. Dittrich und von Quast belegten dies aufgrund einer Darstellung aus dem Anfang des 18. Jahrhunderts. Demzufolge müßten aus proportionalen Gründen auch die Ecktürme etwas höher gewesen sein.[435]

158 –
168   Deutsch vermutete, daß die Einzelformen der Westfassade nicht einheitlich entstanden. Die Blenden seien aus der Zeit von etwa 1380, dagegen Fries, Kielbogen und Zwerggalerie aus der Zeit von 1480 – 1500, angebracht bei den Reparaturen nach dem Pfaffenkrieg.[436] Betrachtet man heute die Außenwand und die Wand im Dachboden, so ist augenfällig, daß sich Deutsch irrte. Die gesamte Giebelfront ist einheitlich entstanden. Besonders anschaulich wird dies an der vor Verwitterung geschützten Giebelinnenwand. Sie ist heute noch durch den Brand von 1551 monochrom eingeschwärzt. Lediglich Flickstellen oder Ausbesserungsarbeiten sind erkennbar.

40   Schaut man etwas genauer auf die Galerie, so bemerkt man, daß sie sich nach oben hin leicht verjüngt. Hierzu bemerkte Ulbrich: *"Das Schmalerwerden der Blendenreihen hängt zweifellos mit den baulichen Dachveränderungen zu Anfang des 18. Jahrhunderts zusammen."*[437] Diese Behauptung erscheint jedoch unlogisch. Wenn man etwas baulich verändert, dann versucht man sicher eine Korrektur, d.h. eine gleichmäßige Giebelausgestaltung. Wahrscheinlicher ist es, daß dieses bauliche Phänomen bewußt von Anfang an geplant war. Der Giebel erfährt hierdurch vom äußeren Eindruck her eine Erhöhung. Sie ist kaum wahrnehmbar für den Betrachter und dient wohl als gewollte optische Täuschung. Auch ist, wie erwähnt, die Gesamtgiebelerscheinung dafür viel zu homogen. Eine bauliche Veränderung, wie sie Ulbrich und Deutsch vermuteten, würde sich auch in einer andersartigen Steinfärbung nicht nur am Außenbau zeigen.[438]

Der hohe künstlerische Stellenwert der Frauenburger Westfassade und der Vorhalle blieb in der ordensländischen Forschung weithin noch unentdeckt. Eine epochale Einordnung in die Geschichte der gotischen Baukunst fehlt bisher. Sucht man nach vergleichbaren Ordnungsprinzipien der Giebelgestaltung, muß man feststellen, daß der Frauenburger Westgiebel einzigartig im gesamten Ordensland und sogar im übrigen

---

435   Von Quast (1852), S. 27. ZGAE (Dittrich), Bd. 18, S. 562. Verbleib der Abbildung unbekannt.
436   Deutsch (1930), Heft 5, 11. Jg., S. 291.
437   Ulbrich (1932), S. 35.
438   Brachvogel (ZGAE, Bd. 25, S. 256) lehnte ebenso die Vermutung Ulbrichs ab, daß der Giebel erst im 18. Jh. verändert wurde.

ostdeutschen Backsteingebiet ist. Der berühmte Ostgiebel der Prenzlauer Marienkirche zeigt völlig andere Strukturen.

Der Kunsthistoriker Franz Kugler, einer der ersten Vertreter unseres Fachs, schrieb 1859 zur Gestaltung des Doms: "... *im Äußeren durch glänzende Dekorationen, reiche Portalhalle und vier schlanke Giebelthürme ausgezeichnet.*"[439] Zur Gestaltung der Westseite bemerkte Otto Klezl: "... *eine sehr reife Lösung in dieser Art*".[440] Von Quast glaubte in der Giebelgestaltung eine "*gewisse Verwandtschaft mit Frontbildungen lombardischer Kirchen*" zu erkennen.[441]. Ebenso setzte Dittrich in der Gestaltung des Westgiebels norditalienische Vorbilder, wie die Dome von Modena, Lucca oder Pisa voraus.[442] Auch Zygmunt Swiechowski sah in der Konfiguration des Westgiebels einen wachsenden italienischen Einfluß.[443] Nach Meinung Galls wurde die eigenartig wirkende Zwerggalerie durch die rheinische Romanik vermittelt.[444] Zink bemerkte zu dem Westgiebel, daß dieser "*mit der außergewöhnlichen Gliederung seiner Blendmotive keine Parallele im Ordensland aufzuweisen hat.*"[445]

Bezüglich der Vorbilder außerhalb des Ordenslandes gelangten die oben genannten Forscher zu unterschiedlichen Meinungen, doch kein Vergleich erscheint zufriedenstellend. Die italienischen Beispiele und eine rheinische Vermittlung scheiden wegen des epochalen Abstandes aus. Auch ist es unwahrscheinlich, daß der spätgotische Baumeister sich an Elementen der lombardischen und rheinischen Romanik orientierte.

Auch der Vergleich von Waldemar Mościcki zwischen der Frauenburger Westfassade und der Westfront der Kathedrale von Tournai erscheint zunächst als interessanter Ansatz. Doch bei näherer Betrachtung wird deutlich, daß die Fassade in Tournai eher eine Erfindung von Eugène Viollet–le–Duc (1814 – 1879) ist, der die Rekonstruktion und Neugestaltung ab 1840 durchführte. Die aufsteigende Galerie von Tournai und die darunterliegende Fensterrose entstammen eher dem Gedankengut des 19. Jahrhunderts. Ein historischer Beleg für die Existenz einer vormaligen Galerie fehlt bisher. Ansichten aus der Zeit vor dem Wiederaufbau zeigen, daß zwar außen seitliche Rundtürmchen vorhanden waren, aber ursprünglich keine aufsteigende Galerie. Der zeitliche Abstand beider Bauten ist zu groß und schließt eine Wechselbeziehung aus. Eine Vergleich ist aus den genannten Gründen auszuschließen.[446]

Bisher wurden die zahlreichen, in kongenialer Weise gestalteten englischen Westgiebel der Gotik zum Vergleich mit der Westfront in Frauenburg nicht herangezogen. So besitzt unter anderem die um 1321 begonnene Marienkapelle zu Ely einen in Arkaden aufsteigenden Giebel.[447] Besonders reich ist die Westfassade der Kathedrale von Lincoln mit horizontalen Arkadenreihen gegliedert. Die Westfassade von Winchester gliedert sich in flache, dünne Blendspitzbögen. Besonders interessant ist hier die Verbin-

---

439	Kugler (1859), Bd. 2, S. 432.
440	Kletzl (1939), S. 113.
441	Von Quast (1852), S. 27.
442	ZGAE (Dittrich), Bd. 18, S. 566. Dittrich (1870), Heft 1, S. 27.
443	Miłobedzki (1978), Bd. II, S. 512.
444	Dehio / Gall (1952), S. 197.
445	Zink (1938), S. 32.
446	ZGAE (Mościcki), Bd. 46, S. 8 – 20. Lexikon der Kunst, Bd. 7 (1994), S. 386.
447	Schäfke (1989), S. 86.

dung des Giebeldreiecks mit oktogonal fialenartig angelegten Ecktürmchen sowie einer offenen Vorhallenanlage. Zwar findet sich bei den englischen Beispielen keine Fassade, der man die Frauenburger Westfassade zuordnen könnte, dennoch spürt man einen Einfluß in den einzelnen Gestaltungselementen. So ist es in der englischen Gotik durchaus üblich, Fassaden mit Blendarkaden zu gliedern, auch herrscht eine starke Betonung der Eckgliederung durch fialenartige Türmchen. Ebenso gibt es einige Bauten, die Scheinzinnenkränze besitzen. Neben zahlreichen kleineren Kirchenbauten begegnen sie uns auch an Kathedralen wie York, Exeter, Salisbury und Gloucester. In Frauenburg besaß das Langhaus vor dem Brand von 1551 sehr wahrscheinlich ebenso einen Wehrgang mit Zinnenkranz.

Am Ostchor des Dominikanerklosters von Neubrandenburg bei Prenzlau zeigt sich ein gestaffelter Giebel mit Blendarkaden. Die Kirche wurde als Halle zwischen 1275 und 1343 angelegt. Die dortigen ansteigenden Blendarkaden entstehen durch die Anlehnung des polygonen Dachanbaus der Choranlage.[448] Als Vorbild für den Frauenburger Giebel kommt dieses Beispiel nicht in Betracht, es zeigt allerdings, daß auch in Norddeutschland gegen Ende des 13. Jahrhunderts aufsteigende Blendgalerien Verwendung fanden.

Von Quast rekonstruierte in seiner Abbildung von 1844 eine Madonna in der Mittelblende nach dem Vorbild der Marienburg. Bereits Bauinspektor Bertram behauptete in einem Kostenvoranschlag von 1841, daß in der Mittelnische des Westgiebels *"bis jetzt eine Kolossalstatue der hl. Jungfrau gestanden"* habe. Es erscheint eigenartig, daß Schinkel bei seinem Besuch in Frauenburg von 1835 eine solch auffällige Figur nicht erwähnte, so daß man annehmen muß, daß Bertram hier eher den Wunsch nach einer solchen Statue formulierte. Dies wird auch in seinem steten Bemühen deutlich, eine solche Figur einzuplanen. Das Domkapitel war zwar mit einer *"Wiederherstellung"* der Nische einverstanden, lehnte es aber aus Kostengründen ab, eine Figur zu diesem Zeitpunkt einzustellen. Bertram sollte zunächst einmal die zusätzlichen Kosten ermitteln. Professor Kitz fertigte einen Entwurf der Figur, die in der Zinngießerei von Geiß in Berlin ausgeführt werden sollte. Zu den zusätzlichen Kosten von 3000 Tlr. bemerkte 1842 Bischof Geritz: *"In Ermangelung geeigneter Fonds kann ich dem Unternehmen zur Beschaffung einer so kostbaren übrigens sehr entbehrlichen Zierde von meiner Seite nicht zustimmen"*. Daraufhin wurde der Plan aufgegeben und die Nische durch eine Spitzbogenblende vermauert. Im Gutachten von Baumeister Bergau vom 18. Oktober 1869 empfahl dieser, die Nische zu öffnen und eine Glasmosaikmadonna einzufügen.[449] Ob wirklich in der großen Mittelnische des Westgiebels einst eine große Madonna in der Art der Marienburger Mosaikmadonna stand, ist nach Meinung von Boetticher ungewiß.[450] Auch Schmid bezweifelte diese

---

448 Binding (1985), S. 353, Abb. 416.
449 ZGAE (Dittrich), Bd. 19, S. 118. Noch im Jahre 1870 forderte Bergau (1871, S. 72) die Errichtung einer Mosaikmadonna unabhängig davon, ob *"diese Tradition nur auf Wahrheit beruht oder nicht"*. Ebenso glaubte Grunau (1923, Nr. 12) an die Existenz eines kolossalen Muttergottesbildes ausgeführt als Hochrelief. Er begründete dies mit den angeblich vorhandenen Verankerungen. Die Beobachtungen von Grunau konnten durch eigene Untersuchungen im Dachboden nicht verifiziert werden. Vgl. auch Kilarski.
450 Boetticher (1894), S. 87.

Rekonstruktion aus technischen und künstlerischen Gründen.[451] Betrachtet man heute den Giebel vom Dachboden aus, so muß man Schmid zustimmen, da man deutlich erkennt, daß für die Errichtung einer solchen monumentalen Madonna die Mauerstärke zwischen 45 und 60 cm viel zu schwach ist. Auch sind heute auf der Dachbodenseite hinter der Nische keine Ansätze für erforderliche Eisenarmierungen erkennbar. Denkbar wäre eine im frischen Verputz gemalte Madonnenfigur. Höchstwahrscheinlich war die Mittelnische jedoch leer, und die Idee einer monumentalen Madonna nach dem Marienburger Vorbild entsprang dem Wunschdenken und der Idealvorstellung des 19. Jahrhunderts.

3.2.8 Ecktürme und Domdachboden

Am Außenbau treten an den Giebelecken des Langhauses oktogonale Türmchen hervor. Am Ansatz des Oktogons läuft ein Formsteinband aus quadratischen Tonplatten mit einem senkrecht ausgesparten Vierpaßmotiv, das lediglich an den Ecken kurz unterbrochen ist. Die aufsteigenden Ecken der Türme werden durch ein Birnstabband geformt. Die äußeren Wandflächen besitzen hohe Spitzbogenblenden, in die vier kleinere Rundbogenfenster übereinander eingestellt sind. Unter jedem Fenster läuft unterhalb einer Sohlbank ein Formsteinband mit dem üblichen Vierpaßmotiv. Oberhalb der Spitzbogenblende bildet das gleichartig umlaufende Band den oberen Abschluß. Über kurzen, ungegliederten Mauerstücken setzten die spitzen, mit Kupferblech gedeckten Turmhelme an. Neben der ästhetischen Funktion besitzen die Turmanlagen auch eine fortifikatorische Bedeutung, die noch näher zu betrachten ist. Zunächst ist jedoch zu klären, ob die Ecktürmchen von Anfang an geplant waren oder später angefügt wurden. Trifft letzteres zu, stellt sich sogleich die Frage nach dem Zeitpunkt ihrer Anfügung und möglichen Vorbildern.

36

30, 31

Die Türmchen sind alle nach einem analogen Gestaltungsprinzip gebildet und weisen nur wenige Unterschiede auf. Direkt über der Oberkante der Langhausmauer werden die oktogonal gebildeten Aufbauten über Substruktionen in den Seitenschiffen aus dem Innenraum heraus fortgesetzt. Bereits von Quast erkannte: " ... *der Unterbau der Ecktürme tritt in sehr unorganischer Weise in die vier Eckgewölbe der Seitenschiffe hinein*".[452]

54

Schmid vertrat die Auffassung, daß die beiden östlichen Treppentürme noch vom Chorbaumeister geplant worden seien und begründet dies mit der gleichen Stellung der dortigen Eckstrebepfeiler. Die westlichen Eckstreben mit ihrer diagonalen Anordnung seien dagegen bereits anders ausgebildet. Demzufolge müßten seiner Meinung nach die Westtürmchen später gemauert worden sein. Weiterhin vermutete Schmid, daß ursprünglich keine Westturmfassade geplant gewesen sei. Diese Art der Grundrißlösung wurde seiner Ansicht nach durch die Zisterzienserkirche von Pelplin vermittelt. Dort wurden an allen vier Ecken des Mittelschiffs der Basilika Treppentürme hochgezogen. Ebenso finden sich an der Westseite der Zisterzienserkirche von Oliva zwei Treppen-

170

---

451 Schmid (1939), S. 35.
452 Von Quast (1852), S. 30. Boetticher (1894), S. 88.

türme.⁴⁵³ Bei diesen Beispielen sind im Gegensatz zum Frauenburger Dom die von Anfang an projektierten oktogonalen Türmchen nach außen gesetzt.

Die unorganische Art der Frauenburger Eckturmanordnung zeigt sich nicht nur im Raumeindruck, sondern auch an den Verbindungen zu den Außenwänden der Seitenschiffe. Heute ist im Innenraum aus restauratorischen Gründen an den unteren Langhauswänden der Verputz abgeschlagen, und die Steinschichten kommen zum Vorschein. Deutlich erkennt man an den Verbindungsstellen, daß das Turmmauerwerk nicht mit den Außenmauern zur selben Zeit errichtet wurde. Weiterhin zeigt sich, daß die westlichen Treppentürme im gotischen Verband aufgemauert wurden. Im unteren Bereich der Langhauswand stößt somit der wendische Verband auf den gotischen Verband der Türme. Auf der Ostseite kann man diese Beobachtung, bedingt durch die Verputzung, nicht nachvollziehen, doch auf dem Dachboden und an den glasierten Innenwänden der Treppenspindeln ist deutlich zu erkennen, daß auch diese Türme im gotischen Verband aufgemauert sind.

Die oben geschilderten Beobachtungen von Schmid entstanden zu einer Zeit, als die Türme noch verputzt waren. Auch achtete Schmid nicht besonders auf die sichtbaren Mauerverbände. Aus heutiger Sicht muß demnach Schmids These revidiert werden. Die Türme stehen in keiner organischen Verbindung mit den Seitenschiffswänden. Auch hat die von Schmid beschriebene Ausbildung der Eckstreben keinerlei Auswirkungen auf eine gleichzeitige oder spätere Einfügung der Türme.

Weiterhin ist zu bemerken, daß alle vier Türme im Treppenaufgang mit den gleichen grün glasierten Steinen aufgemauert wurden, eine Besonderheit, die sich nirgends am Gesamtbau wiederfindet. Auch sind die verwendeten Rundstabformsteine bei allen Türmen gleichartig. Nur an den durch Brand– und Kriegszerstörungen neu aufgemauerten Bereichen wurden sie durch Hohlkehlformsteine ergänzt. Alle Fakten sprechen somit für eine einheitliche und gleichzeitige Entstehung der Türmchen. Demzufolge wurden sie nachweislich erst kurz nach der Fertigstellung des Langhauses um 1380 projektiert. Gegen die von Schmid angeführten Vorbilder von Pelplin und Oliva läßt sich weiterhin anführen, daß diese Turmbauten in der ursprünglichen Konzeption vorgesehen waren und sich dadurch deutlich am Außenbau herausbilden. Ebenso unterscheiden sich die Stellen, an denen die Türme angebracht sind. So liegen sie bei Pelplin und Oliva auf der Höhe der äußeren Eckpunkte des Mittelschiffs. In Frauenburg dagegen sind die Türme in die Ecken der Seitenschiffe gestellt und stehen weder im Mauerverband noch aus ästhetischen Gesichtspunkten mit dem Langhaus in Verbindung. Eine Herleitung von Pelplin und Oliva als Vorbildern ist daher auszuschließen.

Bei der 1298 geweihten Marienkirche in Neubrandenburg sind an den Chorecken kleine Ecktreppentürme angefügt. Sie reichen mit ihrer Dachspitze bis zur Traufe des Langhausdaches. Da die vorgelagerte Konfiguration der Eckthürmchen sich nicht auf die Giebelgestaltung auswirkt und die Türme analog zu den oben angeführten Beispielen nach außen vorspringen, kann man auch die Neubrandenburger Marienkirche als Vorbild für Frauenburg ausschließen.

---

453   Schmid (1939), S. 33f. Dehio (1952, S. 197) schloß sich unkritisch der Meinung von Schmid an.

Gall verglich die Frauenburger Ecktürmchen mit Bauten wie der Marienkirche in Stralsund und der Georgskirche in Wismar.[454] In Stralsund stehen an den Ecken der Westturmfassade kleinere Treppentürmchen. Da der Westbau nach einem Turmeinsturz ab 1416 neu aufgerichtet wurde und 1473 vollendet war, scheidet dieser Bau ebenfalls als Vorbild aus. Die Querhausfassaden von St. Georg in Wismar wurden nach dem Vorbild von Schwerin erst 1404 begonnen.[455]

An der Nordquerhausfassade von Kloster Chorin wurden an den äußeren Ecken zwei oktogonale Treppentürme angefügt. Ebenso finden sich solche Türme an der um 1374 vollendeten Südquerhausfassade des Schweriner Doms.[456] Diese Querschiffsgestaltung ist wohl eine Anlehnung an die französischen Kathedralgotik. So finden sich unter anderem oktogonale Giebelaufsätze am Südquerarm von Chartres und Amiens. Vorbilder für Frauenburg können die Beispiele von Schwerin, Chorin und Wismar nicht gewesen sein, da es sich hier um Querarmfassaden handelt und die Ecktürme fialenartig nach außen vorspringen.

Burmeister nahm für die Frauenburger Ecktürmchen und den Westgiebel niederländische Vorbilder an.[457] Swiechowski glaubte in der Eckturmgestaltung Reminiszenzen an die flämische Architektur zu erkennen.[458] Keiner der dieser Autoren nannte allerdings Beispiele. Die Westfassaden der St. Katharinenkirche in Amsterdam und der St. Peterskirche in Leiden besitzen zwar westliche Ecktürmchen, sind jedoch später entstanden als die Frauenburger Fassade. Bei diesen Westgiebelgestaltungen fällt besonders die Bevorzugung von nach außen vorstehenden Ecktürmchen auf. Eine Deduktion aus niederländischen und flämischen Vorbildern ist somit auszuschließen.

Betrachtet man die alte Marktfassade des im 13. Jahrhundert entstandenen Lübecker Rathauses, so finden sich als Zierelemente ebenfalls oktogonale Türmchen. Doch hier sind sie aufgesetzt. Diese Art der Schirmfassadengliederung wurde auch an weiteren norddeutschen Rathausfassaden rezipiert, so z. B. in Rostock und Stralsund. Ebenso finden sich solche Fialtürmchen als Zierelemente an der Fassade des Lübecker Hl. Geist–Hospitals. Diese Rathaus– und Spitalfassaden können jedoch nicht als Vorbilder herangezogen werden. So besitzen die Fassadenelemente aufgrund ihrer stark horizontal bestimmten, gleichmäßig ausgewogenen Proportionierung eine andere Funktion, sie sind nicht begehbar und dienen lediglich als gliedernde Teile einer Schildwand. Alle diese Pfeilertürmchen sind eher als Fialen anzusprechen. Das Verhältnis zwischen horizontalen und verikalen Elementen steht im Vordergrund. Ihre Entwicklung, beginnend ab dem 13. Jahrhundert, ging andere Wege und läßt sich mit der Frauenburger Schaufassade ebenfalls nicht in Beziehung setzen.

Englische Bauten wurden bisher in den Vergleich noch nicht einbezogen. Insbesondere die Architektur des Perpendiculars (1330 – 1530) zeigt eine den Gestaltungsmerkmalen der Frauenburger Ecktürmchen verwandte Art. So findet sich diese Erscheinung an

---

454 Dehio / Gall ebenda, S. 197.
455 Ebenda, S. 449.
456 Dehio (1968), S. 357.
457 Burmeister (1938), S. 38.
458 Miłobedzki (1978), Bd. II, S. 511f.

der um 1366 vollendeten Westfassade der Kathedrale von Winchester.[459] Auch bei den englischen Beispielen gibt es aber nur scheinbar vergleichbare Parallelen, klare Vorbilder lassen sich nicht finden.

Eine Eckbetonung durch schmale, aufgesetzte Turmbauten kann in Norddeutschland an der im Jahre 1241 gegründeten Franziskanerkirche St. Johannis in Bremen beobachtet werden.[460] Auf den diagonalgestellten Eckstreben erheben sich am Giebelansatz oktogonale Türmchen mit zwei Reihen spitzbogiger Fensteröffnungen. Im Ordensland beobachtet man diese besondere Eckgestaltung am Chorgiebel der Franziskanerkirche St. Marien in Thorn. Miłobedzki wies auf diese Besonderheit hin.[461] Der Ostgiebel muß schon 1386 vollendet gewesen sein, da die Laurentiusglocke dieses Datum trägt.[462] Dieses und die vorherigen Beispiele zeigen, daß das Frauenburger Gestaltungsprinzip mit oktogonalen Ecktürmchen in seiner Entstehungszeit keine ungewöhnliche Bauart war. Die aufgesetzte Turmform erscheint ausschließlich in der Bettelordensarchitektur, entgegen der Bauvorschrift des Ordens. Dies scheint einen Hinweis auf die eigentlichen Vorbilder zu geben. So war es der völlige Verzicht von Turmanbauten wie in der Bettelordensarchitektur, welcher den gesamten Bau von Frauenburg beeinflußte.

Neben der ästhetischen Funktein hatten die Ecktürme in Frauenburg noch andere Aufgaben. So bemerkte Gall, daß sich im Kircheninnenraum einst in Höhe der Sohlbank Türen öffneten. Diese führen heute in den leeren Raum. Höchstwahrscheinlich plante man in den Seitenschiffen Emporeneinbauten, die vermutlich eine doppelte Funktion besitzen sollten. Zum einen sollten sie Platz für mehr Gläubige bieten und zum anderen hätten sie im Falle einer Belagerung als Wehrgang hinter den Langhausfenstern dienen können.[463] Doch es scheint, als sei diese Planung nur zum Teil ausgeführt worden. Von Quast stellte als erster die These eines Wehrgangs als oberen Langhausabschluß auf. Zugleich zweifelte er und schrieb: *"So ist doch dagegen zu bemerken, daß an den Seiten der Türme auch nicht eine Spur des Ansatzes der hierzu nöthigen Mauern zu entdecken, vielmehr das Gegentheil nicht zu verkennen ist."*[464] Bergau griff den Gedanken von Quasts erneut auf und bemerkte 1862 in einem Aufsatz, daß der Dom selbst verteidigungsfähig gewesen sei und sich ursprünglich unter dem Dach Wehrgänge befunden hätten, deren Zugang die Ecktürme herstellten.[465]

Fleischer schrieb in seinem 1922 erschienenen Domführer: *"Der Dom diente als Festung, um das Dach liefen Wehrgänge, die Türme wurden deshalb ins Innere gezogen, weil in ihnen zugleich die Stiegen aus der Kirche zu den Wehrgängen führten."*[466] Brachvogel zweifelte 1934 wieder in seiner Betrachtung zum Dom und schrieb zu dieser Diskussion: *"Diese inneren Aufgänge und die Einfassungen vermauerter Tür– und Fensteröffnungen in oberen Stockwerken pflegen mit einer ursprünglichen*

---

459 Kowa (1990), S. 237.
460 Dehio / Gall (1977), S. 19.
461 Miłobedzki (1978), Bd. II, S. 512.
462 Dehio / Gall (1952), S. 76.
463 Ebenda, S. 197.
464 Von Quast (1852), S. 28.
465 Dioskuren, Jg. 1862, S. 345. Bergau (1871), Heft 2, S. 49.
466 Fleischer (1922), S. 12.

Befestigungsanlage, insbesondere mit einem Wehrgang in Beziehung gebracht zu werden; der Nachweis für diese Annahme ist jedoch bis heute nicht geliefert."[467]

Zink gab keine eindeutige Erklärung zu den Ecktürmchen und bemerkte lediglich, daß diese *"höchstwahrscheinlich zu Wehrzwecken"* angelegt wurden.[468] Auch Dittrich vermutete eine fortifikatorische Bestimmung. Zum oberen Langhausabschluß merkte er an, daß das *"oben mit einem Rundstab etwas ausladende Gesims, einst vielleicht gekrönt durch einen Wehrgang mit Schießscharten"* war.[469] Diese Vermutung wird dadurch erhärtet, daß man auf dem Dachboden heute noch die Mauerabbrüche zwischen Dachansatz und Ecktürmchen erkennen kann. Diese Abbruchkanten sind durch das Dach verdeckt, so daß man bei Betrachtung am Außenbau nichts erkennt. Es verwundert daher nicht, daß einige an der Existenz der Wehrgänge zweifelten.

Demnach befand sich nachweislich über dem heutigen Traufenansatz eine Zinnenmauer. Dieser Wehrgang war einst durch das große Satteldach geschützt. Nach der Dacherneuerung aufgrund des Brandes von 1551 reduzierte man nicht nur die ursprüngliche Dachhöhe, sondern entfernte zugleich den oberen Teil der Langhausmauern.

Im bezug auf den Wehrcharakter scheinen sich die Danziger Marienkirche und der Frauenburger Dom zunächst zu ähneln. Bei genauerer Betrachtung fällt jedoch auf, daß die Danziger Kirche nur scheinbar wehrhaft ist. Es sind nicht alle Ecktürmchen durch den Innenraum zu erreichen oder sie sind lediglich auf das Mauerwerk aufgesetzt, wobei dann der Zugang über den Dachboden erfolgt. Weiterhin sind die Zinnen nicht zugänglich. Die Wehrhaftigkeit des Frauenburger Doms dagegen war nicht nur von martialischem Aussehen, sondern wirklich von funktionaler Bedeutung. Die Umbauplanung der Danziger Marienkirche durch Meister Hinrich Ungeradin begann erst 1379, und eine Ausführung der Ostteile wurde erst um 1400 in Angriff genommen. Vollendet wurde der Danziger Dachstuhl zwischen 1435 und 1446. Der Langhausumbau erfolgte sogar noch später.[470] Demnach scheidet auch dieses Beispiel aus zeitlichen Gründen als Vorbild aus.

Daß der Frauenburger Dom einst eine Wehranlage besaß, wird, wie erwähnt, heute trotz umfangreicher Umbauarbeiten am ehesten im Innenraum des Chordachbodens anschaulich. Beobachtet man dort die Türöffnungen der Treppentürme auf dem Domdachboden, so bemerkt man, daß die rund abschließenden Türlaibungen sorgfältig mit einem Rundstab profiliert worden sind. Dies geschah wohl, da sie auf Freiansicht berechnet waren. Über diesen Durchgängen befindet sich je eine weitere Türöffnung, ebenfalls mit Rundstabeinfassung, alles Bauteile, die heute keinerlei Funktion besitzen und nicht mehr zugänglich sind. Hier müssen einst die Zugänge zu einem zweiten Laufgang gewesen sein.

Im Gebiet des Deutschen Ordens existieren neben dem Frauenburger Dom als Beispiele befestigter Kathedralanlagen nur noch die Dombauten in Marienwerder und

---

467 Brachvogel, (1934), S. 22.
468 Zink (1938), S. 33.
469 ZGAE (Dittrich), Bd. 11, S. 285. ZGAE (Dittrich), Bd. 18, S. 560.
470 Dehio / Gall (1952), S. 8f.

Königsberg in Preußen Bei einer Gegenüberstellung mit Frauenburg ergeben sich wesentliche Unterschiede bezüglich der Gesamtanlage. So befindet sich auf der Westseite der Kathedrale zu Marienwerder direkt die Bischofsburg in Form eines großen Quadrates mit Innenhof. Diese Befestungsanlage entspricht weitgehend dem Typ des Ordenskastells wie Rheden, Golau, Mewe, Marienburg, Lochstedt und Bischofspapau.[471] Die Analogie zu den Ordensburgen erklärt sich wohl aus der Verbindung zum Ordensstaat. So war das Bistum Pomesanien dem Deutschen Orden inkorporiert. In Frauenburg dagegen steht die Kathedrale frei in einer langgestreckten Hofanlage. Diesen Sonderzug könnte man somit auch als architektonische Diktion der Freiheit und Unabhängigkeit gegenüber dem Ordensstaat interpretieren.[472]

Als befestigte Kathedralanlage besitzt Marienwerder unter dem mächtigen Satteldach der Domkirche einen Wehrgang. Solche Wehrgänge, wie sie sich in der Frauenburger Kathedrale befanden, existierten auch über der Ostseite des um 1332 errichteten hohen Chores am Dom zu Königsberg in Preußen In einer Urkunde von 1333 verpflichtete sich der Bischof gegenüber dem Hochmeister, den Königsberger Dom nicht als befestigte Anlage zu errichten. Ulbrich folgert daraus, daß ursprünglich ein Wehrbau geplant war, bedingt durch das Verbot aber lediglich der Domchor einen Wehrgang erhielt, da dieser zur Zeit um 1333 wohl vollendet war.[473]

Eine weitere Funktion der Ecktürme in Verbindung mit der Domwehranlage erläuterte Brachvogel mit einer Schilderung aus dem Dreißigjährigen Krieg. Am 25. August 1626 berichtete der in Elbing tätige schwedische Kämmerer Gerdt Dirkson an König Gustav Adolf von Schweden:

> *Das Schiff sende ich heute ab mit den in Marienburg erbeuteten Sachen nebst 5 Glocken, welche im Frauenburger Rundel (innerhalb der Ringmauer der Domburg), aber in der Kirche hingen. Den Turm wage ich nicht zu rühren, bis ich weiteren Bescheid habe.*[474]

Aus diesem Bericht kann man entnehmen, daß von den ehemaligen fünf Domglocken mindestens drei in den Ecktürmen hingen. Eine vierte befand sich im Dachreiter, die fünfte diente wohl als Glocke der Turmuhr. Die Glocken in den Ecktürmen waren zweifelsohne Signalglocken gewesen. Demzufolge dienten die Türme nicht allein als Treppentürme zum Dachboden, wofür eine einzige Treppe völlig ausreichend gewesen wäre, sondern ihre eigentliche Funktion lag in der Wehrhaftigkeit. Von ihnen aus konnte die Umgebung beobachtet und rechtzeitig Alarm gegeben werden, gleich aus welcher Richtung die Gefahr drohte. Zudem waren über die Türen alle Wehr- und Laufgänge gut und schnell erreichbar, von welcher Seite aus man die Wehranlage auch betrat.

---

471 Frycz (1980), S.47f.
472 Borchert (1987), S. 163.
473 Ulbrich (1932), S. 19, 34f. Der Wehrgang soll dem des Soester Doms nachgebildet sein.
474 (Zitat vgl. Brachvogel (1931) in Anm. 348). Das Schiff mit den Frauenburger Glocken nebst dem Marienburger Schatz ging bei dem Transport nach Schweden auf dem Haff unter (ZGAE Bd. 18, Dittrich, S. 605).

Es befindet sich in der Mitte des Ostgiebels eine Türöffnung, über die heute noch Lasten für Dacharbeiten von einer im Gebälk eingebauten alten Seilwinde transportiert werden. Auf beiden Seiten dieser Öffnung befindet sich ein älterer kaminartiger Abzug mit je einer etwa 1,80 Meter hohen und etwa 60 cm breiten Öffnung. Der linke Abzug ist vermauert. Beide Schächte verlaufen leicht schräg zueinander, so daß sie sich an der Giebelspitze vereinigen und in einer Öffnung aus dem Dach heraustreten. Deutlich kann man erkennen, daß diese erst nachträglich gemauert wurden. Sie stehen nicht mit der alten Giebelwand im Mauerverband. Es erscheint unlogisch, daß der Dachboden einst beheizt werden sollte. Die einzige Erklärung für die Abzüge ist, daß sie bei der Bevoratung von Getreide als Staubabzüge gedient hätten. Die Abzüge wurden wohl erst nach dem Dombrand von 1551 eingezogen, nachdem die Wehrgänge entfernt waren und man den Dachboden als Lagerraum nutzte.

3.2.9 Domkampanile

Eine Turmanlage im Anschluß an die Westfassade war anfangs nicht geplant. Der Turm wurde erst später in die südwestliche Ringmauer der Wehranlage des Domhofs auf dem Bergfried eingefügt. Er besaß die Doppelfunktion eines Glocken- und Befestigungsturms. Im Unterbau steht der rechteckige Turm auf einem starken, oktogonalen Sockelgeschoß mit einer Mauerstärke von 6 Metern. Unter den Pultdächern, die das Achteck ins Viereck überführen, befanden sich vor dem Umbau zum Planetarium im Jahre 1972 gewölbte Verliese mit Schießscharten. Über dem Sockel erhebt sich ein viereckiger Turmkörper, der in zwei Geschosse gegliedert ist. Auf jeder Seite öffnen sich in den Stockwerken je drei rundbogige Schallöcher. Der Baukörper schließt mit einer achteckigen Kuppel mit Laternenaufsatz, der wiederum mit einer kleinen Kuppel und zwei zwiebelartigen Spitzen endet.

Liedtke datierte den Turmunterbau in das ausgehende 14. Jahrhundert. Zum Jahre 1391 enthält die Handfeste des Dorfes Schöndamerau den Hinweis, daß das Domkapitel zu dieser Zeit mit dem Festungsbau beschäftigt war.[475] Aus der Urkunde geht allerdings nicht hervor, ob man auch am Glockenturmuntergeschoß baute. Der Turmbau und die Befestigungsanlage waren 1414, wie aus einem Testament des Domkantors Johann von Essen hervorgeht, noch in Arbeit. Für den Glockenturmbau vermachte er in seinem Testament *"pro fabrica seu campanilii ac castro inibi construendo"* 1000 englische Goldgulden.[476]

Der Turmunterbau steht nicht mit der älteren, anschließenden Ringmauer im Verband, und auch das Backsteinmaterial besitzt eine andere Beschaffenheit. Zwar finden sich gleichförmig gebildete Rautenmuster auf dem Turmunterbau wie an anderen Stellen der Befestigungsmauer, dies deutet aber nur darauf hin, daß der zeitliche Abstand der

---

475 ZGAE (Liedtke), Bd. 15, S. 706: *"Volumus insuper, ut saepedictae villae incolae, cum castrum in Vrowenburg aedificare decreverimus, ad illud dumtaxat iuxta modificationem aliarum villarum ab eodem castro aeque distantium et ipsi servitia et evectiones et operas exhibere teneantur."* (Die Jahreszahl 1392 ist falsch abgedruckt, richtig 1391!) Vgl. CDW, Bd. III, S. 225, Nr. 253. Der ausführliche Aufsatz von Liedtke wird nur in den wichtigsten Punkten zitiert.
476 CDW, Bd. III, Nr. 494, S. 502.

Mauern zueinander nicht groß war. Der achteckige Turmunterbau wurde, wie Gall wohl richtig vermutete, nach 1414 vollendet.[477]

Erst für das Jahr 1448 meldet der *"Liber memorialis"*, daß der Turmbau vollendet und die Glocke eingehängt wurden.[478] Jeder Domherr mußte an die Kirchenfabrica 10 mr. für die Bauunterhaltung des Turms zahlen.[479] Liedtke vermutete richtig, wenn er annahm, daß der erste Turmoberbau in Fachwerk- oder Holzbauweise ausgeführt war, denn der Turm wurde nach 200 Jahren als baufällig bezeichnet. Am 23. Januar 1669 teilte das Domkapitel dem in Heilsberg residierenden Bischof mit, daß der Turm einzustürzen drohe. Am 12. Juli 1676 wurde mit dem Meister Leonhard Merten (Martensen) aus Danzig ein Vertrag bezüglich des Turms geschlossen. Im Dezember des gleichen Jahres begann der Abbruch. Nach einiger Verzögerung erfolgte im Jahre 1683 der Wiederaufbau. Meister Leonhard wurde für die Zimmerarbeiten beauftragt, Meister Jacob Wintzler aus Königsberg übernahm die Maurerarbeiten, Maurermeister Bock als *"director fabricae campanilis"* die Bauleitung. Im Jahre 1685 waren die beiden Untergeschosse und bis 1687 die Turmspitze vollendet.[480]

1708 wurde das Oktogon des Glockenturms mit Biberschwänzen eingedeckt.[481] 1735 erfolgten nach einen Blitzschlag umfangreiche Reparaturen. 1745/46 erneuerte Kupferdecker Ostrowski das Dach.[482]

1774 wurde der Turm als stark baufällig bezeichnet, doch bedingt durch fehlende Geldmittel seit der Einverleibung des Hochstifts in den preußischen Staat verzögerten sich die dringenden Reparaturarbeiten um rund 25 Jahre. Erst Bischof Karl von Hohenzollern veranlaßte im Jahre 1795 die Beseitigung der Schäden. Der Beginn der Arbeiten verzögerte sich erneut bis 1801, da Bauholz fehlte. Im folgenden Jahr wurde das Kupferdach neu eingedeckt.[483]

1852 fand eine größere Reparatur am Turmdach statt und das Holzgeländer der Galerie wurde durch eine Gußeisenbrüstung ersetzt.[484] Im Jahre 1972 erfolgte der Wiederaufbau des im Zweiten Weltkrieg ausgebrannten Bauwerks. Im unteren Teil wurde ein Planetarium eingerichtet. Der Turm ist heute 65 Meter hoch.

3.2.10 Gewölbe

Betrachtet man die Chorgewölbe im Frauenburger Dom, so zeigen sich in der kurzen Jochabfolge achtteilige Sterne. Es entsteht keine durchlaufende Scheitelrippe, jedoch

---

477	ZGAE (Liedtke), Bd. 15, S. 707. CDW, Bd. III, S. 501ff.: *"Item do et lego capitulo Warmienski pro fabrica seu campanili ac castro inibi construendo mille nobulos de Anglia ... boni ponderis de antiquis."* Dehio / Gall (1952), S. 202.
478	Liedtke a.a.O.: *"Anno domini 1448 de mense Junii quando campanile in magna turri et campana maior parabantur..."*
479	ZGAE (Dittrich), Bd. 18, S. 566. Bergau, (1871), S. 49, dort Anm. 19.
480	ZGAE (Liedtke), Bd. 15, S. 707ff, S. 720 a – b. Zimmermeister Leonhard Merten (Martensen, Martens) kam aus Danzig und war bereits 1674 bei Arbeiten am Hafen in Frauenburg tätig. Matern (1929), S. 17. ZGAE (J. Kolberg), Bd. 16, S. 670f.
481	ZGAE (Dittrich), Bd. 19, S. 5.
482	Ebenda, S. 6.
483	Ebenda, S. 82ff.
484	ZGAE (Liedtke), Bd. 15, S. 707ff, S. 720 a – b.

findet sich zwischen den Sternformen eine Flechtrippe. Bedingt durch den kurzen Jochabstand verdichten sich die Rippen an den Dienstkonsolen, und es entsteht ein palmettenartiger Eindruck. In den beiden ersten Jochen wird der Gewölbeschub über Dienste abgeleitet, die mit einer mehrfach gestuften Basis bis zum Boden verlaufen. Die darauffolgenden Dienste enden auf Konsolen. Eine analoge Vorgehensweise ist bereits in den Schloßkapellen zu Lochstedt und Rheden zu beobachten. Steinbrecht begründete dies wie folgt:

45, 46, 50

> ... daß die Wölbedienste beträchtlich hoch über dem Fußboden der Kapelle auf Kragsteinen abgefangen wurden, geschah mit Rücksicht auf das Gestühl. Rechts und links vom Altar, wo keine Mobilien standen, gehen die Dienste hinab bis auf den Fußboden.[485]

Die Chorgewölbe sind noch vom ersten Baumeister in der Zeit um 1342, wohl kurz vor der Chorweihe, errichtet worden.

Schmid wies auf die nahe Verwandtschaft zu den Gewölben der St. Annen–Kapelle der Marienburg hin, die in der Zeit zwischen 1331 und 1341 entstanden. Nach seiner Meinung läßt sich eine mögliche Verbindung zwischen beiden Baumeistern nicht ausschließen.[486] Gall verglich die durch Flechtrippen getrennten Gewölbe des Frauenburger Chores mit den frühen Formen der konstruktiv durchdachten Einteilungen der Schloßkapelle in Rheden und erkannte ebenfalls die Beziehung zur Annenkapelle auf der Marienburg.[487] Beim Vergleich mit den Gewölben im südlichen Seitenschiff des Chors zu Pelplin erkannte Zink eine analoge Gewölbeform.[488] In Pelplin entstanden die ersten Sterngewölbe des Ordenslands. Ihr Ursprung liegt in der Gewölbeentwicklung englischer Kathedralarchitektur der Zeit des 'Decorated Style', so beim Mittelschiff der 1233 vollendeten Kathedrale von Lincoln. In Frauenburg und Pelplin findet sich eine Abwandlung des englischen Schemas, indem die Scheitelrippe nicht durchlaufend ist, jedoch die englische Flechtrippe Verwendung findet.

In den Jochen des Langhauses befinden sich kuppelartig gebuste, achtzackige Sterne, die sich in sechzehn Felder teilen. In den schmaleren Seitenschiffen finden sich sechszackige, in zwölf Felder geteilte Sterne. Es entstehen sowohl im Mittelschiff als auch in den Seitenschiffen eine durchlaufende Scheitelrippe mit Rippendreistrahlen. Da im Jahre 1388 (laut Bauinschrift in der Westvorhalle) der Dom vollendet war, hat man die Langhausgewölbe wohl bis um 1380 eingezogen.

41 – 44

Die Rippen der Langhausgewölbe besitzen Rund– und Birnstabformen, die in gleicher Ausbildung auch auf der Marienburg und auf der Burg Heilsberg vorkommen.[489] Burmeister bemerkte zu den Langhausgewölben:

> Beim Raum wird man leicht an englische Zusammenhänge denken, die in der Grundrißbildung und den gedämpften Höhenproportionen unabweisbar sind,

---

485 Steinbrecht (1888), S. 66.
486 Schmid (1939), S. 33.
487 Dehio / Gall (1952), S. 197.
488 Zink (1938), S. 93.
489 Dehio / Gall (1952), S. 197.

wie auch in den Sterngewölben, die in Preußen so früh ohne den Verkehr mit England kaum hätten entstehen können.[490]

Ebenso erkannte Clasen die ordensländische Konnexion zu England und stellte fest:

Man darf wohl annehmen, daß die englische Wölbeweise, die am Ende des 13. Jahrhunderts über Pelplin in den nördöstlichen Bereich der Gotik vordrang, nur ganz wenig später auch von dem Baubetrieb des Ritterordens selbst aufgenommen wurde. Aber hier und in der kirchlichen Architektur des 14. Jahrhunderts vollzog sich ein Wandel, und es ergab sich eine Wölbeweise, die, im Prinzip andersartig als die englische, als typisch für das Ordensland angesehen werden muß. Man behielt, wenn auch nicht ausnahmslos, die langhinlaufende Scheitelrippe bei, zeigte aber für die englische Flechtrippe kein Verständnis mehr. An ihrer Stelle benutzte man fast ausschließlich den Rippenstrahl zur Kappenteilung.[491]

Der polnische Kunsthistoriker Miłobędzki erkannte in der Struktur der Frauenburger Mittelschiffsgewölbe, die mit "... *einer englischen Scheitelrippe verbunden sind* ... (die) *führende Stellung der Kathedrale in der Stilentwicklung der nordeuropäischen Architektur der zweiten Hälfte des 14. Jahrhunderts* ..."[492]

3.2.11 Innenraumdekoration

Außer den Kapitellen im Chor und den Dienstkonsolen an den Langhauswänden besitzt der Baukörper im Innenraum keine weitere Bauornamentik. Die Kapitelle und Basen im Chor sind aus Ton gefertigt. Ihre Datierung fällt in die Zeit um das Jahr 1342, dem Datum der Chorweihe. In der Untersuchung von Tadeusz Jurkowłaniec wird deutlich, daß sich im Ermland kein eigenes Zentrum der Bauplastik entwickelt hatte. Ein Vergleich mit Elbinger Bauornamentik zeigt, daß hier eine Werksbeziehung festzustellen ist. So sind nach Meinung von Jurkowłaniec die Dienstkapitelle im Frauenburger Domchor und an der Elbinger Dominikanerkirche St. Marien vom gleichen Meister.[493]

Die Tonkapitelle im Langhaus entstanden erst um 1380, als das Langhaus vollendet und gewölbt wurde. Ursprünglich war der gesamte Innenraum in Sichtmauerwerk gestaltet. Der südwestliche Treppenturm zeigt im Innern des Kirchenraumes ein Rautenmuster, welches belegt, daß auch bei den später eingefügten Türmen ein Sichtmauerwerk vorgesehen war. Auch die sorgfältige und saubere Behandlung der Fugen spricht dafür. Diese Beobachtungen zu einer aus dem Rahmen fallenden Oberflächenästhetik im Innenraum werden innen noch unterstrichen durch die glasierten Treppenhäuser der Ecktürmchen. Erst im fortgeschrittenen 14. Jahrhundert dürfen wir im Backsteinbau mit Sichtmauerwerk im Kircheninneren rechnen.

---

490   Burmeister (1938), S. 37.
491   Clasen (1961), S. 34f.
492   Miłobędzki (1978), Bd. II, S. 512.
493   Jurkowłaniec (1989), S. 264.

3.3 Westvorhalle

3.3.1 Baugeschichte

Da die Westvorhalle nicht im Verband mit der Westwand steht, war sie ursprünglich nicht geplant. Weiterhin ist zu bemerken, daß die Vorhalle im gotischen Verband aufgemauert ist, im Gegensatz zum Langhaus im wendischen Verband. Hinter dem Pultdach der Vorhalle befand sich ein hohes, heute vermauertes, spitzbogiges Fenster, woraus man folgern kann, daß die Vorhalle noch zur Zeit der Errichtung des Westgiebels nicht vorgesehen war.[494]

66, 67

Eine umlaufende Inschrift mit Majuskeln auf braungrün glasierten Tontafeln (15 x 15 cm und 8 cm Dicke[495]) im Innenraum lautet:

> ANNO : DOMINI : MCCCLXXXVIII : CONPLETA : EST :
> CUM : PORTICU(S) : ECCLESIA : WARMIENSIS : AMEN

481

(Im Jahre des Herren 1388 ist mit der Vorhalle die ermländische Kirche vollendet worden. Amen.)[496] Analoge Majuskeltontafeln finden sich in Thorn, Elbing, Lochstedt, Birgelau, Königsberg in Preußen, Marienburg, Pehsken und Schönberg. Allgemein wird die Herleitung von orientalischen Vorlagen angenommen. Jedoch muß man *"... eine selbständige Entwicklung aus der Technik der Ziegelbereitung vermuten und nur den Schmuckgedanken als solchen auf islamische Vorbilder zurückführen"*.[497] Diese grundsätzliche Feststellung deckt sich mit den Erkenntnissen der neueren Forschung.

Wichtige Reparaturen am Vorhallendach erfolgten im Jahre 1630 und 1720.[498] Um 1860 wurde unter Baumeister Dreesen die Vorhalle umfassend restauriert.[499] Dabei veränderte der Baumeister die Dachkonstruktion in die heutige Form. Ursprünglich war die Dachschräge des Pultdachs flacher, so daß die Ziergiebel die Schräge verdeckten.

3.3.2 Baubeschreibung

Bemerkenswert ist die besonders reiche Ausgestaltung der Vorhalle, die in ihrer Gesamterscheinung einzigartig im Ordensland sein dürfte.[500] So bemerkte von Quast,

72

---

494 Boetticher (1894), S. 85.
495 ZGAE (Brachvogel), Bd. 25, S. 810.
496 Von Quast (1852), S.29. Boetticher (1894), S. 87. Brachvogel (1934), S. 17. Schmid (1935), S. 83, Nr. 30.
497 ZGAE (Brachvogel), Bd. 25, S. 810.
498 ZGAE (Dittrich), Bd. 18, S. 610 und Bd. 19, S. 4.
499 N.N. (1875), Heft 3, S. 35.
500 Ulbrich (1932, S. 46) schenkte der Frauenburger Vorhalle kaum Beachtung, bemerkte nur zusammenfassend, daß sie *"jedes künstlerischen Wertes entbehrt"*. Es verwundert, daß erst die Kunsthistorikerin Maria Lubocka im Jahre 1970 eine Arbeit über die Ikonographie der Westvorhalle schrieb (1973, S. 8 – 30). Ihre Arbeit ist als erster bemerkenswerter Versuch zu bewerten, die Ikonographie und Bedeutung des Frauenburger Portals zu ergründen. Im umfassenden Werk von Jurkowłaniec (1989, S. 148) findet sich eine wohl vollständige Literaturübersicht zur obigen Problematik. Wie unbeachtet die bedeutende Arbeit von Lubocka blieb, beweist die Veröffentlichung von Reifferscheid (1984, S. 20), in der die Heiligenfiguren teilweise noch immer falsch angegeben sind.

"daß diese kleine Vorhalle von ungewöhnlicher architektonischer Wirkung ist".[501] Lediglich am Marienwerderer Dom findet sich eine ähnlich außergewöhnliche Südvorhalle. Diese ist jedoch völlig anders gestaltet und entstand auch weit früher (1264 – 1284). Sie steht unter einem anderen Einfluß und kann daher nicht zum Vergleich herangezogen werden. Ebenso läßt sich die Westvorhalle in Kulm als Vorbild ausschließen, deren Gestaltung ebenfalls völlig verschieden ist.[502]

70 Wie festgestellt, gehört die Vorhalle nicht zur ursprünglichen Planung, sondern wurde nachträglich angefügt. Dies ist auch im Rauminnern vom Mittelschiff her erkennbar. Die Türöffnung wurde in voller Breite aufgebrochen und nach dem Einsetzen der Portalsteine wieder vermauert. Ob vor der Vorhallenerrichtung auf der Westseite ein Portal vorhanden war, wird an späterer Stelle noch gesondert erörtert werden[503]. Die Vorhalle nimmt die Breite des Mittelschiffs ein und liegt zwischen den Weststrebepfeilern. Die Ecken werden von diagonal gestellten kleineren Streben gestützt. Auf der Nordseite wurde in späterer Zeit eine Treppenspindel angefügt.

62, 63

64, 65

Das spitzbogige Außenportal wird von zwei parallel umlaufenden Formsteinen mit Rundstäben gerahmt. Danach folgt ein umlaufender Fries mit Maßwerktonplatten. In der Einzelform reihen sich Spitzbogenblenden mit kleineren, eingestellten Doppelblenden und darüber liegendem Vierpaß aneinander. Daran schließen erneut zwei parallel umlaufende Formsteine mit Rundstab an, jedoch mit einer innen liegenden, konkaven Formschmiege. Als Abstufung nach innen folgt eine in Kalkstein gefertigte Umrandung. Ohne eine gesonderte Basis steigen zwei glatte, an den Kanten abgeschrägte Kalksteinlaibungen bis zu einem Kämpferfries senkrecht empor. Leider ist der Kalkstein stark verwittert, und es lassen sich nur noch an manchen Stellen Figuren erahnen. Im linken Kämpfer befinden sich zwei Löwen, rechts zwei Hybridenwesen, eine Kombination zwischen Schlangenkörper und Menschenkopf. Darüber in der umlaufenden Archivolte verleäuft ein Weinrankenfries, daran anschließend ein Rankenband ebenfalls mit gegenläufigen Fabel- und Tierwesen und als innerer Abschluß ein Band mit kleinen Quadraten, in denen gegenläufig genaste Vierpässe eingestellt sind.[504] Die Weinranken stehen ikonographisch für Christus. Die gegenläufigen Tiere und Fabelwesen symbolisieren wohl den Kampf der Christen gegen die Heiden.

486, 487 Betrachtet man am Innenportal die Maßverhältnisse zwischen Archivolte und Gewände, so stellt man eine klassische Proportion von 1 : 1 fest. In der sich sechsfach nach innen abstufenden Archivolte ordnen sich insgesamt 42 Figuren unter Baldachinen an. Diese Zahl ist in der christlichen Allegorese eine Metapher für die Inkarnation Christi. Nach Abraham dauerte es 42 Generationen, bis Christus geboren wurde.[505]

Über einem Sockel steigen sechs Blendmaßwerkbänder an den Portalgewänden bis zu einem Gesimsband empor. Das Maßwerk zeigt jeweils paarig angeordnete Spitzbogen-

---

501 Von Quast (1852), S. 29.
502 Le Mang (1931), S. 61.
503 Die Kirchen von Pelplin, Doberan, Lehnin und Chorin besaßen auf den Westseiten ursprünglich keine Portale (Dehio / Gall 1952, S. 56). Dieser Zug gilt als typisch zisterziensisch.
504 Ulbrich (1932, S.46) irrte sich im Material. Das Bildwerk ist nicht aus Ton gefertigt, sondern nur das umlaufende Spitzbogenmaßwerk.
505 Endres / Schimmel (1986), S. 268.

blenden, über denen sich im Wechsel von Reihe zu Reihe Vier- oder Dreipässe anordnen. Im Kämpferstreifen über den Gewänden befinden sich friesartig fratzenhafte Gesichter, die von Blattranken umgeben sind. Auf jeder Seite finden sich acht verschiedenartig ausgebildete Köpfe, *"die durch ihren Ausdruck beachtenswerte Leistungen darstellen"*.[506] Auf der vom Betrachter aus linken Seite beginnt die Reihe außen mit zwei Köpfen, aus deren Mündern Eichenzweige wachsen. Der erste Kopf ist bartlos mit lockigem Haar dargestellt. Der nächste ist ein männlicher Kopf mit Pilgerhut. Weiter folgt ein Mann mit Vollbart, kahlköpfig mit abstehenden Ohren. Danach kommen ein jugendlicher Mann mit Pagenhaarschnitt, ein bärtiger Mann mit Kapuze, ein lachender Mönch mit Tonsur, an der Ecke ein bärtiger Mann mit Kapuze und zum Schluß ein bartloser Mann, wohl mit einem Bischofshut. Auf der gegenüberliegenden Kämpferzone beginnt die Reihe mit einem bartlosen Mann mit Hut, vielleicht ein Kleriker. Danach folgt ein lachender Mann, ebenfalls kahlköpfig, ohne Bart und mit abstehenden Ohren, ein Mann mit Bart, ein lachender Mönch mit Tonsur, ein schreiender Mann mit Pagenhaarschnitt, dann eine Frau, die die Zunge herausstreckt und eine Haube trägt, danach ein bartloser Mann ebenfalls mit geöffnetem Mund und herausgestreckter Zunge. Der letzte Kopf zeigt einen jungen bartlosen Mann mit Pagenhaarschnitt.

Über der Kämpferzone erhebt sich die mit Figuren ausgefüllte Archivolte, in deren Mitte ein Blendmaßwerktympanon angebracht ist. Mit ihrer reichen Konzeption ist die Gestaltungsweise im Deutschordensgebiet ungewöhnlich. Ebenso selten ist die Fertigung des Tympanons aus einem Kalksteinmonolith.

Im Spitzbogenlauf, der durch einen Archivoltenwulst abgegrenzt ist, bildet sich ein großer Kreis, der sich wiederum in sphärische Quadrate und Dreiecke aufteilt. Sie sind im Dreierwechselspiel gegenläufig mit genasten Dreipässen und Vierpässen gefüllt. Die geometrischen Figuren stoßen mit ihren Spitzen auf einen zentralen Kreis mit genastem Vierpaß. Durch ihre Disposition bildet sich ein sechsstrahliger Stern. In den äußeren, kleineren Dreiecksfeldern sind kleine, eigenartig starr wirkende Fischblasen eingefügt. In den außerhalb des Kreises an der Basis befindlichen Dreiecksfeldern sind Kreise eingestellt und mit je einem Vierpaß ausgefüllt. In den sich bildenden kleineren Dreiecksfeldern finden sich ebenfalls die starr wirkenden Fischblasen wieder. Das untere rechte Dreiecksfeld ist im Gegensatz zu den anderen Zwickelfeldern mit einem Dreiblatt ausgefüllt. Es entsteht der Eindruck, als hätte der Steinmetz die Vorlage nicht richtig interpretiert.

Mögliche Vorbilder für das Frauenburger Maßwerk sind in Frankreich zu finden. So besitzt das Fenster der 1373 - 1375 gestalteten 'Chapelle de la Grange' in der Kathedrale von Amiens eine analoge Struktur.[507] Das Frauenburger Maßwerk ist, bedingt durch die geringere Größe, in der geometrischen Formauflösung sparsamer, doch folgt es gleichartigen Gestaltungsprinzipien. So bauen sich die geometrischen Strukturen beider Maßwerkmotive wie folgt auf: Im Zentrum befindet sich ein Kreis – in Amiens mit einem Dreipaß, in Frauenburg mit einem Vierpaß. Um diesen Kreis bilden sich durch Überschneidung von Bogenformen sechs Dreieckszwickel, die, um den Kreis

---

506 Ulbrich (1932), S. 46.
507 Behling (1944), S. 40, dort Tafel 42, Abb. 66.

angeordnet, eine sternartige Form ergeben. Um das Zentrum wechseln in spielerischer Abfolge großformatige sphärische Dreiecke mit kleineren sphärischen Vierecken. In Amiens erscheint die Abfolge harmonisch ausgereifter als in Frauenburg, dessen Formgebung auf ein Minimum reduziert ist. Innerhalb der Großformen werden in Amiens Vierblattmotive eingestellt, in Frauenburg wechseln Dreiblatt- mit Vierblattmotiven. Um das wechselnde zentrale Linienspiel wird bei beiden Maßwerken ein großer Kreis geschlagen, der bis an den Spitzbogen heranreicht und sogar leicht die innere Bogenumrandung überschneidet. In den peripheren Feldern, die durch die sphärischen Formen entstehen, sind bei beiden Maßwerkmotiven Fischblasen eingestellt. Die Fischblasen in Frauenburg erscheinen jedoch rigider. In den Feldern zwischen dem Spitzbogenverlauf und der Kreisform sind beide Kreise mit Paßmotiven ausgefüllt. In Frauenburg werden die dadurch entstehenden angrenzenden sphärischen Dreiecke mit Fischblasen dekoriert.

488 Bei der Suche nach weiteren kongenialen Maßwerkvorlagen fällt besonders das Westportal der Nürnberger Frauenkirche am Hauptmarkt auf. Kaiser Karl IV. ließ die Kirche zwischen 1352 und 1358 errichten. Bräutigam, Nußbaum und Binding erkannten, daß bei diesem frühen Beispiel ein über Kaiser Karl IV. vermittelter Prager Einfluß wirksam wird, zumal sich in Nürnberg das eigene Wappen des in Prag residierenden Kaisers findet.[508] Mitglieder der Familie Parler arbeiteten wohl von 1361 – 1372 am Ostchor von St. Sebald und 1385 – 1396 am Marktbrunnen in Nürnberg. So vermutete bereits Kletzl in der Langhaus- und Vorhallengestaltung der Frauenkirche den Baumeister Peter Parler.[509] Nach dem heutigen Forschungsstand ist nicht gesichert, ob Heinrich oder Peter Parler die Entwürfe lieferte.[510] Über dem Doppelportal befindet sich je ein Tympanon mit Maßwerkrosette. In einem Kreis wechseln sich um ein Zentrum Drei- und Vierpaßmotive ab. Im Unterschied zu Frauenburg und Amiens sind die Nürnberger Paßmotive nicht so stark genast und die Blätter verlaufen spitz in die Ecken. In Frauenburg und Amiens sind die Blätter kreisförmig angeordnet.

490 Betrachtet man am Frauenburger Blendmaßwerk die einzelnen Paßformen, so ist besonders auffällig, daß sich die Paßblätter gegenläufig zur Paßform bewegen. Diese Eigenart ist weder in Amiens noch in Nürnberg zu finden und auch sonst kaum verbreitet. Im rheinischen Gebiet erscheint diese Einzelform am südlichen Seitenschiff der Oppenheimer Katharinenkirche. Die sphärischen Dreiecke mit gegenläufigen Dreiblattmotiven befinden sich außen unterhalb der Fenster, in den Eckfeldern oberhalb der Spitzbogenblenden. Die Dreipässe sind ebenso kreisförmig ausgebildet wie in Frauenburg, jedoch nicht so stark genast. Die Gründung des Oppenheimer Langhauses läßt sich mittels einer Bauinschrift ins Jahr 1317 datieren. In dieser Zeit wurde die Kirche zum Kollegiatstift erhoben. Die Maßwerkfenster und Blenden des südlichen Seitenschiffs mit den Kapellenanbauten entstanden um 1330 – 1340.[511] Kaiser Karl IV. übte

---

508 Bräutigam (1961), S. 72. Nußbaum (1985), S. 168f. Binding (1989), S. 321f., Abb. 364.
509 Kletzl (1940). Dehio / Gall (1979). Nußbaum (ebenda, S. 170) zweifelte an der Urheberschaft Peter Parlers. Simson (1990), S. 213.
510 Braunfels (1985), Bd. 3, S. 125.
511 Behling (1944), Tafel 31, Abb. 49.

bis zu seinem Verzicht im Jahre 1349 das Patronatsrecht an der Oppenheimer Kollegiatkirche aus, so daß auch hier ein parlerischer Einfluß nicht auszuschließen ist.[512]

Daß die Maßwerkform mit den zur Paßform gegenläufigen Paßblättern eine typisch rheinische Erscheinungsform ist, wird von weiteren Beispielen bestätigt. So besitzt der Lettner in der Liebfrauenkirche in Oberwesel diese Maßwerkformen. Auch der dortige, 1331 holzgeschnitzte Hochaltar besitzt in den reichen Maßwerkformen sphärische Dreiecke, in welchen gegenläufige Dreipaßmotive eingestellt sind. Über einer Rosette findet sich sogar ein sphärisches Viereck mit gegenläufigem Vierpaß. In seiner Maßwerkbildung stehen der Oberweseler Hochaltar und das dorige Lettnermaßwerk in enger Beziehung zu den Oppenheimer Maßwerken am Südlanghaus.[513]

Ein gegen eine rahmende Form eingestellter, kopfstehender Dreipaß findet sich am Prager Veitsdom im Blendmaßwerk des Treppenturms des südlichen Querhauses. So verwendete im letzten Viertel des 14. Jahrhunderts die Parler Bauhütte in den Ostwimpergen im oberen Dreieck einen zur rahmenden Form gegenläufigen Dreipaß. Zwar fehlt im Vergleich zu den rheinischen Maßwerken die Paßform. Der Grundgedanke, gegenläufige Dreipässe in eine Dreiecksform einzufügen, ist jedoch gleich.[514] Das Maßwerkvokabular ist indessen in der zweiten Jahrhunderthälfte derart zum Allgemeingut geworden, daß deduktive Überlegungen kaum noch sinnvoll sind.

Im Ordensland beobachten wir die Form des gegenläufigen, sphärischen Dreiecks außerdem noch am Nordportal der St. Nikolaikirche in Elbing. Die Maßwerkform befindet sich dort jedoch nicht in einem Tympanon, sondern in einer keramischen Verzierung der linken Scheinlisene. Hauke und Stobbe datieren dieses Portal ins 13. Jahrhundert.[515] Diese Datierung erscheint zumindest fragwürdig, wenn man von dem oben angedeuteten Einfluß angesichts der rheinischen Vorbilder ausgeht. Jurkowłaniec verglich die Elbinger Scheinlisenen mit dem Frauenburger Hauptportal und stellte eine Werkstattbeziehung fest. Die Pseudolisenen datierte er aufgrund der analogen Konfiguration, im Gegensatz zur bisherigen Forschung, richtig in die zweite Hälfte des 14. Jahrhunderts.[516] Diese spätere Datierung bestätigt die These, daß die genannten Vergleichsbeispiele zeitlich nahe liegen und dem Einfluß der rheinischen Formen unterworfen waren.

88, 89

Das monolithische Maßwerktympanon ist, bedingt durch den Mauerschub, mehrfach gebrochen. Gleiches gilt für den Architrav, auf dem das Tympanon ruht. Es ist anzunehmen, daß bei der Errichtung des Portals kein Entlastungsbogen aus Backstein über der Archivolte gemauert wurde bzw. vorhanden war. Dadurch lastet auf dem Portalbogen das gesamte aufgehende Mauerwerk. Wegen der großen Belastung und Spannung brachen das Tympanon und der Architrav. Dies könnte eine weitere Bestätigung für die oben angeführte Vermutung einer ursprünglich portallos geplanten Westfassade sein.

71

---

512 Servatius / Seitz / Weber (1989), S. 193.
513 Binding (1989), S. 282.
514 Katalog (1987), Bd. 3, Abb. S. 54. Bd. 2, S. 624f.
515 Hauke / Stobbe (1964), S. 208.
516 Jurkowłaniec (1989), S. 264. Ebenso datierte Schmauch die Bauzeit des aufgehenden Mauerwerks der St. Nikolaipfarrkirche in Elbing zwischen 1340 und 1377. Schmauch (1938), S. 170 – 175.

75, 487 Eigenartig ist auch, daß die innen befindlichen Heiligenfiguren an der Kante zum Tympanon hin stark abgeschlagen wurden. Demnach muß zunächst das Portalgewände und darüber die Archivolte eingestellt worden sein. Erst danach paßte man das Maßwerktympanon ein. Dies läßt vermuten, daß das Portal in einer Werkstatt gefertigt und erst nach Vollendung eingepaßt wurde. Ein weiterer Hinweis dafür, daß Werksleute fertige Steinarbeiten versetzten, sind die Markierungsstriche und Kreuzeinritzungen neben den Figuren am Steinrand. Da die Einsetzung sehr schlecht ausgeführt ist und die Steinabarbeitungen roh erscheinen, kann man annehmen, daß zwei unterschiedliche Bauwerkstätten tätig waren. So fertigte eine Werkstatt die Kalksteinversatzstücke an, und paßte eine am Dom tätige Werkstatt mit nur geringen Kenntnissen der Steinbearbeitung das Portal ein. Ein erfahrender Steinmetz hätte die Figuren sicher nicht so gewaltsam abgeschlagen, sondern durch ordentliche Abarbeitungen eingepaßt.[517]

86, 87 Hauke und Stobbe erkannten, daß das Portal des ehemaligen Elbinger Bürgerhauses, früher Wilhelmstraße Nr. 56, eine ähnliche Konfiguration und vergleichbaren Aufbau wie das Frauenburger innere Westportal aufwies. Dazu bemerken sie:

> *Die sehr große Ähnlichkeit des Portales mit dem vorerwähnten Domportal in Frauenburg läßt es als durchaus möglich erscheinen, daß der Dombaumeister an unserem Haus in Elbing tätig war. Wir haben es vermutlich mit dem als 'Buwmeister' des Domes genannten Liefhard von Dattel zu tun ...*[518]

Zwar läßt sich diese Vermutung bisher nicht beweisen, zu bestätigen sind aber zumindest die engen Werksverbindungen zu Elbing.

3.3.3 Gewölbe der Westvorhalle

72

482

Der Raum der Westvorhalle ist mit einem vierstrahligen Sterngewölbe überspannt. Die über kleinen Eckkonsolen aufsteigenden Birnstäbe enden unterhalb einer Reihung von etwa 30 cm hohen Engeln. Konsolen, Rippen und Figuren sind aus Kalkstein gefertigt und zusammen etwa 45 cm hoch.[519] Jeder Engel, als Hochrelief geformt, besitzt unterschiedliche Attribute, wie Musikinstrumente, Spruchbänder oder Bücher. Sie sind teils stehend, teils sitzend dargestellt. Über ihren Köpfen befinden sich kleine gotische Baldachine. Einige zeigen mit den Fingern auf ihr Spruchband oder auf ein aufgeschlagenes Buch. Sie weisen mit dieser Gestik auf das Wort Gottes und das Heilsgeschehen hin. Die Musik der Engel symbolisiert die Harmonie zwischen Gott und Mensch – All und Welt: *"Die Engelchöre vereinen im Lobpreis (Doxologie) des Auferstandenen und des Wiederkommenden ihre Stimmen mit denen der irdischen Gemeinde."*[520]

Für die außergewöhnlich reiche Gewölbegestaltung gibt es keine ordensländischen Vorbilder.[521] Wie schon festgestellt, ergeben sich in der Genese der Frauenburger

---

517 Clasen (1939, Bd. I, S. 267) irrte sich somit, wenn er glaubte, daß das Portal an Ort und Stelle durch einen gotländischen Steinmetz ausgeführt wurde.
518 Hauke / Stobbe (1964), S. 116f.
519 Clasen (1939), Bd. I, S. 314.
520 Dinzelbacher (1989), S. 366.
521 Dittrich (1870, Heft 1, S. 36) betonte die *"ungewöhnlich reiche Ausstattung"* der Vorhallengewölbe, gab jedoch keine vergleichenden Beispiele.

Domgewölbe Verbindungen zu England. Gewölbe mit musizierenden Engeln auf den Rippen finden sich ausschließlich im Chorgewölbe der um 1374 vollendeten Kathedrale von Gloucester.[522] Da es sich hierbei nicht um eine Vorhallenausbildung in der Art von Frauenburg handelt und in England keine weitere Sakralbauten mit dieser besonderen architektonischen Gestaltung existieren, muß man eine englische Herkunft ausschließen.

Auf der Suche nach einer analogen Architekturgestaltung bemerkte Clasen, daß die mit Figuren geschnittenen Frauenburger Westvorhallenrippen nur noch an der Frauenkirche in Nürnberg zu finden sind.[523] In der dortigen Westvorhalle sind in den Kehlen der Gewölberippen zwischen Konsolbaldachinen acht musizierende und vier Weihrauchgefäße schwingende Engel dargestellt. Der stilistische Vergleich mit den Frauenburger Engeln zeigt jedoch, daß die hochstehende Qualität der Nürnberger Vorhallenplastik keinesfalls eine Werkstattverbindung herzustellen erlaubt. Angesichts der zeitlichen Nähe und der Einzigartigkeit der fast analogen Vorhallengestaltung kann jedoch zumindest festgestellt werden, daß die Frauenburger Werkstatt parlerisches Gedankengut verarbeitete und es gemäß den bestehenden lokalen Möglichkeiten umsetzte. Bei den Frauenburger Engeln bemerkt man, daß diese in ihren Bewegungen steif erscheinen, auch ist die Gewandfaltung starr. Deutlich erkennt man allerdings, daß der Taillenansatz bei einigen Figuren sehr hoch liegt und auch die Oberkörper rundlich gearbeitet sind – dominantes Merkmal auch bei anderen parlerischen Plastiken.

489, 483

3.3.4 Herkunft und Ikonographie der Portalplastik

Die Portale und das innere, in Kämpferhöhe durchlaufende Maßwerkzierband, das die Schildbögen vom darunter liegenden Mauerwerk trennt, sind aus Kalkstein gefertigt. Der Kalkstein wurde bevorzugt aus Gotland ins Ordensland und an die südlichen Ostseeküsten exportiert. Aus diesem Grund glaubten einige Historiker wie Deutsch, Clasen oder Gall, in dem plastischen Kalksteinschmuck eine gotländische Werkstatt zu erkennen.[524] Doch ein Vergleich mit den dortigen Portalplastiken zeigt, daß sich hier kaum Werkstattbeziehungen feststellen lassen. Auch waren zur Zeit der Entstehung der Frauenburger Plastik die gotländischen Steinmetzarbeiten weit qualitätvoller. Besonders auffällig ist der monolithische Tympanonstein. Auf Gotland finden sich Beispiele von großen monolithischen Steinbearbeitungen, doch besitzt das Frauenburger Tympanon ein außergewöhnliches Blendmaßwerk, für welches sich auf Gotland kein Vergleich findet. Demnach wurde zwar das Material aus Gotland geliefert, die Werkstatt befand sich jedoch wohl in Elbing.

66 – 69
481, 482

Die Bogenfelder der Schildbögen im Innenraum sind reich mit kleinteiligen gotischen Gittermustern ausgefüllt. Kleine Spitzbogenreihen sind aus Formsteinen mit je zwei Spitzbögen versetzt übereinander angeordnet, so daß ein reicher, schuppenartiger Eindruck entsteht. An den Wandecken und an den Portalen wird das Muster der Gewölbe-

68

---

522 Schäfke (1989), S. 92.
523 Clasen (1938), Bd. I, S. 50, dort Anm. 50.
524 Clasen a.a.O. Deutsch (1930), S. 291. Dehio / Gall (1952), S. 198. Reifferscheid (1984, S. 20) schloß sich dieser Meinung an. Antoni (1993, S. 181) zweifelte an der Herkunft aus einer gotländischen Werkstatt.

rippen und der Portallaibungen rücksichtslos überschnitten. Dadurch erhält die Fläche einen textilen Charakter.

67, 481
Für das Ordensland ist diese Wandgestaltung ungewöhnlich und ohne Vorbild. Demzufolge kann das Frauenburger Wandmuster nur durch Einflüsse von außerhalb des Ordenslandes entstanden sein. Auf von Quast machte die Ausschmückung der Innenwände einen *"fast orientalischen Eindruck"*.[525] Eine Beziehung zum Orient ist jedoch auszuschließen. Es entsprach vielmehr dem vom *'horror vacui'* bestimmten Geschmack der Entstehungszeit, dem Auge keine leeren Flächen zu überlassen. So erscheint auch die untere Backsteinfläche nicht als leer, vielmehr wurde der Backstein in seiner Farbgebung und seiner Verarbeitung als Sichtmauerwerk in die Raumgestaltung einbezogen. Der Raum erhält farbige Kontraste durch die ziegelroten Wände, die von einem breiten, gräulichen Kalksteinzierband mit Kreuzbogenfries geteilt werden.[526] In kongenialer Weise schuppenartig gestaltete Maßwerkflächenmuster finden sich im Wimperg über Sitz 14 am Chorgestühl in Pelplin. Da dieses erst zwischen 1444 und 1454 fertiggestellt wurde, scheidet die Maßwerkform jedoch als Vorlage aus.[527]

Besonders im 14. und 15. Jahrhundert, in der Zeit des englischen Perpendicularstils, war das senkrechte und waagrechte Stabgitternetz bestimmend und es übte wohl Vorbildfunktion aus. So erscheint diese Struktur erstmalig am Chorfenster in Gloucester (1347 – 1350) und am Ostfenster von Nantwich/Cheshire (Ende 14. Jh.). Besonders reiche Verwendung fand das wabenartige Fenstermaßwerk in der um 1382 vollendeten Pfarrkirche von Yeovil und in der um 1385 – 1400 umgestalteten Pfarrkirche St. Cuthbert in Wells. Beide Kirchen zählen zu dem in Südwestengland verbreiteten Typus der Hallenkirchen ohne Lichtgaden.[528] Dort entwickelte sich das Stabgitter zur rektilinearen Form, welche nicht nur die Fenster ausschmückte, sondern ebenso zur Wandgliederung diente.[529] Verwandte Maßwerkformen weist bereits das 1325 – 1340 gestaltete Chorhauptfenster der Prenzlauer Marienkirche auf. Dort wirkt das Maßwerk jedoch noch nicht so stark schuppenartig wie bei dem genannten Beispiel in Wells.

Betrachtet man die Form der seitlichen Blendnischen an der Vorhalle der goldenen Pforte auf der Marienburg, so zeigt sich auch hier eine übereinander versetzte Verblendung von Spitzbogenmaßwerk, wie sie zur gleichen Zeit um 1340 in England gebräuchlich war.

65, 67
Das innere Portal der Frauenburger Westvorhalle verfügt über eine reiche Figurenausstattung, die, wie sich zeigen wird, einem umfassenden, theologisch durchdachten Programm folgt.

65
Die Archivolte läuft spitzbogig und ist sechsfach abgestuft. Auf dem vorspringenden äußeren Bogen kriechen von beiden Seiten nach oben zehn sehr lebendig wirkende dämonische Hybriden und Fabeltiere. Sie befinden sich am Randbereich des Portalpro-

---

525 Von Quast (1852), S. 28.
526 Ein aus Ton gefertigter Kreuzbogenfries befand sich an der zerstörten Burg in Elbing. Vermutlich als oberer Abschluß von Sitznischen in den seitlichen Portalgewänden der ehemaligen Schloßkirche. Hauke / Stobbe (1964), S.32f, Abb. 12c.
527 Beek–Goehlich (1961), S. 32, dort Abb. 25.
528 Kowa (1990), S. 260f.
529 Beek–Goehlich (1961), S. 63. Behling (1944), S. 40f.

gramms, wo sie sich gleichsam am Rande der Welt, wo das Unbekannte beginnt, aufhalten. Eine Deutung als Apotropäum ist denkbar. Man kann diese Auslegung noch weiter führen: Die Zahl 'Zehn' läßt sich hier als Anspielung auf widergöttliche, apokalyptische Mächte verstehen, z.B. auf die zehn ägyptischen Plagen oder auf den apokalyptischen Drachen mit zehn Hörnern. Daß die dämonischen Wesen in den Zusammenhang des Portalprogramms aufgenommen wurden, läßt sie auch als Abbild der christlichen Disposition des Kosmos deuten.

Zentral im Bogenscheitel teilt ein Christuskopf das Portal in zwei Hauptbögen zu je drei Reihen. Diese sind wiederum in Figurennischen unterteilt, so daß das Portal sich in 42 Figurenfelder gliedert. Die Zahl 42 ist seit alters her ein Symbol des Todes und des Gerichts. Auch in der Bibel finden sich dazu Andeutungen. So werden (2. Kön. 2, 23ff) 42 Kinder durch Bären getötet oder (2. Kön. 10,14) 42 Männer in den Brunnen geworfen. Von seiner Zahlensymbolik her steht das Portal allegorisch für den Tod bzw. das jüngste Gericht.[530] Oberhalb des Christuskopfes befinden sich sechs Engel. Wenn man die übrigen unterhalb und seitlich des Kopfes befindlichen Figuren zählt, ergibt sich die Zahl von 36 Figuren. Bereits Bischoff stellte fest: *"...mystisch rabbalistisch symbolisiert die Zahl den hebräischen Gottesnamen 'ELoaH' (E=1, L=30, H=5)"*.[531] Halbiert man die Zahl, so erhält man die Zahl 18, die Zahl der Heiligenfiguren zu beiden Seiten der Archivolte. Nach kabbalistischer Deutung läßt sich die Zahl 18 als *"CHaJ"* für das Leben deuten (CH=8, J=10).[532] In Nischen sind stehende Figuren aus dem Heilsgeschehen des Neuen und Alten Testaments wie Apostel, Propheten und Heilige eingestellt und mit Baldachinen bekrönt.

102

Das Portal vereinigt alttestamentarische Figuren der Vergangenheit mit zeitgenössischen Heiligen. Christus steht am Ende dieses Heilsgeschehens als Weltenrichter. So läßt sich inhaltlich das Thema des Portals als Weltgericht deuten. Bestätigt wird dies durch den Zyklus der klugen und törichten Jungfrauen. Der Zyklus beginnt unten in den drei Archivoltenstufen über der Kämpferzone. So sind jeweils drei weibliche Figuren auf jeder Seite in flachen Nischen nebeneinander angeordnet. (Vgl. hierzu Tafel I)

82, 83

Eine der wahrscheinlich ältesten Darstellungen im Ordensland zu diesem Thema befand sich einst am Portal der um 1250 errichteten St. Andreaskapelle in Elbing. Die Burg wurde im Städtekrieg von 1454 – 1466 und den nachfolgenden Kriegen stark zerstört.[533] Bei Ausgrabungsarbeiten fand man 1914 ein 22,5 cm großes Tonfigurenfragment, das Schmid wie folgt beschrieb:

85, 84

> *... der Unterkörper einer barfüßigen Gewandfigur ... Es ist eine weibliche Heilige, oder eine der klugen bzw. thörichten Jungfrauen aus der Bogenlaibung eines reich gegliederten gotischen Portals, nach Art der goldenen Pforte in Marienburg; der Gewandstil ist weicher, flüssiger als dort und verrät einen zeitli-*

---

530 Bischoff (1992), S. 230.
531 Ebenda, S. 228.
532 Ebenda, S. 223.
533 Hauke / Stobbe (1964), S. 16, 32 und 34.

chen Abstand von mehreren Jahrzehnten. Das Untergewand hat noch die Spuren roter Färbung, der Mantel war vergoldet.[534]

Weitere Funde der Ausgrabungen in den Jahren 1918/19 bestätigten die Vermutung von Schmid. So beschrieb er im Grabungsbericht:

> ... zwei Bruchstücke einer Gewandfigur, aus gebranntem Ton hergestellt. Der Verlauf der Falten beweist, daß beide Stücke zu einer Figur gehören, wenn auch das Mittelstück fehlt. Erhalten ist der Teil vom Ellenbogen bis zum Gewandsaum, 33 cm hoch, so daß wir eine Gesamthöhe von 60 cm annehmen können. Der rechte Oberarm fehlt, er lag vermutlich auf der Brust; die Hand ist vielleicht dort zu suchen, wo das Gewand gerafft wird. Der linke Unterarm hängt frei herab und trägt ein nach unten gerichtetes Gefäß. Die Figur sollte also eine törichte Jungfrau mit leerer Öllampe darstellen, und dadurch sind wir berechtigt, die goldene Pforte der Schloßkirche in Marienburg zum Vergleich heranzuziehen. Dort stehen die Jungfrauen in den Kämpferstücken der reichgegliederten Bogenlaibung. Größe und Gewandbehandlung der Figuren sind hier, wie dort ähnlich, nur sind die Elbinger Bildwerke ein wenig größer und älter. Es ist zweifellos, daß diese Stücke von der Kapellenportal–Vorhalle herrühren, und da man Schutt nicht weit zu verschleppen pflegte, so muß hier das älteste Landmeisterschloß gestanden haben, das 1251 zum Ordenshauptaus in Preußen erklärt wurde und vielleicht zu jener Zeit im Bau begriffen war.[535]

Hauke und Stobbe vermuteten wohl richtig, wenn sie beide Elbinger Fundstücke für einander zugehörig hielten. Die Figuren müssen eine Höhe zwischen 56 und 60 cm gehabt haben. Weiterhin bemerkten sie:

> Zu einer der Jungfrauen gehört wohl auch das in der Nähe gefundene Bruchstück eines weiblichen Kopfes. Das Gesicht erscheint durch die breite Bildung des Kinnes und die Behandlung der Locken den Marienburger entsprechenden Köpfen stilistisch verwandt. In der Haltung entspricht die Elbinger törichte Jungfrau ziemlich genau der zweiten (von links gerechnet) Marienburger törichten Jungfrau an der goldenen Pforte.[536]

Hauke und Stobbe schlossen sich der Datierung von Schmid an. Sie vermuteten aber die Kapelle nicht in der nördlichen Vorburg wie Schmid, sondern glaubten, daß sie sich einst in der südlich liegenden Hauptburg, dem Konventshaus, befand. Weiterhin nahmen sie an, daß die Verlegung bei dem zweiten Abbruch des Schlosses 1554 geschehen sei.[537]

---

534 Schmid (1915), 12. Bericht, S.11f und Abb. 4. Ulbrich (1932, S. 45) erwähnte die Funde als bemerkenswert, bezog sie jedoch leider nicht in seine Betrachtungen mit ein.
535 Schmid (1920), 16. Bericht, S. 8f und Abb. Tafel 2.
536 Hauke / Stobbe, (1964), S. 34ff. Abb. Tafel 14.
537 a.a.O.

Wie erwähnt, wurde der Elbinger Zyklus anscheinend von der gleichen Bauhütte auch an der um 1340 entstandenen Goldenen Pforte in der Marienburger Schloßkirche hergestellt.[538] Gall bemerkte zu diesem Portal:

> *Noch vom Ende des 13. Jahrhunderts die Eingangstür, die 'Goldene Pforte', mit reichem ornamentalem und figürlichem Bildschmuck, der aus halbtrockenem Ton geschnitten und danach gebrannt wurde, in den Bogenläufen Kluge und Törichte Jungfrauen, Ecclesia und Synagoge.*[539]

Beeinflußt wurde das Frauenburger Portalprogramm jedoch nicht nur durch ordensländische Vorbilder. Auch die großen Portalprogramme in Frankreich, d.h. in Paris, Orléans, Chartres und Amiens, dienten zumindest inhaltlich als Vorbilder. Die Umsetzung ist jedoch erheblich bescheidener, fast auf ein Minimum beschränkt.[540] Inhaltlich spiegelt es ein klar erkennbares Programm. So gehört seit altchristlicher Zeit das Gleichnis von den klugen und törichten Jungfrauen zum eschatologischen Ideenkreis.[541] *"In frühchristlichen Schriften ist bereits die Verbindung mit den Tugenden und Lastern und ferner mit Ecclesia und Maria als den Anführerinnen des Jungfrauenchores im Himmel und mit dem Weltgericht gegeben."*[542] Üblich ist, daß es insgesamt zehn Jungfrauen sind. Die Zahl 'Zehn' ist bereits in der Rede Jesu gegeben (Matth. XXV, 1–13).[543] In Frauenburg wurden wohl aus Platzmangel nur je drei Figuren zu beiden Seiten angebracht.

In der mittelalterlichen Bildersprache wurde das Gleichnis in enger Verbindung zur Darstellung des Jüngsten Gerichts gesehen.

> *Die Endgerichtssymbolik des Gleichnisses Jesu von den klugen und den törichten Jungfrauen wird von deutschen Bildhauern des 14. Jahrhunderts um die Gestalt des 'Fürsten dieser Welt', d.h. des Teufels als Verführer, in Gegenüberstellung zu Christus, dem mystischen Bräutigam der Kirche, bereichert.*[544]

Die klugen Jungfrauen sind das Sinnbild der Seligen, die törichten Jungfrauen entsprechen den Verdammten. Dieses sinnfällige Bild enthält die Mahnung, stets für den Tag der Entscheidung, dem Jüngsten Tag, bereit zu sein, so wie die klugen Jungfrauen vorbereitet und wachsam sind.

> *Der Tag der Ankunft des Bräutigams ist dem jüngsten Tag gleichgesetzt, die klugen Jungfrauen schreiten Christus bei seiner zweiten Ankunft entgegen, sie sind der Kirche des Neuen Bundes, Ecclesia, der Sponsa des Christus–Sponsus, gleichgesetzt, die törichten Jungfrauen hingegen vertreten die Kirche des Alten Bundes, Synagoge, die verstoßene erste Braut. Die klugen Jungfrauen nehmen*

---

538   Ulbrich (1932), S. 45.
539   Dehio / Gall (1952), S. 112.
540   Ebenda, S. 198. Jantzen (1987), S. 131f.
541   a.a.O.
542   Kirschbaum / Braunfels (1968 – 1976), Bd. 2, S. 459.
543   Jantzen (1987), S. 131.
544   Heinz–Mohr (1988), S. 287f.

an der Krönung Mariens, der Heimholung der Braut, (Maria = Ecclesia = Braut Christi) teil, während die törichten dem Strafgericht verfallen.[545]

Neben der eschatologischen Bedeutung kommt eine moralische hinzu. So stehen die Jungfrauen für Unschuld und Keuschheit bzw. Leichtsinn und Unkeuschheit. Deutlich erkennt man, daß bei den törichten Jungfrauen am Frauenburger Zyklus die Gewänder an den Schultern herabgezogen sind. Der Betrachter erhält den Eindruck von unkeuschen, verführten Jungfrauen. Dadurch wird klar, daß der Zyklus in die Richtung einer moralischen Bedeutung weist.

73 – 78 Die zuvor beschriebenen Figurenköpfe in der darunter liegenden Kämpferzone zeigen die unterschiedlichen Stände und die Geistlichkeit, erkennbar an Kopfbedeckung oder Haartracht. Wie oben festgestellt, ist das Hauptthema des Portals eine gekürzte Darstellung des Weltgerichts. Auch die Köpfe in der Kämpferzone nehmen in ihrer Symbolik Bezug darauf. Auf der Seite der törichten Jungfrauen (links) finden sich in der Kämpferzone Köpfe, deren Gesichter vom Schmerz verzerrt, schreiend und die Zunge herausstreckend dargestellt sind. Die linke Seite ist die des Sündenfalls, der Hölle und der Verdammten. Sie ist auch die Seite der Synagoge, welche für Tod und Teufelszugehörigkeit steht.

Auf der gegenüberliegenden Seite (rechts) sind in der Kämpferzone die Köpfe der seligen Menschen dargestellt. Ihre Seele ist rein, und ihr Gesichtsausdruck zeigt Glückseligkeit. Auch das Eichenlaub, welches aus den Mündern zweier Figuren herauswächst, versinnbildlicht die Kraft Christi und die Beharrlichkeit und Standhaftigkeit in Glaube und Tugend.[546] Es ist die Seite der Ecclesia, die symbolisch für Leben und Auferstehung steht. Daher befinden sich auch die klugen Jungfrauen auf der 'rechten' Seite.

79, 80 Über dem Kämpfer bilden sich neben den Jungfrauen zu beiden Innenseiten je zwei kleinere Zwickelfelder, in die musizierende Figuren eingestellt sind. Auf der rechten Seite eine stehende Figur, wohl singend, daneben ein sitzender Flötenspieler. Auf der gegenüberliegenden Seite steht eine Figur und bläst eine Sackpfeife, die Figur daneben spielt eine Fidel.

91 Über den klugen Jungfrauen auf der linken Seite steht von außen beginnend die Figur der heiligen Maria Magdalena. Sie trägt in ihrer rechten Hand ein Kruzifix. Dies als Hinweis auf die Buße und ihre Liebe zu Christus sowie als Geste der Versenkung in seine Leiden.[547] Rechts neben ihr steht die heilige Margaretha von Antiochia mit ihren Attributen, dem windenden Drachen in der linken und dem Stabkreuz in der rechten

---

545 Kirschbaum / Braunfels (1968 – 1976), Bd. 2, S. 461.
546 Cooper (1986), S. 42. Heinz–Mohr (1988), S. 76. Lurker (1988), S. 149.
547 Kirschbaum / Braunfels (1968 – 1976), Bd. 7, S. 525. Im Ermland finden wir diese Heilige als Mitpatronin der Pfarrkirche in Braunsberg. (CDW, Bd. IV, Nr. 99, S. 153) Bereits an anderer Stelle wurde darauf hingewiesen, daß es Tidick (ZGAE, Bd. 22, S. 420) als eigenartig empfand, daß in Braunsberg diese Heilige als büßende Sünderin als Patronin mit der reinen Jungfrau Katharina zusammen gestellt wurde. Maria Magdalena war nicht nur Stadtpatronin in Braunsberg, sondern auch in Frauenburg. Matern (1920), S. 101.

Hand.[548] Rechts daneben ist eine männliche Figur mit geflochtenem Bart ohne Attribute zu sehen, wohl einer der zwölf kleinen Propheten. Im Frauenburger Portalzyklus sind alle kleinen Propheten erkennbar am geflochtenen Bart. Eine personenbezogene Zuordnung ist aufgrund der uniformen Gestaltung nicht möglich. Auch sind genau wie bei den Jungfrauen wegen des Platzmangels nur insgesamt sechs Propheten abgebildet.

In der nächsten Reihe darüber ist von außen beginnend die heilige Dorothea dargestellt. Sie trägt ein Körbchen mit Blumen und in der rechten, erhobenen Hand hält sie eine Blume.[549] Sie gehört in der mittelalterlichen Kunst zu den beliebtesten Heiligen.[550] Rechts neben ihr steht die heilige Katharina von Alexandrien, dargestellt als Königstochter mit Krone auf offenem Haar, sowie ihren Attributen, den Hinrichtungswerkzeugen Rad und Schwert. Rechts neben ihr steht eine männliche Figur mit geflochtenem langen Bart. Die rechte Hand an die Wange haltend ist diese Figur ohne Attribute dargestellt.[551] Es handelt sich aufgrund der Bartgestaltung wohl um einen der kleinen Propheten. 92

Auf dem rechten äußeren Gewände stehen über den törichten Jungfrauen von außen beginnend der heilige Jodokus mit Pilgerstab und Buch in der Hand. Er ist jugendlich bartlos dargestellt und mit einem kurzen Gewand bekleidet.[552] Links daneben die heilige Barbara mit Feder und einem Haus in den Händen. Nach der Legende soll sie die Geißelung wie Pfauenfedern empfunden haben. Oft ist sie auch mit einem Palmzweig dargestellt. Das Gebäude in ihrer Hand steht symbolisch für den Turm, in dem sie eingeschlossen war.[553] Da zusammen mit der heiligen Barbara auch Margaretha, Katharina und Dorothea im Portalprogramm in Erscheinung treten, ergeben diese zusammen die *'Quattuor Virgines Capitales'*.[554] Obwohl im ersten Dombau schon ein Marienaltar 93 104

---

548   Im Ermland finden wir diese Heilige als Mitpatronin in der Kirche von Pettelkau und 1348 findet sie sich als beabsichtigte Patronin der nicht errichteten Kirche von Wernegitten. CDW, Bd. II, 106. ZGAE (Tidick), Bd. 22, S. 446.
549   Die Deutungsversuche von Reifferscheid (1984, S. 20, 35) stimmen zum Teil nicht. So bezeichnete er fälschlich die Heilige mit dem Korb als hl. Elisabeth.
550   Keller (1987), S. 180.
551   Bereits 1280 wird die hl. Katharina als Schutzpatronin der Braunsberger Stadtpfarrkirche genannt (CDW, Bd. I, 56). Sie zählt neben dem hl. Andreas zu den ältesten Patronatsheiligen im Bistum. Wie erwähnt, förderte besonders der Deutsche Orden die Verehrung der hl. Katharina.
552   Im Jahre 1343 wird der hl. Jodokus in Santoppen als Schutzpatron der zu errichtenen Pfarrkirche genannt (CDW, Bd. II, 27). Bereits um 1280 beginnt im Bistum Pomesanien die Verehrung des Heiligen. Doch die Verehrung setzte sich im Ordensland nicht durch, und es verwundert nicht, daß ihm zu Ehren sich nur eine Kirche nachweisen läßt, nämlich in der *"villa sancti Jodoci"* (Santoppen). Der Ort wurde bereits 1343 an die Kirchenfabrica der Frauenburger Kathedrale überwiesen. Dadurch ergibt sich eine frühe Bindung des Heiligen zur Kathedra. CDW, Bd. II, S. 27f., Nr. 29. ZGAE (Tidick), Bd. 22, S. 385ff.
553   Tidick (ebenda, S. 412ff.) begründete die starke ordensländische Verehrung der hl. Barbara damit, daß bereits 1242 Reliquien nach Kulm gelangten.
554   Sachs / Badstübner / Neumann (o.J.), S. 52. Tidick (ebenda, S. 409) stellte zur Ausbreitung der vier Heiligen fest: *"... eine Messe 'de sanctis quatuor virginibus capitalibus', das sind Katharina, Barbara, Margareta und Dorothea, aus Kölner Missalien bekannt geworden ist, die auch in Deutschordens–Missale Eingang gefunden hatten: ein neuer Beweis für den großen religiösen Einfluß, den Köln auf das Ordensland ausgeübt hat. Auf dem Weg über die Liturgie wurde diese Heiligenreihe, der wir auch in den Allerheiligenlitaneien begegnen, außerordentlich populär."* So verwundert es nicht, daß 1388 Reliquien von diesen Heilgen in einem großen Reliquiar von dem Elbinger Hauskomtur bestellt wurde. (Tidick ebenda, S. 409, dort Anm. 4 d)

"... in Choro ante altare beate virginis. Anno domini MCCCXiiiI (1314)"[555] erwähnt wird, ist am Frauenburger Portal keine Mariendarstellung angebracht. Dennoch nimmt das Portalprogramm symbolisch Bezug auf Maria. So ist die Gottesmutter *'Virgo inter Virgines'*. Ebenso stehen die klugen Jungfrauen in eschatologischem Zusammenhang für Ecclesia, die (nach Eph. 5,22–33) auch als Braut Christi zu verstehen ist und seit dem 12. Jahrhundert vorwiegend mit Maria gleichgesetzt wurde.[556] Auch verweisen in der spätmittelalterlichen Typologie die zwölf kleinen Propheten als Künder auf die unbefleckte Empfängnis Mariens.[557]

Aus der französischen Tradition heraus wurden am Haupteingang der großen Kathedralen häufig Mariendarstellungen angebracht. Hierdurch und durch die Anbringung der klugen und törichten Jungfrauen erhielt die Pforte ihre Deutung als 'porta coeli', durch die Gottes Sohn in die Welt trat.[558]

Links neben der hl. Barbara steht ein Mann mit geflochtenem langen Bart ohne Attribute, wohl wiederum einer der kleinen Propheten.

94 Darüber folgt von außen ein männlicher Heiliger (?) in Mönchstracht mit Tonsur. In der einen Hand trägt er ein Buch, in der anderen vermutlich einen Beutel. Über dem Gewand trägt er ein Skapulier. Neben ihm steht ein Prophet, erkennbar an dem geflochtenen Bart, und neben diesem ein unbekannter Heiliger (?) mit kurzem Bart.

95 In der inneren, dreireihigen Archivolte befindet sich auf der linken Seite von außen beginnend ein Prophet mit geflochtenem Bart. Rechts daneben der Apostel Jakobus der Ältere, der als Pilger mit Pilgerhut und Wanderstab dargestellt ist. In seiner linken Hand trägt er ein Buch. Rechts neben ihm steht der Apostel Paulus. Die Darstellung ist sehr stark abgeschlagen, dennoch erkennt man deutlich, daß die Figur in ihrer rechten Hand ein erhobenes Schwert trägt.

91 Darüber folgt von außen beginnend die Darstellung einer männlichen Figur mit glattem und geschnittenem Vollbart sowie mit kahlem Haupt. In der einen Hand trägt sie ein Buch, das in der anderen Hand gehaltene Attribut fehlt. Deutlich erkennt man eine Lochbohrung in der Faust, in der einst das Attribut steckte, möglicherweise eine Säge. Es handelt sich wohl um den Propheten Isaias. Er ist der erste der vier großen Propheten, neben Jeremias, Ezechiel und Daniel. Neben den Propheten steht ein Heiliger (?) mit Bart und gewellten Haaren. Er trägt in beiden Händen sein Attribut, leider ist nicht mehr deutlich erkennbar, um welchen Gegenstand es sich handelt. Daneben folgt der heilige Apostel Andreas. Die Figur ist stark zerschlagen, dennoch kann man sein Attribut, das diagonal getragene Kreuz, erkennen.

96 Darüber folgt von außen beginnend ein Engel, der anders gestaltet ist als die sechs Engel über dem Christuskopf. Er wird mit einem offenen Buch dargestellt. Aufgrund seiner gesonderten Plazierung handelt es sich wohl um eine Engelsgestalt, der eine besondere Aufgabe zukommt. Aufgrund der inhaltlichen Thematik des Portals kann es

---

555   CDW, Bd. I, D. Nr. 195, S. 336.
556   Sachs / Badstübner / Neumann, (o.J.), S. 109, 111.
557   Ebenda, S. 292.
558   Jantzen (1987), S. 155.

sich wohl nur um den Erzengel Michael handeln, der zum Weltgericht und somit als Seelenwäger zum Programm zählt. Daneben folgt ein bärtiger Mann, der ein Buch in der Hand trägt und seine rechte Hand an die Wange hält. Es ist wohl der Prophet Jeremias, er ist der zweite der vier großen Propheten. Er wird oft als Melancholiker und als hinwelkender Greis dargestellt. Neben dem Propheten steht eine Figur, die heute aufgrund der starken Abarbeitungen einen nicht mehr identifizierbaren Heiligen darstellt.

Auf der gegenüberliegenden Seite steht im inneren Dreibogenverlauf von außen beginnend der heilige Diakon Laurentius. In seiner rechten Hand hält er einen Rost, das Attribut seines Martyriums. In der linken Hand trägt er ein Buch. Er ist jugendlich und bartlos dargestellt.[559] Neben Laurentius steht der Apostel Bartholomäus mit Schindmesser und Buch, jugendlich und ohne Bart. Daneben folgt im inneren Bogenfeld eine männliche Figur mit geflochtenem Bart und einem Buch in der Hand, wohl ein kleiner Prophet.

Darüber folgt von außen beginnend der Apostel Petrus. In der rechten Hand trägt er einen Schlüssel, in der linken ein Buch. Daneben folgt wohl der Prophet Daniel, denn er ist im Vergleich zu den anderen großen Propheten jugendlicher, mit kürzerem Bart dargestellt. Er ist in der Reihe der großen Propheten der vierte. In seinen Händen trägt er ein Buch. Seine rechte Hand hebt er vor die Brust, so daß die Handfläche nach außen zeigt. Neben ihm steht der Prophet Ezechiel. Er ist der dritte der vier großen Propheten. Er ist mit Bart dargestellt und trägt ein Buch in der Hand.

Darüber folgt von außen der heilige Stephanus. Er wird meist zusammen mit dem hl. Laurentius dargestellt. Sie zählen zu den Erzmärtyrern. Neben ihm steht der heilige Georg, als Ritter gerüstet, sich mit beiden Händen auf eine Lanze stützend. Die Spitze der Lanze stößt er in das Maul des Drachens. Der Drache liegt auf dem Rücken. Sein Kopf wird von den Füßen des Heiligen festgehalten. Neben dem heiligen Georg steht der heilige Johannes Evangelist (?). Auf der linken Seite trägt er ein Buch. Die rechte Seite ist wie bei den übrigen innen liegenden Figuren abgeschlagen.

Direkt im Archivoltenscheitel über dem Christuskopf scharen sich sechs Engel, die sowohl in der Flügelgestaltung als auch im Gesicht und ihrer lockigen Haartracht ähnlich gestaltet sind. Die beiden äußeren Engel tragen offene Bücher – das Alte und Neue Testament. Die vier übrigen Engel halten Spruchbänder – die vier Evangelienschriften.

So präsentiert die Ikonographie der Westvorhalle alle wesentlichen inhaltlichen Kriterien des Jüngsten Gerichts. Die Heiligen sind nicht außergewöhnlich, sondern entsprechen in ihrer Verehrung dem Zeitgeist gegen Ende des 14. Jahrhunderts. Die Auswahl entspricht in ihrer Präferenz auch derjenigen im Deutschordensland.

---

559 Tidick (ZGAE, Bd. 22, S. 380ff.) stellte fest, daß der St. Laurentius als einziger römischer Märtyrer in Preußen Verehrung fand. Neben dem hl. Georg ist der hl. Laurentius der beliebteste Berufspatron des Deutschen Ordens gewesen.

3.4 Einflüsse und Herkunft der Dombaumeister, Bildhauer und Domwerkstatt

Trotz ausgeprägtem Presbyterium zeigt der Grundriß eine stilistische Affinität zu den chorlosen ermländischen Hallenkirchen. Zwei Merkmale fallen bei der Grundrißgestaltung auf – die Turmlosigkeit und der gerade, langgestreckte Chorschluß. Beide Merkmale sind nur aufgrund der Einwirkung der zisterziensischen Baureform denkbar. Besonders der auffällig gestreckte Rechteckchor mit geradem Schluß war seit Bernhard von Clairvaux von besonderer Bedeutung für die Bauten des Ordens. Ebenso verzichtete man auf die steinernen Glockentürme, welche 1182 vom Generalkapitel in Kapitel 16 der Ordensregeln verboten wurden.[560] Da im Ermland kein Zisterzienserkloster angelegt war, ist die Beeinflussung nur durch rege religiöse und kirchenpolitische Kontakte der Bischöfe zu den benachbarten, weichselländischen Zisterzienserklöstern Oliva und Pelplin zu erklären.[561] Hier könnte der Zisterzienser Paulus Pauri als Verweser des Bischofs Hermann von Prag mit seinen engen Kontakten zu den ordensländischen Zisterzienserklöstern eine wesentliche Rolle gespielt haben.

Sowohl die Bauplastik, speziell bei den Dienstkapitellen im Frauenburger Domchor, als auch die Chorgiebelausbildung stehen, wie festgestellt wurde, in enger Beziehung zur Dominikanerklosterkirche St. Marien in Elbing. Von Elbing aus wurde das Ermland erobert und besiedelt. Die ab 1237 errichtete Ordensburg bot Schutz, und der Seehafen stellte wichtige Handelsverbindungen zu den Ostseestädten her. Elbing war auch der Ort, in dem Bischof Anselm 1278 während der Zeit der Prußenaufstände mit seinem Domkapitel Zuflucht fand. Außerdem war es der aus Elbing stammende und 1328 gewählte Bischof Heinrich II. Wogenap, der 1329 Ablässe für die neu zu errichtende Domkirche besorgte. Unter seiner Regierungszeit begann die Planung und wohl ebenso die Fundamentlegung des Doms. Er beauftragte wohl die Elbinger Werkstatt, die auch an der dortigen Dominkanerkirche tätig war.

Der Burg Elbing wurde schon 1251 durch Bruder Eberhard von Sayn, einen Vertreter des Hochmeisters, der bedeutende Titel *"principalis domus"* verliehen, und somit befand sich hier noch vor der Marienburg die Residenz des Landmeisters. Diese Stellung ging später im Jahre 1309 verloren, als Hochmeister Siegfried von Feuchtwangen seinen Sitz von Venedig auf die Marienburg verlegte.[562] Zur Elbinger Bauhütte bemerkten Hauke und Stobbe:

> *Da man von etwa 1250 – 1309 an der endgültigen Ausgestaltung des Schlosses gearbeitet haben muß, ist mit Sicherheit anzunehmen, daß man hier, am Sitze des führenden preußischen Ordenskonventes, den neuen Typ der Ordensburg entwickelte und vorbildlich ausführte. Eine Reihe von Bauformen und Bildhauerarbeiten aus Brandenburg, Lochstedt und Marienburg, die untereinander und mit den in Elbing aufgefundenen Resten übereinstimmen, läßt darauf schließen, daß in der zentral gelegenen Burg zu Elbing eine Bauhütte bestand, die auf die*

---

560 Braunfels (1985), S. 301.
561 Pfefferkorn (1990), S. 46.
562 Schmid (1915), S. 12. Hauke / Stobbe (1964), S. 25.

gleichzeitigen benachbarten Burgenbauten des Ordens einen ständigen Einfluß ausgeübt hat.[563]

Diese Werkstatt, die vermutlich von Thorn nach Elbing wanderte, läßt sich ebenfalls, wie oben festgestellt, am Frauenburger Domchor zwischen 1330 und 1342 anhand der unternommenen vergleichenden Betrachtung nachweisen. Auch noch 1388, bei der Vollendung des Doms, finden sich klare Belege einer Werksbeziehung zu Elbing. So konnte nachgewiesen werden, daß nicht nur Elbinger Steinmetze tätig waren, sondern auch noch bis 1388 Formsteine aus der dortigen Ziegelscheune geliefert wurden.

Die Ziegelherstellung und der Ziegelexport stehen in engem Zusammenhang mit dem Elbinger Dominikanerkloster. Bereits bei der Stadtgründung von Elbing stiftete Hermann Balk am 13. Januar 1238 ein Dominikanerkloster. Die Mönche durften ihr Kloster in der Stadt errichten. Die Stiftung wurde am 16. März 1242 vom päpstlichen Legaten Wilhelm von Modena sanktioniert. Hochmeister Heinrich von Hohenlohe bestätigte am 24. April 1246 ebenfalls die Stiftung und gestattete *"einen Chor und eine Kirche aus Steinen* (de opere latericio) *ohne Turm zu erbauen und gab den Brüdern, um diesen Bau zu fördern, einen außerhalb der Stadtbefestigung gelegenen Platz zur Anlage einer Ziegelscheune."*[564] Demnach war in Elbing schon sehr früh ein Zentrum für die Backsteinproduktion entstanden. Gall bemerkte zur Klosterkirche, daß sie neben St. Johann in Thorn einer der ältesten erhaltenen Bauten im Ordensland ist. Gall vermutete richtig, daß der gerade geschlossene Elbinger Dominikanerchor wohl noch aus der Zeit um 1250 stammt.[565] Ursprünglich war der Raum einschiffig, erst im Beginn des 14. Jahrhunderts wurde er um ein etwas niedrigeres Seitenschiff erweitert. Nach einem Brand von 1504 wurde das Seitenschiff erhöht, und der neue Hallenraum erhielt ein reiches Netzgewölbe.[566]

108 –
109

Anhand von Vergleichen der Formsteine konnte nachgewiesen werden, daß sogar die benötigten Ziegelformsteine für den Dombau von der Elbinger Ziegelscheune aus über das Haff nach Frauenburg geschifft wurden. Diese Verbindung zeigt sich auch schon früh, denn die Elbinger Pfarrkirchen St. Nikolai und Hl. Drei Könige gehörten zum Archipresbyterat Ermland.[567]

Auf die Pelpliner Klosterkirche verweisen am Außenbau der Ostwand des Frauenburger Doms rechtwinklig zueinander verlaufende Eckstreben.[568] Im Innenraum zeigen die Schiffsgewölbe Beziehungen zu Pelplin. Der wahrscheinlich aus Elbing stammende ältere Frauenburger Chorbaumeister orientierte sich am Vorbild Pelplin und stand nachweislich unter Zisterziensereinfluß.

Schmid sah im ersten Baumeister, der den Chor zwischen 1330 und 1342 errichtete, einen älteren Mann, der noch Zierglieder des 13. Jahrhunderts verwendete, so wie sie am Chorgiebel von St. Johann in Thorn und der Dominikanerkirche zu St. Marien in

---

563 Hauke / Stobbe (1964), S. 26.
564 Roth (1918), S. 68f. CDW, Bd. I, R. Nr. 29, S, 7; D. Nr. 14, S. 23.
565 Dehio / Gall (1952), S. 130.
566 Schmid (1932), 18. Bericht, S. 7.
567 Keyser (1939) Bd. 1, S. 46.
568 Zink (1938), S. 93.

Elbing zu finden sind. Demnach muß er dort schon um 1300 tätig gewesen sein. Der Einfluß seines Lehrmeisters war ganz der Formensprache des 13. Jahrhunderts verhaftet. Auch die frühen Sterngewölbe im Innenraum des Chors zeigen starke Verbindungen zu dem etwa zeitgleichen Gewölbe der St. Annenkapelle auf der Marienburg (1331 – 1341). Schmid sah den Frauenburger Baumeister *"noch in der Baugesinnung des Ordenslandes"*.[569] Ebenso vermutete Gall im Baumeister einen älteren Mann aus der um 1300 tätigen Generation und schrieb: *"Auf den Chormeister ist die betont ernste Geschlossenheit der Gesamterscheinung, das 'Pathos des Verzichts' zurückzuführen."*[570]

Der zweite Baumeister begann die Errichtung des bereits fundamentierten Langhauses. Wohl in der Zeit um 1380 scheint ein dritter Baumeister in Frauenburg tätig zu sein. Von Quast und Schmid sahen in der Person des Domherren *"... Her Lifhard buwmeister der Thumkirchen zur frawenburg ..."* den dritten Baumeister Lifhard von Datteln.[571] Über ihn wissen wir, daß er in der Diözese Kulm Kleriker war und eine *"perpetua capellania in eccl. Warmiensi"* hatte. Seit 1358 finden wir Lifhard als Kanonikus an der *"Ecclesia Warmiensis"*. Er bewarb sich am 16. Juni 1365 um ein Kanonikat in Dorpat, das er wahrscheinlich nicht erhielt. Daraufhin muß er sich zum Studium entschlossen haben, denn am 14. Februar 1364 war er Supplikant der Universität Paris, wo man ihn noch am 22. April 1378 erwähnte. Er wechselte noch im gleichen Jahr zur Universität von Orleans. Vermutlich blieb er dort nicht lange, sondern kehrte wieder nach Frauenburg zurück. Er führte den Titel eines *"magister arcium"* (1395).[572] Als seine Berufsbezeichnung finden wir in Urkunden *"... Her Lifhard buwmeister der Thumkirchen zur frawenburg ..."*.[573] Von 1392 – 18. Juni 1397 war er nachweislich *"canonicus ecclesiae Warmiensis"* und besaß eine große Präbende.[574] Im Jahre 1397 wurde er als Zeuge mit *"... her Lifhardt von Datteln domher*

---

569 Schmid (139), S. 34.
570 Dehio / Gall (1952), S. 196.
571 CDW, Bd. III, S. 291, Nr. 318. Urkunde vom 18. Juni 1398. Von Quast (1852), S. 32. Schmid (1939), S. 23. Kletzl (1935, S. 18, 34) glaubte in dem Titel *"buwmeister"* mehr die Funktion als Pfleger oder Verwalter zu erkennen. Dies zu unrecht, wie sich später zeigen wird. In einer Urkunde vom 14. Juli 1397 findet sich unter den Zeugen *"her Lifhart von Dattelen domherr tor Frowenborch"*. CDW, Bd. III, Nr. 672, S. 654.
572 CDW, Nr. 305, S. 280. Bis zum 20. November 1364 war an der Pariser Universität Michael Vischow von Perugia Studienrektor. Er wurde danach Domherr in Frauenburg. Dort wird er 1372 – 1387 als Dekan erwähnt sowie 1375 als päpstlicher Kaplan und schließlich 1387 – 1388 Dompropst. Er starb 1388. Ob eine Verbindung zu L. von Datteln bestand, ist unbekannt, es zeigt allerdings, daß gerade zu dieser Zeit um 1364 enge Beziehungen zur Pariser Universität bestanden. (Vgl. SRW, S. 217, dort Anm. 16)
573 CDW, Bd. III, Nr. 318, S. 291.
574 Schmid (1939), S. 23. Die Familie Datteln könnte aus dem heutigen Landkreis Recklinghausen stammen. Dort liegt der Ort Datteln ca. 18 km nw. von Dortmund. Ein Rutger und Herman von Datteln werden um 1350 als Ratsleute in Thorn genannt. Schmid vermutete, daß Lifhard wohl aus diesem Ratsgeschlecht entsprossen sei. Der Familienname Datle, Dattelen, Dattilen findet sich aber auch zwischen 1322 und 1348 in den Neubürgerlisten der Stadt Lübeck (vgl. Ahlers, 1967, S. 32, 52, 50, 106). Die Behauptung Schmids (1939, S. 23) bleibt daher eine Vermutung. Reifferscheid (1984, S. 19) glaubte, daß Lifhard aus Westfalen stammte, begründete dies jedoch nicht weiter. SRW, Bd. I, S. 222. Dittrich (ZGAE, Bd. 18, S. 555) und Kletzl sahen in der Person des Meisters Lifhard leglich den Fabricerius. Dieser soll nur für die Verwaltung der Baukasse der fabrica verantwortlich gewesen sein. Dittrichs und Kletzls Vermutung lassen sich auch durch die Untersuchungen von Pottel (1911, S. 38f.)

tor Frowenborch ..." genannt.[575] Zu seinen Aufträgen als Dombaumeister zählte wohl nicht die Gestaltung der Georgskapelle. Daß diese Kapelle durch einen unerfahrenen Bauleiter errichtet wurde, läßt sich aufgrund der unsoliden Bauweise erschließen. Nur ein Unerfahrener, der die Folgeschäden nicht absehen konnte, trägt einen Chorstrebepfeiler einfach ab, um Platz für einen Kapellenanbau zu schaffen. Gewöhnlich wurden Pfeiler in die Planung mit einbezogen, wie es bei den Kapellenanbauten der Danziger Marienkirche um 1380 geschah oder wie bei den späteren Kapellenanbauten in St. Johann in Thorn und der Wormditter Pfarrkirche. So gibt es viele Beispiele dafür, daß man Kapellen erweiterte, ohne das Strebepfeilersystem abzutragen. Zwar wurde ein Stützbogen über das Kapellengewölbe gelegt, doch zeugen die zahlreichen Reparaturen und Ausbesserungsarbeiten für eine unsolide Ausführung. Auch steht der Baukörper in keiner organischen, die Stabilität verbessernden Verbindung zur Chorwand.

Da die oberen Abschlüsse des Langhauses und die Westfassade noch unvollendet waren, dürfte Lifhard von Datteln mit ihrer Fertigstellung beauftragt worden sein. Hierbei entwarf er die großartige Vorhalle und vielleicht sogar den Westschaugiebel.

Die Westfassade und der anschließenden Vorhalle zeugen von der Gestaltungskraft eines Ingeniums. Fähige Handwerker holte sich der Baumeister aus der Elbinger Bauhütte. An der Konfiguration der Frauenburger Westvorhalle läßt sich in Aufbau und Formensprache in gleichem Maße ordensländischer und französischer Einfluß erkennen. Es entsteht eine harmonische Vereinigung beider Strömungen. Die Frauenburger Domwerkstatt entstammte nachweislich einer Elbinger Tradition, deren Stil entsprechend einfloß. Die französischen Maßwerkformen aber waren direkt von dem aus Frankreich kommenden Baumeister Lifhard auf die Werkstatt, die nach den Maßwerkvorlagen des Baumeisters arbeitete, übergegangen.

Wie erwähnt, war Lifhard von Datteln um 1378 in Paris und Orleans. Es wäre möglich, daß sein Reiseweg ihn über den Seeweg in die Bretagne, über Amiens nach Paris und wieder zurück führte. Die analoge Struktur des Tympanonmaßwerks der Frauenburger Westvorhalle und eines Fensters der zwischen 1373 und 1375 gestalteten 'Chapelle de la Grange' in der Kathedrale von Amiens ist ein nicht zu übersehender Hinweis auf die direkte Beeinflussung Lifhards durch die neue französische Maßwerkformsprache. Aber auch der Einfluß der Parler–Bauschule und rheinische Einzelformen lassen sich, wie schon erläutert, erkennen. Eine Beeinflussung, die nicht ungewöhnlich erscheint, zumal die vielfältigen Beziehungen unter den Werkstätten in Form von Wanderungen der Steinmetze und Baumeister oder der Vermittlung von Zeichnungen einen Formenaustausch ermöglichten. Entscheidend wurde schließlich die Umsetzung der Werksteinformen in die mit großem Geschick gebrannten Terrakotten, was nur in Elbing geschehen sein kann.

---

widerlegen. Dieser wies nach, daß der Kustos die Oberaufsicht der fabrica seit 1343 inne hatte. Zur Zeit Lifhards war es von 1375 – 1384 Johann Rone; 1385 – 1386 Arnold von Ergesten und 1387 – 1405 Tylo von Glogau. Vgl. SRW, Bd. I, dort Anm. 20, S. 61. Wenn Lifhard nachweislich nicht leitend an der Verwaltung der fabrica tätig war, bleibt nur noch die Stellung als *"buwmeister der Thumkirchen"*. Laut Verzeichnis vom 11. April 1393 (SRW, Bd. I, S. 219, dort Anm. 20) besaß er eine große Präbende.

575   CDW, Bd. III, S. 654, Nr. 672.

Trotz der französischen Maßwerkformen aus Amiens, der durch die Parler beeinflußten Nürnberger Maßwerkformen und der im rheinischen Gebiet verbreiteten Einzelmaßwerkformen, die als Vergleich herangezogen werden können, besitzt das Frauenburger Maßwerk eine nonkonformistische Sprache, die nur über die Elbinger Bauhütte einfließen konnte. Somit scheinen sich mehrere Strömungen logisch zu vereinigen. In der Zeit, als Meister Lifhard von Datteln in Frauenburg tätig war, müssen auch andere ostdeutsche Baumeister unter der Beeinflussung der Parler gestanden haben. So konnten schon Otto Kletzl und Karl Heinz Clasen die Verbindung zwischen den Parlern und dem Meister Hinrich Brunsberg nachweisen.[576] In Frauenburg war zur Zeit der Vollendung der Westseite mit der bedeutenden Westvorhalle Bischof Heinrich III. Sorbom tätig. Wie oben erwähnt, war dieser nicht nur vor seiner Nominierung Sekretär Kaiser Karls IV. gewesen, sondern er begleitete den Kaiser noch nachweislich bis 1377 auf dessen Reisen. Vermutlich war Bischof Sorbom auch im Jahre 1361 in Nürnberg, wo Kaiser Karl die Reichskleinodien auf der vollendeten Balustrade der Marienkirche vorzeigte.[577] Demnach war dem Bischof das Bauwerk bekannt, und so scheint es, als habe er als Auftraggeber maßgeblichen Einfluß auf die Gestaltung der Frauenburger Vorhalle ausgeübt. Seine engen Beziehungen zum Kaiser dürften damit den herrschenden parlerischen Einfluß gerade zu dieser Zeit im Hochstift Ermland erklären.

Der Schaugiebel der Frauenburger Westfassade bleibt ein singuläres Werk in der ordensländischen Baukunst. Es ist zu vermuten, daß Baumeister Lifhard von Datteln als Domherr in Frauenburg blieb, wo er hochgeschätzt im August 1397 starb.[578]

3.5 Zusammenfassung

3.5.1 Erster Bauabschnitt

Um 1270 – 1278 werden Burg und Stadt angelegt. Kurz nach der Bischofswahl von Heinrich I. Fleming beschließt dieser, den ermländischen Dom und das Domkapitel auf die sichere Frauenburg zu verlegen.

Die alte, wohl zwischen 1278 und 1288 errichtete erste Kathedrale war schmaler als der heutige Bau, und der Ostgiebel reichte nur bis zum Eingang des heutigen Chors. Dem Anschein nach war der erste Bau aus Holz gefertigt. Es ist davon auszugehen, daß der endgültige Umzug von Braunsberg um 1300 abgeschlossen war, da nach dieser Zeit vermehrt Urkunden des Domkapitels in Frauenburg ausgestellt werden.

---

576 Kletzl (1939). Clasen (1952), S. 48 – 57.
577 Schindler (1963), Bd. I, S. 238.
578 SRW, Bd. I, S. 222. CDW, Bd. III, S. 338, Nr. 358. *"Eodem anno ipso beati Bartholomei (24. August) fuit taxata per dominos capitulariter curia canonicalis relicta per quondam dominum Liffardum de Datteln bone memorie, quam modo inhabitat dominus Nicolaus Schippenpil, pro Ix. marcis, quia temore, quo ipsam inhabitavit, eandem notabiliter in multis partibus reparavit."*

3.5.2 Zweiter Bauabschnitt

Im August 1329 erhält Bischof Heinrich II. Wogenap seine Weihe durch den Papst. Während des Aufenthaltes in Avignon bittet er den Papst um Ablässe für einen Domneubau. Diese werden schon im November 1329 konzediert. Die ersten Planungen für den Domneubau beginnen wohl nach 1330. Der Bischof beauftragt eine Elbinger Bauhütte mit der Errichtung des Domchors. Doch schon 1334 verstirbt der Bischof, und ein Streit um die Kathedra hat bis zum Jahre 1337 eine Sedisvakanz zur Folge. Wegen der die Ablehnung durch das Domkapitel kann der neugewählte Bischof Hermann von Prag das Ermland erst Mitte 1340 betreten. Daher setzt er 1338 den aus Prag stammenden Zisterzienser Paulus Pauri als seinen Verweser ein. Dieser oder das Domkapitel veranlassen umgehend den Weiterbau, denn bereits am 28. April 1342 wird der Chor geweiht. In Anbetracht der kurzen Zeitspanne ist es wahrscheinlich, daß der Baubetrieb nicht völlig zum Erliegen kam, nachdem Bischof Heinrich II. Wogenap starb und eine Sedisvakanz eintrat. Folglich wurde der Chor durch den ersten Baumeister zwischen 1330 und 1342 errichtet.

3.5.3 Dritter Bauabschnitt

Nach Vollendung des Chors (1342) wird die noch stehende alte Domkirche abgetragen, um Platz für das neu zu errichtende Langhaus zu schaffen. Außerdem müssen neue Fundamente angelegt und Finanzmittel für den Weiterbau beschafft werden. Um die Finanzierung des Langhauses zu sichern, werden im Jahre 1343 zwei Dörfer an die fabrica überwiesen. Gleichzeitig übernimmt der Kustode die Administrationsgeschäfte der Kirchfabrica. Offenbar verzögert sich der Weiterbau. Fehlende Finanzmittel sind wohl die Ursache. Es ist daher zu vermuten, daß um diese Zeit (1343) lediglich die Langhausfundamente ausgehoben werden und man mit der Errichtung des Sockels anfängt. Eine Baunaht im Sockelbereich des Langhauses läßt sich heute noch erkennen. Ferner sieht man am Mauerwerk einen Wechsel vom wendischen zum gotischen Verband. Auch bei den Dorfkirchen von Bertung, Pettelkau und Plaßwich tritt wohl zu gleicher Zeit eine Bauunterbrechung ein. Es fehlen somit am Ende der Regierungszeit von Bischof Hermann von Prag nicht nur Gelder für den Dombau, sondern auch für die Vollendung der genannten Dorfkirchen. Aufgrund des Mauerverbandwechsels muß man davon ausgehen, daß auch die Werkstatt wechselt. Der alte Chormeister gründet noch das Langhaus. Man wechselt jedoch zu einem zweiten, eventuell der jüngeren Generation angehörenden Meister, der das Langhaus im gotischen Verband vollendet.

Im Jahre 1349 stirbt Bischof Hermann von Prag. Der neugewählte Bischof Johann I. von Meißen bittet nach seiner Weihe in Avignon den Papst um neue Ablässe, die im selben Jahr erfolgen. Die Bauarbeiten können zwar weiterlaufen, doch es fehlen offenbar zusätzliche Gelder. Die folgenden Päpste verleihen auf Bitten des 1355 neu gewählten Bischofs Johannes II. Stryprock 1356 und 1367 erneut Ablässe zur Finanzierung.

3.5.4 Vierter Bauabschnitt

Nach der Sicherung der Baufinanzen kann das Langhaus im aufgehenden Mauerwerk durch den neuen Meister um 1380 vollendet werden. Erst mit der Errichtung des prachtvollen Westgiebels werden die Treppentürme in die Seitenschiffe des Langhauses aus fortifikatorischen Gründen nachträglich eingebaut. Als oberer Langhausabschluß werden Wehrgänge errichtet. Der prachtvoll gestaltete Westgiebel erhält über drei spitzbogigen Staffelblenden eine Doppelgalerie als oberen Abschluß. Es ist anzunehmen, daß zu dieser Zeit Lifhard von Datteln als Dombaumeister in Frauenburg tätig ist.

3.5.5 Fünfter Bauabschnitt

Nach der Vollendung des Dombaus, der Satteldächer und der Gewölbe im Langhaus beschließt das Domkapitel zusammen mit Bischof Johannes II. Stryrock, auf der Westseite eine prächtige Vorhalle anzulegen. Hierzu beauftragt man den Domherrn Lifhard von Datteln. In der Regierungszeit von Bischof Heinrich III. Sorbom wird der Dom vollendet. Eine Inschrift mit der Jahreszahl 1388 in der Vorhalle bezeugt dies.

4. Die ermländischen Stadtkirchen

4.1 Frauenburg/Frombork, Stadtkirche St. Nikolaus

4.1.1 Baugeschichte

In der Stadthandfeste von 1310 wird eine Stadtkirche in Frauenburg nicht erwähnt.[579] Da ein Pfarrer Petrus zwischen 1304 und 1314 urkundlich genannt wird, kann man davon ausgehen, daß ein Kirchenbau für die schon bestehende Gemeinde zumindest geplant war. Eine Dotation des Baus ist nicht überliefert.[580] Für das Jahr 1345 läßt sich die Tätigkeit von Pfarrer Bertholdus urkundlich belegen.[581] Die Stadtpfarrkirche gehörte zum Archipresbyterat Frauenburg. Die Patronatsrechte erhielt das Frauenburger Domkapitel.[582]

Daß der Baubeginn noch vor dem Ende der Regierungszeit des Bischofs Heinrich II. Wogenap (1329 – 1334) lag, ist kaum wahrscheinlich. Die in der Folgezeit herrschende Sedisvakanz von 1334 – 1337 war für ein Bauprojekt kaum förderlich.

Da der folgende Bischof Hermann von Prag sich noch bis um 1340 in Avignon aufhielt, setzte er 1338 den aus Prag stammenden Zisterzienser Paulus Pauri als Verweser im Ermland ein.[583] Paulus oder das Domkapitel förderten nicht nur den raschen Weiterbau des Domchors (Weihe 1342), sondern protegierten auch den Bau der Stadtpfarrkirche. Deren Fundamentierung erfolgte möglicherweise kurz nach 1338, und man errichtete zunächst das Langhaus und die zweigeschossige Sakristei im wendischen Mauerverband. Für die Bauausführung war wohl die in Frauenburg niedergelassene Domwerkstatt verantwortlich. Um 1340 erfolgte analog zum Dom eine Bauunterbrechung. Das Langhaus hatten die Werkleute zu diesem Zeitpunkt bis etwa zu einem Drittel errichtet. Die zweigeschossige Sakristei war schon bis zur Traufe vollendet. Bischof Hermann von Prag sorgte alsbald nach seinem Eintreffen im Ermland für den Weiterbau. Das aufgehende Mauerwerk wurde nach der alten Planung weiter fortgesetzt, jedoch nicht wie am Chor und der Sakristei im wendischen, sondern im gotischen Mauerverband. Vermutlich war nach der Bauunterbrechung und bis zur Vollendung die neue Domwerkstatt tätig.

115 – 118

Ein Weihedatum ist nicht überliefert. Wohl erst am Anfang der Regierungszeit Bischof Johannes II. Stryprock (1355 – 1373) wurde die Kirche vollendet. Ein Viceplebanus Petrus wird bereits im Jahre 1353 erwähnt.[584] Erst im Jahre 1399 findet sich der Hinweis:

---

579 CDW, Bd. I, D. Nr. 154, S. 266ff. SRW, Bd. I, S. 413, dort Anm. 124. Bergau (1869), Nr. 5.
580 Boetticher (1894), S. 103.
581 SRW, Bd. I, S. 413, dort Anm. 124.
582 Boetticher (1894), S. 102.
583 CDW, Bd. II, S. 588.
584 SRW, Bd. I, S. 413, dort Anm. 124.

> ... *daß Papst Bonifatius IX. die Frauenburger Pfarrkirche den vicariae perpetuae der Domkirche 'in relevamen onerum ipsis vicariis pro temore incumbentium' inkorporierte, so daß die Vikarien ein Recht erhielten, die Einkünfte der Stelle zu beziehen, natürlich mit der Verpflichtung, für die Seelsorge einen geeigneten Priester zu bestellen und die der Kirche obliegenden Lasten und Abgaben zu tragen.*[585]

Demnach lagen Vollendung und Kirchweihe vor 1399, und die Vermutung, daß schon Bischof Johannes Stryprock diese Amtshandlung vollzog, scheint zutreffend.

Zink dagegen datiert die Entstehung der Stadtkirche erst um 1400, doch diese Terminierung muß man hinsichtlich des Baubestandes, der stilistischen und urkundlichen Disposition als zu spät ansehen.[586] Schmauch datierte den massiven ersten Bau in das letzte Drittel des 14. Jahrhunderts.[587] Der Datierungsversuch von Gall zwischen 1340 und 1355 scheint aufgrund der Baubeobachtung als richtig.[588] Bei Betrachtung der oben genannten Abfolge lag der Baubeginn wohl kurz nach 1338. Dafür sprechen die Ausbildung der hohen, bis zur Traufe reichenden, dreifach gestuften Strebepfeiler, der wendische Mauerverband und das umlaufend vorspringende und um die Streben verkröpfte Kaffgesims unterhalb der Sohlbank. Die auffällige Analogie zum Domchor spricht für eine zeitgleiche Entstehung von Dom und Stadtkirche. Nach der Bauunterbrechung um 1340 und dem Wechsel der Werkstatt wurde das Langhaus wohl um 1355 vollendet.

Baubezogene Nachrichten aus dem 14. Jahrhundert sind nicht überliefert. Im beginnenden 15. Jahrhundert erfolgten die ersten größeren Zerstörungen am Bauwerk. So entstanden nach der Schlacht von Tannenberg/Grunwald im Jahre 1414, als eine polnische Reiterabteilung die Stadt plünderte und brandschatzte, an der Pfarrkirche schwere Beschädigungen.[589]

Am 14. Februar 1454 zogen die dem preußischen Bunde angeschlossenen Braunsberger Bürger im verheerenden Städtekrieg (1454 – 1466) nach Frauenburg und zwangen das dem Deutschen Orden verbundene Domkapitel, auf ihre Seite zu treten. Darauf zog der Ordensspittler Heinrich Reuß von Plauen plündernd über die untreue Stadt Frauenburg. In der Folge brannte die Pfarrkirche während des Städtekrieges zweimal. Dies geschah im Dezember 1454 beim Einfall der Braunsberger Bürger und am Montag nach Francisci (5. Oktober) 1461, als Heinrich Reuß von Plauen die Kirche von seinen Leuten anzünden ließ, weil sich 160 Braunsberger in ihr verschanzt hatten.[590]

Für den nachfolgenden Wiederaufbau benötigte die Kirchengemeinde Hilfe an Material und Geld. Am 2. November 1474 baten Stadt und Kirchspiel Frauenburg erstmalig

---

585   ZGAE (Dittrich), Bd. 18, S. 589.
586   Zink (1938), S. 90. SRW, Bd. I, S. 413.
587   ZGAE (Schmauch), Bd. 27, S. 411.
588   Dehio / Gall (1952), S. 203.
589   ZGAE (Dittrich), Bd. 18, S. 571.
590   ZGAE (Schmauch), Bd. 27, S. 411. SRW, Bd. 1, S.104, dort Anm. 107; S. 124, dort Anm. 146; S. 413, dort Anm. 124. ZGAE (Röhrich), Bd. 11, S. 205, 232 und 486.

den Rat der Stadt Danzig um Bauholz zum Wiederaufbau ihrer Stadtkirche.[591] Infolge der schwierigen politischen Lage nach dem Städte- (1454 – 1467) und dem Pfaffenkrieg (1467 – 1479) verzögerte sich die Wiederherstellung der Stadtpfarrkirche. Erst nach 16 Jahren, am 18. Mai 1490, bat der Rat der Stadt Frauenburg erneut den Rat der Stadt Danzig für ihre Stadtkirche, die "... *durch kryge yn dissem lande gantz und gar vorbrant und zcubrochen ist worden ...*", nachdem nun die "... *wende und mauern wydder uffgebrocht biß zcu dem dache ...*", um Bauholz "... *uff der Nerige alleyne leegerholz zcu den balken uff dy kyrche ...*"[592] Nachdem man den Wiederaufbau abgeschlossen hatte, konnte am 22. Juni 1507 Bischof Johannes Wilde "*in honorem s. Nicolai et Bartholomaei et decem milium Militum*" die Pfarrkirche neu konsekrieren.[593]

In den Visitationsakten von 1565 ist vermerkt, daß die Filialkirche von Betkendorf vor wenigen Jahren zerstört wurde und Maurermeister das Abbruchmaterial für die Frauenburger Pfarrkirche verwendeten.[594]

Im Jahre 1574 erlitt die Stadtpfarrkirche wiederum starke Zerstörungen durch einen Brand.[595] Nach dem Wiederaufbau konnte Bischof Martin Kromer am 9. August 1582 die Kirche erneut weihen.[596]

Während des ersten Schwedenkrieges (1626 – 1629) plünderten Truppen Stadt und Dom. Trotz zahlreicher Stadtbrände blieb die Stadtkirche während dieser schlimmen Zeit verschont.[597]

Im Jahre 1691 zog man, wohl an Stelle einer provisorischen Holzdecke, die Gewölbe neu ein. Zink und Schmauch vermuteten, daß die Maurer bei dieser Gelegenheit zugleich das Dach und die beiden Giebel erneuerten. Der Nordgiebel erhielt dabei eine Verzahnung für den später beabsichtigten Anbau eines Glockenturmes.[598] Der projektierte Glockenturm wurde jedoch wohl aufgrund fehlender Stiftungen an dieser Stelle nicht realisiert.

Gegen Ende des Zweiten Weltkrieges brannte die Kirche völlig aus. Nur der Glockenturm blieb unversehrt. Im Zuge des Wiederaufbaus nach 1967 errichtete man die

---

591   ZGAE (Schmauch), Bd. 27; Abschrift der Urkunde in der Beilage 3, S. 417f. Schmauch begründete richtig, daß Hipler (1886, XVIII, S. 24) und Matern (1910, S. 21) die Urkunde fälschlich mit 1574 datiert hatten.
592   Schmauch a.a.O.; Abschrift der Urkunde in der Beilage 4, S. 418f.
593   Dehio / Gall (1952), S. 203. SRW, Bd. I, S. 413, dort Anm. 124. Als man am 8. Juni 1696 den Hochaltar abbrach, fand man ein Pergament mit einem Konsekrationsvermerk. "*Anno 1507 vicesima prima die mensis Junii rev. in Christo pater et dominus, dominus Johannes episcopus Symbalyensis et reverendissimi in Christo patris et domini, domini Lucae episcopi Varmiensis in pontificalibus vicarius generalis ecclesiam hanc et altare hoc consecravit in honorem S. Nicolai episcopi et confessoris, S. Bartholomaei apostoli et decem milium militum et reliquias S. Nicolai episcopi et S. Jacobi apostoli et S. Laurentii martyris in eo inclusit.*" Abschrift vgl. auch ZGAE Bd. 27, Schmauch ebenda, S. 412.
594   SRW a.a.O. Der Ort gehörte zunächst dem Bischof und gelangte erst durch das Vermächtnis des Heinrich von Sonnenberg 1317 an das Domkapitel, welches daher berechtigt war, das Abbruchmaterial nach Frauenburg schaffen zu lassen. (Vgl. SRW, Bd. I, S. 220, dort Anm. 22).
595   Dehio / Gall (1952), S. 203.
596   Dehio / Gall a.a.O. Zink (1938), S.90. Boetticher (1894), S. 103. SRW, Bd. I, S. 413, dort Anm. 124.
597   ZGAE (Dittrich), Bd. 18, S. 606.
598   Zink (1938), S. 90. ZGAE (Schmauch), Bd. 27, S. 412.

eingestürzten Giebel nach alter Vorgabe. Dabei wurde die Verzahnung für den projektierten Turmanbau nicht mehr eingelassen. Heute befindet sich in den Mauern der gotischen Pfarrkirche ein Fernheizwerk. Die kriegszerstörten Gewölbe wurden nicht wieder eingezogen.

4.1.2 Baubeschreibung

4.1.2.1 Grundriß

Die Frauenburger Stadtpfarrkirche liegt auf der nördlichen Stadtseite nahe dem Marktplatz. Der Baukörper orientiert sich in seiner Längsachse an der bestehenden Straßenführung. Demzufolge ist der Bau nicht nach Osten ausgerichtet, sondern zeigt in Richtung Südosten.

Es handelt sich um eine dreischiffige, im Grundriß orthogonal ausgebildete Stadtpfarrkirche mit geradem Chorschluß. Die Außenmaße betragen 32 mal 20 Meter.[599] Die Seitenschiffe werden durch oktogonale Pfeiler vom Mittelschiff getrennt, sie sind halb so breit wie dieses und verhalten sich folglich proportional 1 : 2. An den Schmalseiten sind die Pfeiler als Halbpfeiler ausgebildet. Das Schiff ist in vier Joche gegliedert. Die Abstände der vier Joche sind aufgrund der Langhauslänge weiträumig. Die Strebepfeiler liegen außen. Neben dem Chor befindet sich auf der Evangelienseite (Südosten) die Sakristei. Auf der Westseite befand sich einst eine zweigeschossige Eingangshalle. Gall erkannte, daß diese mit dem Langhaus im Verband stand und noch zum ersten Bestand zählte. Heute ist diese Vorhalle nach ihrer Kriegszerstörung im Zweiten Weltkrieg nicht mehr erhalten. An ihrer Stelle wurde später ein kleiner provisorischer Bau angefügt.[600] Die Kirche besaß ursprünglich nur zwei Eingänge, ein Eingang auf der Nordseite und die Eingangshalle auf der Westseite.

4.1.2.2 Chor und Giebelfassaden

Der Chor in südöstlicher Richtung schließt platt. Über einem vorspringenden Sockel mit einem abgekanteten, hochstehenden Binderband gliedert sich die Wand vertikal durch die dreifach gestuften Streben. Die Eckstreben sind schräg gestellt. Horizontal führt ein abfallend um die Strebepfeiler laufendes, sich verkröpfendes Sohlbankgesims. Zwischen den Streben liegen hohe Spitzbogenfenster, die einen umlaufenden Birnstab besitzen. Das mittlere, etwas breitere Chorfenster wird von zwei schmalen, verputzten, spitzbogigen Blendfenstern gerahmt. Die profillosen Putzblenden sind an den Außenseiten abgeschrägt. Kurz über dem umlaufenden Sockelband der Südwesteckstrebe befindet sich eine kleine Spitzbogennische mit umlaufenden Rundstab.

Über einem Putzband erhebt sich der besonders sparsam in seiner Formgebung wirkende Chorgiebel. Die erste Giebelgestaltung ist nicht überliefert. Vermutlich besaß der gotische Giebel wie in Guttstadt und in Seeburg hohe Spitzblenden ohne horizontale Aufteilung.

---

599   Dehio / Gall (1952), S. 203.
600   Ebenda, S. 203.

Nach dem Brand von 1691 errichtete man den Giebel gotisierend in einfachen, flachen und sparsamen Formen neu. Dabei scheint man sich an der alten Blendengliederung orientiert zu haben. Lediglich fünf große, flach ausgebildete und verputzte Spitzbogenblenden ohne Profilierung bekrönen die hohe Giebelfassade. Am Ansatz jeder Blendnische befinden sich kleine rundbogige Fenster. In die Mittelblende sind kurz unterhalb des Bogenabschlusses zwei übereinander gestellte Rundbogenfenster eingelassen und auch die daran anschließenden Blenden besitzen in zweidrittel Höhe je eine Fensteröffnung zur Dachbodenbeleuchtung. Die glatte Giebelschräge ist heute mit Ziegeln eingedeckt. Der Giebel wurde nach den Zerstörungen des Zweiten Weltkriegs nach alter Vorlage völlig neu errichtet.

Die nördliche Giebelwand gliedert sich analog der Chorgiebelseite; es fehlt lediglich das große spitzbogige Mittelfenster. An dessen Stelle wird die Wand durch drei gleich hohe, verputzte Spitzbogenblenden geschlossen. Unter der Mittelnische liegt das zweifach durch Birnstab profilierte Spitzbogenportal. Das Kaffgesims, das unterhalb der Sohlbank verläuft, wird um das Portal herum geführt. Die Fenster der Seitenschiffe sind auch mit einem umlaufenden Birnstab versehen, wobei das westliche Seitenschiffsfenster, bedingt durch die mehrfachen Zerstörungen im 15. Jahrhundert, keinen vollständig umlaufenden Birnstab mehr besitzt. Auch ist die anschließende schräggestellte nordwestliche Eckstrebe nur zweifach gestuft und wurde genau wie die stark ausgebesserte westliche Langhauswand und der westliche Wandteil am Nordgiebel erneuert.

114
120

4.1.2.3 Langhaus

Der untere Mauerverband des Langhauses ist bis zur Höhe von einem Drittel wendisch, darüber folgt der gotische Mauerverband. Die durchschnittliche Größe der Backsteine beträgt in der Länge 28 cm, Breite 13 cm und Höhe 8 cm. Ursprünglich war der Bau eine einheitlich gebildete dreischiffige Halle. Die außen liegenden Streben sind am Altbestand dreifach abgetreppt und reichen bis unter die Traufe. Die nördlichen und südlichen Eckstrebepfeiler sind schräggestellt.

111 –
119

Das Kaffgesims unterhalb der Sohlbank führt analog den Schmalseiten um den Baukörper herum und verkröpft sich um die Streben. Diese Eigenart findet sich auch am Dom. Die verwendeten Mauerstrukturen machen deutlich, daß eine Bauunterbrechung in der Höhe von einem Drittel stattfand. Auch am Dom zeigt sich ein Wechsel der Mauerstrukturen, besonders zwischen Langhaus und Chor. Daraus läßt sich folgern, daß auch an der Stadtpfarrkirche wohl um 1340 im Zusammenhang mit der Sedisvakanz von 1334 – 1337 eine Unterbrechung mit Werkstattwechsel stattfand. Genau wie beim Dom, der Stadtkirche von Seeburg und den Dorfkirchen Bertung, Pettelkau und Plaßwich wurde wegen Geldmangels und der späteren Abwesenheit des Bischofs Hermann von Prag zunächst nicht weitergebaut.

Der Bau ist durch ein Satteldach geschlossen. Auf diesem befand sich wohl seit 1691 auf der südlichen Dachhälfte ein schmaler barocker Dachreiter mit Zwiebelturmaufsatz. Nach dem Wiederaufbau der im Zweiten Weltkrieg ausgebrannten Kirche wurde der Dachreiter nicht mehr hergestellt.

114

112 Die Abfolge der vier Joche im Innenraum ist aufgrund der Langhauslänge nicht so enggestellt wie am Domchor. Dadurch wirkt der Raum weiter. Die Seitenschiffe werden durch profillose, oktogonale Pfeiler vom Mittelschiff getrennt. Die Scheidbögen sind von beiden Seiten je vierfach abgestuft, an den Ecken sind die Formsteine abgekantet, ähnlich wie in Allenstein und in Seeburg. Zink erkannte eine nachlässige Führung der Bögen.[601] Die Scheidbögen ruhen auf Kämpfern, die den oberen Abschluß der Pfeiler bilden. Um die Kämpfer ist als oberer Abschluß eine Reihe kleinerer, eigentümlich wirkender Rundbögen aufgesetzt. Ihre Verwendung ist ungewöhnlich und im Ermland einmalig.

Aufgrund der engen stilistischen Verwandtschaft in Proportion, Grundrißgestaltung, Wandgliederung und Verwendung des wendischen Mauerverbandes vermutete Gall, daß der Bau vom Meister des Domchors errichtet, wenn auch etwas später gegründet wurde.[602]

Die Umfassungswände und Arkaden zählen nach Zinks Meinung noch zum im Städtekrieg abgebrannten und in der Folgezeit wieder errichteten Baubestand. Zink konnte nicht feststellen, ob die Scheidbögen und Kämpfer nach Errichtung der Pfeiler oder erst nach Einziehung der Gewölbe aufgesetzt wurden.[603] Gall dagegen vermutete wohl richtig, daß die eigentümlich wirkenden Kämpfer und Scheidbögen erst zusammen mit der Errichtung der Gewölbe im Jahre 1691 entstanden.[604]

116 Betrachtet man die Wandoberfläche der äußeren westlichen Langhauswand, erkennt man einen stark gestörten Mauerverband. Grund für die schlechte Erhaltung sind die mehrfachen Brände und Kriegseinwirkungen. Die Wandfläche beginnt mit einem Sockelvorsprung. In etwa zweidrittel Höhe beginnen die Mauerflickungen. Im ersten Südwestjoch findet sich im unteren Bereich bis zu einer Höhe von zwei Dritteln ein aus schwarzgebrannten Bindern gebildetes Rautenmuster. Das zweite Westjoch besitzt am Außenbau keine Sockelzone. Unter dem Spitzbogenfenster erkennt man einen vermauerten Eingang. In etwa eindrittel Höhe der Mauer befindet sich ein Rücksprung. In zweidrittel Höhe ist eine Baunaht deutlich sichtbar.

Die Fenster auf der östlichen Langhauswand beginnen direkt über dem durchlaufenden Sohlbankgesims und besitzen einen umlaufenden Birnstab. Die Fensterlaibungen der Westseite werden stark durch Flickstellen gestört, auch fehlt der umlaufende Birnstab.

115, 116 An das Langhaus schließt sich auf der Südostseite die zweigeschossige Sakristei an. Sie steht mit der unteren Langhauswand im Mauerverband und gehört zum ersten Baubestand. Das Obergeschoß öffnet sich im Innenraum emporenartig zum Seitenschiff. Der vorspringende Sockel mit hochstehendem Binderfasenband und das vorspringende, schräg verlaufende Sohlbankgesims mit Tropfkante umschließen auch die Sakristei. Diese besondere Wandstrukturierung bestätigt zusätzlich die gleichzeitige Errichtung beider Bauteile. Deutlich ist erkennbar, daß der wendische Mauerverband

---

601 Zink (1938), S. 90.
602 Dehio / Gall (1952), S. 203. Antoni (1993, S. 187) beschrieb die Westvorhalle nach dem alten Bestand vor der Kriegszerstörung. Heute ist diese Vorhalle in dieser Form nicht mehr erhalten.
603 Zink (1938), S. 90.
604 Dehio / Gall (1952), S. 203.

bis zur Traufe reicht. Über einem Traufenband läuft das Pultdach gegen die Langhauswand. Dabei werden die ursprünglich gestuften Giebelflächen durch Spitzbogenblenden mit dazwischen liegenden Fialen geschlossen, die über die Dachschräge hinausragen. Der wohl gegen Ende des 15. Jahrhunderts erneuerte Südgiebel besitzt bündige Fialen. Am älteren Nordgiebel, wohl in der Zeit des endenden 14. Jahrhunderts errichtet, sind die Fialen übereck gestellt.

4.1.2.4 Kampanile

Die Kirche wurde zunächst turmlos errichtet. Bei Betrachtung der Nordseite des Langhauses fallen die drei mittleren Blendfester auf. Da sie schon immer als Blenden angelegt waren, entsteht der Eindruck, man habe bereits bei der ersten Planung einen Turmanbau projektiert.

Schmauch konnte anhand der erhaltenen Visitationsakten nachweisen, daß der heutige südliche Glockenturm einen Vorgänger hatte. Er lag in der Art eines Kampanile nahe der Südchorwand, neben einem heute nicht mehr erhaltenen Beinhaus, stand jedoch nie mit der Kirche in Verbindung. Das Datum seiner Erbauung blieb bisher unbekannt, lag aber wohl Anfang bis Mitte des 16. Jahrhunderts. Der Turm war im Unterbau bis über die Mitte hinaus massiv, der obere Teil war Fachwerk. Schon in der Visitation von 1581 wird der Turm als baufällig erwähnt und der Zerfall war so weit fortgeschritten, daß man mit schweren Balken den Turm am Südgiebel verankern mußte. Demnach war der Abstand zum Kirchengebäude nicht groß. Auch in den Visitationen von 1598, 1622 und 1639 wurde der Turm als schlecht erhalten bezeichnet.[605] Kurz danach war er nicht mehr vorhanden.

Als man 1691 die Kirche einwölbte, erneuerte man auch die Giebel. Bei dieser Gelegenheit legte man auf der Nordseite für einen projektierten Turm eine Verzahnung an. Das Projekt wurde jedoch bedingt durch fehlende Legate nie realisiert. Schließlich errichtete man im Kreuzverband auf der Südwestseite, wohl kurz nach 1691, einen heute noch vorhandenen, abseits gelegenen Turm. Am 11. Oktober 1703 brannte dieser nieder und erhielt den heute noch erhaltenen, hölzernen Notabschluß.[606] Einst hatte der Turm zwei rundbogige Portale, und zwar auf der Nord– und Südseite. Das nördliche ist heute vermauert.

4.1.2.5 Gewölbe

Es ist auszuschließen, daß die erste Kirche schon ein Gewölbe besaß. Wahrscheinlich war das zur Einwölbung bestimmte Langhaus vorerst nur mit einer einfachen Holzdecke geschlossen. Da die Kirche bei den verschiedenen Bränden von 1414, 1454, 1461 und 1574 stets stark zerstört wurde, ist zu vermuten, daß der Innenraum lediglich eine Holzdecke besaß. Die Sterngewölbe wurden nachweislich erst 1691 eingezogen.[607] Es ist eigenartig, daß dabei die Einwölbung im Mittelschiff mit einem sechzehnteiligen

---

605 Schmauch (ZGAE Bd. 27, S. 412f.) verwechselte die Himmelsrichtungen, da der Bau wie in Allenstein nicht ausgerichtet ist. Wenn er vom Ostgiebel schrieb, meinte er eigentlich den Chorgiebel im Süden.
606 Boetticher (1894), S. 103. SRW, Bd. I, S. 413. Antoni (1993, S. 187) verwechselte die Himmelsrichtung, der Turm befindet sich heute noch auf der südwestlichen Seite.
607 Boetticher a.a.O. Dehio / Gall (1952), S. 203.

Sternengewölbe erfolgte. Diese Form war mit ihrer gotisierenden Aufteilung nicht zeitgemäß. Auch besaßen die Gewölbe keine Profile, sondern nur Grate. Die Seitenschiffsgewölbe waren ähnlich gebildet und durch Gurte getrennt, die auf kleinen Pilastern verliefen.

Insgesamt zeigt der Gewölbebau atypische Elemente, die in der durchgängig konservativen Haltung von Bischof und Domkapitel ihre Erklärung finden. Durch den Danziger Baumeister Barthel Ranisch war eine nachgotische Wölbetechnik in Theorie und Praxis im Barockzeitalter am Leben geblieben.

4.1.3 Zusammenfassung

4.1.3.1. Erster Bauabschnitt

Der erste Bau entsteht kurz nach 1338. So werden die Grundmauern und Teile der Chorseite sowie die Sakristei zunächst im wendischen Mauerverband errichtet. In der Zeit um 1340 erfolgt eine Bauunterbrechung, die wohl ebenso wie bei dem Dom, der Seeburger Stadtkirche und den Dorfkirchen Bertung, Pettelkau und Plaßwich auf Geldmangel und die Abwesenheit des Bischofs zurückzuführen st.

4.1.3.2. Zweiter Bauabschnitt

Bischof Hermann von Prag sorgt nach seiner Ankunft im Ermland im Jahre 1340 für den Weiterbau. Erst unter Johannes II. Stryprock (1355 – 1373) wird der Bau vollendet und geweiht. Das aufgehende Mauerwerk wird nach der alten Planung weiter fortgesetzt, jedoch im gotischen Mauerverband. Es findet wie am Dom ein Wechsel der Werkleute statt. Wahrscheinlich ist erneut die ansässige Domwerkstatt für die Vollendung der Stadtkirche verantwortlich.

In den Jahren 1414, 1454 und 1461 während des Städtekrieges (1454 – 1466) brennt die Kirche nieder. Der Wiederaufbau verzögert sich, und auch während des Pfaffenkrieges 1467 – 1479 kann nicht gearbeitet werden. Wohl wegen fehlender Geldmittel wird die Kirche erst nach 1490 aufgebaut. Im Jahr 1507 erfolgt ihre Neuweihe. Aufgrund der starken Brandschäden läßt sich vermuten, daß der Raum zunächst aus Kostengründen mit einer Bretterdecke geschlossen war. Eine ähnliche Vorgehensweise findet sich in Wormditt und Seeburg. Auch im Zusammenhang mit dem Wiederaufbau nach 1490 wird noch kein Gewölbe eingezogen.

4.1.3.3 Dritter Bauabschnitt

Mitte des 16. Jahrhunderts wird ein provisorischer Turm freistehend unweit der Südwestecke der Kirche errichtet.

4.1.3.4 Vierter Bauabschnitt

Im Jahre 1691 wird die provisorische Holzdecke durch ein Gewölbe ersetzt. Zur selben Zeit errichtet man den Dachstuhl und die beiden Langhausgiebel neu. Der Nordgiebel erhält dabei eine für den Anbau eines projektierten Glockenturmes erforderliche Verzahnung. Der zwischen 1581 und 1639 baufällig gewordene, freistehende Glockenturm wird abgetragen und 1691 neu errichtet. Nach dem Brand von 1701 bleibt nur das heute erhaltene Untergeschoß stehen, der Turm wird mit einem notdürftigen Holzabschluß abgedeckt.

4.2 Seeburg/Jeziorany, Stadtkirche St. Bartholomäus

4.2.1 Baugeschichte

306 Die Immediatstadt wurde von dem Lokator und Besitzer von Elditten, Heinrich Wendepfaffe, einem Schwager des Bischofs Hermann von Prag, gegründet. Am 5. Februar 1338, während der Sedisvakanz, erhielt die planmäßig errichtete Stadtanlage ihre Handfeste mit kulmischem Recht durch den Domherrn Magister Nikolaus, einen Stellvertreter des Bischofs Hermann von Prag, und den Vogt Heinrich von Luter.[608] Die ersten Siedler zog Heinrich Wendepfaffe aus Wormditt und Umgebung heran.[609]

Die Burg wurde schon vor der Stadthandfeste unter Vogt Heinrich von Luter Anfang des 14. Jahrhundert angelegt, unter Bischof Johann I. von Meißen (1350 – 1355) ausgebaut[610] und unter Johannes II. Stryprock (1355 – 1373) vollendet.[611]

Am 2. Juni 1389 erneuerte Bischof Heinrich I. Fleming die bestehende Handfeste.[612] Schon in beiden Urkunden (1338 und 1389) wird die zu errichtende Kirche mit sechs Hufen dotiert. Das Patronatsrecht erhielt der Bischof. Die Kirche bildete zugleich das Zentrum des Dekanats Seeburg. Die Stadt war seit dem 15. Jahrhundert Sitz der ermländischen Landvögte.[613]

Die Seeburger Stadtpfarrkirche wurde dem hl. Bartholomäus geweiht. Tidick konnte nachweisen, daß der Deutsche Orden den Heiligen propagierte und im Mittelschloß der Marienburg eine Kapelle den hl. Bartholomäus und Albertus geweiht war. Die Wahl des hl. Bartholomäus erfolgte wohl, da zahlreiche Einwanderer aus den rheinischen Gebieten stammten. Im Weingebiet von Köln und Trier besaßen zahlreiche Kirchen sein Patrozinium.[614] Dagegen wurde der Winzerheilige im Deutschordensgebiet kaum verehrt.

Als erster Seeburger Pfarrer läßt sich von 1373 bis 1381 ein Pfarrer Renczke nachweisen. Danach folgte Magister Johannes Philippi, der 1382 die Rechte zu Prag studierte und sich zumeist am Hofe des Bischofs Heinrich I. als dessen Jurist aufhielt.[615] Im Jahre 1403 wird er urkundlich zusammen mit Albertus de Calba *"Warmiensis et Tarbatensis ecclesiarum canonicus"* als Zeuge genannt.[616] Demnach war Johannes Philippi Pfarrer in Seeburg und zugleich Domherr in Frauenburg. Wohl in seiner Zeit als Seeburger Pfarrer wurde der Kirchenbau vollendet.

Über der Sakristeitür befindet sich eine Tafel aus dem 18. Jahrhundert mit folgender Inschrift:

---

608 Boetticher ebenda, S. 236. CDW, Bd. I, R. Nr. 452, S. 170; D. Nr. 291. SRW, Bd. I, S. 56, dort Anm. 18. A. Poschmann (1938), S. 1f.
609 Hermanowski (1989), S. 269. Weise (1981), S. 209.
610 SRW, Bd. I, S. 60.
611 Ebenda, S. 75.
612 CDW, Bd. III, Nr. 233, S. 195. SRW, Bd. I, S. 56, dort Anm. 18. A. Poschmann (1938), S. 15.
613 Weise (1981), S. 210.
614 ZGAE (Tidick), Bd. 22, S. 378.
615 SRW, Bd. I, S. 268.
616 CDW, Bd. III, Nr. 387, S. 378.

Anno 1345 fundata est Ecclesia Archipresbyteralis Seeburgensis sub titulo S. Bartholomaei Apostoli ab Illustrissimo ac Reverendissimo Dno. Hermanno Episcopo Varmiensis.[617]

Bei dieser Inschrift, wohl nach einer älteren Überlieferung, wird nicht ein Weihedatum erwähnt, wie fälschlich des öfteren angenommen, sondern es ist die Rede von *"fundare"*. Dittrich übersetzte den Begriff mit *"Grundsteinlegung"*. Zink lehnte dagegen das Datum als unglaubhaft ab.[618] Er datierte den Bau aufgrund der Giebelverwandtschaft mit der Erbauungszeit der Guttstädter Kirche zwischen 1360 und 1390.[619] Dieses Datum trifft zwar für den Giebel zu, die Fundamentierung lag jedoch wesentlich früher. Gall dagegen verglich den insgesamt betont schlichten Bau mit der Domchorausbildung in Frauenburg. Er erkannte ähnliche Gestaltungsmerkmale in der Durchbildung von Einzelformen, wie das um die Strebepfeiler umlaufende Kaffgesims unterhalb der Sohlbank und die sehr schmalen, leicht getreppten, bis an die Traufe reichenden Strebepfeiler mit ihren Tabernakelaufsätzen an den diagonal angeordneten Ecken. Aufgrund dieser Analogien datierte er die Kirchgründung von Seeburg in die Zeit unmittelbar nach der Vollendung des 1342 geweihten Frauenburger Domchors.[620]

Auffällig ist am Außenbau das sehr exakt gearbeitete Feldsteinfundament.[621] Es führt um das gesamte Langhaus und bricht sehr sorgfältig an allen Stellen ab, so daß der Eindruck entsteht, als ob direkt nach der Fundamentierung eine Bauunterbrechung stattfand und die umlaufende Fundamentmauerkrone sorgfältig geglättet wurde, damit Wettereinflüsse sie nicht zerstörten. Ein ähnliches Bauvorgehen läßt sich bei der Dorfkirche in Bertung beobachten. Aufgrund der nachweislich um 1340 im Hochstift herrschenden Bauunterbrechungen am Dom, der Frauenburger Stadtpfarrrkirche, den Dorfkirchen in Bertung, Pettelkau und Plaßwich müßte das Seeburger Gründungsdatum früher liegen. Demnach erfolgte die Fundamentierung kurz vor 1340, danach gab es die Bauunterbrechung. Wohl um 1345 wurde der Weiterbau veranlaßt und das aufgehende Mauerwerk über den Fundamenten im gotischen Verband errichtet. Die überlieferte Seeburger Inschrifttafel mit der angeblichen Gründungsdatierung *"Anno 1345 fundata est Ecclesia"* läßt sich demnach als glaubhaftes Datum des Weiterbaus interpretieren. Somit wurden die Stadt und die Kirche noch in der Regierungszeit von Bischof Hermann von Prag gegründet. Der kurz vor 1345 begonnene Bau wurde wohl nur zögernd fertiggestellt. Die mit Guttstadt verwandte Giebelgestaltung läßt darauf schließen, daß die Seeburger Kirche erst um 1370 vollendet wurde.

120, 127

Im Schadensbericht von 1414, nach dem Krieg zwischen dem Deutschen Orden und Polen–Litauen, wird die Kirche als ausgeplündert bezeichnet. Größere Schäden am Bau waren dabei nicht entstanden.[622]

---

617 Die Inschrift befindet sich auch heute noch an gleicher Stelle.
618 ZGAE (Dittrich), Bd. 11, S. 318. Zink (1938), S. 22. Boetticher (1894, S. 238) interpretierte fälschlich die Inschrift als Weihedatum. Vgl. Artikel von Zink bei: A. Poschmann (1938), S. 69.
619 Zink ebenda, S. 72. Vikare werden erst 1461 und 1486 urkundlich erwähnt. ZGAE (Röhrich), Bd. 18, S. 392.
620 Dehio / Gall (1952), S. 231.
621 Bereits von Quast (1852, Blatt XXII) zeichnete um 1852 sehr deutlich den markanten Feldsteinsockel.
622 CDW, Bd. III, Nr. 495, S. 506.

Die Visitationsberichte ergeben kaum Rückschlüsse über wesentliche bauliche Veränderungen. Erst im 18. Jahrhundert finden sich vermehrt Nachrichten über den Baubestand. Der im Jahre 1734 geschaffene Hochaltar wird erst 1752 durch Bischof Stanislaus Grabowski geweiht.[623]

Vom großen Stadtbrand am 7. Juli 1783 blieb die Pfarrkirche verschont. Aus Dankbarkeit fügte man über dem Portal der Südvorhalle ein Relief mit einer Mariendarstellung ein.[624] Im Stadtbrand von 1807 griff das Feuer auch auf die Pfarrkirche über. Der Schaden war allerdings nicht sehr erheblich, es brannte ein Teil des östlichen Dachstuhls nieder, und das Signalglockentürmchen auf dem Chorgiebel wurde beschädigt.[625]

121, 125 Eine umfassende bauliche Veränderung erfolgte erst im Jahre 1912, indem man zwei Ostjoche hinzufügte und die Ostfassade nach altem Vorbild neu errichtete. Im selben Jahr erhöhte man auch den unvollendet gebliebenen Turm und fertigte das Turmsatteldach mit seinen Schaugiebeln. Ebenso wurden die Fenster in alter Form erneuert. Auch der nördlich angebrachte, oktogonale Treppenturm wurde erst 1912 angefügt.

128 Eine Ausmalung der Halle aus dem Jahre 1929 durch den Maler Johannes Ollesch stört heute leider den Raumeindruck.[626]

4.2.2 Baubeschreibung

4.2.2.1 Grundriß

306 Die Stadtpfarrkirche befindet sich in der nordöstlichen Stadthälfte unweit der Stadtmauer. Der platt schließende Chor ist nach Osten ausgerichtet. Das orthogonale Langhaus gliedert sich zu einer dreischiffigen Halle. Ursprünglich besaß diese vier Joche. Seit 1912 besitzt das Langhaus, nach der Erweiterung der Ostseite, sechs Joche. Das Strebepfeilersystem ist nach außen gelegt, dabei sind die Eckpfeiler diagonal angeordnet. Die längsrechteckigen Seitenschiffsjoche werden von querrechteckigen Mittelschiffsjochen durch oktogonale Pfeiler getrennt, wobei diese an den Schmalseiten als Halbpfeiler ausgebildet sind. Die Mittelschiffsjoche verhalten sich zu den Seitenschiffen im Verhältnis von 1 : 2. Der von Anfang an projektierte Turm ist fast ganz in das Langhaus integriert. Neben dem Turm entstanden durch die Verlängerung der Seitenschiffe zwei Räume, die von der dreiseitig geöffneten Turmhalle zugänglich sind. Auf der Nordostseite schließt sich die Sakristei an. Auf der Südseite befindet sich eine Eingangshalle. Die beiden gegenüberliegenden Türen im zweiten Joch, vom Chor aus gesehen, sind heute vermauert.

---

623   A. Poschmann (1938), S. 71, 153.
624   ZGAE (Schmauch), Bd. 25, S. 794. Unter dem Marienbild findet sich folgende Inschrift: *"Gott hat diese Stadt mit Brand heimgesuchet im Jahre 1783, den 7. Julii. Astra tonant, CastrI perVerVunt sVLgVra tVrreM Vrbs perIt, ast Dotes non perIere saCrae (Der Himmel donnert, Blitze legen den Turm des Schlosses in Asche, die Stadt wird vernichtet, nicht aber das Gotteshaus.)"* A. Poschmann ebenda, S. 70.
625   A. Poschmann ebenda, S. 90.
626   Dehio / Gall (1952), S. 231. A. Poschmann ebenda, S. 70.

4.2.2.2 Chor und Ostgiebel

Der ursprüngliche gerade geschlossene Chor wurde im Jahre 1912 um zwei Joche erweitert und die Giebelwand nach altem Vorbild neu errichtet.[627]

Einst erhob sich über dem Bruchsteinfundament die sockellose Giebelwand, gemauert im gotischen Verband. Unterhalb der hohen Spitzbogenfenster befand sich ein durchlaufendes Sohlbankgesims, das sogar über die zweifach mit Wasserschlägen gestuften Strebepfeiler verlief. Zwischen den vier Streben lag je ein Fenster, wobei das mittlere breiter angelegt war. Die beiden rechtwinklig zur Fassade stehenden Mittelstreben reichten bis in Traufenhöhe, die Eckstreben waren schräggestellt und mit Tabernakelaufsätzen bekrönt. In Traufenhöhe verlief ein durchgehendes Putzband, das sich über die Eckstreben verkröpfte. Darüber erhob sich der Chorgiebel mit neun verputzten, spitzbogigen, schmalen Blenden. Zwischen diesen lagen übereck gestellte Fialen, die über den getreppten Giebel hinausragten. Über den gestuften Bogenblenden befanden sich kurze Putzbänder. Zwischen den mittleren fünf Blenden verlief in etwa zweidrittel Höhe das Putzband auch über die vier mittleren Fialen hinaus, jedoch nicht über die Blenden. Die mittlere Bogenblende war mit einem Giebeltürmchen bekrönt. Der ehemalige Chorgiebel stand mit seiner Gestaltung deutlich in der stilistischen Nachfolge des Giebels in Guttstadt.

4.2.2.3 Langhaus

Der erhaltene, wenig gegliederte Backsteinbau erhebt sich ebenfalls im gotischen Verband über einem Feldsteinfundament. Die Grundmauern bilden einen leicht vorstehenden Sockel, der oben mit einer umlaufenden Läuferschicht abschließt.

Die Strebepfeiler sind nach außen gesetzt und auf der Nordseite zweifach mit Wasserschlägen gestuft. Die Südstreben waren einst ebenfalls zweifach gestuft, wurden jedoch in späterer Zeit stufenlos bis zur Traufe neu aufgemauert. Kurz unterhalb der Sohlbank führt um das Langhaus ein Gesimsband, das sich um die Streben verkröpft. Zwischen den Streben stehen hohe Spitzbogenfenster. Unterhalb der Traufe liegt ein Putzband, das sich nur um die diagonalen Eckstreben verkröpft. Das Langhaus schließt mit einem hohen Satteldach.

Die Seeburger Stadtpfarrkirche ist im Innenraum durch oktogonale Pfeiler in drei Schiffe geteilt. Die Pfeiler besitzen an den Basen leicht vorspringende Sockel und sind glatt. An den Scheidbögenansätzen haben sie keinen Kämpferabschluß. Die spitz zulaufenden Scheidbögen sind zum Mittelschiff und zu den Seitenschiffen vierfach abgestuft. Die Ecken der Formsteine sind gefast, ähnlich wie zum Beispiel bei den Stadtpfarrkirchen in Frauenburg und Allenstein. Die Gewölberippen ruhen auf einfachen, unten zugespitzten Konsolen. Die Langhauswände bleiben ungegliedert. Die gebusten Gewölbe vermitteln im Zusammenspiel mit den kämpferlosen, hohen Pfeilern den aufstrebende Raumeindruck des Mittelschiffs.

Von der im Jahre 1912 erweiterten, zweigeschossigen Sakristei auf der nördlichen Langhausseite ist nur der Westteil alt. Das Obergeschoß öffnet sich zum Seitenschiff

---

627 a.a.O.

131 durch vierfach gestufte Spitzbögen. Die jeweilige Außen- und Innenlaibung besitzt einen umlaufenden Rundstab, die zwei mittleren sind einfach gefast. Die Sakristeitür schmückt ein prachtvoller Klopfring in Gestalt eines Hundekopfes. Stilistisch ordnete ihn Gall in die Zeit um 1370 ein und verglich ihn mit dem Löwenkopf aus St. Johann in Thorn. Gemäß der Datierungsthese Galls lag die Vollendung der Seeburger Stadtpfarrkirche in dieser Zeit. Hieraus ergibt sich, daß der Seeburger Chorgiebel früher vollendet war als derjenige in Guttstadt und er demzufolge diesem als Vorbild dienen konnte. Dafür spricht auch, daß in Guttstadt alle Strebepfeiler der Chorseite Tabernakelaufsätze besitzen.

Die zum ursprünglichen Baubestand zählende und auf der Südseite liegende zweigeschossige Eingangshalle mit fünfteiligem Staffelgiebel befindet sich im ersten Joch vom Turm aus gesehen. Das außen befindliche Spitzbogenportal ist dreifach gestuft. Auf zwei Rundstabprofile folgt innen eine abgeschrägte Stufung. Die Innenhalle schließt mit einem einfachen Kreuzgewölbe. Im zweiten Joch, vom Turm aus gesehen, befand sich einst auf der Südseite ein zweites, spitzbogiges Portal, das heute vermauert ist.

4.2.2.4 Turm und Westbau

122, 124 Der Turm ist nahezu in den Kirchenkörper integriert und steht mit diesem im Verband. Er entstand somit um 1340 in der Zeit der Langhausfundamentierung. Die Turmfassade ragt risalitartig hervor. Die seitlichen Halbgiebel besitzen eine analoge Gliederung wie der Ostabschluß. Auch befinden sich über den diagonal gestellten Eckstreben analoge Tabernakelaufsätze.

125 Der Turm konnte wohl wegen fehlender Geldmittel zunächst nicht vollendet werden. Seinen vorzeitigen Abschluß erhielt er um 1370 zusammen mit der Langhausvollendung. Bis zum Jahre 1912 diente ein flaches Notdach bis zur Firsthöhe des Langhauses als Abschluß.[628] Noch bei von Quast zeigt sich die ursprüngliche Gestaltung der Westseite. So besaß der Turm einen Staffelgiebel mit fünf flachen Spitzbogenblenden. Zwischen den Blenden verliefen gerade Fialen, die über den Staffeln in Pinakeln endeten. Über der Mittelblende befanden sich drei Pinakeln. Die seitlichen Halbgiebel besaßen eine analoge Gliederung wie der einstige Ostgiebel.

126 Das Turmportal ist vierfach gestuft. Es besitzen die äußeren drei Stufen Rundstäbe und die innere eine gefaste Kante. Ein vergleichbares, jedoch reicher profiliertes Portal findet sich an der Vorhalle in Rößel. Dabei ist zu beobachten, daß bei beiden Bauten das Gesims in Sohlbankhöhe um den Spitzbogen des Portals führt. Diese Art der Gesimsführung findet sich auch am Wormditter Westportal. Das durchlaufende Gesimsband ist ein zusätzlicher Beleg dafür, daß der Turm zusammen mit dem Langhaus entstand.

133 Über dem Gesimsband gliedert sich die Turmfassade in zwei Geschosse, die nur durch die Anordnung der flachen Blendspitzbögen angedeutet sind. Das erste Geschoß reicht bis zur Traufenhöhe des Langhauses. Zwei verputzte, schmale Blendbögen liegen außen, dazwischen zwei übereinander gesetzte, kleinere, spitzbogige Fensteröffnungen.

---

[628] a.a.O.

Im Obergeschoß wird die Fassade durch drei Spitzbogenblenden gegliedert, wobei die mittlere Blende höher gesetzt ist und über ein Putzband hinaus weiter führt. Über dem Putzband befand sich vor der Turmerhöhung von 1912 nur noch ein gerades, ungegliedertes Mauerstück und darüber der provisorische, einfach gegliederte Staffelgiebel mit Notdach. Innen besitzt die Turmhalle ein achtteiliges Sterngewölbe.

4.2.2.5 Gewölbe

Reiche gebuste Sterngewölbe schließen das Langhaus oben ab. Jeweils vier achtteilige Sterne gliedern ein Gewölbejoch. Die Rippen verlaufen auf schmucklosen, aus bearbeiteten Ziegeln geformten Konsolen. Vergleichbare Gewölbeformen finden sich in Braunsberg, Bartenstein und Wormditt. Im Unterschied zu diesen fehlen allerdings jeweils die Diagonalrippen. Das letzte Joch vor dem Chor im Seeburger Mittelschiff ist, ähnlich wie in Guttstadt, reich und netzartig durch Rautenformen gegliedert. Dadurch wird der Raumteil im letzten Ostjoch trotz fehlendem Presbyterium besonders als Sanktuarium charakterisiert. Analoge Formen wie im Chorjoch finden sich in den Seitenschiffen. Dort sitzen in jedem Joch aus Rauten gebildete, sechszackige Sterne. Sucht man vergleichbare netzartige Sterngewölbe, so zeigt sich, daß das westliche Gewölbe der Braunsberger Nordturmkapelle in seiner Konfiguration stilistisch dem Seeburger Chorgewölbe nahesteht. Da das Gewölbe der Braunsberger Kapelle sich in die Zeit kurz nach 1480 datieren läßt und ein aus Danzig stammender Baumeister aus der Bauhütte der Marienkirche dort tätig war, erscheint es wohl nicht abwegig, daß auch in Seeburg die Gewölbe gegen Ende des 15. Jahrhunderts entstanden. Aufgrund der stilistischen Zuordnung der Gewölbe kam auch Gall zu einer solchen Datierung.[629]

132 –
136

Zink datierte wegen der unsauberen und netzartigen Formen in reduzierter Gestaltung die Gewölbe merkwürdigerweise erst ins 16. Jahrhundert. Diese These ist jedoch nicht nachvollziehbar.[630]

Bemerkenswert sind die nachträglich an die Schlußsteine gehefteten Holzrosetten. Sie sind mit Evangelistensymbolen, Kirchenvätern und Tugenden geschmückt und lassen sich aufgrund der Wappendarstellung in die Regierungszeit des Bischofs Szembek (1724 – 1740) datieren.

4.2.3 Zusammenfassung

4.2.3.1 Erster Bauabschnitt

Bereits in der Regierungszeit von Bischof Hermann von Prag (1338 – 1349) wird das Feldsteinfundament kurz vor 1340 gelegt. Es folgt um 1340 eine Bauunterbrechung.

---

629   a.a.O. Zink datierte die Gewölbe ohne vergleichende Betrachtung fälschlich ins 16. Jahrhundert.
630   Zink (1938), S. 72. Frazik (1985, S. 22) verglich die Gewölbe mit Allenstein und übernahm unkritisch die Datierung von Zink. Ulbrich (1932, S. 31) vermutete ebenso, daß die Gewölbe später erneuert wurden, gab aber keine Zeitangabe.

4.2.3.2 Zweiter Bauabschnitt

Der Bau wird unter Bischof Johann von Meißen (1350 – 1355) fortgesetzt. Das aufgehende Mauerwerk wird nach 1345 im gotischen Verband hochgezogen. Die Langhauserrichtung folgt nur zögernd, so daß erst um 1370 die Giebel folgen und die Halle ihr Satteldach erhält. Die Schiffe sind zu dieser Zeit noch nicht eingewölbt und erhalten eine provisorische Holzdecke. Ebenso wird der unvollendete Turm nur notdürftig geschlossen.

4.2.3.3. Dritter Bauabschnitt

Kurz nach 1480 werden die Sterngewölbe nach dem Braunsberger Vorbild wohl durch Maurer der Werkstatt der Danziger Marienkirche eingesetzt. Der Turm bleibt weiterhin ein Torso.

4.2.3.4 Vierter Bauabschnitt

Erst im Jahre 1912 wird der Turm in seiner heutigen Gestaltung vollendet. Im gleichen Jahr verlängert man die Kirche auf der Ostseite um zwei Joche, die bestehende zweigeschossige nördliche Sakristei wird erweitert. Der neue Chorgiebel wird nach altem Vorbild neu aufgemauert.

4.3 Wormditt/Orneta, Stadtkirche St. Johannes Ev.

4.3.1 Baugeschichte

Ein Gründungsdatum der planmäßig angelegten Stadt Wormditt ist nicht überliefert. **307** Da bereits in der Handfeste von 12. August 1308 ein Schultheiß und Lokator *"(Willus) Wilhelmus Scultetus in Wormedith"* als Zeuge auftrat, lag die Gründung vor dieser Zeit.[631] Vermutlich war der Lokator mit Bischof Eberhard von Neiße (1304 – 1326), in dessen Regierungszeit der Ort und die Burg fundiert wurden, verwandt.[632] Die Burg entstand in der Zeit um 1300 – 1363 im Auftrag der jeweiligen Bischöfe.[633] Bereits seit dem 29. September 1308 wurden bischöfliche Urkunden in der Burg *"Wurmdit"* ausgestellt.[634]

Am 11. Februar 1312 findet ein *"Henricus plebanus in wormedith"* urkundliche Erwähnung.[635] In einer Urkunde vom 26. März 1313 wird eine *"civitatis wurmedyten"* genannt.[636] Am 1. Februar 1326 erscheint ein Pfarrer *"Albertus Pruthenus plebanus de Warmedith"*.[637] Ob zu dieser Zeit schon eine Vorgängerkirche der heutigen Stadtkirche stand, ist bisher nicht bekannt.

Die Erneuerung der Handfeste erfolgte am 14. August 1359 mit 121 Hufen und kulmischem Recht durch Bischof Johannes II. Stryprock. Die Kirche bekam *"pro dote parochialis ecclesie"* sechs Hufen, davon vier freie und zwei zinspflichtige Hufen.[638] Das Patronatsrecht erhielt der Bischof.[639] Die Stadtkirche war zugleich Zentrum des Dekanats Wormditt. Besiedelt wurde der Ort und die Gegend um Wormditt wohl auf Betreiben des Bischofs Eberhard von Neiße vor allem durch Schlesier.[640]

---

631 Von Quast (1852), S. 19. CDW, Bd. I, D. Nr. 142, S. 248. Dittrich (ZGAE, Bd. 9, Anm. 9, S. 191) übernahm die wohl falsche Datierung der Stadtgründung im Jahre 1316 von Grunau und Hennenberger (siehe dort S. 489), die Gründung muß, wie oben geschildert, früher gewesen sein. Woelky und Saage (CDW, Bd. II, S. 285, dort Anm. 1) sahen in diesem Datum das Jahr der Erteilung der ersten Handfeste. Weise (1981, S. 242) datierte die erste Handfeste 1312. (Vgl. hierzu: SRW, Bd. I, S. 53, dort Anm. 11). ZGAE (Röhrich), Bd. 14, S. 186. A. Rzempoluch, (1981), S. 89. J. Kolberg (1908), 52, S. 81 – 84. J. Kolberg (1954), Nr. 28, S. 10.
632 ZGAE (Schmauch), Bd. 24, S. 257f.
633 Dehio / Gall (1952), S. 184. Weise (1981), S. 242.
634 CDW, Bd. I, D. Nr. 147, S. 256.
635 Ebenda, Nr. 164, S. 285. SRW, Bd. I, S. 437. ZGAE (Dittrich), Bd. 9, S. 191. Aufgrund der Anwesenheit eines Pfarrers versuchte Schmauch zu belegen, daß eine Holzkirche vorhanden war. Hierzu fehlen jegliche Beweise. Schmauch (1929), S. 7.
636 Dittrich a.a.O. Dehio / Gall (1952), S. 184. CDW, Bd. I, D. Nr. 168, S. 293. ZGAE (Röhrich), Bd. 14, S. 187. Rzempoluch (1981), S. 89.
637 CDW, Bd. I, D.Nr. 224, S. 379. SRW, Bd.I, S. 436f.
638 CDW, Bd. II, Nr. 288, S. 285f. SRW, Bd. I, S. 437. Später wurde der Bestand um mehr als 100 Hufen Waldland vermehrt, welches von einem entfernt liegenden Teil des Stadtdorfes Bürgerwalde stammte. (Weise 1981, S. 242.) ZGAE (Röhrich), Bd. 14, S. 187. ZGAE (Dittrich), Bd. 9, S. 191. 1399 wird die Handfeste erneuert und bestätigt, CDW, Bd. III, Nr. 344, S. 312.
639 Boetticher (1894), S. 271.
640 Dehio / Gall (1952), S. 184. ZGAE (Schmauch), Bd. 24, S. 258.

Um 1341 – 1349 residierte Bischof Hermann von Prag in Wormditt. Auf seine Initiative hin wurde die heutige Stadtkirche errichtet.[641] Der Ort war nicht nur zeitweilig Bischofssitz, auch das Landgericht für die bischöflichen Grundbesitzungen befand sich in Wormditt.[642]

Der dritte Pfarrer Magister Johann war Notar beim Bischof, bis er 1345 als Domherr nach Frauenburg berufen wurde.[643] Auffällig ist, daß die folgenden zwei Wormditter Pfarrer, Heinrich von Woina (Wonna) (1370 – 1377) und Nikolaus Rogettel (1377 – 1387), ebenfalls Domherren von Frauenburg waren.[644] Die verantwortlichen Pfarrer waren also neben ihrer Haupttätigkeit Domherren und hatten dadurch enge Kontakte zum Bischof.[645]

Die Pfarrkirche soll gemäß einer Inschrift aus dem 17. Jahrhundert im Jahre 1379 durch Bischof Heinrich III. Sorbom geweiht worden sein. Als Patrone setzte man die Jungfrau Maria und den hl. Johannes, den Evangelisten, ein.[646] Aus der Bauform und dem Vergleich mit Bauten im Raum um Danzig ist zu schließen, daß der Baubeginn, wie später genauer zu erörtern, in der Zeit um 1340 lag.[647] Für eine verzögerte Vollendung der Kirche und somit für die überlieferte späte Weihe spricht auch, daß erst seit 1381 Vikarstellen gestiftet wurden.[648]

Um 1390 entstanden die ersten beiden Kapellen auf der Südostseite. Sie wurden 1394 geweiht "... *ulla solida petra inclusa, muratum quod consecratum est Anno Domini 1394 ab Henrico Sohrenbohm Episcopo quondam Varmien. In honorem SS. Trium Regum et SS. Martyrum Fabiani, Sebastiani et Erasmi ac S. Petri ad Vincula*".[649]

---

641   Dehio / Gall a.a.O. Schmauch (1929, S. 6), vermutete das Gründungsjahr um 1345. ZGAE (Schmauch), Bd. 27, S. 405. F. Buchholz (1931), S. 46. Ulbrich, (1932, S. 31) datierte die Entstehung zwischen 1330 und 1340. Aus den oben genannten Gründen lag die Fundamentierung allerdings erst nach 1340, in der Regierungszeit Bischofs Hermann von Prag.
642   ZGAE (B. Poschmann) Bd. 30, S. 235.
643   Reifferscheid (1984), S. 1.
644   Schmauch (1929), S. 38.
645   Als Pfarrer Rogettel durch den Bischof 1377 zum Pfarrer ernannt wurde, war er Frauenburger Domherr. Die Wahl eines Domherren zum Pfarrer könnte ein Hinweis darauf sein, daß der Bau noch unvollendet war und der Bischof gezielt einen Domherren in Wormditt einsetzte, um über den Bauverlauf stets informiert zu sein. Dies erscheint zwar zunächst sehr hypothetisch, es war aber im Ermland unter den Bischöfen durchaus gebräuchlich, während der Bautätigkeit Domherren als Pfarrer für die im Bau befindlichen Kirchen einzusetzen. Auf diese Besonderheit wird noch an späterer Stelle genauer eingegangen werden.
646   ZGAE (Dittrich), Bd. 9, S. 192. Von Quast (1852), S. 22. Vgl. Inschrift über der Sakristeitür: *"Anno 1379. Ecclesia hec consecrata per olim Henricum D.G. Epp. Warm. in honorem Dei Omnipotentis et Glorioss. V. Mariae et S.S. Patr. Johannis Baptistae et Evangelistae."* CDW, Bd. III, Nr. 84, S. 56f.
647   Zink (1938, S. 56 ff.) lehnte die späte Datierung der Konsekrationstafel aus dem 17. Jahrhundert ab, betrachtete den Bau stilistisch und behauptete, daß die Gestaltung des Turms scheinbar eher für eine frühere Datierung spricht. Dittrich (ZGAE, Bd. 11, S. 325) bemerkte zu Boettichers Inventar: *"Die Neigung des Verfassers, die Kirche möglichst weit hinaus zu datieren, tritt auch hier wieder hervor".*
648   CDW, Bd. III, S. 92, Nr. 128.
649   Rzempoluch (1981), S. 92, Anm 12.

Im Schadensbericht von 1414, nach dem Krieg zwischen dem Deutschen Orden und Polen–Litauen, wird die Kirche zwar als ausgeplündert, nicht aber als beschädigt aufgeführt. Das Bauwerk blieb also verschont.[650]

Seit dem 17. April 1422 wurde laut Stiftungsurkunde die Heiligkreuzkapelle auf der Nordseite neben dem Turm errichtet.[651] Am 29. Dezember 1431 wurde in der zweiten Kapelle auf der Südseite vom Turm aus den Aposteln Jakobus und Matthias sowie der hl. Maria Magdalena ein Vikariat gestiftet.[652] Demnach war die Kapelle zu dieser Zeit vollendet. Am 11. April 1442 folgte die Errichtung der Muttergotteskapelle als dritte Kapelle auf der Nordseite.[653] Im folgenden Jahr war die dritte Kapelle auf der Südseite vollendet, und es erfolgte am 10. Februar 1443 die Weihe zu Ehren der Apostel Petrus und Paulus.[654] Im Jahre 1494 erfolgte nach Vollendung der Seitenkapellen die zweite Weihe im Auftrag des Bischofs Lukas Watzenrode. Als Weihbischof amtierte Jacobus von Plotzker.[655] Die Kirche wurde den hl. Johannes dem Täufer und Johannes dem Evangelisten geweiht.

Im Reiterkrieg 1519 – 1525 entstanden erhebliche Schäden an der Kirche. Nach dieser Zeit erhielt die Nordseite neue Dachgiebel. Zink beschrieb diese wie folgt:

> *Sie bestanden aus drei zweiteiligen, spitzbogigen Blendfenstern, von denen das mittlere die beiden anderen beträchtlich an Höhe übertraf. Jedes dieser Blendfenster wurde von einer rechteckigen, mit einem stumpfen Giebel gekrönten Einfassung umschlossen.*[656]

Von Quast erkannte, daß "... *der westliche Halbgiebel der Südseite sowohl nach Westen als auch an seiner südlichen Stirnseite ... rohere Formen zeigt, einfachere Stichbogenblenden ohne Detail, die nur einer notdürftigen Herstellung vielleicht erst aus dem 17. Jahrhundert angehört*".[657] Von Quast irrte sich jedoch hinsichtlich der chronologischen Einordnung, denn hier ist eine Wiederherstellung aus der Epoche nach dem Reiterkrieg zu erkennen. Es war somit Bischof Mauritius Ferber (1523 – 1537), der sich eifrig für die Wiederherstellung der Kirche einsetzte.

---

650 CDW, Bd. III, Nr. 495, S. 505, *"et omnes alie ecclesie bonis suis in eis repertis spolitate preter ecclesiam in opido Wormdith"*.
651 CDW, Bd. III, S. 579, Nr. 585. Schmauch (1929), S. 8f. *"in sacello S. Crucis"* wurde neben diesem Altar die *"vicaria SS. Andreae et Bartholomaei"* gestiftet. Vgl. ZGAE (Dittrich), Bd. 9, S. 193. Zink (1938), S. 57.
652 CDW, Bd. IV, S. 430f. Nr. 392. Schmauch ebenda, S. 9. Zink a.a.O.
653 In der Urkunde heißt es: *"vicaria B.M. Virginis"*. Kurz nach der Weihe wurde in Wormditt eine Marienbruderschaft gegründet. ZGAE (Dittrich), Bd. 9, S.193. Schmauch ebenda, S. 8. Zink a.a.O. Rzempoluch (1981), S. 92.
654 Schmauch ebenda, S. 9. *"vicaria Petri et Pauli"* ZGAE (Dittrich), Bd. 9. Rzempoluch a.a.O.
655 ZGAE (Dittrich), Bd. 9, S. 192. Von Quast (1852), S. 22: *"Anno 1494 per Reverend. Jacobum D. Gr. Epp. Margarit. Suffrag. Plocens. de licentia Reverendiss. in christo patris et D. Lucae D. Gr. Epp. Warm. est reconciliata in memoriam dict. Patronorum Johannis Baptistae et Evangelistae. Concessit eandem visitantibus 40 dies de vera Indulgencia in forma Ecclesiae consueta."* CDW, Bd. III, Nr. 84, S. 57. ZGAE (Schmauch), Bd. 27, S. 406; hier korrigierte Schmauch die Angaben zur Weihe von Zink und bezog sich auf Eichhorn (ZGAE, Bd. 3, S. 141 und Eubel (1901), Bd. II., S. 204f.).
656 Zink (1938), S. 46f., 58. Vgl. hierzu auch Schmauch (1929), S. 12.
657 Von Quast (1852), S. 22.

Im Visitationsbericht von 1565 wird die südliche Turmkapelle als *"neue Kapelle der seligen Jungfrau"* bezeichnet. Zink vermutete aufgrund dieser Beschreibung, daß die Kapelle auch durch vorherige Kriege zerstört war. Der äußere Halbgiebel der Westwand wurde daher ebenfalls in der Regierungszeit von Bischof Ferber erneuert.[658]

In den Jahren zwischen 1740 und 1750 fügte man den störenden Ostanbau für einen Hochaltar an.[659] In den Jahren 1899 – 1903 wurde der Bau umfassend restauriert.[660]

4.3.2 Baubeschreibung

4.3.2.1 Grundriß

138 Das geometrisch konstruierte Straßennetz von Wormditt läßt erkennen, daß die Stadt planmäßig angelegt wurde. Im Zentrum liegt der Marktplatz und an der südwestlichen Stadtmauer die Pfarrkirche. Ihr Chor ist nach Osten ausgerichtet.

Der Grundriß ist dreischiffig, wobei die Seitenschiffe durch oktogonale Pfeiler vom Mittelschiff abgetrennt werden. Die Ost– und Westpfeiler sind als Halbpfeiler ausgebildet. An den äußeren Seiten der Seitenschiffe schließt sich eine Reihe von Seitenkapellen an. Das Langhaus gliedert sich in vier Joche. Den Westabschluß bildet im Mittelschiff der Turm. Dieser war von Anfang an geplant und wurde in den orthogonalen Kubus der Kirche einbezogen. Das letzte Joch auf der Westseite wurde länger ausgebildet, damit der Turm fast quadratisch eingestellt werden konnte. Die Räume neben dem Turm waren wohl vor der Erweiterung ebenfalls als kleinere Kapellen projektiert und wurden zur Zeit der Kapellenerweiterung annähernd quadratisch vergrößert.

Die Außenmaße der Pfarrkirche betragen in der Länge 38,25 Meter; die Breite mißt 30,10 Meter. Die Raumbreite des Mittelschiffs beträgt etwa 7,00 Meter.[661] Auffällig ist, daß das Nordseitenschiff mit einer Breite von 2,75 Metern[662] schmaler als das Südseitenschiff (Breite 3,45 Meter) ist. Die fast quadratischen Joche sind unterschiedlich lang; so besitzen die Joche vom Chor beginnend eine Länge von 6,32 Metern, 7,00 Metern, 7,26 Metern und 6,66 Metern. Daraus ergibt sich eine Raumlänge im Mittelschiff von 27,58 Metern. Deutlich ist auch erkennbar, daß die Südkapellen mit einer Breite von 4,00 Metern schmaler als die Nordkapellen mit einer Breite von 4,95 Metern sind. Damit versuchte man, einen Ausgleich der unterschiedlich breiten Seitenschiffe zu schaffen.

Am Grundriß läßt sich die ursprüngliche Konfiguration der ersten Bauphase deutlich erkennen. Auf der Ost– und Westseite befinden sich in den Außenmauern die alten, schräggestellten Eckstreben wieder. Demnach waren die Seitenschiffe Längsrechtecke und besaßen die halbe Breite des Mittelschiffs. Die fast quadratischen Mittelschiffsjo-

---

658 Zink (1938), S. 58.
659 Dehio / Gall (1952), S. 185, dort Zeitangabe falsch, muß 18. Jh. heißen. Vgl. Schmauch (1929), S. 12. Rzempoluch (1981), S. 93, Abb. 4.
660 Dehio / Gall ebenda, S. 184. Laut Inschrifttafel in der Kirche.
661 Buettner (1939), S. 21.
662 Ebenda.

che sind querrechteckig angelegt. Die ursprüngliche äußere Breite der Kirche betrug demnach 19,13 Meter.

Wie aus dem Geschichtsüberblick ersichtlich, wurden die Nord- und Südseitenkapellen später angefügt. Dadurch erhielt der ursprünglich verhältnismäßig beengte Kirchenraum eine wesentliche Erweiterung, und es wurde reichlich Platz für Nebenaltäre geschaffen.

Die Sakristei befindet sich auf der Nordseite. Sie wurde in die Flucht der daran folgenden Kapellenanbauten mit einbezogen.

4.3.2.2 Chor und Ostgiebel

Der Ostteil der Kirche schließt platt mit einem Schaugiebel ab, so daß kein gesondertes Presbyterium entsteht.

491, 150

Die Chorwand erhebt sich über dem Fundament als glatte Mauerfläche. Die durchschnittliche Größe der im gotischen Verband gemauerten Backsteine beträgt 29 – 30 cm in der Länge, die Breite beträgt 14 cm und die Höhe etwa 8 cm. Unterhalb der Fenster verläuft ein durchlaufendes Sohlbankgesims, welches sich sogar über die Streben verkröpft. Die äußere Mittelschiffswand am Chor wird durch zwei Streben gestützt, die in Höhe der Fensterbögen der Seitenschiffe zweifach mit einem Wasserschlag zurückspringen. Die Mitte der Wand durchzieht ein durchlaufendes Putzband, das zugleich die alte Dachhöhe der ursprünglichen Seitenschiffe markiert. Es verkröpft sich sogar über den beiden mittleren Streben. Darüber erhebt sich die glatte, hohe Mauerfläche des erhöhten Mittelschiffs. In der Mitte öffnet sich ein im Vergleich zu den Seitenschiffen etwas breiteres Spitzbogenfenster. Die spitzbogigen Seitenschiffsfenster reichen, bedingt durch den basilikalen Raum, nur bis zur Höhe des mittleren Putzbandes. Den oberen Abschluß zum Schaugiebel bildet ein breites, durchlaufendes Giebelputzband. Darüber zieht anschließend sich ein schräggestelltes Gesims entlang, auf dem übereck gestellte Fialen ruhen. Sie ragen als Pinakeln über die Dachschräge hinaus. Dazwischen liegen sechs gestaffelte und verputzte Blendspitzbögen. Ihre Laibungen sind mit einem Rundstab umrandet. An den Gesimsen der vier mittleren Blenden öffnet sich je Blende ein kleines Fenster mit Segmentbogen. Oberhalb der Hälfte der beiden mittleren Blenden befinden sich schlitzartige Fenster zur Dachbodenbeleuchtung. Die Giebelschräge schließt mit einem Rundstab und darüberliegenden Tonkrabben ab.

Zink hielt den Ostgiebel aufgrund seiner Ähnlichkeit mit den südlichen Kapellengiebeln für eine Neuschöpfung aus der zweiten Hälfte des 15. Jahrhunderts, der Zeit der Kapellenerrichtung.[663]

Die vier Oststreben besitzen tabernakelartige, geschlossene Bekrönungen. Sie stammen noch aus der ersten Bauphase und somit aus der Zeit um die Mitte des 14. Jahrhunderts. Erstmalig wurden diese Eckaufsätze am Frauenburger Domchor verwendet. Ihre Form wurde für die Folgezeit im Ermland Vorbild und findet sich sowohl an Stadt- als auch an Dorfkirchen wieder.

---

663   Zink (1938), S. 48f.

Die Formsteinbekrönungen scheinen nicht ursprünglich zu sein, sondern stammen wohl von der Restaurierung der Jahre 1899 – 1903. Von Quast zeichnete die Tabernakel noch ohne Formsteine.

149 Auf der Nordostseite schließt sich die ursprünglich eingeschossige Sakristei an. Zink vermutete richtig, indem er den Sakristeianbau dem ersten Baubestand zuordnete.[664] Dafür spricht auch der homogene Mauerverband und das kontinuierlich durchlaufende Steinband der Sohlbank. Der über der Sakristei liegende Raum wurde nach der Kapellenvollendung als Empore zum Seitenschiff geöffnet. Die westlich an die Sakristei anschließende Kapelle wurde später als Vorhalle umgestaltet und ist vom Seitenschiff durch eine schmale Wand getrennt.

4.3.2.3 Langhaus

Ulbrich bemerkt zur Wormditter Stadtkirche, daß sie "*... in ihrer jetzigen Gestaltung eine Sonderstellung unter allen ostpreußischen Kirchenbauten einnimmt ...*".[665] Sie ist die einzige basilikale Kirche innerhalb der Hochstiftsgrenzen des Ermlands. Das Langhaus gliedert sich dreischiffig, und der Chorschluß ist gerade.

Einzige Ausnahme bildet die erste Braunsberger Stadtpfarrkirche, die vor ihrer Planungsänderung als Pseudobasilika angefangen und ab 1367 als Halle vollendet wurde.

138 Wie bereits bei der Grundrißbeschreibung bemerkt, sind die Seitenschiffe unterschiedlich groß. Das Südseitenschiff ist deutlich größer und steht zum Mittelschiff im Maßverhältnis 1 : 2. Bisher wurde diese Grundrißabweichung bei Untersuchungen nicht beachtet, und eine Erklärung hierfür fehlt. Sehr oft finden sich ähnliche Abweichungen aufgrund von Platzmangel, bedingt durch Straßenführung oder angrenzende Bauten. In Wormditt war jedoch ausreichend Platz vorhanden, so daß man die anschließenden Nordkapellen sogar größer als die Südkapellen anlegen konnte. Eine mögliche Erklärung hierfür wäre, daß man in der erste Planungsphase zunächst eine Hallenkirche beabsichtigte und dadurch das Südseitenschiff in der üblichen Hallenproportion von 1 : 2 anlegte, jedoch noch während der Ausführung zur Basilika überging und dadurch das Nordseitenschiff schmaler proportionierte.

142 Eine weitere Erklärung für das schmalere Nordseitenschiff könnte in dem ehemaligen Wehrcharakter der Kirche liegen. So zeigt sich der Turm mit seinen schmalen Luken wehrhaft. Möglicherweise besaß das Nordseitenschiff aus fortifikatorischen Gründen keine Fenster. Im Falle einer Stadteroberung drohte der Kirche nur von der Stadtseite Gefahr, die Südseite liegt nahe der Stadtmauer unmittelbar vor einem steilen Abhang. Damit das unbeleuchtete Seitenschiff nicht zu dunkel wurde, legte man es nicht ganz so breit an wie das Südseitenschiff. Diese These läßt sich heute aufgrund des Baubestands nicht mehr belegen und bleibt daher nur hypothetisch. Schon bei der Grundrißbeschreibung wurde auf die unterschiedlichen Jochlängen hingewiesen. Diese Erscheinung und das schmaler ausgebildete Nordseitenschiff könnten auch mögliche Hinweise auf einen zur Zeit der Fundamentierung vorgenommenen Planwechsel sein. Als man dann die Seitenkapellen anlegte, hätte sich diese ungleiche Seitenschiffsausführung als

---

664 Ebenda, S. 54.
665 Ulbrich (1932), S. 30.

störend auf den Außenbau ausgewirkt. Damit dies nicht so stark ins Gewicht fiel, proportionierte man einfach die Nordkapellen größer und dementsprechend die Südkapellen kleiner.

Ursprünglich lagen die Strebepfeiler wohl zwischen den Spitzbogenfenstern an der Außenseite der alten Seitenschiffswände. Die Eckstreben waren abgeschrägt. Ein Sohlband verlief um die gesamte Kirche, einschließlich der Strebepfeiler. Unterhalb der Traufe ging ein weiteres umlaufendes Putzband ebenfalls um die Strebepfeiler. Um das Langhausdach läuft ein breites Putzband, das jedoch nur bis zum Turmansatz reicht. Vermutlich liefen die Putzbänder unterhalb der ehemaligen Traufe der Seitenschiffe, sowie das Gesimsband unterhalb der Sohlbank, ursprünglich um die ehemalige Langhauswand und verkröpften sich an den Strebepfeilern.

Im Mittelschiff gliedert sich die Langhauswand durch Vorlagen, die zum Mittelschiff durch das Hochführen der drei vorstehenden Pfeilerseiten und durch profilierte Schildbogenblenden miteinander verbunden sind. Gall erkannte darin die statische Absicht, die Hochschiffswände im Innenraum ähnlich wie in Pelplin zu verstreben.[666]

154 –
157

4.3.2.4 Kapellenanbauten

Die Kapellen entstanden nicht zu gleicher Zeit, doch läßt sich aufgrund ihrer Konfiguration eine Gesamtplanung erkennen. Wie schon bemerkt, kamen sie zwischen 1390 und 1494 in sechs Bauabschnitten hinzu. Ungewöhnlich war diese Kapellenerweiterung nicht. Auch in anderen Gebieten im Deutschordensland läßt sich eine solche Entwicklung beobachten. So wurden zum Beispiel bereits nach 1359 an der St. Jakobskirche in Thorn Seitenkapellen angefügt,[667] gegen Ende des 14. Jahrhunderts auch an der Marienkirche in Danzig am Langhaus.

140
148 –
153

Bei der Anfügung der Seitenkapellen wurden die bestehenden äußeren Strebepfeiler verlängert und die ehemaligen Außenwände durchbrochen. Die ursprünglichen Pultdächer der Seitenschiffe wurden entfernt und durch Grabendächer ersetzt.[668] Damit die Obergadenfenster nicht durch die neue größere Dachkonstruktion zugestellt wurden, verschob man die Giebel direkt über die Trennwände. Daraus ergab sich, daß die Obergadenfenster zwischen den Satteldächern lagen und die Frontseiten auf der Ost– und Westseite, bedingt durch halbe Satteldächer, eine hohe Giebelfront ergaben. Diese Giebelfronten schmückte man mit besonders reichen Schaugiebelwänden, die zugleich die dahinterliegende Dachkonstruktion verdeckten. Zwischen den Giebeln leiten Wasserspeier das Regenwasser ab.

226

Als man beim Ausbau der Kapellen die Breite der Seitenschiffe ungefähr verdoppelte, mußte man sich Gedanken über die neue Dachform machen. Buettner bemerkte hierzu:

> *War vorher der Unterschied zwischen der Höhe der Seitenschiffsmauern und*
> *der Oberlichtfenster der Mittelschiffe ausreichend gewesen, um dem Pultdach*

---

666 Dehio / Gall (1952), S. 184.
667 ebenda, S. 76.
668 Ein vergleichbarer Vorgang läßt sich (nach 1351) an der St. Johann in Thorn, der 1. Kapelle der Marienkirche in Danzig (1382) und der Pfarrkirche in Dirschau beobachten. Dehio / Gall ebenda, S. 185.

der Seitenschiffe einen Neigungswinkel von etwa 35 Grad zu geben, so hätte der Umbau bei Beibehaltung derselben Dachkonstuktion zu der sehr flachen Neigung von rund 17 Grad geführt. Dies wünschte man augenscheinlich unter allen Umständen zu vermeiden. Und da ist es nun interessant zu sehen, wie man aus Abneigung gegen das flache Pultdach eine technisch sowohl wie ästhetisch zweifellos recht unbefriedigende Lösung wählte.[669]

139, 140 Auf der Nordseite integrierte man die schon bestehende Sakristei in die Flucht der Kapellenanbauten. Das neben der Sakristei liegende Portal im zweiten Joch erhielt eine Vorhalle und wurde ebenfalls mit in die Kapellenflucht einbezogen. Die Anbauten sind alle im gotischen Verband gemauert, und die Steine besitzen durchschnittliche Backsteinformate in der Länge etwa 30 – 31 cm, in der Breite 14 – 15 cm und in der Höhe 8 cm.

163, 164 Die Seitenschiffsaußenwände sind mit einem durchlaufenden, horizontal liegenden Fries von Formziegeln verziert. Dieses Zierband ist auf der Nordseite besonders reich. Ein dreireihiger Fries zieht sich unterhalb des Sohlbankabschlusses durch und umrahmt die beiden Portale. Unterhalb der Traufe läuft gleichfalls ein Fries. Sie führen sogar um die Ostecken der Seitenkapellen bis zum alten, schräggestellten Eckpfeiler. Auf der Südseite finden sich Formsteinfriese nur an den östlichen drei Kapellen. Anschließend daran führt der Fries als Putzband weiter.

Im Innenraum der nördlichen Kapelle neben den Turm kann man erkennen, daß auf der Ostwand der äußere Zierfries innen weiterführt. Daraus läßt sich vermuten, daß die Wand ursprünglich einmal eine Außenwand bildete. Demnach wurde die nördliche Kapelle neben dem Turm erst später, nämlich nach der Stiftung von 1422, erweitert. Der Baubefund zeigt, daß die daran anschließende Kapelle zur Zeit der Erweiterung bereits vorhanden war.

146 Der Südwestgiebel und die nach 1525 leicht umgestalteten Giebel der Nordseite wurden in den Jahren zwischen 1899 und 1902 in alter Form neu aufgeführt.[670] Dabei versuchte man, den spätmittelalterlichen Eindruck der Nordgiebel zu rekonstruieren. Beim Nordgiebel wurden die drei Blenden jeweils unter einen Giebel vereinigt, die vertikalen Teile der Einfassun zu Fialen umgestaltet.

153

Die Fenster der Seitenkapellen wurden in späterer Zeit verändert. *"Erzpriester Lamprecht (1738 – 1739) ließ nämlich auf Kosten eines hierfür bestimmten Legates seines Vorgängers Johann Braun die Fenster vergrößern (in majorem formam redactae)."*[671]

4.3.2.5 Formsteine als Zierfries

163 – 168 Die Wormditter Stadtpfarrkirche besitzt eine ungewöhnlich reiche Ausschmückung mit ornamenierten und figuralen Tonplatten. So sind die gesamte Nordseite unterhalb der Sohlbank– und Traufenhöhe sowie die drei östlichen Kapellen der Südseite unterhalb der Sohlbank durchlaufend ornamental verziert.

---

669 Buettner (1939), S. 18.
670 Dehio / Gall (1952), S. 185.
671 ZGAE (Dittrich), Bd. 9, S. 244. Von Quast (1852), S. 21.

Der Fries auf der Südseite bildet sich aus einer Aneinanderreihung von Maßwerkformen. Die Grundstruktur bilden genaste Doppelspitzbögen, über denen jeweils ein sphärisches Dreieck mit genastem Dreipaß eingestellt ist. Der südliche Maßwerkfries wurde nach Galls Meinung erst nachträglich in Zweitverwendung eingelassen. Die Platten stammten seiner Meinung nach wohl von den alten Langhauswänden, bevor die Kapellen angefügt wurden.[672] Demnach sind die Platten mit den Maßwerkformen wohl die ältesten und stammen noch aus der Zeit um 1370/80.

Die romanisierenden Palmetten–, Weinreben– (32 x 16 cm) und Tonplatten mit männlichen und weiblichen Büsten (31 x 28 cm) sowie Halbfiguren in spitzbogigen oder kleeblattförmigen Nischen (31 x 28 cm) verlaufen auf der Nordseite senkrecht als Rahmen um die Portale. Da die Kapellen auf dieser Seite in der ersten Hälfte des 15. Jahrhunderts errichtet wurden, dürften die zugehörigen Tonplatten ebenfalls aus dieser Zeit stammen.

Ulbrich datiert ohne weitere Begründung die Entstehung der in Wormditt verwendeten Formsteine fälschlich gegen Anfang des 14. Jahrhunderts.[673] Im Zusammenhang mit der Baugeschichte konnte dagegen Jurkowłaniec nachweisen, daß die Backsteine mit den interessanten Ornamenten aus der Brennerei von Elbing stammten. Im Ermland selbst hat sich nämlich kein eigenes Zentrum der Bauplastik entwickelt. Diese Rolle fiel Elbing zu. Dort war schon nach der Errichtung des Dominikanerklosters und unter dessen Verwaltung eine Ziegelscheune entstanden.[674] Im Ermland und den benachbarten Regionen sind diese Formsteine selten anzutreffen. Außer in Wormditt finden sie sich nur in Göttkendorf auf der nördlichen Turmseite, in Neu–Kochendorf am Giebel der Südeingangsvorhalle und in Deutsch Tierau an der Westseite als Spolien eingefügt. Solche Zierfriese befanden sich einst in Elbing, so unter anderem an einer Hausfassade, die aber im 19. Jahrhundert zerstört wurde. Da das Portal dieses Kaufmannshauses eine ähnliche Gestaltungweise wie das 1388 entstandene Westportal des Frauenburger Doms besitzt, läßt es sich – zusammen mit seinen den Wormditter Zierplatten gleichenden Formsteinen – gegen Ende des 14. Jahrhunderts datieren.[675]

402, 413
87

Aus dem seltenen Vorkommen von Formsteinen muß man schließen, daß zum einen die Produktion nicht sehr groß und zum anderen die Beschaffung recht teuer war und man Formsteine deshalb sparsam in die Bauten einbezog. Am reichsten kamen sie bei der Vorhalle des Frauenburger Doms und in Wormditt zur Verwendung.

4.3.2.6 Turm und Westbau

Auf der Westseite erhebt sich ein fast quadratischer Turm, der die Breite des Mittelschiffs einnimmt. Er ist in den orthogonalen Grundriß eingezogen. Seine Konfiguration läßt erkennen, daß er zum ursprünglichen Baubestand aus der Zeit nach 1340 gehört. Er ist nicht hoch, aber gut proportioniert.[676] Das Untergeschoß und das erste Obergeschoß stehen mit den Turmseitenkapellen im Mauerverband. In Sohlbankhöhe

141–143

---

672   Dehio / Gall (1952), S. 185.
673   Ulbrich (1932), S. 45.
674   Jurkowłaniec (1989), S. 264.
675   Hauke / Stobbe (1964), S. 116f.
676   Von Quast (1852), S. 19ff.

läuft ein schräggestelltes Gesimsband mit Tropfkante. Das Band führt um das Portal herum. Da das Gesimsband auch um den Chor und um die schräggestellten Eckpfeiler läuft, kann man vermuten, daß das Traufenband am ersten Bau vollständig um das Langhaus und um die Langhauspfeiler führte.

Die frühe Turmplanung wird auch durch eine am 20. März 1341 ausgestellte Urkunde belegt, in der man den Erbschulzen verpflichtete, eine finanzielle Beihilfe zum Bau und zur Ausbesserung der Stadtbefestigung zu leisten und für die Beschaffung der Kirchenglocken zu sorgen.[677]

144, 145

Das Untergeschoß des Turms ist bis auf das umlaufende Traufenband in Sohlbankhöhe kaum gegliedert. Neben dem Portalbogen, oberhalb des Traufenbandes, befinden sich zwei Blenden mit Segmentbogen. Direkt über dem Bogen sieht man eine kleine Nische, die bis 1899 vermauert war. Hinter der Vermauerung befand sich eine seltenes Trinitätsbildnis, mit dem Abbild eines Dreikopfes mit zwei Augen.[678] Darüber befindet sich eine spitzbogige Fensteröffnung, deren Spitze das umlaufende Putzband überschneidet. Im ersten Obergeschoß des Turms ist deutlich zu erkennen, daß der Raum zur Einwölbung vorgesehen war. Er sollte sich ursprünglich zum Schiff hin emporenartig öffnen. Ob der Raum für die Unterbringung einer Orgel oder als Sängerempore gedacht war, ist unbekannt. Die Vorliebe für Emporeneinbauten zeigt sich neben dem Dom und der Frauenburger Stadtpfarrkirche auch bei anderen ermländischen Stadtkirchen.

Wegen der durchlaufenden Vertikalgliederung datiert Zink den oberen Turmabschluß als noch zum ersten Baubestand gehörig. Demnach war der Turm zur Weihe im Jahre 1379 vollendet.[679] Boetticher bemerkte zum Turm, daß dieser eine "höchst eigentümliche Anordnung" besitze, gab hierfür allerdings keine Erklärung.[680] Gall dagegen erkannte, daß der Turm eine wehrhafte Disposition aufweist.[681]

Der obere Teil des Turms ist nicht horizontal gegliedert, sondern jede Seite besitzt drei hohe, schlanke Spitzbogenblenden. Die zweifach abgesetzte Mittelblende ist etwas breiter angelegt. Gall stellte ferner fest, daß die ursprüngliche Maßwerkbemalung in den Blenden in leuchtendem Blau ausgeführt war. Davon ist heute nichts mehr erkennbar.[682] Im oberen Abschluß leiten schräge Dreieckzwickel den fast quadratischen Turm in ein unregelmäßiges, kurzes Achteck über. Die Luken im Obergeschoß betonen zusätzlich den Wehrcharakter.

---

677   ZGAE (Röhrich), Bd. 19, S. 187.
678   Lorck (1982), S. 122. Dreikopf-Darstellungen sind besonders im 14. Jh. in Italien üblich. Sie stehen wohl im Zusammenhang mit Dantes Inferno und in der humanisierenden Rezeption dieser Darstellungsform. Kirschbaum / Braunfels (1968 – 1976), Bd. 1, S. 537f. Der Tricephalus wurde unter Papst Urban VIII. 1628 verboten. Kirschbaum / Braunfels (1968 – 1976), Bd. I, S. 528. Vermutlich entstand die Wormditter Darstellung unter dem Einfluß des Bischofs Hermann von Prag, der besonders den Frühhumanismus im Bistum förderte. Die Darstellung leitet sich wohl von italienischen Vorbildern her. Die Vermauerung des Blendbogens steht wohl im Zusammenhang mit dem Darstellungsverbot.
679   Zink (1938), S. 57.
680   Boetticher (1894), S. 272.
681   Dehio / Gall (1952), S. 184.
682   Dehio / Gall ebenda, S. 185. Zink (1938, S. 49) erkannte ebenfalls diese Verputzung mit Maßwerkspuren.

Der heutige Turmdachabschluß ist nachmittelalterlich. Holst rekonstruierte das ursprüngliche Aussehen mit einer Steinpyramide hinter Zinnen in der Art der spanisch–islamischen Wehrplatten.[683] Dies zeigt in der Turmgestaltung eine besondere Orientierung an der ordensländischen Bautradition. Buettner stellte fest, daß im Ordensgebiet im 14. Jahrhundert nur wenige vollendete Stadttürme existierten. Dabei ist zu bemerken, daß es eine Reihe von Türmen mit Zinnen als Abschluß gegeben hat, und zwar in Marienwerder, Riesenburg, Neuenburg, Strasburg und Gollub, andeutungsweise in Mohrungen und durch Steinbrecht rekonstruiert an der St. Jakobs–Kirche in Thorn.[684]

Vergleichbare Türme, die oben mit einem achteckigem Aufsatz enden und vom Erdgeschoß ausgehende, schlichte, hohe Blenden besitzen, finden sich in der Gegend von Danzig bei den Dorfkirchen von Praust und Mühlbanz.[685] Aber auch in Liebstadt (Ende 14. Jh. – Anfang 15. Jh.) findet sich ein analoger Turmabschluß. Das dortige erste Turmgeschoß wurde ebenfalls auf Wölbung angelegt und zum Schiff geöffnet.[686] Aufgrund der Analogien zu den Bauten aus der Danziger Gegend läßt sich unterstellen, daß der Wormditter Baumeister aus diesem Raum stammte oder in Danzig tätig war.

Unter den ermländischen Dorfkirchen findet sich in Arnsdorf ein erst gegen 1480 vollendeter Turmabschluß, wohl nach dem Wormditter Vorbild. **372**

Der nordwestliche Halbgiebel in Wormditt erhält durch spitzwinklig angeordnete **492** Formsteine eine besonders reiche Gestaltung. Ein angefügter Treppenturm ist ebenfalls reich mit Formsteinen bekrönt. Von Quast datierte diesen Giebel und den Treppenturm um 1400.[687] Aufgrund der Stiftungsurkunde von 1422 für die nördliche Seitenkapelle kann der Giebel erst nach dieser Zeit entstanden sein. Demnach irrte sich von Quast, und die Vollendung des Giebels lag nach dieser Zeit bzw. in der zweiten Hälfte des 15. Jahrhunderts. Gall verglich den Wormditter Halbgiebel in seinen Gestaltungsformen mit krabbenbesetzten Dreiecksgiebeln mit den um 1446 errichteten Ostgiebeln der Marienkirche in Danzig.[688] Die verwandten Formen lassen vermuten, daß der Wormditter Giebel erst nach Zerstörungen durch den Städtekrieg (1454 – 1467) neu errichtet wurde. Für diese späte Datierung spricht auch die Giebelgestaltung in Rößel (nach Brand 1474 erneuert).

Der südwestliche Halbgiebel in Wormditt erhielt bei der Wiederherstellung (1899 – **146** 1902) sein heutiges Aussehen. Noch zu Zeiten von Quasts besaßen die Giebel rohe Segmentbögen.

---

683 Holst (1981), S. 241.
684 Buettner (1939), S. 32f.
685 Dehio / Gall (1952), S. 45.
686 Ebenda, S. 153f.
687 Von Quast (1852), S. 21.
688 Dehio / Gall (1952), S. 185. Nußbaum (1985), S. 245.

4.3.2.7 Gewölbe

156 –
158
Das Mittelschiff war zunächst nachweislich mit einer Flachdecke geschlossen.[689] Schmauch datierte die Entstehungszeit der Mitteschiffsgewölbe um 1485 und glaubte die zweite Weihe von 1494 nicht nur durch die Vollendung der Seitenkapellen, sondern vor allem durch das Einziehen der Gewölbe veranlaßt.[690] Wegen der Gewölbeform erscheint nach Schmauch die Enstehung gegen Ende des 15. Jahrhunderts als unwahrscheinlich. Auch konnte im Abschnitt über Braunsberg nachgewiesen werden, daß der dortige Brand von 1480 die Gewölbe nicht völlig zerstörte und der Aufbau nach dem alten Vorbild veranlaßt wurde. Gall und Zink datierten daher die Einziehung der Mittelschiffsgewölbe in die Mitte des 15. Jahrhunderts.[691]

Zieht man die analogen Gewölbeformen in Bartenstein (1400 – 1410) und Braunsberg (kurz nach 1442) zum Vergleich heran, so zeigt sich bei diesen Beispielen eine Datierung in die erste Hälfte des 15. Jahrhunderts als gerechtfertigt. Gall vermutete sogar, daß der in Wormditt tätige Gewölbemeister identisch mit dem in Braunsberg und Bartenstein sei.[692]

159 –
160
Die vierstrahligen Sterngewölbe der Seitenschiffe ruhen auf maßwerkverzierten Kalksteinkonsolen. Es ist erkennbar, daß die Rippen eine saubere Führung und die Konsolen eine sorgfältige Einfügung in das Mauerwerk besitzen. Demzufolge gehört dieser Baubestand in die Zeit der Errichtung der Umfassungswände. Schon von Quast erkannte, daß die Gewölberippen der Seitenschiffe denen der Schloßkapellen zu Marienburg und Heilsberg ähneln und eher für eine Entstehung in der ersten Hälfte bis Mitte des 14. Jahrhunderts sprechen.[693]

Ebenso zeigen die Konsolen eine enge Verwandtschaft mit denen der um 1344 vollendeten Marienburger Schloßkirche.[694] Für die frühe Datierung der Seitenschiffsgewölbe nach 1340 scheint dies ein zusätzlicher Beleg zu sein.

162
Die Kapellenanbauten sind ebenfalls mit vierstrahligen Sterngewölben versehen, deren Ausführung jedoch weniger sorgfältig als die der Seitenschiffsgewölbe erscheint. Die Rippen in den Kapellen verlaufen auf Tonkopfkonsolen.

161
Die größeren Turmseitenkapellen besitzen reiche, sechzehnteilige Sterngewölbe. Die Kapellen waren schon in ihrer alten, schmaleren Form vor Errichtung der Kapellenanbauten durch einen breiten Gurtbogen von den Seitenschiffen getrennt. In der Zeit des

---

689   Schmauch (1929, S. 11) konnte durch Beobachtungen auf dem Dachboden und aufgrund der Gewölbeerscheinung nachweisen, daß zuerst eine Bretterdecke im Mittelschiff vorhanden war. Die Nägel finden sich heute noch auf der Balkenunterseite. Betrachtet man die Mittelschiffsgewölbe, so erkennt man, daß die Obergadenfenster extrem dicht an die Gewölbe stoßen. Dadurch wirkt das Gewölbe in den Raum hineingezwängt. Dies kann man auch als Hinweis darauf deuten, daß die Gewölbe erst später eingezogen wurden.
690   ZGAE (Schmauch), Bd 27, S. 305f und 410; ZGAE (Schmauch), Bd. 24, S. 259f.
691   Zink (1938), S. 57. Dehio / Gall (1952), S. 185.
692   Ebenda, S. 185. Für das Gewölbe im Mittelschiff zu Bartenstein konnte Buettner (1939, S. 45) in seiner 1939 erschienen Dissertation überzeugend nachweisen, daß im Zusammenhang mit dem Umbau der Kirche die Gewölbe erst in der Zeit 1400–1410 entstanden sind. Zink (1938), S. 57.
693   Von Quast (1852), S. 20.
694   Dehio / Gall (1952), S. 184. ZGAE (Schmauch), Bd. 27, S. 405.

Ausbaus entfernte man die Seitenschiffsaußenwände neben dem Turm. Dadurch entstanden erweiterte, neue Kapellenräume.

Die Gewölbe der einzelnen Kapellen lassen sich in deren erwähnte Entstehungszeit zwischen 1390 und 1494 datieren. Ihre gleichförmige Gestaltung belegt eine einheitliche Planung.

4.3.2.8 Raumgestaltung und Vorbilder

Aufgrund ihrer basilikalen Strukturierung besitzt die Wormditter Stadtpfarrkirche nur wenig Vergleichbares mit dem sonst im Ermland üblichen Kirchentyp. Im Deutschordensland sind allein die Kirchen von Mohrungen und Bartenstein als Basilikalform ausgebildet. Zink bemerkte zum Außenbau, daß lediglich die Anordnung der Strebepfeiler an der platten Ostwand und dessen Tabernakelbekrönung typisch ermländische Bauelemente sind.[695] Im Innenraum vermittelt das Mittelschiff einen ähnlichen Raumeindruck wie die chorlosen Hallen im Ermland. Die achteckigen, profillosen, trennenden Pfeiler zu den Seitenschiffen verlaufen in einem Zug bis hin zu den oberen Schildbogenblenden. An der Hochschiffswand gehen die Streben in dreiseitige Wandvorlagen über. Dadurch treten die Hochschiffswände in ihrer Wirkung zurück. *"Gerade das Pfeilersystem des Mittelschiffs vermittelt dem Beschauer also ein ganz ähnliches Raumbild wie in den chorlosen Hallenkirchen."*[696]

Die Vorbilder und Werkleute der Wormditter Pfarrkirche muß man außerhalb des Hochstifts suchen. Vor der Errichtung der Wormditter Kirche waren nur die Kirchen in Braunsberg und Frauenburg vorhanden. Bei diesen ist jedoch die Gesamterscheinung, Proportionierung und Chorausbildung andersartig und es finden sich nur wenige Gemeinsamkeiten.

Schmauch glaubte, in dem Wormditter Baumeister einen von Bischof Hermann herbeigerufenen böhmischen Meister zu erkennen.[697] Diese Behauptung ließ sich jedoch wegen fehlender Vergleichsbauten nicht bestätigen. Zink sah in der Grundrißgestaltung mit querrechteckigen Mittelschiffsjochen und längsrechteckigen Seitenschiffsjochen, in den achteckigen, profillosen Arkadenpfeilern, den Halbpfeilern an der Westwand und an der Westseite des Turms sowie in der fehlenden gesonderten Chorausbildung eine nahe Verwandtschaft zu den chorlosen ermländischen Hallenkirchen. Aus seiner überzeugenden Argumentation heraus ist die Wormditter Stadtkirche als Hallenfiliation anzusehen.[698]

Bereits Clasen erkannte, daß die Wormditter Basilika keineswegs eine Eigenschöpfung ist, sondern *"Pelplin, als Vorstoß des basilikalen Baugedankens, wirkte nach Danzig und auf die Pfarrkirche von Wormditt weiter."*[699]

---

695 Zink (1938), S. 51f.
696 ZGAE (Schmauch), Bd 27, S. 405.
697 Schmauch (1929), S. 6. Diese Vermutung konnte Zink (1938, S. 56) widerlegen und einen klaren Bezug zur Zisterzienserabtei in Pelplin herstellen. Schmauch revidierte seine falsche Meinung in seiner Kritik zu Zinks Schrift (vgl. ZGAE, Bd. 27, S. 405f.).
698 Zink (1938), S. 58.
699 Clasen (1930), S.167.

Das Kloster Pelplin wurde 1258 von Herzog Sambor II. gegründet und von Doberan aus besiedelt. Im Jahre 1276 erfolgte die Verlegung an die heutige Stelle.[700] Bereits vor 1295 wurde die Klosterkirche begonnen, nachdem der Zisterzienserorden 1274 durch eine Schenkung des Herzogs Mestwin II. Pelplin erhalten hatte. Der Chor war um 1323 und das Langhaus wohl bis zur Mitte des 14. Jahrhunderts vollendet. Für die Innenausstattung finden sich 1376 Belege. Am 20. August 1399 stürzten die fünf Gewölbe im westlichen Mittelschiff ein. Im Jahre 1557 erfolgte die Einwölbung der beiden Querarme mit Netzgewölben vermutlich durch den Danziger Maurer Anton Schultes.[701]

Zink erkannte eine stilistische Abhängigkeit in der Proportionierung des Grundrisses. So besitzt Pelplin keinen gesonderten Chorraum, die Seitenschiffe werden durch profillose, achteckige Pfeiler in der Weise getrennt, daß in den Seitenschiffen längsrecheckige und im Mittelschiff querrechteckige Joche entstehen. Die Seitenschiffe sind halb so breit wie das Mittelschiff. Dieses Proportionsprinzip 1 : 2 scheint im Ordensland erstmalig in Pelplin aufzutreten.[702]

Für die Herleitung einer Filiation der Wormditter Pfarrkiche von der Pelpliner Klosterkirche spricht nicht nur die gleiche Jochproportionierung, sondern auch die verwandte Innenraumgestaltung. Die achteckigen, unprofilierten Pfeiler werden über dem Ansatzpunkt der Arkadenbögen über einen schmalen, vorspringenden Kämpfer hinaus über die Hochschiffswand geführt, so daß drei Seiten als Wandvorlage hervortreten. Diese werden durch profilierte Schildbogenblenden miteinander verbunden. Die Blendbogengewände sind vierfach gestuft und abwechselnd durch Birnstab und abgekantete Profilsteine gebildet. In jedem, eine Jochbreite einnehmenden Bogenfeld öffnet sich im oberen Teil ein Fenster. Die Wandvorlagen verlaufen daher durch die Hochschiffswände hindurch. Buettner charakterisierte diese Wandgliederung wie folgt: *"fast transparent"*, *"ganz wesenlos wirken die völlig ungegliederten Wände. Es ist als ob sich eine Glaswand zwischen die Pfeilervorlagen spannt, so vollkommen ist die Halluzination vollplastischer Pfeilerkörper, so stark der Eindruck, als sähe man hinein in die gleich hohen Seitenschiffe. Wie die unmittelbare Vorstufe zur dreischiffigen Halle wirkt der Aufriß dieser Hochschiffswände."*[703]

Schmauch sah in dem Gestaltungsprinzip der chorlosen Basilika von Pelplin eine völlige Eigenschöpfung, die im Deutschordensland erstmalig in Erscheinung tritt. Dieses Prinzip, unter Verzicht eines Querhauses, sowie die gesonderte Konfiguration des Raumes und Grundrisses findet sich neben der Stadtkirche von Preußisch Stargard auch in Wormditt.[704] Demnach ist nach Meinung Buettners der Wormditter Basilika *"die Vermittlerstellung des chorlosen Baugedankens zwischen der Pelpliner Kirche und den ermländischen Hallenkirchen zuzuweisen."*[705]

---

700   Schneider (1986), S. 683f.
701   Zink (1938), S. 59. Dehio / Gall (1952), S. 54f., 184.
702   Zink ebenda, S. 62.
703   Buettner (1939), S. 28.
704   ZGAE (Schmauch), Bd 27, S. 407.
705   Zink (1938), S. 68.

Die in der Mitte des 14. Jahrhunderts entstandene Kirche in Preußisch Stargard steht in enger stilistischer Verwandtschaft zur Wormditter Kirche. Beide besitzen eine Länge von vier Jochen und der Innenraum ist in den Mittelschiffsseitenwänden gleichartig gestaltet. Die Seitenschiffe besitzen eine identische Konstruktion. Nur der Ostteil in Preußisch Stargard hat einen rechteckigen Chorraum. Zink begründete dies mit einer Vorgängerkapelle, die ursprünglich einen polygonalen Abschluß besaß. Zusammen mit der Umgestaltung des Mittelschiffs nach dem Pelplin – Danziger Vorbild wurde der Chorraum rechteckig umgestaltet.[706] Die Kirche von Preußisch Stargard besitzt keinen Turmbau auf der Westseite. Eine weitere Gemeinsamkeit neben der Architektur ist die Wahl des gleichen Patrons.[707]

Nachdem die Pelpliner Klosterkirche als Vorbild nachgewiesen werden konnte, stellt sich die Frage nach der Vermittlung ins Hochstift Ermland. Aufgrund verschiedener oben begründeter Hinweise ist Bischof Hermann von Prag (1338 – 1349) zweifellos der Gründer der Wormditter Basilika. Der von ihm im Jahr 1338 als Verweser eingesetzte Zisterziensermönch Paulus Pauri förderte im Namen des Bischofs wohl nicht nur den Weiterbau des 1342 geweihten Frauenburger Domchors, sondern scheint auch die Grundrißlegung und Aufführung der Wormditter Basilika veranlaßt zu haben.[708] Auch als Bischof Hermann von Prag später selbst im Ermland tätig war, bestanden enge Beziehungen zum Pelpliner Kloster. So war er 1349 zusammen mit dem alten und neuen Abt von Pelplin in Marienwerder als Schiedsrichter bei einem Streit zwischen Bischof und Domkapitel von Pomesanien tätig.[709]

Andrzej Rzempoluch stellte im Jahre 1981 eine weitere These hinsichtlich der Entstehungsgeschichte zur Diskussion. Er konstatierte zunächst, daß die Wormditter Pfarrkirche als einzige im Ermland als Basilika angelegt wurde. Seiner Meinung nach steht die Architektur der Pfarrkirche in engem Zusammenhang mit der der ersten Marienkirche in Danzig, so wie sie Willi Drost rekonstruierte. Rzempoluch ging sogar davon aus, daß der dortige Baumeister auch für die Konzeption der Wormditter Planung verantwortlich gewesen sei.[710] Damit konnte er klar die Behauptung Schmauchs widerlegen und eindeutig die Wormditter Werkstatt in enger Verbindung zur Danziger Bauhütte setzen.[711] Auch die besondere Turmgestaltung bestätigt diese These: so finden sich gerade bei einigen Dorfkirchen nahe Danzig vergleichbare Turmabschlüsse.

Die besondere Wandgestaltung mit den großen Schildbogenblenden findet sich ebenso bei der um 1400 begründeten dreischiffigen Basilika von Neuteich. Sie besitzt in der Länge fünf Joche und die Arkaden werden von achteckigen Pfeilern getragen. Schon Gall erkannte, daß diese innere Blendengliederung bisweilen auch bei den einschiffigen Kirchen im Kulmer Land vorkommt. Seiner Meinung nach orientierte sich die ei-

---

706   a.a.O.
707   ZGAE (Tidick), Bd. 22, S. 370.
708   ZGAE (Schmauch), Bd. 27, S. 408. Vgl. dort weitere Angaben über Beziehungen zwischen dem Kloster Pelplin und dem Ermland.
709   CDW, Bd. II, Nr. 136f.
710   Rzempoluch (1981), S. 95.
711   Schmauch (1929), S. 6.

genartige Wandaufteilung an der älteren basilikalen Form der Danziger Marienkirche.[712]

Die ungewöhnliche Wahl des Bautyps der Basilika könnte auch eine inhaltliche Bedeutung besitzen. So bestimmte gerade zur Zeit der Planung und Errichtung der Pfarrkirche der Bischof den Ort als seine Residenz. Auch in Braunsberg, also in der ersten Bischofsresidenz, läßt sich bei der ursprünglichen Planung die Tendenz zum basilikalen Typus beobachten. Symbolisiert der Typ der basilikalen Architektur die Stellung des residierenden Bischofs, so manifestiert sich in der Wormditter Sakralarchitektur die exempte Position des ermländischen Hochstifts. Ob die Braunsberger Planänderung mit der Verlegung der Bischofsresidenz in Zusammenhang zu bringen ist, bleibt letztlich offen. In Braunsberg setzte sich schließlich nach einer Planänderung der Hallentyp durch. Die Bischofsresidenz wurde um 1350 endgültig nach Heilsberg verlegt.

Zwischen 1390 und 1494 wurden an der Wormditter Pfarrkirche in sechs Bauabschnitten Kapellen an die Seitenschiffe angefügt. Das Ergebnis dieser räumlichen Querorientierung mittels Kapellenerweiterungen war eine gewisse Zentralisierung des ganzen Baukörpers. Auch der Außenbau zeigt in seinem Erscheinungsbild eine zunehmende Adaption an den landesüblichen Hallentyp. Der Eindruck entsteht durch die quer angeordneten, großen Seitenschiffsdächer und die davor gelegten hohen Ziergiebel, die auch an den Schmalseiten besonders reich ausgebildet wurden.

Die genannten Beobachtungen und Vergleiche lassen folgende Filiation als konsequente Entwicklung erscheinen: Zunächst schuf der Pelpliner Meister erstmalig ein neues Gestaltungsprinzip der Mittelschiffswand. Dabei führte er die oktogonalen Pfeiler als dreiseitige Wandvorlagen blendenartig bis zum Obergaden des Mittelschiffs und verband diese mit den Blendarkaden. Dieses Charakteristikum übernahm der erste Baumeister der Danziger Marienkirche. Danach verbreitete sich der neue Gedanke zunächst im Danziger und Kulmer Raum und übertrug sich, vermittelt durch die Danziger Bauhütte, in den Osten bis nach Bartenstein und Wormditt. Trotz örtlicher Nähe zu Kloster Pelplin sprechen die architektonischen Gemeinsamkeiten dafür, daß die Kirche in Preußisch Stargard nach dem Wormditter Vorbild errichtet wurde.

4.3.3 Zusammenfassung

4.3.3.1 Erster Bauabschnitt

In der Regierungszeit des Bischofs Hermann von Prag wird die Kirche nach 1340 vermutlich zunächst als Halle fundiert. Die enge Affinität zur ersten Danziger Marienkirche weist darauf hin, daß in Wormditt ein Danziger Meister tätig ist. In der Regierungszeit von Bischof Heinrich III. Sorbom wird die Kirche als dreischiffige Basilika vollendet, und 1379 erfolgt die Weihe. Auf der Westseite wird ein rechteckiger Turm in den Grundriß einbezogen, der bis zur Weihe von 1379 vollendet ist. An den schräggestellten Eckstreben der Ost- und Westwand ist deutlich die Breite des ersten Baukörpers erkennbar. Eine Sakristei wird zusammen mit dem Nordseitenschiff errichtet.

---

712   Dehio / Gall (1952), S. 122.

4.3.3.2 Zweiter Bauabschnitt

In sechs kleineren, aufeinander folgenden Bauabschnitten werden nach Verlängerung der Strebepfeiler und Durchbrechen der ehemaligen Außenwände Kapellen auf der Nord- und Südseite angefügt. Die bestehende alte Sakristei und die anschließende Eingangshalle werden in die Flucht der Kapellenanbauten einbezogen und die ursprünglichen Pultdächer der Seitenschiffe durch versetzte Satteldächer ersetzt. Obwohl die Kapellen nicht zur gleichen Zeit entstehen, läßt sich aufgrund ihrer Konfiguration eine Gesamtplanung erkennen.

1390 bis 1394 werden die zwei ersten Kapellen auf der Südostseite angelegt und den Heiligen Sebastian und Petrus geweiht. 1422 wird die Hl. Kreuz-Kapelle auf der Nordseite neben dem Turm errichtet. 1431 folgt die Vollendung der dritten Kapelle auf der Südseite des Turms. Die Kapelle wird den Aposteln Jakobus und Matthias und der hl. Maria Magdalena geweiht. 1442 wird die Muttergotteskapelle als vierte Kapelle auf der Nordseite errichtet. 1443 wird die Kapelle der Apostel Petrus und Paulus auf der Südseite vollendet. 1494 erfolgt – nach Vollendung der Seitenkapellen und der Gewölbe in der Mitte des 15. Jahrhunderts – eine zweite Weihe durch Weihbischof Jacobus von Plotzker.

4.4 Heilsberg/Lidzbark Warmiński, Stadtkirche St. Peter und Paul

4.4.1 Baugeschichte

308 Schon in der ersten Hälfte des 13. Jahrhunderts wurde das Gebiet um Heilsberg besiedelt. Um 1240 errichtete der Deutsche Orden unter Führung des Vizelandmeisters Hermann von Altenburg an der Stelle einer vormaligen Prußenburg und der Siedlung *"Lecbarg"* oder *"Locbanga"* ein Holz–Erdwerk genannt *"Heilesberc"* oder *"Heilesperch"*, das wohl 1242 und nochmals 1261 durch aufständische Prußen zerstört wurde.[713] Die Burg war schon vor 1260 im Besitz des Bischofs Anselm.[714] Erst 1273 konnte unter Landmeister Konrad von Thierberg die von den Prußen belagerte Burg zurückerobert werden. Nach dieser Zeit folgte der eifrige Wiederaufbau, so daß die Burg 1311 erfolgreich gegen die einfallenden Litauer verteidigt werden konnte.[715]

Erst am 12. August 1308 erhielt der Ort durch Bischof Eberhard von Neiße kulmische Stadtrechte. Der aus Brieg in Schlesien stammende Johannes von Cöln wurde mit Zustimmung des Domkapitels als Lokator eingesetzt. Er war der Ehemann der Nichte des Bischofs. Die planmäßig angelegte Stadt war mit einem Grundbesitz von 140 Hufen ausgestattet.[716] Der Ort und die Umgebung von Heilsberg wurden durch Schlesier besiedelt.[717]

Bischof Eberhard von Neiße verweilte schon seit 1301 des öfteren auf der Burg Heilsberg. In seiner Regierungszeit wurde die Befestigungsanlage der Stadt errichtet. Nach dem endgültigen Beschluß, den Ort als Bischofsresidenz zu wählen, wurde die Burg unter Bischof Johann I. von Meißen (1350 – 1355) in Backsteinbauweise errichtet. Unter Bischof Johannes II. Stryprock (1355 – 1373) erfolgte die Vollendung der wichtigsten Bauabschnitte. Bischof Heinrich III. Sorbom (1373 – 1401) ließ abschließend die Burgsäle einwölben und eine Vorburg errichten. Die Burg war als Wehrresidenz ausgestattet. Die Anordnung der Räume erinnert an Konventshäuser des Deutschen Ordens.[718]

Bereits in der Handfeste von 1308 erhielt die Pfarrkirche eine Dotation von sechs Hufen.[719] Die Patronatsrechte erhielt der Bischof.[720] Die Stadtkirche war zugleich Zen-

---

[713] Nietzki (1848), S. 21ff. SRW, Bd. I, S. 53, dort Anm. 12. Dehio / Gall (1952), S. 205. Rzempoluch (1989), S. 68. Hermanowski (1989), S. 134. Borchert (1987), S. 78.
[714] Rzempoluch a.a.O.
[715] Nietzki (1848), S. 29. Borchert (1987), S. 79.
[716] CDW, Bd. I, R. Nr. 233, S. 78; D. Nr. 142, S. 246. Aus der Handfeste geht deutlich hervor, daß die Stadt *"Jus Culmensis"* besaß. Die Bezeichnung bei Dehio / Gall (1952, S. 205) mit *"Magdeburger Recht"* ist daher falsch. Vgl. auch Hermanowski (1989), S. 134. Weise (1981), S. 84. SRW, Bd. I, S. 54, dort Anm. 12. Bischof Johannes II. erneuerte 1365 die Handfeste. CDW, Bd. II, Nr. 384, S. 398.
[717] Dehio / Gall a.a.O.
[718] Ebenda, S. 205. Rzempoluch (1989), S. 68.
[719] CDW, Bd. I, D. Nr. 142, S. 247. *"... Sex mansos, in dotem Ecclesie parochialis assignatos ..."* Aus den Visitationsakten von 1597 geht hervor, daß von diesen 6 Hufen 4 in Heilsberg lagen und 2 in Markheim. SRW, Bd. I, S. 440.
[720] Boetticher (1894), S. 149, SRW a.a.O.

trum des Dekanats Heilsberg. Ein Pfarrer Heynemann wird in den Jahren von 1305 – 1321 urkundlich erwähnt.[721]

Die Pfarrkirche soll nach einer älterer Überlieferung 1315 von Bischof Eberhard von Neiße den Aposteln Petrus und Paulus geweiht worden sein. Diese Datierung könnte sich allenfalls auf einen möglichen Vorgängerbau beziehen. Die heutige Stadtkirche dürfte wohl nach 1350 und auf Betreiben des Bischofs Johann I. von Meißen (1350 – 1355) im Zusammenhang mit der Anlage der Bischofsburg und der Stadtbefestigung errichtet worden sein.[722]

Im Jahre 1343 wird ein *"Johannes pleb. et archipresbyter"* urkundlich genannt. Um 1398 findet sich *"Arnoldus Longi de Brunsberg, procurator episc."* als Pfarrer in Heilsberg.[723] Arnold Lange war 1379 – 1389 Domherr in Guttstadt, dann 1391 – 1396 *"Vicarius perpetuus in eccl. Warm."* und 1382 – 1399 *"Procurator"* am Hofe des Bischofs in Heilsberg. Von 1401 – 1412 war er Domherr in Frauenburg.[724] Somit zeigt sich, daß in Heilsberg während der Vollendung des Kirchenbaus ein enger Vertrauter des Bischofs tätig war. Bedingt durch die Zusammenarbeit war der Bischof stets über den Fortschritt der Bauarbeiten unterrichtet.

Es folgte 1426 – 1427 Arnoldus de Venrade, 1439 Bartholomeus *"Viceplebanus"*, 1442 Andreas Schonaw, päpstlicher Sekretär, und vor 1447 Wichardus Heilsberg *"canonicus warmiensis"*. Der nachfolgende Pfarrer und Inhaber einer kleinen Domherrenpräbende in Frauenburg, Caspar Bols, blieb bis 1455 in Heilsberg. Beide Stellen tauschte er mit dem Pfarrer von Rößel, Andreas Lumpe, der somit ab 1455 in Heilsberg als Pfarrer tätig war.[725]

Seit 1386 lassen sich Vikare urkundlich nachweisen und man kann daraus schließen, daß die Kirche schon zu dieser Zeit in Benutzung war.[726] Demnach wurde zwischen 1350 und 1380 die Hallenkirche errichtet.

Im Schadensbericht von 1414, nach dem Krieg zwischen dem Deutschen Orden und Polen–Litauen, wird die Kirche als ausgeplündert aufgeführt. Größere Schäden am Bau waren dabei wohl nicht entstanden.[727]

Der Stadtbrand von 1497 vernichtete das Kirchendach; die Gewölbe wurden zum größten Teil zerschlagen.[728]

Gegen Ende des 14. Jahrhunderts wurde der massive Turmunterbau angefügt. Der Oberbau bestand zunächst aus Holz und wurde erst im Verlauf des 15. Jahrhunderts mit Ziegelsteinen aufgemauert. Im Jahre 1484 war der Turm noch nicht vollendet. Die

---

721 SRW a.a.O.
722 Dehio / Gall (1952), S. 210. SRW a.a.O. ZGAE (Tidick), Bd. 22, S. 375. Von Quast (1852), S. 11, dort fälschlich mit St. Michaels–Pfarrkirche bezeichnet.
723 SRW a.a.O.
724 Ebenda, S. 320, dort Anm. 14, S. 233, dort Anm. 84.
725 Ebenda, S. 246, dort Anm. 140, 301, dort Anm. 1, 402, 440.
726 SRW, Bd. I, S. 440. Rzempoluch (1989, S. 68) gab als Beendigung des Baus 1400 an, dieses Datum erscheint jedoch, wegen der oben zitierten Urkunde, zu spät.
727 CDW, Bd. III, Nr. 495, S. 505, *"... ecclesiam in opido Heilsberg bonis in eis repertis spoliate"*.
728 Boetticher (1894), S. 149. SRW a.a.O.

verschiedenen Bauabschnitte sind am Mauerwerk deutlich erkennbar.[729] Am 25. März 1698 brannte nach einem Blitzschlag die Turmspitze nieder.[730] Die heutige, dreifach gegliederte Haube und der Langhausdachreiter stammen von 1701.[731]

Unter Erzpriester Pohlmann fand nach 1870 eine umfangreiche Restauration statt. Der heutige, presbyterienartige Choranbau stammt aus dem Umbau von 1891 – 1893. Den Entwurf fertigte der Paderborner Diözesanbaumeister Güldenpfennig.[732]

4.4.2 Baubeschreibung

4.4.2.1 Grundriß

Die nach Osten ausgerichtete Stadtpfarrkirche liegt auf der Südwestseite der planmäßig angelegten Stadtanlage, unmittelbar an der Stadtmauer.

Das chorlose, dreischiffige Langhaus gliedert sich in fünf Joche. Oktogonale, unprofilierte Arkadenpfeiler trennen die Schiffe voneinander. An den Schmalseiten verlaufen die Scheidbögen auf Halbpfeilern. Die längsrechteckig angeordneten Seitenschiffsjoche verhalten sich proportional 1 : 2 zu den querrechteckigen Mittelschiffsjochen. Die Strebepfeiler liegen außen. Dazwischen ordnen sich schmale, hohe, spitzbogige Fenster an. Die Eckstreben verlaufen diagonal zum Baukörper.

Ursprünglich besaß das orthogonale Langhaus eine äußere Länge von 43,45 Metern und eine Breite von 23,20 Metern. Die Seitenschiffe haben eine Raumbreite von 4,30 Metern, das Mittelschiff ist 8,30 Meter breit. Eine Jochlänge beträgt 7,30 Meter und die Raumlänge 36,55 Meter. Der vorgelagerte fast quadratische Turm hat eine äußere Breite von 10,53 Metern und eine Tiefe von 11,40 Meter. Neben den Turm befindet sich mit Verlängerung der Langhausaußenwände je eine zweijochige Kapelle. Ende des 19. Jahrhunderts erfolgte eine presbyterienartige Erweiterung auf der Chorseite in der Breite des Mittelschiffs und in einer Länge von zwei Jochen. Der Außenbau besitzt somit heute eine Gesamtbreite mit Sakristei von 12,45 Metern.

Am Langhaus befinden sich vorwiegend auf der Nordseite Anbauten, und zwar die gegen Ende des 14. Jahrhunderts errichtete Sakristei und kleinere Eingangsvorhallen im zweiten und vierten Joch. Auf der Südseite besteht lediglich im vierten Joch ein Eingang mit neuerer Vorhalle.

4.4.2.2 Chor und Ostgiebel

Die Heilsberger Pfarrkirche hatte einst einen geraden Ostabschluß. Der ursprünglich gotische Chorgiebel war, wie seine Entstehungszeit nahelegt, wohl in ähnlicher Weise gestaltet wie in Guttstadt oder in Seeburg. Er wurde im Jahre 1718 im Blockverband neu aufgemauert. Weiterhin wurden in den Jahren 1891 – 1893, vor dem Anbau des presbyterienartigen Chorraums, große Teile der Ostwand abgetragen.

---

729 Dehio / Gall (1952), S. 210.
730 Boetticher (1894), S. 149, SRW, Bd. I, S. 440.
731 Dehio / Gall (1952), S. 210.
732 a.a.O.

4.4.2.3 Langhaus

Über einem Feldsteinfundament ist das aufgehende Ziegelmauerwerk im gotischen Verband errichtet.[733] Das Format der Steine beträgt im Durchschnitt 30 cm in der Länge, 15 cm in der Breite und 8 cm in der Höhe.

179, 180

Das Backsteinmauerwerk des Langhauses ruht auf einem leicht vorstehenden Feldsteinmauerfundament. Über dem Sockel führt ein nach außen schräg laufender, hochstehender Binderfries auch um die Strebepfeiler herum. Ein schräges Gesimsband mit Tropfkante liegt unterhalb der Sohlbank und läuft gleichfalls um die Strebepfeiler. Diese besitzen in halber Höhe der Spitzbogenfenster einen abgetreppten Wasserschlag. Darüber verlaufen sie direkt bis unter die Traufe.

Die alten, schmalen Spitzbogenfenster wurden im 17. Jahrhundert nach oben gelegt und mit einem Segmentbogen geschlossen.[734] Den unteren Teil vermauerte man im Blockverband. Die Fensterlaibungen besitzen keine Profilierung. In den Jahren 1891 – 1893 rekonstruierte man die ursprünglichen Spitzbogenabschlüsse unter Beibehaltung der späteren Fensterhöhe.

Bedingt durch die geringe Jochzahl und die zugespitzte Gewölbeform wirkt der Raum kurz und hoch. Das Langhaus besitzt dem Frauenburger Dom verwandte Raumproportionen.

181

Gall, Brachvogel und Dittrich vermuteten fälschlich, daß der Bau zunächst als turmlose Basilika errichtet wurde, begründeten dies jedoch nicht näher. Nach dem Stadtbrand von 1497 wurde ihrer Meinung nach der Bau als Halle erneuert.[735] Zink lehnte diese Vermutung zurecht ab: *"Eine derartige Höherlegung der Gewölbe, die einen ursprünglich völlig anderen Aufbau des Hallenraumes voraussetzt, hätte notwendigerweise auch eine gänzliche Umgestaltung der Pfeiler und Arkadenbögen erforderlich gemacht."*[736] Solche Veränderungen müßte man auch heute noch erkennen. Beobachtet man die Strebepfeiler, so zeigt sich, daß diese im Gegensatz zu den Braunsberger Beispielen, wo sich deutlich eine spätere Erhöhung abzeichnet, bis zur Traufe sehr regelmäßig und einheitlich gemauert sind. Auffällig ist jedoch bei den Strebepfeilern von Heilsberg, daß der zweite Rücksprung mit Wasserschlag tiefer als bei den anderen Stadtpfarrkirchen liegt. Auch Rzempoluch vermutete, daß der Bau von Anfang an als

---

733   Boetticher (1894, S. 151) irrte sich wenn er behauptete, daß die ganze Kirche *"sonderbarerweise im Blockverband"* aufgemauert sei. Dies trifft nur für die barocken Erneuerungen zu, wie z.B. den Chorgiebel.
734   Von Quast (1852), S. 11.
735   Gall (1952, S. 184 und 210) glaubte an der Nordseite Ansätze der ehemaligen Schildbögen zu erkennen und folgerte daraus die niedrigere Gestaltung der Seitenschiffe. ZGAE (Brachvogel), Bd. 25, S. 256. Dittrich erkannte an diesen Mauerspuren wohl richtig den ehemaligen Einbau von massiven Chorbühnen, die in der Zeit zwischen 1689 und 1711 durch Holzbühnen ersetzt wurden. ZGAE (Dittrich), Bd. 11, S. 300. Die These einer ehemaligen Basilika übernahmen kritiklos andere Autoren wie z.B. Hermanowski (1989, S. 135), Weise (1981, S. 85), Lorck (1982, S. 125) usw. A. Rzempoluch (1989, S. 43) lehnte die Vermutung ab, die Kirche sei als Basilika oder Pseudobasilika errichtet worden. Auch Antoni (1993, S. 261) übernahm unkritisch die Angaben von Gall und berücksichtigte nicht die neuere Forschung.
736   Zink (1938), S. 75. SRW, Bd. II, S. 111.

Hallenkirche geplant und ausgeführt wurde.[737] Die heutigen Flickstellen am Traufenbereich der Seitenschiffe entstanden einheitlich durch Reparaturarbeiten nach dem Brand von 1497 und durch die Restaurierungen in den Jahren 1891 – 1893.

Die chorlose Halle ist in fünf Joche gegliedert. Achteckige, glatte Pfeiler mit profilierten Basen aus Formsteinen, die aber teilweise für spätere Einbauten abgeschlagen wurden, teilen den Raum in drei Schiffe. Auf ihnen ruhen gedrückt wirkende, spitz zulaufende Scheidbögen. Den oberen Abschluß der Pfeiler bildet heute jeweils ein schmales Kämpferband. Auf älteren Fotos ist deutlich zu erkennen, daß ursprünglich kein Kämpferband vorhanden war. Demnach setzen die vierfach mit Birnstäben profilierten Scheidbögen direkt auf den Pfeilern an. Die Gewölberippen verlaufen im Mittelschiff und in den Seitenschiffen über den Pfeilern auf Konsolen. Bemerkenswert sind die verwendeten Formen der aus Kalkstein gefertigten Konsolen mit ihren jeweils wechselnden Motiven.

Dittrich berichtete, daß auf der Nordseite massive Chorbühnen eingebaut gewesen sind, die aber in der Zeit zwischen 1689 und 1711 durch Holzbühnen ersetzt wurden.[738]

180 Die Außenwände des Langhauses besitzen keine Gliederung. Lediglich die bis fast zur Traufe ansteigenden Strebepfeiler und die dazwischen liegenden hohen Spitzbogenfenster teilen die Wand vertikal.

184 Die heute vermauerte ehemalige Sakristeitür besitzt eine reiche Profilierung der spitzbogig verlaufenden Gewände. Sie sind vierfach nach innen gestuft, dabei besitzen die drei äußeren Stufen einen umlaufenden Birnstab, die innere einen abgekanteten Formstein. Die Gestaltung entspricht den Gewänden des Turmportals. Demnach wurde die Sakristei in der ersten Hälfte des 15. Jahrhunderts, zur Zeit der Errichtung des Turmuntergeschosses, nachträglich angefügt.

4.4.2.4 Turm und Westbau

173 –
180
185 Zink konnte nachweisen, daß die Hallenkirche in Heilsberg zunächst ohne Turm geplant und ausgeführt war. Er bemerkte auch, daß der später angefügte Turm in zwei Bauabschnitten errichtet wurde. Der Turmunterbau dürfte nach seiner Meinung in der ersten Hälfte des 15. Jahrhunderts angelegt worden sein.[739] Die Turmhalle mit dem Kreuzrippengewölbe auf Maskenkonsolen stammt aus dieser Zeit.

Die auf beiden Seiten des Turms angelagerten, niedrigeren Kapellen sind zusammen mit dem Turmunterbau entstanden und stehen mit diesem im Mauerverband. Gall und Rzempoluch datierten das Turmuntergeschoß bereits gegen Ende des 14. Jahrhunderts.[740] Die Gewölbe in den Kapellen besitzen je zwei Joche mit reichen, sechzehntei-

---

737   Rzempoluch (1989), S. 68.
738   ZGAE (Dittrich), Bd. 11, S. 300.
739   Zink (1938), S. 77.
740   Dehio / Gall (1952), S. 210. Rzempoluch (1989), S. 68. Heute zeigen sich starke Risse und Verschiebungen am Mauerwerk der Turmfassade. Diese deuten auf eine Standunsicherheit des Turms hin, der im Gegensatz zu den Seitenkapellen aufgrund seiner Masse stärker als diese in den Boden sinkt.

ligen Sterngewölben, deren Rippen sich aus Birnstäben bilden. Aufgrund der nahen Verwandtschaft zu dem Gewölbe im kleinen Remter von Burg Heilsberg, der nach 1442 entstand, erscheint die Datierung Zinks mit Ende des 15. Jahrhunderts als wohl zu spät. Auch im Vergleich mit den aus Kalkstein gefertigten Konsolsteinen auf Burg Heilsberg zeigt sich die nahe Verwandtschaft. Jurkowłaniec erkannte an den um 1400 entstandenen Steinmetzarbeiten des Zisterzienserklosters von Padis bei Reval gleiche stilistische Merkmale wie bei denen in Heilsberg.[741] Dies spricht ebenfalls für eine frühere Datierung in die erste Hälfte des 15. Jahrhunderts.

Dittrich vermutete, daß in der Zeit der Restaurierung nach dem Brand von 1689 bis zum Jahre 1718 die beiden Turmkapellen zum Schiffsinnenraum geöffnet wurden, indem man die Trennwände entfernte.[742] **182**

Beim Bau des Turms wurden zunächst lediglich die beiden Untergeschosse errichtet. Die Portalgewände sind vierfach nach innen gestuft, dabei besitzen die drei äußeren Stufen einen umlaufenden Birnstab, die inneren einen abgekanteten Formstein. Über dem Eingang befindet sich eine Kreisblende mit umlaufenden, abgekanteten Formsteinen. Links neben dem Turm befand sich ein heute vermauerter Aufgang. Darüber und auf der gegenüberliegenden Portalseite ist eine Spitzbogenblende angebracht. Über einem umlaufenden Putzband befand sich ursprünglich noch ein zweites Stockwerk mit vier hohen, verputzten Spitzbogenblenden. Der darüber liegende Turmoberbau war zunächst aus Holz gefertigt. Über der Turmhalle, im ersten Stock, öffnet sich der Raum zum Mittelschiff. **175**

In einem Schreiben vom 22. Oktober 1484 bittet der Bischof Nikolaus von Tüngen "... *um die Herausgabe eines Vermächtnisses, das ein Pilger (Gerycke Blech) in Höhe von 33 geringen Mark zum Bau des Heilsberger Kirchturmes bestimmt hatte und das bei einem Danziger Bürger hinterlegt worden war.*"[743] Demzufolge wurde nach 1484 der Turm weitergebaut, der wohl im ersten Viertel des 16. Jahrhunderts vollendet werden konnte.[744] Ein Mauerrücksprung über dem zweiten Geschoß zeigt deutlich den Übergang zum zweiten Bauabschnitt.

Der gesamte Außenaufbau gliedert sich in fünf unterschiedlich große Geschosse. Sie sind jeweils mit Blenden unterteilt und verlaufen bis zur 1698 angelegten Galerie. Außer dem dritten Turmgeschoß waren alle Blenden und Friese ursprünglich verputzt.[745] **173, 174**

Die Außenwände mit flachen Blenden in wechselnden Formen erinnern an die Ziertürmchen der Heilsberger Bischofsburg. Diese Ecktürmchen erhielt die Burg im Jahre 1442 nach einem Brand.[746]

    Es zeigt sich, daß die Turm- und Kapellenfundamente schwächer und zu nahe an den Abgrund hin zum Fluß Alle angelegt wurden.
741 Jurkowłaniec (1989), S. 102, 264.
742 ZGAE (Dittrich), Bd. 11, S. 300.
743 Schmauch (ZGAE, Bd. 27, S. 411) erläuterte überzeugend, daß die Urkunde nicht 1464 ausgestellt worden sein kann, sondern erst 1484.
744 Rzempoluch (1989), S. 68.
745 Von Quast (1852), S. 11.
746 Rzempoluch (1989), S. 69.

172 Der alte Turmabschluß wurde durch einen Blitzschlag im Jahre 1698 zerstört. Die heutige dreifach durchbrochene, sich nach oben verjüngende Haube entstand erst 1701 zusammen mit dem Dachreiter.

4.4.2.5 Gewölbe

Der Bau war, worauf seine äußere Gestaltung mit enggestellten Strebepfeilern hinweist, von Anfang an zur Wölbung bestimmt.

181
183 Das Mittelschiff wird durch ein zwölfteiliges, flachkuppeliges Sterngewölbe geschlossen. In den Seitenschiffen befinden sich achtteilige Sterngewölbe. Die Rippen verlaufen auf schmalen Hausteinkonsolen, die unterhalb der ursprünglich kämpferlosen Pfeiler angebracht sind. Die Konsolen sind grundsätzlich profiliert und kegelförmig. Nur eine Konsole ist in Gestalt eines Mönchskopfes mit einem darüberliegenden, baldachinartigen Aufsatz ausgeführt. Wie schon festgestellt, lassen sich die Konsolengestaltung und die verwendete Rippenform der Turmseitenkapellen in das ausgehende 14. Jahrhundert datieren. Demnach wurden auch die Gewölbe der Kirche in dieser Zeit eingezogen. Da schon 1386 Vikarstellen eingerichtet wurden, lag die Vollendung der Gewölbe um 1380. Hierfür spricht auch die verwendete Gewölbeform.

Die Gewölbe wurden nach dem Brand von 1497 wohl in Anlehnung an die alte Gestaltung wiederhergestellt. Die Unregelmäßigkeiten sprechen für eine Ausbesserung.

4.4.3 Zusammenfassung

4.4.3.1 Erster Bauabschnitt

Zwischen 1350 und 1380 wird die Hallenkirche zunächst turmlos errichtet. Der Turmunterbau wird erst am Anfang des 15. Jahrhunderts zusammen mit den beiden Turmkapellen errichtet. Ebenso entsteht zu dieser Zeit die Nordsakristei.

4.4.3.2 Zweiter Bauabschnitt

Nach 1484 werden der provisorische Holzturm einfach ummantelt und die oberen drei Turmgeschosse errichtet.

Im Stadtbrand von 1497 brennt das Kirchendach nieder, die Gewölbe werden zum größten Teil zerschlagen. Danach folgt sogleich der Wiederaufbau.

4.4.3.3 Dritter Bauabschnitt

Die Turmhaube wird nach dem durch einen Blitz verursachten Brand des Jahres 1698 um 1701 erneuert. Auch der Dachreiter stammt aus dieser Zeit. 1718 wird der Chorgiebel erneuert.

4.4.3.4 Vierter Bauabschnitt

In den Jahren 1891 – 1893 wird der Chor in der Breite des Mittelschiffs um zwei Joche erweitert.

4.5 Die Entwicklung des Kollegiatwesens im Ermland

Das einzige Kollegiatstift im Deutschordensstaat und in Altpreußen stiftete am 17. Juni 1341 das ermländische Domkapitel wohl auf Betreiben des Bischofs Hermann von Prag.[747] Das ermländische Chorherrenstift in Guttstadt führte den Titel: *"Zum Heiligsten Erlöser und allen Heiligen"*. Als ersten Stiftsitz läßt sich der Ort Pettelkau vermuten. Woelky und Bender zweifelten an einer Erstgründung in Pettelkau. Ihre Argumentation scheint berechtigt, wenn sie aus den Urkunden von 1342 zitieren: *"Capella omnium Sanctorum foris civitatem Brunsberg"* und aus der Urkunde von 1343: *"Collegium Canonicorum quod prius erat apud ecclesiam et in ecclesia Omnium Sanctorum prope Brunsberch"*. Beide vermuteten daher, daß das Kollegiatstift in der Nähe von Braunsberg im Areal der Neustadt lag.[748] Auch wird Pettelkau in der späteren Verlegungsurkunde von 1343 nicht als Stiftsitz genannt. Es ist lediglich die Rede von einer *"ecclesia Omnium Sanctorum prope Brunsberch"*.[749] Betrachtet man jedoch die Sakralbauten in der näheren Umgebung von Braunsberg, fällt der ungewöhnliche und aufwendig gegründete Bau von Pettelkau auf. Ihn kann man wohl, mit seiner partikulären Presbyteriumsausbildung, als bescheidenere, ursprüngliche Kollegiatkirche ansehen.[750] Es ist erstmalig Boetticher, der in Pettelkau die Erstanlage des Stifts sah und dies auch auf der Grundlage der Besitzverhältnisse überzeugend darlegte.[751]

Die Kanoniker des *"capitulum clausum"* hatten Residenzpflicht im Stift. Zunächst wurden nur acht Stiftsstellen eingerichtet. Ab 1343 bis zur Säkularisation (1810) blieb die Zahl der Kanoniker, wie in der Gründungsurkunde festgelegt, auf zwölf Stellen beschränkt. Doch während der Gründungsjahre und ebenso in späterer Zeit residierten im Kollegiatstift nicht ständig alle Domherren. Die Kapitelangehörigen lebten als Regularkanoniker nach bestimmten Regeln, die der *"vita communis"* einer Ordensgemeinschaft ähnelten. Birch–Hirschfeld bemerkt jedoch, daß diese gemeinschaftliche Lebensweise in den übrigen deutschen Kollegiatstiften schon seit dem 12. Jahrhundert allgemein aufgehoben war. Die bis ins 19. Jahrhundert bestehende Guttstädter *"vita communis"* ist daher in Deutschland einzigartig und deutet vielleicht auf eine besonders konservative Haltung der ermländischen Bischöfe hin. Birch–Hirschfeld sah darin auch praktische Gesichtspunkte. Es war für die Kollegiatunterhaltung wesentlich ökonomischer, die Stiftsherren in einer Gemeinschaft zu belassen. Auch standen in den Anfangsjahren der Kolonisationsphase weniger Mittel zur Verfügung. Ein weiterer Grund könnte die geschützte Lage innerhalb der Kollegiatstiftsmauern und der schüt-

---

747 ZGAE (Dittrich), Bd. 10, S. 586. Pottel (1911), S. 5.
748 SRW, Bd. I, S. 257, dort Anm. 168. (zitierte Urkunden CDW, Bd. II, 15, 30. ZGAE (J. Bender), Bd. 5, S. 285. Matern (1903, Nr. 35, S. 6) bemerkte, daß der Ausdruck *"prope Brunsberch"* auch bei anderen Gründungsurkunden Verwendung findet, so bei dem Dorf Grunenberg nahe Braunsberg.
749 CDW ebenda, Bd. II, S. 29. Anneliese Birch–Hirschfeld (ZGAE, Bd. 24, S. 279) ließ die eindeutige Klärung zur Frage nach der Gründung in Pettelkau offen und bemerkte darüber: *"So besitzt diese Annahme einen sehr hohen Grad von Wahrscheinlichkeit, wenn sie sich auch nie ganz einwandfrei beweisen lassen wird."* Nach dem heutigen Stand der Forschung wird allgemein Pettelkau als Ort der Erstgründung des Stifts angenommen. Vgl. hierzu Weise (1981), S. 169f.
750 Ebenso sah Gall (1952, S. 193) in der Pettelkauer Pfarrkirche einen *"aufwendig begründeten"* Bau, der aufgrund seiner besonderen architektonischen Chorgestaltung als erste Stätte des 1343 gegründeten Kollegiatstifts diente.
751 Boetticher (1894), S. 5, 194. ZGAE (Röhrich), Bd. 12, S. 638.

zenden Stadt gewesen sein. Eine ähnliche Situation findet sich bei dem Kulmer Domkapitel. Dort war das gemeinsame Leben nach den Regeln der Augustinernchorherren organisiert, wurde jedoch später durch die Einflüsse der Deutschordensregeln umgebildet.[752]

Die *"vita communis"* spiegelt sich auch in der Konfiguration des Kollegiatstifts wieder. Die Anlage in Guttstadt ist ein Baukörperensemble, das zwischen Kloster und schloßartiger Residenz steht. Die Domherren lebten vor der Errichtung der Stiftsgebäude in einem Haus, das *"Kurie"* genannt wurde. Es befand sich innerhalb der Stadtmauern.[753]

Im Jahre 1343 wurde die Zahl der bestehenden acht Stiftsstellen um drei neue Kanonikate erhöht. Desweiteren inkorporierte man eine Präbende der Pfarrstelle im Kirchdorf Schalmey.[754] An der Spitze stand der Propst, auch *"Primicerius"* tituliert. Am 12. März 1357 errichtete Bischof Johannes II. Stryprock mit der zwölften Stiftsstelle die Würde eines Dekans im Kollegiatstift zu Guttstadt. Diese Zahl war bereits bei der Gründung vorgesehen.[755]

Das Stift von Guttstadt war seit 1344 mit großen Ländereien ausgestattet, die seit 1356 zusätzlich noch vermehrt wurden.[756] Güter in Süßenthal, Vierzighuben, Steinberg, Eschenau, Gradtken, Münsterberg, Klein und Groß Bößau gehörten dem Stift. Patronatsrechte besaß man über die Kirchen Glottau, Schalmey und Süßenthal.[757]

Der Besitz war mit allen Rechten und Freiheiten einer höheren und niederen Gerichtsbarkeit ausgestattet, war aber bedingt durch die Anerkennung der Lehnshoheit des Bischofs diesem und dem Domkapitel abgabenpflichtig.

Über die Beziehungen zum Frauenburger Domkapitel schrieb Pottel in seiner 1911 erschienenen Dissertation:

> *Einem Domherrn stand es frei, mit einem Mitglied des Kollegiatstiftes zu tauschen, indem der Bischof den gegenseitigen Austausch vollzog und durch Investitur mit dem Ringe die beiderseitigen Kanoniker einsetzte. Dabei durfte der von der Kathedralkirche an das Stift gehende Domherr nicht persönlich an der Kirche des Heiligen Erlösers zu Guttstadt residieren, um seine Präbenden zu erhalten, nicht aber dessen Nachfolger. Ein solcher Austausch ist bis 1427 nur einmal überliefert; es ist auch sonst nirgends zu finden, daß die Frauenburger*

---

752 ZGAE (Birch–Hirschfeld), Bd. 24, S. 291, 316. Die 'vita communis' in Frauenburg wurde bereits unter Bischof Heinrich Sorbom (1373 – 1401) aufgelöst. Der Bischof ließ u.a. außerhalb der Domburg Domherrenkurien errichten. Da aber schon 1310 solche Häuser außerhalb der Domburg (*"mons ante castrum"*) auf dem westlichen Hügel neben der Domburg erwähnt wurden, muß die 'vita communis' schon vor Bischof Heinrich Sorbom nicht mehr zwingend erforderlich gewesen sein. Vgl. auch hierzu: ZGAE (Dittrich), Bd. 19, S. 568f.
753 ZGAE (Birch–Hirschfeld), Bd. 24, S. 316.
754 CDW, Bd. II, Nr. 30. ZGAE (Birch–Hirschfeld), Bd. 24, S. 291. Dittrich (ZGAE, Bd. 11, S. 318) bemerkte den Fehler Boettichers, daß Schalmey nicht annektiert, sondern inkorporiert wurde. Dieser Ort war wohl seit seiner Gründung Filialkirche von Pettelkau.
755 CDW, Bd. II, Nr. 248, S. 246. Birch-Hirschfeld (ebenda, S. 292) bemerkte dazu, daß diese symbolische Zahl im Mittelalter auch bei anderen Kollegiatstiften üblich war. Als Beispiele führte sie die Kollegiatstifte St. Bonifatius in Halberstadt und St. Peter in Bautzen an.
756 CDW, Bd. II, Nr. 235.
757 Boetticher (1894), S. 122, dort Anm. 1.

Kanoniker neben ihrer Dompräbende eine Prälatur oder Stiftsstelle am Kollegiatstift innegehabt haben. Wahrscheinlich sind die Präbenden in Guttstadt nicht allzu ertragreich gewesen, so daß sie den Mitgliedern des Domkapitels nicht besonders begehrenswert erschienen sein mögen. Das Domstift oder dessen Administrator in spiritualibus besaß ferner das Bestätigungsrecht bei Neubesetzung einer dauernden Vikarie an der dem Stifte inkorporierten Pfarrkirche zu Guttstadt bei einer etwaigen Vakanz des bischöflichen Stuhles, wobei jedoch das Überbestätigungsrecht des Bischofs immer gewahrt blieb.[758]

Der Einfluß des Stifts war demnach eingeschränkt, und auch die Architektur der Kollegiatkirche in Guttstadt richtete sich ausschließlich nach den Vorgaben des ermländischen Kapitels.

Wegen schlechter Führung und Zerrüttung innerhalb des Kapitels begann seit 1734 die Zeit des Verfalls und Niedergangs. Dieser innere Niedergang wirkte sich auch negativ auf die Unterhaltung der Stiftsbauten aus. So äußerte der Kanoniker Tulawski in einem Bericht von 1774, daß die Stiftsgebäude *"in den äußersten Verfall"* geraten seien. Das bischöfliche Palatium wurde schließlich unter Bischof Krasicki 1794 abgebrochen.[759]

Im Rahmen der Säkularisationspolitik unter König Friedrich Wilhelm III. von Preußen wurde die Aufhebung des Kapitels mit der Kabinettsorder vom 28. September 1810 besiegelt.[760] Das Kapitel residierte in Guttstadt noch bis zum 11. November 1811. Der letzte Propst Rochus Krämer siedelte als Pfarrer nach Glottau über, wo er 1826 starb.[761] Das Stiftsvermögen wurde konfisziert und an das Braunsberger Priesterseminar übertragen.[762] Der südliche Stiftsflügel wurde in eine Schule umgebaut.

Nachdem 1956 das ermländische Kathedralkapitel wieder hergestellt war, setzte sich der Primas von Polen, Kardinal Stephan Wyszyński, für die Restituierung des Kollegiatstifts ein. Am 14. Mai 1960 erging der Auftrag an den Weihbischof Thomas Wilczyński, verdiente Geistliche als Stiftsherren zu wählen. Schon am 5. Oktober 1960 wurde das 1810 aufgehobene Stift unter dem historischen Namen *"Sanctissimi Salvatoris et Omnium Sanctorum"* durch Weihbischof Wilczyński neu gegründet. Die Prälatur wurde mit einem Stiftspropst und Stiftsdekan an der Spitze eingerichtet. Weiterhin sollten neun Priester zu ordentlichen und fünf zu Ehrendomherren ernannt werden.[763]

In den Jahren 1978 – 1986 erfolgten umfangreiche Restaurierungen an den Stiftsgebäuden. Dabei konnte teilweise der ursprüngliche Zustand der Umgänge wieder hergestellt werden. Eine *'vita communis'* besteht nicht mehr.[764] Der Westflügel dient heute im Erdgeschoß der Pfarrei und beherbergt die Wirtschaftsräume. Im ersten Stock liegt die Dienstwohnung des Propstes.

---

758 Pottel (1911), S. 89.
759 ZGAE (Birch–Hirschfeld), Bd. 24, S. 755.
760 Ebenda, S. 738.
761 Ebenda, S. 756. Grunwald (1931), S. 27.
762 Triller (1961), Nr. 1.
763 a.a.O.
764 Rzempoluch (1989), S. 131.

4.5.1 Pettelkau/Pierzchały, die Anfänge des unvollendeten ersten Kollegiatstifts

Wie schon angeführt, ist urkundlich nicht belegt, ob der Erstsitz wirklich in Pettelkau gegründet wurde. Der Kirchenbau in Pettelkau ist wegen der Kriegszerstörung im Zweiten Weltkrieg bis auf wenige Reste leider nicht mehr vorhanden. Alle weiteren Betrachtungen beschränken sich demzufolge überwiegend auf vorhandene Aufzeichnungen.

Die Kirche war der Jungfrau Maria geweiht, als zweite Patronin wurde die hl. Margaretha eingesetzt. Schon Matern begründete diese Patroziniumswahl damit, daß sich in Pettelkau einst wohl eine heidnische Kultstätte der Prußen befand. Pettelkau, dessen Patronatsinhaber das Domkapitel von Guttstadt war, war Filiale von Schalmey, dort war der hl. Georg Patron. Beide Heiligen stehen als Drachenbezwinger in enger Beziehung.[765]

Die Grundsteinlegung erfolgte 1341, wohl kurz nach der Gründung des Kollegiatstifts. Zunächst errichtete man das zweijochige Presbyterium mit plattem Chorschluß. Auf der Nordseite befand sich die Sakristei, die mit der Ostwand des Chores fluchtgerecht war und ursprünglich mit einem Schleppdach abschloß. Der Sakristeieingang ist reich profiliert und besitzt die gleichen Formsteine wie die Rippen des Kreuzgewölbes.

Da das Stift anfänglich nur aus acht Stiftsherren bestand, wurde lediglich ein kleinerer Chorbau errichtet. Die besondere Chorausbildung war nötig, um das Chorgestühl für die Stiftsherren unterzubringen. Um 1343 war der nach Osten ausgerichtete Chor soweit fertiggestellt, daß sich bereits der Langhausbau an diesen anschloß. Diese Bauteile waren im wendischen Verband errichtet. Der heute nicht mehr erhaltenen Chorgiebel war nach dem Vorbild des Frauenburger Domchores mit Blendschmuck gegliedert.[766]

Bedingt durch die Verlagerung des Stifts nach Glottau sah man keinen Grund, den Bau in der Zeit nach 1343 fertigzustellen und schloß das unfertige Langhaus auf der Westseite provisorisch mit einer Mauer ab. Die Gemeinde nutzte in der Folgezeit die Räumlichkeit als Kapelle. Wegen der geringen Zahl an Gläubigen verzichtete man auf die Gründung eines eigenen Pfarrsystems, und der Ort wurde als Filiale der nahe gelegenen Pfarrei Schalmey zugewiesen.[767] Der bei Boetticher abgebildeten Grundriß zeigt, daß der Baukörper ein Torso blieb.[768]

Der Ort gehörte, wie es eine Urkunde von 1361 belegt, dem Kollegiatstift in Guttstadt. Es bleibt jedoch unklar, wie es zu dem Besitz kam. Geht man davon aus, daß Pettelkau

---

765 Matern (1903), Nr. 35, S. 6 – 9. ZGAE (Tidick), Bd. 22, S. 116.
766 Antoni (1993), S. 476.
767 ZGAE (Matern), Bd. 17, S. 315.
768 Boetticher (1894), S. 195, dort Abb. 148. Boetticher (1894, S. 194) bemerkte: *"Sie scheint eine der allerältesten im Ermland zu sein..."* Aufgrund der Grundrißkonfiguration ist dies nicht der Fall, sondern es sind die Kirchen in Elditten und Schalmey. Ebenso bezweifelt Dittrich (ZGAE, Bd. 11, S. 318) die Altersangaben von Boetticher.

der Ort der Kollegiatgründung war, so wäre dies eine hinreichende Erklärung der Besitzverhältnisse.[769]

Die Pettelkauer Kirche gehört zu der Gruppe der ermländischen Kirchbauten, die eine besondere Chorerweiterung besaßen. Die Genese der Pettelkauer Chorausbildung wird noch genauer erörtert. Der Innenraum ließ ebenso wie der Grundriß die aufwendig geplante Architektur erkennen. Aufgrund der bestehenden Architektur und ihrer Proportionierung läßt sich vermuten, daß das Langhaus fünf Joche erhalten sollte. Desweiteren besaß der Raum im Gegensatz zu den ermländischen Dorfkirchen, die zumeist nur mit einer Holzdecke versehen waren, ein Gewölbe. Sie war somit die einzige Dorfkirche im Ermland, die ein Langhausgewölbe besaß. Die drei Langhausjoche waren mit einem Kreuzgewölbe geschlossen, dessen birnförmige Rippen an der Langhauswand auf einfache Konsolen in halber Höhe von Erdboden und Gewölbescheitel aufsetzten. An den Ecken verliefen die Rippen ohne Konsolen in die Wand. Die Decken der unvollendeten Seitenschiffsansätze wurden erst in späterer Zeit eingewölbt. So schloß der Südteil mit einem Tonnengewölbe, dessen dreifache Kreuzrippenteilung aus Stuck gefertigt war. Im Nordteil wurde ein zweifaches, rippenloses Kappengewölbe eingefügt. Auch waren die Eingänge einst formenreich mit Dreiviertelrundstab (Westeingang) und Birnstab (Südeingang) profiliert. Weiterhin befanden sich Zickzackmuster aus glasierten Steinen an der Südwand, Rautenmuster an der Sakristei und am Nordanbau.[770]

Der Westturm wurde in zwei Bauphasen wohl Ende des 14. und Anfang des 15. Jahrhunderts an das Schiff angefügt. Über einem Feldsteinsockel wurde der Unterbau aus Ziegeln im gotischen Verband errichtet. Das Portal war vierfach abgestuft und mit Rundstabprofilen versehen. Im Turminnern wurde das Erdgeschoß durch ein sechzehnteiliges Sterngewölbe geschlossen. Boetticher nahm aufgrund der Stuckrippen an, daß es erst später eingefügt wurde. Nach längerer Bauunterbrechung wurde der Bau im 16. und 17. Jahrhundert vollendet. Der seit 1361 nachweislich als Filiale nach Schalmey eingepfarrte Ort Pettelkau wurde im Jahre 1427, in der Regierungszeit von Bischof Franz Kuhschmaltz, durch eine päpstliche Bulle zum zweitenmal inkorporiert.[771]

4.5.2 Glottau/Głotowo, das zweite Kollegiatstift

Am 30. Oktober 1343 wurde die Zahl der Stiftstellen auf acht festsetzt und die Verlegung des Kollegiatstifts nach Glottau durch Bischof Hermann von Prag und das Domkapitel beschlossen.[772] Der Ort war als Wallfahrtsort durch eine Hostienlegende berühmt geworden. Schon in einer Urkunde von 1312 wird ein Pfarrer Conrad erwähnt.[773] Die Handfeste vom 12. März 1313 mit kulmischem Recht sowie Marktrecht

---

769 ZGAE (Birch–Hirschfeld), Bd. 24, S. 283. Am 10. Juli 1361 gründete das Kollegium des Stifts Guttstadt in seinem Dorf Pettelkau ein Schulzenamt. CDW, Bd. II, Nr. 314, S. 329. Bischof Heinrich III. tauscht 1378 die Dörfer Lingenau und Warlak gegen das in den Händen des Kollegiatstifts befindliche Dorf Pettelkau. CDW, Bd. III, Nr. 59, S. 40.
770 Dehio / Gall (1952), S. 193f. Boetticher (1894), S. 194.
771 ZGAE (Birch–Hirschfeld), Bd. 24, S. 394.
772 CDW, Bd. II, Nr. 30, S. 28f. Zur Geschichte allgem. vgl. N.N. (1961), Jg. 8, S. 435 – 436 und 9 Jg. 1962, S. 453 – 454.
773 Hermanowski (1989), S. 115.

wähnt.[773] Die Handfeste vom 12. März 1313 mit kulmischem Recht sowie Marktrecht und besondere Größe von 90 Hufen deuten darauf hin, daß man den Ort als Mittelpunkt der Gegend vorgesehen hatte. Die Pfarrkirche erhielt jedoch an Dotation lediglich vier Hufen.[774]

Für die zügige Übersiedelung nach Glottau führte Birch-Hirschfeld mehrere Argumente an. Es sollte die Frömmigkeit gefördert und der Ort, der sich schon früh als Wallfahrtsort großer Beliebtheit erfreute, seelsorgerisch betreut werden. *"Außerdem bot das im Zentrum des Landes gelegene Glottau dem Stift eher Gelegenheit, seine Besitzung zu erweitern und sich kolonisatorisch und seelsorgerisch zu betätigen."*[775]

Röhrich vermutete, daß die Hügel um Glottau einst einen politischen und religiösen Brennpunkt altpreußischen Lebens bildeten. Gerade dort mußte die Tätigkeit der Missionierung anknüpfen.[776] Somit war die Verlagerung nach Südosten nicht nur für die Weiterentwicklung des Kollegiatstifts von besonderer Bedeutung, sondern auch für die Kolonisierung der zum ermländischen Hochstift gehörenden südlichen Region.

Das Kollegiatstift nahm seinen Sitz unter dem Titel *"S. Salvatoris et omnium Sanctorum"* in der schon vor 1313 errichteten Burg *"Castrum Glottouiense"*.[777] Als Primicerius des Stifts setzte man 1343 den seit 1312 in Glottau tätigen Pfarrer Conrad ein. Conrad war zugleich bischöflicher Kaplan und *Cubicularius*.[778] Die folgenden Inhaber dieser Pfarrstelle sollten zugleich Stiftspropst sein. In den Jahren 1343 – 1347 erfolgte in Glottau die Errichtung der ersten Stiftskirche. Sie wurde dem hl. Andreas geweiht, der zugleich Patron des Ermlandes war.

Doch sollte der dortige Sitz des Kollegiatstifts nur provisorisch und von kurzer Dauer sein.[779] Bereits am 20. November 1347 wurde die Kirche von Guttstadt dem Stift und der Wallfahrtskirche von Glottau inkorporiert. Der Sitz des Stifts wurde daraufhin nach Guttstadt verlegt.[780] In der entsprechenden Urkunde findet sich der Hinweis, daß man zum ersten Schutzpatron der Wallfahrtskirche erneut den hl. Andreas nominierte. Daraus wird der besondere Status deutlich, den die ehemalige Kollegiatkirche neben dem Frauenburger Dom innerhalb des Hochstifs besaß.[781] Als Primicerius des Kollegiatstifts wird noch bis 1349 Pfarrer Conrad genannt.[782]

Glottau blieb auch nach der Kollegiatverlegung von 1347 bis in 17. Jahrhundert ein blühender Wallfahrtsort. Hierdurch bedingt wurde der Bau seiner spätmittelalterlichen Gestaltung beraubt. Eine Rekonstruktion des Vorgängerbaus ist wegen starker Umbauten im Barockzeitalter heute nicht mehr möglich. Ob der ebenfalls nach Osten ausge-

---

773 Hermanowski (1989), S. 115.
774 Grunwald (1931), S. 18. CDW, Bd. I, D. Nr. 291. SRW, Bd. I, S. 418, dort Anm. 151. Bischof Johannes II. erneuert 1362 die Handfeste von Glottau. CDW, Bd. II, Nr. 328, S. 342.
775 ZGAE (Birch-Hirschfeld), Bd. 24, S. 282.
776 ZGAE (Röhrich), Bd. 14, S. 323f. ZGAE (Tidick), Bd. 22, S. 351.
777 CDW, Bd. I, R. Nr. 265, S. 94.
778 SRW, Bd. I, S. 255, dort Anm. 164.
779 ZGAE (Tidick), Bd. 22, S. 351.
780 CDW, Bd. II, Nr. 30, S. 28ff, Nr. 98, S. 101. ZGAE (Tidick), Bd. 22, S. 438.
781 ZGAE (Tidick), Bd. 22, S. 377.
782 SRW, Bd. I, S. 255, dort Anm. 164.

richtete Vorgängerbau ein ausgebildetes Presbyterium besaß, ist unbekannt. Der barocke Bau erhielt einen leicht abgesetzten Chor. Die Grundsteinlegung zur neuen Kirche veranlaßte am 22. August 1722 Stiftspropst Johannes Stössel. Baumeister Christoph Reimer aus Wormditt, der auch die Krossener Wallfahrtskirche errichtete, gestaltete die Kirche in Glottau im abweichenden Typus nach dem Vorbild der Wallfahrtskirche von Heiligelinde. Die Neuweihe fand am 24. Juli 1726 zu Ehren des Hl. Erlösers und des hl. Florian statt.

Seit 1878 bezeugt ein heute noch stark frequentierter, vom Talgrund bis auf die Anhöhe verlaufender Kalvarienberg die Lebendigkeit der alten Wallfahrtsstätte.[783]

---

783 Hermanowski (1989), S. 116. Grunwald (1931, S. 28) vermutete, daß eine alte Holzkirche in Glottau stand, die um 1350 in Backstein neu errichtet wurde. Diese Vermutung läßt sich aufgrund der vorhandenen Quellen nicht belegen. Vgl. SRW, Bd. I, S. 418, dort Anm. 151.

4.6 Guttstadt/Dobre Miasto, Stadt- und Kollegiatkirche zum Heiligsten Erlöser und allen Heiligen

4.6.1 Baugeschichte

309 Erster Schulze der um 1325 gegründeten und planmäßig im Rechteck angelegten Stadt Guttstadt *("bona civitas")* war Wilhelm aus Wormditt. Bischof Heinrich II. Wogenap gab am 26. Dezember 1329 der Stadt die Handfeste mit 113 Hufen und kulmischem Recht. Die Kirche erhielt vier Hufen und zusätzlich im Jahre 1379 noch 20 Morgen an Dotation.[784] Zu den ersten Siedlern zählten Schlesier.

Zwischen 1347 und 1357 findet sich die urkundliche Erwähnung eines Pfarrers Nicolaus.[785] Guttstadt war zu dieser Zeit Filialkirche von Glottau. In der Urkunde vom 20. November 1347 inkorporieren Bischof Hermann von Prag und das Frauenburger Domkapitel die bestehende Pfarrkirche in Guttstadt mit allen Rechten und Einkünften dem Kollegiatstift in Glottau.[786] Damit war der Beginn der Verlegung des Stifts beschlossene Sache. Die Seelsorge der Bürger wurde dem Kollegiatstift übertragen.

Als Grund der Verlegung spielte unter anderem die ungünstige Lage von Glottau eine Rolle. Auch liegt der Ort nicht an einem größeren Fluß und ließ sich demzufolge schwer befestigen. Mit Litauereinfällen mußte man zu dieser Zeit noch rechnen. Ein weiterer Grund für die Verlegung mag das geringe Einkommen gewesen sein.[787] Schon kurze Zeit nach der Gründung des Ortes Glottau erkannte *"Bischof Eberhard ... die Notwendigkeit eines anderen Stützpunktes; in seinem Auftrag gründete Dompropst Jordan durch den Bistumsvogt Friedrich von Liebenzelle, einem Deutschordensritter, im Jahre 1325 auf einer Insel in der Alle die Stadt Guttstadt."*[788] Demnach waren die ökonomischen und fortifikatorischen Gründe zwingender als die Lage eines bedeutenden Wallfahrtsortes. Um den Wallfahrtsort in Glottau nicht zur Filialkirche herabsinken zu lassen, bestimmte das Kapitel, daß die Kirche weiterhin Haupt- und Mutterkirche des Kollegiatstifts bleiben sollte. Guttstadt ist seit dieser Zeit eine Filialkirche von Glottau. Der Stiftspropst mußte zugleich Pfarrer von Glottau sein. Die Stelle ließ er jedoch zumeist durch einen Kaplan administrieren.[789]

Nachdem Bischof Johannes II. Stryprock im Jahre 1357 die zwölfte Stiftsstelle, mit der Würde eines Dekans, etabliert hatte und die bestehende Guttstädter Kirche in den Be-

---

784 CDW, Bd. I, R. Nr. 376, S. 142; D. Nr. 245, S. 409. SRW, Bd. I, S. 54, dort Anm. 13, S. 417, dort Anm. 150. ZGAE Bd. 9, S. 67. Weise (1981), S. 78. Von den erteilten 113 Hufen wurden an das Stadtdorf Neuendorf 29 Hufen übergeben. Ernestus (1953), 4. Jg., F. 25, S. 5. Krause (1968), S. 179 – 196. Über die Etymologie des Ortsnamens ist man neuerdings anderer Ansicht und findet, daß mit "Gutt" eher eine alte Gottesvorstellung verknüpft ist. Auch eine Ableitung von altpr. "Gudde" (= Gebüsch) erscheint denkbar.
785 ZGAE (Dittrich), Bd. 10, S. 586. SRW, Bd. I, S. 417.
786 CDW, Bd. II, S. 101f., Nr. 98.
787 ZGAE (Birch-Hirschfeld), Bd. 24, S. 283f.
788 Grunwald (1931), S. 21.
789 ZGAE (Birch-Hirschfeld), Bd. 24, S. 285.

sitz des Stifts übergegangen war, konnte man an den Neubau einer Kirche denken.[790] Über das Aussehen der um 1347 bestehenden Pfarrkirche ist nichts bekannt. Es finden sich auch keine Hinweise über deren Größe und Beschaffenheit.[791]

Die neu zu errichtende Kirche zu 'Ehren des Heiligsten Erlösers und allen Heiligen' wurde von vornherein großzügig als 'Dom' mit angeschlossenen Stiftsgebäuden projektiert.[792] Sie ist neben dem Frauenburger Dom die zweitgrößte Kirche der Diözese. Der ermländische Chronist Treter datierte die Entstehung der Guttstädter Kollegiatkirche in die Regierungszeit von Bischof Heinrich III. Sorbom (1373 – 1401) und schrieb dazu: *"Collegiatam Ecclesiam Gutstaddien. et alias plures aedificavit."*[793] Eine Notiz im Anniversarienbuch bestätigt dies scheinbar: *"Memoria D. Henrici Zorbom quondam Episcopi Varmiensis, qui aedificavit Collegiatam Ecclesiam Gutstadiensem."*[794] Gall datierte dagegen die Gründung der Kirche um 1376. Diese Angabe läßt sich jedoch nicht belegen.[795] Sicher ist dagegen, daß im Jahre 1379 der Propst Nikolaus Grotkau in seinem Testament Geld für die Unterhaltung zweier Lampen vor dem Hochaltar stiftete.[796] Zink sah hierin einen Hinweis darauf, daß zu dieser Zeit der Bau so weit vorangeschritten war, daß schon Gottesdienste abgehalten werden konnten.[797] Die Arbeiten waren jedoch noch nicht vollständig abgeschlossen.

Ablässe für die fabrica zur Baufinanzierung erteilte am 12. September und am 17. Dezember 1392 Papst Bonifaz IX. Nach Dittrich weist dies darauf hin, daß damals eine rege Bautätigkeit an der Kirche stattfand.[798] Dies belegen auch die seit 1390 eingerichteten Vikarien und Benefizen. Demnach begann man schon zu dieser Zeit mit der Innenausstattung und Errichtung von Altären.[799] Da 1396 das Chorgestühl aufgestellt

---

790	Birch–Hirschfeld a.a.O. Zink (1938), S. 24. CDW, Bd. II, Nr. 248, S 246. Bereits vor dieser Zeit hatten die schutzsuchenden Domherren, solange das Kollegiatstift noch nicht vollendet war, in der Stadt Grundbesitz und Häuser erworben. Vor der Vollendung des Stifts durften die Domherren Messe und Chorgebet im Wohnhause zelebrieren.
791	Die Annahme von Zink (a.a.O.) und Birch–Hirschfeld (ebenda, S. 333), die erste Kirche sei aus Holz gewesen, läßt sich bisher nicht belegen.
792	Im 17. Jh. findet sich die Bezeichnung *"der halbe Thum"* für die Guttstädter Kirche. Birch–Hirschfeld a.a.O.
793	ZGAE (Dittrich), Bd. 10, S. 587.
794	SRW, Bd. II, S. 281. ZGAE (Birch–Hirschfeld), Bd. 24, S. 333. Bischof Heinrich III. bezeugte seine besondere Gunst gegenüber der Kollegiatkirche, in dem er ihr Ländereien schenkte und dort 1397 ausdrücklich seine Begräbnisstätte wünschte; nach seinem Tode wurde er aber dennoch im Frauenburger Dom beigesetzt wurde. CDW, Bd. III, Nr. 321, S. 293.
795	Dehio / Gall (1952), S. 237.
796	*"... que ardebunt die noctuque ante summum altare, quando non sunt hore canonice in ecclesia ..."* CDW, Bd. III, Nr. 89, S. 62.
797	Zink (1938), S. 24. ZGAE (Birch–Hirschfeld), Bd. 24, S. 334.
798	ZGAE (Dittrich), Bd. 10, S. 587. *"...uisitantibus dictam ecclesiam uel ad eius fabricam manus porrigentibus adiutrices..."* CDW, Bd. III, Nr. 261, S. 232. CDW, Bd. III, Nr. 264, S. 234. Die Deklaration über die verliehenen Ablässe erfolgte am 26. Oktober 1394. CDW, Bd. III, Nr. 292, S. 270.
799	Bereits 1381 erließ Bischof Heinrich III. Sorbom eine Verordnung über die Kapläne und Vikare am Guttstädter Stift. Am 2. Februar 1390 bestimmte Bischof Sorbom, daß die gesamten Hufen- und Krugzinsen von Samlack zur Ausstattung der ständigen Vikarie zu Guttstadt dienen sollten. ZGAE (Röhrich), Bd. 21, S. 89. Am 2. April 1391 wird die Stiftungsurkunde der Vikarie zur hl. Katharina durch Bischof Heinrich ausgestellt. CDW, Bd. III, Nr. 250, S. 222. 1393 erfolgt die Stiftung der Diakonats– und St. Matthiaevikarie, CDW ebenda, Bd. III, Nr. 270, S. 240. 1393 Stiftung der Vikarie zum hl. Mathias, CDW, Bd. III, Nr. 275, S. 246. 1398 Stiftung der Vikarie zur Jungfrau Maria und Maria Magdalena, CDW, Bd. III, Nr. 336, S. 308. ZGAE (Birch–Hirschfeld), Bd. 24, S. 311.

wurde, muß der Kircheninnenraum fertiggestellt gewesen sein.[800] In der selben Zeit weihte Bischof Heinrich Sorbom die Kirche.[801]

Als man am 14. Mai 1616 den Hochaltar erneuerte, fand man in einer Dose ein Pergament mit der Aufschrift:

> *Anno Domini M. CCCCXX. (1420) reverendus in Christo pater dominus Johannes, Episcopus Varmiensis, hoc altare in honore et memoria victoriosissime Crucis, s. Saluatoris et Omnium Sanctorum consecravit die XXX. Augusti (30. August).*[802]

Der Altar wurde erneut am 29. Juli 1616 durch Bischof Simon Rudnicki geweiht.[803]

Zink datierte die Erbauungszeit zwischen 1360 und 1390.[804] Dennoch erscheint die spätere Datierung Galls, ab 1376, überzeugender. Der im Baubestand sehr einheitlich geschaffene Baukörper spricht eher für eine zügige Vollendung. Daher vermutete Gall, daß das Werk um 1389 in den Hauptteilen vollendet war.[805] Da jedoch die Beanspruchung von Ablässen 1392 eher für einen unvollendeten Bau spricht, wurde die Kirche wohl erst nach dieser Zeit vollendet. Daraus läßt sich folgern, daß eine Arbeitsperiode zwischen 1376 und 1396 vorauszusetzen ist.

Das Stift besaß eine eigene Ziegelei, die unter Aufsicht eines Domherren stand. Aus deren Produktion wurden noch in späterer Zeit die zu Reparaturen von Kirche und Stiftsgebäuden benötigten Steine geliefert. Ab wann diese Backsteinproduktion existierte, läßt sich urkundlich nicht belegen.[806] Da man schon nach der Stadtgründung um 1325 Baumaterial benötigte, kann man davon ausgehen, daß die Brennöfen wohl in dieser Zeit angelegt wurden. Es verwaltete die Stadt wohl solange die Ziegelscheune, bis das Kollegiatstift nach Guttstadt verlegt wurde und man das Stift zur Verwaltung einsetzte. Es existierte ebenso eine eigene fabrica, und der Dekan führte zusammen mit den Kirchenältesten der inkorporierten Pfarrkirche die Rechnungsbücher. Die Kasse schöpfte ihren Geldfonds aus Kollekten, Stiftungen, Beiträgen aus den Anniversarienfeiern, Begräbnissen, der Branntweinbrennerei und den Legaten der Kanoniker. Die Kapitalien vermehrte das Kapitel zusätzlich durch Grundstückszinsen. Das Geld ver-

---

800   Von Quast (1852), S. 22. ZGAE (Dittrich), Bd. 10, S. 588. Die Inschrift auf dem Chorgestühl lautet: *"ANNO MILLESIMO TRECENTESIMO / NONAGESIMO SEXTO MENSE / NOVEMBRI OPUS ISTUD / EST COMPLETUM QUOD / REVERENDISSIMUS / IN / CHR(ist)O PATER AC DOMINUS / NOSTER HENRICUS SORBOHM / EP(iscopu)US VARMIEN(sis) PRIMITUS / FIERI CURVIT"* (Epistelseite) *"STALLUM ISTUD Ao 1396 / A R(evere)NDISSIMO D(omi)NO HENRICO / SORBOHM EP(iscop)O VARM(iensi) SOLIDA ILLIUS / SAECULI FORMA COMPLETUM R(evere)NDUS D(omi)NUS / ANDREAS MARQUARD ECCL(esi)AE HUIUS / DECANUS REFORMARI ET IAM MINUS GRATAE / UETUSTATI NOUAM HUIUS SAECULI UE / NUSTATEM PROPRIIS IMPENSIS SUPER / INDUCI CURAUIT A(nn)O 1673."* SRW, Bd. I, S. 82, dort Anm. 66.
801   SRW a.a.O.
802   CDW, Bd. III, Nr. 564, S. 561f.
803   a.a.O.
804   Zink (1938), S. 81.
805   Dehio / Gall (1952), S. 237.
806   ZGAE (Birch–Hirschfeld), Bd. 24, S. 415.

walteten die beiden Kirchenältesten. Sie wurden vom Stadtrat und dem Dekan gewählt. Die zum Pfarrsprengel gehörenden Dörfer waren zu Scharwerkdiensten verpflichtet.[807]

Im Jahre 1412 erfolgt die Erwähnung eines *"czu stellenden Seiger, der uff der vorgenanten kirchen gesaczt ist"*.[808] Wo sich diese Kirchenuhr befand, geht aus der Urkunde nicht hervor. Auf der Zeichnung von Quasts aus dem Jahre 1852 erkennt man ein heute nicht mehr vorhandenes Uhrentürmchen auf der Nordseite des Satteldachs über dem zweiten Langhausjoch des Chors.[809] Demnach war in Guttstadt das Uhrentürmchen ähnlich angelegt wie am Dom zu Frauenburg.

Im Schadensbericht von 1414, nach dem Krieg zwischen dem Deutschen Orden und Polen–Litauen, wird die Kirche als ausgeplündert aufgeführt. Dabei blieb das Bauwerk als solches verschont, und nur an den Stiftsgebäuden entstanden größere Schäden.[810]

Während des Städtekrieges (1454 – 1466) muß die Kirche besonders stark in Mitleidenschaft gezogen worden sein, so daß auf Betreiben des Bischofs Nikolaus von Tüngen der Erzbischof von Riga 1483 allen Besuchern der Kirche, die zur Wiederherstellung des Gebäudes und zur Ergänzung der Kirchengeräte beitrugen, einen Ablaß gewährte.[811]

Im Jahre 1582 riß ein Sturm den Dachreiter herab. Daraufhin errichtete ihn Zimmermann Gybbel aus Elbing aufs neue.

Während des Schwedenkrieges mußte das Kollegium fliehen, so daß in den Jahren zwischen 1626 und 1629 das Stift verlassen war. Da aus dem 17. Jahrhundert sich keine Visitationsunterlagen erhalten haben, bleibt unbekannt, wie stark die Gebäude verwüstet waren.[812]

Das Dach wurde 1652 renoviert, aber schon 1675 war es wieder so schadhaft, daß Dachdecker es völlig neu eindecken mußten. 1692 wiederholte sich der Vorgang. Am 25. Juli 1716 wurde der außergewöhnlich hohe Dachreiter *("extra ordinariae altitudinis")* durch einen Blitz getroffen und brannte völlig nieder. Dabei durchschlugen herabfallende Balken das Gewölbe in der Nähe des mittleren Nordeingangs. Im selben Jahr wurde das Türmchen in kleinerer Ausführung erneuert und das Gewölbe ausgebessert.[813] Da es jedoch im Verhältnis zum Turm zu klein wirkte, bestellte das Kapitel den Baumeister Johann Christoph Reimers aus Wormditt, der es im Jahre 1719 gegen einen größeren neuen Dachreiter austauschte. Die heutige Gestaltung des Dachreiters stammte aus der Zeit von 1840, als man den mantelartigen Umbau anfügte.[814]

Nachdem 1872 – 1882 das Kircheninnere letztmalig gründlich restauriert worden war, erfolgte in den Jahren 1978 – 1986 eine umfassende Renovierung der Gebäude. Das

---

807 Ebenda, S. 415f.
808 CDW, Bd. III, S. 484f, Nr. 473. Seiger ist eine alte Bezeichnung für Uhr.
809 Von Quast (1852), Blatt X.
810 CDW, Bd. III, Nr. 495, S. 505, *"Item dicta collegiata ecclesia et omnes alie ecclesie bonis, que in eis reperta sunt, spoliate"*.
811 ZGAE (Dittrich), Bd. 10, S. 591.
812 Ebenda, S. 607.
813 Ebenda, S. 617 f. Matern (1929), S. 17f.
814 Zink (1938), S. 82. Dehio (1952), S. 237.

Innere erhielt seinen ursprünglichen Raumeindruck durch die Freilegung des Sichtmauerwerks zurück. Ebenso wurden die Stiftsgebäude in ihrer ursprünglichen Gestaltung hergerichtet.[815] Heute befindet sich der gesamte Baukomplex in einem denkmalpflegerisch gesehen vorbildlichen Zustand.

4.6.2 Baubeschreibung der Kollegiatkirche

4.6.2.1 Grundriß

188,
189

Die Kirche und die daran anschließenden Stiftsgebäude liegen in der Südwestecke der Stadtanlage. Da die Alle den Ort rundum umfließt, bot sie neben der Befestigungsmauer einen zusätzlichen natürlichen Schutz für die Stadtanlage. Die Stiftsgebäude waren einst in die Stadtbefestigungsanlage einbezogen.

Das orthogonal angelegte Langhaus ist nach Osten ausgerichtet und besitzt einen geraden Chorschluß. Mit den Außenmaßen von 61,5 x 25,5 Metern hat die Kollegiatkirche eine beträchtliche Größe, die fast an die des Frauenburger Doms heranreicht. Nach ihren stattlichen Abmessungen und der rechtlichen Stellung steht sie neben dem Frauenburger Dom an zweiter Stelle.[816] Das dreischiffige Langhaus gliedert sich in sieben Joche. Oktogonale Arkadenpfeiler trennen die drei Schiffe voneinander. An den Schmalseiten sind die Pfeiler als Halbpfeiler ausgebildet. Die längsrechteckig angeordneten Seitenschiffsjoche verhalten sich proportional 1 : 2 zu querrechteckigen Mittelschiffsjochen. Die Strebepfeiler sind nach außen verlegt und zwischen ihnen liegen spitzbogige Fensteröffnungen. An den Ecken sind die Strebepfeiler diagonal angeordnet. Auf der Südseite zum Innenhof des Stifts fehlen die Strebepfeiler. Auf der Westseite ist ein quadratischer Turm vorgelagert.

Vergleicht man den Grundriß von Guttstadt mit dem Langhaus des Frauenburger Doms, so erkennt man, daß ein Abhängigkeitsverhältnis besteht. So verhalten sich die Seitenschiffe zum Mittelschiff im gleichen Maßverhältnis von 1 : 2. Der Jochabstand zwischen den Scheidbögen ist dagegen etwas weiter, so daß keine so enge Jochabfolge entsteht.

4.6.2.2 Chor und Ostgiebel

194,
207

Die Kollegiatkirche hat kein ausgebildetes Presbyterium, sondern schließt im Osten geradlinig ab. Das letzte Ostjoch besitzt dafür eine reichere Gewölbebildung, die diesen Abschnitt als Sanktuarium hervorhebt. Auch in Seeburg besitzt das letzte Gewölbejoch über dem Chor eine reichere Gewölbeausbildung.

Am Außenbau hat der Chorgiebel noch seine ursprüngliche monumentale Konfiguration. Das aufgehende Mauerwerk besitzt keine ausgeprägte Sockelzone, sondern wird nur durch ein etwa 30 cm unterhalb der Fensterbank horizontal durchlaufendes Kaffge-

---

815 Rzempoluch, (1989), S. 131.
816 Rzempoluch ebenda, S. 130. Die Maßangaben für die Breite bei Boetticher (1894, S. 123) mit 27 Metern sind falsch angegeben. Dehio / Gall (1952, S. 237) übernahm die falsche Maßangabe.

sims unterbrochen, das schräg nach unten führt. Es hat ein ähnliches Profil wie am Frauenburger Dom und an der dortigen Stadtpfarrkirche.

Die vertikale Gliederung erfolgt durch die drei schmalen, hohen Spitzbogenfenster, die zwischen den Strebepfeilern liegen. Das etwas breitere Mittelfenster wurde vermutlich zur Zeit der Errichtung des barocken Hochaltares im Jahre 1748 im unteren Bereich vermauert.

Die äußeren Streben sind diagonal nach außen gestellt. In Traufenhöhe läuft ein durchgehendes breites Putzband, das sogar über die östlichen Strebepfeiler führt. Oberhalb des Putzbandes enden die Strebepfeiler mit geschlossenen Tabernakelaufsätzen. Der hohe, elfteilige Giebel wird durch gestaffelte, spitzbogige Blenden zwischen übereck gestellten fialartigen Pfeilern gegliedert. Oberhalb jeder Blendenstufe läuft als Abschluß ein kurzes Putzband. Nur das Putzband in zweidrittel Giebelhöhe ist durchgängig. Über den Giebelstufen und den Fialen befinden sich je zwei kleine, spitz zulaufende Pinakeln. Die scharf gezeichneten architektonischen Formen bieten ein graphisches Linienspiel von außerordentlichem Reiz.

Der Chorgiebel in Guttstadt zeigte aufgrund seiner analogen Konfiguration eine stilistische Verbindung zu Seeburg. Bei dem Vergleich beider Giebel ist zu erkennen, daß derjenige von Guttstadt in seiner Erscheinung reicher wirkt. So sind die Putzblenden dichter gestellt, das heißt es gibt zwei Blenden mehr als in Seeburg. Desweiteren werden in Guttstadt auf jeder Giebelstufe zwei Fialen aufgesetzt. Die mittleren Strebepfeiler besitzen nur in Guttstadt zusätzlich Tabernakelaufsätze. Aus dem Vergleich beider Giebel läßt sich schließen, daß der Giebel in Seeburg mit seiner sparsameren Formensprache wohl früher entstand und somit als Vorbild für den Giebel in Guttstadt diente.

121, 194

An den Ostgiebel lehnte sich einst ein Beinhaus an, das schon in der Visitation von 1609 erwähnt wird. Es soll im Innenraum mit einem Bildnis des Jüngsten Gerichts bemalt gewesen sein.[817] Es ist nicht mehr vorhanden und wurde wohl Ende des 18. oder Anfang des 19. Jahrhunderts abgetragen.

4.6.2.3 Langhaus

Die im gotischen Verband gemauerten Langhausfassaden besitzen bis zur Höhe der Traufe eine besonders sparsame Gliederung. Da ein Sockel fehlt, ist die Mauer völlig glatt. Etwa 30 cm unterhalb der Fensterbank läuft horizontal ein leicht schräggestelltes Kaffgesims, das vom Chor aus sogar über die Streben hinaus weitergeführt ist. Auf der Westseite endet das Band am Turmansatz. In etwa zweidrittel Höhe sind die Pfeiler durch ein Kaffgesims geteilt und leicht zurückgesetzt. Kurz unterhalb der Traufe läuft vom Chor aus ein durchlaufendes, auffällig breites Putzband. Die Strebepfeiler auf der Nordseite reichen bis zur Traufe und überschneiden das Putzband. Lediglich an den schräggestellten Eckpfeilern und an der Ostgiebelseite führt das Putzband über diese. Die Außenmauern sind bis zum Gesims 16,3 Meter hoch.[818] Die Backsteine besitzen ein durchschnittliches Maß in der Länge zwischen 29 und 30 cm, in der Breite 14 – 15 cm und in der Höhe zwischen 8 – 9 cm.

193, 199

---

817 ZGAE (Dittrich), Bd. 10, S. 597.

190 – 193	Das dreischiffige Langhaus wird durch ein großes, steiles Satteldach geschlossen. An den Schmalseiten sind reiche Schaugiebel angebracht. Der Dachstuhl besitzt noch seine ursprüngliche gotische Konstruktion mit den alten Windegalgen.[819]

Die Abhängigkeit des Baukörpers von Frauenburg verdeutlicht sich in der Langhausfiguration und läßt sich auch an der betont schlichten Gliederung der bis unter die Traufe reichenden Strebepfeiler und an dem umlaufenden Sohlbankgesims erkennen. Desweiteren zeigt sich auch die gleiche Relation von 1 : 2 zwischen Mittelschiff und Seitenschiffen.

193, 200	Die Südwand der Kirche unterscheidet sich in ihrer Form von der Nordwand darin, daß keine Strebepfeiler und daher keine Gliederung der Wandoberfläche vorhanden sind. Lediglich ein horizontal durchlaufender Vorsprung oberhalb der Sohlbank läßt erkennen, daß der Sockel stärker gemauert wurde. Zink vermutete richtig, wenn er die Konzeption eines Kreuzganges an der Kirchensüdwand annahm. Ausgeführt wurde jedoch nur ein zweiflügliger, doppelgeschossiger mit breiten, spitzbogigen Arkaden geöffneter Kreuzgang auf der Süd- und Westseite.[820] Auf der Südinnenwand des Langhauses befinden sich, beginnend vom zweiten Joch im Westen, Wandnischen mit Segmentabschluß, die mit etwa 47 cm in die Wand ragen und bis zur Sohlbankhöhe reichen. Die Wandnischen nehmen in ihrer Abfolge keinerlei Bezug auf die Jochabstände. Die beiden letzten Nischen in Richtung Osten sind höher angelegt und wurden wohl später eingefügt. Ihre Funktion bleibt unklar. Möglicherweise waren es Altareinbauten oder Nischen, in denen Epitaphe eingestellt waren.

Die zweijochige Sakristei schließt sich auf der Südostseite des Langhauses an und ist vom Kirchenraum durch eine kleine spitzbogige Tür mit einfacher Hohlkehlenlaibung zugänglich.

202, 203	Der Innenraum mit einer Höhe von 16 Metern wirkt kraftvoll monumental und größer in seinen Dimensionen als bei den anderen ermländischen Hallenkirchen.[821] Zink führte diesen Eindruck auf die stärker ausgebildeten oktogonalen Arkadenpfeiler zurück, die nur an den Basen ein einfach getrepptes Backsteinband besitzen und oben am Arkadenansatz ohne Kämpfer in die Scheidbögen übergehen.[822] Die beiden westlichen und östlichen Pfeilerpaare sind als Halbpfeiler ausgebildet.

Die Reduktion der Formen und die nicht zu enggestellten Scheidbögen bewirken die Monumentalisierung des Raumeindrucks. Zink bemerkte hierzu:

Die Guttstädter Kirche ist nicht nur die kraftvollste Gestaltung des chorlosen Hallengedankens, sondern ihr Hallenraum zeigt auch von allen chorlosen Hallenkirchen die einheitlichste Durchgestaltung, die besonders in dem harmoni-

---

818 Rzempoluch (1989), S. 130.
819 Dehio / Gall (1952), S. 237.
820 Zink (1938), S. 82.
821 Boetticher (1894), S. 124.
822 Zink (1938), S. 82f.

schen Verhältnis der zurückhaltenden Form seiner Einzelglieder zu dem kubischen Gesamtcharakter des Bauwerkes zum Ausdruck kommt.[823]

Die vierfach abgestuften Scheidbögen sind vom Pfeiler aus erst durch neun Schichten mit abgekanteten Ziegeln und darüber durch Hohlkehlenprofile ausgebildet. Vergleichbare Profile der Scheidbögen finden sich in Seeburg, Wartenburg, Allenstein und an der Frauenburger Stadtpfarrkirche.

Die Kirche hatte einst laut Visitation von 1609 sieben Eingänge: auf der Nordseite im ersten Joch von Osten (heute vermauert), im vierten und im letzten Joch, zwei im Süden und je einen im Westen und Osten. Vor dem Mitteleingang der Nordseite wurde bald nach 1609 eine Vorhalle errichtet.[824] Deutlich ist aufgrund der gestörten Mauerstruktur erkennbar, daß das reich profilierte und heute vermauerte Portal auf der Ostseite erst nachträglich eingebrochen wurde. Im Jahre 1581 sind in der Visitationsurkunde nur noch vier Eingänge aufgeführt.[825]

Da die gesamte Anlage des Kollegiatstifts in die Wehranlage der Stadt einbezogen war, besaß der Innenhof nur zwei Eingänge. Im Süden gelangt man nach dort von den Allewiesen, und auf der Ostseite existiert eine Toreinfahrt als Zugang von der Stadtseite. Ursprünglich besaß die Kirche vermutlich nur Eingänge auf der Nordseite. Der heutige Westeingang war wohl vor der Turmerrichtung nicht vorhanden. Auch besaß die Westseite des Turms ursprünglich keinen Eingang. Er wurde erst später, wohl im zweiten Bauabschnitt des 16. Jahrhunderts, eingebrochen.[826]

Die Maßwerke der spitzbogigen, schmalen Fenster wurden alle im 19. Jahrhundert erneuert. Bei den Nordfenstern ist zu beobachten, daß sie nicht so tief liegen wie die auf der Südseite. Weiterhin kann man heute nach der Entfernung des Verputzes erkennen, daß die innen liegenden Fensterlaibungen um einen halben Stein versetzt vorspringende Läufer besitzen. Diese regelmäßig gesetzte Verzahnung erweckt den Eindruck, als sollten die Nordfenster einmal vermauert werden oder als seien sie als Blendfenster angelegt gewesen und später durchbrochen worden. Betrachtet man jedoch den gesamten Baukörper zusammen mit den Stiftsgebäuden und deren Lage innerhalb der Stadtmauern, so könnte man sich auch vorstellen, daß der Gesamtkomplex einen wehrhaften Charakter erhalten sollte. Dann erklärt sich auch, weshalb die Kirchenwestseite keinen Eingang erhielt und die höher liegenden Nordfenster vermauert oder zur Vermauerung vorgesehen waren. Im Falle eines Angriffs hätten sich die Domherren im Stift verschanzen können.

4.6.2.4 Turm und Westgiebel

Dittrich erkannte richtig, daß der Bau zunächst ohne Turm geplant und dieser erst später an der Westseite errichtet wurde.[827] Auch Zink begründet einleuchtend den späteren Anbau des Turms.[828]

---

823 Ebenda, S. 83.
824 ZGAE (Dittrich), Bd. 10, S. 597.
825 Ebenda, S. 591.
826 Dehio / Gall (1952), S. 237.
827 ZGAE (Dittrich), Bd. 10, S. 588.

Um 1379 findet sich im Testament des Domherrn Nikolaus Grotkau vermerkt, daß aus dessen Vermögen auch der Glöckner Gelder erhalten sollte.[829] Demnach war schon zu dieser Zeit ein Glöckner vorhanden, der für die Glocke im Dachreiter auf dem Langhaus zuständig war. Einen Turm gab es noch nicht.

197, 100

Dieser wurde wohl erst nach 1496 errichtet. Eine Stütze erfährt diese Auffassung durch das unterbrochene Kaffgesims unterhalb der Fenstergesimse und den gut ausgestalteten, teilweise durch den Turmoberbau verstellten Westgiebel. Dieser wurde zunächst als Schaugiebel angelegt und läßt sich nicht mit dem Turm in Verbindung bringen. Auch die Ausbildung der Halbpfeiler im Innenraum auf der Westseite zeigt, daß in der ersten Planungsphase keine Turmanlage projektiert war, da man sonst die Wandvorlage stärker ausgebildet hätte.

206

Betrachtet man den Westeingang vom Innenraum aus, so wirkt dieser, aufgrund der unsauberen umlaufenden Vermauerung, wie nachträglich eingebrochen. Die Westwand besaß demnach vor der Turmerrichtung keinen Zugang. Dieser war auch nicht zwingend erforderlich, da auf der Nordseite zur Stadt hin sich genügend Eingänge befanden. Neben dem Südwesthalbpfeiler des Mittelschiffs befindet sich eine schmale, hohe Tür mit Segmentabschluß, die als Eingang der Stiege zur Orgelempore dient. Etwas oberhalb der Tür befindet sich eine kleinere vermauerte Öffnung, die etwa eine Läuferbreite einnimmt. Es handelt sich hier um eine Fensteröffnung, die das Treppenhaus mit Licht versorgte.

Der gegen Ende des 15. Jahrhunderts gegründete Turm besitzt vier Meter tiefe Fundamente und muß wohl im Jahre 1521 vollendet gewesen sein. Nach einer Angabe des Chronisten Treter sahen die Domherren zur Zeit der Reiterkriege (1519 – 1525) von hier aus die herannahenden Polen.[830]

Zink erkannte richtig, daß der Turm, worauf seine äußere Gestaltung hinweist, in zwei Abschnitten errichtet wurde. Im ersten Abschnitt wurde er zunächst bis zur Höhe des zweiten Putzfrieses aufgeführt. Am beginnenden Balkenwerk im Innern des Turms erkannte Zink Spuren einer ursprünglichen Schalenverbretterung. Auf der Westseite zeigen sich starke Verwitterungsspuren. Demzufolge wurde zunächst auf dem bestehenden Backsteinuntergeschoß ein Holzturm mit Bretterverschalung errichtet. Im zweiten Bauabschnitt hat man das Mauerwerk weiter hochgezogen und somit den alten Holzturm ummantelt. Dabei wurden drei Spitzbogenblenden übereinander angeordnet und mit breiten, versetzten Geschossen, welche durch Strombänder voneinander getrennt sind, die einen Schachbrettfries ergeben, aufgestockt.[831] Die Proportionierung deutet

---

828   Zink (1938), S. 81. Dehio dagegen (Dehio / Gall 1952, S. 237) glaubte, daß zusammen mit dem Gründungsbau eine Verzahnung auf der Westgiebelseite angelegt wurde. Diese Beobachtung ließ sich am Bau selbst nicht nachvollziehen. Auch konnte im Innenraum festgestellt werden, daß der Westeingang wohl ursprünglich nicht vorgesehen war. Bei einer ursprünglich geplanten Westturmanlage hätte man auch wohl gleich eine Türverbindung vom Langhaus zum Turm geschaffen. Auch verläuft das Sohlgesimsband vom Langhaus nicht am Turm weiter. Außerdem läßt sich am Baukörper erkennen, daß die Giebelfassade als Schaugiebel ausgeführt wurde.
829   SRW, Bd. I, S. 270, dort Anm. 212.
830   ZGAE (Dittrich), Bd. 10, S. 588.
831   Zink (1938), S. 81

an, daß der Turm ursprünglich höher geplant war. Seine heutige Mauerhöhe bis zum Dachanfang beträgt 44 Meter.[832]

Das seiner Meinung nach im Barockzeitalter errichtete Doppeldach mit parallel laufenden Satteldächern erschien Dittrich als eine notdürftige Lösung. Zur Dachdatierung ermittelte Brachvogel ein wichtiges Schreiben im Frauenburger Archiv vom 23. August 1584, darin *"... bittet der Kanzler in Frauenburg das Kollegiatkapitel, ihren an der Ausbesserung ihrer Türme erprobten, fleißigen und geschickten Baumeister zur Ausbesserung des Frauenburger Doms zu schicken."*[833] Demnach muß das Turmdach in Guttstadt schon vor dieser Zeit vollendet gewesen sein. Weiterhin vermutete Brachvogel, daß Baumeister Wilhelm Martin aus Elbing das Turmdach in Guttstadt neu errichtete. Dieser Meister soll auch auf der Burg Seeburg und in Frauenburg tätig gewesen sein. Das Doppeldach wird in den Archivalien von Guttstadt erstmalig in der Visitation von 1609 erwähnt.[834] Betrachtet man z. B. die Turmabschlüsse der Kirchen St. Jakob zu Thorn (nach Brand 1455 errichtet); St. Marien (1461 – 1462) und St. Katharinen in Danzig (1486), so ist diese Dachform besonders von der Mitte bis zum Ende des 15. Jahrhunderts im Ordensland nicht ungewöhnlich. Schmid datierte im Gegensatz zu Dittrich den Dachabschluß von Guttstadt bereits in das ausgehende 14. Jahrhundert.[835] Diese Datierung erscheint jedoch wegen der Aussage von Treter als zu früh. Der Vergleich mit den genannten Beispielen läßt darauf schließen, daß der alte Turmdachabschluß von Guttstadt gegen Ende des 15. Jahrhunderts entstand. Es handelt sich bei dem obigen Schreiben von 1584 also bereits um eine Dachausbesserung. Die Doppelgiebel wurden im Barockzeitalter durch geschweifte Formen verändert.[836] Der heutige Turmabschluß mit Staffelgiebeln wurde erst 1895 in gotisierender Form errichtet.[837]

191, 192

4.6.2.5 Gewölbe

Das Mittelschiff ist mit achtzackigen, kuppelartig wirkenden Sterngewölben geschlossen. Aufgrund der Gewölbeform mit sich in zwölf Teilen gliedernden Sternen entsteht eine durchlaufende Scheitelrippe. Die Seitenschiff besitzen vierzackige bzw. achtteilige Sterngewölbe, jedoch ohne Scheitelrippe. Die birnstabförmigen Rippen verlaufen auf konsolartigen, roh bearbeiteten Ziegelsteinbindern, die unterhalb der Scheidbögenansätze liegen. Durch diesen leicht nach unten verlagerten Ansatz verlaufen die Rippen zum Scheitel steiler. Dies bewirkt, daß der Raum für den Betrachter erhöht erscheint. Im letzten Ostjoch befindet sich ein besonders reich ausgebildetes Sterngewölbe, das den Altarraum mit dem dort aufgestellten Chorgestühl der Stiftsherren als Sanktuarium charakterisiert. Diese Eigenart findet sich auch in Seeburg.

203 – 205

207, 208

---

832 Boetticher (1894), S. 123.
833 ZGAE (Brachvogel), Bd. 24, S. 532.
834 ZGAE (Dittrich), Bd. 10, S. 597.
835 Satteldächer sind im Ordensland häufiger zu finden. *"Sie hatten den Vorzug der größeren Standsicherheit, sie lassen sich leichter richten und decken, und der Abschluß durch einen waagerechten Dachfirst wirkt künstlerisch sehr schön."* Schmid (1939), S. 31f.
836 Von Quast (1852, dort Abb. Tafel X) zeichnete noch das Doppeldach mit den geschweiften Giebeln.
837 Dehio / Gall (1952), S. 237.

Rzempoluch vermutete, daß die Gewölbe im Kirchenraum erst um 1500 eingezogen wurden.[838] Da um diese Zeit jedoch eher Netzgewölbe gebräuchlich waren, erscheint die Datierung als zu spät. Die Sternform der Mittelschiffsgewölbe spricht im Vergleich mit den Frauenburger Langhausgewölben eher für eine Datierung um 1390, also noch zur Zeit der Vollendung des Langhauses.

Die Gewölbe in den südwestlich am Chor anschließenden Sakristeiräumen dürften ebenfalls noch aus der Zeit um 1390 stammen. Zunächst betritt man die Sakristei durch einen etwas größeren Raum mit zwei nebeneinander liegenden, einfachen, achtteiligen Sterngewölben. Daran schließt sich ein kleinerer Raum an, der mit einem in der Scheitellinie gegenläufigen, sechzehnteiligen Stern ausgestaltet ist. Dadurch entsteht die Form eines achtteiligen Sterns, der jedoch nicht übereck gestellt ist und durch Dreistrahlen in den Ecken reicher in seiner Erscheinung wirkt. Durch die Zerlegung des Wölbegrundes in kleinere, gleichteilige Quadratfelder verkürzen sich die Bogenläufe der Rippen. Diese Konstruktion machte es möglich, den Kämpferansatz höherzulegen, und man erreichte dadurch eine Streckung der Raumproportion. Ein gleichartiges Gewölbe, ebenfalls um 1390 entstanden, befindet sich in der sogenannten Bibliothek, einem Raum am nördlichen Ende des Westflügels. Vergleichbare Gewölbe sind auch bei den Deutschordensbauten vorhanden. So unter anderem auf der Marienburg im Mittelschloß mit dem Gewölbe im Rezeptionssaal und den westlich anschließenden kleineren Räumen. Weiterhin besitzt der um 1375 vollendete 'Comturs-Remter' von Schloß Lochstedt ein analog strukturiertes Gewölbe, jedoch mit einem Mittelpfeiler. Ebenso existiert auf der Burg Tapiau in einem um 1351 entstanden Wohnraum ein ähnliches Gewölbe. In Schloß Heilsberg gibt es im Refektorium an den Schmalseiten vergleichbare Gewölbeelemente. Auch das letzte Gewölbefeld auf der Ostseite des Kapitelsaales wurde in dieser Weise gestaltet, jedoch wie im Refektorium nur in alter Form. Außerhalb des Deutschordensgebiets existiert ein in der Struktur analoges Gewölbe im Remter des Deutschordenshauses in Koblenz, was eine Beziehung zum Rheinland herstellt.

Interessant ist, daß sich am Prager Dom ein gleichartig gegliedertes Gewölbe in der Sakristei auf der Nordseite vor dem Kapellenkranz befindet.[839] Das Prager Gewölbe vollendete 1362 Peter Parler.[840] Schon Clasen stellte fest, daß das Prager Sakristeigewölbe *"noch keine Eigenform Peter Parlers ist, sondern auf eine Anregung von außen zurück geht, die nur von Preußen kommen konnte."*[841]

Ungewöhnlich ist die Verbindung zwischen dem Ordensland und Prag nicht. So war Bischofs Heinrich III. Sorbom (1340 – 1401) Sekretär Kaiser Karls IV. Diese Tätigkeit übte er sogar noch nach seiner Providierung im Jahre 1373 aus und er hielt sich auch oft in Karlstein auf.

Die Zellengewölbe im Remter des Südflügels und in der Wohnstube des Westflügels lassen sich in die Zeit um 1515 datieren. Rzempoluch vermutete richtig, wenn er aufgrund analoger Gestaltung die Gewölbe als Schöpfung des Meisters Matz aus Danzig

---

838 Rzempoluch, (1989), S. 68.
839 Steinbrecht, (1888), dort Abb.168, 175 und 180, 182–183. Dehio / Gall (1952), S. 424, S. 453.
840 Nußbaum (1895), S. 179.
841 Clasen (1961), S. 63.

interpretierte, dessen Tätigkeit sich in Heiligenbeil (1497), Mohrungen (1505) Rastenburg (1515) und in Marienfelde (1515) nachweisen läßt.[842] Dort entstanden ebenfalls Zellengewölbe, die in naher Gestaltungsverwandtschaft zu Guttstadt stehen.

4.6.2.6 Baubeschreibung der Stiftsgebäude

Das Stift wurde als *"capitulum clausum"* mit Residenzpflicht für die Kanoniker eingerichtet. Die Stiftsgebäude befinden sich unmittelbar an der Südwestseite der Kirche. Sie lagen somit in der äußersten Südwestecke der mittelalterlichen Stadtanlage. Zwei Flanken schlossen sich direkt an die Stadtmauer an. Hinter der Mauer lagen die unwegsamen, sumpfigen Wiesen der Alle. Das Stift war günstig in der Nähe des sogenannten Glottauer Tors gelegen, dessen Straße direkt zur Mutterkirche Glottau führte, zu der das Stift auch noch nach der Verlegung enge Beziehungen pflegte.

Die zwei rechtwinklig zueinander gesetzten Stiftsflügel, das Haus des Bischofs und die Südwand der Kirche, umschließen den rechteckigen Innenhof. Das Gebäudeensemble vermittelt dadurch einen klösterlichen Eindruck.

Rzempoluch bemerkte, daß die Gebäudeteile in zeitlich verschiedenen Abschnitten errichtet wurden, so in der ersten Bauphase nach 1347 zunächst der Südflügel und ein Teil des Westflügels. In der Südwestecke befand sich das Refektorium, in dem man Kapitelsitzungen abhielt und die gemeinsamen Mahlzeiten einnahm. Damit hatten die Stiftsherren eine endgültige Unterkunft und konnten aus dem Stadthaus übersiedeln. Um 1357 begann man mit dem Kirchenbau. Zunächst vollendete man den Westflügel und schloß diesen um 1390 mit einem Verbindungsbau an die Kirche an. Auf der Ostseite errichtete man eine Mauer, die bis an die um 1390 errichtete Sakristei führte. Damit war der Innenhof der Stiftsanlage geschlossen. Toreinfahrten auf der östlichen und südlichen Seite ermöglichten den Zugang zum Hof.[843] Daß die Südpforte ins freie Feld führte, bedeutete eine Gefahr für die Stadt. Daher gewährte der Stadtrat den Domherren in einem Vertrag von 1396 zwar ausdrücklich das Recht, diese Pforte zu errichten, jedoch nur unter der Bedingung, daß das Tor regelmäßig geschlossen und bewacht würde, damit der Stadt keinerlei Schäden durch feindliche Einfälle entstünden.[844]

Der zweigeschossig projektierte Umgang wurde etwas später angelegt und muß um 1400 auf der Süd- und Westseite vollendet gewesen sein. Vermutlich plante man schon zur Zeit der Langhauserrichtung im Innenhof einen kreuzgangähnlichen Umgang, der auch an der Nordhofseite herumgeführt werden sollte. Die nicht ausgeführte Planung zeigt sich deutlich außen an der Südlanghauswand der Kirche. Diese Wand besitzt keine Strebepfeiler, die sich bei einem Umgang störend ausgewirkt hätten.

Die mittelalterliche Fußbodenheizung des Refektoriums wurde 1601 beseitigt und durch einen Kachelofen ersetzt. Doch das Refektorium blieb schwer beheizbar, und so beschloß man, einen kleineren Raum für die Wintermonate einzurichten. 1647 wurde

---

842 Dehio / Gall (1952), S. 144, 157, 351, 457. Schmid (1939), S. 14. In Rastenburg St. Georgskirche laut Versinschrift am letzten Halbpfeiler links.
843 Rzempoluch, (1989), S. 60.
844 ZGAE (Birch-Hirschfeld), Bd. 24, S. 336.

ein *"refectorium minus"* erwähnt. Es befand sich im Westflügel neben dem alten Refektorium. Im Jahre 1669 beschloß das Kapitel, das neue Refektorium fortan der Nutzung während des Winters vorzubehalten. Doch wurde der Winterremter noch öfters verlegt und bereits 1686 als Gastzimmer verwendet.[845]

193 Im Obergeschoß des wohl auf älteren Fundamenten ruhenden, um 1390 umgebauten östlichen Eingangsflügels wurde schon 1396 das bischöfliche Palatium eingerichtet. Es diente bei der Durchreise des Bischofs als dessen Wohnung.[846] Im Erdgeschoß schließt sich auf der Südseite des Kirchenchors die aus zwei Räumen bestehende Sakristei an. Daran öffnet sich eine Toreinfahrt zur Stadt und südlich davon schließen sich Wagenschuppen und Stallungen an, die wohl erst im 18. Jahrhundert entstanden. Der Ostflügel blieb von den Kriegseinwirkungen des Jahres 1414 nicht verschont und brannte teilweise aus, wobei die alte Sakristei mit ihren Gewölben erhalten blieb. Im Schadensbuch von 1414 werden die Stiftsgebäude als völlig zerstört und ausgebrannt beschrieben *"... Curia habitacionis episcopi, et una domus habitacionis canonicorum ecclesie collegiate ibidem totaliter destructa et combusta sunt"*.[847] Ein Wiederaufbau in den folgenden Jahren ist anzunehmen.

In der Regierungszeit des Bischofs Franz Kuhschmaltz (1424 – 1457) wurde der Stadt erlaubt *"Unser Haus nechst by dem Collegio, da ettwan ein Vicarius hatt ihne gewohnt"* abzubrechen. Bis ins 15. Jahrhundert wohnten demnach die Vikare in der Stadt. Erst 1505 wurde eine eigene Kaplanei nahe der Kirche errichtet.[848] Bedingung war, daß zwischen Kolleg und Mälzerhaus eine Mauer errichtet werde. Ob der beabsichtigte Abbruch der Bischofswohnung wirklich erfolgte, läßt sich nicht belegen. Auch ist über eine mögliche Neuerrichtung nichts bekannt. Der Gebäudekomplex wird erst im 16. Jahrhundert wieder erwähnt.[849] Um 1533 war das Bischofshaus in Reparatur, wie urkundlich überliefert.[850]

Im Kriegsjahr 1626 wurde das Palatium von den Schweden beschädigt. Der Bischof residierte seit dieser Zeit bei seinen Durchreisen im nahegelegenen Schloß von Schmolainen, welches in späterer Zeit auch zur Sommerresidenz der Bischöfe ausgebaut wurde.[851]

Im Jahre 1656 findet sich in einem Schreiben der Hinweis: *"... das Haus des Bischofs ist anitzo bawfällig, inwendig eingefallen und nicht zu brauchen."* Auch noch im Jahre 1662 war es Bischof Wydzga nicht möglich, dort zu übernachten, und er mußte mit Zimmern eines Domherren im Stiftsgebäude vorlieb nehmen. Das Palatium wurde erst 1669 wieder hergerichtet.[852] Bereits 1770 und 1792 – 1794 wurde das Obergeschoß

---

845 Ebenda, S. 701.
846 CDW, Bd. III, S. 289. ZGAE (Birch–Hirschfeld), Bd. 24, S. 338. Wohl eines der ältestesten Gebäude der Stadt. Es diente ursprünglich als Wohnsitz des Kämmerers, später seit 1348 diente das Gebäude als Wohnhaus der Burggrafen. Mit der Errichtung der Kollegiatkirche wurde der Gebäudekomplex völlig neu gestaltet.
847 CDW, Bd. III, Nr. 495, S. 505.
848 ZGAE (Birch–Hirschfeld), Bd. 24, S. 384.
849 Ebenda, S. 339.
850 Ebenda, S. 422.
851 Weise (1981), S. 206.
852 Ebenda, S. 703.

nachweislich abgetragen und neu errichtet.[853] Im Obergeschoß blieb die Bischofswohnung erhalten. Sie steht durch einem Treppenaufgang mit der Kirche in direkter Verbindung.

Ob ein Dormitorium bestand, läßt sich nicht belegen. In der Bulle von 1401, in der Papst Bonifaz IX. dem ermländischen Bischof das Kollationsrecht über die Guttstädter Kanoniker zusprach, heißt es "cum canonici ... in communi vivere, unum refectorium et unum dormitorium ad modum religiosorum habere ... teneantur."[854] Doch sahen die wirklichen Verhältnisse im Stift anders aus. In einer Urkunde von 1413 ist die Rede von einer "camera", in der ein Chorherr lebte. Daher läßt sich vermuten, daß die Chorherren eigene Zimmer besaßen.[855]

Vermutlich hat sich trotz zahlreicher Umbauten und Herstellungsarbeiten die gesamte Raumaufteilung und Raumnutzung im Laufe der Kollegiatgeschichte kaum verändert. Die Zimmer der Stiftsherren lagen im ersten Stock der beiden Stiftsflügel. Im Erdgeschoß des Westflügels liegen auch heute noch die Wirtschafts- und Vorratsräume sowie die Küche. Da mitunter in späterer Zeit alle zwölf Domherren in Guttstadt residierten, kann aufgrund der begrenzten Raumanzahl jeder höchstens ein Zimmer bewohnt haben. Der Propst erhielt als Leiter das Ehrenrecht, getrennt vom Flügel der Domherren eine separate, größere Wohnung im Südflügel über dem Mühlentor in Anspruch zu nehmen. Auch dienten einige wenige Zimmer als Gastzimmer. Der Westflügel besitzt, wie oben erwähnt, seit 1390 einen direkten Zugang zum ersten Stock zur Kirche. Am Nordende des Westflügels befindet sich die Bibliothek, die auch als Archiv und Schatzkammer diente. Eine schwere Eisentür schützte den Raum vor Feuer und Einbruch. Es finden sich im 16. Jahrhundert Hinweise darauf, daß sich im Turm ein Gefängnis sowie eine Rüst- und Waffenkammer befanden.[856]

Am 14. Dezember 1719 geriet der Westflügel des Stiftsgebäudes in Brand. Baumeister Reimers besserte die Schäden wieder aus.[857] Zur gleichen Zeit errichtete er an der Ostecke des Südflügels, d.h. im Innenhof im alten Turm, in dem sich sogar eine Wasserleitung befand, eine Treppenspindel.[858] In der Kugel der Turmspitze entdeckte man bei Dacharbeiten ein Pergament mit der Aufschrift: "Anno Domini quadringentesimo hoc opus completum est in Vig. S. Catherinae". Demnach war der Turm für die Wasserversorgung schon im Jahre 1400 vollendet.[859] Eine ähnlicher Treppenturm, wohl aus der gleichen Zeit, befand sich ursprünglich auch auf der Hofseite des Westflügels. Das Kolleg besaß demach eine eigene Wasserversorgung. Der im Hof heute noch gelegene Brunnen wurde allerdings erst 1601 angelegt.[860] Die Treppentürme wurden wohl nach ihrem Zerfall im 19. Jahrhundert abgetragen. Das heutige Treppenhaus im Westflügel ist wahrscheinlich Ende des 18. oder in der ersten Hälfte des 19. Jahrhunderts angelegt worden.

---

853 Dehio / Gall (1952), S. 239.
854 CDW, Bd. III, Nr. 359, S. 345.
855 ZGAE (Birch-Hirschfeld), Bd. 24, S. 317.
856 Ebenda, S. 420.
857 ZGAE (Dittrich), Bd. 10, S. 619.
858 ZGAE (Birch-Hirschfeld), Bd. 24, S. 699.
859 ZGAE (Dittrich), Bd. 10, S. 619.

Unmittelbar neben dem Stiftsgebäude existierten noch weitere Wirtschaftsgebäude. So wird z. B. Anfang des 15. Jahrhunderts ein Mälzerhaus erwähnt und 1430 schenkte Propst Johannes Frischzuh dem Stift ein nahegelegenes Haus, welches aufgrund der beengten Wohnverhältnisse innerhalb der Stiftsanlage als Gästehaus dienen sollte.[861] Ferner wird in den Urkunden seit dem 17. Jahrhundert ein Backhaus genannt und eine neben der Alle gelegene Badestube.[862]

4.6.3 Zusammenfassung

Im Jahre 1341 erfolgt die Stiftsgründung in Pettelkau. Man beginnt wohl noch im selben Jahr mit der Errichtung der ersten Kollegiatkirche. Schon 1343 erfolgt die Verlegung nach Glottau. Die Kirche in Pettelkau blieb dadurch unvollendet. Das Stift zieht in die Glottauer Burg um, und die Errichtung der neuen Stiftskirche wird in den Jahren 1343 – 1347 betrieben. Wegen der ungünstigen Lage des Ortes beschließt das Kapitel 1347 die Verlegung nach Guttstadt. Der angefangene Kirchenbau wird vollendet, da der Ort Glottau als Mutterkirche und bedeutender Wallfahrtsort bestehen bleibt.

4.6.3.1 Erster Bauabschnitt

In der unmittelbaren Nähe einer älteren, wohl schon vorhandenen Pfarrkirche beginnt man die Errichtung der Stiftsgebäude. Zunächst wird der Südflügel und direkt im Anschluß daran ein Teil des Westflügels errichtet. Die Stiftsherren ziehen kurz nach 1347 in die Stadt und wohnen, bevor sie ins neu errichtete Stiftsgebäude einziehen, in einem Stadthaus. In der Zeit zwischen 1357 und 1390 wird das Kollegiatstift errichtet. Die Stiftskirche wird nach der Niederlegung der alten kleinen Pfarrkirche ohne größere Unterbrechung zwischen 1376 und 1390 aufgeführt und dient zugleich als Stadtpfarrkirche. Um 1390 werden die Gewölbe eingezogen und das Dach errichtet. Zur gleichen Zeit entsteht ein Verbindungsbau zwischen dem westlichen Kollegiatflügel und der Kirche. Der Ostflügel dient teilweise bereits vor 1348 als Dienstwohnung des Kämmerers und anschließend als Sitz des Burggrafen. Zusammen mit dem Kirchenbau wird dieser Gebäudeteil um 1390 neu gestaltet. Im unteren Stockwerk befindet sich seitdem die Sakristei und darüber das Palatium des Bischofs.

4.6.3.2 Zweiter Bauabschnitt

Im Jahre 1400 entsteht ein Teil des zweigeschossigen Arkadenumgangs mit zwei kleinen Turmanbauten für die Wasserversorgung auf der südlichen und westlichen Hofseite.

4.6.3.3 Dritter Bauabschnitt

Ende des 15. Jahrhunderts (nach 1496) wird das Turmuntergeschoß bis zum zweiten Putzband und darüber ein Holzturm errichtet. Zusammen mit dem Turm wird zum Kir-

---

860   ZGAE (Birch–Hirschfeld), Bd. 24, S. 702.
861   Ebenda, S. 338.
862   Ebenda, S. 702.

cheninnern auf der Westseite ein Eingang durchgebrochen. Das äußere Turmportal folgt erst später.

4.6.3.4 Vierter Bauabschnitt

Nach einer Bauunterbrechung wird der Holzturm mit Backsteinen ummauert und im Jahre 1521 vollendet. Wohl erst in diesem Zusammenhang wird das westliche Turmportal eingebrochen.

4.6.4 Filiation des Guttstädter Stifts

Bereits im 11. Jahrhundert war in der Lateinischen Kirche im allgemeinen die Trennung von monastischer Lebensform und kirchlichen Funktionen bei Mönchs- und Klerikergemeinschaften vollzogen. So übernahmen die Klerikerstifte die seelsorgerischen Aufgaben von Stadt und Land und bei bischöflichen Stiften oft die Betreuung der Diözesanverwaltung. Auch war es üblich, daß bei Stiftsgründungen die Stiftskirche als Grabstätte der Stifter vorgesehen war.[863] So wünschte sich auch der Guttstädter Stifter Bischof Heinrich III. Sorbom ausdrücklich in einer Urkunde von 1397 eine Beisetzung in der Kollegiatkirche.[864] Doch dies wurde nicht verwirklicht, und Sorbom erhielt seine Grabstätte im Frauenburger Dom. Auch die späteren Bischöfe wurden nicht in Guttstadt beigesetzt.

Da die Zahl der Kanoniker eines Stifts zumeist bei der Gründung genau festgelegt wurde, war auch die finanzielle Sicherung überschaubar. Außerdem setzte es sich seit dem 11. Jahrhundert immer mehr durch, die Stiftseinkünfte in Einzelpfründen zu teilen.[865]

Eine wichtige Prämisse für die Verfassung des Kollegiatstifts in Guttstadt bildet die *"vita communis"*, die bis zur Auflösung des Stifts 1810 existierte. Aufgrund der Anwesenheitspflicht mußten bestimmte räumliche Voraussetzungen vorhanden sein. Dies bedeutete, daß das Stift wie ein Kloster eingerichtet werden mußte. Auf die Einzigartigkeit dieser Bedingung war bereits hingewiesen worden. Schon ab dem 12. Jahrhundert wurden diese Vorschriften bei den übrigen deutschen Kollegiatstiften aufgehoben. Dadurch war es nicht mehr zwingend nötig, Kollegiatgründungen klosterartig anzulegen. Das strenge Festhalten an einer *"vita communis"* im Ermland deutet auf eine besonders konservative Haltung der ermländischen Bischöfe hin. Wegen dieser Voraussetzung orientierte sich die Architektur nicht an einem bestimmten westlichen Vorbild. Auch lagen innerhalb des Deutschordensgebietes keine anderen Kollegiatstifte, die als Vorbild gedient hätten.

Die Stiftskirche von Guttstadt war in ihrer Bauform von den übrigen ermländischen Hallenkirchen beeinflußt. Erstaunlich ist, daß man für das erforderliche Chorgestühl kein gesondertes Presbyterium errichtete. Erkennbar ist das Presbyterium nur daran, daß im letzten Ostjoch das Gewölbe reicher gegliedert ist.

---

863   Binding (1985), S. 275.
864   CDW, Bd. III, Nr. 321, S. 293.
865   Binding (1985), S. 275.

Zu unterstellen ist, daß von Anfang an ein doppelgeschossiger Arkadenumgang im Innenhof geplant war. Betrachtet man die Stiftsgebäude auf der Südseite zusammen mit dem umbauten rechteckigen Innenhof, so findet sich eine imaginäre Reminiszenz an Klosteranlagen. Die Vorbilder für den offenen, doppelgeschossigen Arkadeninnenhof würde man bei Guttstadt zunächst unter den Innenhöfen der Deutschordensburgen vermuten. So finden sich unter anderem Analogien zu Heilsberg, Riga, Marienwerder, Rheden und Allenstein. Ebenso wie bei den Ordensburgen hatte der Arkadenumgang wohl eine andere Funktion als bei den klösterlichen Kreuzgängen. Braunfels bemerkte zur Entstehung der ordensländischen Arkadengänge in den Burgen:

> *Die Rückführung auf die Kreuzgänge der Zisterzienserklöster ließ sich nicht aufrechterhalten, denn die Arkadengänge in den Burgen hatten ganz andere Funktionen als jene der Klöster mit ihren stets konkret praktischen und liturgischen Aufgaben für das Leben der Mönche und der Regeln ihres Ordens. Die Arkaden der Burgen dienten sowohl zum Schmuck der Höfe wie als notwendige wettergeschützte Verbindungsgänge zwischen Hauptgemächern und leiten sich aus der profanen Schloß– und Palastbaukunst her.*[866]

Auch die Arkadengänge im Innenhof der Stiftsanlage von Guttstadt scheinen nach diesem Prinzip errichtet worden zu sein. So dienten die Gänge als Verbindung der einzelnen Domherrenkammern untereinander und als Zugang zur Kirche. Da die Gänge nur eine funktionale Bedeutung besaßen, konnte man auf eine vollständige Arkadenumschließung des Innenhofs leicht verzichten. Nach Vollendung der Kirche sah man wohl keinen zwingenden Grund, den Arkadenumgang vollständig um den Innenhof zu führen; auch fehlten hierzu wohl die nötigen Finanzmittel. Ein klares Leitbild für die Eigenart der Guttstädter Stiftsgebäude scheinen die Kollegien der damals in Europa führenden Universitäten gewesen zu sein, welche eine eigene Baugattung herausgebildet hatten.

---

866 Braunfels (1985), Bd. 5, S. 244.

4.7. Wartenburg/Barczewo, Stadtkirche St. Anna

4.7.1 Baugeschichte

Den Ort Wartenburg gründete bereits 1325 der Deutschordensbruder Friedrich von Liebenzelle, ein Vogt des Bischofs Eberhard von Neiße. Die planmäßig angelegte Marktsiedlung, im Geviert mit rasterförmig verlaufenden Straßen, liegt in der *"terra Galindiae"* nahe der Mündung des Kirmeßflusses in die Wadang. Der Stadtkern liegt auf einer Insel, die von der Wadang und dem künstlich angelegten Mühlengraben umgeben ist. Eine Siedlung *"Warthberg"* wird urkundlich im Jahre 1329 erwähnt.[867] Schon 1346 wird eine *"Ciuitats Wapere"* genannt. Die erste Siedlung vernichteten im Jahre 1354 einfallende Litauer.[868] Der neu gegründeten Stadt verlieh Bischof Johannes II. Stryprock am 6. Juli 1364 kulmische Rechte. Die Neugründung liegt etwa eine Meile ostwärts der Erstgründung, direkt am Wadangfluß.[869] Als Lokator setzte Bischof Stryprock Heinrich von Layß ein, den Bruder des Allensteiner Lokators. Der Ort wurde mit 180 Hufen ausgestattet.[870] Zusammen mit der Neugründung stiftete der Bischof den Franziskanern ein Kloster mit der Erlaubnis, es innerhalb der Stadtmauern zu errichten. Die Stadt erhielt zunächst eine stärkere Befestigung durch Umwallung mit Pfahlwerk. Diese wurde erst Ende des 14. Jahrhunderts durch eine steinerne Stadtmauer ersetzt.

Für die zu errichtende Stadtpfarrkirche werden in der Handfeste von 1364 an Dotation sechs Hufen festgelegt, jedoch noch kein Patron designiert. Sie gehört zum Dekanat Seeburg. Das Patronatsrecht erhielt später der Bischof.[871] Vermutlich kurz nach der zweiten Stadtgründung von 1364 wurde der Bau der Stadtpfarrkirche geplant und vorangetrieben. Die Kirche wurde nach ihrer Vollendung der hl. Anna geweiht.[872]

---

867   CDW, Bd. I, D. Nr. 245, S. 410, dort Anm. 2.
868   CDW, Bd. II, Nr. 76, S. 78, *"Ciuitatem Wartberg"* und S. 79, Nr. 77. SRW, Bd. 1, S. 62, dort Anm. 22. Von Quast (1852), S. 46. ZGAE (Röhrich), Bd. 19, S. 176. Weise (1981), S. 236. An der Stelle des zerstörten Ortes wurde später das Kirchdorf Alt–Wartenburg errichtet.
869   CDW, Bd. II, S. 380, Nr. 368. Nach Wigand (SRP, Bd. II, 545) gründete den Ort Bischof Johannes II. Stryprock neu. Er leitete auch persönlich den Wiederaufbau der Stadt. Die Dotation gibt Wigand mit Datum 24. Juni 1364 an. An der Stelle von Alt– Wartenburg, welches bereits 1369 (CDW, Bd. II, Nr. 430, S. 434) erwähnt ist, aber später zerstört wurde, erhielt der Ort (Alt Wartenburg) am 9. Juni 1376 seine Handfeste. (CDW, Bd. III, Nr. 14, S. 11. SRW, Bd. I, S. 62, dort Anm. 22). Keyser (1939), S. 113f. Die Handfeste von 1364 verbrannte im Stadtbrand von 1418, und Bischof Johannes erneuerte sie daraufhin. CDW, Bd. III, Nr. 537, S. 540. Auch diese Handfeste ging durch Stadtbrand verloren und wurde 1474 erneuert. CDW, Bd. III, Nr. 537, S. 540, dort Anm. 1.
870   CDW, Bd. II, Nr. 368, S. 380. Weise (1981), S. 236. Später wurde die Stadt auf 225 Hufen vergrößert. 1482 kamen 45 Hufen aus dem untergegangenen Dorf Reuschhagen hinzu.
871   Boetticher (1894), S. 259. CDW, Bd. II, Nr. 368, S. 380, Nr. 368. *"Ad Ecclesiam parrochialem ibidem ad vsum plebani pro temore sex mansos liberos deputando."* In der zweiten Handfeste von 1406 kamen noch Anteile eines Hofes mit 30 Hufen hinzu. SRW, Bd. I, S. 435, dort Anm. 240. CDW, Bd. III, S. 418, Nr. 422.
872   Boetticher (1894), S. 259. Die Patronatsnennung findet sich erstmals in einer Visitation von 1597. ZGAE, Bd. 8, S. 572. Der Kult der hl. Anna wurde in England erst 1378 gestattet; im Ordensland breitete sich die Verehrung dieser Heiligen vornehmlich im 15. Jahrhundert aus. Besonders häufig findet sie sich im Kreis Marienburg als Patronin. So wurde auch die Marienburger Schloßunterkirche der hl. Anna geweiht und die Schloßkapellen zu Ortelsburg, Eckersberg, Lötzen, Allenstein, Christburg

Bereits zur Zeit der ersten Stadtgründung war im Jahre 1337 ein Pfarrer Heinricus tätig.[873] Sein Nachfolger wurde Heinrich von Vogelsang, der aus Heilsberg stammte. Er war 1381 Pfarrer in Santoppen und ging anschließend nach Prag, wo er von 1381 – 1386 Jura studierte. In seine Heimat zurückgekehrt, erhielt er die Pfarrstelle in Wartenburg. Ab 1391 wird er als bischöflicher Offizial und Kanoniker in Frauenburg erwähnt. Im Jahre 1401 wählte ihn das Frauenburger Domkapitel zum Bischof.[874] So zeigt sich, daß in den letzten Jahren der Bautätigkeit an der Pfarrkirche in Wartenburg ein Domherr als Pfarrer eingesetzt war. Dadurch war der Bischof über die Bautätigkeiten stets informiert.

Zink datierte den Bau der Pfarrkirche zwischen 1370 und 1390.[875] Da jedoch der Turm von Bischof Heinrich Sorbom auf dessen eigene Kosten im Jahre 1386 gestiftet wurde kann man davon ausgehen, daß das Langhaus zu diesem Zeitpunkt vollendet war. Dies bestätigt auch der Baubestand. So zeigt sich deutlich an der Verbindung zwischen Turm und Langhaus, daß der Turm erst nach der Vollendung des Langhauses angefügt wurde.[876]

Die Daten zur Baugeschichte im 15. und 16. Jahrhundert sind sehr dürftig. Am 6. Februar 1449 erneuerte Bischof Franz die ältere Stiftung eines Vikariats in der Pfarrkirche.[877] Beim Stadtbrand am 5. Mai 1544 brannte das Dach der Pfarrkirche nieder, und die alten Gewölbe wurden stark zerstört.[878] Am Weihnachtsabend 1594 brannte erneut die Stadt, wobei auch die Kirche nochmals stark beschädigt wurde.[879]

Ebeso blieb bei einem Brand des Jahres 1798 die Kirche nicht ohne Schaden.[880] Die Herstellungsarbeiten folgten um die Jahrhundertwende. Danach gab es nur noch kleinere Reparaturen. Der heutige Choranbau wurde im Rahmen einer Gesamtrestaurierung im Jahre 1894 an den ursprünglich gerade geschlossenen Chor angefügt.

4.7.2 Baubeschreibung

4.7.2.1 Grundriß

Die nach Osten ausgerichtete Pfarrkirche liegt in der nordöstlichen Stadthälfte unweit der Burganlage. Ursprünglich wurde die Stadtpfarrkirche als orthogonale, dreischiffige Halle mit fünf Jochen errichtet.

---

	und Königsberg i. Pr. ZGAE (Tidick), Bd. 22, S. 116f. Vermutlich war es der Deutschordensbruder Friedrich von Liebenzell, der einen Einfluß auf die Patronatsbevorzugung ausübte.
873	CDW, Bd. I, D. Nr. 282, S. 465.
874	SRW, Bd. I, S. 9.
875	Zink (1938), S. 74. Boetticher (1894), S. 295. Hermanowski (1989, S. 294) datierte die Vollendung der Kirche von Wartenburg um 1400.
876	Dehio / Gall (1952), S. 250. Angaben nach einem 1854 noch vorhandenem Manuskript, welches sich in der Registratur der Kirche befand.
877	SRW, Bd. I, S. 435. Boetticher (1894), S. 295.
878	Zink (1838), S. 74. CDW, Bd. III, Nr. 537, S. 540, dort Anm. 1.
879	SRW, Bd. I, S. 436. Boetticher (1894), S. 259.
880	Zink (1938), S. 74. Boetticher (1894), S. 259.

Ohne Chorerweiterung beträgt die Länge der Kirche 37 Meter. Zusammen mit dem 1894 errichteten Presbyterium ist sie heute 46 Meter lang. Die Breite beträgt 17 Meter. Der später angefügte Turm mißt 9 Meter im Quadrat.[881] Das Strebepfeilersystem ist nach außen verlegt, und die Eckstreben ordnen sich diagonal zum Langhaus.

Die Seitenschiffe sind durch oktogonale Pfeiler vom Mittelschiff getrennt, dabei bilden sich an den Schmalseiten Halbpfeiler. Auf der Nordostseite schließt sich eine Sakristei an. Auf der Südseite befindet sich ein Eingang mit Vorhalle. Die querrechteckigen Mittelschiffsjoche verhalten sich zu den längsrechteckigen Jochen der Seitenschiffe proportional 1 : 2.

4.7.2.2 Chor und Ostgiebel

Ursprünglich schloß die Ostseite platt ab. Über einem leicht vorspringenden Sockelgeschoß erhob sich die Chorwand. Unterhalb der Fenster befand sich in Sohlbankhöhe ein durchlaufendes, um die Streben sich verkröpfendes Gesims, das sich über die Eckstreben hinaus auch an den Langhauswänden fortsetzte. **212, 217**

Die außen liegenden Strebepfeiler gliedern die Wand vertikal, dabei ordnen sich die Eckstreben diagonal zur Wand. Sie besitzen nur eine Abstufung mit Wasserschlag. Auf den Enden sind nach Wormditter Art geschlossene Tabernakelaufsätze aufgemauert. Die beiden mittleren Streben besaßen ursprünglich keine Tabernakelaufsätze, sondern waren nur zweifach durch einen schräg laufenden Wasserschlag gestuft. Sie reichten mit ihrem oberen Abschluß einst bis in das Giebelfeld, dabei verkröpfte sich das Putzband ebenfalls um diese. Zwischen den Strebepfeilern liegen hohe, schmale Spitzbogenfenster. Das ehemalige Mittelfenster, das heute, bedingt durch den Presbyteriumsanbau aus der Zeit von 1894, nicht mehr vorhanden ist, war etwas breiter als die beiden Seitenschiffsfenster. Über dem durchlaufenden Putzband und dem darüber liegenden Mauerstück mit abschließendem leicht vorspringendem Läuferband erhebt sich der Chorgiebel. Er besitzt zehn gestaffelte Putzblenden zwischen überecks gestellten Fialen, die über die Giebelschräge als Pinakeln hinausragen. Jeweils über dem inneren Blendspitzbogen befindet sich ein kleines Windloch, das heute vermauert ist. In den beiden mittleren und den zweiten Blenden von außen sind kleine Fenster für die Dachbodenbeleuchtung eingelassen. Ursprünglich besaß der Giebel weitere Dachbodenfensterchen, wie auf einer Zeichnung von Quast ersichtlich.[882] Auf der Giebelspitze befindet sich ein kleiner Dachreiter mit geschweifter Haube. Da sie in gleicher Weise wie das Dach der Turmlaterne geformt ist, wurde der Aufsatz wohl in der Zeit um 1800 errichtet. **220**

Auf der Ostseite lag vor der Presbyteriumserweiterung von 1894 zwischen den beiden Mittelstreben ein Beinhaus, das mit seinem an den Chor anlehnenden Pultdach bis unterhalb der Sohlbank reichte. Daten über die Errichtung des Beinhauses sind nicht bekannt.

---

881 Boetticher a.a.O. Orłowicz (1991), S. 164.
882 Von Quast (1852), dort Blatt XXIIIa.

4.7.2.3 Langhaus

216 –
218

Über einem Feldsteinfundament erhebt sich das Langhaus als gefugter Backsteinbau im gotischen Verband. Die Langhauswände besitzen als Gliederung über einem leicht vorspringenden, einfach profilierten Sockel lediglich unterhalb der Sohlbank ein umlaufendes Gesimsband. Es verkröpft sich genau wie das Sockelband um die Streben. Die Strebepfeiler sind an der Langhausseite nicht gestuft und reichen bis unterhalb des umlaufenden Putzbandes. Das horizontal kurz unterhalb der Traufe verlaufende Putzband verkröpft sich um die Eckstreben. Diese sind durch einen Wasserschlag in etwa zweidrittel Höhe gestuft. Zwischen den Streben liegen schmale Spitzbogenfenster. Als oberer Abschluß erhebt sich über dem Baukörper ein großes Satteldach.

221,
225

Im Innenraum sind die drei Schiffe als Halle in fünf Joche gegliedert. Die oktogonalen Pfeiler besitzen keine Kämpfer als oberen Abschluß. Die darüber liegenden Scheidbögen sind unterschiedlich profiliert. Die nördliche Bogenreihe zeigt auf beiden Seiten zwei Hohlkehlen und einen einfachen, zurückversetzten halben Stein. Die Südarkadenbögen zum Mittelschiff zeigen zwei einfache, abgetreppte Steine und eine Hohlkehle und zum Seitenschiff drei abgetreppte Steine. Ursprünglich besaßen die Scheidbögen eine vierfache Abstufung, wobei die beiden mittleren Stufen eine gekehlte Form besaßen. Nach den Stadtbränden von 1544 und 1594 erneuerte man nicht nur die Gewölbe, sondern auch einige Scheidbögen.

219,
226

Auf der Nordseite liegt eine zweistöckige Sakristei. Im Untergeschoß ist der Raum zweijochig und kreuzrippengewölbt. Das Obergeschoß ist zum Innenraum als Empore geöffnet und erhielt im Jahre 1544 ein Zellengewölbe. Die beiden äußeren Seitengiebel der Sakristei wurden im 19. Jahrhundert erneuert.[883]

216,
227

Auf der Südseite befindet sich eine zweigeschossige Vorhalle mit Kreuzrippengewölbe. Die Profile der Rippen gleichen denen der Sakristei. Daher muß die Vorhalle wohl zur selben Zeit wie die Sakristei errichtet worden sein. Auch das Obergeschoß der Vorhalle öffnet sich als Empore zum Seitenschiff.

Der Bau ist einer der letzten des von Frauenburg ausgehenden Typs.[884] Dies ist daraus abzuleiten, daß die Langhäuser analoge Strukturen wie umlaufendes Sohlgesimsband und bis zur Traufe reichende Strebepfeiler aufweisen.

4.7.2.4 Turm und Westbau

213 –
215

An der Westseite gab es zunächst keinen Turm; seine Anfügung erfolgte später. Der Westgiebel begnügt sich mit schmalen Spitzbogenblenden, zwischen denen jedoch keine Fialen eingestellt wurden. Die Eckstreben werden analog den Ostecken von Tabernakelaufsätzen bekrönt. Ursprünglich hatte der Giebel wohl wie die Ostseite zehn Blenden, die heute durch den Turmanbau verdeckt sind. Der Turm wurde im Jahre

---

883 Dehio / Gall (1952), S. 250.
884 a.a.O.

1386 durch Bischof Heinrich Sorbom in Auftrag gegeben und auf dessen eigene Kosten erbaut.[885]

Die Turmerrichtung erfolgte in zwei Bauabschnitten. Zunächst zog man wohl kurze Zeit nach der Stiftung zwei Geschosse hoch. Das Untergeschoß ist ungegliedert und besitzt ein sparsam profiliertes Westportal, über dem sich eine Kreisblende befindet. Über einem Putzband gliedert sich das erste Stockwerk durch gekuppelte Blendfenster. In den beiden mittleren Westblenden befinden sich rundbogige Fensteröffnungen. Darüber schließt ein umlaufendes Putzband erneut das Geschoß. Zink vermutete, daß darüber wohl Anfang des 15. Jahrhunderts zunächst ein provisorischer Holzturm aufgeführt wurde. Die Aufstockung in Stein folgte nach seiner Meinung wohl in der Mitte des 15. Jahrhunderts.[886] Gall datierte die Vollendung erst gegen Ende des 15. Jahrhunderts.[887]

Bei dem neuen Vorhaben beabsichtigte man, den Turm höher und stattlicher auszuführen. Da der vorhandene Unterbau dafür nicht ausreichend befestigt war, verstärkte man einfach den Baukörper mit hohen Streben. Aufgrund der nachträglichen Veränderung nehmen die Streben keinen Bezug zur ursprünglichen Wandgliederung. Die Weststreben stehen diagonal und die Nord- und Südstrebe sind in geringem Abstand zur Westwand rechtwinklig angesetzt. Dabei überschneiden die Streben die bestehenden Wandblenden des zweiten Geschosses.

Das zweite Stockwerk erhielt als Gliederung gekuppelte Blendfenster, die jeweils mit Kreuzbögen schließen. Auf der Westseite liegen drei und auf der Nord- und Südseite zwei dieser Zwillingsfenster. Im dritten Geschoß erfolgt die Gliederung auf allen drei Seiten gleich dem darunterliegenden durch Zwillingsfenster, die jedoch nicht gekuppelt und je mit einem Spitzbogenabschluß versehen sind. Das vierte Geschoß erhielt auf der Nord- und Südseite jeweils nur drei nebeneinander liegende rundbogige Blendfenster sowie auf der Westseite in der Mitte zwei nebeneinander liegende Blenden und außen je eine gekuppelte Zwillingsblende. Das fünfte Obergeschoß gliedert sich analog dem darunterliegenden, jedoch um eine Blende auf der Nord- und Südseite vermehrt. Die beiden Westmittelblenden besitzen im unteren Teil rundbogige Fensteröffnungen. Das abschließende sechste Obergeschoß ist etwa doppelt so hoch wie die darunterliegenden und wird auf der Nord- und Südseite durch hohe Rundbogenblenden gegliedert. Auf der Westseite befinden sich nebeneinander drei hohe, gekuppelte Rundbogenblenden. In der oberen Hälfte der Mittelblenden befinden sich zwei rundbogige Schallöffnungen. Die Geschosse sind durch ein umlaufendes Putzband voneinander getrennt. Den Abschluß bildet eine Haube mit Laterne. Der Turmabschluß wurde wohl kurz nach dem Brand von 1798 erneuert.[888]

885	Ebenda, S. 250 (laut Manuskript von 1854 in der Registratur). Zink (1938, S. 74) war die Quelle Galls unbekannt und er datierte das Untergeschoß des Turms wohl fälschlich gegen Anfang des 15. Jahrhunderts.
886	Zink a.a.O.
887	Dehio / Gall (1952), S. 250.
888	a.a.O.

4.7.2.5 Gewölbe

221 –
223

228,
229

Das Mittelschiff besitzt heute flache Rippengewölbe. Sie sind reich, netzartig und bilden sich zu gebusten Sterngewölben. Die Seitenschiffe sind mit Zellengewölben ausgestattet. Die Mittelschiffsgewölbe steigen über den Pfeilern ohne Kämpfer direkt empor. In den Seitenschiffen laufen die Gewölberippen direkt und ohne besondere Auflagen in die Wand.

Im Jahre 1503 wird in Danzig ein *"Matz Wartenberg"* erwähnt. Schmid vermutete, daß es sich um den sonst Meister Matz bezeichneten Maurermeister handelt.[889] Betrachtet man in diesem Zusammenhang die Wartenburger Seitenschiffsgewölbe, lassen sich Ähnlichkeiten zu den Gewölben des Danziger Meisters Matz finden. So ist dieser Meister wohl vor 1503 auch in Wartenburg tätig gewesen.

Nach den verheerenden Stadtbränden von 1544 und 1594 mußten die Gewölbe zum größten Teil völlig erneuert werden. Lediglich im südlichen Seitenschiff findet sich noch ein ursprünglich erhaltenes, vierstrahliges Sterngewölbe.

Die Rippen besitzen reduzierte Profile. Eine teilweise unsaubere Führung resultiert aus der Behebung der Brandschäden von 1594. Erst Bischof Simon Rudnicki (1604 – 1627) ließ sie wieder beseitigen.[890]

Die Gewölbe zeigen mit ihrer kuppelartig gebusten Form und der komplizierten Musterung eine nahe Verwandtschaft zu den von Meister Nikolaus errichteten Gewölben in der St. Annakapelle der Allensteiner Burg.[891] Aber auch die Mittelschiffsgewölbe der Allensteiner Stadtkirche sind ähnlich gestaltet. Aufgrund der parallelen Konfiguration kann man den gleichen Meister vermuten. Somit läßt sich unterstellen, daß man die Gewölbe in ihrer heutigen Form nach dem ersten Brand von 1544 einzog und die Schäden aus dem Jahre 1594 lediglich ausbesserte.

4.7.3 Zusammenfassung

4.7.3.1 Erster Bauabschnitt

Kurz nach der zweiten Stadtgründung von 1364 wird der Bau der Stadtpfarrkirche vorangetrieben. Das Langhaus ist zur Zeit der Turmstiftung durch Bischof Heinrich Sorbom im Jahre 1386 vollendet. Der Turmanbau erfolgt kurze Zeit nach der Stiftung, wird aber vorzeitig über dem ersten Stockwerk beendet und durch eine provisorische Holzkonstruktion geschlossen.

4.7.3.2 Zweiter Bauabschnitt

Erst gegen Ende des 15. Jahrhunderts wird der Turm in einer Baupause nach geändertem Plan vollendet. Die ersten Gewölbe errichtet um 1503 wohl Meister Matz aus

---

889   Schmid (1939), S. 14.
890   Von Quast (1852, S. 47) irrte sich, wenn er vermutete, daß die Kirche vor den Bränden keine Gewölbe besaß.
891   Dehio / Gall (1952), S. 251.

Danzig an Stelle einer älteren Holzdecke. Gegen Mitte des 16. Jahrhunderts werden nach mehreren Bränden die zerstörten Gewölbe durch Meister Nikolaus aus Allenstein neu eingezogen.

4.7.3.3 Dritter Bauabschnitt

1894 wird an dem ursprünglich platten Chor ein Presbyterium im neugotischen Stil angefügt.

4.7.4 Das Franziskanerkloster St. Andreas in Wartenburg/Barczewo

4.7.4.1 Baugeschichte

Bereits in der Handfeste vom 6. Juli 1364 findet das von Bischof Johannes II. Stryprock gestiftete Kloster urkundliche Erwähnung. *"Item reseruamus nobis infra dictam Ciuitatem Wartberg vnum spacium terre decem virgarum geometralium in latitudine et Triginata virgarum in longitudine, pro vno Claustro fratrum Minorum construendo."*[892]

Das auf der Südostseite der Stadtanlage gelegene Kloster gehörte zur sächsischen Ordensprovinz. Wann die ersten Mönche kamen, ist unbekannt. Die dem hl. Andreas geweihte Klosterkirche wurde, ihrer Bauform nach zu schließen, wohl erst 1380 – 1390 errichtet. Der Bischof hatte das Patronatsrecht.[893]

Die Klosterkirche ist eine der wenigen aus dem Mittelalter überkommenen Klosterbauten im Ordensland und daher von besonderer Bedeutung. Im Hochstift Ermland ist es die einzige Klosterkirche, die trotz zahlreicher Umbauarbeiten ihren spätmittelalterlichen Charakter behielt.

Seit Anfang des 15. Jahrhunderts folgten regelmäßige Zahlungen des Deutschen Ordens an das Kloster.

Die Klostergebäude wurden 1414 im Polenkrieg stark zerstört. So wird im Schadensbericht vermerkt: *"... ecclesia fratrum minorum ibidem crematum ..."*[894]

Bischof Lukas Watzenrode versuchte 1499, das Kloster zu reformieren, und achtete mit Strenge darauf, daß die Mönche kein Eigentum besaßen.[895]

Die Reformation entvölkerte das Kloster und zur Zeit des Bischofs Stanislaus Hosius (1551 – 1579) wurden die Klostergebäude an Bürger der Stadt vermietet. Sie verwahrlosten; auch die Kirche litt stark unter diesem Zustand.[896]

Bischof Andreas Kardinal Bathory (1589 – 1598) löste das Kloster 1597 von der sächsischen Ordensprovinz und brachte es zur polnischen. Das Kloster besetzten Observan-

---

892 CDW, Bd. II, Nr. 368, S. 380.
893 Dehio / Gall (1952), S. 251.
894 CDW, Bd. III, Nr. 495, S. 506.
895 Boetticher (1894), S. 263.
896 a.a.O.

ten des Bernhardinerordens neu. In der gleichen Zeit sorgte der Bischof für die Wiederherstellung der Kirche. Er befahl auf der Südseite eine Kapelle zu erbauen, in die er Kenotaphien für sich und seinen Bruder stiftete. Die Vollendung der Herstellungsarbeiten erfolgte erst in der Regierungszeit des Bischofs Simon Rudnicki (1604 – 1627), der auch das Gewölbe stiftete und im Klosterhof den Arkadengang anlegen ließ.

Im Jahre 1810 erfolgte bei der Säkularisation die Auflösung des Klosters. Der Besitz fiel im Jahre 1830 an den preußischen Staat. Die Gebäude wurden ab 1834 als Strafanstalt verwendet.[897]

1846 beschädigte ein Brand die Kirche. Der dreiflügelige Hof wurde dabei völlig vernichtet. Die Kirche ließ der Bischof wiederherstellen.[898] Die zerfallenen Gebäude wurden um 1855 abgebrochen.[899] Heute hat sich, abgesehen von geringen Spuren der einstigen Klosteranlage, nur die Kirche erhalten.

4.7.4.2 Baubeschreibung

Die Klosterkirche ist ein einfacher, gefugter Backsteinbau im gotischen Mauerverband. Der als Saalraum errichtete Bau besitzt auf der Ostseite einen eingezogenen Chor. Die Kirche ist nach Vorschrift des Bettelordens turmlos. Als Ersatz erhebt sich auf der Ostseite des Langhaussatteldachs ein Dachreiter. Der älteste erhaltene Teil ist das Schiff. Es hat die Raummaße von 20 Metern in der Länge und 12,5 Metern in der Breite. Der Raum ist in vier Joche gegliedert. Der ebenfalls vierjochige Chor, wohl erst nach dem Brand von 1414 angefügt, hat die Maße 20 Metern der Länge und 8 Metern in der Breite.

Zwischen den außen liegenden Streben sind die hohen Spitzbogenfenster nur auf der Südseite und am Chor geöffnet. Auf der Nordseite wurden sie, bedingt durch einen nicht mehr erhaltenen Anbau der späteren Strafanstalt, vermauert.

Der Bau wurde in der ersten Hälfte des 17. Jahrhunderts vielfach geflickt, besonders an der Westseite. Heute ist das Äußere zum größten Teil verputzt.

Der Westgiebel mit seinen Volutenverzierungen ist eine vereinfachte Wiederholung des Barockgiebels in Bischofstein. Der östliche Langhausgiebel besitzt Fragmente der ursprünglichen mittelalterlichen Gliederung mit Blenden und übereck gestellten Fialen.

Im Jahre 1610 ließ Bischof Rudnicki die Klosterkirche neu einwölben. Der Innenraum besitzt ein einheitliches Tonnengewölbe mit Stichkappen und untergelegtem Rippennetz. Die aus Dreiviertelrundstäben gebildeten Rippen verlaufen auf schlanken Pilastern. Im Chor ruhen diese auf einfachen Konsolen. Die äußeren Strebepfeiler entsprechen den inneren Wandvorlagen. Der Chor und das Langhaus sind durch einen spitzbogigen Triumphbogen voneinander getrennt und der Chorraum ist im Scheitel etwas niedriger.

---

897 Weise (1981), S. 236. In der Anstalt war der Gauleiter von Ostpreußen, Erich Koch, bis zu seinem Tod im Jahre 1986 inhaftiert. Antoni (1993), S. 650.
898 Boetticher (1894), S. 263.
899 Dehio / Gall (1952), S. 252.

Die nördliche Kirchenwand und drei Flügel der Klostergebäude umschlossen einen unregelmäßigen, als Kreuzgang dienenden Innenhof.

4.8 Rößel/Reszel, Stadtkirche St. Peter und Paul

4.8.1 Baugeschichte

Der Deutsche Orden legte um 1241 das *"Castrum Resel"* als Wach- und Wildhaus an.[900] Die Burg wurde in den Prußenaufständen von 1242 zerstört. Im Jahre 1254 wird eine neue Burg in Rößel erwähnt, die gleichfalls in den 1262 herrschenden Prußenaufständen von der Besatzung verlassen und durch Brand zerstört wurde. Bürger von Braunsberg besiedelten um 1300 die Gegend von Rößel. Erst im Jahre 1336 wird die Burg erneut urkundlich genannt.[901]

Die Pfarrkirche St. Peter und Paul, mit bischöflichem Patronatsrecht, war gemäß der Handfeste vom 12. Juli 1337 mit sechs Hufen dotiert, und die Pfarrstelle mit kanonischem Recht ausgestattet: *"... et dos parrochie Sex mansos ibidem libere perpetuo obtinebit."* Die Stadtkirche war zugleich Zentrum des Dekanats Rößel.

Die planmäßig im Rechteck angelegte Stadt erhielt 110 Hufen mit kulmischen Recht.[902] Um 1370 erfolgte die Gründung einer Neustadt.[903] Zur Zeit der Sedisvakanz setzte Vogt Heinrich von Luter in Übereinstimmung mit dem Domkapitel den wohl aus Braunsberg stammenden Magister Elerus als Lokator ein.[904] Nach Beendigung der Sedisvakanz bestätigte am 18. August 1340 Bischof Hermann von Prag die Stadtgründung.[905]

Wie aus späteren Urkunden hervorgeht, war der Stadtrat für die Errichtung und Finanzierung der Stadtpfarrkirche zuständig. Der Rat setzte im 14. Jahrhundert einen Provisor ein, dem zugleich die Ziegelei unterstand.[906]

In den Jahren 1337 bis 1340 wirkte in Rößel ein Pfarrer Johannes; für 1349 ist ein Pfarrer Ambrosius bezeugt. Um 1387 – 1389 wird Pfarrer Andreas von Grotkau in Rößel urkundlich erwähnt. Er wurde später Pfarrer in Plauten, wo er bis 1413 erscheint. Als Domherr läßt er sich in Frauenburg zwischen 1393 und 1416 nachweisen.[907]

Der Bau der heutigen Pfarrkirche wurde nach der Mitte des 14. Jahrhunderts vorangetrieben. Matern datierte die Errichtung zwischen 1360 und 1380.[908] Diese These stützte sich auf eine Urkunde vom 14. November 1379, in der Bischof Heinrich III. Sorbom die Erbschulzen Petrus und David, wohl Söhne des Lokators Elerus, verpflich-

---

900 Hermanowski (1989), S. 249.
901 SRW, Bd. I, S. 65, dort Anm. 17. ZGAE (Röhrich), Bd. 19, S. 174. Hermanowski (1989), S. 249.
902 CDW, Bd. I, R. Nr. 446, S. 167; D. Nr. 285.
903 Keyser (1939), S. 101f.
904 ZGAE (Röhrich), Bd. 19, S. 175ff. In späteren Urkunden findet sich die Erwähnung eines Elerus Köningsberg Senior bzw. Bürgermeister der Stadt Rößel, wohl ein Nachkomme des Lokators Elerus. CDW, Bd. II, Nr. 105, S. 111 und Nr. 421.
905 CDW, Bd. I, R. Nr. 478, S. 181; D. Nr. 308. SRW, Bd. I, S. 56, dort Anm. 17.
906 ZGAE (Röhrich), Bd. 19, S. 193f.
907 SRW, Bd. I, S. 219, dort Anm. 20, S. 228, dort Anm. 64, S. 402, dort Anm. 78, S. 431 dort, Anm. 226. Pfarrer Ambrosius könnte identisch mit dem 1345 in Braunsberg erwähnten Pfarrer sein. SRW, Bd. I, S. 409, dort Anm. 113.
908 Matern (1930), S. 6. Ulbrich (1932, S. 31) übernahm diese Datierung.

tete, einen Beitrag zu den städtischen Baumaßnahmen zu leisten. Aus der Urkunde erfährt man weiter, daß der Kirchenbau zu dieser Zeit im Gange war.[909]

Am 17. Juni 1402 sanktionierte Bischof Heinrich IV. von Vogelsang die Statuten der von den Rößeler Vikaren gegründeten Priesterbruderschaft.[910] Demzufolge bestanden schon vor dieser Zeit mehrere Vikariate. Zink vermutete, daß dies nur möglich war, weil genügend Altäre vorhanden waren. Demnach war die Kirche schon vor 1402 in Benutzung.[911] Bischof Heinrich III. Sorbom (1373 – 1401) sorgte nicht nur für eine baldige Vollendung der Stadtpfarrkirche, sondern konnte noch in seiner Regierungszeit die Kirche weihen. Ein Datum hierfür ist allerdings nicht überliefert.[912]

Während der Hauptarbeiten an der Kirche war Magister Andreas Lumpe bis 1455 als Pfarrer tätig. Er hatte zugleich eine kleine Domherrenpräbende in Frauenburg. Beide Stellen tauschte er am 20. April 1455 mit Caspar Buls. Nach dieser Zeit wird Andreas Lumpe als Domherr von Breslau, päpstlicher Skriptor und Familiaris in Urkunden erwähnt. Auch Caspar Buls (1455 – 1461) war seit 1448 als Domherr in Frauenburg tätig. Die Stelle übergab er an Bartholomeus Libenwald, dem sie vom Papst verliehen worden war. Buls ging anschließend als Pfarrer nach Heilsberg. Nach dem erwähnten Tausch mit Andreas Lumpe übernahm er die Pfarre in Rößel und war zugleich Domherr in Frauenburg. Noch im Jahre 1461 wird Buls als Pfarrer erwähnt.[913] Da die Pfarrstelle um 1380 – 1461 mit Domherren besetzt war, hatte der Bischof direkte Kontrolle und war stets informiert über Bauvorgänge, Errichtung von Altären oder Besetzung der Vikarstellen.

Eine Urkunde von 1444 belegt die Tätigkeit eines Glöckners und eine Rechnung von 1448 die Ausbesserung des Estrichs im Glockenturm.[914] Demnach war zu dieser Zeit ein Turm schon vorhanden. Ein Beschluß von 1481 dokumentiert, daß der erste, wohl Anfang des 15. Jahrhunderts errichtete Turm aus Holz bestand.[915]

Die Kirchenältesten Nichlis Wilke und Niclis Scheunemann errichteten ab 1471 auf der Ostseite unterhalb des Mittelfensters einen Bibliotheksraum, die sogenannte "*Libreria*". Matern beschrieb diese mit den Worten:

---

909   Zink (1938, S. 23) sah einen Zusammenhang zwischen dem 1372 niedergebrannten Konventshaus des Augustinerklosters in Rößel und der Errichtung der Pfarrkirche. Die Mönche hätten so große Bauten nur mit der Unterstützung der Bürgerschaft in Angriff nehmen können. Diese Begründung scheint jedoch nicht überzeugend. Matern (1930), S. 4f. CDW, Bd. III, Nr. 86 "*... sed ad alias communes utilitates et necessitates, videlicet ad vias et pontes et ad ducendos lapidem pro muro civitatis et ad ecclesiae aedificia, campanas et alia necessaria de mansis suis sicut alii habentes manos contribuere et facere perpetuo tenebuntur.*" Sie sollten nicht nur zum Kirchengebäude, sondern auch zu den Kirchenglocken beisteuern. ZGAE (Röhrich), Bd. 18, S. 188.
910   CDW, Bd. III, Nr. 375.
911   Zink (1938), S. 24.
912   Dehio / Gall (1952), S. 222. Matern (1930, S. 6) und Zink (a.a.O.) datierten die Errichtung der Stadtpfarrkirche von 1360 – 1380.
913   SRW, Bd. I, S. 97; S. 246, dort Anm. 140; S. 301, dort Anm. 1; S. 402, dort Anm. 78.
914   Matern (1930), S. 11.
915   Zink (1938), S. 78. Matern ebenda, S. 10 und 22. Matern lagen für seine Untersuchungen die Rechnungsbücher der Stadtpfarrkirche vor. Sie stellen ab 1442 einen nahezu lückenlosen Bestand dar, der es erlaubt die Baugeschichte richtig zu interpretieren. J. Kolberg, (o.J.), Bd. 39, Nr. 4.

Der Anbau hat die Breite des Mittelschiffs, die Giebel sind staffelförmig abgetreppt und mit Backsteinfialen gekrönt. Unter dem Pultdach zieht sich ein vertiefter Fries. Drei rundbogige Fensterchen in der Ostwand lassen spärliches Licht in den Raum fallen. Im Innern ist die Libreria mit einem Tonnengewölbe überwölbt und mit Ziegeln geflurt; sonst ganz schmucklos.[916]

Matern vermutete, daß ein urkundlich nicht erwähnter Brand im Jahre 1474 den Bau soweit in Mitleidenschaft zog, daß anschließend größere Aufbauarbeiten erforderlich waren.[917] Um für den aufwendigen und umfangreichen Wiederaufbau Gelder zu bekommen, erhielt die Kirche neben zahlreichen Stiftungen und Spenden am 4. Dezember 1475 vom Papst einen Ablaßbrief. Matern glaubte, daß der damalige Pfarrer Albrecht Rudcher ihn von einer Pilgerfahrt aus Rom mitbrachte. Schmauch widersprach dieser These, indem er den von 1472 bis 1474 in der Burg von Rößel residierenden Bischof Nikolaus von Tüngen als Initiator der Ablaßbriefbeschaffung betrachtete. Bischof Nikolaus hatte seit 1472 – 1475/76 als Agenten den Domherren Enoch von Kobelau bei der römischen Kurie, der wohl den Ablaßbrief von Rom für die Rößeler Stadtpfarrkirche beschaffte.[918] Durch den Ablaßbrief erhielt die Kirche an bestimmten Feiertagen von Pilgern zwar zusätzliche Finanzmittel, die jedoch alleine nicht ausreichten. So war man ab 1475 auf Legate und Schenkungen zum Wiederaufbau und insbesondere für die Gewölbeerrichtung angewiesen.[919] Niclis Scheunemann erhielt laut Rechnungsbuch die Gelder und war zusammen mit Hans Rasche für die Einziehung der Gewölbe verantwortlich.[920] Die Arbeiten waren wohl um 1477 abgeschlossen, da keine Stiftungen mehr folgten.[921] Durch den Pfaffenkrieg (1467 – 1479) wurden die Bautätigkeiten bis ins Jahr 1479 beeinträchtigt und mußten vielleicht sogar eingestellt werden. Erst seit dem Jahre 1482 mehren sich in den Rechnungsbüchern der Stadt Hinweise über den Weiterbau der Kirche.[922] In einem Baubeschluß vom März 1484 findet sich die Bemerkung: "*... den glocktorm an gehoben werden zcu mawren im selbigen Jahre uff die neest kommende phingesten*".[923] Im Jahre 1486 bezeugt eine Quelle, daß der Turmbau noch nicht abgeschlossen war und die Gelder nicht mehr ausreichten. Der Kirchverweser erklärte der Stadt: "*... in trefflichen Noten des baw des kirchthormes*" zu sein. Nicht nur der Stadtrat stiftete zum Weiterbau, sondern auch die Kir-

---

916 Matern (1930), S. 13.
917 Matern (ebenda, S. 26) vermutete, daß der Brand durch den Krieg zwischen Bischof Nikolaus von Tüngen und Polen, den Pfaffenkrieg, verursacht wurde. Schmauch (ZGAE, Bd. 24, S. 562f.) konnte jedoch nachweisen, daß diese Annahme nicht zutreffen kann, und gibt als Brandursache einen Blitzschlag an.
918 Matern ebenda, S. 28. Schmauch (ZGAE, Bd. 24, S. 563) betrachtete den in der Burg Rößel residierenden Bischof Nikolaus von Tüngen als treibende Kraft für die lebhaften Bautätigkeiten an der Pfarrkirche.
919 Matern ebenda, S. 18f. 1475 stiftete Jakob Furman Geld zum Bau des Gewölbes, 1479 Stiftung des Caspar Beneke zum Bau der Kirche. Matern (1935), S. 97.
920 Matern (ebenda, S. 19f.) vermutete, daß Niclis Scheunemann aus Danzig eingewandert sei. Im Jahre 1487 gab der Maurermeister eine Verleihung von 44 Mark für die Kirche. In dieser Urkunde erklärte er: "*Wie das em von der kirchen gelde bey 44 Mark vor legunge were geschean, in der czeit, do man die kirche wellwete, unde Schewneman ouch darczu gearbeitet habt.*"
921 Zink (1938), S. 78.
922 Matern (1930), S. 21.
923 Ebenda, S. 22.

chenältesten und andere.[924] Im Jahre 1485 stiftete der Bischof Geld für Dachsteine, so daß der Turmbau, wie eine Stiftung des Jahres 1487 "*zcum obirgulten knoffe zcum torme*" belegt, rasch abgeschlossen werden konnte.[925] Doch er blieb zunächst unvollendet. Der Weiterbau erfolgte erst, nachdem im Jahre 1494 weitere Stiftungen eingingen. Das Rechnungsbuch meldet im Jahre 1489 die Errichtung einer "*newen stegell*" an der Südostecke des Turms in Backsteinbauweise. Der Treppenturm wurde 1920 völlig neu aufgebaut.[926]

Im Jahre 1489 wurden die Fenster durch den Glaser Paul Rode aus Bartenstein wiederhergestellt und nicht nur neu verglast, sondern auch mit "*bildewerg*" versehen.[927]

Ab 1491 wurde das Dach der Kirche unter Leitung des Maurermeisters Jakob Sternberg neu gedeckt. Es war nach dem Brand von 1474 nur mit einer Dielenschalung versehen. Die benötigten Dachsteine bezog der Meister aus Rastenburg.[928] Meister Jakob Sternberg beendete die Dacharbeiten 1493 und garantierte dem Rat der Stadt, daß er innerhalb von elf Jahren für alle Schäden hafte. Er gab als Pfand seine beweglichen und unbeweglichen Güter.[929]

In den Jahren 1495 – 1503 folgten erneut Legate und Stiftungen für die Erneuerung des Turmoberbaus in Steinbauweise.[930] Seine Vollendung im Jahre 1503 ist im Rechnungsbuch mit folgenden Worten belegt: "*... do man die spitcze uff dem thorme bawete haben die vorwesers des heilighen geistes der kirchen sancti petri unde pauli 25 ungerische gulden geleghenn*". Es wurde auch Geld "*czu dem thorme*" gestiftet. Damit ist auch die Vollendung des Turmdachs belegt.[931] Im Jahre 1581 mußte das schadhaft gewordene Dach mit Schindeln neu eingedeckt werden.[932]

Ein heute nicht mehr erhaltenes Beinhaus wurde 1609 an die Südwand der Kirche angefügt.[933] Es mußte bereits 1699 aufgrund seiner schlechten Erhaltung völlig neu aufgebaut werden. Wohl in der ersten Hälfte des 19. Jahrhunderts wurde das Beinhaus abgetragen.[934]

Am 13. Juni 1620 zerstörte ein Blitzschlag den oberen Teil des Turms, und herabfallende Teile zerschlugen das Dach. Daraufhin ordnete man nach einer Visitation im Jahre 1622 den Bau eines neuen Dachs an.[935] Ebenfalls wegen eines Blitzschlags war im Jahre 1711 eine Reparatur am Turm erforderlich. Um bei erneuten Bränden am

---

924 Ebenda, S. 23.
925 a.a.O.
926 a.a.O.
927 Matern (a.a.O.) vermutete, daß es sich um Glasmalerei mit Stifterwappen handelte. Matern (1929), S. 15.
928 Zink (1938), S. 78. Matern (1930), S. 24. Matern (1929), S. 15.
929 Matern (1930), S. 24.
930 Ebenda, S. 26.
931 Ebenda, S. 27. 1502 stiftet Bürgermeister Mynghen Gelder zum Bau des Kirchendachs, 1508 stiftet Orthey Troschke Geld zum Bau. Ebenda, S. 97.
932 Ebenda, S. 38.
933 Ebenda, S. 53.
934 Ebenda, S. 66.
935 Zink (1938), S. 80. Matern (1930), S. 58.

Turm besser löschen zu können, wurde 1714 das Dach so verändert, daß eine offene Galerie entstand.[936]

In den Jahren 1722 und 1733 folgten größere Reparaturarbeiten am Langhausdach.[937] Am 5. August 1747 brannte der Turm erneut aus. Dabei wurden zugleich das Langhausdach und der Chor beschädigt. Der Wiederaufbau erfolgte alsbald danach. 1756 veranlaßte man Erneuerungsarbeiten an Chor und Turm.[938]

Bei einem großen Stadtbrand am 27. Mai 1806 brannten auch die Kirche und der Turm völlig aus, lediglich die Sakristei blieb verschont. Noch im gleichen Jahr erhielt der Turm ein Notdach. Doch erst nach 1810 begannen die umfangreichen Wiederherstellungsarbeiten. Das Dach wurde unter Leitung des Baumeisters Blankenhorn neu errichtet. Die im Jahre 1812 herrschenden Kriegsereignisse unterbrachen den Wiederaufbau. Erst 1816 endeten die Arbeiten.[939] Die Kirche wurde am 31. Mai 1817 durch Weihbischof Stanislaus von Hatten "*sub titulo ss. Petri et Pauli App. et S. Catharinae virg.*" neu geweiht.[940]

Im Jahre 1837 erhielt der seit 1806 mit einem Notdach versehene Turm seinen heutigen Abschluß.[941] Erneute Turmschäden entstanden im Jahre 1851 durch ein Unwetter. Im folgenden Jahr gab es weitere Renovierungs- und Herstellungsarbeiten.[942] Das Dach wurde 1878 neu eingedeckt. Ab 1884 malte der aus Elbing stammende Maler Bornowski die Kirche aus.[943]

4.8.2 Baubeschreibung

4.8.2.1 Grundriß

Die Stadtpfarrkirche liegt unweit der Burg an der südlichen Stadtmauer. Das Langhaus ist nach Osten ausgerichtet.

Der orthogonale Grundriß gliedert sich in zwei Pfeilerreihen zu drei Schiffen mit je fünf Jochen. Ursprünglich wurde die Kirche turmlos geplant und ausgeführt. Der Chor schließt platt. Die Außenmaße betragen 40,5 Meter mal 23,8 Meter. Der quadratische Turm hat eine Außenlänge von 10,7 Metern.[944] Die längsrechteckigen Seitenschiffsjoche verhalten sich zu den querrechteckigen des Mittelschiffs im Verhältnis 1 : 2.

---

936 Matern a.a.O.
937 Ebenda, S. 72.
938 ZGAE (Dittrich), Bd. 11, S. 313 Datum mit 1744 ist falsch. Röhrich (ZGAE, Bd. 18, Anm. 6, S. 206) übernahm falsches Datum. Matern ebenda, S. 76f, Datum dort richtig aufgrund Zitierung der Originalquelle.
939 Dehio / Gall (1952), S. 222. SRW, Bd. I, S. 402. Dittrich ebenda, S. 312. Matern (1930), Kapitel 7, S. 95ff.
940 Boetticher (1894), S. 216. Matern ebenda, S. 106.
941 ZGAE (Dittrich), Bd. 11, S. 314. Matern ebenda, S. 114.
942 Matern ebenda, S. 119.
943 Ebenda, S. 120.
944 Boetticher (1894), S. 216.

Auf der Nordostseite schließt sich eine Sakristei an. Im vierten Joch vom Chor aus liegt auf der Nordseite eine Vorhalle. Seit 1471 befindet sich auf der Ostseite ein Bibliotheksraum, den man durch eine Tür vom Kircheninnenraum erreicht.

4.8.2.2 Chor und Ostgiebel

Über einem leicht vorspringenden Feldsteinsockel erhebt sich die Chorwand. Sie ist durch ein umlaufendes Sohlbankgesims horizontal gegliedert. Als oberer Abschluß der Chorwand verläuft ebenfalls horizontal ein Putzband. Beide Bänder verkröpfen sich um die Chorstreben. Die Streben sind nur durch einen leicht zurückspringenden Wasserschlag gegliedert, dessen oberen Abschluß offene Tabernakelaufsätze bilden. Die Aufsätze liegen oberhalb des Putzbandes und reichen somit bis in das Giebeldreieck hinein. Die Eckstreben sind schräg gestellt. Unterhalb des Sohlbankgesimses besitzen die Eckstreben an ihren drei Außenseiten flache Spitzbogenblenden.

Zwischen den Streben liegen drei hohe, spitzbogige Fenster. Die beiden äußeren Seitenschiffsfenster wurden in späterer Zeit oben vermauert und besaßen ursprünglich die gleiche Höhe wie das Mittelfenster. Dieses ist wohl seit der Errichtung des Bibliotheksanbaus (1471) vermauert und erhielt im oberen Drittel eine kleine Öffnung.

Der Giebel ist neunfach mit hohen Spitzbogenblenden gegliedert. Die Blenden schließen gestuft und sind durch schräggestellte Fialen voneinander geteilt. Die Fialen reichen über die gestuften Abschlüsse hinaus. In der Mitte jeder Blende ist oben noch je ein weiterer Pinakel aufgesetzt. Horizontal verlaufen je dreifach übereinandergesetzt dreieckige Blendgiebel. Den oberen Giebelabschluß bildet ein kleines Türmchen mit Signalglocke.[945]

Aufgrund seiner ungewöhnlichen Gestaltung vermutet Matern, daß der Ostgiebel zur Zeit des Brandes von 1474 völlig zerstört wurde. Der Wiederaufbau erfolgte kurze Zeit darauf in spätgotischer Form.[946] Dieser Meinung schloß sich Gall an und datierte den Chorgiebel in die Zeit um 1475.[947] Eine verwandte Form findet sich am Braunsberger Chorgiebel, der nach dem Brand von 1480 entstand.

Ulbrich sah in der neunstaffeligen Teilung des Giebels und den übereinander angeordneten Spitzgiebelblenden eine Verwandtschaft zu dem in Wormditt. Die kleineren Zwischenpfeiler verglich er mit denen in Löwenstein, die Eckstrebepfeiler mit denen in Santoppen.[948] Die beiden letzten Beispiele gehören nicht nur stilistisch zu einer anderen Gruppe, sondern haben auch eine andere Entstehungszeit und können daher nicht herangezogen werden. Die Wandaufteilung mit übereck gestellten Wimpergen, zwischen denen sich schmale Rechteckbahnen mit übereinander gesetzten, spitzwinkligen Wimpergen mit Krabben anordnen, findet sich in Wormditt am Nordwestgiebel der Turmkapelle.[949]

---

945   Matern (1930), S. 12.
946   Ebenda, S. 26.
947   Dehio / Gall (1952), S. 223.
948   Ulbrich (1932), S. 31.
949   Zink (1938), S. 79.

Der Chorgiebel in Rößel blieb nach dem Brand von 1806 unversehrt, lediglich das Signalglockentürmchen mußte abgetragen und erneuert werden.

4.8.2.3 Langhaus

242 Der auf ein Feldsteinfundament gegründete Bau wurde im aufgehenden Mauerwerk aus Ziegeln im gotischen Mauerverband aufgeführt. Die Backsteine besitzen ein durchschnittliches Maß in der Länge zwischen 30 – 30,5 cm, in der Breite von 15 cm und in der Höhe von 8 cm.

Am Außenbau herrscht eine einfache Gliederung mit dem Wechsel von Fenstern und Strebepfeilern. Dadurch erhält der Bau die strenge Vertikalgliederung, die für die ermländischen Stadtkirchen so bezeichnend ist.

Ein Kaffgesims führt um die gesamte Kirche in Sohlbankhöhe. Es ist heute nur noch teilweise unversehrt erhalten und an einigen Stellen sogar abgeschlagen.

Zusammen mit der Langhausvollendung entstand auch der dreizehnteilige, westliche Staffelgiebel.

250, 251 Auf der Nordostseite schließt sich eine zweigeschossige Sakristei an das Langhaus an. Das Schleppdach bildet die Fortsetzung des Kirchendachs. Die seitlichen Halbgiebel mit einfachem Blendmaßwerk dürften aus der Zeit des ausgehenden 15. Jahrhunderts stammen. Der Sakristeiraum ist zweijochig und schließt mit achtteiligen Sterngewölben. Das ehemals zum nördlichen Seitenschiff geöffnete Obergeschoß besitzt ein Rippendreistrahlgewölbe.

243, 244 Drei reich profilierte Haupteingänge führen in den Innenraum, zwei auf der Nordseite und ein Eingang auf der Westseite durch die Turmvorhalle. Die Turmvorhalle besitzt auf allen drei Seiten einen Durchgang. Der Haupteingang auf der Westseite ist reich mit Birnstäben und Hohlkehlen profiliert. Eine vierte Tür befand sich auf der Südseite im zweiten Joch vom Chor und ist heute vermauert.

245, 246 Auf der Nordseite liegt eine zweigeschossige, kreuzgewölbte Vorhalle. Sie stammt aus der Zeit um 1400 und besaß einst einen schönen Treppengiebel, den von Quast im unrestaurierten und restaurierten Zustand zeichnete.[950] Das Obergeschoß, auch Schusterchor genannt, öffnet sich zum Nordseitenschiff in zwei Spitzbogenöffnungen. Das innere Portal besitzt die gleichen Formsteine wie der Westturmeingang. Der Giebel ist reich durch Bündel– und Formsteinsäulchen gegliedert. Die Mittelgruppe ist türmchenartig vorgezogen. Gall datierte die Vorhalle aufgrund der verwendeten Formen in die Zeit der zweiten Hälfte des 15. Jahrhunderts. Er vermutete, daß die konsolenartigen Querglieder und die Form der Schräge erst bei der Restaurierung von 1806 entstanden.

Jeweils vier achteckige Pfeilerreihen trennen mit profilierten Spitzbögen das Hauptschiff von den Seitenschiffen. Der rechteckige Hallenraum ist in fünf Joche gegliedert. Die achteckigen Pfeiler besitzen leicht vortretende Sockel. Die Kämpferzone wird durch zwei Schichten vorkragender Backsteine gebildet.

---

950 Von Quast (1852), dort Bl. IX.

Die Langhausinnenwände werden in den Jochen durch spitzbogige hohe und breite Blendarkaden gegliedert. In Sohlbankhöhe umschließen diese die spitzbogigen Fenster. Es handelt sich bei dieser, für die ermländischen Stadtkirchen ungewöhnlichen Art der Wandgliederung wohl um eine Vorstufe für die Gliederung der Allensteiner Pfarrkirche.

4.8.2.4 Turm und Westbau

Der Westturm steht bis zur Sohlbankhöhe mit dem Langhaus in Verbindung. Demzufolge wurde der Turm zusammen mit dem Langhaus begonnen, blieb jedoch in der Folgezeit unvollendet. Dafür spricht die deutlich zu erkennende Baunaht über der Sohlbank. Im Turminnern beginnt in dieser Höhe der hölzerne Glockenstuhl. Nach einer Bauunterbrechung wurde der zunächst hölzerne Turm in mehreren Etappen vollendet. **235 – 238**

Über dem Erdgeschoß mit seinen drei spitzbogigen Eingängen und mit dem wohl in der Barockzeit entstandenen Kappengewölbe der Turmhalle erhebt sich im gotischen Mauerverband der einheitlich gestaltete, stattliche Turm. Die Errichtung des Turmes erfolgte in mehreren Abschnitten nach einem einheitlichen Grundkonzept. Die Bauabschnitte lassen sich deutlich an den horizontal verlaufenden, wechselnden Tonfärbungen erkennen. **248**

Da der Westgiebel zunächst als Schaugiebel vollendet wurde, verdeckt heute das dritte Turmgeschoß die sieben mittleren Staffeln. Auf der Südseite des Turms, im Winkel zwischen ihm und dem Langhaus, ist ein mit sehr schlanken gekuppelten Spitzbogenblenden gegliederter Treppenturm angefügt, ähnlich wie an der Kirche in Schippenbeil. Er diente ursprünglich als Zugang zum Dachboden.

Im Jahre 1444 findet sich die urkundliche Erwähnung eines Glöckners. Erst 1448 wird der Turm genannt. Seit 1484 ermöglichten reiche Stiftungen den Ausbau des Holzturms in Backsteinbauweise. Dabei wurde der bestehende Ständerbau durch Aufmauerung ummantelt. Eine gleiche Vorgehensweise findet sich in Guttstadt und Allenstein. Das Erdgeschoß in Rößel besitzt keine Blendengliederung und schließt mit einem umlaufenden Putzband. Das Hauptportal auf der Westseite ist reich profiliert. Die schmaleren Turmseiteneingänge auf der Nord– und Südseite sind heute vermauert. Das hohe erste Geschoß wird durch drei dreifach gekuppelte Spitzbogenblenden gegliedert. In der mittleren Blende der Westseite liegen übereinander drei Spitzbogenfenster. Sie sind mit einem umlaufenden Rundstab und einen danach folgenden, abgekanteten Formstein profiliert. Das erste Geschoß schließt mit einem durchlaufendem Putzband. Das zweite Geschoß gliedert sich in vier zweifach gekuppelte Spitzbogenblenden. Darüber befindet sich wiederum ein Putzband. Nach einer Baupause erfolgte nach 1495 der Backsteinausbau des Turms. Das dritte, nicht so hohe obere Turmgeschoß mit profilierten spitzbogigen Schallöffnungen besitzt zusätzlich Kreisblenden. Darüber folgt wiederum ein durchlaufendes Putzband. Im Jahre 1503 wurde der Turm mit einem einfachen Pyramidendach vollendet.[951] Im Jahre 1837 erhielt er seinen heutigen Dachabschluß.[952] **236, 237**

---

951 Zink (1938), S. 80.
952 Dehio / Gall (1952), S. 223.

4.8.2.5 Gewölbe

Nachdem zahlreiche Stiftungen erfolgt waren, zog Niclis Scheunemann zwischen 1475 und 1477 die Gewölbe ein.[953] Jeweils in einem Joch werden die Gewölbe durch vier achtteilige Sterne gebildet. Vergleichbare Gewölbe aus der Mitte des 15. Jahrhunderts finden sich in Bartenstein (um 1410), Braunsberg (nach 1442) und Wormditt (um 1450).[954]

Zink erkannte, daß die Rundstab–Formsteine der Gewölberippen in Rößel gröber als die in Wormditt wirken. Die rippentragenden Konsolen in Kämpferhöhe bestehen aus behauenen und verputzten Ziegeln. Die nachträgliche Gewölbeeinfügung läßt sich deutlich am oberen Backsteinkranz der Pfeiler erkennen. Zunächst war die Kirche, wohl ähnlich wie in Wormditt, mit einer flachen Holzdecke zum Dachstuhl geschlossen gewesen.

Im Mittelschiff wirkt die Entfaltung der Sterne frei, in den Seitenschiffen dagegen gepreßt.

Nach Ulbrich "*... dürfte es sich wohl nur um eine Wiederherstellung handeln, da die Form der Gewölbe nicht dem Ende des 15. Jahrhunderts entspricht.*"[955] Aufgrund der Baubeobachtungen läßt sich feststellen, daß sich Ulbrich hier irrte. Besonders gegen Mitte bis Ende des 15. Jahrhunderts ist gerade diese Wölbeform im Ermland verbreitet.

4.8.3 Zusammenfassung

4.8.3.1 Erster Baubabschnitt

In der Zeit zwischen 1360 und 1380 erfolgt die Errichtung der Halle zunächst mit einer Flachdecke aus Holz. Das Langhaus wird zusammen mit dem Turmuntergeschoß errichtet. Der Turmoberbau wird in Holzbauweise vollendet. In diesen ersten Bauabschnitt gehören auch die spitzbogigen Arkadenreihen zu den Seitenschiffen. Sie werden am Bogen durch zwei Birnstäbe zwischen Fasen gegliedert. Reicher als üblich werden die Seitenschiffswände im Innenraum durch Blendarkaden strukturiert.

4.8.3.2 Zweiter Bauabschnitt

Im Jahre 1471 wird die "*Libreria*" auf der Ostseite errichtet. Im Jahre 1474 zerstört ein Brand die Kirche. In den Jahren ab 1475 – 1477 beginnt der Wiederaufbau. Nach reichen Zuwendungen können die Gewölbe von Meister Niclis Scheunemann eingezogen werden. Die Konsolen werden in die Pfeiler nachträglich eingesetzt und darüber die Rippen aus Rundstäben gefertigt. Auch der zerstörte Chorgiebel wird zu dieser Zeit neu errichtet. Seit 1484 ermöglichen Stiftungen den Ausbau des Turmes in Stein. Da-

---

953 a.a.O., Zink (1938), S. 78. Matern (1930), S. 31. ZGAE (Schmauch), Bd. 24, S. 562. Ulbrich (1932, S. 31) bezweifelt die Neuerrichtung der Gewölbe und vermutet anhand der Gewölbeform eher eine Wiederherstellung.
954 Dehio / Gall a.a.O.
955 Ulbrich (1932), S. 31.

bei wird der bestehende Ständerbau einfach ummantelt. Es erfolgt eine Bauunterbrechung.

4.8.3.3 Dritter Bauabschnitt

Das im Jahre 1474 zerstörte Dach wird aus Geldmangel nur notdürftig mit einer Dielenverschalung geschlossen. Erst im Jahre 1491 erfolgt die endgültige Eindeckung.[956] Nach der Bauunterbrechung ermöglichen weitere Stiftungen ab 1494 den Weiterbau des Turms, der im Jahre 1503 vollendet ist. In den Jahren 1620, 1711, 1747 und 1806 finden umfangreiche Wiederherstellungsarbeiten nach Bränden statt.

4.8.4 Das Augustinerkloster in Rößel

Im Jahre 1347 gründete Bischof Hermann von Prag in Rößel mit Zustimmung des Papstes Clemens VI. das erste Augustinereremitenkloster im Deutschordensgebiet.[957] Hierzu schenkte er innerhalb der Stadt Bauland direkt neben der Burg. Die Schenkungsurkunde wurde am 20. November 1347 ausgestellt.[958] Die Mönche kamen wohl aus Böhmen, wo dieser Orden besonders durch Kaiser Karl IV. gefördert wurde. So scheinen persönliche Beziehungen des Bischofs für die Gründung maßgeblich gewesen zu sein.[959]

Über die erste Klosteranlage ist nichts bekannt. In der Urkunde vom 6. Juli 1375 wird berichtet, daß die Fundamente der Konventskirche errichtet wurden. So heißt es in der Urkunde: *"... fratres fundamentum pro choro posuerunt, et usque ad magnam altitudinem propter nimiam profunditatem fundamenti construxerunt."*[960] Im Jahre 1533 wird das Kloster als wüst und verlassen bezeichnet. Die Kirche zerfiel bis auf den Chor, wurde 1580 neu errichtet und durch Bischof Kromer am 19. Juli 1583 dem hl. Johannes dem Täufer geweiht. Im ersten Schwedenkrieg brannte die Kirche 1626 aus. Wegen der nachfolgenden Kriegszeiten erfolgte der Wiederaufbau erst viele Jahre später. Im Jahre 1632 wurde in den Räumen des Klosters ein Jesuitenkolleg mit Gymnasium eingerichtet. Am 3. Oktober 1673 weihte Weihbischof Ujeyski den Altar und rekonsekrierte die Kirche. Im Jahre 1773 hob Papst Clemens XIV. den Jesuitenorden auf. Die Jesuiten verließen 1780 Rößel, und das Kolleg wurde städtisches Gymnasium. Die Kirche war bereits so baufällig, daß man sie 1793 abtrug. Zwischen 1795 und 1799 erfolgte durch Maurermeister Joachim Sadrozinski der Wiederaufbau. Im Jahre 1802 konnte die Weihe der neuen Kirche unter dem Titel der hl. Katharina vorgenommen werden.[961]

---

956   Zink (1938), S. 78.
957   ZGAE (A. Poschmann), Bd. 24, S. 2.
958   CDW, Bd. III, Nr. 96.
959   ZGAE (A. Poschmann), Bd. 24, S. 3.
960   CDW, Bd. III, S. 73, Nr. 96.
961   ZGAE (Röhrich), Bd. 18, S. 211. Antoni (1993), S. 536. In den Jahren 1988 – 1990 wurde die Kirche restauriert.

4.9 Allenstein/Olsztyn, Stadtpfarrkirche St. Jakobus d. Ä.

4.9.1 Baugeschichte

Im Frühjahr des Jahres 1348 erhielt das ermländische Domkapitel als weltliches Territorium die Region der oberen Alle mit dem preußischen Gauen Gudikus und Bertingen. Als Kerngebiet der neu zu besiedelnden Ländereien wählte man bald das Gebiet der heutigen Stadt Allenstein.[962]

Wie urkundlich in der Verschreibung des Dorfes Köslienen erwähnt, bestand seit 1348 eine *"libertas nove ciuitatis"* in der Allensteiner Gegend.[963] Damit kann nur die Stadt Allenstein gemeint sein. Die planmäßig im Rechteck angelegte Stadt auf einer Halbinsel am rechten Ufer der Alle mit ihren rasterartig verlaufenden Straßen erhielt vom Domkapitel am 31. Oktober 1353 ihre Stadthandfeste mit kulmischem Recht. Der am Frauenburger Domkapitel tätige Propst Hartmuth übertrug der Stadt 78 Hufen Ackerland und 100 Hufen Wald. Die Stadt wählte sich als Patron den hl. Jakobus d. Ä. Der Lokator war Johannes von Leysen, der im Grenzstreit zwischen Bischof und Orden als Schiedsrichter fungierte.[964] Er war ein Nachkomme von Martin von der Mark, dem Gründer von Layß bei Mehlsack, und ein Bruder von Heinrich von Laysen, dem Gründer der neu angelegten Stadt Wartenburg.[965]

Die Errichtung der Burg erfolgte wohl kurz vor der Dotation etwa gleichzeitig mit den Bischofsburgen in Rößel, Seeburg und Heilsberg. In der Handfeste von 1353 findet das Burggelände bereits Erwähnung. Urkunden aus den Jahren 1429 und 1456 belegen noch Bautätigkeiten an der Befestigungsanlage.[966] In der Burg residierte der oberste weltliche Beamte des Domkapitels, der Kapitelvogt.[967]

Seit 1360 war Allenstein Sitz der Administration des Kammeramtes. Seit dieser Zeit residierte dort ein Domherr und führte den Titel eines Kapiteladministrators oder Landpropstes.[968]

Am 4. Mai 1378 erfolgte nicht nur die Erneuerung der Handfeste von 1353, sondern auch die Gründung der Allensteiner Neustadt.[969]

Bereits in der Handfeste von 1353 wurde die Dotation der Pfarrkirche mit sechs Hufen erneuert. Boetticher vermutete aufgrund der in der Handfeste genannten Stelle: *"... ad dotem parrochie ibidem sex mansos ..."*, daß eine Kirche schon vorhanden war.[970] Über diese und die heutige Kirche ist jedoch nichts urkundlich überliefert. Die Erwäh-

---

962   Wünsch (1933), S. 3.
963   CDW, Bd. II, Nr. 125, S. 129f. SRW, Bd. I, S. 61, dort Anm. 21.
964   Wünsch (1933), S. 4. CDW, Bd. II, Nr. 202, S. 200. Weise (1981), S. 2, Im Jahre 1378 kamen noch 4 1/2 Hufen Land und 60 Hufen Wald hinzu. SRW a.a.O.
965   Wünsch (1933), S. 4f.
966   Dehio / Gall (1952), S. 242f.
967   Weise (1981), S. 2.
968   A.a. O. ZGAE (Dittrich), Bd. 11, S. 268, Dehio / Gall (1952), S. 242.
969   CDW, Bd. III, Nr. 53, S. 36.
970   CDW, Bd. II, Nr. 202, S. 201. Boetticher (1894), S. 11. Wünsch (1933), S. 4.

nung einer Kirche in der Dotation ist allerdings kein eindeutiger Hinweis dafür, daß schon eine solche vorhanden war. Da die Blütezeit der Stadtentwicklung in der letzten Hälfte des 14. Jahrhunderts lag, stimmt wohl die Vermutung Galls, daß die heutige Pfarrkirche St. Jakobus d. Ä. erst um 1370 – 1380 im Anschluß an den Burgbau gegründet wurde.[971] Dies läßt sich auch an der Konfiguration des bestehenden Baukörpers nachvollziehen.

Das Patronatsrecht der Stadtpfarrkirche erhielt das Frauenburger Domkapitel. Sie gehörte aber noch bis 1609 zum Dekanat Guttstadt.[972] Seit 1616 bildete Allenstein ein eigenes Dekanat.[973]

Zum Jahre 1445 findet sich in einer Stiftungsurkunde die erste Erwähnung der Pfarrkirche.[974] Der erste Pfarrer Johannes Runge wird seit 1452 genannt. Laut einer Inschrift aus dem Anfang des 18. Jahrhunderts auf der Nordwand der Ostturmkapelle, der ehemaligen Taufkapelle, soll das Gründungsjahr 1315 gewesen sein.[975] Arendt, Wünsch, Gall, Zink und andere lehnten dieses Datum zurecht ab und vermuteten einen Lesefehler. Das Jahr 1375 scheint wohl richtig.[976] Aufgrund der besonderen Wandgliederung datierte Zink das Langhaus ins letzte Jahrzehnt des 14. Jahrhunderts.[977]

Im Jahre 1400 kam es zu einem verheerenden Stadtbrand, der die Stadtpfarrkirche gleichfalls stark beschädigte. Zink und Wünsch vermuten richtig, daß nach dem Brand eine nachfolgende Planänderung an der noch unvollendeten Kirche vorgenommen wurde. Auf die ursprünglich beabsichtigte reiche Wandgestaltung mit außen- und innenliegenden Spitzbogennischen wurde verzichtet. Man kehrte wieder zum alten Vorbild der ermländischen Hallenform zurück. Die äußeren Wandvorlagen wurden zu einfachen Strebepfeilern umgestaltet und nicht zu den projektierten großen, vierfach abgestuften Blendbögen zusammengeführt. Der Querschnitt der Strebepfeiler wurde am Außenbau einfach ohne Übergang vom Trapez ins Rechteck geführt. Auch verzichtete man auf die weitere Verwendung von Formsteinen. Um der Gefahr zu entgehen, daß die oberen Innenwände der Umfassungswände für die Gewölbebelastung zu schwach würden, vollendete man die inneren Blendbögen nach dem ursprünglichen Plan.[978] Deutlich erkennt man heute auf der äußeren Langhauswand oberhalb der Fensterbögen eine Baunaht, die vermutlich auf Ausbesserungsarbeiten im 17. Jahrhundert zurückgeht.

276

---

971 Dehio / Gall (1952), S. 246.
972 SRW, Bd. I, S. 420. Boetticher (1894), S. 10. Arendt (1927), S. 1.
973 SRW a.a.O., dort Anm. 159, dort 1622 Angabe als eigenständiges Dekanat. Arendt (1927), S. 1.
974 Wünsch (1933), S. 66.
975 *Ecclesia Ex Fund(a)m(en)to A(nn)o D(omi)Ni 1315"*. Die Inschrift befindet sich in der Ostturmkapelle über der spitzbogigen Turmöffnung. Bei Dehio / Gall (1952, S. 246) wird für sie, aufgrund der verwechselten Himmelsrichtungen, eine falsche Ortsangabe angegeben.
976 Arendt (1927), S. 1. Wünsch (1933), S. 66. Dehio / Gall a.a.O. Da die Stadthandfeste erst 1353 ausgestellt wurde, kann das Datum in der Taufkapelle nicht stimmen. Saage und Woelky (SRW, Bd. I, S. 420) vermuten 1415 als Weihedatum. Dieses Weihedatum scheint aber zu spät zu sein. Zink (1938, S. 22) lehnte das Datum ab, gab jedoch im Gegensatz zu Gall oder Saage und Woelky keine Erklärung dazu.
977 Zink (1938), S. 85.
978 Wünsch (1933), S. 68. Zink (1938), S. 85.

277 Bei dem großen Stadtbrand von 1622 blieb die Kirche unversehrt.[979] Lediglich verschiedene Ausbesserungsarbeiten sind in den Jahren 1603 – 1653 durch ein Rechnungsbuch belegt. Bereits in der Visitation von 1609 beabsichtigte man, die beiden Turmkapellen, die zu dieser Zeit für profane Zwecke genutzt wurden, umzugestalten. In einer Urkunde von 1715 werden die Kapellenanbauten als nicht fertiggestellt bezeichnet: *"Hae Capellae non sunt perfectae"*. Erst 1721 vollendete laut Bauinschrift in der Ostkapelle Petrus Olchowsky aus Rößel die Anbauten.[980]

Im Jahre 1738 wurde das Dachwerk des Turms instandgesetzt.[981] In den Jahren 1761 und 1781 entstanden Beschädigungen durch Blitzeinschläge am Turm.[982] Weitere Schäden folgten, als im Jahre 1807 napoleonische Soldaten in der Kirche Russen und Preußen gefangen hielten. Die Kirche wurde in den folgenden Jahren bis 1815 wieder hergerichtet.[983]

In den Jahren 1819 – 1820 mußte man das Dach gründlich instandsetzen. In den nächsten Jahren erfolgten lediglich kleine Ausbesserungsarbeiten.[984]

In den Jahren 1859 und 1871 wurde die Pfarrkirche innen und außen von Grund auf restauriert. Zunächst beauftragte man Bauinspektor Bükner aus Ortelsburg, einen Restaurierungsplan zu entwerfen. Baumeister Behrendt aus Lautern überarbeitete die Planung.[985]

266 Von 1866 – 1868 dauerten die wesentlichen Restaurierungsarbeiten. Baurat Nöring übernahm, beauftragt vom Kirchenkollegium, die Bauleitung. Nach Begutachtung durch Ferdinand von Quast und August Stüler wurden am Bau Erneuerungen im neugotischen Stil vorgenommen.[986] Während dieser Herstellungsarbeiten ummauerte man aus statischen Gründen die Außenstreben an den Längswänden rechteckig. Auch wurden

264, 265 die unvollendeten Südeckstreben in ihrer heutigen Form mit den eigenwilligen Bekrönungen nach Entwürfen von Baurat Nöring umgestaltet. Die Halbgiebel über den Seitenkapellen und die Halbgiebel neben dem Turm zum Langhaus wurden nach Plan-

270 vorschlägen von Quasts wieder hergestellt. Die fehlenden glasierten Formsteine am Turm ließ Nöring nach altem Muster erneuern. Die Fenster rekonstruierte er nach vorgefundenen Resten unter dem Dach der später angefügten Westvorhalle.[987] Besonders

---

979 Arendt (1927), S. 7.
980 Zink (1938), S. 87: *"Capellae Ex auderibus reductae in Formam A(nn)ó D(omi)NI 1721 Petrvs Olchowsky M: Reßeliensis"*. Die Inschrift befindet sich auf der Westwand der Ostturmkapelle. Arendt ebenda, S. 4.
981 Wünsch (1933), S. 73.
982 Arendt (1927), S. 4f.
983 Ebenda, S. 12f. Wünsch (1933), S. 73.
984 Wünsch a.a.O.
985 Arendt (1927), S. 19f. N.N. (1871), Heft 2, S. 52 – 66.
986 Dehio / Gall (1952), S. 246. N.N. (1871), Heft 2, S. 60 und 66.
987 Zink (1938, S. 87) verwechselte auf dieser Seite die Himmelsrichtungen. Die Kirche ist nicht ausgerichtet. Der Chor zeigt demnach nicht nach Osten, sondern nach Norden. Die von Zink bezeichnete *"Nordvorhalle"* befindet sich demnach im Westen (siehe Grundriß)! Auch Gall und Antoni (Nordrichtung falsch eingezeichnet) verwechselten die Himmelsrichtungen und beachteten die Nord–Südausrichtung nicht. Wünsch (1933, S. 76) erkannte zwar die Nichtausrichtung der Kirche, verwendete aber bewußt der Einfachheit halber die Himmelsrichtungen, als sei die Kirche nach Osten ausgerichtet.

schadhaft waren die Gewölbe im Mittelschiff, die teilweise nach alter Vorgabe neu aufgemauert werden mußten. Die ursprünglich schmucklosen Westgiebel neben dem Turm ließ Nöring nach den Vorbild des Ostgiebels erneuern. Dabei stellte er fest, daß die Wand nur sehr dünn war und eher einen provisorischen Charakter besaß. Zur Verstärkung wurde über den Gewölben ein stärkerer Spitzbogen angelegt. Bei der Fußbodenherstellung entdeckte Nöring, daß dieser ursprünglich tiefer lag und mit Tonfliesen bedeckt war.[988]

Nach den Vorschlägen von Quasts ließ Nöring die alte welsche Haube auf dem Turm abtragen und durch eine im neugotischen Stil geformte Laterne ersetzen.[989]

Den Innenraum der Kirche malte 1925 der aus Hannover stammende Maler Olbers aus. Im Jahre 1930 erneuerte man das noch aus dem Mittelalter stammende Dach.[990] Wünsch bemerkte zum spätmittelalterlichen Dachwerk: **261, 262**

> *Der obere Teil des Daches war selbständig durchgebildet und stand auf zwei starken, auf dem Mauerwerk über den Arkandenbögen errichteten, gezimmerten Wänden. Er bestand aus einem binderlosen, deutschen Kehlbalkendach mit drei Kehlbalken und einer mittleren, bis zum First reichenden Säule, dessen Längsverband durch Riegel und Schrägstreben gebildet wurde.[991]*

1973 wurde die Allensteiner Pfarrkirche zur ermländischen Konkathedrale erhoben.[992]

4.9.2 Baubeschreibung

4.9.2.1 Grundriß

Die auf der Südostseite der Stadt gelegene Kirche richtet sich an dem planmäßig angelegten Rastersystem der Stadtanlage aus. Daher ist sie im Gegensatz zu den meisten ermländischen Kirchen nicht geostet. Der Chor zeigt nach Norden. **259, 260**

Bedingt durch den integrierten quadratischen Turm zusammen mit den Seitenkapellen und der innenliegenden Sakristei bildet der Grundriß der Kirche ein geschlossenes Orthogon. Die äußeren Maße betragen 58 x 24,8 Meter. Die Raummaße des Mittelschiffs betragen 44 x 9 Meter, die Seitenschiffe haben eine Raumbreite von 4,6 Metern.[993] Der Bau besitzt außer der in späterer Zeit angefügten Westvorhalle, gelegen im dritten Joch vom Turm aus, keine weiteren Anbauten.

Der gestreckte Hallenraum ist in sechs Joche gegliedert. Der in den Hallenraum einbezogene Turm ist zwei Joche breit und verlängert somit den Grundriß um eine Gesamtlänge von acht Jochen. Dabei ist zu beachten, daß die beiden Turmjoche eine geringere Breite besitzen als die übrigen Joche. Daraus ergibt sich, daß der Turm von Anfang an

---

988 N.N. (1871), Heft 2, S. 62, 64f.
989 Wünsch (1933), S. 73.
990 Dehio / Gall (1952), S. 246.
991 Wünsch (1933), S. 75, 83.
992 Pruszak (1990), S. 40.
993 Dehio / Gall (1952), S. 246. N.N. (1871), Heft 2, S. 55. Wünsch (1933), S. 76.

mit in den Grundriß einbezogen wurde und die Raumteile neben dem Turm als Kapellen geplant waren.

Die längsrechteckigen Mittelschiffsjoche verhalten sich zu den querrechteckigen Seitenschiffsjochen proportional 1 : 2. Das Mittelschiff wird durch oktogonale Pfeiler von den Seitenschiffen getrennt. An den Schmalseiten befinden sich Halbpfeiler. Dabei läßt sich beobachten, daß die am Turm anschließenden Halbpfeiler zunächst reich profiliert beginnen und in etwa zweidrittel Höhe nach der Planänderung in einfacherer Form vollendet wurden.

4.9.2.2 Chor und Giebel

Die Kirche hat kein ausgebildetes Presbyterium, sondern einen geraden Chorschluß. An der Außenseite erhebt sich die Chorwand ohne Sockel bis hin zu den beiden übereinander liegenden, horizontalen Putzbändern unter der Traufe. In der Vertikale wird die Wand durch flache Strebepfeiler gegliedert. Die Streben haben hohe Sockel, die in etwa zwei Metern Höhe leicht zurückspringen. Die beiden Mittelstreben und der Eckpfeiler der Epistelseite besitzen an den Kanten eine vierfach abgestufte, reiche Profilierung. Die Außenkanten sind gefast, in der Mitte der Profilierung setzen sich zwei Rundstäbe ab. Aufgrund der Planänderung nach dem Brand von 1400 bricht in etwa zweidrittel Höhe diese Eckprofilierung ab. Zwischen den Streben befinden sich drei spitzbogige, hohe Fenster, wobei das mittlere breiter ist. Über dem Doppelputzband erhebt sich der reich ausgebildete, bis zur Wetterfahne etwa 38 Meter hohe Chorziergiebel.[994] Zwischen den schlanken, übereck gestellten Fialen befinden sich neun vertiefte und mit Kalkmörtel verputzte Spitzbogenblenden. Über diesen ragen offene Windlöcher über die Dachfläche hinaus. Die Spitzbögen über den Windlöchern besitzen eine umlaufende Kehlung. Die Giebelfläche hat kein horizontal verlaufendes Band. Auf der Giebelspitze ist ein Signalglockentürmchen angebracht.[995] Statt einer runden Öffnung wurde unterhalb des Signaltürmchens eine Halbkreisblende angelegt, darunter eine Spitzbogenblende, unter der sich wiederum eine Halbkreisblende befindet. In den beiden Blenden neben der Mittelblende ordnen sich übereinander je zwei spitzbogige Fensteröffnungen an, die zur Beleuchtung des Dachbodens dienen. Ein ähnlich ausgebildeter Giebel, errichtet nach 1400, findet sich als Nordostgiebel der Allensteiner Burg. Beide Giebel zeigen deutlich einen für ihre Entstehungszeit typischen Vertikalismus. Bei dem Burggiebel gibt es, allerdings noch leicht aus der Wandfläche vorstehend, in den Blenden eine sehr feine, horizontal laufende Läuferschicht. Auch sind die Blendbögen etwas breiter angeordnet als an der Pfarrkirche. Demnach ist wohl der Burggiebel etwas früher entstanden. Der Chorgiebel wurde wohl vom gleichen Baumeister in feineren Verhältnissen errichtet, dabei gestaltete er die horizontalen Blenden ohne Horizontalbänder und verschmälerte die Blendenbreite. Der Giebel entstand wohl im ersten Viertel des 15. Jahrhunderts.

---

994 Boetticher (1894), S. 11.
995 N.N. (1871), Heft 2, S. 53.

4.9.2.3 Langhaus

Der gesamte Baukörper der Allensteiner Stadtpfarrkirche wurde im gotischen Verband errichtet. Die Ziegel besitzen Klosterformat mit den Maßen 8 – 8,5 x 14,5 x 31 cm und eine Höhe von etwa 10 cm.[996]

269 –
271

Die Kirche zu Allenstein weist alle typischen Merkmale der ermländischen Hallenkirchen auf. Der Chor schließt gerade, die Halle wird durch achteckige Pfeiler in drei Schiffe geteilt, über dem Chor erhebt sich ein Schaugiebel und ein mächtiges Satteldach überspannt alle drei Schiffe. In einem wesentlichen Punkt unterscheidet sich der Baukörper von den übrigen Stadtkirchen: Die Allensteiner Stadtpfarrkirche besitzt eine ausgeprägte Wandgliederung.

Über einem Sockel, der etwa 8 cm über das übrige Mauerwerk vorspringt, vermittelt ein Viertelstab den Übergang zur darüberliegenden Mauer. An einigen Stellen treten im Sockel Fundamente aus Granitfindlingen hervor.

Das eigentlich außen liegende Strebepfeilersystem ist zur Hälfte in den Innenraum gelegt. So war es möglich, der Wand eine völlig neue Gestaltung zu geben. Geplant waren ursprünglich Blendbögen als obere Abschlüsse der Wandvorlagen. Das Strebepfeilersystem ist somit in die Wandgliederung integriert. Der Plan wurde jedoch nur im Innenraum ausgeführt. Außen sind die unvollständig angelegten Blendbögen vierfach abgestuft, dabei sind die äußeren Ecken gefast, danach folgt auf einen Birn– ein Rundstab. Im Innenraum sind die Blenden analog den äußeren projektierten Blendbögen angelegt und vollständig ausgeführt. Zink vermutete dafür statische Gründe: Die oberen Teile der Umfassungsmauer wären sonst zu schwach gewesen.[997]

286,
287

Die Außenstreben wurden 1866 in ihre heutige Gestalt verändert. Ursprünglich glichen sie den Streben der Ostwand und der Turmkapellen. Im Innenraum bilden die abgestuften Strebepfeiler Wandvorlagen, die im oberen Drittel zu spitzbogigen Nischen zusammenlaufen. Zink vermutete, daß diese Gestaltung ursprünglich auch bei den Außenwänden als Wandvorlage geplant war.[998] Dies bestätigt der Baubefund heute noch. So besitzen die äußeren und inneren Strebepfeilerteile nicht nur den gleichen Querschnitt, sondern auch im unteren Bauabschnitt die gleiche Formsteingliederungen. In kongenialer Weise gestaltete Wandgliederungen finden sich an der 1393 begonnenen Fassade des neuen altstädtischen Rathauses in Thorn, an der Gastkammer im Mittelschloß der Marienburg[999] sowie an der Innenwand der Rößeler Stadtpfarrkirche. In Rößel sind allerdings die inneren Nischenflächen wesentlich breiter angelegt als die Flächen zwischen den äußeren Strebepfeilern. Auch sind die Nischen nicht besonders durch Formsteine oder Abstufungen an den Kanten gegliedert. Wünsch erkannte in der um 1360 – 1380 entstandenen Rößeler Stadtpfarrkirche eine Vorstufe zur Allensteiner

258

---

996   Wünsch (1933), S. 79.
997   Zink (1938), S. 85.
998   Le Mang (1931, S. 12) datierte den Bau fälschlich gegen Ende des 15. bis Anfang 16. Jahrhunderts und interpretierte eigenartigerweise die besondere Wandgliederung wie folgt: *"Gegen Ende des 15. Jahrhunderts werden die Kapellen zwischen die Strebepfeiler zu flachen Nischen"*. Sie gab hierfür die Allensteiner Kirche als Beispiel an. Die Innenwandgliederung als eine beabsichtigte Kapellenanlage zu interpretieren ist falsch. Es handelt sich eindeutig um eine Wand– und nicht Raumgliederung.
999   Wünsch (1933), S. 67.

Kirche.[1000] Die Gestaltung der Innenwände mit großen Blendnischen unternahm man bereits bei den Langhäusern von Pelplin, Preußisch Stargard, Bartenstein und Wormditt. Die Entstehung dieser Besonderheit läßt sich besonders in der Mitte des 14. Jahrhunderts beobachten. In Allenstein wird im Gegensatz zu den vorgenannten Kirchen nicht nur die Langhausinnenwand, sondern auch der Außenbau durch eine projektierte Blendengliederung bereichert. Dies stellt ein Novum dar und ist als Weiterentwicklung der gliedernden Tendenzen der Zeit zu verstehen. Aufgrund der Blendengliederung der Innenwand erscheint der Raum großzügig und ausladend.

283, 289 Die wohl erst kurz nach Vollendung des Langhauses nachträglich eingebaute Sakristei ist eigenartigerweise in das letzte Joch des Seitenschiffs auf der Epistelseite des Chors integriert. Dadurch wird dieser Raumteil außen nicht sichtbar: Eine Erscheinung, die bei den übrigen ermländischen Kirchen nicht zu finden ist. Der mit zwei Kreuzgraten überwölbte Sakristeiraum war ursprünglich nur vom Kircheninneren aus zugänglich und reicht in seiner Höhe bis fast an die Sohlbank der Schiffsfenster. Darüber befindet sich eine offene Empore. In den Jahren um 1609 wurde anläßlich von Restaurierungsarbeiten bei einer Visitation die Empore als kleiner Orgelchor bezeichnet, und noch 1798 wird urkundlich eine "Organum minus" auf der Empore erwähnt.[1001] Die Brüstung scheint eine neugotische Schöpfung zu sein.

Der vorherrschende Raumeindruck ist trotz der reichen Wandgliederung nahezu identisch mit dem der übrigen ermländischen Hallenkirchen. Die glatten Pfeiler sind achteckig und besitzen Sockel, die analog dem äußeren Mauersockel gebildet sind. Oben schließen die Pfeiler mit einem breiten, etwa 4 cm vorspringenden kämpferartigen Kapitell ab. Die Oberkante der Pfeiler liegt bei 9,5 Metern, der Scheitel der Mittelschiffsgewölbe ist 15 Meter hoch.[1002] Die Scheidbögen sind zum Mittelschiff und zu den Seitenschiffen je vierfach abgestuft, dabei sind die Außen- und Innenkanten der Formsteine abgekantet, ähnlich wie in Seeburg und der Stadtpfarrkirche in Frauenburg.

273 Neben dem Turmportal besitzt die Kirche noch zwei Eingänge. Der Westeingang, im dritten Joch vom Turm aus gesehen, befindet sich noch an seiner ursprünglichen Stelle. Auf der entsprechenden Stelle des südlichen Seitenschiffs befand sich ebenfalls ein spitzbogig und mit Schrägen und Rundstab abgestuftes Portal. Es ist heute vermauert. Die zur Stadtseite gelegenen Eingangshallen wurden in den Jahren der Restaurierung von 1866 – 1868 völlig abgetragen. Zink vermutete, daß diese Vorhalle einst auf älteren Fundamenten errichtet wurde und somit schon in der ersten Planausführung projektiert worden war.[1003] Die heutige Vorhalle mit Putzfries, glasierten Ziergliedern und übereck gestellten Strebepfeilern ließ Architekt Nöring nach seinen Plänen neu errichten. Der gegenüberliegende Eingang wurde vermauert und der neben dem Turm befindliche ältere, einst vermauerte, wieder geöffnet.

1000   Ebenda, S. 68.
1001   Arendt (1927), S. 10, 25.
1002   Dehio / Gall (1952), S. 246. N.N. (1871), Heft 2, S. 55. Wünsch (1933), S. 76.
1003   Zink (1938), S. 88.

Das Turmportal ist besonders reich profiliert. Die Gewände setzen sich aus abgefasten Steinen sowie Rund– und Birnstäben zusammen. Das Hauptgesims unterhalb der Traufe wurde 1866 durch ein steigendes Karnies erneuert. [1004]

265, 269

4.9.2.4 Turm

Schon in der Grundrißgestaltung zeigt sich, daß die Turmanlage und die daran anschließenden Kapellen zur ursprünglichen Planung gehörten.

Der Turm ist über dem Erdgeschoß in sieben Stockwerke geteilt. Das glatte Erdgeschoß ist mit einem reich mit Formsteinen gestuften Portal versehen. Darüber befindet sich eine Kreisblende mit einem in den Jahren 1866 – 1868 erneuertem Maßwerk. Jedes Stockwerk ist mit einer Reihe von sechs gekuppelten Spitzbogenblenden überzogen. Die oberen fünf Stockwerke sind durch Putzbänder getrennt. Deutlich zeigt eine durchlaufende Baunaht über dem zweiten Stock die beiden Bauabschnitte. Auch ist die Tonfärbung unter der Baunaht dunkler und die darüber liegende etwas heller. In den unteren horizontalen Putzfriesen und den Spitzbogenblenden befinden sich grünglasierte Formsteine mit Maßwerkelementen.

266 – 269

Bis zum Hauptgesims mißt der Turm eine Höhe von rund 40 Metern, die Gesamthöhe bis zur Kreuzblume der Laterne beträgt etwa 61 Meter.[1005] Den Abschluß bildet ein mit Mönch und Nonne eingedecktes Zeltdach. Dabei wird die quadratische Fläche ins Achteck übergeleitet.

Bereits von Quast erkannte, daß unter den ermländischen Kirchtürmen der von Allenstein der am reichsten und lebendigsten gegliederte ist.[1006] Seine Erscheinung und der über alle drei Schiffe errichtete Ostgiebel beherrschen das Stadtbild. Über den Bauverlauf des Turms sind keine Zeugnisse zu finden. Von Quast nahm an, daß der Turm schon vor der Schlacht von Tannenberg/ Grunwald (1414) vorhanden war. Die engmaschige Gestaltung entspricht der Formsprache des ausgehenden 14. Jahrhunderts.

Zunächst wurde der Turm mit einem glatten Erdgeschoß und den beiden aufwendig und reich gegliederten unteren Geschossen vollendet. Deutlich ist zu erkennen, daß die Eckziegel der Blendarkaden bis ins dritte Geschoß mit einen umlaufenden Birnstab versehen sind. Im dritten Geschoß bricht in etwa zweidrittel Höhe der Blendbögen diese Zierform ab. Der Turm blieb zunächst unvollendet. In seinem Innern wurden über der Eingangshalle zwei Geschosse eingerichtet. Das erste Geschoß war ursprünglich emporenartig zum Mittelschiff hin geöffnet. Heute ist diese Öffnung durch die später angefügte Orgelbühne zugestellt. Über diesen beiden Untergeschossen errichtete man einen Fachwerkaufbau, der zunächst eine provisorische Bretterverschalung erhielt. Diese Holzkonstruktion ist noch heute im Kern erhalten. Zink beobachtete, daß

1004 Wünsch (1933), S. 79.
1005 Ebenda, S. 76.
1006 Von Quast (1852), S. 45.

der erste Bau aufgrund der Verwitterungsspuren einmal freigestanden haben muß. Der erste Turm wird bereits in den Visitationsberichten von 1565 als *"Campanile"* bezeichnet.[1007]

Der massive Ausbau des Glockenturms wurde schon 1562 beschlossen, und die Allensteiner Bürgerschaft erhielt vom Domkapitel am 30. Juli 1562 die Genehmigung hierzu.[1008] Doch 1575 findet sich der Hinweis, daß für den *"beabsichtigten"* Turmausbau die Bürgerschaft und Landbevölkerung um Spenden gebeten wurden. Demnach war der Ausbau noch nicht begonnen[1009]. Erst seit 1582 gibt es Anzeichen dafür, daß am Turm gearbeitet wurde, es mehren sich Legate, und das Domkapitel gewährt ein Darlehen von 200 Mark. Im Jahre 1596 bezeugt eine Urkunde die Turmvollendung.[1010] Wie stark die Schulden auf der Kirchengemeinde lasteten, bezeugen Rückstände, die noch bis ins Jahr 1623 bestanden.[1011] Dies mag einer der Gründe dafür sein, daß die bereits begonnenen Seitenkapellen am Turm nicht vollendet wurden.

Vorbilder für die Turmgestaltung von Allenstein gibt es aus der Zeit des beginnenden 15. Jahrhunderts. So verglich Ulbrich den Turm von Allenstein mit dem von Braunsberg (1420 – 1430) und stellte eine Verwandtschaft fest.[1012] Die massige Gestaltung sowie die Geschoßteilung mit kleinteiliger, additiver Blendfenstereinteilung zeigen Ähnlichkeiten mit der Turmgestaltung von Wartenburg (1386 – 1450).

1641 erhielt der Turm eine neue Wetterfahne. Es folgen in den nächsten Jahren Instandsetzungsarbeiten, die nach Blitzschlägen erforderlich waren. So wurde im Jahre 1738 das Dachwerk des Turms instandgesetzt.[1013] In den Jahren 1761 und 1781 wurde der Turm erneut durch Blitzeinschläge beschädigt.[1014]

Die heutige Laterne im neugotischen Stil wurde 1866 an Stelle einer welschen Haube aufgesetzt.[1015] Deutlich ist am Bau zu erkennen, daß die obere Arkadenblende erneuert worden ist und das darüber befindliche durchlaufende Bogenband und dreifach abgesetzte Abschlußband neu hinzukamen.

Zink vermutete, daß der Turm ursprünglich in das rechteckige Kirchenschiff einbezogen werden sollte, wie dies in Seeburg realisiert wurde. Ein Planwechsel zu vereinfachter Form verhinderte vorerst die Vollendung.[1016] Die mit dem Langhaus gleichzeitig fundmentierten Turmkapellen wurden erst 1721 notdürftig vollendet und mit Pultdächern versehen.

1007   Zink (1938), S. 58f. Die gleichen Beobachtungen finden sich bei N.N. (1871), Heft 2, S. 57f, dort Anm. 6.
1008   Arendt (1927), S. 2. Wünsch (1933), S. 70.
1009   a.a.O. Zink (1938), S. 87.
1010   Arendt ebenda, S. 3. Dehio / Gall (1952), S. 248. Wünsch a.a.O.
1011   Wünsch ebenda, S. 71.
1012   Ulbrich (1932), S. 32.
1013   Wünsch (1933), S. 73.
1014   Arendt (1927), S. 4f.
1015   Dehio / Gall (1952), S. 248
1016   Zink (1938, S. 17), Schmauch (ZGAE, Bd. 27, S. 400), Boetticher (1894, S. 11) und Ulbrich (1932, S. 31) irrten sich, wenn sie schrieben, daß der Turm *"... ursprünglich freistehend ..."* geplant war. Der Baubefund zeigt eindeutig, daß der Turm in das Langhaus eingestellt wurde und somit von Anfang an geplant war.

Beide Kapellen besitzen eine Spitzbogenöffnung zur Turmhalle, die in der Art des Turmportals mit Formsteinen gestaltet ist. Zu den Seitenschiffen öffnen sich die Kapellen in voller Breite mit einem Spitzbogen.

Gall und Zink erkannten, daß diese Öffnungen erst später eingebrochen wurden und vor der Kapellenvollendung als Notabschluß zu den Seitenschiffen vermauert waren. Dies bezeugt auch die geringe Stärke der Mauern und ihr ungünstiger Anschluß an die Wandvorlagen. Zink vermutete für die obere Blendengliederung, die im Innenraum sichtbar wird, dekorative Absichten.[1017]

291
278,
279

Das Kreuzgewölbe in der Turmeingangshalle wurde während der Restaurierung von 1866 – 1868 eingefügt.[1018]

4.9.2.4 Gewölbe

Gall und Wünsch nahmen an, daß die Gewölbe erst spät eingezogen wurden, nachdem zunächst eine notdürftige Flachdecke vorhanden war.[1019]

280 –
284

Über dem Mittelschiff spannen sich flache Kuppelgewölbe mit einem sehr engmaschigen Rippennetz, gebildet aus Rauten und Parallelogrammen. Die Seitenschiffe besitzen Zellengewölbe, wobei die Gewölbe im dritten Joch vom Turm aus über den Seiteneingängen und im Mittelschiff in besonders reicher Sternform gebildet sind.

293,
294

295,
296

Gall mutmaßte wohl richtig, wenn er die Mittelschiffsgewölbe dem Meister Nikolaus aus Allenstein um 1530 zuschrieb. Dieser war nachweislich zu dieser Zeit mit den Gewölben der Allensteiner Burgkapelle St. Annen beschäftigt.[1020]

Analog gestaltete Maschennetzgewölbe befinden sich in der Danziger Marienkirche (1499 – 1502), in der Marienkirche in Elbing (nach Brand 1504) und in der Pfarrkirche St. Johannes in Marienburg (nach Einsturz 1534 neu gewölbt). Im Hochstift Ermland gibt es ähnliche Formen nur im Mittelschiff der Wartenburger Stadtpfarrkirche. Sie besaß ursprünglich Sterngewölbe, die nach dem Brand von 1544 zum größten Teil als maschennetzförmige Gewölbe erneuert wurden. Aufgrund der Branddatierung von Wartenburg lassen sich die Allensteiner Gewölbe ebenfalls in diese Zeit ansetzen.

Gall datierte die Zellengewölbe der Seitenschiffe in die Mitte des 16. Jahrhunderts. Er begründete dies damit, daß die Zellengewölbe in der Art des wohl aus Danzig stammenden Meisters Matz gestaltet wurden.[1021]

Das Gewölbe mit der quadratischen Rippenführung im Mittelschiff vor dem Turm hielt Zink für eine spätere Ergänzung, gab hierfür aber keine Zeitangabe.[1022] Ebenso be-

290

1017   Zink ebenda, S. 85. Dehio / Gall (1952), S. 247.
1018   a.a.O.
1019   Dehio / Gall a.a.O. Wünsch (1933), S. 70.
1020   Zink (1938), S. 85. Boetticher (1894, S. 11) datiert die Gewölbe ungenau vor dem Ende des 15. Jh. Ulbrich (1932, S. 32) sah ebenso Meister Nikolaus als Schöpfer der Gewölbe.
1021   Dehio / Gall (1952), S 247. Zink (1938, S. 87) datierte noch ungenauer und gab an, daß die Gewölbe im 16. Jahrhundert entstanden sein dürften.
1022   Zink (1938), S. 90. Diese These veröffentlichte bereits Arendt (1927, S. 17) in seiner Urkundensammlung. So findet sich in einer Baubeschreibung aus dem Jahre 1858 der Vermerk: *"Das westliche, über dem großen Orgelchor befindliche (Gewölbe) hat augenscheinlich nicht mehr seine*

merkte Wünsch: *"Ob das Gewölbe anders ausgebildet ist, weil man es als letztes ausführte, oder weil es inzwischen eingestürzt war und neu aufgeführt werden mußte, ist nicht bekannt."*[1023]

296, 297
Als Besonderheit betrachtete Zink die aus Ton gefertigten, farbig bemalten Köpfe der Gewölbekonsolen. Im Mittelschiff befinden sie sich über den Kämpfern der Pfeiler, oberhalb der kurzen Dienstansätze an dem Punkt, an dem die Gewölberippe sich zu drei Strahlen teilt. Dargestellt werden Könige, Bischöfe und bärtige Männer. Ähnliche Konsolen finden sich in der Danziger Marienkirche.[1024]

4.9.3 Zusammenfassung

4.9.3.1 Erster Bauabschnitt

Um 1370 – 1380 beginnt der erste Baumeister mit dem Bau der Stadtpfarrkirche. Alle Strebepfeiler, Wandvorlagen und Arkadenstützen werden aufwendig mit Rund– und Birnstab gestaltet. In der Grundrißdisposition folgt der Baumeister dem ermländischen Hallenkirchentyp, konzipiert aber die Wandgliederung nach ordensländischen Vorbildern. Beabsichtigt sind außen und innen Blendnischen. Der große Stadtbrand von 1400 verursacht eine Bauunterbrechung.

4.9.3.2 Zweiter Bauabschnitt

Nach einer längeren Baupause wird der ursprüngliche Plan vom zweiten Baumeister aufgegeben und der unvollendete Bau zügig fertiggestellt. Die unteren Wände des Langhauses sind zu diesem Zeitpunkt schon vorhanden. Ihre Weiterführung wird vereinfacht. So erhalten die Pfeiler der Arkaden nur eine glatte Ausbildung. Die Halbpfeiler an den Schmalseiten werden einfach als halbe Achtecke weitergeführt. Ebenso wird das Arkadenprofil vereinfacht. Der Querschnitt der äußeren Streben wird aus dem Trapez ins Rechteck überführt und die darüber hinausstehenden Zierglieder schräg abgedeckt.

Die an der Innenwand der Seitenschiffe liegenden Strebepfeiler werden aus statischen Gründen noch entsprechend dem ersten Entwurf vollendet.

Die anfänglich beabsichtigte reiche Ausführung mit Formsteinen wird nur bei den Portalen und Wandvorlagen der Seitenschiffe sowie den Eckstrebepfeilern, insbesondere an der Ostseite mit Rund– und Spitzbogenblenden sowie Nischen, verwirklicht.

Der Innenraum wird vorerst mit einer provisorischen Holzdecke geschlossen.

1022   Zink (1938), S. 90. Diese These veröffentlichte bereits Arendt (1927, S. 17) in seiner Urkundensammlung. So findet sich in einer Baubeschreibung aus dem Jahre 1858 der Vermerk: *"Das westliche, über dem großen Orgelchor befindliche (Gewölbe) hat augenscheinlich nicht mehr seine frühere Form, ein Beweis, daß es schadhaft geworden und nach erfolgtem Abbruch neu hergestellt wurde."*

1023   Wünsch (1933), S. 80.

1024   Zink (1938), S. 90, Dehio / Gall (1952), S. 248.

Der von Anfang an projektierte Turm mit seinen starken Fundamenten innerhalb der Umfassungsmauern bleibt unvollendet und erhält einen provisorischen Holzabschluß. Die Mauern sind wohl bis 1400 bis zur Höhe von drei Stockwerken fertiggestellt. Zu den Seitenschiffen hin errichtet man einen Notabschluß, da die Seitenkapellen zunächst unfertig stehen bleiben. Der Turmoberbau wird in Fachwerkbauweise aus Holz mit einer Bretterverschalung vollendet.

4.9.3.3 Dritter Bauabschnitt

Die Mittelschiffsgewölbe mit Rippenprofilen werden wohl durch den Meister Nikolaus aus Allenstein um 1530 eingezogen. Etwas später, in der Mitte des 16. Jahrhunderts, entstehen die Zellengewölbe der Seitenschiffe, die aufgrund ihrer Gestaltungsweise dem aus Danzig stammenden Meister Matz zugeschrieben werden.

Im Jahre 1562 wird der Turmausbau in Stein genehmigt, allerdings erst 1582 – 1596 ausgeführt.

4.9.3.4 Vierter Bauabschnitt

Die niedrigen Seitenkapellen werden 1721 vollendet und zu den Seitenschiffen hin geöffnet.

4.10 Rekonstruktion von drei umgestalteten gotischen Stadtkirchen

4.10.1 Mehlsack/Pieniężno, Stadtkirche St. Peter und Paul

4.10.1.1 Baugeschichte

313 Im Jahre 1282 wird ein Prußendorf mit Feste als *"Malcekuke"* an der Walsch urkundlich erwähnt. Erst im Jahre 1288 erhielt das Frauenburger Domkapitel die Landschaft Wewa, in dem der Ort Mehlsack liegt, als endgültigen Besitz. Um 1295 beschloß das Domkapitel, dem Ort die Stadtrechte zu verleihen.[1025] Als Lokator und erster Schulze wurde Theoderich von Lichtenfeld vom Domkapitel eingesetzt, um die Stadt planmäßig auszubauen. Er verkaufte seine Rechte zunächst an Heinrich, einen Bürger und Wollweber von Preußisch Holland, der wiederum seine Rechte 1312 dem Bürger Friedrich übertrug. Im Jahre 1312 bestätigt das Domkapitel die bestehende Handfeste mit kulmischem Recht und 121 Hufen. Die Pfarrkirche wurde darin mit sechs Hufen dotiert.[1026] Die Patronatsrechte erhielt das Frauenburger Domkapitel.[1027] Die Stadtpfarrkirche gehörte zum Archipresbyterat Mehlsack.

Das Domkapitel besaß noch ein burgartig befestigtes Kapitelhaus in Mehlsack. Dort residierten die Frauenburger Dompröpste, die zugleich Domherren des Frauenburger Domkapitels waren und die Kapitelbesitzungen verwalteten. Die burgartige Domkurie liegt in der Nordwestecke der Stadt. Weiterhin befand sich das Landgericht für den Kapitelgrundbesitz in dieser Stadt.[1028]

Direkt neben der befestigten Domkurie errichtete man die erste Stadtpfarrkirche. Das Langhaus orientierte man an der Lage der Burg, weshalb der Chor nicht nach Osten, sondern nach Südosten ausgerichtet ist.

Dittrich beschrieb die gotische Kirche als einschiffig mit plattem Chor und datierte den Bau in die zweite Hälfte des 14. Jahrhunderts.[1029] Boetticher vermutete die Errichtung gleichfalls gegen Ende des 14. Jahrhunderts, noch in der Regierungszeit Bischof Heinrichs III. Sorbom (1373 – 1401).[1030] Gall dagegen datierte den Ausbau der einschiffigen Kirche in die erste Hälfte des 14. Jahrhunderts. Seiner Meinung nach wurde sie in der zweiten Hälfte des 14. Jahrhunderts zur dreischiffigen Halle ermländischen Typs erweitert.[1031]

Die Kirche war den Aposteln Petrus und Paulus geweiht. Eine Urkunde von 1649 bezeugt, daß nach einigen Stadtbränden man *"ex speciali voto"* den hl. Nikolaus als

---

1025 Boetticher (1894), S. 177. Dehio / Gall (1952), S. 180.
1026 CDW, Bd. I, R. Nr. 260, S. 91; D. Nr. 163, S. 282. Weise (1981), S. 139. Mitte des 14. Jh. erhielt die Stadt zusätzlich 18 Hufen Wald.
1027 Boetticher (1894), S. 179.
1028 ZGAE (B. Poschmann), Bd. 30, S. 235.
1029 ZGAE (Dittrich) Bd. 8, S. 604. Zink (1938, S. 7) ließ die Kirche bei seinen weiteren Betrachtungen völlig außer Beachtung, da der Bau bereits 1895 abgebrochen wurde.
1030 Boetticher (1894), S. 179.
1031 Dehio / Gall (1952), S. 181.

Schutzpatron hinzufügte.[1032] Tidick vermutete, daß die Bevorzugung von Aposteln als Schutzpatrone auf das Betreiben von Bischof Eberhard von Neiße zurückzuführen sei.[1033]

Der erste Pfarrer Echardus läßt sich bereits seit 1304 urkundlich belegen. Danach folgte ein Pfarrer Johannes, über den nichts bekannt ist. Nachfolger wurde Theodericus, der 1374 an der Prager Juristenfakultät studierte.[1034]

Am 7. Mai 1374 genehmigte das Frauenburger Domkapitel die Stiftung einer Vikarie in der Pfarrkirche zu Mehlsack durch Peter Thamm.[1035] Demnach war zu dieser Zeit der Bau wohl vollendet und im Innenraum wurden Altäre eingerichtet.

Nachfolger des Pfarrers Theodericus wurde Pfarrer Peter Steinbutte, der als Notar des Bischofs und seit 1413 als "decanus ecclesie s. salvatoris in Guttstad" genannt wird.[1036]

Im Schadensbericht von 1414, nach dem Krieg zwischen dem Deutschen Orden und Polen–Litauen wird die Kirche als ausgeplündert und zerstört aufgeführt.[1037]

Im Städtekrieg (1454 – 1466) war Mehlsack als einzige Stadt auf der Seite der Bündner. Im Jahre 1455 wurde es von Heinrich Reuß von Plauen erobert, jedoch bald wieder vom Orden zurückgewonnen. Die Stadtkirche erlitt dabei durch Plünderung erneut starke Schäden.[1038] Im Reiterkrieg eroberte 1520 Hochmeister Albrecht die Stadt. Die Wiederherstellung der beschädigten Kirche erfolgte einige Jahre später. Das Gotteshaus und den Hochaltar konnte schließlich am 15. August 1554 Bischof Stanislaus Hosius *"in honorem ss. Petri et Pauli apostolorum et s. Nikolai"* erneut weihen.[1039]

Mehlsack wurde im Jahre 1626 von schwedischen Truppen mit König Gustav II. Adolf an der Spitze erobert und im darauf folgenden Jahr von polnischen Truppen zurückerobert. Dabei brannten nicht nur große Teile der Stadt, sondern auch die Pfarrkirche nieder.[1040]

Boetticher nahm an, daß die 1895 abgetragene gotische Stadtkirche ursprünglich dreischiffig war und Sterngewölbe besaß. Als Grund für seine Vermutung verwies er auf die Verwendung von Strebepfeilern.[1041] Dittrich lehnte diese Behauptung ab und konstatierte, daß bei den Visitationen nie ein Gewölbe erwähnt worden sei. Er berief sich auf einen Hinweis in der Visitation von 1581. Dort wird der Kirchenraum als *"tabulatum ligneum pictum"*, also mit einer geschlossenen und bemalten Bretterdecke, beschrieben. 1724 ist die Decke mit den Worten: *"Cum tabulato assericio nunc satis*

1032 ZGAE (Dittrich), Bd. 8, S. 605.
1033 ZGAE (Tidick), Bd. 22, S. 375f.
1034 SRW, Bd. I, S. 428.
1035 CDW, Bd. II, Nr. 508, S. 545.
1036 SRW, Bd. I, S. 428. CDW, Bd. III, S. 491.
1037 CDW, Bd. III, Nr. 495, S. 504: "... omnes ville et omnia molendina et allodia, et quinque ecclesie parrochiales, funditus et in toto destructa et combusta sunt, et omnes alie ecclesie in eodem cameratu bonis in eis repertis spoliate, altaria consecrata pro maiori parte violata sunt."
1038 SRW, Bd. I, S. 110, dort Anm. 120.
1039 Ebenda, S. 428, dort Anm. 214.
1040 Boetticher (1894), S. 178. Dehio / Gall (1952), S. 180.
1041 Boetticher ebenda, S. 179.

eleganter, pictis actis quibusdam SS. Apostolorum Petri et Pauli" erwähnt.[1042] 1833 erhielt der Raum eine Gipsdecke.[1043] Die These Boettichers und die Breite des Schiffs sowie das Vorhandensein von Strebepfeilern beweisen nicht ausreichend eine Dreischiffigkeit mit Gewölben. Auch fanden sich beim Abbruch im Jahre 1895 keinerlei Hinweise dafür.[1044] Schmauch unterstellte kein Gewölbe und schloß sich der Meinung Dittrichs an. Als Beweis hierfür zitierte er ein Gutachten des Apothekers Oster aus Allenstein aus dem Jahre 1901. Darin erklärte Oster:

> *Zur Einteilung in Schiffe wäre zwischen je zwei derselben ein Pfeilersystem erforderlich gewesen, das durch Gurtbögen verbunden, im Osten und Westen durch je einen Strebepfeiler gestützt sein mußte. Bei einer dreischiffigen Kirche wären demnach zwei Reihen Pfeiler notwendig; da aber der Ost- und Westgiebel nur je einen Strebepfeiler hatte (der Turm der alten Kirche lag an der Südseite), so wäre nur eine Einwölbung in zwei Schiffen möglich gewesen ... Da nun auch beim Anlegen der Fundamente zu den Pfeilern der neuen Kirche keine Mauerreste von Pfeilern der alten zum Vorschein gekommen sind, so dürfte sich mit Sicherheit schließen lassen, daß die letztere niemals eingewölbt gewesen.*[1045]

Der später in der zweiten Hälfte des 14. Jahrhunderts angefügte Turm befand sich auf der Südwestseite des Langhauses.[1046] Im Jahre 1634 montierte Zimmermeister Bernhard vier Glocken in den Turm, die Weihbischof Dzialiński am 23. November weihte.[1047] Merkwürdig erscheint die seitliche Turmstellung, die vorwiegend im pomesanischem Gebiet üblich war. Diese Besonderheit bleibt, neben der ermländischen Dorfkirche von Schalmey, einzigartig. Eine Erklärung dafür bietet wohl die topographische Lage der Kirche in der Stadt. Hätte man den Turm an der Nordwestgiebelseite errichtet, wäre er zu dicht an die Stadtmauer gerückt. Aus Platzgründen wurde er deshalb auf die südwestliche Langhausseite gelegt.

Bürgermeister Johann Schau stiftete im Jahre 1667 eine an der Südseite gelegene Kapelle. Die Exekutionsurkunde dafür wurde am 8. August 1668 durch Bischof Stephan Wydzga ausgestellt. Die Kapelle erhielt aufgrund der 1686 gegründeten Rosenkreuzbruderschaft die Bezeichnung 'Rosenkreuzkapelle'.[1048]

Gegen Ende des 19. Jahrhunderts war für die stark wachsende Gemeinde die alte Pfarrkirche zu klein geworden. Auch wäre, da sich das Dach in einem schlechten Zustand befand, eine umfassende Restaurierung nötig gewesen. Deshalb ließ man sich durch den Architekten Hertel aus Münster den Plan für einen Neubau fertigen.[1049] Im Som-

---

1042   ZGAE (Dittrich), Bd. 8, S. 605.
1043   Boetticher (1894), S. 179.
1044   ZGAE (Dittrich), Bd. 11, S. 307.
1045   ZGAE (Schmauch), Bd. 27, S. 399. A. Poschmann (1955, S. 29) übernahm kritiklos die Vermutung Boettichers, daß die gotische Kirche einst eine dreischiffig Halle war.
1046   Dehio / Gall (1952), S. 161. Boetticher (1894, S. 179) gab an, daß der Turm auf der Westseite lag. Da die Kirche nicht ausgerichtet ist und der Chor in Richtung Südosten zeigt, lag der Turm demnach auf der südwestlichen Seite.
1047   ZGAE (Dittrich), Bd. 8, S. 612
1048   Ebenda, S. 614.
1049   Ebenda, S. 616.

mer 1895 wurde die alte Kirche vollständig abgebrochen. Heute befindet sich an ihrer Stelle ein in den Jahren 1895 – 1896 errichteter gotisierender Neubau.[1050]

4.10.1.1 Baubeschreibung

Die einstige mittelalterliche Stadtpfarrkirche lag auf einem Hügel an der Nordwestseite der Stadtanlage unmittelbar neben der Burg. Eigenartigerweise orientierte sich die Kirche nicht nach dem rechtwinklig angeordneten planmäßigen Straßensystem, sondern nach der Lage der Burg.

299, 300

Obgleich die gotische Kirche nicht mehr existiert, kann man sie aufgrund bekannter Quellen dennoch in groben Zügen beschreiben. Sie hatte als Außenmaße eine Länge von etwa 35,5 Metern, eine Breite von etwa 15 Metern und eine Höhe der Außenmauern von etwa 11 Metern.[1051]

Die Fundamente der ersten gotischen Kirche bestanden aus Feldstein, darüber befand sich ein Ziegelbau im gotischen Verband. Das Kaffgesims verlief auch um die Strebepfeiler herum. Dabei sind die Eckstreben diagonal zum Langhaus gestellt. Auf den Giebelseiten befand sich lediglich in der Mitte ein Strebepfeiler. Die Giebel waren siebenfach gestuft und besaßen schmale, hohe Spitzbogenblenden.

Die Portale waren reich profiliert. Der Turm, dessen Abschluß ein Pyramidendach mit Laterne bildete, wurde später an der Südwestseite neben dem Langhaus angefügt. Die Gesamthöhe betrug etwa 47 Meter.

Auf der Ost– und Westseite erhoben sich neunteilige Staffelgiebel. Die wohl schräg gestellten Fialen endeten oben in Pinakeln. In etwa zweidrittel Höhe verlief am Ostgiebel, ähnlich wie in Seeburg und Guttstadt, ein durchlaufendes Putzband. Demnach entstand der Giebel im letzten Viertel des 14. Jahrhunderts.

Der Innenraum war als einfacher Saalraum ohne Gewölbe ausgebildet. Eine Einwölbung war wohl von Anfang an nicht beabsichtigt. Aufgrund der geringen Länge besaß der Raum wohl lediglich eine Gliederung von vier Jochen.

4.10.2 Bischofstein/Bisztynek, Stadtkirche St. Matthias

4.10.2.1 Baugeschichte

Der Vogt von Pogesanien, Bruno von Luter, gründete das Dorf Schönfließ (Schoneflyse). Als Schulzen setzte er Johannes von Roggenhausen ein. Das Dorf erhielt am 21. November 1346 die Handfeste, welche 1349 der Bischof betätigte.[1052] Der Name des Dorfes setzte sich jedoch nicht durch, und der Ort behielt zunächst seinen altprussischen Namen *"Strowangen"*. Am 30. April 1385 verlieh Bischof Heinrich III.

1050   ZGAE (Dittrich), Bd. 11, S. 307
1051   Boetticher (1894), S. 179.
1052   CDW, Bd. II, Nr. 73, S. 74f. ZGAE (Brachvogel), Bd. 35, S. 10.

Sorbom dem Dorf Strowangen die Stadthandfeste mit kulmischem Recht. Die Stadt führte seit dieser Zeit den Namen Bischofstein.[1053]

Der Vorgang der Verleihung von Stadtrechten an eine ursprünglich bischöfliche Dorfgründung ist einzigartig im Ermland.

Schon in der Dorfhandfeste von 1346 war eine Kirche zur hl. Martha mit sechs Hufen dotiert.[1054] Die zu errichtende Kirche gehörte zum Dekanat Seeburg. Das Patronatsrecht erhielt der Bischof.[1055] Daß eine Kirche nach dieser Zeit errichtet wurde, ist urkundlich nicht nachweisbar. Brachvogel vermutete, daß die erste Dorfkirche von Strowangen aus Holz gefertigt war und am nördlichen Stadtausgang des heutigen Bischofstein lag. Dort befanden sich noch zur Zeit der Stadtgründung die sechs Hufen des Pfarrgutes. Heute befindet sich dort eine Kapelle St. Michael und der alte Friedhof.[1056]

314 In der Stadthandfeste von 30. April 1385 bestätigte Bischof Heinrich III. Sorbom der Stadt Bischofstein die bestehenden 66 Hufen. Als Schultheißen der neuen Stadt wurden die Brüder Johann und Jakob von Rosenow eingesetzt. Die Stadt erhielt kulmisches Recht.[1057] Eine Burg wurde nicht errichtet, sondern innerhalb der Stadtmauern ein seit 1429 erwähntes bischöfliches Haus. Es fungierte nicht nur als Absteigequartier für den Bischof, sondern diente zugleich dem bischöflichen Vogt oder Kommissar als Ort der Rechtsprechung und wurde später auch als Gerichtshof bezeichnet.[1058]

Bischof Franz bestätigte die Stadthandfeste am 26. Dezember 1448 erneut.[1059] Die Pfarrkirche erhielt zu den bestehenden sechs Pfarrhufen drei Morgen hinzu.[1060]

Nach einer Überlieferung der im 16. Jahrhundert entstandenen Heilsberger Chronik soll Bischof Heinrich III. Sorbom kurz vor seinem Tode um 1400 die Kirche dem Apostel Matthias geweiht haben. Demnach erfolgte die Grundsteinlegung wohl gegen Ende des 14. Jahrhunderts.[1061] Auch soll, wohl aus finanziellen Gründen, die Stadt erst in der Zeit Bischof Heinrichs III. einen Stadtwall erhalten haben.[1062]

1053 CDW, Bd. III, Nr. 184, S. 149f. SRW, Bd. II, S. 281. ZGAE (Brachvogel), Bd. 35, S. 10. Hermanowski (1989), S. 58.
1054 CDW, Bd. II, S. 74, Nr. 73. Tidick (ZGAE Bd. 22, S. 120) stellte fest, daß im Ordensland ihr zu Ehren keine weiteren Kirchengründungen erfolgten. Vgl. auch Tidick (ebenda), S. 379.
1055 Boetticher (1894), S. 29, SRW, Bd. I, 434. ZGAE (Brachvogel), Bd. 35, S. 19. Der Pfarbezirk gelangte am 27. Januar 1611 zum Dekanat Heilsberg, seit dem 1. Januar 1831 gehörte die Pfarrei zum Dekanat Rößel.
1056 ZGAE (Brachvogel), Bd. 35, S. 20f.
1057 ZGAE (Röhrich), Bd. 21, S. 320. CDW, Bd. III, S. 149, Nr. 184.
1058 ZGAE (Brachvogel), Bd. 35, S. 13, dort Anm. 20.
1059 Hermanowski (1989), S. 59 gab falsches Datum an.
1060 SRW, Bd. I, S. 434.
1061 Diese Vermutung (ZGAE, Brachvogel, Bd. 35, S. 28) geht auf die zwischen 1526 und 1537 verfaßten Heilsberger Chronik zurück. Dort wir über Bischof Heinrich Sorbom berichtet: " ... Unter andern auch die zu Bischofstein, und wie er die kurtz vor seinem tode geweihett, und balde darauff dasz heilige ampt der messe uff dem altar, wen man hinein kompt, uff der linken handt, göhörett hatt die heilige hostie in der elevation etliche Blutstropffen geschwitzet, daher man daselbe altar zum heiligen blutt genant, und sein dabey viel miracel geschehn ..."(SRW, Bd. II, S. 281). ZGAE Röhrich), Bd. 21, S. 336. ZGAE (Tidick), Bd. 22, S. 379f.
1062 ZGAE (Brachvogel), Bd. 35, S. 19.

Brachvogel bemerkte zum geänderten Patrozinium der neuen Stadtpfarrkirche, daß in Bischofstein zwei Kirchen erbaut wurden, zunächst die Dorfkirche St. Martha, die später zur Michaeliskapelle wurde, und schließlich die Stadtkirche St. Matthias, die Bischof Heinrich III. weihte.[1063] Nach den Untersuchungen von Tidick bevorzugte gerade dieser Bischof bei seinen Weihen den kleinen Kreis von Heiligengestalten, die unmittelbar mit Christus und der Jungfrau Maria oder den Aposteln in Zusammenhang standen. So ist seine Patroziniumswahl nicht ungewöhnlich.[1064] Wenn im ehemaligen Dorf Strowangen eine Marthakirche zur Zeit der Weihe der neuen Stadtpfarrkirche existierte, mußte der Bischof dieser einen anderen Titel geben, was er aufgrund seiner Apostelbevorzugung wohl gerne tat.[1065]

Über die Entstehungszeit der um 1400 vollendeten Pfarrkirche ist wenig überliefert. Laut Schadensbericht aus dem Jahre 1414 blieb die Stadtkirche im Polenkrieg von einem Brand verschont.[1066] Dagegen brannte im Städtekrieg die kaum befestigte Stadt 1462 und 1463 nieder. Auch im Pfaffenkrieg (1467 – 1479) blieb dem Ort nichts erspart: 1479 griff das Feuer auf die Pfarrkirche über. Bischof Nicolaus von Tüngen spielte mit dem Gedanken *"fachberürte Stadt Bischoufstein mit allem yrem Stadtrechte abzculegn vnnd zeu vertilgen."* Er bewilligte aber *"allein aus Gutlichkeit bewegt"* den Wiederaufbau der Stadt und verlieh am 5. März 1481 die dritte Handfeste.[1067]

Bei den großen Bränden von 1547 und 1589 blieb die Stadtkirche verschont.[1068]

Erst im Jahre 1579 ist das aufgehende Mauerwerk des Glockenturms vollendet und wohl durch ein notdürftiges Dach geschlossen worden.[1069]

Die häufigen Kriege im 15. Jahrhundert bewirkten eine besonders angespannte finanzielle Lage der Stadt. Diese verlor zudem an wirtschaftlicher Bedeutung, so daß Bischof Nikolaus von Tüngen plante, sie aufzugeben. Diese Entwicklung setzte sich fort.[1070] So verwundert es nicht, daß gerade in der Mitte des 16. Jahrhunderts sich Nachrichten über ein Heiligblutwunder mehrten. In der Visitation von 1565 findet sich der erste urkundliche Hinweis darüber. Im Jahre 1600 wurden wöchentliche Fronleichnams- und Passionsmessen am Kreuz- oder Blutaltar gestiftet.[1071]

Wegen der stetig wachsenden Pilgerzahl zum Heiligen Blut mußte im beginnenden 18. Jahrhundert die Kirche um ein nördliches Seitenschiff erweitert werden. Im Jahr 1726 begannen die Vorbereitungen zur Neuplanung. Der Bau sollte eingewölbt werden. Wegen der befürchteten Baukosten weigerte sich die Stadt am 28. Mai 1727 durch Ratsbeschuß, für die Baukosten aufzukommen. Nachdem die bischöfliche Behörde einen

---

1063	ZGAE (Tidick), Bd. 22, S. 379.
1064	Ebenda, S. 380.
1065	ZGAE (Brachvogel), Bd. 35, S. 28, dort Anm. 2.
1066	CDW, Bd. III, Nr. 495, S. 506. ZGAE (Brachvogel), Bd. 35, S. 10.
1067	ZGAE (Röhrich), Bd. 21, S. 328. Boetticher (1894), S. 28. SRW, Bd. I, S. 79, dort Anm. 61. ZGAE (Brachvogel), Bd. 35, S. 11.
1068	ZGAE (Röhrich), Bd. 21, S. 331 und 335.
1069	ZGAE (Brachvogel), Bd. 35, S. 21.
1070	Auch die im Jahre 1454 erhobenen Kriegssteuern konnte die Stadt nur in Höhe von 50 Mark aufbringen. Dies entsprach gegenüber Braunsberg-Neustadt, Seeburg und Allenstein nur einem Viertel und halb so viel wie in Frauenburg und Mehlsack. ZGAE (Brachvogel), Bd. 35, S. 21, dort Anm. 12.
1071	Ebenda, S. 29f.

kirchlichen Fonds zugesagt hatte, mußte sich der Rat auf deren Anordnung unterwerfen. In den folgenden Jahren war man damit beschäftigt, nötiges Baumaterial zu beschaffen. Am 10. März 1739 erhielt Propst Johann Chrysostomus Oehm (1738 – 1753) die bischöfliche Baugenehmigung zur Erweiterung des nördlichen Langhauses.[1072] Am 4. August 1748 konnte Bischof Stanislaus Grabowski die erweiterte Kirche dem hl. Apostel Matthias erneut weihen. Bereits der spätere Propst Kasimir Kunigk (1734 – 1800) mußte den wohl schlecht ausgeführten und schlecht proportionierten Erweiterungsbau gründlich ausbessern lassen. Auch hatte ein Brand von 1770 Zerstörungen verursacht. So wurde 1775 der Entschluß gefaßt, die Kirche gründlich zu renovieren und umzubauen. Bei dieser Gelegenheit wurde das Nordschiff um drei und das Mittelschiff um vier Joche einschließlich des Joches über dem Hochaltar erweitert. Durch eine südliche Erweiterung wurde der Raum zu einer dreischiffigen Hallenkirche. Baumeister Friedrich Bauch aus Pfarrsfeld bei Mohrungen leitete die Bauarbeiten. Die Erweiterungsanbauten wurden ebenfalls eingewölbt. Mit den Arbeiten begann man im Mai 1776. Die Westfassade entstand nach einem Entwurf von Landbaumeister Ernst Masuhr. Der Ostgiebel erhielt einen geschweiften Abschluß. Im Jahre 1778 fertigte Christian Bernhard Schmidt die Figuren für den Westgiebel und die hölzernen Kapitelle. Am 5. August 1781 weihte der Koadjutor des Bischofs von Kulm, Karl von Hohenzollern, in Anwesenheit von Bischof Krasicki und Weihbischof Zehmen die Kirche neu. Der Bau blieb seit dieser Zeit im wesentlichen unverändert.[1073] Im Jahre 1791 entstand nach einem Entwurf von Ernst Masuhr der durchbrochene Kuppelhelm auf der seit 1579 unvollendet gebliebenen Turmspitze.

Die nordöstliche Sakristei gestaltete 1874, an Stelle der alten, nach eigenen Plänen der Diözesanbaumeister Dreesen aus Frauenburg neu. Im Jahre 1875 wurde das romanisierende Maßwerk der Fenster eingefügt.[1074]

4.10.2.2 Baubeschreibung

Die Stadtanlage entstand planmäßig mit fast rechtwinklig verlaufender Straßenführung. Die nach Osten ausgerichtete Pfarrkirche wurde am südwestlichen Rand außerhalb der befestigten Stadtanlage errichtet. Eigenartig erscheint die Verlagerung der Kirche außerhalb der Stadtmauern. Dennoch bot der nahegelegene Stadtteich einen natürlichen Schutz für die Kirchenanlage. So war sie auf der Südseite fast völlig mit Wasser umgeben und auf der Nordseite durch die Stadtmauer geschützt.

Ursprünglich hatte der Innenraum Kirche eine Breite von 9,45 Metern.[1075] Die heutigen Außenmaße betragen in der Breite 18 Meter (28,88 Meter einschließlich der Sakristei) und 54,30 Meter in der Länge. Die Giebelhöhe des Langhauses mißt etwa 30 Meter.[1076] Die Fundamente und Teile des Sockels sind aus Feldstein, darüber erhebt

---

1072 Ebenda, S. 31. In die Nordwand ist eine Platte mit einem bischöflichen Wappen (wohl Bischof Szembek) eingemauert. Unten befindet sich die Jahreszahl 1739.
1073 ZGAE (Röhrich), Bd. 21, S. 336f. Dehio / Gall (1952), S. 218f. SRW, Bd. I, S. 434. ZGAE (Brachvogel), Bd. 35, S. 41.
1074 Dehio / Gall (1952), S. 219. ZGAE (Brachvogel), Bd. 35, S. 50. Antoni (1993), S. 56.
1075 ZGAE (Brachvogel), Bd. 35, S. 32.
1076 Boetticher (1894), S. 30. ZGAE (Brachvogel), Bd. 35, S. 22.

sich der verputzte Ziegelbau. Der Innenraum besaß aufgrund seiner geringen Breite keine Aufteilung in Schiffe, sondern bildete einen einfachen Saalraum.

Vor dem Umbau im Barockzeitalter besaß die alte Kirche eine Gesamtlänge von wohl fünf Jochen. Ursprünglich wurde die Kirche ohne Turm gegründet. Erst nach der Vollendung des Gotteshauses stellte man den heute 40 Meter hohen Turm in die Westseite des Langhauses ein. Die Fundamente aus der gotischen Zeit sind wohl um die Mitte des 15. Jahrhunderts entstanden. Das aus dem Dach hervorstehende Obergeschoß besitzt spitzbogige Fenster. In der Visitation von 1565 werden bereits zwei Glocken im Turm erwähnt. Demnach wurde das Turmobergeschoß wohl kurz vor dieser Zeit vollendet. Aus dem Jahre 1579 stammt ein Hinweis auf den Abschluß der Bautätigkeit am Turm.[1077]

Im 16. Jahrhundert findet sich der Hinweis darauf, daß der Kirchenraum eine Holzdecke besaß.[1078] Der Innenraum war wohl vor dem Einziehen der heutigen, aus dem Barockzeitalter stammenden Gewölbe nicht eingewölbt.

Die alte Sakristei, auf der Nordseite gelegen, lehnte sich direkt an die Stadtmauer an und war zweigeschossig, wobei der obere Raum sich zum Kircheninnern als Empore öffnete. Dirckt neben der Sakristei lag eine Pforte mit einer offenen, gewölbten Vorhalle.[1079]

4.10.3 Bischofsburg/Biskupiec, Stadtkirche St. Johannes d.Täufer

4.10.3.1. Baugeschichte

Erst in der Mitte des 14. Jahrhunderts begann die Besiedlung des Gaues Galinden, in dem der Ort Bischofsburg liegt. Zunächst ließ Bischof Heinrich III. Sorbom eine Burg errichten, die ihm mehr als Wacht- und Wildhaus diente. Die erste Nachricht über sie findet sich 1389 in der Gründungsurkunde des Gutes Basum.[1080] Die Burg, die im Städtekrieg (1454 – 1466) niederbrannte, war wohl nicht besonders bedeutend, da sie urkundlich kaum Erwähnung fand.[1081]

Bischof Heinrich III. Sorbom beauftragte den Lokator Johannes Mokynen mit der Gründung des Dorfes Rychenbach.[1082] Die Dorfgründung geriet jedoch ins Stocken. Schließlich erhielt der Ort am 17. Oktober 1395 eine Stadthandfeste mit kulmischem Recht. Dem Lokator Johannes Mokynen wurden 103 Freihufen zur Gründung der Stadt

---

1077 Brachvogel a.a.O. Eine genaue Anzahl der Joche gab Brachvogel nicht an, er vermutete vier bis fünf Joche. Aufgrund der bekannten Länge und Breite der alten Kirche besaß der Raum wohl eine Abfolge von fünf Jochen. Dehio / Gall (1952), S. 219.
1078 Ebenda, S. 21.
1079 Ebenda, S. 23.
1080 Teichert (1934), S. 17ff.
1081 Ebenda, S. 20, 22.
1082 Ebenda, S. 23. CDW, Bd. III, Nr. 306, S. 280.

Bischofsburg übergeben. Die Kirche erhielt eine Dotation von vier Hufen und einen freien Hof.[1083]

315 Bischofsburg ist die jüngste der zwölf planmäßig errichteten ermländischen Stadtanlagen und bildet den Abschluß der ermländischen Stadtgründungs- und Kolonisationswelle.

Die dem hl. Johannes dem Täufer geweihte Stadtkirche bildete zugleich das Zentrum des Dekanats Bischofsburg. Das Patronatsrecht erhielt der Bischof.[1084] Im 17. Jahrhundert existierte schon kein geregeltes Dekanatsverhältnis mehr, und die Kirche gehörte kurze Zeit zum Dekanat Seeburg. Im Jahre 1610 kam sie zu Wartenburg. 1830 fiel sie wieder an die Erzpriesterei zurück.[1085]

Wohl nach der Stadtgründung von 1395 folgte alsbald auch die Errichtung der Stadtpfarrkirche. Ein Gründungsdatum hierfür ist nicht überliefert. Die Kirche brannte mehrfach bei Stadtbränden und durch Kriegseinwirkungen ab. Die schwersten Schäden richteten die Brände von 1502 und 1505 an.[1086] Die Kirche war so stark zerstört, daß Bischof Lukas Watzenrode den Bischofsburgern Baumaterial von der 1505 abgebrochenen Heilig-Geistkirche in Heilsberg schenkte.[1087] Die wiederhergestellte Kirche brannte im Stadtbrand von 1521 erneut nieder.[1088] Ebenso verschonten die Brände von 1557 und 1571 die Kirche nicht.[1089] Bischof Martin Kromer (1579 – 1589) weihte die Kirche nach dem Wiederaufbau am 26. April 1580 dem hl. Johannes dem Täufer und verlieh ihr zugleich einen 40-tägigen Ablaß.[1090] Weitere Schäden verursachten die Stadtbrände von 1659 und 1692.[1091]

Laut Visitationsberichten von 1597, 1606, 1623 und 1661 bestand der Bau bis zur halben Höhe aus Feld- und darüber aus Backsteinen. Am Südwestende befand sich ein mit Schindeln verkleideter Holzturm, der am 13. Mai 1659 abbrannte und dessen Wiederaufbau im Jahre 1668 auf Betreiben des Propstes Simonis erfolgte. Der quadratische Grundriß mit 6 Metern Länge und die drei unteren Geschosse stammten wohl aus dem 15. Jahrhundert. Hier lag der Haupteingang zur Kirche. Ein Brand am 26. Februar 1700 vernichtete diesmal nicht nur den oberen Abschluß des Turmes, sondern auch den Kirchenbau. Die ersten Verhandlungen über die Wiederherstellung erfolgten am 15. März 1707, und zwischen 1717 und 1721 erfolgte der Turmaufbau. Teichert vermutete, daß dieser erste massive Turmbau sich noch in den heutigen Umfassungsmauern befinde.[1092]

1083   SRW, Bd. I, S. 79, dort Anm. 62 und S. 400. Weise (1981), S. 18f. CDW a.a.O.
1084   Boetticher (1894), S. 26.
1085   Teichert (1934), S. 86f.
1086   ZGAE (F. Buchholz), Bd. 26, S. 260.
1087   SRW, Bd. I, S. 440, dort Anm. 256. Teichert, (1934), S. 88.
1088   ZGAE (Dittrich), Bd. 11, S. 270.
1089   Teichert (1934), S. 89.
1090   a.a.O. SRW, Bd. I, S. 400.
1091   Boetticher (1894), S. 26.
1092   ZGAE (Dittrich), Bd. 11,, S. 270 (Daten dort nicht richtig). Teichert (1934), S. 89, 92. Antoni (1993), S. 55. 1945 wurde der Turm zerstört. 1953 erfolgte der Wiederaufbau mit Notdach.

Am 10. April 1728 wurde auf Betreiben des Propstes Lebach (1728 – 1744) der Grundstein zur Osterweiterung gelegt. Die Bauarbeiten gingen sehr zögernd voran; in den Kirchenrechnungen findet sich erst 1733 der Hinweis, daß eine Mauer niedergerissen wurde. Im Jahre 1735 war das Bauvorhaben vollendet, und Bischof Laszewski konnte am 14. August die Kirche neu konsekrieren.[1093]

Der Stadtbrand vom 21. April 1766 beschädigte die Kirche erneut so stark, daß lediglich die Umfassungsmauern und ein Teil des Gewölbes erhalten blieben.[1094] Am 8. Juli 1766 begutachtete Domherr Thomas Szczepanski den Zustand der Kirche und traf mit der Stadt Vereinbarungen zum Wiederaufbau. Es waren nicht nur die mehr als acht Brände zwischen dem 15. bis 18. Jahrhundert, die die Finanzen der Kirchengemeinde geschmälert hatten, vielmehr behinderte der Übergang der Landesherrschaft an den preußischen Staat den Aufbau.

Es folgten Stiftungen durch den Bischof und eine Kollekte in den ermländischen Kirchen, so daß schon am 17. Januar 1767 genügend Geldmittel an die Gemeinde Bischofsburg flossen. Es folgten weitere Stiftungen. Allerdings konnte der Wiederaufbau erst nach 18 Jahren realisiert werden. Am 29. September 1786 wurde der Turmaufbau abgeschlossen. Die weiteren Gebäudeteile konnten im Jahre 1838 wiederhergestellt werden. Den Abschluß der langwierigen Baumaßnahmen bildete 1862 die Neuverglasung der Fenster. Eine Weihe fand wohl nicht statt, so daß der 14. August als Dedikationstag bestehen blieb.[1095]

Im Jahre 1871 wurden das Dach repariert und die Giebelmauern am Chor sowie das Signalglockentürmchen hergerichtet.[1096]

Um den Raum zu erweitern, beschloß man, an das Langhaus Seitenschiffe anzufügen, was zwischen 1881 und 1882 geschah.[1097] Baumeister Hörtel aus Münster lieferte den Entwurf im romanisierenden Stil als dreischiffige Basilika. Teichert bemerkte zur Umgestaltung: *"Leider hat die Kirche daher ein plumpes Aussehen erhalten."*[1098]

4.10.3.2 Baubeschreibung

Über das Aussehen der ersten Kirche, die bis zur halben Höhe aus Feldsteinen und darüber aus Backstein errichtet war, ist nur wenig bekannt. Die alte, nach Osten ausgerichtete Kirche hatte vor dem Umbau von 1881 die Maße von 38 Metern Länge und 15 Metern Breite und reichte bis zum heutigen Presbyterium. Der Turm maß 6 Meter im

---

1093   Dittrich a.a.O. Die Inschrift auf einer Gedenktafel in der Sakristei lautet: *"Celsissimo S.R.J. Principe Christophoro Comite in Slupow Szembek, Episcopo Warmiensi et Sambiensi, Terrarum Prussiae Praeside, Verbum Dei ex pulpito praedicante, Illustriss. ac Reverendiss. D. Michael Laszewski, Suffraganeus Warmiensis, hanc Ecclesiam sub titulo S. Johannis Baptistae consecravit die 14. Augusti 1735."* Hermanowski (1989), S. 58. In dem Taufbuch von 1792 findet sich folgender Eintrag: *"Im Juni 1728 wurde der Bau begonnen, jedoch erst nach 25 monatiger Arbeit vollendet"*, Teichert (1934), S. 92f.
1094   Teichert ebenda, S. 93 und 180.
1095   Teichert ebenda, S. 94f. ZGAE (Dittrich), Bd. 11, S. 271.
1096   Teichert ebenda, S. 95.
1097   ZGAE (F. Buchholz), Bd. 26, S. 260.
1098   Teichert (1934), S. 95.

Quadrat.[1099] Gall vermutete, daß die erste Kirche einschiffig war und zunächst keinen Turm erhielt.[1100] Die Gestaltung der unteren drei Turmgeschosse mit einer Blendengliederung läßt darauf schließen, daß deren Errichtung wohl in der ersten Hälfte des 15. Jahrhunderts erfolgte. Wegen der geringen Langhauslänge besaß der Innenraum wohl eine Gliederung von vier Jochen. Über dem Hochaltar befand sich ein Gewölbejoch, über dessen Errichtung nichts bekannt ist. Der übrige Raum war mit einer Holzdecke geschlossen.[1101]

Der Haupteingang führte durch die westliche Turmvorhalle. In das Kircheninnere gelangte man zusätzlich durch zwei weitere Eingänge. Beide waren als offene Vorhallen ausgebildet. Die südliche, an der Stadtseite gelegen, war massiv mit einem Gewölbe, die nördliche war aus Fachwerk errichtet. Auf der Nordseite erhob sich eine zweigeschossige Sakristei. Im oberen Raum befand sich ein kleiner Chor, der sich zum Innenraum als Empore öffnete.[1102]

Der gerade Chorschluß war mit einem Schaugiebel versehen, dessen oberer Abschluß mit einem Glockentürmchen endete. In ihm befand sich die Signatur– bzw. Meßglocke. Unterhalb des Giebels lag ein gemauertes Beinhaus.[1103]

Die erste Erweiterung geschah durch die Anfügung des Presbyteriums in den Jahren 1728 – 1735, der Turmbau folgte 1721. Da die Kirche durch zahlreiche Brände mehrfach zerstört und der Raum in den Jahren 1881 – 1882 basilikal um zwei Schiffe bis zur völligen Formlosigkeit erweitert wurde, ist ein Rekonstruktionsversuch der gotischen Kirche kaum möglich. Der heutige dreischiffige Basilika im romanisierenden Stil ist, soweit erkennbar, vorwiegend ein Ziegelbau im Kreuz– und Blockverband mit breiten Fugen.

1099 Boetticher (1894), S. 26.
1100 Dehio / Gall (1952), S. 233.
1101 Teichert (1934), S. 90.
1102 Ebenda, S. 91.
1103 Ebenda, S. 89.

5. Der Hallenkirchentypus, Herkunft und Vergleich der ermländischen Stadtkirchen untereinander

5.1 Prämissen zum Bau der Stadtkirchen

Im Ermland wurden zwischen 1249 und 1394 zwölf Städte angelegt. Diese Zahl erscheint zunächst nicht ungewöhnlich. So besaß zum Beispiel der Erzbischof von Gnesen dreizehn Städte und der Bischof von Krakau elf Städte.[1104]

Die ermländischen Bischöfe waren stets darauf bedacht, die Anzahl der Städte innerhalb der Hochstiftsgrenzen nicht über zwölf hinauswachsen zu lassen, obwohl ein Bedarf grundsätzlich vorhanden war. So ist diese Zahl und die besondere Einheitlichkeit der planmäßig angelegten, mittelalterlichen ermländischen Stadtgründungen und ihrer homogen wirkenden Stadtkirchen nicht zufällig.

Eine christliche Allegorese läßt sich wohl präsumieren. Neben der zodiakalen Symbolik und als Zahl der Stunden für Tag oder Nacht könnte hier ein Hinweis auf die zwölf Stämme Israels oder zwölf Tore des himmlischen Jerusalems vorliegen (Offb. 21,12). Die Gottesstadt als Sinnbild der Heiligkeit und Seligkeit besitzt zwölf Tore und ist quadratisch im Grundriß, entsprechend den antiken Stadtanlagen. Auch die ermländischen Städte wurden rechteckig angelegt, ebenso wie die meisten ordensländischen Städte.[1105]

Bereits im Geschichtsteil wurde die besondere Beziehung zum Apostolischen Stuhl in Rom angedeutet. So sahen sich die ermländischen Bischöfe stets mehr dem Papst als dem Hochmeister zugewandt. So könnte man die Zahl der Städte auch mit den zwölf Aposteln in eine Verbindung bringen. *"Die Apostel sind die auserwählten Boten des Heilands, die nach seinem Kreuzestode sein Lebenswerk fortsetzen und damit zum Fundament der katholischen Kirche wurden."*[1106] Ein möglicher Beleg für die Präferenz der Apostel ist in der Wahl der Patrozinien der Stadtpfarrkirchen zu erkennen, so erhielten acht Stadtkirchen Apostelpatrozinen.[1107]

Bei der Zahl zwölf lassen sich noch weitere theologische Kohärenzen finden. So läßt sich zwölf durch drei teilen und deutet somit auf den dreieinigen Gott (Zahl der Gottheit) hin oder weist durch vier geteilt (Zahl der Welt) – auf die Evangelisten als Pfeiler des Evangeliums hin. Vier ist auch die Zahl der Vollendung des Reiches Gottes.[1108] Auch die Zahl der Guttstädter Domherren beträgt zwölf. Als nächst höhere Steigerung

---

1104 Katalog (1986), S. 41.
1105 Mohr (1988), S. 272. Bischoff (1992), S. 218f.
1106 ZGAE (Tidick), Bd. 22, S. 367.
1107 Ebenda, S. 380.
1108 Sachs / Badstübner / Neumann (o.J.), S. 49, 101f, 374f. Bereits Herodot schreibt: *"Die Griechen gründeten ihre 12 Städte in Asien und weigerten sich, die Zahl auszudehnen, weil sie, wie ich vermute, in 12 Staaten eingeteilt wurden, als sie im Peleponnes lebten".* Somit läßt sich die Zahl 12 als Anzahl der Städte innerhalb eines Staates seit der Antike nachweisen. Mohr (1988), S. 312.

verdoppelte man die Zahl der Domherren von Frauenburg auf vierundzwanzig Stellen. Die Zahl verkörpert die große Harmonie zwischen Himmel und Erde. Im Mittelalter identifizierte man diese Zahl als Einheit der zwölf kleinen Propheten des Alten Testaments mit den zwölf Aposteln des Neuen Testaments. Sie ist die Zahl der Totalität.[1109] Die Zahl zwölf ist auch als Zeichen der Vollkommenheit anzusehen.[1110] Auffällig ist ebenso, daß man später das Hochstift in vier Kreise gliederte. Als Kreisstädte fungierten Braunsberg, Heilsberg, Rößel und Allenstein.

Diese wohldurchdachte Verwaltungsplanung mit solch klaren Zahlenverhältnissen deutet auf eine gewollte, christliche Ordnung hin. Ebenso wie bei den Stadtanlagen, die alle nach analogen Verhältnissen aufgebaut wurden und bei denen nur topographische Gegebenheiten die einheitliche Planung leicht störten, kann man hier von einer bewußten kirchlichen Gestaltung ausgehen.

Alle Städte erhielten kulmisches Recht, nur Braunsberg und Frauenburg als Küstenstädte erhielten lübische Rechte. Bei den Stadtkirchen von Frauenburg, Mehlsack und Allenstein besaß das Domkapitel Patronatsrechte, bei den übrigen Stadtkirchen hatte sie der Bischof inne. In Guttstadt existierte ein Kollegiatstift, das eigenen Patronatsrechte hatte. Keine der Stadtkirchen war privaten oder städtischen Patronatsherren unterstellt.

Die zwölf ermländischen Städte innerhalb der Hochstiftsgrenzen wurden alle, wie aus den rechtwinkligen Straßensystemen der Grundrisse ersichtlich, planmäßig angelegt. Abweichungen von dieser Regelmäßigkeit waren bedingt durch geographische Bodenunebenheiten oder Flußläufe. Sofern eine Burganlage vorhanden war, lag diese vorwiegend am Rande der Stadt, stets an der fortifikatorisch sichersten Position. Üblich war es, die Pfarrkirche im Süden der Stadt anzulegen, so in Braunsberg (SW), Rößel, Allenstein (SO), Wormditt, Guttstadt, Heilsberg, Bischofstein (SO) und Bischofsburg. Wie stark sich städtebauliche Gesichtspunkte auf die Lage und Orientierung der Kirchenbauten auswirkten, zeigt sich besonders bei der Allensteiner Stadtpfarrkirche. Zwar ist sie wie üblich südöstlich gelegen, aber die Straßenführung zwang den Baumeister, den Chor der Kirche nach Norden auszurichten. Ebenso bildet die Stadtpfarrkirche in Frauenburg bezüglich ihres Standortes und ihrer Orientierung eine Ausnahme. Bedingt durch die höhergelegene Domburganlage auf der südlichen Stadtseite erstreckte sich die Stadtanlage nördlich vor dem Domberg zur Küste hin. Die Pfarrkirche wurde daher nach Norden verlagert. Sie ist wie die Allensteiner Kirche nicht geostet, der Chor zeigt nach Süden. Die Pfarrkirche von Mehlsack ist gleichfalls nicht orientiert und liegt auf der Nordseite der Stadtanlage unmittelbar neben dem befestigten Kapitelhaus.[1111] Weitere Ausnahmen bilden die Stadtkirchen von Wartenburg und Seeburg. Hier liegen die nach Osten ausgerichteten Kirchen auf der Nordseite der Stadtanlage.

1109 Endres / Schimmel (1986), S. 250. Sachs / Badstübner / Neumann (o. J.), S. 41.
1110 Kirschbaum / Braunfels (1968 – 1976), Bd. 4, S. 582ff.
1111 Conrad (1990), S. 130.

Innerhalb der Stadtanlage sind die Stadtkirchen von Frauenburg, Heilsberg, Seeburg, Wartenburg, Wormditt, Bischofsburg und Allenstein sämtlich nahe dem Markt gelegen.

Auch läßt sich bei einigen Stadtkirchen auf eine fortifikatorische Absicht schließen. So erhielt das Kollegiatstift in Guttstadt zusammen mit der Kirche ein eigenes, geschlossenes Verteidigungssystem, welches in die Stadtanlage integriert wurde. Besonders auffällig ist die Lage der Kirche in Bischofstein. Sie liegt eigenartigerweise außerhalb der eigentlichen Stadtbefestigungsanlage. Dennoch bot der nahegelegene Stadtteich einen natürlichen Schutz. So war die Kirche fast völlig auf der Südseite mit Wasser umgeben und auf der Nordseite durch die äußere Stadtmauer geschützt. In Mehlsack liegt die Kirche direkt neben dem befestigten Kapitelhaus. Auch die Stadtkirchen von Braunsberg und Rößel liegen in unmittelbarer Nähe zu den jeweiligen Burganlagen.

In den überlieferten Dotationsurkunden sind fast alle Stadtkirchen mit sechs Pfarrhufen ausgestattet. Lediglich die Kirche von Guttstadt erhielt vier Hufen und zwanzig Morgen. Die Pfarrkirche von Bischofstein und Bischofsburg erhielten ebenfalls nur vier Hufen an Dotation. In Wormditt wurden zwar insgesamt sechs Hufen verliehen, davon waren aber zwei zinspflichtig.

5.2 Entstehung und Vollendung der Stadtkirchen

Am Anfang der Kolonisation war es von Bedeutung, das christianisierte Land zu sichern. So kam es, daß gerade in der ersten Hälfte des 13. Jahrhunderts der Deutsche Orden zunächst Burgen errichtete. In diesen zumeist großzügig angelegten Anlagen existierten stets Kapellen. Diese Räume dienten auch den ersten Siedlern der anfänglich kleinen Gemeinden als Sakralräume. Erst nachdem das Land erobert und gesichert war, sorgten die Bischöfe im ausgehenden 13. und beginnenden 14. Jahrhundert für eine systematische Besiedlung und die neugebildeten, rasch wachsenden Gemeinden benötigten größere, eigenständige Sakralgebäude.[1112]

Schon in der auf Schloß Kulm ausgestellten Urkunde von 1254 erklärt Bischof Anselm, daß er beabsichtige, seine Kathedralkirche in Braunsberg zu errichten.[1113] Doch erst 1260 liefert eine Urkunde den Nachweis, daß sich die Pfarrkirchen im Ermland gemehrt hatten und daher eine Mutterkirche notwendig war. Welche Gemeinden bereits eine Kirche besaßen, geht aus der Urkunde nicht hervor.[1114] Als Ort der Kathedralerrichtung bevorzugte der Bischof weiterhin Braunsberg.

Frühestens am Anfang der Regierungszeit des Bischofs Heinrich I. Fleming (1278 – 1300) wählte dieser den Ort Frauenburg als Domsitz. Die erste Kathedrale in Frauenburg wurde um 1278 – 1288 errichtet. Sie war nach urkundlichen Überlieferungen aus Holz gefertigt. Den Plan eines Domneubaus förderte Bischof Heinrich II. Wogenap

---

1112   Über die ermländischen Stadtkirchen sind für die Zeit der Gründungen im 14. und 15. Jahrhundert nur wenige zuverlässige Quellen überliefert. Die Visitationsberichte für das Bistum beginnen erst 1565. Zink (1938), S. 22
1113   CDW, Bd. I, R. Nr. 85, S. 21.
1114   CDW, Bd. I, R. Nr. 100, S. 25.

(1329 – 1334) und schon 1329 stiftete der Papst Ablässe für den Domneubau. Die Fundamentierung lag wohl kurze Zeit danach. Doch 1334 verstarb der Bischof. Während der nachfolgenden Sedisvakanz wurde die Planung nicht weiter protegiert. Erst nach der Weihe des Bischofs Hermann von Prag förderte wohl dessen beauftragter Verweser, der Zisterzienser Paulus Pauri, oder das Domkapitel im Namen des Bischofs nach 1338 den raschen Weiterbau und Errichtung des Frauenburger Domchors. Der Chor war bereits 1342 vollendet. Noch während der Domchorerrichtung wurden die Fundamente der Frauenburger und der Seeburger Stadtkirche gelegt. Aufgrund der Sedisvakanz zwischen 1334 und 1337 kam es im gesamten Ermland nach dieser Zeit zu einer Bauunterbrechung, von der nicht nur die Baustellen der Stadtpfarrkirchen betroffen waren. Auch bei den Dorfkirchen Pettelkau, Plaßwich und Bertung fanden nachweisbare Bauunterbrechungen statt.

Die Dombauwerkstatt und die Baubetriebe der Frauenburger und Seeburger Stadtpfarrkirchen stellten ihren Weiterbau ein. Nachdem Bischof Hermann von Prag neue Bauleute für den Weiterbau beauftragt hatte, folgte die Fortführung am Domlanghaus, der Frauenburger Stadtpfarrkirche und in Seeburg.

Wegen der herrschenden Ablehnung des Domkapitels gegenüber Bischof Hermann von Prag und wohl zur besseren Förderung der zu besiedelnden südöstlichen Hochstiftsregion verlegte der Bischof seine Residenz nach Wormditt. Daraufhin förderte er nach 1340 die Fundamentierung der dortigen Stadtpfarrkirche.[1115]

Bischof Hermann von Prag stiftete 1341 das ermländische Kollegiatstift. Kurze Zeit darauf, wohl noch im selben Jahr, wurden die Fundamente der ersten Kollegiatkirche in Pettelkau gegründet. Nach der Stiftsverlegung nach Glottau im Jahre 1343 wurde dort die zweite Stiftskirche errichtet.

Die Fundamente der Braunsberger Kirche wurden im Jahre 1346 angelegt. Die Errichtung der Stiftskirche in Pettelkau wurde aufgegeben und der Bau blieb unvollendet stehen. Bereits im Jahre 1347 beschloß das Kapitel, den Sitz von Glottau nach Guttstadt zu verlegen, die Gründung einer großen Stiftskirche verzögerte sich jedoch. Zunächst benutzte man eine ältere kleinere Stadtkirche, über deren Errichtung nichts bekannt ist. Die Domherren zogen in ein Stadthaus. Die endgültige Verlegung des Stifts nach Guttstadt hatte verschiedene Gründe. Unter anderem mußten die südöstlichen Hochstiftsregionen kolonisiert und seelsorgerisch betreut werden. Auch erforderte die besondere Größe des ermländischen Hochstifts wohl eine Aufteilung der zu verwaltenden Gebiete. Die Stadtbefestigung von Guttstadt bot einen besseren Schutz für die Domherren als der unbefestigte Ort Glottau. So wurde das Kollegiatstift in die Stadtbefestigung mit einbezogen.

Zu Beginn der Regierungszeit Bischof Johanns I. von Meißen (1350 – 1355) verlegte dieser seine Residenz nach Heilsberg. Wohl um 1350 sorgte er für die Grundsteinlegung der dortigen Stadtpfarrkirche.

1115   Rzempoluch (1991, S. 32) behauptete, daß Wormditt die älteste Stadtpfarrkirche im Ermland sei. Wie oben ersichtlich, besitzen die Stadtkirchen von Frauenburg und Seeburg ebenfalls ein hohes Alter und wurden bereits vor Wormditt gegründet.

Erst am Anfang der Regierungszeit des Bischofs Johannes II. Stryprock (1355 – 1373) wurde die Frauenburger Stadtkirche vollendet. Ein Weihedatum ist nicht überliefert.

Seit 1357 wurden die Stiftsgebäude südlich der alten noch bestehenden Pfarrkirche aufgeführt. Um 1360 erfolgte die Gründung der Pfarrkirche von Rößel. In der gleichen Zeit fand an der Braunsberger Stadtkirche eine Bauunterbrechung statt. Kurz nach der Stadtgründung von Wartenburg wurde die dortige Stadtpfarrkirche um 1364 fundamentiert. Im Jahre 1367 schloß der Rat der Stadt Braunsberg ein Vertrag mit dem Maurermeister Heinrich Penkune. Dieser führte nach Planänderung den Bau als Hallenkirche weiter. Nach 1370 erfolgte die Gründung der Allensteiner Pfarrkirche. Wann das Fundament gelegt wurde ist unbekannt. Sicher förderte Bischof Heinrich III. Sorbom die Errichtung dieser Pfarrkirche.

Schon in der Heilsberger Chronik wird die starke Bautätigkeit des Bischofs Heinrich Sorbom (1373 – 1401) gerühmt.[1116] Auch in der ältesten um 1463 durch Plaßwich verfaßten ermländischen Chronik steht über diesen Bischof vermerkt: "... *multas etiam ecclesias parochiales intra dioecesium murari fecit* ..."[1117] In seiner Regierungszeit erfolgte wohl in der ersten Hälfte des 14. Jahrhunderts die Errichtung der Stadtpfarrkirche in Mehlsack. In der zweiten Hälfte des 14. Jahrhunderts wurde sie zur dreischiffigen, chorlosen Halle ermländischen Typs erweitert. Wohl ebenfalls in der zweiten Hälfte des 14. Jahrhunderts folgte die Errichtung der Pfarrkirche von Bischofstein.

Im Jahre 1379 weihte Bischof Heinrich Sorbom die Pfarrkirche von Wormditt. Kurz nach 1381 folgten die Stadtkirchen in Braunsberg und Heilsberg. Im Jahre 1388 wurde der Frauenburger Dom vollendet und ebenfalls durch Bischof Heinrich Sorbom geweiht. Um 1390 folgte die Vollendung der Kollegiatkirche in Guttstadt und der Stadtkirche von Wartenburg. Die Weihe von Bischofstein konnte Bischof Heinrich Sorbom noch kurz vor seinem Tode um 1400 vornehmen.

Der Allensteiner Stadtbrand von 1400 verursachte an der zu dieser Zeit unvollendeten Pfarrkirche starke Bauschäden und es kam zu einem Baustop mit anschließendem Planwechsel. Das Vollendungsdatum der Kirche ist unbekannt, da der Bau aber zur Zeit um 1400 weit vorangeschritten war, lag sie wohl in der Regierungszeit des Bischofs Heinrich IV. von Vogelsang (1401 – 1415).

Die Stadtpfarrkirche von Bischofsburg wurde kurze Zeit nach der Stadtgründung von 1395 wohl noch durch Bischof Heinrich Sorbom fundamentiert. Sie ist die letzte der zwölf Stadtkirchen und bildete den Abschluß der ermländischen Kolonisation und Stadtgründungen. In der Regierungszeit des Bischofs Heinrich Sorbom erfolgte auch die Vollendung und Weihe der Stadtpfarrkirche in Rößel.

In den Jahren zwischen 1390 und 1494 wurden die Seitenkapellen der Wormditter Pfarrkirche errichtet. Eine Weihe im Jahre 1494 fand in der Regierungszeit des Bischofs Lukas Watzenrode (1489 – 1512) durch Weihbischof Jacobus Plotzker statt.

1116 SRW, Bd. II, S. 281f.
1117 SRW, Bd. I, S. 82.

5.3 Vergleichende Betrachtung der Stadtkirchen

5.3.1 Grundrißentwicklung

3, 22
316,
312

Bei der Grundrißgestaltung der ermländischen Stadtpfarrkirchen gibt es nur wenige Divergenzen in der Grundstruktur. So besitzt lediglich die Stadtpfarrkirche in Braunsberg eine polygonale Chorausbildung, der Frauenburger Dom einen gerade geschlossenen Langchor. Diese Presbyteriumsausbildungen blieben allerdings singulär und fanden nur bei den früher gegründeten Dorfkirchen von Elditten, Pettelkau und Bertung Anwendung. Schon in der Braunsberger Chorausbildung zeigt sich eine Abkehr von der Kathedralgotik. Die westlichen Vorbildern verpflichtete Presbyteriumsausbildung stellt bereits eine reduzierte Form dar und fand im Ermland nach der Vollendung der Braunsberger Stadtkirche keine weitere Anwendung.

Dieser Verzicht brachte es mit sich, daß die Grundrisse ausnahmslos orthogonal ausgebildet wurden.

171,
259

189,
224

Die Stadtkirchen sind bis auf die ehemaligen spätgotischen Kirchen in Mehlsack, Bischofstein und Bischofsburg dreischiffig, dabei werden die Seitenschiffe stets durch oktogonale Pfeiler getrennt. Die Pfeiler sind an den Schmalseiten als Halbpfeiler ausgebildet. Die Seitenschiffe stehen zumeist im Verhältnis 1 : 2 zum Mittelschiff. Dabei ist auffällig, daß die Joche der Mittelschiffe querrechteckig und die der Seitenschiffe längsrechteckig angeordnet sind. Bei den Kirchen in Heilsberg, Allenstein und Rößel sind die Mittelschiffsjoche stärker rechteckig gebildet. Bei den Kirchen von Wartenburg und Guttstadt nähern sich die Formen der Mittelschiffsjoche dagegen dem Quadrat. Bei der Wormditter Kirche besitzt das Nordseitenschiff schmalere Proportionen, die sich nur mit einer Planänderung erklären lassen. Diese leichten Proportionsschwankungen beeinträchtigen aber insgesamt nicht die gleichartigen Grundrißkonfigurationen der Kirchen.

Die Jochanzahl im Langhaus schwankt zwischen acht am Frauenburger Dom, sieben in Guttstadt, sechs in Braunsberg und Allenstein, fünf in Heilsberg, Wartenburg und Rößel und vier in Wormditt, der Stadtpfarrkirche zu Frauenburg, Seeburg und Bischofsburg. Wegen der späteren Umbauten ist es unbekannt, wieviele Joche die Kirchen von Mehlsack und Bischofstein ursprünglich besaßen. Aufgrund der bekannten Längen– und Breitenmaße lassen sich für Mehlsack vier und Bischofstein fünf Joche unterstellen.

225,
287

Der Gewölbeschub wird bei allen Stadtkirchen durch außenliegende Strebepfeiler abgefangen. Die Anzahl der Streben ist abhänig von der Anzahl der Joche. Bei fast allen Kirchen sind die Eckstreben diagonal gestellt, eine Eigenart, die im Ordensland nicht ungewöhnlich ist. Lediglich die Choreckstreben am Frauenburger Dom sind ähnlich wie in Pelplin rechtwinklig zum Mauerverlauf angeordnet. Die Anordnung der Pfeiler auf den Schmalseiten richtet sich nach der Raumgliederung der Schiffe. Meistens befinden sich daher vier Streben auf der Chor– und Westfassade, wobei vorwiegend die Eckstreben diagonal zur Wand verlaufen. Einzige Ausnahmen bezüglich der Anzahl der Chorstreben waren die Stadtkirchen von Mehlsack, Bischofstein und Bischofsburg. Da diese Kirchen nur einschiffig waren, befand sich auf der Chorseite nur eine mittlere

Strebe. Bezüglich der Stellung der Strebepfeiler verfügt die Allensteiner Kirche ebenfalls über eine Besonderheit. Dort sind sie halb in den Innenraum eingezogen, so daß an den Innenwänden Spitzbogenblenden entstehen. Auch am Außenbau waren Spitzbogenblenden projektiert, so daß die Strebepfeiler als dominierende Elemente völlig in die Wandstruktur einbezogen werden sollten. Aufgrund einer Planänderung nach einem Brand um 1400 wurde die äußere Wandgestaltung in Allenstein jedoch nicht in dieser Weise vollendet.

In Wormditt besaß die ursprüngliche Pfarrkirche ebenfalls außen liegende Strebepfeiler. Nachdem man im Laufe des 15. Jahrhunderts Kapellenanbauten anfügte, wurden die außen liegenden Pfeiler in die verlängerte Wand eingezogen, so daß einzelne Kapellenräume entstanden. Die Außenwände der Kapellenanbauten besitzen dementsprechend keine Strebepfeiler. Nur an den Schmalseiten treten die Streben noch am Außenbau als solche in Erscheinung. Eine ähnliche Vorgehensweise, durch eingezogene Streben Kapellen zu gewinnen, findet sich unter anderem bei der Danziger Marienkirche oder in der näheren Umgebung von Danzig bei der Stadtpfarrkirche von Dirschau. Auch bei der Nikolaikirche in Elbing beobachtet man diese Art der Kapellengestaltung.

Deutlich zeigt sich bei fast allen Stadtkirchen, daß die Sakristei grundsätzlich auf der Nordseite liegt, bzw. bei den nicht ausgerichteten Kirchen auf der Evangelienseite. Eine Ausnahme bildet die Sakristei der Allensteiner Kirche. Sie liegt nicht nur auf der Epistelseite, sondern wurde auch in das Seitenschiff mit einbezogen, so daß der Raum am Außenbau nicht in Erscheinung tritt. Eine weitere Ausnahmeerscheinung ist die Sakristei zu Guttstadt. Bedingt durch die südliche Lage der Kollegiatbauten integrierte man die Sakristei in den Südostflügel.

Lage und Anzahl der Eingänge sind unterschiedlich und zumeist vom Standort innerhalb der Stadt abhängig. Oft erhielten die Haupteingänge kleinere Vorhallen als Windfang. Die Braunsberger Stadtkirche besaß einst sechs Eingänge, der Frauenburger Dom zunächst zwei und später vier Portale. Die Stadtkirchen von Frauenburg, Seeburg, Wormditt, Heilsberg und Wartenburg verfügten zunächst nur über zwei, die Kollegiatkirche in Guttstadt und die Stadtkirchen in Rößel und Allenstein hatten ursprünglich nur drei und wieviele Eingänge einst in die Stadtkirchen von Mehlsack, Bischofstein und Bischofsburg führten, läßt sich heute nicht mehr genau feststellen.

In der Regel kamen erst in späterer Zeit weitere hinzu. Als Grund hierfür läßt sich vermuten, daß man die Stadtkirchen ebenso wie die Domkirche als Wehranlagen projektierte. Diese These läßt sich mit folgenden Beobachtungen erhärten:

In Wormditt wurde der Turm als Wehrturm angelegt. In Guttstadt liegen auf der nördlichen Langhausseite die Fenster höher als auf der Südseite. Auch kann man beobachten, daß die Fenster einst als Blindfenster vermauert oder zur Vermauerung vorgesehen waren.

Viele Stadtkirchen besitzen vor den häufig frequentierten Portalen kleinere Vorhallen. Die Lage dieser Anbauten richtete sich nach der Zweckmäßigkeit. Ihre Architektur folgte allein der Funktion als Windfang. In Braunsberg, Wartenburg, Seeburg und Rößel öffnen sich die Obergeschosse der zweigeschossigen Vorhallen zum Innenraum hin als Emporen. Die Allensteiner Vorhalle scheint erst wesentlich später angefügt worden zu sein, ursprünglich war wohl keine Vorhalle vorhanden. Das prächtigste und zugleich repräsentativste Beispiel ist die Westvorhalle am Frauenburger Dom. Sie ist einzigartig im Ermland und fand keine Nachfolge. Ihre Genese wurde bereits ergründet, die Abhängigkeit sowohl in der Maßwerk- als auch in der Gewölbegestaltung von der Parlerarchitektur ausführlich dargelegt. Als Eingangsvorhallen dienten auch die Turmhallen der Stadtpfarrkirchen. Sie befinden sich vorwiegend auf der dem Chor gegenüberliegenden Schmalseite des Langhauses.

Die Domkirche und die Frauenburger Stadtpfarrkirche besaßen ursprünglich keinen Turm. Erst in späterer Zeit errichtete man die abseits gelegenen Glockentürme. Aber auch allgemein läßt sich beobachten, daß Turmanlagen erst später entstanden. So sah die früheste Braunsberger Planung zunächst keinen Westturm vor. Auch bei den Kirchen von Heilsberg, Guttstadt, Mehlsack, Wartenburg, Bischofsburg und Bischofstein erfolgte der Bau der Kirchen zunächst ohne Turm.

238 In Rößel wurde zwar der Turm anfangs zusammen mit dem Langhaus bis zur Höhe der Sohlbank der Langhausfenster errichtet, blieb jedoch unvollendet vor der Westfassade stehen.

124, 138 Bei der Kirche von Seeburg zeigt sich, daß der Turm in den Baukörper des Langhauses integriert wurde und er nur wenig vor der Westfassade risalitartig hervorragt. Auch in Wormditt war die Turmanlage Bestandteil der ersten Grundrißgestaltung. Dabei wurde

259 der Turm völlig in das Langhaus einbezogen. Auch in Allenstein integrierte man von Anfang an den Turm in den orthogonalen Grundriß.

299, 300 Eine Sonderstellung bildet der nachträglich angefügte Turm der ehemaligen Stadtkirche von Mehlsack. Er wurde, ähnlich wie es im pomesanischen Gebiet üblich war, seitlich an das Langhaus angefügt. Doch diese Sonderstellung scheint wohl durch die Lage der Stadtkirche nahe der Stadtmauer bedingt gewesen zu sein.

Neben den Turmanlagen richtete man zumeist Seitenkapellen ein. So wurden die Kapellen neben dem Braunsberger Turm schon zusammen mit der Turmerrichtung aufgemauert. Die alte, geschlossene Westwand hat man zu den Kapellen hin einfach durchbrochen. Die untere Turmhalle öffnet sich nicht zu den Seitenkapellen. Auch bei der nachträglichen Turmerrichtung von Heilsberg wurden zusammen mit den Turmfundamenten die seitlichen Kapellen errichtet. Die Turmhalle ist hier zu den Kapellen geöffnet.

Bedingt durch die Einstellung des Turms in den Langhausbaukörper entstanden neben den Turmanlagen von Seeburg, Wormditt und Allenstein die Kapellen als Verlängerungen der Seitenschiffe. Eine genauere Grundrißbetrachtung zeigt gerade bei diesen Beispielen, daß die Jocheinteilung der seitlichen Kapellen kürzer ist als im Langhaus. Dies belegt zusätzlich, daß die Turmanlagen mit ihren Seitenkapellen zur ursprünglichen Planung gehörten. Bei den Kirchen von Guttstadt, Rößel und Wartenburg wurden keine Seitenkapellen neben dem Turm errichtet.

5.3.2 Entwicklung der äußeren und inneren Wandgliederung

Beim Vergleich des Außenbaus bemerkte Zink, daß, bedingt durch Brände, Kriegszerstörungen und spätere bauliche Veränderungen, wie Umgestaltung der gotischen Fenster im Barockzeitalter und Erweiterungsanbauten im 19. Jahrhundert, die ursprüngliche Einheitlichkeit und charakteristischen Stilmerkmale teilweise verloren gingen.[1118]

So erhielten die Kirchen von Bischofstein und Bischofsburg im Barock Erweiterungsbauten, die den ursprünglichen Charakter völlig verunklärten. Letztere Kirche wurde im erneut 19. Jahrhundert im neoromanisierenden Stil umgestaltet, der den Bau heute entstellt. Die Kirche von Mehlsack wurde im 19. Jahrhundert sogar völlig abgetragen und neu errichtet.

Die Kirchen in Heilsberg und Wartenburg erhielten im 19. Jahrhundert Chorerweiterungen, die gänzlich untypisch für die ermländischen Sakralbauten sind. In Seeburg erweiterte man die Halle durch Anfügen von zwei Jochen und rekonstruierte den ehemaligen gotischen Chorgiebel.

Die Gliederung der Umfassungswände der ermländischen gotischen Hallenkirchen beschränkt sich vorwiegend auf architektonische Elemente. Die Verwendung von Formsteinen ist auf ein Minimum reduziert. Zumeist besitzen nur die Portalgewände oder die Fenstereinfassungen eine Formsteinrahmung. Als betonte Vertikalgliederung der Außenwände zeigt sich der Wechsel von Strebepfeilern und dazwischen liegenden Spitzbogenfenstern.

Bei allen Bauten wurde das Strebepfeilersystem nach außen verlegt, so daß an den Seitenschiffswänden keinerlei besondere Wandgliederung entsteht. Ausnahmen bilden hier Rößel, wo eine Innenwandgliederung durch Nischenausbildung entand, und Allenstein, wo die schwachen Außenpfeiler zur Hälfte in den Innenraum verlegt wurden. Bei beiden entsteht jedoch nicht der Eindruck, daß die Seitenschiffe im Innenraum Seitenkapellen bilden. Bei den frühen Beispielen zeigt sich, daß die Streben zunächst dreifach und später zweifach mit schräg verlaufendem Wasserschlag angeordnet werden. So besitzen die Eckstreben am Domchor eine dreifache Stufung. Bei den zweifach gestuften Streben beginnt die erste Stufung in etwa zweidrittel Höhe, die obere Stufung reicht direkt bis unter die Traufe. Eine Ausnahme hierbei bildet die Kirche von Heilsberg, hier beginnt die erste Stufung der Streben bereits nach dem ersten Drittel. Aufgrund der besonderen Wandgliederung mit eingezogenen Streben wurden die Eckstreben von Allenstein nicht schräggestellt.

Die diagonal zum Langhaus verlaufenden Eckstreben von Wartenburg und Seeburg sind abgestuft und mit Tabernakelaufsätzen bekrönt. In Rößel befinden sich auf allen vier östlichen Streben Aufsätze wie in Guttstadt, wo auch die Westeckstreben zusätzlich bekrönt sind.

An den Außenwänden gibt es verschiedene horizontale Gliederungselemente. Die Fundamente bilden bei allen Kirchen Feldsteine, welche mehr oder weniger über dem sichtbaren Mauerwerk in Erscheinung treten. Ein kurz oberhalb der Fundamente hori-

---

1118   Zink (1938), S. 11.

zontal umlaufendes Sockelprofil mit einfacher Fase findet sich am Frauenburger Dom und den Stadtkirchen von Frauenburg, Seeburg, Wormditt, Heilsberg, Guttstadt, Wartenburg und Allenstein. Als einzige Stadtkirche weist die Kirche von Rößel ein umlaufendes Sockelband auf, das besonders reich profiliert ist.

Bei den Stadtkirchen in Braunsberg, Frauenburg, Guttstadt, Seeburg, Heilsberg und Wartenburg läuft unterhalb der Fenstersohlbank ein Kaffgesims, das sogar um die Strebepfeiler herumgeführt ist. Auch die ehemalige gotische Kirche in Mehlsack besaß dieses umlaufende Gesimsband. Bei der Frauenburger Stadtkirche und in Wormditt wird dieses Gesims sogar um die zweigeschossige Sakristei geführt. Im Ordensland ist das umlaufende Gesimsband in Sohlbankhöhe nicht ungewöhnlich, so besitzt es auch die St. Jakobs-Kirche in Thorn, wo es um das Westportal herumgeführt wird. Da im Jahre 1345 Hochmeister Ludolf König das Gebäude dem Benediktinerinnenkloster schenkte, muß die Kirche kurz zuvor vollendet gewesen sein.[1119] Die Allensteiner Kirche besitzt in Sohlbankhöhe kein umlaufendes Gesimsband. Die dortige Kaffgesimsgestaltung findet sich erstmalig am Frauenburger Dom. Wie am Baubestand der Stadtkirche von Wormditt zu beobachten ist, hatte die erste Kirche vor der Kapellenerweiterung ebenfalls dieses umlaufende Kaffgesims. Bei den Stadtkirchen von Braunsberg, Frauenburg und Rößel wurde in späterer Zeit das Gesims abgeschlagen und ist nur noch in einzelnen Abschnitten sichtbar. In Rößel hat man teilweise die Abarbeitungen durch ein schmales Putzband ersetzt. Das Kaffgesims führt bei den Stadtkirchen in Seeburg und Wormditt sogar um den Turm herum und wird über das Turmportal hinweg geführt. Dasselbe beobachtet man am Hauptportal der turmlosen Stadtkirche von Frauenburg.

Als weitere horizontale Gliederung besitzen die Kirchen in Seeburg, Heilsberg, Guttstadt, Wartenburg und Rößel unterhalb der Traufe ein umlaufendes Putzband. In Allenstein ist es ein Doppelputzband. Die darüberliegenden Gesimse stammen sämtlich aus späterer Zeit. Nur bei der Braunsberger Stadtkirche und am Frauenburger Dom wurde unter der Traufe kein Putzband, sondern eine umlaufende, vorkragende Binderschicht mit Rundkerbe verwendet. An den Giebelseiten des Doms und am Braunsberger Chor benutzte man den Zahnschnitt als horizontale Gliederung. In Wormditt zeigt sich, daß ursprünglich zwei Putzbänder vorhanden waren, da es bedingt durch die basilikale Gestaltung auch zwei unterschiedlich angeordnete Traufenhöhen gab. In Höhe der Seitenschiffstraufe verlief das untere Putzband um die Streben und sogar um den Turm herum. Das obere Putzband läuft unterhalb der Traufe des Mittelschiffdachs.

Die inneren Wände der Stadtpfarrkirchen sind vorwiegend glatt und besitzen keinerlei Gliederung. Nur die Kirchen von Rößel und Allenstein besitzen große, spitzbogige Wandblenden, in deren Mitte sich jeweils ein Spitzbogenfenster öffnet.

Diese Blendengliederung im Innenraum findet sich häufiger im Kulmerland. Auch bei der Kirche von Neuteich sind die Mittelschiffswände durch hohe, bis zur Decke reichende Spitzbogenblenden gegliedert. Diese sehr eigenartige Wandaufteilung wurde wohl durch die erste Danziger Marienkirche in ihrer älteren basilikalen Form überliefert. Auch bei der Wormditter Basilika werden die achteckigen Pfeiler an den Mittel-

---

1119 Steinbrecht (1885), Bd. 1, S. 27.

schiffswänden als Wandvorlagen mit hohen Schildbogenblenden weitergeführt. Zink sah darin eine *"zum Hallenraum drängende Entwicklung"*.[1120]

Die inneren Langhausstützen sind bei allen Bauten einfache, achteckige Pfeiler ohne Profilierung. An den Schmalseiten werden diese als Halbpfeiler ausgebildet. Nur die Osthalbpfeiler in Braunsberg wurden vor dem Planwechsel an den Kanten mit einem Rundstab profiliert.

Den im Ordensland häufig vorkommenden Bauschmuck, an den Längswänden neben den Fenstern jeweils Blenden anzufügen, findet man an keiner ermländischen Stadtkirche. Nur die Wormditter Seitenkapellen besitzen außen Doppelblenden zwischen den Kapellenfenstern, wie auch unter anderem die Dorfkirchen von Groß Arnsdorf, Kiwitten und Lokau. In Arnsdorf befindet sich zwischen jedem Fenster auf der Südseite eine Blende.

152

372, 331

Alle Bauten weisen somit in ihren Grundstrukturen eine stilistisch enge Verwandtschaft auf und folgen dem ermländischen Grundtyp. Nur in Einzelformen finden sich ordensländische Einflüsse.

Auffällig ist, daß einige Kirchen wie der Frauenburger Dom Wehrcharakter besitzen. Auch in Guttstadt zeigt sich, daß die Westseite anfangs wohl keinen Eingang besaß. Zudem kann man heute erkennen, daß die Nordfenster ursprünglich vermauert waren oder zur Vermauerung angelegt wurden. Auch auf der Nordseite des Frauenburger Doms sind die Nordfenster schmaler gestaltet. Nachweislich besaßen ehemals die Kirchen in Elditten, Kiwitten, Roggenhausen, Arnsdorf, Lokau, Peterswalde (bei Guttstadt), Migehnen und Freudenberg auf der Nordseite keine Fenster. Der Wormditter Westturm verfügt ebenfalls über einen ausgeprägten Wehrcharakter. Die Dorfkirche Elditten besitzt auf der Westseite die Einrichtung einer Falltür, hinter der man sich wohl zu Kriegszeiten verschanzte. Gerade in der frühen Zeit der Kolonisierung mußte man sich stets gegen Überfälle der Prußen schützen. Die Bischöfe schlossen selbst Übergriffe aus dem Ordensland nicht aus, da der Deutsche Orden Interesse an einer territorialen Herrschaft über Ländereien des Hochstifts hatte.

209

142

319

5.3.3 Entwicklung der Giebelgestaltung

Auffällig bei allen Stadtkirchen sind die besonders reich gestalteten Giebel. Sie dienen zugleich als notwendiger Abschluß für das die Schiffe überspannende Satteldach. Besonders markant wird die Giebelgestaltung auch durch das grundsätzliche Fehlen eines besonderen Presbyteriums. Die Giebelseiten sind unterhalb der Traufenhöhe genauso formenarm wie die Seitenschiffsaußenwände. So dienen die Langhausmauern aufgrund ihrer einfachen und sparsamen Gliederung mehr als Unterbau für die reichen, auf Fernsicht gestalteten Schaugiebel.

Bedingt durch die vorherrschende Dreischiffigkeit liegen zwischen den beiden äußeren, schräggestellten Eckstreben zwei weitere Streben. Zwischen diesen gibt es auf der Ostseite insgesamt drei Fenster. Analog der größeren Mittelschiffsbreite ist das Mittelfenster breiter angelegt als die Seitenschiffsfenster. Die östlichen Seitenschiffsfenster

---

1120 Zink (1938), S. 70.

entsprechen denen der Westseite. Über einem umlaufenden Putzband erhebt sich der Giebel mit seinen reich ausgeprägten Staffelformen. Als Gliederungselement, werden überwiegend spitzbogige Blendnischen verwendet. Die Zahl der Blenden schwankt zwischen sechs (z.B. Wormditt) und höchstens elf (z.B. Guttstadt). Die Breite der Blendfelder ist unabhängig von der Entstehungszeit und beträgt grundsätzlich einen Meter. Die Seitenlänge der Pfeiler beträgt überwiegend 45 cm.[1121] Neben den zumeist symmetrisch geordneten Giebelausbildungen konstatierte Dittrich bei seinen Untersuchungen:

> *In der Anlage und Gliederung der Giebel lassen sich ... zwei Systeme deutlich erkennen. Es ist nämlich der Giebel entweder eine aufsteigende glatte Mauerfläche, die nur tiefer liegende Nischen und Blenden oder auch bloß durch Fenster gegliedert wird, oder er besteht aus einem auf der Grundmauer aufsteigenden System von Pfeilern, zwischen welche die nun ebenfalls durch Nischen, Blenden, Fenster, Spitzgiebel u. dgl. gezierten Giebelflächen gleichsam als Füllung eingespannt sind.[1122]*

Ergänzen läßt sich Gliederung durch vertikale und horizontale Zierelemente. Auffällig ist, daß nur selten Profilsteine Verwendung fanden.

Zink stellte fest, daß alle Stadtkirchen eine gleichartige Gliederung der Ostwand aufweisen und unternahm daher keine näheren Untersuchungen über die Entwicklung der Giebelstrukturen innerhalb der gotischen Entstehungszeit.[1123] Zwar entstanden die Giebel zumeist in nahem zeitlichem Abstand, doch gerade die Betrachtung der Einzelformen in ihrer Entwicklung ist von Wichtigkeit, insbesondere für die Datierung der Vollendung. Zink unterließ diese Untersuchung und kam dadurch zu leicht abweichenden Datierungen.

Zunächst entsteht in der ersten Entwicklungsphase eine flache und sparsam ausgebildete Giebelform. Die Wandelemente wie Kreis– und Spitzbogenblenden führen zu einer starken Flächigkeit. Maßgeblich beeinflußte gerade der Frauenburger Domchorgiebel diese erste Entwicklungsphase. Danach folgt die Phase der Gestaltung mit vertikalen Pfeileranlagen, die in einer Weiterentwicklung übereck gestellt sind. Als letzte Entwicklungphase folgt die horizontale Wandgliederung. In allen Phasen läßt sich zunächst eine rationelle Formgebung erkennen, die sich sukzessiv bis zur völligen Wandaufteilung steigert.

Bedingt durch das verbreitete späte Anfügen von Turmanlagen haben sich die ursprünglichen Westgiebel nur in Rößel, Heilsberg und Guttstadt vollständig erhalten. Heute sind die Giebel meist von dem vorstehenden Turm verdeckt und treten nur als Halbgiebel über den Seitenschiffen in Erscheinung.

Bereits in den älteren Inventaren von Quasts und Boettichers und in der nachfolgenden ermländischen Bauforschung erkannte man den besonderen Typ des *"Ermlandgiebels"*,

---

[1121] Piłecka (1980), S. 76.
[1122] Dittrich (1870), Heft 1, S. 25.
[1123] Zink (1938), S. 16.

der sich von den ordensländischen Giebeln wie auch von denen im gesamten Ostseegebiet unterschied.[1124]

Die Gestaltung der Aufsätze oberhalb der Eckstreben ist eines der typischen Merkmale. So finden sich markante Eckaufsätze in Tabernakelform bereits am Domchorgiebel und bei den Stadtkirchen in Seeburg, Wormditt, Guttstadt, Wartenburg und Rößel.

Besonders reiche Verwendung von Strebepfeilerfialen finden sich unter anderem an der 1309 gegründeten St. Jakobskirche zu Thorn oder an dem Mitte des 14. Jahrhunderts entstandenen Giebel der Marienkirche in Prenzlau. Die Bauten erhielten dadurch ein den rheinischen Steinbauten verwandtes Aussehen.[1125] Diese nicht ungewöhnliche Gestaltung leitete sich von der französischen Kathedralgotik her. Vergleichbare Zierelemente finden sich auch in anderen Landschaften, so am Chor der Marienkirche und Katharinenkirche zu Krakau. Dort sind reiche Tabernakelarchitekturen aus Stein als besonderer Abschluß der Streben angebracht.[1126] Piłecka bemerkte hierzu:

> *Mit Ausnahme des Giebels in Elditten stellen die übrigen Giebel das Schema eines Dreieckgiebels dar, dessen Flächen durch spitzbogigen Blenden und runde Füllungen geteilt wird. An der Basis des Giebeldreiecks des Frauenburger Doms und der Kirche in Plaßwich treten Fialen in der Giebelflucht auf, die in der Kirche in Schalmey in Pinakeln umgestaltet wurden, die dadurch, daß sie auch an den Seiten des Giebelblocks aufgestellt werden, vervielfacht sind.*[1127]

319

Der älteste Giebel im Ermland ist der Chorgiebel des Frauenburger Domchors. Seine Gestaltungsform prägte, wie nachgewiesen, maßgeblich eine wohl in Thorn (St. Johann um 1260) geschulte, jedoch aus Elbing stammenden Werkstatt. Piłecka konnte neben der Analogie zum Chorgiebel der Elbinger Dominikanerkirche (1270) bei dieser Giebelform ordensländischen Einfluß nachweisen. So verwies sie unter anderem auf den Chorgiebel der 1945 zerstörten Pfarrkirche in Eisenberg (erste Hälfte 14. Jh.). Auch der ehemalige Giebel von Pettelkau besaß diese Gestaltung.[1128]

27

Der Chorgiebel von Wartenburg scheint bereits kurz vor 1386 vollendet gewesen zu sein. Er weist noch nicht die Stufenform der Giebel von Seeburg und Guttstadt auf. Auch liegen seitlich neben den Fialen oberhalb der Spitzbogenblenden kleinere Windlöcher, die wie eine letzte Reminiszenz der Giebelform des Frauenburger Domchors wirken. Diese stilistischen Elemente sprechen dafür, daß der Wartenburger Giebel etwas früher entstanden ist als die Giebel in Seeburg und Guttstadt, die zur zweiten Entwicklungsphase der Stufengiebel zählen.

217

121,
194

Bei dem um 1370 vollendeten Seeburger Chorgiebel konnte nachgewiesen werden, daß dieser als Vorbild für den kurz vor 1390 vollendeten Giebel in Guttstadt diente. Die zeitlichen Nähe der Entstehung erklärt die stilistische Abhängigkeit beider Giebel. In Seeburg zeigt sich in etwa zweidrittel Höhe ein angedeutetes durchlaufendes Putzband, das jedoch nicht über die Blenden führt. In Guttstadt ist das Putzband bereits voll aus-

---

1124   Piłecka (1980), S. 79.
1125   Böker (1988), S. 184.
1126   Dittrich (1870), Heft 1, S. 18.
1127   Piłecka (1980), S. 75.
1128   Ebenda, S. 79.

gebildet. Der ehemalige gotische Chorgiebel von Heilsberg wurde Anfang des 18. Jahrhunderts ersetzt. Aufgrund der Vollendungszeit um 1380 dürfte der einstige spätgotische Giebel eine ähnliche Gestaltung wie in Seeburg oder Guttstadt besessen haben. Auch die ehemaligen gotischen Giebel der Stadtkirche in Mehlsack entstanden wohl in dieser Zeit.

299
274 Der Chorgiebel der Allensteiner Stadtkirche zeigt eine auffällige Analogie zu dem kurz nach 1400 entstandenen Nordostgiebel der Allensteiner Burg. Beide Giebel dürften demnach zur selben Zeit entstanden sein. Typisch für diese Beispiele ist, daß die Vertikale der schmalen Spitzbogenblenden betont wird. Über den Blenden öffnen sich in derselben Breite Windlöcher, die wiederum mit einem Spitzbogen enden. Zwischen den Blenden steigen übereck gestellte schlanke Fialen empor, die oben als Pinakeln über die Umrisse hinausragen.

249
492 Der Chorgiebel von Rößel dürfte in seiner heutigen Gestaltung wohl erst nach dem Brand von 1475 entstanden sein. Er zählt somit zu den spätesten Giebelformen der ermländischen Stadtkirchen. Diese Art der Gliederung mit übereinander sich anordnenden, dreieckigen Blendengiebeln findet sich bereits in ähnlicher Form bei dem wohl nach 1467 entstandenen nordwestlichen Giebelabschluß in Wormditt. Der Chorgiebel in Wormditt ist nicht ursprünglich, sondern entstand, worauf seine Gestaltung hinweist, erst im Zusammenhang mit den Kapellenanbauten, d.h. in der zweiten Hälfte des 15. Jahrhunderts.

4 Der eigenartig gegliederte Braunsberger Chorgiebel wurde durch den Brand von 1480 zerstört und in der darauf folgenden Zeit von einem Danziger Baumeister neu errichtet. Seine Gestaltung gehört mit zu den spätesten Giebelformen der Stadtkirchen und läßt sich im oberen Teil mit Zierformen von Rößel und Wormditt vergleichen. Eigenartig ist die Gliederung in zwei unterschiedliche Zonen. So beginnt der Giebel mit gleich hohen Spitzbogenblenden in analoger Gestaltung zum Turmabschluß. Darüber erhebt sich das Giebeldreieck mit drei dünngliedrigen Reihen, die wiederum vertikal angeordnet schmale Rechtecke ergeben, die oben mit einem Dreiecksabschluß enden. Die Giebelspitze endet mit vier schmalen, parallel verlaufenden Blenden und Pinakeln.

Piłecka ging davon aus, daß alle Dorfgiebel eine spätere Rezeption des Frauenburger Domgiebels darstellen und demzufolge der Domchorgiebel die früheste Form im Ermland bildet. Doch es wird sich gerade bei der Entwicklung der Giebelformen der Dorfkirchen zeigen, daß auch die Entwicklung der Stadtkirchen maßgeblich die Gestaltung der Dorfkirchen beeinflußt hat.

Bei der Untersuchung der ermländischen Giebel gab es nach Ansicht von Piłecka keine konsequente Evolutionslinie. Demzufolge war das Architekturmilieu im Ermland nie abgeschlossen und stets individuell. Dies belegt, daß die Vorbilder von außen in die Region getragen wurden.[1129]

1129   a.a.O.

5.3.4 Entwicklung von Raum- und Gewölbegestaltung

Bereits bei der Betrachtung der Grundrißkonfiguration der Braunsberger Stadtpfarrkirche zeigte sich eine Reduktion. Diese Entwicklung stand am Ende einer Reihe von Leitbildern, die ihren Anfang in der französischen und deutschen Kathedralgotik nahm. Auch die Raumkonzeption zeigt eine formale Verschmelzung von Langhaus und Chor. Eine Querschiffsbildung ist selbst im Ansatz nicht mehr vorhanden. Der Raum wird zu einem einheitlichen und ausgeweiteten Gefüge. Dies wird insbesondere in Braunsberg mit dem Planwechsel von einer Pseudobasilika hin zur Halle deutlich. 3

Einzige Ausnahme im Ermland bildet die Wormditter Stadtpfarrkirche. Sie ist als Basilika ausgebildet. Bei Betrachtung der Grundrißgestaltung sowie der Raumgestaltung zeigte sich jedoch eine starke Interdependenz mit den übrigen ermländischen Hallenkirchen. Bereits Zink erkannte, daß schon vor der Vollendung der Wormditter Basilika der Wechsel zum Hallentyp mit geradem Chorschluß im Ermland vollzogen war. So erklärt sich auch, weshalb gerade in Braunsberg die Basilikalplanung noch während der Errichtung nach 1367 geändert wurde. 138

Charakteristisch für den ermländischen Hallenraum ist, daß in allen drei Schiffen die Gewölbe eine gleichhohe Anordnung besitzen. Der Raumeindruck wird bei allen ermländischen Stadtkirchen maßgeblich geprägt durch die raumteilenden, achteckigen Pfeiler mit scharfen Kanten und den darüber liegenden Arkadenbögen. Auf den Schmalseiten enden die Bögen auf Halbpfeilern, die entsprechend den Freipfeilern ausgebildet sind. Auch bei der Wormditter Basilika herrscht trotz Obergadenwand ein ähnlicher Raumeindruck. 157

Die zumeist auf einem einfachen Sockel ruhenden Pfeiler des Frauenburger Doms sowie der Stadtkirchen von Frauenburg, Heilsberg, Rößel und Allenstein enden oben mit einem leicht vorkragenden, kämpferartigen Backsteinband. In den Kirchen von Guttstadt, Seeburg und Wartenburg wurde auf diesen Schmuck verzichtet. Die Scheidbögen sind unterschiedlich durch Formsteine abgestuft. So besitzen sie in Heilsberg und Rößel Hohlkehlen und Dreiviertelrundstäbe. In Allenstein, Frauenburg, Guttstadt, Seeburg und Wartenburg sind es Hohlkehlen oder gefaste Steine.

Bei der Raumbetrachtung zeigte sich, daß die Langhausinnenwände zunächst ungegliedert waren. Aufgrund genauerer Untersuchungen der Braunsberger Stadtkirche konnte allerdings festgestellt werden, daß dort die Dienste ursprünglich bis zum Fußboden reichen sollten. Erst nach der Planänderung von der Pseudobasilika hin zur Halle verliefen die Dienste auf höher gelegenen Wandkonsolen. Am Frauenburger Dom läßt sich ähnliches beobachten. So laufen die Gewölberippen der beiden östlichen Joche auf kleinen Kapitellen aus, die auf dreifach gebündelten Diensten ruhen. Die Dienste reichen bis zu den Basen, die auf dem Fußboden aufsitzen. Die übrigen westlichen Dienste laufen ebenfalls auf Kapitellen aus, die jedoch in Höhe der Fenstersohlbank auf Konsolen ruhen. Der Grund für diese Uneinheitlichkeit ist nicht ein Planwechsel; vielmehr war dies erforderlich, um seitlich das Chorgestühl einbauen zu können. 469

47, 48

Die Gewölbe bestimmen maßgeblich den Raumeindruck. Clasen schrieb zur natürlichen Entwicklungsreihe des preußischen Gewölbebaus, daß dieses sich *"auf dem sehr einfachen Prinzip immer stärkerer Gliederung durch Zerlegung einer Kappe in drei Nebenkappen ..."* entwickelte.[1130]

Entscheidende Einflüsse für die Entwicklung ordensländischer Wölbetechnik kamen vom Kloster Pelplin. So hatte Ende des 13. Jahrhunderts der Meister der Pelpliner Klosterkirche die Kreuzrippenwölbung überwunden und über die Verwendung der Dreistrahl-, Scheitel- und Flechtrippe den Weg zur Ausbildung der dekorativen Sternwölbung gefunden, auch wenn viele Datierungen revidiert werden müssen. Die Beeinflussung der Pelpliner Gewölbe durch englische Vorbilder – Clasen zog die Hochschiffsgewölbe im 'Decorated Style' (um 1250 – um 1350) von Lincoln (1233) und Exeter (um 1270 begründet) zum Vergleich heran – wird heute in Frage gestellt, obwohl Clasens Erkenntnisse im Grundsätzlichen weitergelten. Nach dem englischen Vorbild also entwickelte sich im Ordensland eine eigenständige Wölbeform – eine deutsche *"Sondergotik"*, geprägt von spätgotischer Baugesinnung.[1131]

Schon Ulbrich erklärte die Herkunft der ordensländischen Gewölbekunst mit den engen Handelsbeziehungen, insbesondere dem von der Hanse geförderten Fernhandel, sowie mit kulturellem Austausch mit England, über die allgemeinen Verbindungen zu Frankreich, Böhmen und Deutschland hinaus.[1132]

Mit der Einführung von neuen Hauptrippen in die Gewölbekonstruktion war die Möglichkeit einer Weiterentwicklung gegeben. Der sechsstrahlige Stern entstand dadurch, daß zu den Diagonalgraten die Längstransversalrippen hinzukamen. Der achtstrahlige Stern entwickelte sich, indem die Transversale der Breitenrichtung beigefügt wurde. Diese neue Gewölbegestaltung, in der große Sternfiguren sich ganz aus Dreistrahlen aufbauen, während die Kappen sich zwischen Gurt-, Diagonal- und Scheitelrippe dritteln, findet sich bereits an der 1344 vollendeten Schloßkapelle der Marienburg.[1133] Die neue Form ist für den englischen Flechtrippenstern untypisch, jedoch für die Gewölbeentwicklung im Deutschordensstaat charakteristisch. Das gleiche Wölbeprinzip findet sich noch am Dom zu Marienwerder und im Langhaus des Frauenburger Doms. Die lange Anwendung dieser Bauform bis ins letzte Viertel des 14. Jahrhunderts hinein verdeutlicht, daß sich die Weiterentwicklung der ordensländischen Gewölbe nur sehr zögernd vollzog.

Die Entwicklung verlief in der Weise weiter, daß neue Rippen von den Scheiteln der Scheidbögen zu den Gurtbogenscheiteln, als vier neue Hauptrippen, gezogen wurden. Es entstanden dadurch 16 Kappen, von denen sich jede wiederum in je drei Dreieckskappen zerlegte. Diese neue Wölbeform der Zusammenfügung von vier vierzackigen Rautensternen, die sich an den Spitzen berühren, findet sich im Mittelschiff von Bartenstein, der Pfarrkirche zu Wormditt, der Stadtkirchen zu Braunsberg und Rößel. Als reduzierte Form begegnet man dieser Wölbung auch in der Vorlaube des Rathauses in Preußisch Holland. Auffällig ist hierbei, daß gerade im Hochstift Ermland sich diese Wölbeform häuft. *"Mit diesem Gewölbe steht der ordenspreußische Gewölbebau im Zenit seiner Entwicklung. Von nun ab beginnt sich die Kurve zu neigen. Eine gewisse*

1130 Clasen (1924), S. 68.
1131 Clasen (1961), S. 32. Nußbaum (1985), S. 112. Braunfels (1985), Bd. 5, S. 243.
1132 Ulbrich, (1932), S. 10. Davon war auch Clasen (ebenda, S. 31f) überzeugt.
1133 Dehio / Gall (1952), S. 111. Schmid (1928), S. 34.

Dekadenz setzt ein und zerstört das konstruktive Gerüst und die organische Schönheit des Sterngewölbes."[1134]

Wegen fehlender Geldmittel konnten im Ermland die meisten Gewölbe erst weit nach Vollendung der Kirche eingezogen werden. In der Zwischenzeit erhielten die Räume eine behelfsmäßige Holzdecke. Nachweislich besaßen die Stadtkirchen in Frauenburg, Braunsberg, Rößel, und Wormditt nach ihrer Errichtung zunächst diese provisorische Raumüberdachung.

Es finden sich bei den Kirchen vorwiegend Stern–, Netz–, Zellen– und Kasettengewölbe. Die Innenräume weisen *"durch den gleichartigen Aufbau der Umfassungswände, durch die ausnahmslose Verwendung der achteckigen, unprofilierten Pfeiler als Stützen, sowie durch die gleichhohe Bildung der drei Schiffe eine enge stilistische Verwandtschaft auf, die weit über die Bildung der Grundrißanordnung hinausgehen."*[1135]

Zu den ältesten Gewölbeformen gehören die des Domchores in Frauenburg. Ihre Entstehung läßt sich in der Zeit kurz vor 1342 datieren. Beziehungen zu Gewölben des Ordenslandes, d.h. der Marienburg und der Burg Rehden, sowie die starke Abhängigkeit von Kloster Pelplin konnten nachgewiesen werden. **46**

Zu den bedeutendsten ermländischen Gewölben zählen die der Braunsberger Stadtkirche. Ihre Entstehung läßt sich anhand von Stiftungsurkunden in die Zeit kurz nach 1442 datieren. Wurde am Frauenburger Domchor eine enge ordensländische Beziehung nachgewiesen, zeigt sich gerade bei den Braunsberger Gewölben eine noch engere Beziehung zu englischen Gewölben. Das System von vier achtteiligen Sternen in einem Jochfeld findet bereits gegen Mitte des 13. Jahrhunderts in der Kathedrale von Lincoln und Westminster Abbey Verwendung.[1136] Im Ordensland werden diese Formen erstmalig um 1400 – 1410 in der Basilika von Bartenstein angewendet. Bartenstein liegt zwar außerhalb des Hochstifts Ermland, gehört aber zum Archipresbyterat Heilsberg. Auch im Mittelschiff der Wormditter Stadtkirche findet sich die Braunsberger Gewölbeform. Gall ging sogar aufgrund der nahen Gewölbeverwandtschaft davon aus, daß in den genannten Kirchen der gleiche Gewölbemeister tätig war. So wurde für Braunsberg Hans Gotland vermutet, da er nachweislich auch die Gewölbe der Franziskanerkirche in Braunsberg einzog. Ein letzter Beweis hierfür fehlt allerdings. **465** **135**

Im letzten Glied der Nachfolge der Braunsberger Wölbeform stehen die Gewölbe in der Pfarrkirche zu Rößel. Aufgrund von Stiftungen läßt sich die Entstehung in die Zeit zwischen 1475 und 1477 datieren. Auch der Baumeister ist uns bekannt. Er hieß Niclis Scheunemann. **256**

Die um 1380 entstandenen Gewölbe im Langhaus des Frauenburger Doms lassen sich in enge Beziehung zu Pelplin und der englischen Gewölbeentwicklung setzen. Ihre Erscheinungsform findet eine Nachfolge im Mittelschiff von Heilsberg. Die dortigen Gewölbe wurden ebenfalls um 1380 eingezogen. Um 1390 wurden auch nach dem Vor- **181**

1134 Buettner (1939), S. 44.
1135 Zink (1938), S. 20.
1136 Frazik (1985), S. 14.

bild des Frauenburger Dommittelschiffs die Gewölbe der Kollegiatkirche in Guttstadt ausgebildet. Lediglich das letzte Ostjoch ist hier reicher ausgebildet.

189 Eine partikuläre Gewölbekonfiguration findet sich in Guttstadt. So entstanden dort um 1390 in der Sakristei und im Bibliotheksraum, welcher im Verbindungsbau von Kollegiatkirche und Stiftsgebäude gelegen ist, Gewölbe, die sich in der Scheitellinie aus einem gegenläufigen sechzehnstrahligen Stern bilden. Durch die besondere Gestaltung entstand die neue Form eines achtteiligen Sterns, der in den Ecken durch Dreistrahle reicher erscheint. Neben den genannten ordensländischen Gewölben auf den Burgen Marienburg, Lochstedt, Tapiau und Heilsberg wurde auch die Verbindung zum Prager Dom hergestellt. Das dortige Sakristeigewölbe wurde 1362 von Peter Parler vollendet. Ungewöhnlich ist der Kontakt zwischen dem Ordensland und Prag nicht. So war schließlich Bischof Heinrich III. Sorbom (1340 – 1401) Sekretär Kaiser Karls IV.

3 Nach dem Brand von 1480 wurden in Braunsberg die beschädigten Gewölbe durch einen Danziger Baumeister wiederhergestellt. Zu dieser Zeit hat man auch in der Kapelle auf der nördlichen Turmseite ein Gewölbefeld völlig neu eingezogen. Es bildet im Zentrum einen aus acht Rauten zusammengesetzten Stern, der von einem Netz von Rippen umgeben ist. Ähnliche Gewölbe wurden zwischen 1499 und 1502 von Meister Hinrich Hetzel in den Seitenschiffen der Marienkirche in Danzig eingezogen.[1137] Auch die zwischen 1504 und 1513 geschaffenen Gewölbe der Marienkirche in Elbing, die vor 1514 entstandenen Netzgewölbe der Kirche St. Peter und Paul in Danzig und die vor 1526 entstandenen Gewölbe der Danziger Katharinenkirche weisen Ähnlichkeiten auf.[1138]

134 Betrachtet man in diesem Zusammenhang die Gewölbe der Stadtkirche von Seeburg, so zeigen sich besondere Ähnlichkeiten bei dem reicher ausgebildeten östlichen Gewölbe des Langhauses und bei den Seitenschiffsgewölben. Die Gewölbe im Mittelschiff gehören nach ihrer Form zur Nachfolge der Braunsberger Langhausgewölbe. Allerdings fehlt als leichte Abwandlung in jedem Einzelfeld eine Diagonalrippe, so daß die mittlere, sechzehnteilige Sternform stärker betont wird. Aufgrund dieser Form und den Konnexionen zu den Danziger Gewölben dürften die Seeburger Gewölbe eher gegen Ende des 15. Jahrhunderts entstanden sein. Ob auch hier der Danziger Meister Hinrich Hetzel tätig war oder dieser, wie in Mohrungen, Meister Matz empfohlen hat, ist unbekannt.[1139]

293, 296

224, 225

Zu den späten Gewölbeformen zählen die reichen, engmaschigen Rippennetzgewölbe der Allensteiner Stadtkirche. So entstanden die Mittelschiffsgewölbe wohl um 1530 unter dem Allensteiner Meister Nikolas. Er zog in dieser Zeit auch Gewölbe in der Allensteiner Burg ein. Ähnliche Gewölbeformen finden sich in der Danziger Marienkirche (1499 – 1502) und der Pfarrkirche von Marienburg (erneuert 1534). Auch die 1544 erneuerten Gewölbe der Stadtkirche von Wartenburg besitzen eine analoge Gestaltung der Mittelschiffsgewölbe und es scheint, als wäre dort ebenfalls der Allensteiner Meister Nikolas tätig gewesen. Die späteste Wölbform im Ermland bilden die Zellenge-

---

1137 Dehio / Gall (1952), S. 9.
1138 Ebenda, S. 4 und 18.
1139 Ebenda, S. 157.

wölbe in den Seitenschiffen der Stadtkirche von Allenstein. Sie entstanden wohl in der Mitte des 16. Jahrhunderts. Gall vermutete aufgrund der Gestaltung, daß die Gewölbe von dem aus Danzig stammenden Meister Matz geschaffen wurden. Dieser war nachweislich in Heiligenbeil (1497), Mohrungen (1505) Rastenburg (1515) und Marienfelde (1515) tätig.[1140] Dem Anschein nach wirkte der Meister auch in Wartenburg um 1503, da dort die Seitengewölbe in seiner Art gestaltet sind. Auch dürfte derselbe Architekt in Guttstadt tätig gewesen sein. So entstanden dort um 1515 vergleichbare Zellengewölbe im Remter des Südflügels und in der Wohnstube des Westflügels.

Im Jahre 1691 wurden in der Frauenburger Stadtpfarrkirche Sterngewölbe eingezogen. Eigenartig ist die Gestaltung mit sechzehnteiligen Sternen ohne Rippen und nur mit Graten. Eine Erklärung für diese außergewöhnliche und für die Zeit untypische Wölbeform wurde bisher noch nicht gegeben. Vermutlich wurden die Gewölbe als bewußte Anlehnung an die Domlanghausgewölbe gestaltet. Diese gotisierende Gestaltung und bewußte Anlehnung an ältere Formen zeigt sich auch in den neu errichteten Außengiebeln der Frauenburger Stadtkirche, die ebenfalls in dieser Zeit entstanden. 112

Erhielten im Laufe der Zeit alle ermländischen Stadtkirchen Gewölbe, so scheinen die ehemaligen spätmittelalterlichen Stadtkirchen von Mehlsack, Bischofstein und Bischofsburg Ausnahmen gewesen zu sein. So konnte nachgewiesen werden, daß bei diesen Stadtkirchen der Innenraum einschiffig und mit einer flachen Holzdecke geschlossen war. Ob jemals Gewölbe beabsichtigt waren, bleibt spekulativ und läßt sich aus heutiger Sicht nicht mehr beantworten.

5.3.5 Emporeneinbauten

Auffällig bei den Stadtkirchen ist die häufige Verwendung von Emporeneinbauten. So besaß der Frauenburger Dom im Nordseitenschiff nahe dem Chor eine Steinempore. Sie ruhte auf zwei Spitzbogenarkaden. Unter ihr waren die Kirchenwände mit einer in Resten erhaltenen Wandbekleidung versehen, die derjenigen der Westvorhalle gleicht. Die Empore war einst mit zwei Sterngewölben versehen, die heute nicht mehr erhalten sind. Aufgrund der mit der Westvorhalle identischen Wandgestaltung ist die Empore um 1388 datierbar. 51 – 53

Die Braunsberger Stadtkirche besitzt gleichfalls eine in das südöstliche Seitenschiff eingebaute Empore. Sie wurde wohl um 1500 unter Bischof Lukas von Watzenrode eingebaut. Das bischöfliche Wappen befindet sich auf der südlichen Emporenbalustrade. Da schon seit 1407 in der Braunsberger Kirche eine Orgel existierte, liegt die Vermutung nahe, daß es sich um eine bischöfliche Patronatsloge handelt. Die Empore ist im gotischen Mauerverband errichtet und schließt unten mit einen Sterngewölbe. Eine weitere ältere Empore befand sich in Braunsberg einst über dem nordwestlichen Eingang der ursprünglich zweigeschossigen Vorhalle. Der ehemalige obere Raum war zum Seitenschiff durch drei Spitzbogenfenster geöffnet. Solche Vorhallenemporen finden sich auch über der Südvorhalle in Wartenburg und Seeburg und der Nordvorhalle

---

1140 Ebenda, S. 144, 157, 351, 457. In der St. Georgskirche zu Rastenburg findet sich sogar am letzten Halbpfeiler links folgende Inschrift: *"Ein Meurermeister Matz genannt Schloß diß Gewelb mit seiner Hand."* Schmid (1939), S. 14.

in Rößel, wo sie auch als Schusterchor bezeichnet wurde, was auf eine Benutzung durch die Gewerke hindeutet, wofür es anderwärts viele Belege gibt.

283 Weiterhin entstanden im Ermland über den zweigeschossigen Sakristeien zum Innenraum geöffnete Emporen, so bei der Domsakristei und den Sakristeien der Stadtpfarrkirchen von Frauenburg, Seeburg, Wormditt, Heilsberg, Wartenburg, Rößel, Bischofsburg und Bischofstein. In Allenstein errichtete man über der im Innenraum liegenden Sakristei auf der Epistelseite eine Emporenbühne. In späteren Visitationsberichten des 17. und 18. Jahrhunderts wird diese Empore noch als "Organum minus" erwähnt.

145, 146 In der Wormditter Kirche war im ersten Obergeschoß des Turms ebenfalls eine offene Empore projektiert. Deutlich ist heute noch zu erkennen, daß dieser Raum zur Einwölbung vorgesehen war. Eine ähnliche Vorgehensweise findet sich auch in Braunsberg, Heilsberg und Allenstein, wo das erste Turmobergeschoß sich zum Mittelschiff öffnet.

Nur in Guttstadt lassen sich keine Emporeneinbauten nachweisen. Ob die Kirche in Mehlsack eine Empore besaß, ist nicht überliefert.

Die besondere Genese und Funktion der Emporeneinbauten ist unbekannt. Sicher dienten sie mit Ausnahme der um 1500 eingebauten Braunsberger Empore nicht als Betchor, Patronats- oder als Bischofsloge. Aufgrund der urkundlichen Bezeichnung *'Chörlein'* für die heute nicht mehr erhaltene Empore im Frauenburger Dom dienten die ermländischen Emporen wohl mehr für liturgische Zwecke, als *'chorus angelorum'*. Demnach plazierten sich Sänger auf diesen Einbauten, deren Akustik noch nicht untersucht ist. Nachdem die Kirchen später Orgeln erhielten, wurden diese Emporen überflüssig und teilweise vermauert.

5.3.6 Turmanlagen

299 Turmbauten wurden bei fast allen ermländischen Stadtkirchen und bei den Dorfkirchen in späterer Zeit angefügt, wie bereits Zink nachweisen konnte. Das gilt auch für die westlichen Seitenkapellen neben dem Turm.[1141] Alle Türme wurden auf der dem Chor gegenüberliegenden Seite errichtet. Einzige Ausnahme bezüglich der Turmanordnung bildet die Kirche in Mehlsack. Dort gab es ursprünglich einen seitlich des Langhauses gelegenen Turm – eine Eigenart, die sich sonst vermehrt nur im pomesanischen Gebiet findet. Die Erklärung hierfür scheint die Lage der Kirche zu liefern; denn ein an der üblichen Stelle befindlicher Turm wäre zu nahe an die Stadtmauer gerückt.

142 Über die Entstehung des Turms in Mehlsack ist nichts bekannt, er wurde wohl erst in der zweiten Hälfte des 14. Jahrhunderts errichtet. Hinsichtlich der Wandstruktur mit drei hohen, durchlaufenden Spitzbogenblenden besaß der Turm eine verwandte Form mit dem in Wormditt, der ebenfalls in dieser Zeit entstand. Lediglich der obere Turmabschluß war verschieden. In Mehlsack schloß der Turm über einem Putzband mit einem einfachen Pyramidendach mit Laterne, wahrend für Wormditt wohl ursprünglich eine Steinpyramide hinter Zinnen zu rekonstruieren ist.

Es entstanden im Ermland keine Doppelturmfassaden, sondern nur einzelne Fassadentürme. Alle Türme zeigen eine besonders monumentale Gestaltung und unterscheiden

---

1141   Zink (1938), S. 8.

sich in ihrer architektonischen Gliederung voneinander. Sie passen zumeist auch nicht in das Gesamtproportionsschema der Grundrisse hinein. So erhielten die Kirchen in Braunsberg, Guttstadt, Rößel, Wartenburg und Heilsberg auf der Westseite nachträgliche Turmanbauten. Der Hallenbaukörper dieser Sakralbauten war aufgrund der Grundrißgestaltung von Anfang an für eine Turmlosigkeit vorgesehen. Dafür sprechen auch die Westgiebel, die bei den genannten Stadtkirchen einst voll ausgebildet waren.

Der Frauenburger Dom und die dortige Stadtkirche besaßen nie einen angefügten Turmbau, sondern einen abseits gelegenen Glockenturm. Der anfangs aus Holz gefertigte Domkampanile wurde in der ersten Hälfte des 15. Jahrhunderts ausgeführt. Die Errichtung des ebenfalls abseits gelegenen Holzturms der Frauenburger Stadtkirche lag sogar erst in der ersten Hälfte des 16. Jahrhunderts. **25**

Der Turm von Wormditt war von Anfang an geplant und wurde zusammen mit seiner Erbauung um 1340 in den rechteckigen Grundriß integriert. Der Turm ist an allen vier Seiten geöffnet, so daß man das Mittelschiff und die Seitenschiffe vom Hauptportal aus betreten kann. Nach der späteren Kapellenerweiterung der Seitenschiffe errichtete man neben dem Turm durch Abtragen der ehemaligen Außenwände größere Seitenkapellen. In gleicher Weise erhielten die Turmnebenseiten von Braunsberg, Heilsberg und Allenstein jeweils Kapellen, die zumeist als Raumerweiterung der Seitenschiffe dienten. **138**

In Seeburg entstand der Turm wie in Wormditt zusammen mit der Errichtung des Langhauses um 1340, allerdings wurde im Gegensatz zu diesem der Turm nicht ganz in den Grundriß integriert, sondern ragt risalitartig in der Tiefe der Außenstreben hervor. Nach Vollendung des Langhauses um 1370 blieb auch der Turm unvollendet und erhielt lediglich ein Notdach. Diese Art der Turmstellung bildet die einzige Ausnahme im Ermland. In Allenstein hat man um 1370 den Turm ebenfalls von Anfang an völlig in den rechteckigen Grundriß mit einbezogen. Die Seitenschiffe wurden bis neben die Turmseiten herangeführt. Bei den vom üblichen Bauverlauf abweichenden Turmanlagen in Seeburg, Wormditt und Allenstein gehören diese Türme zur ursprünglichen Planung und wurden zusammen mit dem Langhaus errichtet. **124**

Bei den Türmen von Wartenburg, Rößel, Guttstadt und Allenstein läßt sich beobachten, daß zunächst das Untergeschoß errichtet wurde und darüber als provisorischer Turmabschluß eine Holzkonstruktion, die von außen durch eine Bretterverschalung geschlossen wurde. In diesen Holzturm konnten dann die Glocken gehängt werden. Nach der Bauunterbrechung entfernte man die Holzverkleidung und errichtete um den Holzturm das aufgehende Backsteinmauerwerk.

Der Turm der Bischofsteiner Pfarrkirche wurde erst nachträglich, wohl in der Mitte des 16. Jahrhunderts, in den Langhauskörper eingestellt. In Bischofsburg wurde nach der Errichtung der Stadtkirche wohl gegen Ende des 16. Jahrhunderts ein Holzturm errichtet. **301**

Wie schon festgestellt, gehören die unteren Turmgeschosse von Seeburg und Wormditt zu den ältesten, um 1340 gegründeten Turmanlagen im Ermland. Das Untergeschoß von Rößel entstand um 1360. Dabei läßt sich beobachten, daß diese Untergeschosse kaum gegliedert sind und keine Blenden besitzen. Auch bei den anderen später errichteten Kirchtürmen findet sich im Erdgeschoß keine besondere Wandgliederung durch Blenden.

142
124
In der nachfolgenden Zeit werden die darüberliegenden Geschosse nur sehr sparsam mit flachen Blendspitzbögen gegliedert. In Wormditt gliedert sich der um 1379 vollendete Turm mit drei hohen, über alle oberen Geschosse verlaufenden Blenden. Die mittlere ist etwas breiter angelegt. Auch in Seeburg findet sich eine Dreiteilung der um 1370 vollendeten Turmfassade. Dabei läßt sich beobachten, daß alle Blenden gleich breit sind und sich in zwei Geschosse gliedern. Auch der mit dem Langhaus errichtete Turm von Rößel besitzt eine analoge Gestaltung. So zeigt sich über dem ungegliedertem Untergeschoß eine dreiteilige Blendengliederung.

236
Die nach dieser Zeit erbauten Türme sind stärker horizontal durch Putzbänder gegliedert. Auch wird die Anzahl der Blenden vermehrt. So besitzt das nach 1484 errichtete dritte Geschoß von Rößel bereits vier gekuppelte Blenden. Der obere Abschluß mit einfachem Pyramidendach erfolgte erst 1503. Schon Dittrich bemerkte zur Gestaltung der Turmfassaden:

> *Da die Natur des Materials es nicht gestattete, die Mauern durch große Fenster und Luken zu durchbrechen, so begnügte man sich damit, die Mauern durch Nischen und Blenden, einfache und gekuppelte, oder arkadenartig geordnet, mannigfaltig zu gliedern, und legte nur so viele Fenster und Luken an, als hinreichend schien, um ein wenig Luft und Licht in das Innere der Thürme zu bringen und den Klang der Glocken heraustönen zu lassen.*[1142]

267
Besonders reich ist der um 1370 begründete Turm von Allenstein mit Doppelblenden gegliedert. So zeigen sich insgesamt sechs gekuppelte Doppelblenden. Auch war beabsichtigt, die Blendeneinfassungen mit Formsteinen zu schmücken. Die Geschoßbänder und die Bögen der Blenden wurden mit reichen Formsteinen gestaltet. Doch nach einem Baustop im Jahre 1400 konnte der Turm zunächst nicht vollendet werden, sondern erhielt eine Holzkonstruktion mit Bretterverkleidung. Diese vorläufige Holzkonstruktionen läßt sich auch bei den Türmen von Rößel, Heilsberg, Wartenburg und Guttstadt nachweisen.

214
In Wartenburg wurde der Turm um 1386 begonnen und mit einer ähnlichen Blendengliederung wie in Allenstein mit vier gekuppelten Doppelblenden und darüber sechs Blenden ausgestaltet. Auch hier verhinderte ein Baustop die Vollendung, und der Turm wurde in Holz provisorisch weitergeführt.

6
174
In den Jahren 1420 – 1430 wurde der in seinen Einzelformen sehr einheitlich wirkende Braunsberger Turm errichtet. Auch hier zeigen sich analoge Strukturen der Blendengliederung. So befinden sich jeweils vier offene Spitzbogenfenster zwischen Blendbögen an den Ecken.

Der Turm von Heilsberg ist wohl gegen Ende des 15. Jahrhunderts gegründet worden. Dabei wurden auch die seitlichen Kapellen errichtet. Das Untergeschoß besitzt nur eine sparsame Blendengliederung. Das erste Geschoß dagegen ist reicher mit vier hohen

---

1142   Dittrich (1870), Heft 1, S. 28.

Spitzbogenblenden gegliedert, die wiederum von eingestellten Doppelblenden geteilt sind. Zwischen den Blenden befinden sich in der Mitte übereinander zwei breitere Fensteröffnungen. Nach einer Bauunterbrechung mit Aufführung eines provisorischen Holzturmes wurde erst nach 1484 nur sehr zögernd der Turm vollendet. Dabei erhielten die Geschosse eine sehr flache, dreiteilige Blendengliederung. Nur im oberen Geschoß wurden vier Blenden verwendet, wobei die beiden mittleren als Zwillingsfenster verbunden sind.

Der Turm von Guttstadt wurde gegen Ende des 15. Jahrhunderts gegründet. Dabei hat man zunächst nur die beiden unteren Geschosse hochgezogen. Das erste Geschoß besitzt eine Blendengliederung mit fünf gleich breiten Spitzbogen. Nach der Errichtung eines provisorischen Holzturmes konnte erst um 1520 der Turm mit Backsteinen ummantelt werden. Dabei wurde die bestehende einfache Gliederung mit fünf Blenden fortgeführt. Lediglich die beiden Obergeschosse sind reicher durch Doppelblenden gegliedert. **192**

Wohl gegen Ende des 15. Jahrhunderts wurde der Turm in Wartenburg vollendet. Da man den Turm höher errichten wollte als ursprünglich geplant, mußte man nachträglich kräftige Seitenstreben anfügen. Dadurch erhielt der Turm eine besondere Erscheinungsform, die sonst im Ermland nicht vorkommt. Die kraftvolle Gliederung der ermländischen Stadtkirchen, besonders markant an der Kirche von Wartenburg, findet sich auch am Turm der Danziger Marienkirche wieder. Bereits Gall erkannte, daß diese Gestaltung im Ostseegebiet ungewöhnlich ist und wohl auf flandrischen Ursprung zurückgeht. Der obere Abschluß der beiden letzten Turmgeschosse der Marienkirche entstand zwischen 1452 und 1465.[1143] Nach dem Danziger Vorbild gestaltete nach 1480 in Braunsberg ein Danziger Baumeister den oberen Abschluß neu. Vergleicht man den Turm der Danziger Marienkirche etwa mit dem nach 1339 begründeten Turm der Grote Kerk von Dordrecht/Zuid–Holland, dem 1396 gegründeten Turm der Nieuwe Kerk von Delft oder dem 1449 erbauten Turm der Kirche von Hilvarenbeek/Noord–Brabant bei Maastricht, so zeigen sich gewisse Ähnlichkeiten bezüglich der Gestaltung und der Art, wie die Türme an den Ecken durch kräftige Strebepfeiler sich reich gliedern.[1144] **214**

Der obere Turmabschluß von Allenstein wurde zwischen den Jahren 1582 und 1596 vollendet. Dabei hat man das bestehende Blendensystem einfach fortgesetzt, jedoch nicht mit den geplanten Formsteinen, sondern in einfacher Flächigkeit. Die heutigen Dachabschlüsse sind alle erst zwischen dem 16. und dem 18. Jahrhundert entstanden. Oft wurden die Abschlüsse auch im 19. Jahrhundert nach Restaurierungsarbeiten erneuert. **267**

Wohl zu den ältesten Dachabschlüssen gehört der des Turms zu Wormditt. Auch ist auffällig, daß dieser Turm als Wehrturm vorgesehen wurde. Seine Gestaltungsform geht auf ordensländische Vorbilder zurück.

1143   Dehio / Gall (1952), S. 8.
1144   Hootz (1971), S. 365, 368 und 379. Hinzu kämen Damme und Oosterkerk bei Brügge.

5.3.7 Formsteine und Mauerverband

Marian Arszyński vertritt die These, daß erstens ein grundsätzlicher Unterschied zwischen Haustein- und Backsteinmaterial allein in der Organisation und Verarbeitung besteht, zweitens die Ziegelwerkstätten unabhängig und eigenständig von der Bauwerkstatt zu arbeiten scheinen. So läßt sich nicht mit Sicherheit feststellen, ob verwendete Formsteine auf spezielle Veranlassungen eines Architekten angefertigt wurden, oder ob man bereits vorproduzierte Formsteine ankaufte. Es ist also unmöglich, bei fehlenden Baunachrichten zu entscheiden, ob die Formsteine gewollt oder nur bedingt durch zufälligen Ankauf zur Verwendung gelangten.[1145]

Jerzy Frycz stellte bei seinen Untersuchungen im Jahre 1987 drei Varianten der Entstehung von Ziegelformsteinen vor: a) die Ziegelformsteine werden vom Architekten projektiert, b) sie werden vom Stadtmaurer als dem Aufseher der Brennerei vorgeplant, c) die Baustelle verwendet Ziegelformsteine, welche die Brennerei nach ihren eigenen Mustern oder dem Vorrat liefert.[1146]

Oft gebrauchte man auch Abbruchsteine als Spolien erneut, da sie selten waren und wohl in der Anschaffung teuer. Dies läßt sich in Göttkendorf beobachten. Auch in Wormditt vermutete Gall, daß einige Formsteine der ehemaligen Seitenschiffswände in Zweitverwendung bei den späteren Seitenkapellen genutzt wurden.

Ein weiterer Aspekt ist die Herstellungsweise. So können alte Formen und Formmodel lange Zeit in einer Backsteinproduktion zur Verwendung kommen. Dadurch wird es dem Forscher erschwert, aufgrund von Profilen und Ziersteinen auf eine zeitliche Entwicklung zu schließen, wie es bei Haustein möglich ist.

Form- und Profilsteine finden vorwiegend Verwendung am Außenbau: an Gesimsen, an Randbereichen von Blenden, Fenster- und Türlaibungen, Giebelrandlinien, Pinakeln und Pfeilern. Auch finden sich verschiedene Zierformen an kriechenden Krabben auf Giebelschrägen. Hier kamen allein Hartbrände in Betracht, die Unmengen an Holzkohle benötigten.

Im Innenraum werden nur selten die Pfeilerkanten eingefaßt. Vorwiegend sind die gestuften Laibungen der Scheidbögen, Emporen- und Türeinfassungen mit Formsteinen versehen. In späterer Zeit werden auch die Einfassungen von Blendbögen mit Formsteinen verziert, so z. B. in Allenstein.

Schon Zink stellte fest, daß im Laufe der Entwicklung eine starke Reduktion der Formsteine zu bemerken ist.[1147] Auffällig scheint, daß der reichste Formenschatz bei den ältesten Bauten zur Verwendung kam, so zu beobachten in Braunsberg und am Frauenburger Dom. Wohl nach der im Ermland herrschenden Bauunterbrechung um 1340 geht die Verwendung von Formsteinen zurück und es wurden nur noch an Portalen, Gewölben oder Scheidbögen Profile eingesetzt. Erst gegen Ende des 14. Jahrhunderts kommen wieder vermehrt Formsteine in Gebrauch. Besonders finden sich an der ersten

---

1145 Arszyński (1980), 29. Jg., Heft 2 – 3, S. 65.
1146 Frycz (1980), S. 86.
1147 Zink (1938), S. 21f.

Ausführung in Allenstein, wie auch in Rößel, bereits am äußeren umlaufenden Sockel profilierte Formsteine.

Der verwendete Formenschatz für Profilsteine ist im Ermland nicht besonders groß. Er beschränkt sich auf wenige Grundformen. Man kann zwischen sieben verschiedenen Typen unterscheiden:

1. Formsteine mit Hochprofil, z.B. Frauenburg (Dom), Wormditt (Rathaus), Allenstein, Plausen, Braunsberg (Trinitatiskirche)

2. 45 Grad Schrägprofil, z.B. Frauenburg (Dom), Allenstein, Wormditt

3. Rollprofile auf Hohlelementen, z.B. Rößel, Frauenburg (Dom), Wormditt, Braunsberg (Trinitatiskirche)

4. Birnstabprofile, z.B. Braunsberg (Trinitatiskirche), Wormditt

5. Kriechprofile, z.B. Frauenburg (Dom), Wormditt

6. Terrakotta–Zierfriesplatten, z. B. Wormditt, Neu Kockendorf, Göttkendorf, Frauenburg (Dom)

7. Doppelblenden–Krage, z.B. Wuslack, Groß Purden, Alt Schöneberg, Rößel

Bereits Zink schrieb zur Verwendung der Formsteine als Datierungshilfe:

> ... eine Verwandtschaft von Bauten ist nicht nachzuweisen, indem man eine Übereinstimmung der Formsteingliederung an Portallaibungen und Arkadenbögen festzustellen sucht. Die Formen dieser Profilsteine, mögen sie noch so sehr Ausdruck eines besonderen Zeitabschnittes sein, sind andererseits aber auch von den jeweiligen Brennereien der einzelnen Bauhütten abhängig und bieten dazu eine so mannigfache Zusammensetzungsmöglichkeit, daß es müßig wäre, hier auf wörtliche Übereinstimmungen zu rechnen.[1148]

Demnach läßt sich keine Evolution einzelner Formsteine feststellen. So wurden verschiedene Sorten vom Anfang des 14. Jahrhunderts bis in die Mitte des 16. Jahrhunderts unverändert verwendet. Dies konnte auch Arszyński in seinen Untersuchungen nachweisen, und Piłecka schloß sich dieser Meinung an. Es ist daher wegen der langen Verwendungszeiten von Formbacksteinen nicht möglich, diese als Datierungshilfe heranzuziehen.[1149]

Dennoch läßt sich bezüglich des im Ermland verwendeten Mauerverbands eine zeitliche Eingrenzung vornehmen. So fand um 1340 in der gesamten Region eine Bauunterbrechung statt. Als Grund hierfür dürfte die zwischen 1334 und 1338 herrschende Sedisvakanz und die Abwesenheit des Bischofs Hermann von Prag bis 1340 anzusehen sein. Wohl aus Geldmangel und wegen fehlender Auftragslage wanderten die Bauleute aus dem Ermland zu anderen, benachbarten Bistümern ab. Nach dieser Zeit fand mit den neu zuziehenden Werkleuten auch ein Wechsel hin zum gotischen Mauerverband statt. Vorher besaßen alle Sakralbauten im Ermland den wendischen Mauerverband.

1148 Ebenda, S. 11.
1149 Arszyński (1970), Bd. IX., S. 7 – 139; Ders. (1967), H. 4, S. 582 – 594. Piłecka (1980), S. 80.

5.4 Herkunft der chorlosen Hallenkirche

Nachdem die typischen Merkmale der ermländischen chorlosen Hallenkirche erörtert und verglichen wurden, stellt sich die Frage nach der Herkunft.

Die Hallenkirche erlangte in der deutschen Spätgotik zweifellos eine besondere Bedeutung. Nikolaus Zaske versuchte, den Charakter von Hallenkirchen im Unterschied zu den Basilika als stadtbürgerlich, demokratisch orientiert, zu charakterisieren.[1150] Die These Zaskes läßt sich in ihrer Allgemeinheit nicht halten, weder von der Genese, noch von der sakralen Gestaltung des Kirchenraumes her. Gerade im Hochstift Ermland hatte der Hallengedanke eine völlig andere Bedeutung. So existierte neben der zumeist bäuerlichen Bevölkerung in den Städten ein wohlhabendes Bürgertum, doch fehlten weltliche Patronatsherren. Die städtischen Patonatsrechte teilten sich Bischof und Domkapitel streng je nach Territorialhoheit. Somit war der jeweils residierende Bischof oder das Frauenburger Domkapitel maßgeblich an der Errichtung der Stadtkirchen beteiligt. Bezogen auf die Grundkonzeption der Bauten ist grundsätzlich ein bürgerlicher Einfluß im Ermland nicht erkennbar. Nur in Einzelfällen bewirkten Stifter nachträgliche Veränderungen wie Turm- oder Kapellenbauten.

Erstmalig war es der polnische Kunsthistoriker Marian Kutzner, der in seinem 1978 erschienenen Aufsatz auf die soziologische und geographische Sonderstellung der ermländischen Sakralbaukunst hinwies. Kutzner sah in der chorlosen Hallenkirche die Grundform der Missionskirche verwirklicht.[1151] Somit läßt sich der ermländische Hallenraum als reiner Predigtraum interpretieren. Der Gedanke des weiträumigen *'Einheitsraumes'* findet sich schon sehr früh bei den Bettelorden.[1152] Aufgabe und Ziel war es nicht nur, den Glauben zu verbreiten, sondern auch, ihn zu festigen. Von ganz besonderem Gewicht ist die Tatsache, daß man auf erhöhtes und abgesondertes Chorgestühl für die Priesterkollegien verzichtet, und dies sogar bei einem so konservativen Stift wie Guttstadt.

Betrachtet man die Persönlichkeiten der ermländischen Bischöfe in der Zeit der Errichtung der meisten Stadtkirchen, so zeigt sich, daß die vier nach der Sedisvakanz (1334 – 1337) regierenden Bischöfe Hermann von Prag (1338 – 1349), Johann I. von Meißen (1350 – 1355), Johann II. Stryprock (1355 – 1373) und Heinrich III. Sorbom (1340 – 1401) am wenigsten abhängig vom dem Deutschen Orden waren und sich dem Papsttum des Exils von Avignon gegenüber streng loyal verhielten. Der Papst selbst griff in das Bischofswahlrecht ein und ernannte Hermann von Prag und Heinrich III. Sorbom zu Bischöfen des Ermlands im Direktverfahren. Auch wurden gerade in dieser Zeit freiwerdende Domherrenstellen durch päpstliche Ablaßbullen und Provisionen mit ergebenen Klerikern besetzt. Pottel bemerkte hierzu:

> *Nicht allein in der Stellenbesetzung zeigt sich die Abhängigkeit des Kapitels vom Papst. Alle wichtigen Jurisdiktionsangelegenheiten, Bestätigungen von Kapitelsstatuten, Streitigkeiten mit dem Deutschen Orden usw. kamen direkt*

1150   Zaske (1968), S. 49ff.
1151   Kutzner (1978).
1152   Binding (1985), S. 343.

> vor den apostolischen Stuhl, wobei die zunächst rechtlich in Betracht kommende Zwischeninstanz des Erzbischofs von Riga (welcher Deutschordenspriester sein mußte) als vollkommen ausgeschaltet erscheint.[1153]

Dies verdeutlicht nicht nur die enge Verbundenheit mit dem Papst, sondern auch die starke Einflußnahme des apostolischen Stuhls. Gerade in dieser Zeit (nach 1340) entstand die typisch 'ermländische Hallenkirche'.

Betrachtet man dagegen die Sakralbauten, die kurz vor der Sedisvakanz und die, die gegen Ende der Regierungszeit des Bischofs Heinrich III. Sorbom (1373 – 1401) entstanden, so wird in beiden Zeiträumen eine divergierende Haltung deutlich.

Die Entwicklungsreihe der ermländischen Sakralbauten zeigt, daß in der ersten Besiedlungszeit die Architektur stark von den Siedlern beeinflußt wurde – so zu beobachten bei der Braunsberger Kirche. Hier konnten Beziehungen zu Lübeck, Kleve und dem rheinischen Gebiet bis hin zu den französischen Bauten von St. Yved in Braine und St. Urbain in Troyes nachgewiesen werden. Bei der Braunsberger Grundrißkonfiguration zeigte sich die im 14. Jahrhundert übliche Loslösung von der französischen Kathedralgotik. Als Folge davon setzt schon bei den Bauten von Xanten und Kleve eine Reduktion ein, die sich auch in Braunsberg widerspiegelt. Mit der Aufgabe der pseudobasilikalen Planung wurde die Halle wieder vorherrschend. Bei den späten Bauten von Mehlsack, Bischofstein und Bischofsburg wird sogar auf die Teilung in Schiffe zugunsten eines einheitlichen Saalraumes verzichtet.

Nachdem das politische, soziale und geistige Umfeld, sowie die zeitliche Abfolge der Entwicklung der ermländischen Hallenkirche feststeht, stellt sich die Frage äußerer Einflüsse.

Dittrich vermutete, daß die Hallenkirche zuerst in Westfalen aufkam und sich nördlich und östlich ausbreitete.[1154] Weiterhin bemerkte er, daß die englische Architektur den geraden Chorschluß schon früh bevorzugte.[1155] Zeigte sich in Braunsberg ein starker westlicher Einfluß durch rheinische, westfälische und norddeutsche Bauten, so läßt sich bei der Frauenburger Domkirche und den nachfolgenden Sakralbauten mehr ein ordensländischer und englischer Einfluß nachweisen. In Braunsberg kamen die Werkleute noch nachweislich aus Lübeck. Den Frauenburger Domchor errichtete wohl ein aus Elbing stammender Baumeister. So kamen nicht nur architektonische Gliederungen von dort, sondern es wurden in der ersten Zeit teilweise noch Ziegel und Formsteine von der dortigen hochqualifizierten Brennerei geliefert.

Zink versuchte, die ermländische Hallenkirche von der chorlosen Basilika herzuleiten, und sah in der Wormditter Kirche eine Vermittlerstellung zwischen Pelplin und dem Ermland. Der Frauenburger Dom und die Braunsberger Kirche mit ihren besonderen Chorausbildungen bestanden schon, als der Einfluß von Pelplin über Wormditt ins Ermland gelangte.[1156] Rzempoluch dagegen konnte überzeugend die Beziehung zur

---

1153 Pottel (1911), S. 102.
1154 Dittrich (1870), Heft 1, S. 8.
1155 Ebenda, S. 10.
1156 Zink (1938), S 91.

ersten Danziger Marienkirche nachweisen, so wie sie Willi Drost rekonstruierte. Betrachtet man den ersten Entwurf der gegen 1343 gegründeten Danziger Oberpfarrkirche, so war zunächst eine neunjochige, querschiffslose Basilika mit geradem Chorschluß und vorgelegtem Westturm geplant. Die Danziger Raumentwicklung mit Pfeilern, die sich als Wandvorlagen in Form eines Blendbogens bis in die Hochschiffswand fortsetzten, wurde bereits in Pelplin erstmalig gebildet. Die zeitliche Abfolge legt nahe, daß der in Wormditt tätige Baumeister eher eine Verbindung zu Danzig als zu Pelplin herstellte. So lag die Gründung der Wormditter Basilika zeitnah zu Danzig. Die Vollendung und Weihe der Kirche von Wormditt fällt in das Jahr 1379. In Danzig dagegen fand im selben Jahr an der noch im Bau befindlichen Marienkirche ein Planwechsel statt. Ein als *"magister structure"* bezeichneter Baumeister, Hinrich Ungeradin, der seit 1371 Bürger der Stadt Danzig war, wurde am 6. März 1379 unter Lohnvertrag gestellt. Dieser verwarf die erste Planausführung und erweiterte den Ostabschluß mit einem weit ausladenden, dreischiffigen Querhaus. Desweiteren wurde der basilikale Gedanke aufgegeben und der gesamte Raum zur Halle umgestaltet.[1157] Ebenso zeigt sich bei der im Jahre 1346 gegründeten Stadtkirche in Braunsberg nach einer anfänglichen pseudobasilikalen Raumgestaltung, eine längere Bauunterbrechung mit anschließender Planänderung nach 1367 zur Halle. Ein ähnlicher Vorgang ist um 1370 am Königsberger Dom zu beobachten, der als Basilika geplant und nach Planänderung als Halle vollendet worden ist. Damit ist erwiesen, daß im letzten Drittel des 14. Jahrhunderts im Ordensland der Hallenraum verstärkt an Bedeutung gewann.

1157   Nußbaum (1985), S. 245. Thieme / Becker (1939), Bd. 33, S. 576.

6. Die Entwicklung der ermländischen Dorfkirchen

Zeigt sich bei den ermländischen Stadtkirchen eine auffällige Homogenität, so ist sie auch bei den Dorfkirchen belegbar. Ihre Konfiguration läßt sich eng mit der Entwicklung des Doms und den Stadtpfarrkirchen in Verbindung setzen. Hinsichtlich der Grundrißdisposition gab es grundsätzlich keine Beeinflussung durch Bauten außerhalb des Hochstifts. Lediglich bei der Verwendung einzelner architektonischer Details ist ein ordensländischer Einfluß erkennbar.

Hinsichtlich der Vergabe von grundherrlichen Patronaten innerhalb der Hochstiftsgrenzen verhielten sich die Bischöfe und das Domkapitel sehr zurückhaltend. Daher lagen die meisten Patronate in den Händen von Bischof und Domkapitel. Es fehlt also weitgehend das gutsherrliche feudale Element.

Das Guttstädter Stiftskapitel dagegen besaß nicht nur eigene große Ländereien, sondern vermehrte seine Patronatsrechte im Laufe der Zeit durch Ankauf, Vergleich und Schenkungen. Wohl das älteste Patronat besaß das Kollegiatstift über die Kirche in Pettelkau. Erst im Jahre 1361 findet sich der Hinweis auf die Patronatszugehörigkeit. Die Patronatsrechte waren allerdings wesentlich älter und bestanden wohl schon seit der Erstgründung des Kollegiatstifts in Pettelkau.

Das Patronat über die Kirche in Schalmey hatten seit 1289 Albert und Johann Fleming sowie Conrad Wendepfaffe inne.[1158] Erst nachdem die Kirche 1343 Glottau inkorporiert wurde, entstand ein Streit über die grundherrlichen Patronatsrechte. Die Entscheidung fiel im Jahre 1364 zugunsten des Kollegiatstifts. Die Kirche zu Glottau war als Mutterkirche von Guttstadt seit ihrer Gründung im Besitz des Kollegiatstifts. Im Jahre 1344 erhielt das Stift den Ort Süßental zugewiesen. Der Guttstädter Konvent war für die dortige Kapelle verantwortlich.[1159] Im Jahre 1397 schenkte Bischof Heinrich II. Sorbom dem Kollegiatstift den Ort Münsterberg, dessen Kirche Filiale von Glottau wurde.[1160] Im Jahre 1356 überwies das Frauenburger Domkapitel dem Guttstädter Kollegiatstift den Ort Steinberg im Kirchspiel Jonkendorf.[1161] Im 1366 gegründeten Ort Eschenau stand die Kirche zuerst unter dem Patronat der Familie Baysen und deren Nachfolgern. Im Jahre 1402 kaufte das Kollegiatstift den Ort und übergab die Kirche als Filiale an Süßental.[1162] Im Jahre 1482 verlieh Bischof Nikolaus von Tüngen die Güter in Groß- und Klein Bößau seinem Neffen Hans Clements unter der Bedingung, daß, wenn dieser zu Lebzeiten des Bischofs sterbe, die Güter an den Bischof zurückfallen sollten. Dies geschah auch am 5. Februar 1486, und der Bischof übereignete die Güter als Schenkung dem Stift Guttstadt, das seit dieser Zeit das Patronatsrecht besaß.[1163]

1158 CDW, Bd. I, R. Nr. 151, S. 46.
1159 CDW, Bd. II, S. 38, Nr. 38.
1160 CDW, Bd. III, Nr. 321, S. 293.
1161 CDW, Bd. II 235. SRW, Bd. I, S. 127, dort Anm. 150.
1162 SRW, Bd. I, S. 421, dort Anm. 161.
1163 SRW, Bd. I, S. 435, dort Anm. 238. CDW, Bd. II, S. 205, Nr. 205.

Bischof Heinrich I. Fleming (1278 – 1300) verlieh in seiner Regierungszeit zwischen 1289 und 1297 etwa sieben grundherrliche Patronate, vorwiegend an seine nächsten Verwandten. So erhielt die Patronatsrechte des 1289 gegründeten Gutes Elditten Konrad Wendepfaffe, der mit der Schwester des Bischofs verheiratet war.[1164] Das Gut Basien/Baziny erhielt 1289 sein Privileg und das Patronat ging an den Gutsherrn Albrecht Fleming, einen Bruder des Bischofs, dessen Nachkommen sich Herren von Wusen nannten und den Besitz erst 1609 dem Braunsberger Bürger Jakob Bartsch verkauften. Die Kirche war schon 1581 Tochterkirche von Wusen.[1165] Dort hatte seit 1289 Johannes Fleming, ebenfalls ein Bruder des Bischofs, Patronatsrechte.[1166] Im Jahre 1296 wurden die Patronatsrechte von Tiedmannsdorf Ritter Ruprecht gegeben.[1167] Im Jahre 1297 erhielt Martin von Rautenberg das grundherrliche Patronat der Dorfkirche in Groß Rautenberg.[1168] In Regerteln hatten seit 1297 die Nachkommen des Alexander Lichtenau die Patronatsrechte inne.[1169] Noch 1510 verwaltete ein eigener Kommendarius die Kirche. Sie wurde später mit Wolfsdorf vereinigt.[1170]

Der nachfolgende Bischof Eberhard von Neiße stiftete lediglich ein einziges grundherrliches Patronat. So vergab er im Jahre 1310 die Patronatsrechte in Bludau an Hermann von Bludau.[1171]

Alle oben aufgeführten grundherrlichen Patronatsrechte fielen in späterer Zeit sämtlich an das Frauenburger Domkapitel zurück. Einzige Ausnahme bilden Elditten und Basien, deren Patronatsrechte bis zum Jahre 1945 die Gutsherren besaßen.

Auch Bischof Johann I. von Meißen (1350 – 1355) vergab nur ein einziges grundherrliches Patronat. So verfügten in Klaukendorf von 1352 bis 1945 die Nachkommen des Clauko von Hohenberg über grundherrliches Patronatsrecht.[1172]

Bischof Heinrich III. Sorbom (1373 – 1401) verlieh zwei grundherrliche Patronate. So erhielt im Jahre 1379 der Landvogt Johannes Sorbom, ein Bruder des Bischofs, das grundherrliche Patronatsrecht von Groß Ramsau. Das Patronat blieb bis 1945 im Besitz der Gutsherren.[1173] Das Patronatsrecht des 1379 gegründeten Dorfes Groß Bartelsdorf/Bartołty Wielkie erhielt Bartholomäus Kirsboum.[1174] Schon 1565 wird die Dorfkirche als Tochterkirche von Groß Ramsau erwähnt.[1175]

In der ältesten Handfeste des 1359 gegründete Ortes Legienen ist keine Kirche erwähnt. Über die Entstehung und Vergabe des grundherrlichen Patronats ist nichts be-

---

1164 CDW, Bd. I, R. Nr. 151, S. 46.
1165 Hermanowski (1989), S. 52.
1166 SRW, Bd. I, S. 429, dort Anm. 217.
1167 SRW, Bd. I, S. 412, dort Anm. 122. Boetticher (1894), S. 254.
1168 SRW, Bd. I, S. 412, dort Anm. 123.
1169 Boetticher (1894), S. 210. SRW, Bd. I, S. 439, dort Anm. 248.
1170 SRW, Bd. I, S. 386.
1171 CDW, Bd. I, R. Nr. 246, S. 84, D. Nr. 153. Boetticher (1894), S. 34.
1172 Boetticher (1894), S. 165.
1173 SRW, Bd. III, S. 52, Nr. 77. SWR, Bd. I, S. 435, dort Anm. 239.
1174 SRW, Bd. I, S. 435, dort Anm. 239.
1175 Boetticher (1894), S. 21.

kannt. Erst im Jahre 1404 ging das Patronat durch Tausch an die Gutsherren Ulsen, deren Nachkommen die Rechte bis 1945 ausübten.[1176]

Eine besondere Form der Patronatsvergabe findet sich im Dorf Santoppen. Der Ort wurde 1343 an die Frauenburger Domkasse überwiesen und war somit dieser zinspflichtig. Seit dieser Zeit hatte der jeweilige Domkustos Patronatsrechte.[1177]

Piłecka bemerkte zur Vergabe der Patronate im Ermland:

> *Das Fehlen reicher Ritter und Bürger bewirkte, daß die Mehrheit mittelalterlicher Bauten im Ermland ausschließlich auf Initiative des Bischofs bzw. hiesiger Kapitel entstanden ist. Es ist uns klar, daß dieses einheitliche Mäzenat leicht zur Vereinheitlichung aller künstlerischen Bauunternehmen führen konnte.*[1178]

Piłecka unterstellte sogar, daß der Bischof und das Kapitel eigene Baumeister hatten, gab hierzu allerdings keine weiteren Erläuterungen.

Von den oben aufgeführten Dorfkirchen mit grundherrlichen Patronaten blieben nur die Kirchen von Pettelkau und Schalmey in ihrem mittelalterlichen Bestand weitgehend erhalten. Ein Grund für die gute Erhaltung scheint die frühe Übernahme der Patronatsrechte durch das Stift in Guttstadt zu sein. Alle anderen Kirchen mit grundherrlichen Patronaten wurden im Laufe der Jahrhunderte stark baulich verändert oder völlig neu errichtet.

6.1 Die erste Entwicklungsstufe 1310 – 1350

Über die ältesten Holzkirchen im Ermland ist bisher kaum etwas bekannt. Lediglich bei der ersten Domkirche von 1278 – 1288 ist urkundlich überliefert, daß sie aus Holz gebaut war. Auch finden sich in der ersten Hälfte des 14. Jahrhunderts in den Handfesten der Orte Kiwitten, Arnsdorf, Heinrikau und Lokau Hinweise darauf, daß bereits zur Zeit der Gründung dort Kirchen existierten. Allerdings hat sich aus dieser Zeit keine der wohl provisorischen Holzkirchen erhalten. Sie wurden in späterer Zeit durch Steinbauten ersetzt.

Zu den ältesten aus Stein errichteten Dorfkirchen im Ermland zählen die Dorfkirchen Elditten/Ełdyty Wielkie und Schalmey/Szalmia. Beide Bauten lassen sich aufgrund ihrer architektonischen Konfiguration in enge Beziehung zueinander setzen. Beide besitzen einen ausgebildeten Chorraum mit polygonalem Abschluß. Dieser im Ermland seltene Chortyp fand schon vor der Gründung der Braunsberger Stadtkirche (Fundamentierung 1346) Verwendung bei beiden Dorfkirchen. Nach der Braunsberger Stadtkirche ist dieser Bautyp im Ermland nicht mehr weiter entwickelt worden.

Der Ort Elditten liegt im Kreis Heilsberg, westlich von Guttstadt. Das Gutsprivileg erhielt der Ort am 10. Juli 1289 durch Bischof Heinrich I. Fleming mit der ungewöhnlich großzügigen Verschreibung von über 110 Hufen in *"Eldithen"* an Conrad

316 –
320

1176 CDW, Bd. III, S. 384, Nr. 396. Boetticher (1894), S. 20, 175. SRW, Bd. I, S. 403, dort Anm. 81.
1177 SRW, Bd. I, S. 403, dort Anm. 82.
1178 Piłecka (1980), S. 74.

Wendepfaffe, Albert und Johannes Fleming. Mit der Verschreibung erhielten die drei Eigentümer der im "*Campus Eldithen*" zu errichtenden Kirche die Patronatsrechte.[1179] Conrad Wendepfaffe war mit Walpurgis Fleming verheiratet, einer Schwester des Bischofs Heinrich I. Außer den Brüdern Johannes und Albert Fleming vergab der Bischof keine so großen Gutsverschreibungen als Familiengutspatronate. Diese Großzügigkeit zeigt die besondere Familienpolitik des Bischofs.[1180]

Die Pfarrkirche von Elditten ist in der Handfeste von 1289 dem hl. Martin geweiht.[1181] Sie gehörte zum Archipresbyterat Wormditt.[1182] Über den Baubeginn finden sich keine urkundlichen Belege. Gall vermutete als Erbauungszeit die Jahre um 1310 – 1320.[1183] Ab 1345 wird ein Pfarrer Albertus urkundlich erwähnt.[1184]

Bei der dortigen Kirche handelt es sich um einen kleinen, charaktervollen, einschiffigen, ursprünglich turmlosen Bau, errichtet aus ausgezwickten Findlingen in altertümlicher Technik. Der langgestreckte, mit 3/8 Abschluß gebildete Choranbau ist im Ermland ungewöhnlich. Er ist etwas niedriger als das Schiff. Der heutige Chorgiebel entstand zwischen 1885 und 1886 anläßlich einer Restaurierung. Dabei erhöhte man gleichzeitig den Chor durch Backsteinmauerwerk im Kreuzverband auf seine alte Höhe.[1185] Die alte Dachgestaltung ist unbekannt. Heute besitzt der Chorgiebel eine frei konstruierte, neogotische Gestaltung.

Bei Betrachtung des Westgiebels von Elditten stellte Piłecka fest, daß dieser in der ersten Entwicklungsphase eine isolierte Stellung einnimmt. Sie bemerkte hierzu:

> *Durch seine Zweistöckigkeit und die Einteilung des oberen Teils in ein System von Pfeilern, die parallel zur Giebelflucht verlaufen, und durch die Auffüllung der Felder zwischen den Pfeilern durch spitzbogige Blenden kündigt dieser Giebel formell einen Grundtypus an, der in der zweiten Entwicklungsetappe der Architektur im Ermland (1350 – 1420) entstanden ist.*[1186]

Die sechs hohen Spitzbogenblenden werden heute durch die Dachschräge angeschnitten. Das Dach war ursprünglich steiler. Auch war der vormalige Giebel wohl gestuft, so daß die Dachschräge hinter dem Giebelkamm lag. Der Westgiebel ist im

---

1179 CDW Bd. I, R. Nr. 151, S. 46; R. Nr. 153, S. 47; D. Nr. 79, S. 137:"... *adicientes ut cum diuina fauente gracia, in dicto loco Ecclesia fundata fuerit, ipse Conradus Wedepfaffe, et heredes sui legittimi, Jus presentandi in ipsa Ecclesia, sine contradiccione aliqua debeant obtinere* ..." Bischof Johannes II. bestätigt 1370 die Handfeste für Conrad Wendepfaffe. CDW, Bd. II, Nr. 446, S. 443. Krebs, (1967), 21, Nr. 81, S. 8 – 9.
1180 CDW, Bd. I, R. Nr. 54, S 92; R. Nr. 81, S. 143.
1181 Den Patron von Elditten führte Tidick nicht auf. Sie (ZGAE, Bd. 22 Anm. 94, S. 383f.) bemerkte, daß dem heiligen Martin nur noch eine Kirche in Kulm geweiht wurde. Größte Verbreitung fand der Heilige im Erzbistum Köln und Erzbistum Trier. Die Vergabe zu Gunsten dieses Heiligen erscheint daher ungewöhnlich und zeugt von den wirtschaftlichen Beziehungen zur rheinischen Region. Auch wanderten gerade aus diesem Gebiet viele Siedler ins Ermland.
1182 SRW, Bd. I, S. 439.
1183 Dehio / Gall (1952), S. 189. Dittrich (ZGAE, Bd. 11, S. 282) setzte fälschlich die Erbauungszeit ins ausgehende 14. Jh.
1184 Dittrich a.a.O.
1185 Antoni (1993), S. 169.
1186 Piłecka (1980), S. 75.

wendischen Verband aufgemauert. Am gesamten Bau kamen keine Formsteine zur Verwendung.

Die Strebepfeiler liegen außen und sind an den Ecken schräggestellt. Aufgrund der besonders stark ausgebildeten außenliegenden, heute zweifach, ursprünglich dreifach abgestuften Chorstrebepfeiler läßt sich vermuten, daß der Bau von Anfang an zur Einwölbung vorgesehen war. Nach Vollendung wurde das Schiff mit einer Bretterdecke zum Dachboden geschlossen.[1187] Der zweijochige Chorraum erhielt nach der Restaurierung von 1885 – 1886 zwei einfache vierstrahlige Sterngewölbe. Das Langhaus besitzt aufgrund seiner Strebenstellung vier Joche. Da der Raum nicht lang ist, ist die Jochabfolge besonders enggestellt.

In einem Visitationsbericht vom 24. Oktober 1622 wird ein östlich nicht mit der Kirche in Verbindung stehender Turm erwähnt. Wohl im 18. Jahrhundert fügte man einen Holzturm an, dessen Oberbau von 1855 stammte. Er ist heute nicht mehr vorhanden, da er im Zweiten Weltkrieg niederbrannte und 1945 abgetragen wurde. Die Sakristei liegt auf der Nordseite direkt neben dem Chor. Sie steht mit dem Choranbau im Mauerverband und ist ebenfalls aus Findlingen errichtet. Den oberen Abschluß bildet ein Backsteingiebel, beginnend über einem horizontal verlaufenden Putzband. Über einem Zahnfries staffeln sich sechs bündig zur Giebelflucht verlaufende Fialen, zwischen denen schmale verputzte Blendbögen liegen. Über den drei mittleren Bögen befinden sich Kreisblenden. Oben enden die Fialen mit übereck gestellten Pinakeln. Auf der Ostseite lag einst ein Beinhaus.[1188]

Der Bau hatte drei Eingänge: im Westen, im Norden und im Süden, letzterer mit Vorhalle. Der Nord- und Südeingang mit jeweiliger Vorhalle aus Backsteinen im Kreuzverband stammten erst aus späterer Zeit. Die Südvorhalle wurde 1885 – 1886 und die Nordvorhalle wohl in der ersten Hälfte des 20. Jahrhunderts errichtet. Vermutlich besaß die Kirche zunächst nur einen Eingang auf der Westseite. Auffällig ist, daß man diesen ursprünglich mit einer Falltür verschließen konnte. Bei einer Belagerung konnten die Dorfbewohner in der Kirche Zuflucht finden und die Tür mit einer Winde rasch herunterlassen. Es handelt sich also um ein echtes Refugium. Für ein späteres Einbrechen der beiden Nord- und Südzugänge spricht, daß sie keine dreifach gestufte Laibungen besitzen wie die spitzbogige Sakristeitür.

Fensteröffnungen existierten laut Visitationsbericht von 1622 nur auf der Ost- und Südseite.[1189] Da durch sie der Innenraum schlecht beleuchtet war, wurde später Nordfenster eingebrochen. Diese Eigenart spricht gleichfalls für den ursprünglichen Wehrcharakter der Anlage.

Bereits im Christburger Friedensvertrag vom 7. Februar 1249 wird der Ort *"Slinia"* genannt, das spätere Schalmey/Szalmia, in dem bereits zu dieser Zeit ein Kirche errichtet

321 –
323

1187   Dittrich (ZGAE, Bd. 11, S. 282) lehnte ein ursprünglich beabsichtigtes Gewölbe ab. Er vermutete, daß Eckstreben und die Anlage der Wand nicht für eine Einwölbung sprächen. Dies erscheint widersprüchlich. Warum wurden sonst neben den starken Mauern zusätzlich Streben gesetzt, wenn nicht für ein zu errichtendes Gewölbe. Boetticher (1894, S. 73) vermutete aufgrund der äußeren Erscheinung und Gestaltung eine Einwölbung.
1188   Dittrich a.a.O.
1189   a.a.O.

werden sollte.[1190] Der Ort liegt nahe der Passarge südlich von Braunsberg. Ob eine Kirche aus Holz schon in der Zeit um 1249 existierte, ist bisher ungeklärt. Erst in der Verschreibung vom 10. Juli 1289 werden der Ort und die umliegenden Felder von Schalmey wieder urkundlich erwähnt. Die Vergabe der Ländereien sollte zu drei gleichen Teilen von 34 Hufen an die Brüder des Bischofs Albert und Johann Fleming und den Schwager Conrad Wendepfaffe erfolgen. Als Patronatsherren der zu erbauenden St. Georgs–Pfarrkirche sind in der genannten Urkunde obige drei Personen genannt.[1191] Die Kirche in Schalmey wurde dem hl. Georg geweiht. Sie gehört zum Archipresbyterat Braunsberg. Im Jahre 1343 wird der erste Pfarrer Heinricus urkundlich genannt. Sein Nachfolger Johannes Glas war Domherr in Frauenburg.[1192]

Die Ausführung und Planung der Kirche erfolgte durch die Familie Fleming wohl am Ende der Regierungszeit des Bischofs Heinrich II. Wogenap (1328 – 1334). Matern vermutet einen Vorgängerbau aus Holz, der am Ende des 13. Jahrhunderts errichtet wurde. Ein Beleg hierfür fehlt.[1193] Die zwischen 1334 und 1337 folgende Sedisvakanz und die Absenz Bischof Hermanns von Prag bis Mitte 1340 wirkten sich wohl nicht gravierend auf die Bauvollendung aus, trotz der zu dieser Zeit im Ermland allgemein herrschenden Bauunterbrechung. Da das Patronat bei der Familie Fleming lag, war sie auch für die Finanzierung verantwortlich und sorgte allem Anschein nach für eine rasche Vollendung.

Der sehr einheitlich wirkende Baukörper ist vollständig aus Backstein im wendischen Verband errichtet. Der an der Ostseite sich anschließende Chor besitzt einen dreiseitigen Chorschluß.

Die starken außenliegenden, dreifach abgestuften Strebepfeiler lassen genau wie bei der Eldittener Pfarrkirche vermuten, daß der Bau von Anfang an zur Einwölbung vorgesehen war. Im Chor wurde ein achtteiliges Sterngewölbe eingezogen. Die birnstabförmigen Rippen verlaufen nach einer Dienstverlängerung auf Konsolen.

Der mit Wechsel von Lang– und Rundbogenblenden entlang des noch ungestaffelten Giebelkamms eigentümlich gegliederte Langhausgiebel setzt in seiner Struktur den um 1342 vollendeten Chorgiebel des Frauenburger Doms als Vorbild voraus. Demnach läßt sich die Bauvollendung ebenfalls unmittelbar in dieser Zeit ansetzen. Aufgrund

---

1190 CDW, Bd. I, S. 37, Nr. 19, dort Anm. 18. Eine Gründungsurkunde ist nicht überliefert. Bischof Johannes II. bestätigt 1366 die bereits bestehende Handfeste für Albert Fleming und Conrad Wendepfaffe. CDW, Bd. II, Nr. 401, S. 414; Nr. 407, S. 419.

1191 CDW, Bd. I, D. Nr. 80, 81, S. 140f. :"*Adicientes ut cum divina favente gratia in dicto loco ecclesia fundata fuerit, ipse Albertus ... Jus praesentandi in ipsa Ecclesia sine contradictione aliqua debeant obtinere.*" (dort Anm. 2, S. 141 Beschreibung der Verwandtschaft der Familie Fleming). ZGAE (Matern), Bd. 17, S. 292. Der Ort wird vom Sohn des Albert Fleming an den bischöflichen Stuhl zurückgegeben. Der Bischof vergab aber 1388 das Lehen weiter. Wie im Geschichtsteil erwähnt, wurde der Ort bereits im Friedensvertrag von 1249 als "*Slinia*" erwähnt und die Errichtung einer Kirche beabsichtigt (CDW, Bd. I, S. 36, Nr. 19).

1192 SRW, Bd. I, S. 411, dort Anm. 121. Die Wahl des hl. Georg als Patron der Kirche erfolgte nach Tidick (ZGAE, Bd. 22, S. 397) aus dem Grunde, daß der Grunenberg nahe dem Feld Salmien einst eine Prußenfeste und heidnische Opferstätte war und die Kolonisatoren Albert und Johann Fleming den Sieg der Christen über das Heidentum versinnbildlichen wollten. Vgl. hierzu auch ZGAE (Röhrich), Bd. 13, S. 318 – 385, 393 – 395.

1193 ZGAE (Matern), Bd. 17, S. 323.

der nahen Chorgiebelaffinität zu Frauenburg dürfte die Dombauwerkstatt maßgeblich auch in Schalmey tätig gewesen sein.

Die Erbauungszeit nuß demnach zwischen 1330 und 1342 gelegen haben. Zu gleichen Datierungen gelangen auch Gall und Matern.[1194] Für die frühe Zeitstellung spricht auch der wendische Mauerverband, der sich nur bis um 1340 im Ermland nachweisen läßt.

Am 30. Oktober 1343 wurde die vollendete und wohl schon geweihte Kirche dem Kollegiatstift zu Glottau inkorporiert.[1195] Die Stiftsherren des Kollegiatstifts zu Glottau bewirkten in dieser Zeit, daß die Präbendeninhaber gleichzeitig Pfarrer zu Schalmey sein mußten, aber in Glottau residierten.[1196] Dies rief einen Streit um das bestehende Patronatsrecht zwischen dem Gutsherren Heinrich von Ulsen und dem Kollegiatstift hervor, der am 4. Februar 1364 zu Gunsten des Stifters entschieden wurde.[1197] Papst Martin V. gestattete am 12. Februar 1420, die Kirche dem Stift völlig zu inkorporieren.[1198] Bischof Franz Kuhschmaltz bestätigte dies am 11. Oktober 1427 und legte fest, daß das Präsentationsrecht an den Bischof fiel.[1199]

Der Bau war von Anfang an turmlos geplant. Erst nach der großzügigen Stiftung einer benachbarten Gutsfamilie wurde am 12. Dezember 1602 ein Turm projektiert. Doch erst im Jahre 1622 erfolgte die Aufmauerung im Kreuzverband. Als Standort wählte man eigenartigerweise die Südseite. Dort lag wohl zuvor die alte Vorhalle, die man einfach aufstockte und darüber den Holzturm errichtete. Bedingt durch Materialmangel und Geldknappheit wirkt der Turmbau recht unsolide.[1200] Im Erdgeschoß befindet sich das alte spitzbogige, profilierte Eingangsportal. Die reiche Profilierung läßt darauf schließen, daß nicht nur der Turm, sondern auch die vormalige Vorhalle in späterer Zeit angefügt wurde. 1892 erhielt die Kirche auf der Westseite eine neue Vorhalle.[1201]

1904 – 1906 fand eine umfangreiche Wiederherstellung und Restaurierung statt.[1202]

Zur Gruppe der zweijochigen, mit einem 3/8 Chor abschließenden Dorfkirchen scheint ebenfalls St. Johannes Evangelist von Bertung/Bartąg[1203] zu gehören. Leider finden sich nur wenige Urkunden, die Aufschluß über Alter und ursprünglichen Zustand geben. Die Region an der oberen Alle fiel erst im Jahre 1348 an das ermländische Domkapitel, weshalb die Kirchenfundamentierung wohl erst nach dieser Zeit vorge-

---

1194 Dehio / Gall (1952), S. 190, (dort Erbauungsdaten 1330 – 1340). Matern, a.a.O. (dort Erbauungsdaten 1335 – 1340).
1195 CDW, Bd. II, Nr. 30. Matern (a.a.O.) vermutete, daß die Kirche in Schalmey schon vor diesem Datum vollendet gewesen sei, da damals das Stift mit seinen eigenen Bauten in Glottau und später in Guttstadt beschäftigt war. Für eine recht zügige Vollendung spricht auch der sehr homogen wirkende Baukörper, an dem, wie sich im Vergleich zu den nachfolgenden Dorfkirchen zeigen wird, keine Bauunterbrechung stattfand.
1196 Matern, a.a.O., S. 315f.
1197 CDW, Bd. II, Nr. 354, S. 361.
1198 CDW, Bd. III, Nr. 552, S. 550.
1199 SRW, Bd. I, S. 411, dort Anm. 121.
1200 ZGAE (Matern), Bd. 17, S. 338f.
1201 Boetticher (1894), S. 227.
1202 ZGAE (Matern), Bd. 17, S. 322.
1203 Auch Bertigshausen oder Deutsch–Berting genannt. Foß (1888), S. 186 – 187.

nommen werden konnte. Da die Grundrißdisposition mit polygonem Chorschluß eine Verbindung zu Elditten aufweist, könnte die Fundamentierung sogar noch früher erfolgt sein. Der Chor von Schalmey ist kürzer als der von Bertung und verweist schon dadurch auf eine Reduktion des Chorraums.

Der Ort Bertung erhielt allerdings erst am 22. Juni 1363 seine Handfeste. Darin ist die Kirche mit sechs Pfarrhufen dotiert.[1204] Wegen der hohen Anzahl von Pfarrhufen liegt die Vermutung nahe, daß man den Ort als Stadt projektierte, schließlich aber die Stadtrechte an Allenstein vergab. Das Domkapitel erhielt das Präsentationsrecht, die Kirche gehörte zur Sedes Guttstadt. Ein Pfarrer Dithmarus wird bereits vor der Handfeste seit 1348 urkundlich erwähnt. Dies könnte ein Beleg für die frühe Kirchengründung sein.[1205] Gall stellte fest, daß die die unteren Mauerabschnitte deutlich älter als die oberen sind. Auch ist eine Verwitterungsschicht zu erkennen. Gall folgerte daraus, daß möglicherweise die erste Kirche darüber aus Fachwerk oder Holz war und erst Anfang des 16. Jahrhunderts eine Kirche in Stein errichtet wurde. Dabei entstanden auch die Rippengewölbe im Chor, der Sakristei und der Turmhalle.[1206] Eine weitere Möglichkeit wäre eine Bauunterbrechung in der ersten Hälfte des 14. Jahrhunderts, nachdem die Fundamentierung mit Findlingssteinen erfolgt war.

Das untere Geschoß des Turms besitzt ein Sterngewölbe und steht mit dem Langhaus im Mauerverband. Darüber erhob sich ein Ständerbau mit Bretterverschalung, der wohl erst nach 1682 durch einen dreistöckigen massiven Backsteinbau im Blockverband ersetzt wurde.

Im Jahre 1682 sammelte man Almosen für den Wiederaufbau der zuvor niedergebrannten Kirche.[1207] Eine Neuweihe erfolgte im Jahre 1724 durch Weihbischof Kurdzwanowski. Aus dieser Zeit stammt auch der geschweifte Kamm des Ostgiebels. 1934 wurde der Bau zusätzlich durch basilikale Erweiterungsbauten in seinen alten Bestand beeinträchtigt.[1208]

186, 187 In der ersten Gruppe der Bauten mit ausgeprägtem Choranbau nahm die bereits erwähnte, heute nicht mehr erhaltene erste Kollegiatkirche in Pettelkau/Pierzchały eine Sonderstellung ein. Der Ort liegt unweit südlich von Braunsberg. Wie nachgewiesen war der Baukörper als zweijochiger und gerade geschlossener Chorraum mit anschließendem breiteren Langhaus projektiert, jedoch bedingt durch die Kollegiatverlegung nach Glottau unvollendet geblieben. Im Gegensatz zu den beiden oben genannten Kirchen von Schalmey und Bertung besaß der Choranbau einen platten Schluß. Der Chorgiebel war nach dem Vorbild des Frauenburger Domchors mit Blendenschmuck gegliedert.

Die Bauzeit fiel in die Jahre 1341 bis 1343. Wegen ihrer ursprünglichen Funktion ist sie nur bedingt zur Gruppe der Dorfkirchen zu zählen. Die Kirche war als Sitz des

---

1204   CDW, Bd. II, Nr. 347, S. 354. Auch Boetticher (1894, S. 23) vermutete, daß die Pfarrkirche bereits vor der Handfeste vorhanden war.
1205   CDW, Bd. II, Nr. 108.
1206   Antoni (1993, S. 51) erkannte Ähnlichkeiten der Gewölbe mit denen der Pfarrkirche in Allenstein und dem dortigen Schloß.
1207   SRW, Bd. I, S. 420.
1208   a.a.O. Dehio / Gall (1952), S. 253. Boetticher (1894), S. 23f.

Kollegiatstifts projektiert und nach der Verlegung des Stifts nach Glottau unvollendet geblieben.

Ebenfalls der ersten Entwicklungsstufe zuzuweisen ist die hoch auf einem Steilhang gelegene Kirche St. Katharinen zu Plaßwich/Płoskinia. Der zwischen Braunsberg und Mehlsack liegende Ort gehörte zum Archipresbyterat Mehlsack, Patronatsinhaber war das Domkapitel.[1209] Der Ort wird schon 1301 urkundlich genannt.[1210] Die Handfeste verlieh am 5. November 1305 das Domkapitel, wobei die Kirche vier Hufen als Dotation erhielt.[1211] Der erste Pfarrer Johannes wird 1346 erwähnt.

326 –
328

Es handelt sich um einen chor- und strebepfeilerlosen Backsteinbau. Der alte Chorgiebel besitzt Zierformen nach dem Vorbild des Frauenburger Domchorgiebels. Abwechselnd verlaufen über dem Chordach am östlichen Langhausgiebel in wechselnder Folge Kreisblenden mit Spitzbogennischen. Die analoge Gestaltung zum 1342 vollendeten Frauenburger Domchor weist darauf hin, daß der Chorgiebel von Plaßwich ebenfalls in dieser Zeit entstand. Gall datiert daher die Erbauungszeit zwischen 1340 und 1360.[1212]

Die Mauerstruktur läßt erkennen, daß nach dem unteren Drittel ein Wechsel vom wendischen zum gotischen Verband vorgenommen wurde. Dies bestätigt die zeitliche Nähe zu dem um 1340 herrschenden Baustop, der bereits am Frauenburger Dom und der dortigen Stadtkirche sowie an den Dorfkirchen von Bertung und Pettelkau festgestellt wurde. Demzufolge lag der Baubeginn davor.

Der heute angefügte polygone Chor wurde in gotisierender Form nach Plänen des Baumeisters Hertel aus Münster im Jahre 1884 aufgeführt. Nach Meinung Dittrichs wurde der alte Chor 1654 an Stelle eines älteren, dessen ursprüngliche Form nicht bekannt ist, errichtet. Der erste Chor war nur wenig schmaler als das Langhaus und schloß wohl flach ab. In einem Visitationsbericht von 1623 wird der Chorraum als gewölbt und mit Malerei geschmückt erwähnt. In anderen Kirchenakten wird berichtet, daß der Chor aus der Zeit des Pfarrers Law um 1650 stammte.[1213] Den alten zweijochigen Chor schloß ein achtteiliges Sterngewölbe.

Das Langhaus ist etwa 32 Meter lang und 12 Meter breit. Auf der Nordseite befindet sich neben dem alten Chor eine Sakristei mit gotischem Kreuzgewölbe. Auf der Südseite liegt ein Eingang mit Vorhalle.

Der Unterbau des Turms wurde zugleich mit dem Schiff errichtet. Nach der Bauunterbrechung wurde dann der Westgiebel mit Blenden voll ausgebildet. Auf dem um 1342 begonnenen Fundamenten des Turmunterbaus wurde der obere Abschluß erst um 1380 vollendet. Die Bauausführung verlief wohl schleppend.[1214] Der Turm besitzt keine Geschoßeinteilung, sondern sehr lange Blenden. In der Turmhalle befinden sich an den

---

1209 Boetticher (1894), S. 200. SRW, Bd. I, S. 430 und 444.
1210 CDW, Bd. I, D. Nr. 111, S. 193; D. Nr. 121, S. 216; D. Nr. 134, S. 233 (1305). ZGAE (Dittrich), Bd. 9, S. 148.
1211 CDW, Bd. I, R. Nr. 225, S. 75; D. Nr. 134, S. 233f. Handfeste wird 1392 bestätigt. CDW, Bd. III, Nr. 259, S. 231.
1212 Dehio / Gall (1952), S. 191. Boetticher (1894, S. 200) datierte den Bau ins 14. Jahrhundert.
1213 ZGAE (Dittrich), Bd. 9, S. 184. *"Chorum (sc. habet) fornice bono clausum, picturis decenter illustratum."*
1214 Dehio / Gall (1952), S. 191.

Seiten große Nischen mit Doppelrundbögen auf getreppten Konsolen. Von Quast vermutete, daß der Turm wohl eine ähnlichen oberen Abschluß erhalten sollte wie der Turm von Wormditt.[1215]

Nahe der Stadt Mehlsack liegt der Ort Layß/Łajsy. Bereits in der Handfeste vom 5. Mai 1304 wird die Dorfkirche mit vier Hufen dotiert. In der Urkunde wird ausdrücklich betont: *"Ut fides catholica in locis gentilibus augeatur et in neophytis circumpositis ex vicinitate fidelium recipiat incrementum."*[1216] Wann die dem heiligen Nikolaus geweihte Filialkirche gegründet wurde ist unbekannt. Ein Pfarrer Gottfried findet bereits von 1315 – 1317 urkundliche Erwähnung.[1217] Das Patronat erhielt das Domkapitel zu Frauenburg. Damit die Kirche einen eigenen Pfarrer erhielt, fügte das Domkapitel noch zwei Zinshufen zu den bestehenden hinzu. Die Herausgabe verzögerte sich, und noch 1581 verwaltete ein Kaplan stellvertretend die Pfarrstelle. Später erhielt der Ort einen Pfarrer, der auch die Kirche in

Sonnwalde versorgte.[1218] Kurze Zeit später bekam die Pfarrei ihre ursprüngliche Selbständigkeit zurück.[1219]

Das Langhaus ist 30 Meter lang, 16 Meter breit, 15 Meter hoch und schließt im Osten gerade. Das aufgehende Mauerwerk ist bis in halbe Höhe aus Feldsteinen errichtet, darüber folgt der gotische Mauerverband.[1220] Die Kirche ist in ihrer heutigen Gestaltung durch mehrfache Umbauten völlig entstellt.

Schon Boetticher erkannte, daß der wohl um das Jahr 1400 entstandene Bau auf den Fundamenten einer älteren Kirche errichtet wurde. Von dem Vorgängerbau blieb nach Boettichers Meinung allerdings lediglich das fast quadratische Erdgeschoß (5,18 x 4,90 Meter) des Turms übrig. Dittrich dagegen bezweifelte, daß der Unterbau des Turms vom Vorgängerbau stammen könnte.[1221] Für eine ältere Gründung sprechen die Mauerstrukturen mit dem Feldsteinfundament und darüber abwechselnden Schichten in Ziegeln und Feldsteinen. Das darüberliegende Mauerwerk ist teils noch im wendischen, teils im gotischen Verband aufgemauert. Der Turm war ursprünglich auf Wölbung eingerichtet, wofür die vier spitzbogigen Nischen mit Eckaussparungen sprechen. Wie bereits mehrfach festgestellt, verwendete man im Ermland bis etwa um 1340 den wendischen Mauerverband. Demnach liegt der Baubeginn der ersten Kirche von Layß vor dieser Zeit. Das im gotischen Verband aufgeführte Langhaus besitzt außen Strebepfeiler. Boetticher vermutete daher, daß der Saalraum für eine Wölbung zu je vier Jochen eingerichtet war. Dittrich bezweifelte eine Einwölbung.[1222] Die wohl ebenfalls aus der ersten Bauzeit stammende nördliche Sakristei ist völlig aus Feldsteinen errichtet.[1223]

1215 Von Quast (1852), S. 48.
1216 CDW, Bd. I, R. Nr. 217, S. 71f; D. Nr. 127, S. 224f. Schmauch (1933), Nr. 13.
1217 ZGAE (Dittrich), Bd. 8, S. 618.
1218 SRW, Bd. I, S. 429, dort Anm. 215.
1219 ZGAE (Dittrich), Bd. 8, S. 618.
1220 Ebenda, S. 619.
1221 ZGAE (Dittrich), Bd. 11, S. 305.
1222 a.a.O.
1223 Boetticher (1894), S. 174.

Die unweit von Mehlsack gelegene Kirche von Plauten/Pluty erscheint ebenfalls im Baubestand älter als ihre heutige Gestalt. In der Handfeste vom 1. März 1326 erhielt sie vier Hufen an Dotation.[1224] Das Patronat kam an das Domkapitel zu Frauenburg. Boetticher vermutete, das die Kirche schon kurze Zeit nach der Dorfgründung errichtet wurde.[1225] Im Jahre 1343 ist ein Pfarrer Nicolaus in Plauten tätig.[1226] Boetticher erkannte, daß die Kirche im wendischen und darüber im gotischen Mauerverband errichtet wurde. Da der wendische nur bis um 1340 im Ermland Verwendung fand, liegt der Baubeginn kurz vor dieser Zeit.

Die Kirche wurde von polnischen Truppen 1410 in der Zeit der Schlacht von Tannenberg/ Grunwald verwüstet. Lediglich die Umfassungsmauern blieben erhalten. Nach weiteren Kriegen erfolgte der Aufbau wohl sehr zögernd. Am 7. Mai 1581 konsekrierte sie Bischof Martin Kromer neu "in honorem s. Laurentii et s. Stanislai epi.".[1227] Ob diese Patrone bereits für die erste Weihe eingesetzt waren, ist unbekannt.

In den Jahren 1801 – 1802 wurde die Kirche auf der Westseite um sieben Meter verlängert und der Turm aus Backstein neu errichtet.[1228] In dieser Zeit wurden auch die Fenster verändert.

Die Sakristei liegt auf der Nordseite. Außen erkannte Boetticher noch eine heute übertünchte Inschrift mit roten gotischen Minuskeln.[1229]

Die Ostwand besitzt diagonal angeordnete Eckstreben, zwischen denen zwei Mittelstrebepfeiler liegen. Den Ostgiebel bekrönt ein Signalglockentürmchen. Eine kleine Vorhalle befindet sich auf der Südseite und neben dieser eine Taufkapelle.

Ebenfalls zur ersten Bauperiode zählt die Kirche von Krekollen/Krekole. Da der Ort 1336 seine Dotation erhielt und der Langhausbaukörper sowie die Sakristei bis zur Traufe im wendischen Verband gemauert sind, dürfte die Kirchengründung unmittelbar mit der Dotation stattgefunden haben, so daß der erste Bau um 1340 vollendet war. Nach Zerstörungen im Krieg von 1414 erfolgte ein Wiederaufbau. Da die Kirche erst bei dem Wiederaufbau einen markanten Chorgiebel erhielt, wird sie erst unter der zweiten Bauperiode genauer beschrieben und datiert.

Auch bei der Kirche in Schulen sind die Umfassungsmauern vollständig aus Feldstein errichtet; darüber gibt es nur geringe Reste von Backsteinmauern im wendischen Verband. Da die Gründung des Ortes im Jahre 1335 stattfand, wurde wohl in dieser Zeit die Kirche errichtet. Aufgrund der starken Zerstörung von 1356 blieb der Bau wohl längere Zeit ruinös stehen. Der Wiederaufbau fand wahrscheinlich zwischen 1380 und 1400 statt. Die heutige Kirche gehört somit aufgrund ihrer dominanten Giebelgliederung mehr in die zweite Entwicklungsperiode und wird daher dort beschrieben und datiert.

1224 CDW, Bd I, Nr. 381.
1225 Boetticher (1894), S. 203.
1226 SRW, Bd. I, S. 431, dort Anm. 226. Die Bemerkung von Antoni (1993, S. 481), daß die erste Kirche um 1343 aus Holz war, trifft nicht zu. Der Bau bestand zu dieser Zeit schon aus Backstein.
1227 a.a.O.
1228 ZGAE (Dittrich), Bd. 8, S. 635.
1229 Boetticher (1894), S. 204.

6.1.1 Zusammenfassung der ersten Bauperiode

Bei einem Vergleich der Grundrisse von Elditten und Schalmey stellt man fest, daß sie nach einem analogen Proportionsschema gebaut wurden. Der ältere Eldittener Grundriß (1310 – 1320) wirkt einheitlicher durchgebildet. Die Unregelmäßigkeiten der Kirche in Schalmey sprechen eher für einen ungeübten, unsicheren Baumeister. Auffällig ist, daß die Eldittener Kirche fast ganz aus Granitblöcken errichtet wurde. In Schalmey finden sich bereits am Ostgiebel Stilmerkmale, die den Frauenburger Chorgiebel als Vorbild voraussetzen. Die von Gall und Matern vermutete Erbauungszeit erscheint daher richtig. Demnach läßt sich die Fundamentierung um 1330 ansetzen. Das Frauenburger Vorbild war nachweislich 1342 mit der Chorweihe vollendet. Da der Giebel von Schalmey reicher als in Frauenburg gegliedert ist, lag seine Errichtung kurz nach Vollendung des Frauenburger Chorgiebels. Ebenso fällt in diese Zeit der ehemalige, nach dem Frauenburger Domgiebel gebildete Chorgiebel von Pettelkau, der kurz vor 1343 entstand.

Zur Gruppe der Dorfkirchen mit einer zweijochigen Chorausbildung und 3/8–Schluß zählt auch die Kirche von Bertung. Diese läßt sich allerdings nur in der Grundrißkonfiguration in die Reihe der ältesten ermländischen Dorfkirchen einfügen. Ihre Entstehung kann man wohl auch um 1330 ansetzen. Nach der Fundamentierung erfolgte wohl um 1340 eine Bauunterbrechung.

Charakteristisch für die oben untersuchten Dorfkirchen ist, daß sie turmlos geplant sind und erst in späterer Zeit Turmanbauten erhielten. Als Vorbild für die Choranlagen kann die Braunsberger St. Katharinenkirche nicht in Betracht kommen. Zum einen werden dort die Fundamente erst 1346 begründet, zumm anderen sind die Choranlagen der oben aufgeführten Dorfkirchen von Elditten und Schalmey um ein Joch weiter. Der Braunsberger Chor stellt demzufolge eine Reduktion der bestehenden Chorentwicklung dar. Der Bau von Schalmey rezipiert außerdem bereits die Giebelform des Frauenburger Ostchors.

Die Kirche in Pettelkau war ebenfalls turmlos geplant. Die unternommene Planungsrekonstruktion zeigt, daß sie dem Typ der Kirchen von Schalmey und Elditten gleicht. Lediglich der platte Chorschluß ist in seiner Entwicklung weiter als bei den vorgenannten Bauten und steht noch näher an der Entwicklungsfolge der Domkirche. Auch die besondere Stellung als geplante Kollegiatkirche begründet die enge architektonische Anlehnung an den Frauenburger Dom.

In die erste Entwicklungsreihe läßt sich ebenfalls die Kirche von Plaßwich einreihen. Sie besitzt einen zweijochigen platten Choranbau, dessen Grundriß und Giebelgestaltung wie in Schalmey sich der Formensprache des Frauenburger Chorgiebels bediente.

Bei den Bauten von Pettelkau, Bertung und Plaßwich erfolgte in den Jahren um 1340 eine Bauunterbrechung. Pettelkau blieb unvollendet. Für die Benutzung wurde lediglich die Westwand geschlossen. Die Kirche von Krekollen wurde zwischen 1336 und um 1340 ganz im wendischen Verband errichtet. Der dortige Chor schloß gerade. Bertung wurde möglicherweise zunächst provisorisch in einer Holzkonstuktion ausgeführt. Die Kirche von Plaßwich war zu dieser Zeit, worauf die erkennbare Baunaht im unteren Drittel hinweist, vollendet. Demzufolge muß es im Ermland in dieser Zeit eine wichtige Zäsur gegeben haben. Nach dieser Zeit finden sich keine Chorbauten im Hochstift wieder.

Ob die verschiedenen Bauunterbrechungen im Ermland auf die Sedisvakanz von 1334 – 1337 und die Absenz des Bischofs Hermann von Prag bis zum Jahre 1340 zurückzuführen sind oder auf fehlende Geldmittel, die noch bei der Domfabrica bis ins Jahr 1343 anhängig sind, bleibt ungeklärt. Nicht auszuschließen ist, daß Bischof Hermann von Prag oder dessen Verweser Paulus Pauri bereits vor 1340 die unterbrochenen Kirchenbauten weiterführen ließ.

Für die große zeitliche Nähe der Bauten des Frauenburger Chors, der Stadtkirche zu Frauenburg, sowie der Dorfkirchen in Elditten, Plaßwich, Schalmey und Pettelkau spricht auch die Verwendung von wendischem Mauerverband, der sich an keinem weiteren ermländischen Sakralbau nach der Zeit von 1342 mehr nachweisen läßt. Die Fundamente und das aufgehende Mauerwerk der Kirchen von Bertung und besonders von Elditten wurden sogar überwiegend mit Findlingsteinen errichtet, dies wohl, weil dort noch kein Backsteinmaterial produziert wurde und der Transport von Elbing her sehr teuer war. Auch besitzt die Kirche von Schalmey dreifach getreppte Strebepfeiler. Diese besondere Form findet sich nur noch am Braunsberger und am Frauenburger Chor.

Die Kirchen von Layß und Plauten gehören aufgrund des verwendeten wendischen Mauerverbandes ebenfalls zu den frühen ermländischen Dorfkirchen. Da ihr gotischer Baubestand sich nur auf geringe Reste der Umfassungsmauern beschränkt, können diese Bauten nur bedingt zum Vergleich mit den übrigen Dorfkirchen herangezogen werden. Beide Kirchen sind chorlos und wurden als einfache Saalkirchen errichtet. Sie sind somit dem Übergang zur zweiten Entwicklungsperiode zuzuweisen.

Der Westgiebel von Elditten besitzt hohe Spitzbogenblenden mit einem darüber abschließenden Staffelgiebel. Diese besondere Giebelgestaltung ist gerade für die zweite Entwicklungsphase von besonderer Bedeutung. Sie stellt somit als Novum eine wichtige Übergangsform dar.

6.2 Die zweite Entwicklungsstufe 1350 – 1420

Nachdem festgestellt werden konnte, daß in den weiteren städtischen und dörflichen Kirchenbauten eine gesonderte Presbyteriumsausbildung und die Verwendung des wendischen Mauerverbandes aufgegeben wurde, verstärkt sich in der zweiten Entwicklungsstufe am Außenbau die Ausbildung der Schaugiebelwand. Seit 1340 bzw. der im Ermland herrschenden Bauunterbrechung und insbesondere in der Regierungszeit des Bischofs Johann I. von Meißen wurde das Mauerwerk ausschließlich im gotischen Verband gemauert. Bei den Stadtkirchen herrscht der platte Chorschluß vor. Der Gedanke eines eigenständigen Chorraumes wurde aufgegeben und der Hallen- oder Saalraum bevorzugt. Bei den Dorfkirchen werden seit dieser Zeit ausschließlich orthogonale Saalräume ohne gesondertes Presbyterium errichtet. Besonders dominierend ist die Gestaltung der Giebel, die sich zumeist mit Doppelfriesen über der kaum gegliederten unteren Fassade erheben.

In der zweiten Entwicklungsstufe sind es Giebel, die zum 'Treppengiebel–Typ' gehören und durch Pfeiler markiert werden, die in Pinakeln enden. Zwischen den Pfeilern liegen flache Spitzbogenblenden, die sich in ihrer Höhe zur Symmetrieachse der Giebel staffeln. Die Giebelachse verläuft in den nachfolgenden Entwicklungsstufen vorwiegend durch das Feld der höchsten Mittelblende. Dadurch erhalten fast alle Giebel eine ungerade Staffelblendenzahl.[1230] Einzige Ausnahmen hierbei sind der zehnteilige Chorgiebel in Wartenburg und der achtteilige Giebel in Peterswalde bei Guttstadt. Auch in der dritten Entwicklungsstufe finden sich Giebel mit einer geraden Anzahl der Staffeln, so der sechsteilige Chorgiebel von Wormditt. Bei den großen Stadtkirchen besitzen die Giebel zumeist neun oder sieben Felder. Bei den Dorfkirchen sind es je nach Größe vorwiegend sieben oder fünf Staffelblenden. Die Giebel der Türme weisen in der Regel fünf Blenden auf; über den Sakristeien und Vorhallen befinden sich drei Blenden.

Bedingt durch die Hinzufügung von Giebelreitern mit Signalglocke in späterer Zeit sind die Achsenpinakel meist nicht mehr erhalten. Auch wurden an vielen Giebeln die Pinakelbekrönungen der Stufenabschlüsse erneuert, so daß ihre ursprüngliche Gestalt heute nicht mehr erhalten ist. Es läßt sich beobachten, daß die Westgiebel erst in spät errichtet wurden und sich daher von der Ostwand stark unterscheiden. So findet sich oft nicht nur eine Baunaht zwischen Grundmauern und Giebeldreieck, sondern es wechselt auch die Steinfarbe. Außerdem zeigt sich, daß viele Westfassaden bedingt durch spätere Turmanbauten ihre ursprüngliche Gestaltung verloren haben. Der Wiederaufbau erfolgte oft in Anlehnung an den noch erhaltenen alten Ostgiebel.

Trotz starker Trennung von Langhauswand und Giebelbekrönung finden sich wenige Beispiele, in denen die Tabernakelaufsätze der Pfeiler in der Mitte der Chorwand bis in das Giebeldreieck hineinreichen. Als Vorbild dienten die Chorseiten von Wormditt, Seeburg und Guttstadt. Diese Erscheinung findet sich auch bei den Dorfkirchen von Kiwitten, Santoppen, Wuslack, Roggenhausen, Krekollen und Arnsdorf.[1231]

Anfangs ist die Vertikale stark betont, wie bei dem Chorgiebel von Wartenburg. Danach treten allmählich horizontale Glieder in Erscheinung wie in Santoppen, Peterswalde, Heinrikau und Glockstein. Dann leiten die Ostgiebel von Seeburg und der der Stiftskirche in Guttstadt (1396) eine Eigenart ein, bei der ein durchlaufendes Band durch die halbe Höhe des Giebels verläuft. So auch in Wuslack. Es folgen die Giebel in Roggenhausen (1400) und Krekollen (1424). Das Band wird immer reicher durchgeformt, so in Schulen, Lokau und Groß Köllen. Es gibt Giebel mit Pinakelaufsätzen wie bereits in Seeburg und Guttstadt, ausgebildet auch in Kiwitten, Santoppen und Peterswalde. Eine Steigerung bilden Aufsätze mit Dreiecksfeldern und Windlöchern, so in Krekollen, Schulen, Lokau und Groß Köllen.

Eine Sonderstellung bildet der Westgiebel in Frauenburg. Seine Ausbildung bleibt einmalig im Ermland und findet weder bei den nachfolgenden Stadtkirchen noch den ermländischen Dorfkirchen eine Nachfolge.

1230 Piłecka (1980, S. 76) behauptete, daß der Frauenburger Domgiebel eine gerade Blendenzahl besitzt. Dies trifft nicht zu, auch dort sind auf beiden Giebeln drei große Blenden.
1231 Ebenda, S. 75.

Zu den ältesten Kirchen der zweiten Entwicklungsstufe gehört die Kirche von Kiwitten/Kiwity. Der Ort liegt zwischen Heilsberg und Bischofstein. Das durch Bischof Eberhard von Neiße gegründete Dorf wird schon am 7. September 1308 urkundlich erwähnt.[1232] Die Handfeste folgte jedoch erst am 21. Dezember 1319. In ihr werden zwar die Naturalabgaben für eine Pfarrstelle festgelegt, aber keine Kirchendotation erwähnt.[1233] Der erste Pfarrer, ein gewisser Herbardus, wird erst im Jahre 1382 urkundlich genannt. Die Kirche gehört zur Sedes Seeburg und das Patronat erhielt der Bischof. Die Kirche wurde den hll. Petrus und Paulus geweiht. Da 1325 Schulen eine Tochterkirche von Kiwitten war, muß die Kirche schon zu diesem Zeitpunkt vorhanden gewesen sein.[1234] Sie bestand wohl zunächst aus Holz.

Dittrich beschrieb die Dorfkirche mit den Worten: *"Kiwitten besitzt eine der schönsten Landkirchen des Ermlands"*.[1235] Die heutige Kirche datierte Gall in die Zeit um 1350 – 1370.[1236] Sie besitzt einen chorlosen, orthogonalen Grundriß mit einer Länge von 28 Metern und einer Breite von 12,5 Metern.[1237] Der Dachfirst erhebt sich in etwa 28 Metern Höhe. Der etwa 38 Meter hohe Turm hat eine Breite von etwa 6,40 Metern.[1238]

Die Kirche besitzt drei Eingänge. Vor dem Südeingang lag eine Vorhalle, die heute nicht mehr erhalten ist. Die verputzte Vorhalle des Nordeingangs wurde wohl im Barockzeitalter erneuert. Von Quast zeichnete noch einen geschweiften Giebel, der in der Zeit um 1862 in gotisierender Form umgestaltet wurde. Weiterhin gelangt man durch die Turmhalle in das Kircheninnere. 1722 wurde die ältere gotische Sakristei auf der Nordseite erneuert.[1239] Die Wände im Innenraum der Kirche sind mit flachen großen Blenden gegliedert.

Über einem Sockel aus lagerechtem Feldstein erhebt sich das aufgehende Backsteinmauerwerk im gotischen Verband. Die Steine besitzen eine durchschnittliche Größe von 31 x 15/16 x 8 cm. Die Längs– und Schmalwände sind mit hohen Blenden belebt. Die blendengegliederte Nordseite war ursprünglich fensterlos. Unterhalb der Traufe befindet sich ein umlaufendes Putzband, das um die Eckstreben herum läuft. Diese Eckstreben sind schräggestellt und enden mit Tabernakelbekrönungen. Die heutige Tabernakelform wurde wohl im Zusammenhang mit der Restaurierung von 1862 erneuert. Ursprünglich waren die Aufsätze durchbrochen und endeten mit einem steinernen Kreuzdach.

Der östliche Giebel ist noch weitgehend so erhalten, wie ihn von Quast zeichnete. Er gliedert sich in sieben Staffeln mit übereck gestellten Pfeilern, die in Pinakeln enden. Er besitzt noch keine Gliederung durch horizontale Putzbänder. Über den Staffeln befinden sich zusätzliche Pinakel, so daß Doppelaufsätze entstehen. Über der Mittelblende ist ein Signalglockentürmchen aufgesetzt. Auch die Westseite ist voll aus-

---

1232   CDW, Bd. I, R. Nr. 235, S. 80; D. Nr. 144.
1233   CDW, Bd. I, R. Nr. 303, S. 111; D. Nr. 194.
1234   Dehio / Gall (1952), S. 215. Boetticher (1894), S. 163. CDW, Bd. I, Nr. 272. Von Quast (1852), S. 49.
1235   ZGAE (Dittrich), Bd. 11, S. 301.
1236   Dehio / Gall (1952), S. 215.
1237   Von Quast (1852), S. 49, Boetticher (1894), S. 163.
1238   a.a.O.
1239   a.a.O.

gebildet, so daß man annehmen muß, daß die Kirche turmlos projektiert war. Der heutige Turm wurde erst gegen Ende des 14. Jahrhunderts unter Verstärkung der Westwand vorgelagert und im 15. Jahrhundert ausgebaut. Die Turmgiebel wurden 1862 stark erneuert.[1240] Die Geschoßgliederung läßt heute noch erkennen, daß der Turmausbau nur zögernd voranschritt. Das erste, noch mit Findlingen im Mauerverband durchsetzte, und das zweite Geschoß entstanden wohl zu gleichen Zeit. Die Wände sind dort mit Blenden und Zwillingsblenden gegliedert. Darüber liegt ein zweireihiger Zahnschnitt. Das dritte Geschoß besitzt Kreuzbogenblenden. Über ihnen sind deutlich ein Wechsel der Backsteinfarbe und eine Baunaht erkennbar. Das vierte Geschoß besitzt wiederum Zwillingsblenden. Darüber verläuft horizontal ein Zahnschnitt. Das letzte Geschoß hat einfache Spitzbogenblenden, zwischen denen zweifach gestufte Fensteröffnungen liegen. Der westliche Turmgiebel ist wohl in der Zeit von 1862 mit sechs Blendbögen völlig erneuert worden.

338, 339 Das Dorf Heinrikau/Henrykowo liegt zwischen Mehlsack und Wormditt. Die Dorfgründung erfolgte wohl schon um 1312, da zu dieser Zeit bereits ein Schulze Heinrich Labenyk urkundlich genannt wird.[1241] Er verkaufte seine vererbbaren Schulzenrechte an einen gewisen Gerhard.[1242] Die erste Handfeste erhielt der Ort am 28. Oktober 1326, wobei die Kirche die großzügige Verschreibung von sechs Pfarrhufen erhielt.[1243] Als Patronatsinhaber wurde das Domkapitel von Frauenburg eingesetzt. Ein Pfarrer Martinus wird 1481 urkundlich genannt.[1244]

Trotz des Passus *"ad dotem ecclesie ibidem constructe"* in der Handfeste von 1326 muß man bezweifeln, daß eine Kirche zu dieser Zeit schon errichtet war.[1245] Vermutlich war diese erste Kirche eine Holzkonstuktion.

Dittrich und Gall datierten die Errichtung der Kirche gegen Ende des 14. Jahrhunderts.[1246] Das Langhaus ist ein aus gefugtem Backstein im gotischen Verband gemauerter Bau. Strebepfeiler befinden sind auch an den Langhauswänden und diagonal an den Ecken. Die Sakristei auf der Nordseite, ebenfalls im gotischen Verband errichtet, steht im Mauerverband mit dem Langhaus.

Im Krieg zwischen dem Deutschen Orden und dem König von Polen brannten fünf Pfarrkirchen in der Mehlsacker Gegend ab. Im Schadensbericht von 1414 werden die Namen der Kirchen nicht aufgeführt, nur Heinrikau wird ausdrücklich genannt.[1247] Der Bau brannte bis auf die Grundmauern nieder. Auch im Städte– und Pfaffenkrieg blieb die Kirche nicht verschont. So war eine Wiederherstellung des Gebäudes gegen Ende des 15. Jahrhunderts erforderlich. Wohl in diesem Zusammenhang erfolgte in der Regierungszeit von Bischof Lukas Watzenrode eine Neuweihe, vollzogen durch

---

1240 Dehio / Gall (1952), S. 215.
1241 A. Poschmann (1973), S. 10.
1242 ders., (1926), S. 3.
1243 CDW, Bd. I, R. Nr. 361, S. 135; D. Nr. 233, S. 390.
1244 Boetticher (1894), S. 157.
1245 ZGAE (Dittrich), Bd. 11, S. 300.
1246 ZGAE (Dittrich), Bd. 8, S. 627. ZGAE (Dittrich), Bd. 11, S. 300. Dehio / Gall (1952), S. 181.
1247 A. Poschmann (1927), S. 7. CDW, Bd. III, Nr.495, S. 504.

den Weihbischof Johannes *"Dominica ante festum s. Michaelis 1501 in honorem s. Catharinae et s. Mariae Magdalenae"*.[1248]

Zusammen mit dem Turm hat die Kirche eine Länge von 36,4 Metern und eine Breite von 11,8 Metern. Der Turm wird noch in den Visitation von 1623 als aus Holz errichtet beschrieben. Der heutige wurde Anfang des 18. Jahrhunderts aus gefugtem Backstein im Blockverband neu erbaut und im Jahre 1715 vollendet.[1249] Die Südvorhalle hat man um 1721 vermauert und dern Raum als Taufkapelle eingerichtet.[1250] Die nördliche Vorhalle entstand 1724 neu.[1251]

Der siebenteilige Ostgiebel mit Staffelblenden zwischen übereck gestellte Fialen, die in Pinakeln enden, wurde 1886 neu aufgezogen, allerdings nach historischer Vorlage.[1252] Deutlich ist erkennbar, daß der Giebel zu zwei Dritteln völlig neu aufgemauert wurde. Mit den kurzen, nicht durchlaufenden Putzbändern über den Staffelblenden besitzt er nahe Verwandtschaft mit den Giebeln von Seeburg und Santoppen. Da allerdings in Heinrikau noch kein durchlaufendes Giebelband vorhanden ist, dürfte er in direkter Nachfolge von Kiwitten um 1370 entstanden sein. Noch im Jahre 1622 wird ein Beinhaus auf der Ostseite zwischen den beiden Mittelstreben erwähnt.[1253]

1721 und 1795 hat man die Fenster umgestaltet, unverändert blieben nur die alten Spitzbogenblenden. Das Signaltürmchen auf der Ostseite wurde 1721 errichtet.[1254]

Der wohl im 15. Jahrhundert angefügte Turm war zunächst, wie bei vielen Kirchen im Ermland üblich, aus Holz errichtet. In der Visitation von 1623 wird er als stark baufällig bezeichnet. Die Vorbereitungen für einen massiven Turmbau begannen im Jahre 1696, doch bedingt durch den Schwedenkrieg verzögerte sich die Bauausführung. Erst 1710 – 1715 erfolgte der Ausbau. Als Dachabschluß erhielt er ein Doppeldach, so wie ursprünglich am Guttstädter Turm. Der heutige gotisierende Turmabschluß entstand erst in den Jahren 1887/88.[1255]

Aufgrund der Ähnlichkeit der Kirche von Kiwitten mit der Pfarrkirche St. Jodokus zu Santoppen/Sątopy ist anzunehmen, daß beide wohl in der gleichen Zeit entstanden sind. Für die Namensgebung des östlich von Bischofstein gelegene Ortes Santoppen gibt es zwei Erklärungsvarianten. So soll der Ort nach seinem Gründer Santop oder als *"villa St. Jodoci"* nach dem hl. Jodokus benannt sein. Letzteres erscheint glaubhafter. In der Handfeste von 2. Februar 1337 finden sich an Dotation vier Pfarrhufen.[1256]

340 –
346

Im Jahre 1343 wird die einzige Jodokuskirche in ganz Preußen erstmals erwähnt. Dittrich bemerkte, daß von der Bretagne aus sich die Verehrung des Jodokus bis in den Osten verbreitete. Da besonders am Niederrhein dieser Heilige Verehrung fand und das Gebiet um Santoppen durch niederrheinische Siedler besetzt wurde, scheinen diese den

---

1248 SRW, Bd. I, S. 429, dort Anm. 216. A. Poschmann (1927), S. 8. Weise (1981), S. 86.
1249 Boetticher (1894), S. 157.
1250 B. Poschmann (1986), S. 11.
1251 ZGAE (Dittrich), Bd. 8, S. 627.
1252 Dehio / Gall (1952), S. 181. Boetticher (1894), S. 157. B. Poschmann (1986), S. 11.
1253 B. Poschmann (1986), S. 25.
1254 Ebenda, S. 11.
1255 Ebenda, S. 9. ZGAE (Dittrich), Bd. 8, S. 627.
1256 CDW, Bd. I, R. Nr. 443, S. 167; D. Nr. 283, S. 466. SRW, Bd. I, S. 403, dort Anm. 82.

Kult des Heiligen ins Ermland übertragen zu haben.[1257] Durch wen die Kirche ihre Weihe erhielt, ist nicht überliefert. Tidick schloß auf einen ordensländischen Einfluß, da das Domkapitel gerade zu Beginn des 14. Jahrhunderts enge Beziehungen zum Deutschen Orden unterhielt. Der Kult des Jodokus hat sich allerdings im Ordensland nicht durchsetzen können.[1258]

Der Zins von Santoppen und Heinrichsdorf wurde seit dem 30. Oktober 1343 durch Bischof Hermann und dessen Domkapitel, welche ihre Güter zu dieser Zeit noch gemeinschaftlich besaßen, für die Kirchenfabrica des Frauenburger Domkapitels zum Bau und zur Unterhaltung der Kathedrale bestimmt. Der als Verwalter der Kasse eingesetzte Domkustos erhielt zugleich die Patronatsrechte, später übertrug man diese dem Domkapitel. Auch in späterer Zeit, als das Dorf im bischöflichen Anteil lag, besaß das Domkapitel die Oberhoheit über die Dörfer Santoppen und Heinrichsdorf.[1259]

Als erster Pfarrer wird zwischen 1379 und 1381 Arnold von Gelren urkundlich erwähnt. Danach folgten 1382 – 1386 Heinrich Heilsberg von Vogelsang (später Bischof) und Johannes Wartenberg, der zugleich bischöflicher Scheffer (1460) war.[1260]

Die nach Osten ausgerichtete Kirche besitzt eine auffallende Länge von 28 Metern und eine Breite von sieben Metern. Bis zur Sohlbankhöhe ist sie aus ausgezwickten Findlingen in altertümlicher Technik ähnlich wie in Elditten aufgemauert. Darüber liegt ein Backsteinbau im gotischen Verband. Die Ziegel haben eine durchschnittliche Größe von 28 x 14 x 8 cm. Auf der Südseite befindet sich eine Vorhalle. Die Sakristei und Vorhalle auf der Nordseite wurden in späterer Zeit neu errichtet.

Die urkundliche Erwähnung von 1343 läßt den Baubeginn wohl um diese Zeit vermuten. Für die frühe Datierung spricht die Verwendung von Feldsteinen für das Fundament und die aufgehenden Mauern bis zur Sohlbankhöhe. Die Strebepfeiler gründen ebenfalls auf Feldstein. Darüber ist eine umlaufende Baunaht deutlich erkennbar.

Der Ostgiebel ist mit sieben Spitzbogenblenden gestaffelt, zwischen denen übereck gestellte Fialen liegen, die in Pinakeln enden. Die drei mittleren Blenden sind durch einen horizontal durchlaufenden schmalen Steinsteg miteinander verbunden. Der Giebel hat somit eine auffällige Ähnlichkeit mit dem Chorgiebel von Seeburg und Guttstadt. Die Ostseite besitzt wie in Seeburg dekorative Bekrönungen der Strebepfeiler mit Tabernakelaufsätzen mit Ausnahme der beiden mittleren Chorstreben. Ebenfalls verläuft um den gesamten Baukörper in Traufenhöhe ein Putzband, das sich auch um die Eck- und Chorstreben verkröpft. Die zweifach gestuften Streben auf der Langhausseite enden kurz unterhalb des Putzbands. Aufgrund der außen liegenden Strebepfeiler vermutete Boetticher, daß die Kirche ursprünglich für eine Wölbung vorgesehen war.[1261]

1257 ZGAE (Dittrich), Bd. 11, S. 315.
1258 ZGAE (Tidick), Bd. 22, S. 386.
1259 CDW, Bd. II, Nr. 29, S. 27. Nur für eine kurze Zeit war der Ort zusammen mit Heinrichsdorf zwischen den Jahren 1656 und 1657 im Besitz des Gesandten am schwedischen Hof Johann Ulrich von Dobrzenski. Erst nach dem Übergang des Ermlands an Preußen 1772 wurden die Beziehungen zur Frauenburger Baukasse gelöst. ZGAE (Röhrich), Bd. 19, S. 273.
1260 SRW, Bd. I, S. 403, dort Anm. 82.
1261 Boetticher (1894), S. 224.

Dittrich bezweifelte diese Absicht.[1262] Vergleichende Beobachtungen mit den genannten Stadtbauten lassen die Vollendung der Kirche von Santoppen in der Zeit um 1380 wahrscheinlich werden.

Die besondere Gestaltung ließ schon von Quast mutmaßen, daß die Kirche durch die Frauenburger Dombauwerkstatt errichtet worden sei.[1263] Gall datierte den Bau in die erste Hälfte des 14. Jahrhunderts.[1264] Zur besonderen Gestaltung bemerkte er, daß der Bau *"von einem ausgezeichneten Baumeister"* stamme und wertete *"die Behandlung der Außenarchitektur als ein Beispiel, wie mit einfachen Mitteln hervorragende Wirkungen zu erreichen sind."*[1265] Ebenso würdigte Carl von Lorck die Kirche mit den Worten:

> ... *ein Meisterwerk wie aus einem Guß geschaffen; es ist, als wenn sich der architektonische Verstand und der innewohnende Formsinn der namenlose Baumeister in einem Urbeispiel kristallisiert habe. Der Bau zeigt unübertrefflich, wie es möglich ist, Strenge und Feinsinn, Monumentalität und Zierlichkeit miteinander zu vereinigen.*[1266]

1699 hat man die ehemaligen Spitzbogenfenster vergrößert.[1267] Die Sakristei auf der Nordseite und die Nordvorhalle wurden 1884 erneuert. Im Jahre 1886 folgten die Veränderungen der Fenster in ihrer heutigen Form.[1268] Auf der Nordseite neben der Sakristei befindet sich ein vermauerter Spitzbogeneingang. Die Südvorhalle besitzt mit ihrem dreiteiligen Giebel die gleichen Gestaltungsmerkmale wie die Turmgiebel und die des Chores und wurde vom gleichen Baumeister ebenfalls um 1380 errichtet.

Der Turm mißt 8,5 Meter im Quadrat.[1269] Aufgrund des gleich hohen Feldsteinsockels läßt sich vermuten, daß er zum ursprünglichen Baubestand zählt. Er steht zum Langhaus im Mauerverband. Lediglich das Traufenband ist etwas schmaler und um einen Stein verschoben. Darüber erheben sich noch drei unterschiedlich hohe Geschosse, die durch horizontal verlaufende Putzbänder getrennt sind. Auf der Westseite befindet sich ein spitzbogiges Turmportal mit dreifach gestuftem Gewände, darüber eine verputzte kleine Kreisblende. Über dem Portal zu beiden Seiten erheben sich große verputzte Spitzbogenblenden. Das erste Geschoß besitzt drei hohe Spitzbogenblenden, deren mittlere schmaler angelegt ist. Das zweite Geschoß ist mit drei nebeneinander liegenden Spitzbogenblenden gegliedert. Das abschließende dritte Glockengeschoß besitzt lediglich zwei eng benachbarte Schallöffnungen. Über dem letzten Putzband und einem kurzen Mauerstück erheben sich die Turmgiebel. Sie sind im Vergleich zum Chorgiebel fortgeschrittener mit Putzband über den Staffeln und den übereck gestellten Fialen,

---

1262 ZGAE (Dittrich), Bd. 11, S. 315.
1263 Von Quast (1852), S. 48.
1264 Dehio / Gall (1952), S. 220.
1265 a.a.O.
1266 Lorck (1982), S. 137f.
1267 ZGAE (Dittrich), Bd. 11, S. 315.
1268 Dehio / Gall (1952), S. 220. Jahreszahl 1884 im Fundament der Sakristei eingemeißelt.
1269 Lorck (1982), S. 138.

die in Pinakeln enden. Über den Putzbändern liegt jeweils noch ein Pinakelaufsatz. Sie sind etwas später, wohl in der Zeit um 1380, entstanden.[1270]

347 – 350 Die Handfeste von Peterswalde/Piotraszewo bei Guttstadt wurde am 14. Dezember 1335 verliehen. Der Ort wird darin mit vier Pfarrhufen dotiert. Als Lokator wird ein Peter durch den Vogt Heinrich von Luter eingesetzt.[1271]

Bis ins Jahr 1363 wird ein Pfarrer Petrus Gernrich erwähnt, danach findet sich die Nennung eines Pfarrers Johannes Jordan. Am 23. Juli 1580 konsekrierte Bischof Martin Kromer die Kirche *"in honorem s. Bartholomaei"*. Noch im Jahre 1597 war die Kirche mit Benern/Bieniewo verbunden, erst im Jahre 1612 findet sich wieder ein eigener Pfarrer.[1272]

Die wohl um 1360 gegründete Kirche hat man bis zur Sohlbankhöhe aus Feldsteinen errichtet, darüber ist sie ein Backsteinbau im gotischen Verband. Das Langhaus besitzt keine Strebepfeiler.[1273]

Der um 1370 entstandene, steile Ostgiebel besitzt acht Staffeln mit Spitzbogenblenden zwischen übereck gestellten Fialen.[1274] In Höhe der zweituntersten Staffel erfolgt eine leichte Querteilung durch ein zweischichtiges Backsteinband. Der Giebel besitzt dadurch eine enge Analogie zu Santoppen und entstand demnach zur gleichen Zeit, möglicherweise sogar durch den gleichen Meister. Diese Giebelform bildet den Vorläufer zur horizontal ausgebildeten Teilung der Giebelfläche durch breite Putzbänder. Die Fialspitzen wurden im 19. Jahrhundert erneuert.

Die Westseite mit ihrer Gliederung durch einfache, bündige Vorlagen und ungeteilte Blenden ist gut erhalten. Den Formen nach entstand diese früher als der Ostgiebel. Heute ist sie teilweise verdeckt durch den 1739 angefügten Turmanbau.[1275]

Nach starken Zerstörungen wurde die Kirche in der zweiten Hälfte des 16. Jahrhunderts unter Beibehaltung der Umfassungsmauern wiederhergestellt. Die Nordseite besaß laut Visitation von 1622 ursprünglich keine Fenster.[1276]

Im Jahre 1738 und in der Folgezeit wurde die Kirche gründlich restauriert. 1742 wurden die nördlich gelegene Sakristei und die südliche Eingangshalle im Blockverband neu errichtet. Ebenfalls wurde laut Visitation vom 4. Dezember 1622[1277] der seit 1726 baufällige Turm in dieser Zeit erneuert. Wohl in der Zeit um 1742 wurden auch die Fenster vergrößert.

351 – 356 Das Dorf Freudenberg/Radostowo, westlich von Seeburg gelegen, wurde von Vogt Heinrich von Luter gegründet und erhielt am 24. Mai 1362 eine Bestätigung seiner Handfeste durch Bischof Johannes II. Der Ort wird in der Urkunde mit dem Namen

---

1270 Dehio / Gall (1952), S. 220.
1271 CDW, Bd. I, R. Nr. 427, S. 160; D. Nr. 271. Kuhn (1931).
1272 SRW, Bd. I, S. 438, dort Anm. 247. ZGAE (Dittrich), Bd. 9, S.442.
1273 Dehio / Gall (1952), S. 236.
1274 a.a.O.
1275 a.a.O.
1276 ZGAE (Dittrich), Bd. 9, S.441.
1277 ZGAE (Röhrich), Bd. 18, S. 256, dort Anm. 2.

"Bördemberg" bzw. "Vrödemberg" bezeichnet.[1278] Erst Anfang des 16. Jahrhunderts etablierte sich der Ortsname "Freudenburgk" oder später Freudenberg. Die Kirche, die zur Sedes Seeburg gehört und deren Patronat der Bischof besaß, erhielt bereits in der ersten Handfeste sechs Hufen.[1279] Ein Pfarrer Thomas Kranach wird 1480 genannt.[1280]

Nach einer Inschrift aus der zweiten Hälfte des 17. Jahrhunderts hinter dem Hochaltar soll Bischof Johannes II. Stryprock (1355 – 1373) die Kirche im Jahre 1362 dem hl. Georg geweiht haben.[1281]

Die Behauptung, daß die Kirche zu Freudenberg zu den ältesten Landkirchen Ermlands gehöre, ist nur zum Teil richtig: Sie wurde zwar in der zweiten Hälfte des 14. Jahrhunderts errichtet, ist damit jedoch noch nicht die älteste.[1282]

Das Langhaus ist 27 Meter lang und 13,5 Meter breit. Am Außenbau gibt es keine Strebepfeiler und Blenden, lediglich ein Putzband unter der Traufe gliedert die Wände. Der Chor schließt gerade. Das Langhaus besitzt ein hohen Feldsteinsockel, darüber eine gefugte Ziegelmauer im gotischen Verband. Die Backsteine haben eine durchschnittliche Größe von 31 x 15 x 8 cm.

Auf der Nordseite liegt die kreuzgewölbte Sakristei. Sie bildet eine Flucht mit der Ostwand. Der dortige dreiteilige Staffelgiebel besitzt bündige Fialen, die in Pinakelaufsätzen enden. Der Form nach entstand der Giebel erst im 15. Jahrhundert.

Auf der Südseite befindet sich eine Vorhalle, die mit dem Langhaus im Verband steht. Der Giebel ist ähnlich dem Chorgiebel gestaltet, was ebenfalls für die gleichzeitige Entstehung spricht. Die Fenster auf der Nordseite wurden in neuerer Zeit eingebrochen. Gall und Boetticher vermuteten, daß die Nordseite ursprünglich keine Fenster besaß und lediglich Spitzbogenblenden angebracht waren.[1283] Auf der Nordseite sieht man ein vermauertes Spitzbogenportal mit profilierten Gewänden.

Der Ostgiebel besitzt sieben gestaffelte Spitzbogenblenden zwischen übereck gestellten Fialen. Eine vorherrschende vertikale Proportionierung mit schmalen und hohen Blenden zeichnet den Giebel aus. Nur die drei mittleren Blenden in Höhe der zweiten Stufe besitzen ein verkröpftes Putzband. Der Stufengiebel wird durch Pinakeln in der Mitte jeder Stufe zusammen mit den gleich hoch hinaus ragenden Fialen bereichert. Über der Mittelblende befindet sich der Aufbau für das Antoniusglöckchen. Gall datierte den Chorgiebel erst ins 15. Jahrhundert.[1284]

1278 CDW, Bd. II, Nr. 327, S. 340.
1279 Boetticher (1894), S. 111.
1280 SRW, Bd. I, S. 373.
1281 Dehio / Gall (1952), S. 234.
1282 ZGAE (Dittrich), Bd. 11, S. 292. Die ältesten Kirchen sind ohne Zweifel Elditten und Schalmey.
1283 Dehio / Gall (1952), S. 234. Boetticher (1894), S. 111.
1284 Dehio / Gall a.a.O.

Seit 1622 beabsichtigte man den Bau eines massiven Westturms, der jedoch nach Planänderung nicht ausgeführt wurde.[1285] Daraufhin wurde der Westgiebel analog dem Ostgiebel gestaltet. Der spitzbogige Westeingang ist nur einfach abgetreppt.

Der heutige, vorgelegte Turm ist ein vierseitig verbretterter Ständerbau aus dem Anfang des 18. Jahrhunderts. Die achteckige Glockenlaube schließt mit einem gebrochenen, schindelgedeckten Helm. Ähnlich gestaltete Holztürme befinden sich in Manchengut (1685) und Schulen.

357 –
362
Nordwestlich der Stadt Bischofstein liegt der Ort Wuslack/Wozławki. Das Dorf wird erstmalig in einer Urkunde des Jahres 1355 erwähnt.[1286] Die Gründung lag wohl kurz vor 1350. In der ersten Handfeste von 27. Februar 1357 wird keine Kirche genannt. Der Ort sollte dem Namen *"Vrisschembach"* erhalten, doch scheint sich diese Namengebung nicht durchgesetzt zu haben. Die Pfarrkirche wurde erst in der zweiten Handfeste von 22. Februar 1524 und in der Handfeste vom 1. Mai 1527 mit vier Hufen dotiert. Die Kirche wurde dem hl. Antonius dem Großen geweiht. Im Jahre 1379 wird bereits Pfarrer Nikolaus urkundlich genannt. Er war ein Neffe des Guttstädter Dompropstes Nikolaus Grotkau. Woelky vermutete daher, daß die Kirche noch im 14. Jahrhundert gegründet wurde.[1287] Für die frühe Datierung in die Zeit nach 1357 spricht der bis kurz unterhalb der Sohlbank reichende Feldsteinsockel und der gefugte Backsteinbau im gotischen Verband. Die Steine haben eine durchschnittliche Größe von 29 x 14 x 8 cm. Gall datierte die Errichtung der Hauptteile der Kirche zwischen 1370 und 1380 und vermutete, daß der Baumeister von Santoppen auch in Wuslack tätig war.[1288]

Die Ostseite schließt mit einem gut durchgegliederten, siebenteiligen Giebel mit Putzblenden zwischen übereck gestellten Fialen und Querteilungen. Über den beiden äußeren Blenden liegt ein horizontal durchlaufendes Putzband. Zwischen den darüber liegenden Blenden läuft ein ebenfalls schmales, leicht vorstehendes Backsteinband, welches sich allerdings nicht über den Filalen verkröpft. Auch unterhalb des breiten, durchlaufenden Putzbandes verläuft das schmale Backsteinband. Die hohen diagonal angeordneten Osteckstreben enden mit Tabernakelbekrönungen. Unterhalb der Traufe befindet sich ein umlaufendes Putzband. Im Vergleich zu Santoppen erscheint die Giebelform reicher gegliedert. Demnach lag die Vollendung wohl erst nach 1380.

Auf der Nordseite befindet sich neben der Sakristei eine vermauerte Spitzbogentür. Die Sakristei ist mit dem Langhaus im Mauerverband. Sie besitzt ein Kreuzgewölbe. Der einfache dreiteilige Blendgiebel wurde wohl in späterer Zeit verändert und erneuert.

Der auf einen Feldsteinsockel fundamentierte Westturm ist mit dem Schiff nicht im Verband.[1289] Er entstand erst im 15. Jahrhundert in verschiedenen Bauabschnitten. Er wird durch Paare von Doppelblenden gegliedert. Das Glockengeschoß ist niedriger und umgangsartig durchbrochen. Auf jeder Seite befinden sich je drei Schalluken. Das ab-

---

1285   ZGAE (Dittrich), Bd. 11, S. 292.
1286   CDW, Bd. II, S. 218, Nr. 220.
1287   SRW, Bd. I, S. 433, dort Anm. 234. CDW, Bd. II, Nr. 258. ZGAE (Röhrich), Bd. 21, S. 313ff.
1288   Dehio / Gall (1952), S. 216.
1289   Antoni (1993, S. 666) behauptete das Gegenteil. Ein Mauerverband ist jedoch nicht sichtbar.

schließende Satteldach besitzt heute stark erneuerte zierliche Giebel mit Blenden und übereck gestellten Fialen. Das Gewölbe der Turmhalle wurde wohl erst in der ersten Hälfte des 18. Jahrhunderts eingezogen.

Die an die Kirchenvorhalle angebaute südliche Kapelle wurde 1727 errichtet und dem hl. Bruno geweiht. Stifter war Domherr Gottfried Heinrich zu Eulenburg.[1290]

Nordwestlich von Heilsberg liegt der Ort Krekollen/Krekole. Am 6. Oktober 1336 erhielt das Dorf Deutschenthal, das spätere Krekollen, seine Handfeste. Die Kirche erhielt vier Hufen an Dotation und gehört zum Dekanat Heilsberg.[1291]

Das Langhaus besitzt die Außenmaße 20 Meter in der Länge und 10 Meter in der Breite. Der Turm ist 7,5 Meter lang. Der Bau erhebt sich über einem Feldsteinfundament. Dieses endet mit einem umlaufenden schräggestellten Backsteinsockelgesims. Darüber ist der Bau aus gefugtem Backstein im wendischen Mauerverband errichtet.[1292] Der wendische Mauerverband läßt auf eine Gründung nach 1336 schließen. Der Entstehungszeit nach gehört der Bau eigentlich in die erste Entwicklungsstufe. Da jedoch der dominante Chorgiebel in der Zeit um 1424 entstanden sein muß, ist die Beschreibung der Kirche an diese Stelle gesetzt.

Die Streben sind an den Ecken diagonal angeordnet. Die auf der Nordseite gelegene Sakristei wurde 1938 völlig neu errichtet, war aber ursprünglich mit dem Langhaus im wendischen Mauerverband errichtet. Demnach waren Langhaus und Sakristei schon vor 1340 vollendet.[1293] Die Fundamentierung der Kirche lag wohl kurz nach 1336, dem Jahr der Dorfgründung.

Im Jahre 1414 wurden Ort und Kirche durch einfallende Polen und Litauer niedergebrannt. In den folgenden Jahren bis hin zur Mitte des 15. Jahrhunderts begann der Wiederaufbau.

Die Kirche soll laut Überlieferung durch Bischof Franz Kuhschmaltz (1424 – 1457) *"in memoriam victoriosissimae Crucis et s. Laurentii"* (zum siegreichen Kreuz und St. Lorenz) geweiht worden sein. Dabei handelte es sich um eine Neuweihe nach Wiederherstellung der im Jahre 1414 verursachten Kriegsschäden. Am 20. Mai 1582 weihte Bischof Martin Kromer die Kirche unter dem gleichen Titel aufs neue. Ein Pfarrer Johannes Kirgheuser *"nuper defunctus"* wird im Jahre 1484 erwähnt.[1294]

Der mit fünf gestaffelten spitzbogigen Blenden zwischen übereck gestellten Fialen gegliederte Ostgiebel besitzt eine betonte Horizontalkomposition. Im Vergleich zu Guttstadt und Roggenhausen sind die Einzelformen stärker entwickelt. Die Staffeln

---

1290 ZGAE (Röhrich), Bd. 21, S. 315.
1291 CDW, Bd. I, R. Nr. 434, S. 163; D. Nr. 276. Bischof Hermann bestätigt am 9. November 1346 die Gründung des Dorfs Deutschenthal, des späteren Krekollen. CDW, Bd. II, Nr. 71, S. 72.
1292 Boetticher (1894), S. 167.
1293 Gall (1952, S. 212) datierte die Kirche in die Mitte des 14. Jahrhunderts. Aufgrund des Mauerverbandes lag die Gründung allerdings vor 1340.
1294 Das Heer der Polen stand am 15. August 1414 vor Heilsberg. Röhrich vermutete, daß der Ort Krekollen wohl wenige Tage zuvor, am Festtag des hl. Laurentius (10. August) zerstört wurde. Wohl zum Andenken scheint Bischof Franz die dortige Kirche unter diesem Titel genannt zu haben. ZGAE (Röhrich), Bd. 18, S. 299, dort. Anm. 1. SRW, Bd. I, S. 442, dort Anm. 264. Boetticher (1894), S. 167.

sind jeweils durch horizontal durchlaufende Putzblenden verbunden. Die Fialen enden über den Staffeln in Pinakeln. Über den schräggestellten Eckstreben sind zweiseitig durchbrochene Tabernakelaufsätze angebracht, die zusätzlich von einem Pinakel bekrönt sind. Diese Tabernakelausbildung hat sich auch in Guttstadt auf dem rechten Chorgiebeltabernakel erhalten. Auf der ersten Giebelstufe befindet sich ebenfalls ein kleinerer Pinakelaufsatz. Die zweite Stufe ist zu beiden Seiten jeweils mit einem Dreiecksgiebel mit Windloch bekrönt. Die Mittelblende endet mit einem Signalglockentürmchen, auf dem wiederum ein Dreiecksgiebel ruht. Die reichere Ausbildung der Einzelformen im Vergleich zu dem um 1400 entstandenen Giebel in Krekollen zeigt, daß der Giebel von Roggenhausen erst um 1424 entstand. Im Zusammenhang mit dem Wiederaufbau nach 1414 wurde ebenfalls die Südvorhalle in einfachen Formen mit flachem dreiteiligen Giebel neu errichtet. Im Barockzeitalter hat man die Fenster vergrößert.

Die ursprünglich turmlose Westseite erhielt erst im Jahre 1725 einen mit großen, flachen Segmentputzblenden im mittelalterlichen Sinne belebten, massiven Turmbau. Auf der äußeren Südseite ist ein Turmaufgang mit Wendeltreppe angebracht.[1295] Im Zusammenhang mit dem Turmbau wurde auch die Westgiebelseite stark verändert. Ansätze von Spitzbogenblenden lassen sich noch in Resten erkennen.

368 – Das Dorf Roggenhausen/Rogóż im Kreis Heilsberg wurde vor 1335 gegründet. Im
370 Jahre 1337 wird ein Pfarrer genannt. Der Ort erhielt schließlich am 14. September 1338 die Handfeste, dabei wurde jedoch keine Kirche dotiert. Erst 1597 findet sich der erste Hinweis, daß die Kirche vier Hufen besaß. Sie gehörte zur Sedes Heilsberg und ist der hl. Barbara gewidmet.[1296]

In der unteren Hälfte besteht der Bau etwa bis in Höhe von 1,80 Metern aus Feldsteinen mit Zwickeln, darüber ein Backsteinbau im gotischen Verband. Boetticher datiert die Kirche in den Anfang des 14. Jahrhunderts, wofür auch die starken Umfassungsmauern aus gezwickelten Feldsteinen sprechen. Der Bau besaß an den Langhauswänden ursprünglich keine Strebepfeiler, die heutigen wurden erst später angefügt. Auf der Südseite befindet sich in der Mitte eine vermauerte Spitzbogentür.

Der heute im Baubestand nicht mehr vollständig erhaltene siebenteilige Ostgiebel über einem Putzband ist durch ehemalige Spitzbogenblenden zwischen übereck gestellten Fialen gegliedert. Die Fialen verliefen wohl ursprünglich über die Staffeln hinaus und endeten in Pinakeln. Die Staffeln waren jeweils mit einem durchlaufendem Putzband verbunden. Heute lassen sich davon noch zwei durchlaufende Putzbänder erkennen. Wohl im Barockzeitalter wurden die Staffeln in einen schrägen Giebelabschluß umgestaltet; die Spitzbogen erhielten Stichbogenblenden. An der Ziegelfärbung und der Mauerstruktur kann man heute noch das ursprüngliche Ende der Spitzbogenblenden

---

1295 Hermanowski (1989), S. 171, Wetterfahne mit Jahreszahl 1725. Dehio / Gall (1952), S. 213 Turm 1728.
1296 In der Handfeste von Waldow aus dem Jahre 1337 geht folgendes hervor: *"Volumus siquidem, ut homines villae praenotatae accedant ad ecclesiam in Roghusen et sint ibidem parrochiani et dabunt plebano suo in Roghusen de quolibet manso eorum unum modium siliginis et unum modium avenae omni anno dubio procul ommi."* CDW, Bd. I, Nr. 288. SRW, Bd. I, S. 441, dort Anm. 258. CDW, Bd. I. Nr. 288, 473, 480.

andeutungsweise erkennen. Gall datiert den Giebel aufgrund seiner Gliederung in die Zeit um 1400.[1297] Im Zusammenhang mit der Giebelveränderung wurden ebenfalls Langhaus und Dachkonstruktion etwas niedriger angelegt. Auch hat man dabei die Tabernakelaufsätze der Osteckstreben völlig erneuert.

Auf der ursprünglich fensterlosen Nordseite liegen Sakristei und Vorhalle, beide im gotischen Verband und wohl in der zweiten Hälfte des 14. Jahrhunderts errichtet. Beide Raumteile besitzen Kreuzgewölbe. Die dortigen Giebel sind neu und wurden wohl erst im 19. Jahrhundert ergänzt.

Die Fenster sind stark erneuert. Der Innenraum besitzt an den Außenwänden eine Verstrebung durch ein System weiter Rundbogenblenden ähnlich wie in Rößel, Allenstein und Göttkendorf. Anzeichen für eine beabsichtigte Einwölbung sind nicht vorhanden.

Der in zwei Bauabschnitten errichtete Turm zeigt im Erdgeschoß einen gotischen Mauerverband. Die Fassade ist mit drei Spitzbogenblenden an der Nord- und Südseite und fünf Spitzbogenblenden an der Frontseite gegliedert. Gall datiert das Untergeschoß des Turms in die Zeit der zweiten Hälfte des 14. Jahrhunderts.[1298] Der obere Teil, wohl an Stelle eines provisorischen Holzturmes, wurde erst 1797 in Kreuzverband aufgestockt. Darüber befindet sich ein Notdach mit viereckiger Laterne.[1299]

Am 12. August 1308 wurde das südöstlich von Wormditt gelegene Dorf *"Arnoldsdorf"* oder auch *"villa Arnoldi"*, das spätere Arnsdorf/Łubomino, von Bischof Eberhard von Neiße (1301 – 1326) mit Zustimmung des Domkapitels an seinen Bruder Arnold mit 120 Hufen und kulmischem Recht verschrieben.[1300] Die Kirche wurde besonders hoch mit sechs Hufen dotiert.[1301] Zunächst besaß sie allerdings nur vier Pfarrhufen. Am 25. Juni 1320 folgten die fehlenden zwei Hufen. Ob ein Kirchenbau zu dieser Zeit bereits vorhanden war, geht aus der Verschreibung nicht hervor.[1302]

371 – 375

Patronatsherr der Kirche wurde der Bischof. Sie zählte zum Archipresbyterat Wormditt. Die Kirche ist der hl. Katharina geweiht. Ein erster Pfarrer Bartholomäus findet 1316 Erwähnung.[1303] Im Jahre 1320 wird ein Pfarrer Tylo von Culm urkundlich genannt.[1304] Er war vor seiner Amtstätigkeit in Arnsdorf Hofkaplan und Notar bei Bischof Eberhard gewesen. Dieser hatte ihn dann im Jahre 1324 als Kanonikus an die Kathedrale zu Frauenburg berufen und ernannte ihn im Jahre 1328 zum Domkustos.[1305] Aufgrund der frühen Nennung der Pfarrer läßt sich vermuten, daß schon sehr früh eine Kirche errichtet wurde, jedoch wohl zunächst in Holzbauweise. Die heutige, aus Ziegelsteinen im gotischen Verband aufgeführte Kirche entstand anscheinend um

---

1297 Dehio / Gall (1952), S. 212.
1298 a.a.O.
1299 Wetterfahne mit Jahreszahl.
1300 CDW, Bd. I, R. Nr. 234, S. 79; D. Nr. 143, S. 249ff. Weitere Literatur zu Arnsdorf: ZGAE (Dittrich), Bd. 9, S. 421ff. ZGAE (Hippler), Bd. 8, S. 585f.
1301 ZGAE (Dittrich), Bd. 9, S. 421, dort mit sieben falsche Angabe der Pfarrhufen. CDW, Bd. I, D. Nr. 143, S. 249.
1302 CDW, Bd. I, D. Nr. 198, S. 341f.
1303 Boetticher (1894), S. 16.
1304 CDW, Bd. I, Nr. 201, S. 349.
1305 Krüger (1967), S. 84.

die Mitte des 14. Jahrhunderts. Gall datiert den Bau um 1340 – 1370.[1306] Es war wohl Bischof Heinrich II. Wogenap, der die Kirche um 1370 weihte.[1307]

Der rechteckige Grundriß besitzt die Außenmaße 27 Meter in der Länge und 14 Meter in der Breite. Somit gehört sie mit zu den großen Dorfkirchen der Diözese. Der Turm mißt 8 Meter im Quadrat. Neben dem Turm lassen sich Reste von gotischen Halbgiebeln mit Übereckfialen erkennen. Die Eckstrebepfeiler sind diagonal angeordnet und besitzen im Westen Tabernakelaufsätze. Das Langhaus endet unter der Traufe mit einem umlaufenden Putzband, auf dem sich Reste einer geometrischen Maßwerkbemalung mit Kreisen erkennen lassen. Es handelt sich um eines der wenigen ungestört erhaltenen Beispiele für eine solche Blendendekoration.

Die Sakristei liegt auf der Nordseite und steht im Untergeschoß mit dem Langhaus im Mauerverband, der Oberbau wurde erst später aufgeführt.

Laut Visitation von 1622 besaß die Kirche drei Eingänge. Heute gibt es Zugänge auf der Südseite mit Vorhalle und im Westen durch die Turmhalle.[1308] Auf der Nordseite befindet sich neben der Sakristei ein vermauertes Spitzbogenportal, welches noch in der Visitation von 1622 als offen erwähnt ist.[1309]

Am Außenbau wechseln auf der Südseite vier Spitzbogenfenster mit vier Spitzbogenblenden miteinander ab. Die heute mit drei Fenstern versehene Nordseite war ursprünglich fensterlos und nur mit Spitzbogenblenden gegliedert, die wohl alle mit Maßwerk bemalt waren. Erst 1807 hat man dort die Fenster eingebrochen. In Sohlbankhöhe verlief ursprünglich ein Kaffgesims, das später abgeschlagen wurde.

Am 23. August 1807 brannte die Kirche bis auf die Außenmauern nieder. Der Ostgiebel wurde dabei völlig zerstört. Der Wiederaufbau in geschweifter Form und mit tabernakelartigem Signaltürmchen begann am 20. Mai 1810. Zuerst wurde das Dach neu aufgerichtet, jedoch nicht so steil wie sein mittelalterlicher Vorgänger. Der Ostgiebel entstand nicht wieder in alter Form, sondern nach dem zu dieser Zeit herrschenden Geschmack. Der Wiederaufbau war 1815 abgeschlossen. Über das Aussehen des gotischen Chorgiebels ist nichts bekannt.[1310] Auf der Ostseite lag einst ein heute nicht mehr erhaltenes Beinhaus.

Der Turm gliedert sich in fünf Stockwerke. Im Unterbau steht er mit dem Schiff im Mauerverband und ist folglich gleichzeitig mit dem Langhaus hochgeführt worden. Die Obergeschosse weisen eine reiche Verwendung von Doppelblenden und eine Betonung der Horizontale durch breite Putzbänder auf. Gall schloß aufgrund der Gestaltung auf eine Entstehung des Turms um die Mitte des 15. Jahrhunderts. Die beiden letzten Geschosse wurden nach einer Pause gegen 1480 vollendet. Blenden und Friese waren ehemals durch reiche, farbig gefaßte Ritzmaßwerke auf dem Verputz belebt. Der Turm ist in seiner Dachgestaltung der Wormditter Pfarrkirche verwandt. So besitzt der Dachansatz einen Übergang vom Viereck ins Achteck. Diese Form findet sich auch in

---

1306   Dehio / Gall (1952), S. 188.
1307   ZGAE (Dittrich), Bd. 9, S. 421. Krüger (1967), S. 84.
1308   Dittrich ebend, S. 422.
1309   Boetticher (1894), S. 17.
1310   ZGAE (Dittrich), Bd. 9, S. 427f. Boetticher (1894), S. 16ff.

Liebstadt. Das Turmportal ist spitzbogig und mit zwei Dreiviertelrundstäben umgeben. Die Profilierung ist stark erneuert. Das oben erwähnte Kaffgesims wird um das Portal herum geführt. Die Turmhalle besitzt ein Gewölbe auf eigentümlichen Konsolen des 17. Jahrhunderts.

Der südöstlich von Bischofstein gelegene Ort Glockstein/Unikowo erhielt am 27. März 1340 durch Vogt Heinrich von Luter seine Handfeste unter dem Namen *"Ossenberge"*. Es wurde später auch mit *"Knogstin"* bezeichnet. Eine Pfarrkirche ist in der ersten Handfeste nicht dotiert.[1311] In der Bestätigung der Handfeste durch Bischof Johannes II. Stryprock vom 11. November 1357 erhielt die Pfarrkirche, die zum Archipresbyteriat Rößel gehört, an Dotation vier Pfarrhufen. Das Patronatsrecht verblieb beim Bischof.[1312] Die Kirche erhielt den Titel St. Johannes d. Täufer. Als erster Pfarrer wird 1420 Bertoldus genannt.[1313]

Über einem kurzem Feldsteinfundament erhebt sich das aufgehende Backsteinmauerwerk im gotischen Verband. Der orthogonale Baukörper schließt auf der Chorseite gerade ab. Die schmucklosen Langhauswände besitzen nur auf der Ostseite schräg verlaufende Eckstreben. Das Langhaus ist 23 Meter lang und 12 Meter breit.[1314] Die Sakristei befindet sich auf der Nordseite, eine Vorhalle liegt auf der Südseite. Die Vorhalle ist wohl Anfang des 15. Jahrhunderts angefügt worden. Im Innenraum besitzt sie Auflagen für ein nicht ausgeführtes Gewölbe. Unter der Traufe führt ein durchlaufendes Putzband entlang. Gall datierte die Vollendung um 1370 – 1380.[1315] Für diese Datierung spricht auch die Gestaltung des siebenteilige Ostgiebels. Die Staffeln zwischen übereck gestellten Fialen sind noch durchlaufend. In seiner Erscheinung besitzt der Giebel noch eine vertikale Dominanz, wie sie besonders am Anfang der zweiten Entwicklungsstufe zum Ausdruck kommt. Er steht somit aufgrund seiner Gestaltung in unmittelbarer Nachfolge von Santoppen. Dort ist zwar schon ein schmales, durchlaufendes Horizontalband im Giebelfeld ausgebildet, jedoch über den Staffelblenden befinden sich in Santoppen noch keine Putzbänder. Diese treten erstmalig in Glockstein auf. Die Putzblenden sind jeweils oben und unten durch ein Ziegelband eingefaßt. Dieses Band verläuft allerdings nicht durch das Blendenfeld. Dennoch entsteht bereits der optische Eindruck einer beginnenden viergeschossigen, horizontalen Gliederung, wie sie besonders in Wuslack vorliegt. Die Fialen enden oberhalb der Putzbänder in Pinakeln. Neben den Pinakeln ist noch ein gerades Mauerstück, so daß die Hauptstufen zusätzlich noch eine Zwischenstufe erhalten. Dadurch besitzt der Giebel eine reiche Stufenausbildung. Beide Langhausgiebel wurden 1850 restauriert und dabei die Fenster verändert.[1316]

Der später angefügte Westturm, auf quadratischem Grundriß, hat die Maße von 7 x 6,5 Metern.[1317] Der Oberbau war zunächst als hölzerner Ständerbau errichtet und wurde

376 – 381

1311   CDW, Bd. I, R. Nr. 474, S. 179. N.N. in: Rößeler Heimatbote 8, Jg. 1961, S. 435 – 436 und 9 Jg. 1962, S. 453 – 454.
1312   CDW, Bd. II, S. 260, Nr. 262. ZGAE (Tidick), Bd. 22, S. 460.
1313   SRW, Bd. I, S. 404, dort Anm. 83. CDW, Bd. II, Nr. 260.
1314   Boetticher (1894), S. 113.
1315   Dehio / Gall (1952), S. 227.
1316   a.a.O.
1317   Boetticher (1894), S. 113.

wohl Ende des 14. Jahrhunderts mit Backsteinmauerwerk ummantelt. Die beiden mittleren Geschosse sind mit überschlanken Blenden gegliedert. Das Glockenhaus besteht aus schlechtem, späterem Flickmauerwerk. Der Giebelabschluß wurde 1850 erneuert.

382 – 386 Im Jahre 1325 wurde die Kirche des Orts Schulen/Sułowo westlich von Bischofstein zur Tochterkirche des benachbarten Kiwitten bestimmt.[1318] Seine Handfeste erhielt der Ort erst am 20. Dezember 1335 durch den bischöflichen Vogt von Pomesanien, den Deutschordensbruder Heinrich von Luter. Die Kirche in Kiwitten erhielt zwei Pfarrhufen. Dabei sollten die Dörfer Scholin und Machis mit 60 Hufen zu einem Dorf Heiligenkreuz, dem späteren Schulen, vereinigt werden und für eine zu gründende *"Capella s. Crucis"* zwei Hufen erhalten.[1319] Tidick erkannte, daß in der Regel in den preußischen Handfesten nur die Pfarrhufen für die zu errichtende Kirche festgelegt wurden, eine Patroziniumsbestimmung in dieser Art sich aber nur sehr selten findet.[1320] Hier zeigt sich der indirekte Einfluß des Deutschen Ordens, der die Kreuzesverehrung besonders förderte. So war es ein Deutschordensbruder und nicht der ermländische Bischof, der das Patrozinium mitbestimmte. Das Domkapitel war zu dieser frühen Zeit noch ordensländisch beeinflußt.

Da die nachfolgenden Bischöfe Apostelpatrozinien bevorzugten, verwundert es nicht, daß die Kirche in späterer Zeit noch den Apostel Jakobus als zusätzlichen Patron erhielt.[1321] Der Ort führte zunächst wegen der Kapelle den Namen Heiligenkreuz, doch bevorzugte man später den Namen Scholen oder Schulen, nach dem Lokator Scholin.[1322] Die erste Kapelle und der Ort wurden wohl 1356 durch einfallende Litauer völlig verwüstet.[1323]

Die Kirche liegt abseits des Dorfes auf einer leichten Anhöhe und besitzt einen Fliehburgcharakter. Der Bau weist die Maße 15,7 x 12,25 Meter auf. Das Langhaus besteht in der unteren Hälfte bis zu einer Höhe von zwei Dritteln aus Feldsteinen. Gall datierte die Kirche in die Zeit um 1380 – 1400. Zunächst war ein turmloser Kapellenbau geplant. Die unteren Mauerteile stammen wohl noch aus der Zeit um 1340, dafür spricht auch die starke Verwendung von Feldsteinen. Auch liegen über dem Feldstein geringe Mauerreste im wendischen Verband. Nach der Zerstörung von 1356 blieb die Kirche wohl erst längere Zeit als Ruine stehen. Der Wiederaufbau im gotischen Mauerverband erfolgte erst nach 1380. Der besonders harmonisch gegliederte, siebenteilige östliche Staffelgiebel mit übereck gestellten Fialen, besitzt eine ungewöhnliche Gestaltung der Mittelachse. Die beiden Mittelfialen sind besonders dicht gestellt und nur durch eine schmale Mittelbahn voneinander getrennt. Oben endet die Giebelspitze mit einem Signalglockentürmchen. In besonderer Weise ist dieser Giebel durch vier horizontal durchlaufende Putzblenden ausgezeichnet. In die sich bildenden Zwischenzonen sind kleinere spitzbogige Putzblenden eingestellt. Über den Putzbändern befindet sich als

---

1318 Dehio / Gall (1952), S. 215. Boetticher (1894), S. 163. CDW, Bd. I, Nr. 272. Von Quast (1852), S. 49.
1319 CDW, Bd. I, D. Nr. 272, S. 452ff. Bischof Hermann bestätigt die Handfeste von Schulen 1349. CDW, Bd. II, Nr.145, S. 146.
1320 ZGAE (Tidick), Bd. 22, S. 353.
1321 SRW, Bd. I, S. 433, dort Anm. 233.
1322 ZGAE (Röhrich), Bd. 18, S. 289.
1323 a.a.O.

Stufenabschluß jeweils ein Windloch, darüber drei Pinakeln, wobei paarweise bündige Aufsätze nebeneinander stehen und nur die äußeren Spitzen der Fialen übereck gestellt sind. Die Abdeckung mit steilen Pyramiden und Platten rührt wohl von der Restaurierung im 19. Jahrhundert her. Das Signaltürmchen wurde ebenfalls in dieser Zeit erneuert. Die voll ausgebildete Westseite besitzt die gleiche Giebelgestaltung.

Deutlich erkennt man auf der Nordseite, daß der Bau zunächst niedriger angelegt war. Das Putzband unter der älteren Traufe verlief in Höhe der Giebelansätze. Wohl im 19. Jahrhundert wurden das Langhaus erhöht, ein zweites, schmaleres Putzband angelegt und die Fenster vergrößert.[1324]

Die zum ersten Baubestand gehörende Sakristei ist noch vollständig aus Feldsteinen gemauert und steht mit dem Langhaus im Mauerverband. Ihr Innenraum besitzt ein Kreuzrippengewölbe. Die ebenfalls aus Feldsteinen gemauerte Südvorhalle wurde allerdings erst später angefügt. Die heutigen Giebel von Sakristei und Südvorhalle stammen wohl aus dem 18. Jahrhundert. Ebenfalls später wurde unterhalb des Chorgiebels ein Beinhaus errichtet.

Auf der Westseite entstand um 1700 vor der turmlosen, mit einem Schaugiebel ausgebildeten Wand ein viereckig geböschter Holzturm mit achteckiger, vorkragender Glockenhaube und Schindelhelm. Der Holzturm besitzt eine ähnliche Gestaltung wie derjenige in Bludau.

Der Ort Lokau/Tłokowo erhielt seine Handfeste am 9. Juli 1318, wobei der Kirche sechs Hufen an Dotation zugewiesen wurden.[1325] Vermutlich war die erste Kirche, die in der Handfeste als *"ecclesia ibi exstructa"* genannt wird, nur aus Holz gefertigt. Ebenfalls wird ein Pfarrer Jacobus genannt. Anfang des 15. Jahrhunderts ist die Kirche in massiver Bauweise aufgeführt worden. Sie erhielt am 8. Dezember 1402 von Papst Bonifaz IX. eine großzügige Ablaßbulle. In der Urkunde heißt es:

387 –
396

> *Cupientes ..., ut ecclesia parochialis S. Johannis Bapt. in Locau Warmien. congruis honoribus frequentetur et eciam conservetur et ut christifideles eo libencius causa devotionis confluant ad eandem, et ad conservacionem dicte ecclesie manus promptius porrigant adiutrices ...* [1326]

Demnach dienten die Zuwendungen nur der Erhaltung der Kirche. Sie wurde Johannes dem Täufer geweiht. Wohl bis zum Jahre 1476 war sie eine eigenständige Pfarrkirche. Im Jahre 1565 wird sie als Filialkirche von Seeburg erwähnt.[1327]

Es handelt sich um einen Backsteinbau im gotischen Verband auf niedrigem Feldsteinsockel. Die Außenmaße betragen 22 Meter in der Länge und 11,5 Meter in der Breite. Die Giebelhöhe mißt 6,5 Meter.[1328] Der heutige Bau scheint im Anschluß an die großzügige Ablaßbulle völlig neu errichtet worden zu sein. Für diese Vermutung spricht

---

1324 Dehio / Gall (1952), S. 216.
1325 CDW, Bd. I, R. Nr. 292, S. 106; D. Nr. 186, S. 320ff. Bischof Hermann bestätigt am 12. Februar 1346 die Handfeste von Lokau. CDW, Bd. II, Nr. 57, S. 62.
1326 ZGAE (Dittrich), Bd. 11, S. 320. CDW, Bd. III, Nr. 383, S. 371.
1327 Boetticher (1894), S. 242. N.N. (1875), Bd. 3, dort Anm. 20.
1328 Boetticher a.a.O. B. Klein (1932), S. 43f.

auch die besondere Belebung der Wandgliederung am Außenbau. So wurden am Langhaus und an den Schmalseiten zwischen den Fenstern gekuppelte Spitzbogenblenden angeordnet. Sie erhielten einen Verputz mit Ritzblendmaßwerk, und die Rosetten wurden in rot, weiß und schwarz bemalt. Die Nordseite war ursprünglich ohne Fenster. An der Ostseite öffnet sich zwischen den gekuppelten Wandblenden ein getrepptes Spitzbogenfenster. Weiterhin läuft ein Putzband horizontal um das Langhaus herum und überschneidet die Blenden. Diese Art der Wandgliederung findet im Ermland nur in Lokau Verwendung. Im Ordensland wurde diese Gestaltung erst gegen Ende des 14. Jahrhunderts gebräuchlich. Die Fenster sind nachträglich eingebrochen worden und haben den ursprünglichen Zustand stark verändert. Der Außenbau besitzt keine Strebepfeiler.

Der obere Fries unter der Traufe ist auf dem Putz mit geometrischen Formen geschmückt. Es sind zwei einander gegenüberstehende Halbkreise, die mit je drei kleineren Kreisen zusammen ein Muster bilden. Den heutigen Bau datierte Gall in die Zeit um 1370 – 1390 und somit in die Regierungszeit des Bischofs Heinrich III. Sorbom (1373 – 1401).[1329] Ulbrich dagegen datierte den Baubeginn wohl richtiger um 1402, also in die Zeit nach der Ablaßbulle.[1330]

Der Ostgiebel mit seinen Übereckvorlagen und verkröpften Putzbändern gliedert die Giebelfläche vollständig in ein Netz von kleinen Feldern und besitzt eine nahe Verwandtschaft zu Schulen. Aufgrund der besonderen Analogie beider Giebel ist auf den gleichen Meister zu schließen. Bezeichnend für diesen Baumeister ist, daß er die Staffelgiebel in Lokau mit durchbrochenen Windlöchern bekrönte, welche ursprünglich noch Tonkrabben besaßen. Wegen der mehrzonigen Blenden erscheint der Westgiebel älter als der Ostgiebel. Ursprünglich waren die Blenden auch reich mit einem farbig bemalten Ritzmaßwerk auf den Putzflächen gestaltet. Davon sind heute nur geringe Reste übrig, besonders gut erhalten haben sich die offenen Wandflächen hinter dem vorgesetzten Holzglockenturm. Dieser Befund ist für uns von unschätzbarem Wert für die Beurteilung der polychromen Wirkung im Backsteinbau.

Auf der Südseite befindet sich eine verputzte Vorhalle mit geschweiftem Giebel. Sie wurde wohl erst im 18. Jahrhundert nachträglich angefügt. Auf der Nordseite ist die Sakristei gelegen, die mit dem Langhaus im Verband steht. Der dortige Giebel ist in seiner heutigen Form nicht ursprünglich. Direkt an der Ostseite liegt ein Beinhaus, welches erstmals 1622 erwähnt wird.

Ursprünglich war, worauf die Gestaltung des Westgiebels verweist, kein Turm geplant. Wohl um 1500 wurde ein freistehender Glockenturm unweit der Westseite errichtet. Die älteste Glocke trägt das Datum 1504. Erst in der Visitation von 1581 wird der etwas abseits liegende Holzglockenturm nahe der Ostseite erwähnt. Gegen Ende des 18. Jahrhunderts war der alte freistehende Glockenturm baufällig geworden und mußte durch einen Neubau als einfacher, verbretterter Ständerbau auf der Westseite der Kirche ersetzt werden.[1331] Der Westeingang besitzt innen eine Sperrbalkenanlage.

1329   Dehio / Gall (1952), S. 229.
1330   Ulbrich (1932), S. 24.
1331   B. Klein (1932), S. 43f.

Der südwestlich von Rößel gelegene Ort Cölne, auch Alt–Cölne oder Groß Köllen (Groß Kellen)/Kolno genannt, erhielt am 1. Juni 1359 durch Bischof Johannes II. Stryprock seine Handfeste. Als Lokator werden Petrus Houeman und dessen Sohn Johannes genannt. Bereits in der Handfeste sind fünf Pfarrhufen ausgewiesen.[1332] Die Kirche ist dem hl. Jakobus d.Ä. geweiht. Bischof Grabowski (1741 – 1766) änderte den Titel in den der hl. Drei Könige.[1333]

Schon im Jahre 1403 wird die Kirche als erbaut bezeichnet.[1334] Demnach lag, wofür auch die Chorgiebelgestaltung spricht, der Baubeginn wohl kurze Zeit nach der Verleihung der Handfeste. Wohl um 1400 wurde der Bau vollendet.

Das orthogonale Langhaus ist 24 Meter lang und 11 Meter breit. Das aufgehende Mauerwerk ist aus Granit mit wenig Backstein vermischt. Der wohl zunächst ohne Streben errichtete Bau erhielt in späterer Zeit nachträglich an den Ecken diagonal angeordnete Streben.

Der harmonisch gegliederte Ostgiebel besitzt sieben Staffeln mit Spitzbogenblenden, zwischen denen übereck gestellte Fialen stehen. Die Blenden schließen oben mit einem Dreiecksgiebel, in den Windlöcher eingelassen sind. Der Giebel besitzt in jeder Stufe durchlaufende, horizontale Putzbänder. Die nahe Gestaltungsverwandtschaft macht wahrscheinlich, daß hier der Lokauer Meister tätig gewesen ist.

Im 19. Jahrhundert erfolgten an der Kirche verschiedene Anbauten, so daß ein kreuzförmiger Grundriß mit Chorerweiterung entstand. Ebenso entstammt der Turm dem 19. Jahrhundert.

Das Dorf Göttkendorf/Gutkowo erhielt im Jahre 1352 seine Handfeste. Als Lokator wird Godeke genannt.[1335] In der Handfeste ist allerdings die Kirche noch nicht dotiert.

Die Allensteiner Filialkirche in Göttkendorf wurde am 26. April 1500 von Weihbischof Johannes *"sub titulo s. Laurentius"* geweiht.[1336] Erst 1604 lassen sich vier Pfarrhufen nachweisen, die jedoch zu Allenstein gehören. Die Pfarrkirche sortierte unter der Sedes Guttstadt und ist erst seit 1871 selbständig.[1337]

Die Kirche erhebt sich wehrburgartig auf einer leichten Anhöhe über dem Dorf. Bereits Boetticher bemerkte, daß die Dorfkirche von Göttkendorf sich am Außen– und Innenbau von den übrigen ermländischen Kirchen unterscheidet. So wiederholt der im gotischen Verband aufgemauerte Backsteinbau in vereinfachten Formen die gleiche Blendnischengliederung, wie sie im Innenraum von Rößel oder bei der geplanten ersten Allensteiner Stadtpfarrkirche zu beobachten ist. Boetticher vermutete, daß man dies veranlaßte, um *"offensichtlich Ziegel zu sparen"*.[1338] Doch scheint es sich hier eher um eine besondere Form der Wandgliederung zu handeln, die sich gegen Ende des 15. Jahrhunderts allmählich durchsetzte.

1332   CDW, Bd. II, Nr. 284, S. 281.
1333   SRW, Bd. I, S. 403.
1334   CDW, Bd. III, Nr. 390, S. 382.
1335   CDW, Bd. II, Nr. 185.
1336   SRW, Bd. I, S. 420, dort Anm. 159.
1337   Boetticher (1894), S. 119.

Die äußeren und inneren Wandflächen sind mit verbundenen Halbkreisbögen versehen. An den außen liegenden, breiten Eckpfeilern bemerkt man runde Putzblenden, die zusätzlich die Wandfläche beleben.

Auf der Ostseite befinden sich drei gedrückte Spitzbogenblenden, von denen die mittlere kleiner und höher gesetzt ist und bis in das unter der Traufe laufende Putzband hineinreicht. Die Blendengliederung des verstümmelten Giebels ist auffallend trocken. Zeitlich läßt sich der Giebel mit dem in Neu Kockendorf in Verbindung bringen. Der Mauerverband ist, bedingt durch zahlreiche Kriegszerstörungen, vielfach geflickt. Die Umfassungsmauern wurden später erhöht und die Fenster größer eingebrochen. Die ursprünglich turmlose Westseite ist voll ausgebildet.

Der Westturm entstand wohl erst Ende des 14. Jahrhunderts. Er besitzt ein Erdgeschoß aus Backstein im gotischen Verband. Wohl nach dem Städtekrieg und Pfaffenkrieg erfolgte um 1500 die Neuweihe. Auf der Nordseite befinden sich in Zweitverwendung Terrakotten mit Büsten– und Palmettenbändern aus den gleichen Formen wie in Wormditt und Neu Kockendorf. Ob diese Ziegel noch von einem Vorgängerbau stammen oder als Spolien von einer anderen abgetragenen Kirche kamen, ist unbekannt. Der obere Turmabschluß wurde als verbretterter Ständerbau errichtet. Auf der Wetterfahne findet sich die Jahreszahl 1778.[1339]

405 – 409

Am 11. Juli 1355 erhielt der nördlich von Bischofstein liegende Ort Plausen/Paluzy seine bestehende Handfeste erneuert. Die zum Dekanat Seeburg gehörige Kirche zu Ehren der hl. Jungfrau Maria erhielt bereits in der Dotation sechs Pfarrhufen. Die Kirche war zu dieser Zeit wohl schon in Holzbauweise errichtet. So findet sich in der Dotation von 1355 folgender Vermerk: *"... sex mansos ad parochiam ecclesie ibidem in honorem beatissime Marie virginis erecte et constructe."*[1340] Die Errichtung in Steinbauweise erfolgte wohl erst gegen Ende des 14. Jahrhunderts. Laut einer überlieferten Konsekrationstafel in der Sakristei wurde die Kirche vom Bischof Heinrich IV. Heilsberg am 20. Juli 1409 *"in honorem victoriosissimae Crucis, s. Mariae matris Christi, beatae Catharinae et omnium sanctorum"* geweiht.[1341] Als erster Pfarrer wird ein Hermann genannt. Sein Nachfolger war Laurentius Lumpe.[1342] Gall datierte die Kirche in das letzte Drittel des 14. Jahrhunderts.[1343]

Der Bau ruht auf einem Feldsteinfundament. Darüber erhebt sich ein gefugter Backsteinbau im gotischen Verband. Die teilweise in späterer Zeit veränderten Fenster sind spitzbogig.

Unter der Traufe befindet sich ein durchlaufendes Putzband. Ein altes Fenster mit Spuren von Maßwerkmalerei ist heute durch die Dachschräge der Südvorhalle überschnitten. Wohl sehr spät und kurz vor Abschluß der Bautätigkeit entstanden die Südvorhalle und die nördliche Sakristei. Beide stehen nicht mit dem Langhaus im Verband. Über

---

1338 a.a.O.
1339 Antoni (1993, S. 210) vermutete, daß die Formsteine von der Westseite der Kirche stammten.
1340 ZGAE (Röhrich), Bd. 21, S. 305. Greifenberg, in: Heimatbund des Krs. Rößel, Jg. 1969, S. 124.
1341 SRW, Bd. I, S. 434, dort Anm. 235. Boetticher (1894), S. 203.
1342 a.a.O.
1343 Dehio / Gall (1952), S. 217.

der Sakristei erhebt sich ein dreiteiliger Giebel mit verputzten Spitzbogenblenden, darüber befinden sich Windlöcher. Im Charakter weicht dieser Giebel leicht von den übrigen ab. Der Form nach ist er mit den Giebeln des Lokauer Meisters verwandt. Der dreiteilige Giebel der Südvorhalle besitzt analoge Gestaltungsmerkmale zu dem Turmgiebel. Der östliche Staffelgiebel wurde anläßlich einer Erweiterung im Jahre 1890 abgetragen.

Der dreigeschossige Westturm steht im Verband mit dem Schiff. Als Wandgliederung besitzt der Turm zwischen Querputzbändern ein System von fünf hohen, schlanken Blenden. Die Turmstaffelgiebel auf der Ost- und Westseite beleben die Fassade. Auf der Turmspitze ist eine Wetterfahne mit der Jahreszahl 1400 angebracht. Demnach sind die beiden Turmgiebel kurz vor dieser Zeit entstanden. Auf der Westseite befindet sich ein getrepptes Portal mit darüber liegender Kreisblende. Die Turmgiebel und die seitlich anschließenden Halbgiebel des Schiffskörpers sind als Schauseite ausgebildet.

6.2.1 Zusammenfassung der zweiten Bauperiode

Bei den Bauten der zweiten Bauperiode artikuliert sich ein rigoroses Weglassen des Presbyteriums. So schließen alle Stadt- und Dorfkirchen mit einem plattem Chor ab, eine Eigenart, die jedoch nicht ungewöhnlich für das Backsteingebiet ist. So sah Zaske in der Indifferenz des Chores und der Dominanz des Langhauses einen Ausdruck der stark laizistisch gefärbten Bedürfnisse des Bauherren und des starken Einflusses der Stadtbürgerschaft. Die Entwicklung hierzu sei schon ab der Mitte des 13. Jahrhunderts feststellbar. Aber auch die Baureformen der Bettelorden seien als wichtige Ausgangspunkte dieser Entwicklung zu betrachten. Zaske bemerkte hierzu:

> *Für die westliche Gotik war das auf Reduktion eingeschworene Bauprogramm dieser Orden ein scharfer Widerspruch zur herrschenden Bauauffassung. Nicht so für die Backsteingotik. Sie hatte ja, bevor die Bettelorden zum Zuge kamen, sogar die chorlose Halle ausgebildet und überhaupt den Hallengedanken heimisch gemacht.*[1344]

So trafen zwei architektonische Erscheinungsformen mit verwandter Bauweise aufeinander und wirkten gemeinsam auf weitere Entwicklungen ein, auch im Ermland.

Besonders ausgeprägt ist in der zweiten Entwicklungsstufe die Giebelgestaltung. Die Proportion orientiert sich anfangs an einem gleichschenkligen Dreieck. Bis etwa um 1400 wird das Dreieck immer schmaler, in der Folge dagegen immer gedrungener. Die Giebel der zweiten Periode besitzen vorwiegend keine Formsteine als Randbegrenzug. Lediglich am Westgiebel von Heilsberg und am Turmgiebel von Plausen finden sich Andeutungen von Formsteinverwendung, daher die scharf gezeichneten Umrisse, linearen Abgrenzungen und die ausgesprochene Silhouettenwirkung.

Tidick gliederte die Entwicklung innerhalb der zweiten Bauperiode zusätzlich in einzelne Etappen: Bei der ersten Entwicklungsetappe sind zunächst die Giebel mit hohen Spitzbogenblenden zwischen flachen, parallel verlaufenden Pfeilern ausgebildet, so wie es am Westgiebel von Elditten erkennbar ist. Reste davon sind an den Westgiebeln der

---

1344   Zaske (1980), S. 11.

Pfarrkirche von Heilsberg (um 1350) oder am Rathausgiebel von Wormditt (um 1373) zu sehen. Im Ordensland findet sich diese Form schon an der 1355 vollendeten Westgiebelseite des Doms zu Marienwerder. Auch der Giebel von Großkrebs aus gleicher Zeit besitzt analoge Formen. Danach finden sich nur noch übereck gestellte Fialen, die in Pinakeln oberhalb der Giebelstufen auslaufen.[1345]

Bei der zweiten Entwicklungsetappe führt über die Blenden und Pfeiler in halber Höhe ein schmales Bandgesims, so bei den Chorgiebeln in Santoppen, Peterswalde, Freudenberg und dem Turm in Plausen.

Die dritte Entwicklungsetappe bilden Giebel mit breiten Putzblenden über jeder Treppenstufe. Diese Erscheinung findet sich bei den Chorgiebeln in Heinrikau, Glockstein und dem Turm in Santoppen.

Die vierte Entwicklungsetappe wird maßgeblich durch den Chorgiebel in Seeburg (1380) und Guttstadt (um 1390) beeinflußt. In Seeburg verläuft das mittlere Putzband noch nicht wie in Guttstadt vollständig durch. Eine Weiterentwicklung bildet der Chorgiebel in Wuslack mit seinem Putzband und seiner Frieseinteilung.

Die fünfte Entwicklungsetappe bilden Giebel, in denen die Giebelfläche durch horizontale Friese geteilt wird, und zwar in Krekollen (1424), Roggenhausen und der Franziskanerkirche in Wartenburg. Aus dieser Gestaltung entwickelt sich die sechste Etappe, in der die Bandfriese den Giebel in vier Teile gliedern und die dazwischen liegenden Felder jeweils Spitzbogenblenden erhalten. Oberhalb der Hauptstufen enden diese in Windlöchern, die in Schulen mit Pinakeln oder in Lokau und Groß Köllen mit Dreiecksgiebeln bekrönt sind. Die sehr enge Verwandtschaft der letzten drei Kirchen zeigt, daß diese wohl in der Zeit um 1400 von der Hand eines einzigen Meisters stammten. Von Quast bemerkt hierzu:

> *Die auffällige Übereinstimmung der Kirche von Kiewitten mit der zu Santoppen, sowie die der ... ebenfalls fast identischen Kirche zu Glockstein, das nur eine Viertelmeile südwestlich von Santoppen liegt, bestätigt den ... angedeuteten Zusammenhang dieser Kirchenbauten untereinander, wo es denn höchst wahrscheinlich ist, daß der Anstoß zunächst von der der Domfabrik gehörigen Kirche ausging, welche ihren Formbildungen zu Folge auch als die älteste von ihnen angesehen werden muß.*[1346]

Eine Sonderstellung innerhalb der zweiten Entwicklungsstufe bilden der 1388 geschaffene Westgiebel und der Giebel der Westvorhalle des Frauenburger Doms. Ihre Erscheinungsform blieb im Hochstift ohne Nachfolge.

Weiterhin zeigt sich gerade in der Zeit nach 1400 an der Gestaltung des Chorgiebels von Allenstein, daß erneut Tendenzen zum Vertikalismus bestanden; der Ostflügel des Schlosses verdeutlicht den Weg hin zur flachen Gestaltung der Giebelflächen. Beide Merkmale, die bereits am Anfang der zweiten Entwicklung von Bedeutung waren, bilden wiederum eine Übergangsform, die gerade am Anfang der dritten und letzten Entwicklungsstufe in Erscheinung tritt.

1345 Piłecka (1980), S. 76.
1346 Von Quast (1852), S. 49.

6.3 Die dritte Entwicklungsstufe 1420 – 1550

Auch in der dritten Entwicklungsstufe bleibt eine Dominanz der Giebel gegenüber der Fassade bestehen. Doch finden sich auch Beispiele, bei denen Chorwand und Giebelfläche, aufgrund des Fehlens eines Putzbandes, nicht mehr so stark voneinander getrennt sind, so in Glockstein (Sakristei), Alt Schöneberg, Grieslienen, Klaukendorf und Frauenburg (Antoniterkirche). Vereinzelt zeigen sich sogar architektonische Elemente, die die beiden Fassadenteile verschmelzen lassen, so an der Trinitatiskirche in Braunsberg. Diese Beispiele gehören allerdings schon in die Zeit des ausgehenden 15. Jahrhunderts.

Zeigten sich bereits am Ende der zweiten Entwicklungsstufe Inkonsequenzen innerhalb der Entwicklung, so setzen sich diese auch in der dritten Stufe fort. Piłecka bemerkte hierzu:

... eine Folgerichtigkeit in der Evolution fehlt, aber eine wesentliche Vielfalt der Bekrönungsmuster ist vorhanden – die natürlich in zwei Grundtypen gehalten ist. Diese Erscheinung kann nur durch das Ausbleiben größerer Bauunternehmen in jener Zeit erklärt werden, was dazu geführt hatte, daß sich auf diesem Gebiet keine größeren Bauwerkstätten entwickelt hatten. In dieser Situation kamen die Baumeister nur für gewisse Zeit aus anderen, benachbarten Gebieten ins Ermland und brachten sicher ihre Muster mit.[1347]

Zu den späten Giebelausbildungen gehören die Giebel in Glockstein (Sakristei), Alt Schöneberg, Klaukendorf und Grieslienen. Die Giebelformen erscheinen gedrungener, so etwa in Groß Jonkendorf und Rosengarth. Oder sie haben schlankere Proportionen wie in Schönbrück, Regerteln und Tolksdorf. Es treten Felder mit verschiedenen Breiten auf. So z.B. in Groß Purden, Grieslienen, Diwitten.[1348] Zu dieser Endphase zählen auch dreieckige Giebel mit Pinakeln wie in Tolksdorf, Neu Kockendorf, Groß Purden. Die Horizontalgliederung schwindet wieder und es erscheinen in der Endphase Bogenformen in der sogenannten Eselsrückenform z.B. Groß Jonkendorf. Flache Dreiecksformen ohne Pinakeln und mit Stichbogenblenden verweisen auf die Endphase, z.B. Grieslienen.

Der Ort Neu Kockendorf/Nowe Kawkowo erhielt am 21. Januar 1380 seine Handfeste. Die Kirche wurde mit fünf Pfarrhufen ausgestattet.[1349] Bischof Heinrich III. Sorbom soll laut einer Notiz aus dem 18. Jahrhundert die Kirche am 6. Januar 1380 *"sub titulo s. Johannis ante portam latinam"* geweiht haben. Das Präsentationsrecht übte das ermländische Domkapitel aus.[1350]

411 – 414

Wegen der frühen Weihe muß die Kirche schon vor der Dotation gegründet worden sein. Das Langhaus besteht bis zur Sohlbank aus Feldsteinen mit Ziegelecken, darüber ist es als Backsteinmauer im gotischen Verband erbaut. Der Bau ist ohne Strebepfeiler errichtet. Der Chorgiebel besitzt sieben durchlaufende Spitzbogenblenden mit bündi-

---

1347 Piłecka (1980), S. 79.
1348 Dehio / Gall (1952), S. 249.
1349 CDW, Bd. III, Nr. 92, S. 67.
1350 SRW, Bd. I, S. 419, dort Anm. 154.

gen Vorlagen. Diese Art der Giebelgestaltung trat bereits am Anfang der ersten Entwicklungsstufe in Erscheinung. Gerade in der ersten Hälfte des 15. Jahrhunderts greift man erneut auf frühere Gestaltungsweisen zurück. Auch die Verwendung von hohen Spitzbogenblenden ohne horizontale Gliederung findet sich am Chorgiebel von Neu Kockendorf. Der dortige dreiteilige Giebel der Südvorhalle ist ebenfalls so gestaltet. Aufgrund der Verwendung von Zierfriesen mit Terrakottaplatten mit Büsten und Palmetten wie in Wormditt und Göttkendorf läßt sich die Entstehung in den Anfang des 15. Jahrhunderts datieren. Demnach errichtete man die Kirche in der Zeit zwischen 1380 und dem beginnenden 15. Jahrhundert.[1351]

Die Sakristei auf der Nordseite wurde zu Anfang des 16. Jahrhunderts an Stelle einer älteren neu erbaut. Umfangreiche Restaurierungen erfolgten zwischen 1864 und 1870. Der Westturm ist ein 1664 entstandener, bretterverschalter Ständerbau.[1352] Die Wetterfahne mit dem Jahr 1857 markiert die letzte größere Erneuerung an Dach und Turm. Die nördliche Vorhalle ist im Kreuzverband gemauert und stammt wohl aus dieser Zeit.

415 –
416
Zu den ersten Bauten der dritten Entwicklungsstufe gehört die Kirche von Diwitten/ Dywity. In der Handfeste vom 5. Oktober 1366 erhielt die Kirche fünf Pfarrhufen durch das Frauenburger Domkapitel, welches auch das Präsentationsrecht ausübte.[1353] Die Kirche wurde den Aposteln Simon und Judas Thaddäus geweiht.

Die ehemalige mittelalterliche Pfarrkirche ist heute nicht mehr vorhanden. Sie wurde 1893 durch den Architekten Friedrich Heitmann abgetragen. Der Neubau erfolgte nach seinen Plänen.[1354] Lediglich der alte Turm blieb erhalten. Über das Aussehen der mittelalterlichen Kirche kann man sich aufgrund älterer Ansichten von Boetticher noch ein genaueres Bild machen.

Der wohl in der Zeit um 1500 entstandene Bau gründete auf ein Feldsteinfundament, welches teilweise bis zur Traufe reichte. Das übrige Backsteinmauerwerk von Langhaus und Turm war im gefugtem gotischen Verband errichtet. Nur die Taufkapelle auf der Südseite neben dem Turm war im Kreuzverband gemauert. Die Fenster am Langhaus wurden später vergrößert. Es handelt sich um eine Rezeption von Kreuzstockfenstern aus dem flämisch-burgundischen Palastbau.

Der Ostgiebel war mit Spitzbogenblenden und eingefaßten, rechtwinklig verblendeten Fensterkreuzen gegliedert und deutete auf die ausgehende Gotik hin. Ein ähnliches Gestaltungsprinzip findet sich an den Burgtürmchen in Heilsberg (nach 1442).

Der zweifach sich nach oben verjüngende Turm ist durch Putzbänder in fünf Geschosse gegliedert. Das Dachgeschoß geht ähnlich wie in Arnsdorf vom Viereck zum Achteck über. Die Geschosse sind mit Blendbögen gegliedert. Seine Form läßt vermuten, daß der Turm erst in der ersten Hälfte des 16. Jahrhunderts errichtet wurde.

1351 Bei Dehio / Gall (1952, S. 257) werden die Terakottaplatten um 1370 datiert, diese Zeitangabe erscheint allerdings zu früh. Vergleiche hierzu auch Abschnitt 4.3.1.6., S. 182ff)
1352 Dehio / Gall, a.a.O. Antoni (1993), S. 439f.
1353 SRW, Bd. I, S. 422, dort Anm. 166. CDW, Bd. II, Nr.403, S. 414.
1354 Boetticher (1894), S. 72.

Am 10. November 1300 erhielt die Kirche von Tolksdorf/Tolkowiec, südwestlich von Braunsberg gelegen, vier Hufen an Dotation. Dem Glöckner (campanator) wurde eine Hufe zugewiesen.[1355] Die Patronatsrechte fielen an das Frauenburger Domkapitel. Laut den Visitationsberichten aus dem 16. Jahrhundert besaß die Kirche später sechs Hufen. Ein Pfarrer Namens Peter Prange wird 1381 erwähnt. Am 7. Mai 1581 wird die Kirche durch Bischof Kromer neu unter dem Titel *"sub titulo S. Martini Episcopi et Confessoris"* konsekriert.[1356] Das Domkapitel vereinigte die Kirchengemeinde im Jahre 1528 mit den Gemeinden Schönfließ und Lamgraben. Im Jahre 1550 besaß Lamgraben einen eigenen Pfarrer. Tolksdorf wurde später zur Filiale von Schönfließ.

Es handelt sich bei der Kirche um einen mehrfach umgebauten, teilweise verputzten Feldsteinbau aus der Zeit des ausgehenden 14. Jahrhunderts. Der orthogonale Saalbau besitzt die Maße 30 Meter in der Länge und 12 Meter in der Bereite. Das Mauerwerk ist teilweise bis zu zwei Dritteln aus ungesprengten Feldsteinen gemauert, darüber liegt Ziegelmauerwerk im gotischen Verband. Die Nordseite war ursprünglich fensterlos. Auf der Südseite befinden sich spitzbogige Fenster mit Abtreppung. Der Ostgiebel wird an den Ecken durch diagonal angeordnete Streben gestützt. Auf der Nordseite befinden sich zwei in späterer Zeit angebrachte Strebepfeiler.

Auf der Ostseite öffnen sich drei Spitzbogenfenster mit dreifacher Abtreppung. Das mittlere Fenster ist zur Hälfte erhöht. Ohne Putzband erhebt sich über der Fassade der sechsteilige Ostgiebel. Er stammt aus dem ausgehenden 15. Jahrhundert und weist Übereckfialen und Blenden mit Kielbogen auf. Die Fialen verlaufen über die Giebelschräge hinaus und enden in Pinakeln.

Der auf der Westseite gelegene Turm war ursprünglich ein Holzanbau, dessen Untergeschoß massiv war. Heute besitzt nur noch das Turmuntergeschoß einen gotischen Verband, darüber erhebt sich ein Neubau aus den vierziger Jahren des 19. Jahrhunderts. Die Jahreszahl 1849 auf der Wetterfahne verweist auf das Vollendungsdatum. Der Bau wurde nach der Art des Turms in Plaßwich gestaltet.[1357]

Die Kirche hat zwei Eingänge, einen auf der Westseite mit Turmvorhalle und einen auf der Südseite. Die ehemalige nördliche Sakristei ist heute nicht mehr erhalten. In der Wand ist nur noch die vermauerte spitzbogige Öffnung erkennbar. Im 18. Jahrhundert erfolgte der Anbau einer Taufkapelle auf der Südseite, die heute als Sakristei genutzt wird.

Der einfache Saalraum besitzt an den Wänden keinerlei Gliederung. In der Visitation von 1623 findet die Holzdecke erstmalig Erwähnung.[1358]

Der Ort Hogenbuch erhielt am 12. November 1345 durch Bischof Hermann von Prag seine Handfeste. Das Dorf wurde dem Jonekony von Bartholomei verliehen. Später erhielt daher die Gemeinde den Namen Groß Jonkendorf/Jonkowo. Bereits in der ersten

---

1355 CDW, Bd. I, R. Nr. 200, S. 66, D. Nr. 109. Die Behauptung bei Antoni (1993, S. 637), daß der Ort das älteste Dorf im Ermland sei, trifft nicht zu. Elditten und Schalmey sind z.B. älter.
1356 ZGAE (Dittrich), Bd. 9, S. 180.
1357 Dehio / Gall (1952), S. 179.
1358 ZGAE (Dittrich), Bd. 9, S. 181.

Handfeste wird die Kirche mit fünf Hufen dotiert.[1359] Das Frauenburger Domkapitel präsentierte den Pfarrer. Die Kirche gehörte zur Sedes Guttstadt.

Gall datierte den Bau ins dritte Viertel des 14. Jahrhunderts.[1360] Antoni gab als erstes Weihedatum 1375 an.[1361] Bischof Kromer weihte sie nach umfassenden Herstellungsarbeiten erneut am 18. September 1580 *"ad memoriam s. Johannis Bapt."* Ab 1714 erfolgte ein Erweiterungsbau auf der Nord– und Südseite. Die Weihe geschah am 14. Juni 1715 *"sub titulo s. Johannis Bapt. et s. Rochi"* durch Weihbischof Kurdwanowski. Nach einer Restaurierung zwischen 1785 und 1789 erfolgte erneut eine Weihe durch Bischof Krasicki am 28. Oktober 1789 auf den gleichen Titel.[1362] 1911 – 1914 entstand ein weiterer großer Anbau auf der Nordseite.[1363]

Anfang des 16. Jahrhunderts wurde der ungewöhnlich reich gegliederte Ostgiebel mit einem halbrunden Türmchen in der Mittelachse und seitlich angeordneten Blenden zwischen übereck gestellten Fialen errichtet. Die Blenden enden oben mit Kielbögen und darunter liegenden Doppelrundbögen, die Fialen schließen über der Giebelschräge in Pinakeln ab.

Der um 1785 neu angefügte Westturm besitzt keine besondere Gliederung. Die Ecken sind abgerundet und als Abschluß erhebt sich eine hölzerne Laterne.[1364]

423, 424

Der Ort Groß Purden/Purda erhielt am 21. Januar 1384 durch den Propst Heinrich, den Dekan Michael und das Frauenburger Domkapitel die Handfeste. Der Schulze Johannes von Razergenaw sollte das Dorf *"Porden"* gründen. In der ersten Handfeste ist noch keine Dotation einer Kirche manifestiert.[1365] Die Handfeste wurde am 22. November 1417 erneuert.[1366] Erst in der dritten Handfeste vom 19. August 1503 finden sich fünf Pfarrhufen.[1367] Das Patronat übte das Frauenburger Domkapitel aus. Die Kirche wurde am 3. August 1580 durch Bischof Martin Kromer *"in honorem s. Crucis et s. Michaelis Archangeli"* geweiht.[1368]

Die Kirche ist ein aus Backstein im gotischen Verband errichteter Bau, der bis zur Sohlbank aus Feldsteinen aufgeführt ist. Die Eckstreben sind diagonal angeordnet. Anstelle der Nordoststrebe schließt sich die Sakristei an.

Der Turm besteht im Erdgeschoß aus Feldsteinen und darüber aus Backstein im gotischen Verband. Die Eingangstür ist spitzbogig und wird durch zwei daneben liegende, spitzbogige Blendnischen gerahmt. In diesen befinden sich als Zierform, in vorkragendem Backstein gemauert, links ein Kielbogen und rechts ein geschweifter Kreuzbogen. Über dem Steingeschoß erhebt sich der im 18. Jahrhundert errichtete Holzturm mit Schindeldach. In der Turmhalle ist erkennbar, daß ursprünglich ein Kreuzbogenge-

---

1359 Boetticher (1894), S. 158. CDW, Bd. II, Nr. 53, S. 59.
1360 Dehio / Gall (1952), S. 257.
1361 Antoni (1993), S. 282.
1362 Dehio / Gall (1952), S. 257. SRW, Bd. I, S. 419, dort Anm. 156.
1363 Dehio / Gall a.a.O.
1364 a.a.O.
1365 CDW, Bd. III, Nr. 164, S. 119.
1366 CDW, Bd. III, Nr. 523, S. 530.
1367 CDW, Bd. III, Nr. 164, S. 119, dort Anm. 1.
1368 SRW, Bd. I, S. 421, dort Anm. 164.

wölbe vorgesehen war, jedoch nicht ausgeführt wurde. Das Innenportal ist ebenfalls spitzbogig mit Abtreppung, dahinter befindet sich die Einrichtung eines Sperrbalkens. Ein Aufgang zum Turm befindet sich links im Langhaus. Die seitlichen Westhalbgiebel wurden in der Zeit um 1860 erneuert.[1369]

Auf der Südwestseite ist ein vermauertes spitzbogiges Portal erkennbar. Auf der Nordseite befindet sich die Rosalienkapelle, die später im Kreuzverband angefügt wurde.

Die Ostseite besitzt unten zwei Fenster, zwischen denen eine kurze Strebe liegt. Die Fenster durchschneiden das Putzband, welches in Traufenhöhe läuft. Darüber liegt der fünfteilige Giebel in lockerer Folge mit unterschiedlich reicher Gliederung durch Spitzbögen. Außen beginnt der Giebel mit Doppelblenden in unterschiedlichen Ausmaßen. Darauf folgen Blenden, die oben mit Doppelrundbögen enden. In die Mittelblende ist eine zweite Blende innen eingestellt. In halber Höhe verkröpft sich ein durchlaufendes Putzband. Die Übereckfialen enden über der Giebelschräge in Pinakeln. Über der Mittelblende erhebt sich ein Signalglockentürmchen.

1931 – 1933 erfolgten die Erweiterung um zwei Seitenschiffe und die Verlängerung der Sakristei und Taufkapelle.[1370]

In der am 19. Mai 1352 ausgestellten Handfeste von Alt Schöneberg/Wrzesina wird keine Pfarrkirche erwähnt.[1371] Erst in der zweiten vom 4. Februar 1575 werden sechs Pfarrhufen verschrieben. Das Patronatsrecht erhielt das Domkapitel. Die Kirche wurde *"in honorem s. Mariae Magdalenae"* am 1. Mai 1500 vom Weihbischof Johannes konsekriert.[1372]

425, 426

Der chorlose Bau ist 28 Meter lang, 12,5 Meter breit und 9 Meter hoch.[1373] Er entstand bereits Ende des 15. Jahrhunderts. Das Langhaus ist bis zur Sohlbank aus Feldsteinen gemauert, darüber Ziegel im gotischen Verband.

Der gestufte, sechsteilige Ostgiebel ist mit bündigen Doppelblenden geteilt durch horizontale Doppelbänder. Er besitzt die für die Spätgotik bezeichnende Gliederung. Über der Mittelblende befindet sich ein Signalglockentürmchen. Der Giebel wurde 1872 nach alter Vorlage erneuert.[1374] Der sich anschließende, optisch störende Choranbau sowie die südliche Vorhalle wurden 1936 neu errichtet.[1375]

Der Turm des 18. Jahrhunderts steht auf einem älteren Erdgeschoß aus Feldsteinen und Ziegelecken. Eingänge befinden sich auf der Nord- und Südseite. Über dem Erdgeschoß erhebt sich der Holzaufbau mit Schindeldach.

Auf der Nordseite befindet sich die zum ersten Baubestand gehörende Sakristei unter einem Schleppdach. Ebenfalls auf der Nordseite lag eine heute nicht mehr vorhandene Taufkapelle.

1369 Dehio / Gall (1952), S. 252.
1370 a.a.O.
1371 CDW, Bd. II, Nr. 180.
1372 SRW, Bd. I, S. 422, dort Anm. 169.
1373 Boetticher (1894), S. 233.
1374 a.a.O.
1375 Dehio / Gall (1952), S. 257. Antoni (1993), S. 21.

6.3.1 Zusammenfassung der dritten Bauperiode

Bereits bei dem kurz nach 1400 entstandenem Nordostgiebel der Allensteiner Burg finden sich in der Gestaltung der Giebelflächen stärkere Tendenzen zum Vertikalismus. Zwar führen noch schmale Binderschichten über die Blendflächen, doch überwiegen hierbei optisch die hohen Blendenstaffeln. Auch sind die Fialen im Gegensatz zur zweiten Entwicklungsstufe bündig und enden in schräg gesetzten Pinakeln. Bei dem Giebel der Allensteiner Stadtkirche verzichtete der Baumeister völlig auf eine horizontale Einteilung.

Der Baumeister des Giebels von Neu Kockendorf reduzierte sogar die Form noch stärker, indem er die Fialen bündig setzte und über den Blenden keine Windlöcher, sondern bündige Pinakeln errichtete.

Neben stark die Vertikale betonenden Giebeln finden sich solche, deren Wandflächen durch Friese horizontal gegliedert werden. Hierzu gehören die Giebel des Ostflügels von Schloß Allenstein, die Chorgiebel von Groß Purden und Groß Jonkendorf. In Guttstadt besitzt der westliche Treppengiebel des Südflügels parallele Pinakelpfeiler. Durch die horizontalen Läuferschichten erhält dieser Giebel ebenfalls eine besondere Friesaufteilung mit dazwischen liegenden, breiten Blendspitzbögen. In Rößel besitzt der westliche Sakristeigiebel ebenfalls bündige Fialen. Hier sind die Abstände der Blenden besonders schmal angelegt und zusätzlich durch Doppelblenden mit darüberliegender Kreisblende angereichert. Zwei Blenden besitzen eine Kreuzteilung. Diese Art, einen Giebel mit flachen Friesen zu gliedern, findet sich auch am Chorgiebel von Alt Schöneberg. Besonders auffällig ist die Friesgliederung von Diwitten. Dort erhielt der Giebel durch Rahmensysteme mit Kreuzeinteilung eine horizontale Friesgliederung.

Auch zeigt sich bei einigen Beispielen, daß die Felder oder Pfeiler untereinander oder nebeneinander verschiedene Breiten besitzen können, so etwa in Groß Purden, Grieslienen und Diwitten.

In der zweiten Hälfte des 15. Jahrhunderts lassen sich gerade am Beispiel des Chorgiebels und der Südkapellengiebel von Wormditten Tendenzen einer starken vertikalen Gliederung nachweisen. Auf eine Giebelabtreppung wird verzichtet. Besonders auffällig ist die Betonung der Mittelachse durch eine durchlaufende Mittelfiale und nicht durch eine Blende. Über der Giebelschräge enden die Fialen in Pinakeln. Auch zeigen sich in Wormditt Tendenzen zur plastischen Fluchtgestaltung mit einer textilartigen Blendenfüllung durch kleine Dekorationen. Besonders reich sind diese am dortigen nördlichen Giebel der Westfassade. Der Chorgiebel in Rößel (1475) besitzt eine analoge Gestaltung.

Trotz starker Formenvariation finden sich in der dritten Bauphase einzelne Grundtypen. Es sind Giebel, die sich vom Dreiecks- oder vom Treppengiebel-Typ herleiten. Bei den Dreiecksgiebeln finden sich flache Formen ohne Pinakel (Grieslienen), mit Pinakeln (Wormditt/Sakristeigiebel, Tolksdorf, Neu Kockendorf, Groß Purden, Braunsberg-Trinitatiskirche und Giebel mit Pinakeln und Wimpergen in Allenstein (Schloß/ Ostflügel). Zum Treppengiebel-Typ finden sich Beispiele mit Diagonalpinakeln

(Rößel, Regelten), parallelen Fialen, die oberhalb der Giebelstufe als Pinakeln enden (Südflügel Guttstadt, Sakristei Rößel).

. Auch finden sich Giebelformen, die keine horizontale Gliederung besitzen, wie eine Reihe von Giebeln, die bündige Wandvorlagen besitzen. Dabei handelt es sich um Gestaltungsprinzipien, die aus dem 14. Jahrhundert stammen.

Im Gegensatz zu den sehr flachen Giebelformen sind die Giebel von Purden und Groß Jonkendorf besonders reich und in der Struktur in mehreren vor- und zurückgesetzten Ebenen gegliedert.

Auffällig ist das Auftreten von verschiedenen Bogenformen wie Eselsrücken (Tolksdorf, Groß Jonkendorf), Überhangbogen (Rosengath, Rößel, Groß Jonkendorf, Groß Purden), Stichbogen (Frauenburg-Antoniterkirche, Klaukendorf, Grieslienen) und Halbbogen (Freudenberg).

Die Untersuchung von Piłecka ergab, daß es keine kontinuierliche Steigerung und Evolution der Giebelformen im Ermland gab. Lediglich in der zweiten Entwicklungsphase bemerkt man mehrere Bauten, die auf einen einzigen Meister zurückgehen. Dennoch findet in allen Phasen eine stetige Durchdringung der Formen aus benachbarten Regionen statt. Daraus ergibt sich, daß das Ermland – bezogen auf den untersuchten Zeitraum – nicht wie allgemein bisher angenommen als absolut geschlossenes Gebiet gelten kann.

LISTE II: Verzeichnis der Kirchen und Kapellen, die für die Untersuchung nicht in Betracht kamen[1376]

Name	Dotation	Bauzeit	Weihe	Bemerkung
Allenstein:				
Hosp. Kap. Hl. Geist	1397	vor 1452	1580, 1631	1802 abgetragen[1377]
Hosp. Kap. hl. Georg für Leprosen	—	Ende 14. Jh..	—	im 15. Jh. untergegangen[1378]
Jerusalem–Kapelle	vor 1565	nach 1665	1609	1775 Neubau[1379]
Hl.Kreuz Kapelle in der Vorstadt	—	—	1631	1806 abgebrochen
Altkirch	1249	—	—	untergegangen[1380]
Alt Wartenburg, St. Laurentius	1325 (4 Hufen)	Ende 16. Jh, Neubau 1782–84	1582	1889–1893 Umbau[1381]
Arnsdorf (Rochuskapelle)	—	1617 gegr., später erneuert	—	erhalten[1382]
Bartelsdorf, Gr., St. Jakobus	1379 (4 Hufen)	—	1582, 1620	1702 Weihe[1383]
Bansen	1389 (4 Hufen)	—	—	im 15. Jh. untergegangen[1384]

1376   Soweit nicht anders angegeben, stammen alle nachfolgenden Angaben aus Boetticher (1894).
1377   1397 erfolgt Stiftung des Hl. Geist-Spitales. Weihe der dortigen Kapelle am 22. Sept. 1580; im Stadtbrand von 1621 niedergebrannt und nach Aufbau am 9. Juni 1631 Neuweihe. Mitte des 17. Jh. größere Umbauten. SRW, Bd. I, S. 420, dort Anm. 159. CDW, Bd. III, Nr. 317, S. 291. ZGAE (Matern), Bd. 16, S. 99ff.
1378   Matern, ebenda, S. 102.
1379   Aussätzigenkapelle Dehio / Gall (1952), S. 248. Filialkirche von St. Jakob. Antoni (1993), S. 12.
1380   Altkirch / Praslity. SRW, Bd. I, S. 393. Zählt wohl mit zu den ältesten Kirchgründungen aus der Zeit nach 1249 (CDW Bd. I, Nr. 19, S. 36). Der Ort und die alte Kirche scheinen bereits frühzeitig untergegangen zu sein.
1381   Alt Wartenburg / Barczewko. SRW, Bd. I, S. 436, dort Anm. 241.
1382   Arnsdorf / Lubomino. Im Jahre 1617 gestiftet durch einen Schotten Johannes Maier. Boetticher (1894), S. 85. Krüger (1967), S. 85.
1383   Groß Bartelsdorf / Bartołty Wielkie. Im 16. Jh. gegründet, gehört zum Dekanat Seeburg, seit 1565 Tochterkirche von Ramsau, 1582 Weihe durch Bischof Kromer *"in honorem Nativitatis Mariae, St. Jacobi de Compostella et S. Stephani"*. 1620 abgebrannt, Neuweihe 1702 durch Bischof Załuski *"sub titulo S. Jacobi maj."*, Boetticher ebenda, S. 21.
1384   Bansen / Bęsia. SRW, Bd. I, S. 401, dort Anm. 69. Bischof Heinrich III. verschreibt an Nikolaus Lengemann 70 Hufen zur Gründung des Dorfs Bansen. CDW, Bd. III, Nr. 238, S. 202.

Basien, St. Nikolaus und St. Rochus	1289 (4 Hufen)	Anfang 16. Jh.	1517	Neubau[1385]
Benern, St. Rochus	1316 (4 Hufen)	—	1580	1697–1702, 1796–98, 1809 Neubau[1386]
Betkendorf	1309	—	—	vor 1565 untergegangen[1387]
Bischofsburg:				
1. Pestkapelle	—	1710	—	1899 abgetragen[1388]
2. Pestkapelle	—	1710	—	1910 abgetragen[1389]
Wegkapelle	—	1787	—	1911 abgetragen[1390]
Bischofstein:				
ehem. St. Martha–Kirche (heute St. Michael)	—	1612	1632	1618–1622 Neubau[1391]
Blankensee, St. Apollinara	1363 (2 Hufen)	nach 1363	—	1. H. 15. Jh erneuert, gotische Reste[1392]

[1385] Basien / Bażiny. CDW, Bd. I, Nr. 140. Pfarrkirche ursprünglich unter dem Titel St. Nikolaus, Eustachius und Katharina. Brachvogel (1939), 28. Schmauch, (1939). ZGAE (Dittrich) Bd. 9, S. 412ff. 1611 restauriert, 1866 Ausbau. Antoni (1993), S. 47.

[1386] Benern / Bieniewo. CDW, Bd. I, R. Nr. 280, S. 101. D. Nr. 178. Pfarrkirche ursprünglich unter dem Titel der hl. Maria Magdalena. ZGAE (Dittrich) Bd. 9, S. 434ff. Brand 1697, Neuweihe 1702. Den Umbau von 1796–98, errichtete Maurermeister Lingk aus Seeburg nach Plänen des Baumeisters Ernst Masur. Matern (1911), S. 17. Antoni (1993), S. 48.

[1387] Betkendorf / Biedkowo. CDW, Bd. I, R. Nr. 243, S. 83. SRW, Bd. I, S. 413, dort Anm. 124. Pfarrkirche St. Johannes. Seit Anfang des 16. Jh. Filiale der Frauenburger Stadtpfarrkirche. Ein Pfarrer wurde bereits 1304 genannt. Abbruchmaterial wurde um 1565 für die Pfarrkirche in Frauenburg verwendet. Die Kirche wurde bereits im Krieg zwischen dem Deutschen Orden und den Polen zerstört. Im Schadensbericht von 1414 findet sich folgender Vermerk: "... ecclesia letaliter vulnerata est, propter quod oportuit ipsam ecclesiam et cimiterium reconciliari ..." CDW, Bd. III, Nr. 595, S. 504. Die ehemalige Kirche gehörte seit Gründung dem Bischof, der Ort gelangte erst durch das Vermächtnis Heinrich von Sonnenberg an das Domkapitel.

[1388] Die Kapelle stiftete Lorenz Piatacki. Sie befand sich bis zum Abbruch auf der Rößeler Landstraße. Teichert (1934), S. 216. Die in Bischofstein befindliche Hospitalkapelle von 1586 wurde 1841 abgebrochen, ZGAE (Matern), Bd. 16, S. 106.

[1389] Die Kapelle befand sich ebenfalls auf der Rößeler Landstraße. Ebenda, S. 216f.

[1390] Die Kapelle stiftete A. Both. Ebenda, S. 217.

[1391] Legat 1612 zum Aufbau, Weihe 1632. SRW, Bd. I, S. 434, dort Anm. 236. Ursprünglicher Fachwerkbau, der später mit Backstein verkleidet wurde. Turm von 1892. Antoni (1993), S. 56.

[1392] Blankensee / Blanki. Dehio / Gall (1952), S. 234. SRW, Bd. I, S. 437, dort Anm. 243. CDW, Bd. II, Nr. 351. Seit 1565 Filiale von Siegfriedswalde, seit 1868 selbständige Pfarrei. Erste Dotation nicht überliefert, am 23. Juni 1363 Erneuerung. Darin Hinweis zur Kap. oder Filialkirchenerrichtung.: "capella seu basilica filialis". 1437 selbständige Pfarrei. 1510 wird ein Pfarrer Gregorius Hintze genannt. 1581 besaß sie 4 Pfarrhufen. Kirche zunächst dem hl. Nikolaus geweiht, später den hl. Erzengel Michael als Konpatron. Heute ist sie der hl. Apollinara geweiht. Schlichter Bau aus der ersten Hälfte des 15. Jahrhunderts. Heute verputzter Backsteinbau auf Feldsteinen, Fenster vergrößert. Turm erst um 1870 errichtet. Gotischer Baubestand nur in Resten erhalten. ZGAE (Röhrich), Bd. 18, S. 341 und 343.

Bludau, St. Nikolaus	1310 (4 Hufen)	1484	—	1703–1733 Neubau[1393]
Blumenau (Kapelle)	1349	1612	—	18. Jh. Neubau[1394]
Bößau, Gr., St. Nikolaus	1354 (4 Hufen)	1519–31, 1612–17	1580	1910 – 1911 Neubau[1395]
Braunsberg:				
Franziskanerkirche	—	1311	—	1808 abgetragen[1396]
Trinitatiskirche	—	1583	—	1681 Neubau
Kreuzkirche	—	—	—	1723–1731 Neubau[1397]
Johanneskapelle	—	—	—	untergegangen
Hl. Geist Hosp. Kap. St. Andreas	—	1. H. 14. Jh.	—	1521 Brand, 1804 abgebrochen[1398]
Hosp. Kap. hl. Georg	—	1. H. 14. Jh.	—	1521 untergegangen[1399]
Braunswalde, St. Katharinen	1337 (6 Hufen)	nach 1363, Brand A. 17. Jh.	1580, 1617	1893–1895 Neubau[1400]
Cabienen (Kabienen) (Kapelle)	—	1893	—	Neubau

1393 Bludau / Błudowo. CDW, Bd. I, R. Nr. 246, S. 84. ZGAE (Dittrich), Bd. 11, S. 271. Heute Pfarrkirche St. Nikolaus. Antoni (1993), S. 59.
1394 Blumenau / Czarny Kierz. Bischof Hermann gründete das Dorf. CDW, Bd. II, Nr. 138, S. 138.
1395 Gr. Bößau / Biesowo. Der Ort besaß zunächst nach Gründung ein Privatpatronat. Seit 1486 ist der Ort und die Kirche im Besitz des Guttstädter Kollegiatstifts. SRW, Bd. I, S. 435, dort Anm. 238. Das alte Gotteshaus wohl aus dem 14. Jh. wurde 1519 – 1531 erneuert und 1580 durch Bischof Kromer zu Ehren des hl. Nikolaus neu konsekriert. 1612–17 erneute Herstellung. ZGAE (Röhrich), Bd. 20, S. 32. Im Jahre 1480 wird der erste Pfarrer erwähnt. 1908 oder 1909 brannte die Kirche bei einem Gewitter nieder. Antoni (1993), S. 221.
1396 St. Maria.
1397 ZGAE (Lühr), Bd. 23.
1398 Im Jahre 1367 genehmigt Bischof Johannes II. die Stiftung eines Vikariates im Hl. Geist-Hospital in Braunsberg. CDW, Bd. II, Nr. 422, S. 429. 1394 überträgt Bischof Heinrich dem Rat der Stadt Braunsberg die Verwaltung des Hl. Geist Hospitals. CDW, Bd. III, Nr. 285, S. 259. ZGAE (Matern), Bd.16, S. 108ff.
1399 Erwähnt 1378 und 1420. CDW, Bd. III, Nr. 51, S. 34. ZGAE (Matern), Bd.16, S. 113f.
1400 Braunswalde / Brąswałd. Die Kirche wurde am 23. Sept. 1580 durch Bischof Kromer geweiht. Nach einem Brand erfolgte die zweite Weihe am 19. Nov. 1617 *"in honorem s. Catharinae V. M.et ss. Simonis et Judae Apostolorum"*. SRW, Bd. I, S. 422, dort Anm. 167. Um 1500 wurde das Dorf als *"verlassen und verödet"* genannt, Hermanowski (1989), S. 66f.

Dietrichswalde, Mariä Geburt	1352 (5 Hufen)	um 1400	1500, 1580	1877– 1884 Neubau[1401]	
Eschenau, St. Maria und St. Martin	1366 (2 Hufen)	1581, 1649	1583, 1684	1649 und 1684 Neubau[1402]	
Fleming, St. Maria Magdalena	1358 (2 Hufen)		1580	1870–1883 Neubau[1403]	
Frankenau	1346 (6 Hufen)	1565–1581	1581	1746–1751 Neubau[1404]	
Frauenburg:					
Hosp. Hl. Geist- und St. Annenkapelle	—	1. H. 15. Jh. – 1437, 1512–13	—	Hospitalbau[1405]	
Georginen–Hosp. Kapelle	—	1379	—	im 16. Jh. untergegangen[1406]	
Antoniterkloster	—	—	—	untergegangen	
Frauendorf, St. Anna und St. Augustin	1342 (4 Hufen)	2. H. 14. Jh.	1580	1864 Osterweiterung[1407]	

1401 Dietrichswalde / Gietrzwałd. Sie war Mariae Geburt gewidmet. Dehio / Gall (1952), S. 255. Nach einer Marienerscheinung von 1877 erfolgte Neubau unter dem Paderborner Diözesanbaumeister Güldenpfennig. Lediglich geringe Teile der Umfassungsmauern, wohl aus der Zeit vor 1500 wurden mitverwendet. Antoni (1993), S. 145.

1402 Eschenau / Jesionowo. Dehio / Gall (1952), S. 236. In der Dotation und noch 1402 findet sich kein Hinweis über eine Pfarrrkirche. Der Ort und wohl die erste Kirche gingen in den Kriegsjahren des 15. Jahrhunderts unter. Am 25. Oktober 1580 erhielt die Kirche 2 Hufen durch das Guttstädter Kapitel zugewiesen, welches zugleich Patron der dortigen Kirche war. Sie wurde wie Süßenthal Tochterkirche von Noßberg. Am 6. Juni 1583 erfolgte die Kirchweihe durch Bischof Kromer zu Ehren der Allerheiligsten Dreifaltigkeit, der seligen Jungfrau Maria und des hl. Martin. Nach einer Erweiterung wurde sie am 18. Juni 1684 erneut geweiht. Der heutige Chor von 1911. Antoni (1993), S. 172.

1403 Fleming / Frączki. Bischof Kromer weihte die Kirche am 25. Sept. 1580 *"in honorem Mariae Magdalenae"*, SRW, Bd. I, S. 436, dort Anm. 242. Filiale von Freudenberg. Bischof Johannes II. verleiht an Heinrich Fleming von Wusen die Handfeste zur Gründung des Dorfes. CDW, Bd. II, Nr.266, S. 264. 1392 bestätigt Bischof Heinrich III. die Handfeste. CDW, Bd. III, Nr. 255, S. 227.

1404 Frankenau / Frankowo. SRW, Bd. I, S. 397, dort Anm. 56. ZGAE (Dittrich), Bd. 11, S. 292. CDW, Bd. II, Nr. 75, S. 76. Der Vogt Bruno von Lutter gründete das Kirchdorf. Der Neubau erfolgte auf Betreiben des Bischofs Adam Stanislaus Grabowski, dessen Herz hier begraben liegt. Ostgiebel im Jahre 1845 erneuert. Antoni (1993), S. 177.

1405 Eine der wenigen erhaltenen ermländischen Hospitalkirchen, eigenständiger Bautyp, nach dem Vorbild zeitgenössischer Hospitalbauten. Watermann, S. 1454 – 1459. Im Jahre 1456 wird Dompropst Arnold von Datteln als Erbauer genannt. 1512–13 Bauarbeiten, 1686 Erweiterung. Nordvorhalle Anfang 16. Jh. nach Stiftung von 1680 durch Ludwig von Demuth barock umgestaltet. Apsis erhielt um 1430 reiche Wandmalereien. Antoni ebenda, S. 187f. ZGAE (Matern), Bd.16, S. 116ff.

1406 Im Jahre 1379 erfolgt eine Stiftung an der St. Georgen–Kapelle. CDW, Bd. III, Nr. 73, S. 47. ZGAE (Matern), Bd. 16, S. 121f.

1407 Frauendorf / Babiak. Verputzter Backsteinbau auf Feldsteinsockel, im gotischen Bestand nur in Resten erhalten, mehrfach umgebaut, später eingewölbt, 1864 nach Osten erweitert. Dehio / Gall (1952), S. 241f. ZGAE (Dittrich), Bd. 9, S. 176ff. Pfarrkirche Anna Selbdritt. Durch das Domkapitel gegründet

Freimarkt	1353 (2 Hufen)	1597	—	untergegangen[1408]
Guttstadt:				
Nikolauskapelle	—	1597, 1660–1661	1741	Neubau[1409]
Georgskapelle	—	—	—	Anfang des 17. Jh. untergegangen
Hosp. Kap. Hl. Geist	—	Ende 14. Jh.	1580	1877 abgebrochen[1410]
Grieslienen, St. Laurentius	1358 (5 Hufen)	1573–1580	1580	Neubau[1411]
Großendorf	1363 (4 Hufen)	1581	—	untergegangen[1412]
Heiligenthal	1347 (6 Hufen)	1. H. 14. Jh. Abbruch 1836	—	1855–1856 Neubau[1413]
Heilsberg:				
Hosp. Kap. Hl. Geist	—	Ende 14. Jh.	—	1505 abgebrochen[1414]
Hosp.–Georginen Katharinen Kap.	—	1. H. 14. Jh.	—	im 16. zerstört 1749 abgebrochen[1415]

        CDW, Bd. II, Nr. 18, S. 17. Triller (1958), 4, Jg. 1958, Nr. 2, S. 6 – 8. Birch–Hirschfeld (1941), Nr. 2. Bischof Kromer weihte am 28. August 1580 *"in honorem s. Annae et s. Augustini"* die Kirche neu, SRW, Bd. 1, S. 432.

1408   Freimarkt / Wolnica. SRW, Bd. I, S. 438, dort Anm. 246. Pfarrkirche St. Michael, Filiale von Benern. Die Kirche war zur Zeit der Dorfhandfeste 1353 errichtet: *"ad ecclesiam quoque ibidem ad honorem sancti Michaelis fundatam et constructam duos mansos liberos assignamus"*. ZGAE (Röhrich), Bd. 18, S. 259, dort Anm. 1.
1409   1597 Stiftung durch Domdechant V. Helwing. Zwischen 1660 und 1661 Neubau durch Ratsmann Jeschke. 1741 Weihe durch Weihbischof Laszewski.
1410   ZGAE (Matern), Bd.16, S. 126f.
1411   Grieslienen / Gryźliny. CDW, Bd. II, Nr. 272f. Die Weihe erfolgte am 20. Sept. 1580 durch Bischof Kromer *"in honorem s: Laurentii"* SRW, Bd. I, S. 419, dort Anm. 157. Das Domkapitel gründete das Dorf.
1412   Großendorf / Wielochowo. Wann die Kirche zerstört wurde, ist unbekannt; wohl im Städte– oder Pfaffenkrieg. Bereits 1581 ist die Kirche nicht mehr vorhanden. ZGAE (Röhrich), Bd. 18, S. 359f.
1413   Heiligenthal / Świątki. SRW, Bd. I, S. 418, dort Anm. 153. Pfarrkirche St. Cosmas und Damianus. Bischof Johannes II. erneuert 1365 die Handfeste. CDW, Bd. II, Nr. 381, S. 395. Die alte Kirche wurde wohl in der Zeit Bischofs Heinrich III. Sorbom (1373 – 1401) geweiht. Sein Siegel fand man beim Abbruch des Hochaltars im Reliquienschrein. ZGAE, Bd. 18, Röhrich ebenda, S. 286. Antoni (1993), S. 254.
1414   SRW, Bd. I, S. 440, dort Anm. 256 und S. 271. ZGAE (Matern), Bd.16, S. 130f.

Kreuzkapelle	—	1677	1709	1789 Neubau[1416]	
Heinrichsdorf	1310 (4 Hufen)	14. Jh.	—	im 15. Jh. untergegangen[1417]	
Kalkstein	1285	14. Jh.	1580	1923 Neubau[1418]	
Klaukendorf, St. Valentin und St. Rochus	1352 (5 Hufen)	A. 15. Jh.	1581	1690 und 1718–1720 Neubau[1419]	
Kleeberg, Gr., Hl. Kreuz	1357 (6 Hufen)	M. 16. Jh.	1581	1891–1892 Neubau	
Krossen, Mariä Heimsuchung	1344	1400, 1593	—	1715–1720 Neubau[1420]	
Langwalde, St. Johannes	1318 (4 Hufen)	2. H. 14. Jh.	1581	2. H. 17. Jh. Neubau[1421]	
Labuch (Kapelle)	—	1659 errichtet	—	1831 abgebrochen[1422]	
Lautern, St. Maria Magdalena	1375 (6 Hufen)	15. Jh., 1550 Brand	1580	1860–1863 Neubau[1423]	
Legienen, St. Maria Magdalena	1359 (4 Hufen)	um 1400	—	1824 Neubau[1424]	

1415 SRW, Bd. I, S. 440, dort Anm. 256. 1391 Stiftung der Vikariate in der hl. Katharinen Kap. CDW, Bd. III, Nr. 257, S. 228. ZGAE (Matern), Bd.16, S. 131ff.

1416 SRW, Bd. I, S. 440, dort Anm. 256. Dehio / Gall (1952), S. 232.

1417 Heinrichsdorf / Wojkowo. SRW, Bd. I, S. 414, dort Anm. 127. 1346 überträgt das Domkapitel die Gründung des Dorfs Heinrichsdorf im Ksp. Santoppen an Heinrich von Geldern. CDW, Bd. II, Nr. 72, S. 72. Die Zinseinkünfte aus diesem Dorf und von Santoppen flossen an die Baukasse der Domkirche. ZGAE (Röhrich), Bd. 21, S. 104.

1418 Kalkstein / Wapnik. Ursprünglich Bau aus dem 14. Jh. 1923 abgetragen und neu errichtet. Beschreibung des Altbestandes vgl. Boetticher (1894), S. 16f. ZGAE (Dittrich), Bd. 9, S. 416ff. Sie wurde dem hl. Andreas geweiht. Hermanowski (1898), S. 147.

1419 Klaukendorf / Klewki. Am 2. Aug. 1581 weihte die Kirche Bischof Kromer unter dem Titel "s. Mariae Mgdalenae" SRW, Bd. I, S. 421, dort Anm. 160. ZGAE (Dittrich), Bd. 11, S. 303. Um 1690 Erweiterung nach Westen, 1718 Brand, danach Aufbau, Neuweihe 1720 unter dem oben genannten Patronen. Antoni (1993), S. 294.

1420 Krossen / Krosno. Bereits um 1400 wird ein Marienkapelle genannt. Brachvogel (1929). Hermanowski (1989), S. 173. Die Kirche wurde durch den Baumeister J. C. Reimers neu errichtet.

1421 Langwalde / Długobór. CDW, Bd. I, R. Nr. 295, S. 108. In der Handfeste wird Dotation der Johannes Kirche festgelegt. SRW, Bd. I, S. 430, dort Anm. 218. Pfarrkirche 'St. Johann Ev. ante portam Latinam'. ZGAE (Dittrich), Bd. 8, S. 644f. Die Kirche wurde im Schwedenkrieg stark zerstört und in der 2. Hälfte des 17. Jh. wieder hergestellt. Heute nur noch unbedeutende gotische Reste.

1422 Labuch / Łabuchy. SRW, Bd. I, S. 401, dort Anm. 69. Die Kapelle ließ Domherr Szemborowski errichten. Sie gelangte später in den Besitz des Braunsberger Jesuitenkolegiums und ging wohl in der Zeit der Aufhebung des Jesuitenordens um 1780 unter. Im Jahre 1831 wurde die Kapelle abgebrochen. Teichert (1934), S. 88.

1423 Lautern / Lutry. SRW, Bd.I, S. 434, dort Anm. 237. Bischof Heinrich III. erneuert die Handfeste. CDW, Bd. II, Nr. 507, S. 544.

Lemkendorf, Gr., St. Nikolaus	1374 (4 Hufen)	12. H. 14. Jh, 1686	1575, 1748	1830–1831 Neubau[1425]
Lichtenau, St. Johannes d. T. (Kap.)	1326 (4 Hufen)	14. Jh., 1676–1710	1702	1700–1702 Neubau[1426]
Lokau, St. Rochuskapelle	—	1652, 1732–1750	—	1750 Neubau[1427]
Mehlsack:				
Hosp. Kap. St. Jakob	—	1554, 1621–1623	1700	1700 Neubau[1428]
hl. Georg Kapelle	—	1359, 1623	—	vor 1724 untergegangen[1429]
Migehnen, St. Laurentius	1311 (4 Hufen)	1688–1689	1707	1899 Umbau[1430]

1424 Legienen / Leginy. Bischof Johannes II. gründet das Dorf neu. CDW, Bd. II, Nr. 285, S. 282. 1404 erhielt Familie von Ulsen über die bereits bestehende Kirche die Privatpatronatsrechte verliehen. Die Kirche gehörte zum Dekanat Rößel. ZGAE (Röhrich), Bd. 21, S. 88.
1425 Gr. Lemkendorf / Lamkowo. SRW, Bd. I, S. 398, dort Anm. 60.
1426 Lichtenau / Lechowo. In der Handfeste 1326 vier Hufen für die zu errichtenden Kapelle. Bis der Ort einen eigenen Pfarrer erhielt wurden Einwohner durch Pfarrer von Plauten versorgt. CDW, Bd. I R. Nr. 359, S. 135, D. Nr. 232. Bischof Załuski weihte die Kirche am 2. April 1702 *"in honorem s. Johannis Baptistae"*, SRW, Bd. I, S. 432, dort Anm. 230. ZGAE (Dittrich), Bd. 8, S. 630ff.
1427 Lokau / Tłokowo. Die Sakramentskapelle wurde durch Seeburger Bürger gestiftet. Die Kapelle wurde dem hl. Rochus gewidmet. A. Poschmann (1938), S. 152f.
1428 Zuerst stand an der Landstraße nach Braunsberg ein Hospital mit Heiliggeist–Kapelle. In den Kriegsjahren des 15. und 16. Jh. wurde die Kapelle zerstört. Zur Zeit des Bischofs Hosius (1551 – 1579) bat 1554 die Jakobibruderschaft um Erlaubnis, eine Kapelle auf den alten Hospitalkirchof zu stellen. Nachdem die Kapelle verfallen war, erfolgte 1620 – 1622 der Wiederaufbau und die Neuweihe erfolgte am 5. Nov. 1700 zu Ehren des hl. Jakobus und des hl. Rochus. A. Poschmann (1955), S. 31f. SRW, Bd. I, S. 429, dort Anm. 214. Dehio / Gall (1952), S. 181. ZGAE (Dittrich), Bd. 8, S. 616. ZGAE (Matern), Bd.16, S. 138ff.
1429 In der Vorstadt wurde nahe dem Georgen–Hospital bereits 1359 und 1375 die *'Vicaria s. Georgii'* erwähnt. SWR, Bd. I, S. 429, dort Anm. 214. ZGAE (Dittrich), Bd. 8, S. 616f.
1430 Migehnen / Mingajny. In der Zeit von Bischof Eberhard durch die Lokatoren Heinrich und sein en Bruder Theoderich gegründet. Handfeste 100 Hufen mit vier Pfarrhufen vom 4. März 1311. Im Jahre 1338 wird ein Pfarrer Jacobus erwähnt. Das Frauenburger Domkapitel besitzt das Patronatsrecht. Die Kirche wurde Anfang des 14. Jahrhunderts errichtet. Glasierte Rautenmuster am Turm. Gall datiert die Kirche ins dritte Viertel des 14. Jahrhunderts. Der orthogonale Grundriß hat die Außenmaße 33 Meter Länge und 12,5 Meter Breite. Der Bau besitzt keine Streben. Mauerwerk aus gefugten Ziegeln im gotischen Verband. Auf der Nordseite Sakristei im gotischen Verband mit dem Langhaus. Nördliche Langhausseite ursprünglich ohne Fenster und mit spitzbogigen, verputzten Blenden. Spuren davon am zweiten Fenster vom Turm. Heute sind wie auf der Südseite Spitzbogenfenster eingebrochen. Später angefügte Südvorhalle im Blockverband. Inneres Portal mit Spitzbogen und Dreiviertel Rundstab profiliert. Ungegliederter Westturm mit Rautenmuster aus gesinterten Bindern. Auf der Westseite mehrere Spitzbogenluken in hohen Mauerblenden, an den Seiten nur schmale Bahnen. Dachpyramide neu. Reparaturarbeiten und Wiederherstellungsarbeiten 1688 – 1689 und 1709. Reparatur des Turms 1717. 1899 Erweiterung durch Querhaus und Chor. Erhöhung der Ringmauer. Einwölbung. Aufgrund der vielen Umbauten im gotischen Bestand nur in Resten erhalten. Boetticher, (1894), S.186. Dehio / Gall (1952), S. 182:*"quatuor mansis, quos pro dote Ecclesie"*, CDW, Bd. I, Nr. 158, S. 274. SRW, Bd. I, S. 432.

Ort				
Münsterberg, St. Katharina	1383 (4 Hufen)	1587	1699	1819 Brand, 1851–52 Neubau[1431]
Neuhof (Kreuzkapelle)	—	1701–1709	—	1789 Neubau[1432]
Nossberg, St. Marien	1362 (6 Hufen)	Ende 15. Jh.	1580	1716 Neubau[1433]
Open (Kapelle)	1333 (4 Hufen)	1333 erwähnt	1400	1800–1803 Neubau[1434]
Peterswalde (b. Mehlsack), St. Andreas	1330 (4 Hufen)	1581–1589	—	1771–1772 Neubau[1435]
Prositten, St. Marien	1354 (4 Hufen)	1585	1608	1842–1844 Neubau[1436]
Queetz, St. Jakob	1372 (4 Hufen)	—	1580, 1699	1692–1693 Neubau[1437]
Ramsau, St. Andreas	1379	—	1730	1727–1730 Neubau, 1857 Umbau[1438]
Raunau, St. Johannes Ev.	1359 (4 Hufen)	15. Jh.	1580, 1786	1852–1857 Neubau[1439]
Rautenberg, Gr., Allerheiligen Kirche	1297 (4 Hufen)	1597	1701	1440

1431 Münsterberg / Cerkiewnik. Bereits 1320 wird das Dorf Münsterberg urkundlich genannt. CDW, Bd. I, R. Nr. 314, S. 116; D. Nr. 204. 1397 schenkte Bischof Sorbom den Ort dem Kollegiatstift zu Guttstadt. Am 4. Dez. 1699 weihte sie Bischof Załuski unter dem Titel *"sub titulo s. Catherinae"*. SRW, Bd. I, S. 418, dort Anm. 151. Tochterkirche von Glottau.
1432 Neuhof / Nowy Dwór, 2 Km westlich von Heilsberg. Boetticher (1894), S. 154.
1433 Nossberg / Orzechowo. SRW, Bd. I, S. 421, dort Anm. 161. Bischof Johannes II. gründet Dorf. CDW, Bd. II, Nr. 331, S. 342.
1434 Open / Opin. In der Handfeste von 1333 erhält der Ort für die zu errichtende Kapelle vier Hufen. Der Pfarrer von Wormditt soll die Kapelle versorgen. CDW, Bd. I, R. Nr. 400, S. 150. Hermanowski (1989), S. 224. ZGAE (Dittrich), Bd. 9, S. 244ff. Filialkirche *'zum siegreichen Kreuze, der Jungfrau Maria, dem Apostel Jakobus dem Ä. und allen Heiligen'*. Im Jahre 1800 brannte die Kirche nieder.
1435 Peterswalde / Piotrowiec. Der Ort wurde bereits 1326 durch Bischof Jordan gegründet. In der Dotation von 1330 werden vier Pfarrhufen dotiert. CDW, Bd. I, R. Nr. 386, S. 145; D. Nr. 251. SRW, Bd. I, S. 430, dort Anm. 222. ZGAE (Dittrich), Bd. 8, S. 637ff.
1436 Prositten / Prosity. SRW, Bd. I, S. 397, dort Anm. 57.
1437 Queetz / Kwiecewo. SRW, Bd. I, S. 418, dort Anm. 152. Bischof Johannes II. erneuert 1372 die Handfeste. CDW, Bd. II, Nr. 455, S. 452. Bischof Kromer weiht am 17. September 1580 die Kirche zu Ehren des hl. Apostels Jakobus. Zwischen 1690 und 1701 entstand nach Abbruch ein Neubau, der bereits am 3. Dezember 1699 neu konsekriert wurde. Der Glockenturm wurde 1862 neu errichtet. ZGAE (Röhrich), Bd. 18, S. 274.
1438 Ramsau / Ramsowo. Vormals St. Katharina. Antoni (1993), S. 508.
1439 Raunau / Runowo. Am 6. Juni 1580 *"in honorem s. Johannis Evangelist"*. Neuweihe unter Bischof Krasicki am 16. Mai 1786. SRW, Bd. I, S. 441, dort Anm. 295. Bischof Johannes II. verlieh die Handfeste. CDW, Bd. II, Nr. 287, S. 284.

Regerteln, St. Margarethe	1297	Ende 14. Jh.	1580	1918 Erweiterung[1441]
Reichenberg, St. Elisabeth	1359 (4 Hufen)	Mitte 14. Jh., Brand 1651	—	1718, 1860 Erweiterung[1442]
Reimerswalde, St. Johannes	1359 (4 Hufen)		1580, 1786	1783–1786 Neubau[1443]
Robaben, Wallfahrtskapelle	—	1733		1929 Umbau[1444]
Rosengarth	1359 (4 Hufen)	—	1606	1604–1606 Neubau[1445]
Rößel:				
Hosp. Kap. Hl. Geist	—	Mitte 14. Jh., 1580	1580, 1702	nach 1690 Neubau, 1806 zerstört[1446]
Hosp. Kap. St. Georg	—	—	—	15. Jh. zerstört[1447]

1440 Gr. Rautenberg / Wierzno Wielkie. Bischof Heinrich verlieh an Martin von Ruthenberch 90 Hufen und zugleich erhielt der Lokator das Patronatsrecht der zu gründenden Kirche. CDW ebenda, Bd. I R. Nr. 181, S. 58. SRW, Bd. I, S. 412, dort Anm. 122. ZGAE (Dittrich), Bd. 11, S. 309f. Schmauch (1960), Nr. 6, 1960.

1441 Regerteln / Rogiedle. Bischof Heinrich verlieh an Alexander von Lichtenow 100 Hufen und zugleich das Patronatsrecht der zu gründenden Kirche. Gotischer Bestand nur in Resten erhalten, starke Umbauten im 19. Jh. und Erweiterung 1918. CDW, Bd. I, R. Nr. 185, S. 60. Die Kirche wurde 1580 der hl. Margaretha geweiht. Sie wurde Filiale von Wolfsdorf. Hermanowski (1989), S. 245.

1442 Reichenberg / Kraszewo. Dehio / Gall (1952), S. 233. Pfarrkirche St. Elisabeth. Bischof Johannes II. bestätigt die Handfeste im Jahr 1359. CDW, Bd. II, Nr. 298, S. 298. Im Jahre 1651 brannte die Kirche nieder und wurde wiederhergestellt. 1716 wird der Erweiterungsbau der Kirche genehmigt, die Ausführung erfolgt 1718. Im Jahre 1860/61 wurde die Kirche erneut erweitert. Der bereits 1858 abgebochene Turm wurde 1860 neu errichtet. ZGAE (Röhrich), Bd. 18, S. 335. Kranich (1903), Nr. 445, S. 10 ff.

1443 Reimerswalde / Ignalin. SRW, Bd. I, S. 441, dort Anm. 295. Bischof Johannes II. bestätigt die Handfeste 1359. CDW, Bd. II, Nr. 296, S. 297. Der Ort war zunächst Filiale von Raunau und wurde Ende des 16. Jahrhunderts eine eigene Pfarrei, Raunau zur Filiale. Ein Neubau erfolgte wohl aus diesem Grunde, und Bischof Kromer weihte am 6. Juni 1580 die Kirche 'zu Ehren des hl. Johannes dem Apostel und Evangelisten'. Im Jahre 1783 erfolgt die Errichtung eines Neubaus den am 16. Mai 1786 Bischof Krasicki auf den alten Titel weiht. ZGAE (Röhrich), Bd. 18, S. 366.

1444 SRW, Bd. I, S. 403, dort Anm. 78.

1445 Rosengarth / Różanka. Bereits im Jahre 1312 wird ein Wilko von Marienfeld als Schulze von Rosengarth urkundlich erwähnt. CDW, Bd. I, R. Nr. 263, S. 93. Im Jahre 1317 wird das Schulzenamt an Gerhard von Marwitz verkauft. Eine Pfarrkirche wird nicht genannt. CDW, Bd. I, R. Nr. 285, S. 103. SRW, Bd. I, S. 418, dort Anm. 152. Tochterkirche von Queetz. Bischof Johannes II. bestätigt 1359 die bestehende Handfeste. CDW, Bd. II, Nr. 293, S. 293. 1399 wird Handfeste erneuert, CDW, Bd. III, Nr. 339, S. 310.

1446 SRW, Bd. I, S. 402, dort Anm. 78. Im Jahre 1656 heißt es: "von Holz aufgebaute Hospitalkirche in Rößel ein schlechtes Gebäude." Ein Neubau wurde 1694 errichtet und am 7. Mai 1702 durch Bischof Załuski 'dem Hl. Geist und der seligen Maria Magdalena' geweiht. Die Kirche verbrannte im Stadtbrand von 1806. ZGAE (Röhrich), Bd. 18, S. 213. ZGAE (Matern), Bd. 16, S. 140ff.

Augustiner–Klosterkirche St. Johannes	1347	1583, 1673	—	1798–1802 Neubau[1448]
Sauerbaum	1379	—	—	Anfang 16. Jh. verfallen[1449]
Schellen	1339 (4 Hufen)	1420 erwähnt	1493	1706 Neubau 1890 Umbau[1450]
Schlitt, St. Maria und St. Johannes	1348	M. 14. Jh., Neubau 1684	1709	1708–1709 Neubau[1451]
Schöndamerau	1391 (4 Hufen)	—	—	untergegangen[1452]
Schönbrück, St. Nikolaus und St. Johannes Ev.	1363 (5 Hufen)	Ende 15. Jh. 1608, 1687 Erweiterung	1500	1771 Neubau[1453]
Schönwiese, Sühnekapelle zum Hl. Kreuz	—	1722–1723	1723, 1755	1752–1765 Neubau[1454]
Seeburg:				
Hosp. Kap. Hl. Kreuz	—	—	1580	1677 Neubau[1455]
4 km nö. Rochuskapelle	—	1652–1665	—	1722–1750 Neubau[1456]

1447 Bereits im Jahre 1426 wird die Kapelle erstmalig erwähnt, wurde jedoch wohl zusammen mit dem Hospital errichtet. die Kriege im 15. Jh. vernichteten Hospital und Kapelle. ZGAE (Röhrich), Bd. 18, S. 214. ZGAE (Matern), Bd.16, S. 145.
1448 SRW, Bd. I, S. 402f. dort Anm. 78. ZGAE (A. Poschmann), Bd. 24, 1930. Johanniskirche. ZGAE (Röhrich), Bd. 18, S. 206 – 212.
1449 Sauerbaum / Zerbuń. Kirche seit 1480 Kommende von Groß Bößau.
1450 Schellen / Ryn Reszelski. In der Gründungsurkunde von 1339 wird keine Pfarrkirche dotiert. CDW, Bd. I. R. Nr. 462, S. 174. SRW, Bd. I, S. 404, dort Anm. 83. Pfarrkirche *'St. Maria, Peter und Paul, Brabara, Dorothea, allen Märtyrern und Jungfrauen'*; Tochterkirche von Glockstein. Bischof Johannes II. bestätigt 1361 die Handfeste. CDW, Bd. II, Nr. 313, S. 328.
1451 Schlitt / Skolity. Bischof Hermann gründete das Dorf. CDW, Bd. II, Nr. 103, S.109. Kirche wurde dem Evangelisten Johannes geweiht. Bischof Załuski weiht die Kirche 1709 der hl. Jungfrau Maria und dem hl. Johannes. Hermanowski (1989), S. 264.
1452 Schöndamerau / Dąbrowa. SRW, Bd. I, S. 412, dort Anm. 121. Wohl um 1300 wird die erste nicht mehr vorhandene Handfeste ausgestellt, 1391 wird die zweite Handfeste ausgestellt. CDW, Bd. III, Nr. 253, S. 225.
1453 Schönbrück / Szabruk. SRW, Bd. I, S. 419, dort Anm. 156. Im Zweiten Weltkrieg zerstört, heute Ruine.
1454 Schönwiese / Międzylesie. Hermanowski (1989), S.267. Das Dorf ließ 1346 Bischof Hermann gründen. CDW, Bd. II, Nr.76,S.78.
1455 Die Kapelle stiftete der Bistumsvogt Christoph Troscke. Bischof Kromer weihte sie. Wohl im Jahre 1677 wurde die alte Holzkapelle in Stein erneuert. ZGAE (Röhrich), Bd. 18, S. 393. A. Poschmann (1938), S. 151f. Anfang des 19. Jh. Abbruch. ZGAE (Matern), Bd.16, S. 147f.
1456 SRW, Bd. I, S. 433, dort Anm. 231. Im Jahre 1652 wurde dort eine silberne Pyxis mit der Hl. Eucharistie gefunden. 1665 wird die Kapelle zu Ehren der Hl. Sakramente und als Mitpatron der hl. Rochus gestiftet. Es entstand eine beliebte Wallfahrt, so daß im 18. Jh. ein Neubau erfolgte, der am 26.

Siegfriedswalde, St. Johannes	1358 (4 Hufen)	1600–1606	1606	1912 Neubau[1457]
Sonnwalde (Kapelle)	1326 (4 Hufen)	2. H. 14. Jh.	1583, 1630	1681 Umbau[1458]
Springborn, Wallfahrts– und Klosterk. Regina Pacis	1349	1639–1641	—	1708–1717 Neubau[1459]
Stegmannsdorf, Wallfahrtskirche z. Hl. Kreuz	1349	1570	—	1720–1728 Neubau[1460]
Stolzhagen	1362 (6 Hufen)	14. Jh., 1565 baufällig 1606–08	1580, 1606	1911 Neubau[1461]
Strowangen (Kapelle)	1346 (6 Hufen)	—	—	1612–1618 Neubau[1462]

September 1790 durch Bischof Krasicki die Weihe erhielt. ZGAE (Röhrich), Bd. 18, S. 393, 26. Sept. 1790 Weihe durch Bischof Ignaz von Krasicki. A. Poschmann (1938), S. 155.

1457 Siegfriedswalde / Żegoty. SRW, Bd. I, S. 433, dort Anm. 232. Pfarrkirche *"Johannes Ev. ante portam Latinam"*. Ein Pfarrer wird schon 1375 genannt. Am 27. August 1606 weiht Bischof Rudnicki die Kirche *'zu Ehren des allmächtigen Gottes, der allerseligsten Jungfrau Maria und aller Heiligen und zum Gedächtnis des hl. Evangelisten Johannes vor dem lateinischen Tor'*. Die Kirche wurde Anfang des 20. Jahrhunderts völlig abgetragen, neu errichtet und am 4. Juni 1912 von Bischof Bludau konsekriert.

1458 Sonnwalde / Radziejewo. In der Handfeste von 1326 werden vier Hufen für die zu erbauende Kapelle dotiert. Die Einwohner wurden durch den Pfarrer von Heinrikau versorgt, solange keine eigene Pfarrkirche bestand. CDW, Bd. I, R. Nr. 353, S. 132, D. Nr. 227. ZGAE (Dittrich), Bd. 8, S. 620ff. Dehio / Gall (1952), S. 182. Später ist die Kirche Filiale von Layß. Bischof Johannes II. bestätigt 1358 die Handfeste. CDW, Bd. II, Nr. 270, S. 270.

1459 Springborn / Stoczek. Hermanowski (1989), S. 273. ZGAE (Dittrich), Bd. 11, S. 321. Bischof Hermann ließ das Dorf gründen. CDW, Bd. II, Nr. 143, S. 144. An der Stelle einer im 15. Jh. vorhandenen Marienkapelle wurde durch Bischof Szyszkowski zwischen 1639 und 1641 zu Ehren der Muttergottes eine Wallfahrtskirche ausgebaut. Den Ort versorgten Bernhardiner. Das Kloster wurde nach 1666 ausgebaut und 1672 zu einem selbständigen Kloster erhoben. Die Kirche wurde 1708 – 1717 in ihre heutige Gestalt gebracht. Vgl. hierzu Weise (1981), S. 213. J. Schmauch (1953), Bd. 86, S. 192 – 197. L. Stange, in: Hedwigs–Kalender, Bd. 7, Jg. 1960, S. 93 – 94.

1460 Stegmannsdorf / Chwalęcin. N.N. (1874), 6,. Lingnau (1907). Rosenberg (1935). Das Domkapitel gründete das Dorf. CDW, Bd. II, Nr. 140, S. 140. Veranlaßt durch die Pest von 1709 wurde auf Betreiben des Domkapitels eine Votivkirche zum Hl. Kreuz zwischen 1720 und 1728 nach Plänen des Wormditter Maurermeisters Joh. Christoph Reimers errichtet. Im Juni 1728 weihte die Wallfahrtskirche Bischof Szembek. Vgl. hierzu Weise (1981), S. 215.

1461 Stolzhagen / Kochanówka. SRW, Bd. I, S. 443, dort Anm. 267. Bischof Johannes II. erneuerte 1362 die Handfeste. CDW, Bd. II, Nr. 323, S. 336. Im Jahre 1565 erfolgte eine umfassende Herstellungsarbeit, und Bischof Martin Kromer weiht die Kirche am 4. Sept. 1580 zu Ehren der Geburt der allerseligsten Jungfrau Maria und des hl. Laurentius. Anfang des 17. Jh. erfolgte ein Neubau. Im Bauvertrag mit Meister Georg Weinet, Bürger aus Wartenburg vom 7. April 1606 findet sich der Hinweis: *"Die Kirchspielskinder sollen die alte Kirche, so in Fachwerk gemauert und mit Pleis (Kalkputz) bedeckt, abbrechen und den Grund räumen."* Am 11. Mai 1608 weiht Bischof Rudnicki die neu aus Ziegeln errichtete Kirche. Im Jahre 1909 mußte die baufällige Kirche von Grund auf neu errichtet werden. ZGAE (Röhrich), Bd. 18, S. 347ff. Matern (1929), S. 15f.

Sturmhübel, St. Nikolaus	1339 (4 Hufen)	14. Jh., 1519–1521	1581, 1779	1754–1757 Neubau[1463]
Süßenberg, b. Reichenberg	1359 (2 Hufen)	Kap.v.1597 eingegangen	—	1791–794 Neubau[1464]
Süßental, St. Nikolaus	1344 (6 Hufen)	1565 vorhanden	1581, 1851	1900 Neubau[1465]
Tiedmannsdorf, Hl. Dreifaltigkeit und Jungfr. Maria	1296 (4 Hufen)	A. 14. Jh.	1582	1717–1721 Neubau[1466]
Tollack (Kapelle)	1369 (5 Hufen)	E. 14. Jh.	1782	Neubau E. 18. Jh.[1467]
Tollnigk (Kapelle)	1338	—	—	18. Jh. Neubau[1468]
Tüngen (St. Michael Kapelle)	1282	1595–1625	—	1823–1831 Neubau[1469]
Wartenburg (Hosp. Kapelle)	—	1544	—	1798 zerstört[1470]

1462 Boetticher (1894, S. 32) vermutete, daß die ehemalige Marthakapelle einst die alte Dorfkirche von Strowangen war und aufgrund des Legats von 1612 durch den Erzpriester Thomas Markeim aus Wartenburg neu als Michaelskapelle errichtet wurde.
1463 Sturmhübel / Grzęda. Der Ort wird 1339 durch den Dompropst Johannes und Heinrich von Luter mit Zustimmung durch das Domkapitel unter den Namen Boumgarten gegründet. In der Gründungsurkunde sind bereits vier Pfarrhufen dotiert. CDW, Bd I, R. Nr. 461, S. 174. SRW, Bd. I, S. 404, dort Anm. 84. Bischof Kromer weihte die Kirche 1581 zu Ehren des hl. Nikolaus. 1754 vernichtete ein Brand die Kirche. Die Neuweihe nach dem Wiederaufbau erfolgte am 6. Oktober 1779 durch Bischof Krasicki. ZGAE (Röhrich), Bd. 19, S. 249 und 254. Antoni (1993), S. 605.
1464 Süßenberg / Jarandowo. Hermanowski (1989), S. 278. Bischof Johannes II. verlieh die Handfeste. CDW ebenda, Bd. II, Nr. 291, S. 291. Filialkirche von Reichenberg. Kapelle ging bereits im 16. Jh. unter und wurde zwischen April – August 1794 durch Maurermeister Lingk aus Seeburg neu errichtet und am 8. Sept. durch Propst Petrus Elsner benediziert. Der Turm wurde 1894 angefügt. ZGAE (Röhrich), Bd. 18, S. 393f. Matern (1929), S. 17.
1465 Süßenthal / Sętal. SRW, Bd. I, S. 422, dort Anm. 168. Die Patronatsrechte besaß das Kollegiatstift zu Guttstadt. Am 3. August 1581 weiht Bischof Kromer die Kirche 'zu Ehren des hl. Bischof Nikolaus'. ZGAE (Röhrich), Bd. 21, S. 401. Antoni (1993), S. 605.
1466 Tiedmannsdorf / Chruściel. Bischof Heinrich verschreibt den Ort an Ritter Rupert mit 100 Hufen, der auch Patron der zu errichtenden Kirche werden sollte. CDW, Bd. I, R. Nr. 179, S. 57f. ZGAE (Dittrich), Bd. 11, S. 332ff.
1467 Tollack / Tuławki. SRW, Bd. I, S. 436, dort Anm. 241. Bischof Johannes II. ließ das Dorf gründen. CDW, Bd. II, Nr. 430, S. 434.
1468 Tollnigk / Tolniki Małe. SRW, Bd. I, S. 403, dort Anm. 78. ZGAE (Röhrich), Bd. 19, S. 246. Bischof Johannes II. bestätigt 1361 die Handfeste. CDW, Bd. II, Nr. 320, S. 334.
1469 Tüngen / Bogatyńskie. SRW, Bd. I, S. 438, dort Anm. 244. ZGAE (Dittrich), Bd. 9, S. 249ff.
1470 Die erste Kapelle brannte 1544 nieder. Neugründung 1568, Stadtbrand 1798. ZGAE (Matern), Bd. 16, S. 150f.

Wernegitten (St. Margaretha)	1348 (4 Hufen)	um 1500, 1577	1581	1577–1581 Neubau, 18. Jh. Umbau[1471]
Wormditt:				
Hosp. Kap. Hl. Geist	kurz nach 1341	1406	1494	um 1520 zerstört[1472]
Georginen–Hosp. Kapelle	1. H. 14. Jh.	—	—	1520 zerstört, Neubau, Abbruch 1879[1473]
Jerusalemskapelle	—	—	—	1829 Neubau
Wolfsdorf	1332 (4 Hufen)	E. 18. Jh.	—	1786–1789 Neubau[1474]
Wusen, St. Jakobus	1289 (4 Hufen)	1582	—	1720–1729 Neubau[1475]
Wuttrienen, St. Jakobus	1412 (6 Hufen)	1516, 1680– 1689, 1886 Brand	1701	Neubau des 17. Jh.[1476]

1471 Wernegitten / Klębowo. Pfarrkirche St. Margaretha. Bischof Hermann ließ das Kirchdorf Schönfeld (oder auch Wernegitten genannt) gründen. CDW, Bd. II, Nr. 106, S. 113. Antoni (1993), S. 566.
1472 SRW, Bd. I, S. 437, dort Anm. 244. ZGAE (Dittrich), Bd 9, S. 243f. Das Hospital erhielt 1384 eine Schenkung von 6 Hufen. CDW, Bd. III, S. 135. Im Reiterkrieg wurde die Kapelle zerstört. ZGAE (Matern), Bd.16, S. 151ff.
1473 SRW a.a.O. Das Aussatzhaus erhielt 1384 eine Schenkung von 6 Hufen. CDW a.a.O. ZGAE (Matern), Bd.16, S. 154f.
1474 Wolfsdorf / Wilczkowo. CDW, Bd. I, R. Nr. 369, 367, S. 149. D. Nr. 259. Einen Tag nach der Dotation erklärt Bischof Heinrich II., daß der Ort eine Kirche haben soll.
1475 Wusen / Osetnik. Den Ort verlieh Bischof Heinrich I. an seinen Bruder Johannes Fleming mit 100 Hufen. Die Kirche wird in der ersten Handfeste noch nicht genannt. CDW, Bd. I, R. Nr. 155, S. 48. ZGAE (Dittrich), Bd. 8, S. 641ff. 1945 zerstört, heute Ruine. Antoni (1993), S. 666.
1476 Wuttrienen / Butryny. SRW, Bd. I, S. 421, dort Anm. 163. Hermanowski (1989), S. 301. Im Jahre 1701 weihte die Kirche Bischof Andreas Załuski. Antoni ebenda, S. 667.

7. Die Frage nach der Existenz einer ermländischen Bauschule

7.1 Bauorganisation

Wie festgestellt, gibt es bei den Stadtkirchen keine und bei den Dorfkirchen nur sehr wenige grundherrliche Patronate. Diese wurden zumeist an nähere Verwandte der Bischöfe übertragen. Somit lag die Bauaufsicht und Auftragsvorschrift ausschließlich in Händen des Bischofs und des Frauenburger Domkapitels. *"Die Kanoniker allein bestimmten über die Einrichtung von Pfarreien und den Bau von Gotteshäusern und erteilten an Untertanen die Erlaubnis, Kirchen stiften und errichten zu dürfen."*[1477] Dadurch war es erforderlich, die Bautätigkeiten zentral zu verwalten. Wie dieser Verwaltungsapparat im Ermland arbeitete, konnte aufgrund verschiedener Aussagen in Urkunden rekonstruiert werden. (Vgl. hierzu Tafel II)

Wichtige Voraussetzung für die Errichtung der Sakralbauten war eine laufende, gesicherte Finanzierung. Hauptorgan für die Beschaffung und Verteilung von Finanzmitteln war die fabrica. Einer der Domherren fungierte als *'magister fabricae'*. Seit 1343 bekleidete dieses Amt zugleich der 'Kustos'. In die Kasse flossen Gelder aus unterschiedlichen Quellen, so aus päpstlichen Ablässen, Stiftungen, Eintrittsgeldern von neuen Prälaten, aus Nachlässen oder aus Steuergeldern der abgabenpflichtigen Orte. Auch die Domherren und der Bischof hatten regelmäßige Abgaben zu leisten. So erhielt die Kasse nach alter Sitte vom Domkapitel zwei Drittel und vom Bischof ein Drittel an Bauabgaben. Fehlten Gelder, konnte der Kustos sie durch Anleihen beschaffen. Fabricafinanzen durften auch durch geschickte Geldpolitik gemehrt werden. Aus dieser Kasse flossen die Gelder nicht nur in den Dombau, sondern auch zu allen inkorporierten Kirchen, die zum Domkapitel oder zum Bischof gehörten. Analog hierzu existierte eine weitere eigenständige fabrica im Stiftskapitel zu Guttstadt. Die dortige fabrica verwalteten der Dekan und der Kirchenälteste. Diese Gelder flossen allerdings nur Kirchen zu, die dem Guttstädter Kapitel inkorporiert waren.

Bezogen auf Stadt- und Dorfkirchen erhielten die Gelder aus der fabrica zunächst der Rat einer Stadt oder der Schultheiß eines Dorfes. Dort existieren wiederum Baukassen, aus denen direkt die Arbeitskräfte oder die Materialbeschaffung finanziert wurden. Allgemein geht auch aus den verschiedensten Urkunden hervor, daß nicht nur mit Geld gezahlt wurde, sondern der Ausgleich auch gegen Naturalien erfolgte. Auch waren Fronde an den Baustellen tätig oder transportierten Material.

Neben Geldbeschaffung und Verteilung zählte zu den wichtigen Voraussetzungen eines ungehinderten Ablaufs auf der Baustelle die Beschaffung von Material. Mitte des 13. Jahrhunderts existierten allerdings nur wenige Ziegelscheunen. Ein Beleg hierfür dürften die Mauerwerke der ältesten ermländischen Dorfkirchen sein. So ist die Dorfkirche von Elditten nahezu vollständig aus Findlingsteinen errichtet. Auch die Lang-

---

1477 Pottel (1911), S. 73.

hauswände von Kiwitten, Santoppen, Krekollen, Schulen, Gr. Köllen, Wuslack, Roggenhausen und Layß sind noch teilweise bis zur Sohlbankhöhe aus Findlingen gemauert und belegen, daß es bis etwa zur Mitte des 14. Jahrhunderts im Ermland an eigenen Ziegelproduktionsstätten mangelte und man auf Backsteinimporte angewiesen war. Auch noch in der Zeit des späten 14. Jahrhundert finden sich Kirchen, die bis zur Sohlbank vollständig aus Findlingen errichtet wurden. So zum Beispiel in Neukockendorf (nach 1370), Diwitten, Tolksdorf, Groß Purden und Alt Schöneberg. Demnach existierten in den Dörfern keine eigenen Brennöfen; man war von den benachbarten Stadtziegeleien abhängig. Um Geld zu sparen, wurden die Fundamente aus Findlingen errichtet.

Backsteine mußten weit herantransportiert werden. Aufgrund der enormen finanziellen Belastungen und auch bedingt durch Lieferschwierigkeiten war es erforderlich, daß seit dem 14. Jahrhundert die Städte im Ermland eigene Ziegelscheunen unterhielten.

In der Zeit des frühen 13. Jahrhunderts war die Stadt Elbing nicht nur Handelmetropole, sondern auch Hauptverwaltungssitz des Deutschen Ordens. Bezüglich des Bauwesens bildete sie sehr früh neben Thorn ein wichtiges Zentrum. Schon in den Gründungsjahren sorgte man alsbald für eine Backsteinproduktionsstätte. So gestattete bereits im Jahre 1246 der Hochmeister Heinrich von Hohenlohe den in Elbing ansässigen Dominikanern, außerhalb der Stadt eine Ziegelscheune einzurichten, damit sie ihr Kirchenhaus in Backstein *"opere latericio"* errichten konnten.[1478] Die *"Czigilschunen"* lagen in der Nähe der Elbinger Neustadt.[1479] Da seit 1240 die Burgen in Thorn und Elbing aus Backsteinen errichtet wurden, existierten folglich Ziegelscheunen vor dieser Zeit im Ordensland und in Elbing.[1480]

Wie weit die Elbinger Ziegelscheune ihre Produktion ins Ermland weiterverkaufte, zeigt sich an der Verbreitung der Formsteine. So finden sich bis ins ausgehende 14. Jahrhundert ornamentierte Ziegelplatten in Frauenburg, Wormditt, Göttkendorf, Neu-Kockendorf, und Deutsch Tierau/Tyrowo. Daraus ist ableitbar, daß die ermländischen Ziegeleien nur einfache städtische Produktionsstätten waren, deren Formenschatz gering blieb. In Elbing verwalteten die Dominikaner die Ziegelproduktion. Aufgrund der reichen Zahl vorhandener unterschiedlicher Form- und Ornamentsteine wird ersichtlich, daß in Elbing seit Mitte des 13. Jahrhunderts die älteste und größte Produktionsstätte in dieser Region existierte.

Neben der Ziegelscheune der Dominikaner gab es in Elbing noch einige städtische Produktionsstätten. So melden Elbinger Stadturkunden aus den Jahren 1331 – 1337 Verpachtungen von städtischen Ziegelscheunen.[1481] Noch am 21. Februar 1378 findet sich der Hinweis, daß nach Ratsbeschluß die zuvor an die St. Nikolaikirche verpachtete Brennerei an den Ziegelstreicher Claus und dessen Erben weiter zu verpachten sei.[1482]

1478 CDW, Bd. I, Nr. 14.
1479 CDW, Bd. III, S. 108, Nr. 148.
1480 Holst (1981), S. 92.
1481 CDW, Bd. I, S. 425f., Nr. 255. Matern (1929), S. 23.
1482 CDW, Bd. III, S. 33, Nr. 49. *"Man sal wissen, das di czigelschune, die do is gewesen ente Nicholaus, die is deme rate uf gesaget van der Kirchen wegen, vunde die selbige schune hat der Rat vorligen*

Die Pacht wurde teils als Geld geleistet, teils als vertraglich festgelegte jährliche Menge von Mauer- und Dachsteinen. Diese Naturalzinsen mußte auch noch 1386 *"Claus czigelers son"* erbringen.[1483]

Zu den ältesten Ziegelscheunen im Ermland gehörte vermutlich die durch die Stadt verwaltete Ziegelscheune von Braunsberg. Sie wird jedoch urkundlich erst im Jahre 1388 erwähnt. In diesem Jahr kam es zu einem Vergleich zwischen dem Guardian der Minoriten und dem Rat der Stadt wegen Baumaterialien. *"Vor vns der gardian her ryba vund trug mit vuns obir eyn vum den kalk van der stat wegen vund vum den czigel van der munche wegen, das ist berichtet vund geendit vund gelendit."*[1484] Die dortige Ziegelscheune war wohl schon lange vor dieser Zeit eingerichtet. Gerade zur Zeit des städtischen Aufbaus und der seit der Mitte des 14. Jahrhunderts im Bau befindlichen Stadtkirche bestand ein großer Backsteinbedarf. In dem Kontrakt mit dem Ziegelstreicher Jacob Böme, der die städtische Ziegelscheune übernahm, wird folgendes am 1. Oktober 1391 festgelegt:

> *Anno domini Mcccxc primo in dominica post Michaelis, Do annamete Jacob böme di czigelschune dar ynne czu arbeyten, vor das tusent mursteyn j firdung, vor das M dachsteyn viij scot, vnd darczu sal her haben al sin gerethe, sin pfert sin wagen sin schufel vnd spaten vnd alles, was her dar czu bedarf.*[1485]

Erst in der Zeit des 15. Jahrhunderts mehren sich die Urkunden mit Hinweisen über die städtische Ziegelei von Braunsberg: 1401 wird *"Claws Tzigilstricher"* erwähnt.[1486] 1407 wird die Braunsberger Ziegelscheune genannt.[1487] 1410 wird *"Hanns Holczten eren meistir den czigeler"* ermordet.[1488] 1424 sind Einnahmen und Ausgaben der städtischen Brennerei verzeichnet. Zwei *"czigelheren"* Kylian Huntenberg und Heynrich Schawdil erhielten laut Ratsbeschluß die Leitung der Produktion.[1489] 1425 sind Einnahmen und Ausgaben der städtischen Backsteinproduktion verzeichnet. Huntenberg und Schawdil werden erneut als *"czigelherrn"* genannt. Andreas Schigkensteyn ist Ziegelmeister. Weiterhin werden *"czigelstricher"* und *"Somptreter"* sowie arbeitende *"frauwen"* erwähnt. In der Ziegelei werden nicht nur Steine gebrannt, sondern auch Kalk.[1490]

In Frauenburg findet sich bereits in der Stadthandfeste von 1310 der Hinweis auf eine Lehmgrube. Eine Ziegelscheune wird nicht erwähnt.[1491] Da Braunsberg nicht weit ent-

---

erblichen Claus czigelstreicher, also das her vunde syne erbnamen des iares der stadt do van sullen czinsen achczen tusent muersteynes vunde vier tusent dachsteynes."

1483 CDW, Bd. III, S. 166, Nr. 207.
1484 CDW, Bd. III, Nr. 225, S. 184.
1485 CDW, Bd. III, S. 224, Nr. 251. Die *"czigelschunen"* werden noch im Jahre 1407 genannt, vgl. auch CDW, Bd. III, S. 413, Nr. 419.
1486 CDW, Bd. I, Nr. 3, S. 57.
1487 CDW, Bd. II, Nr. 420, S. 413.
1488 CDW, Bd. IV, Nr. 3, S. 61.
1489 CDW, Bd. IV, S. 69, Nr. 33. Heinrich Schawdel war seit 1417 Bürger der Stadt. CDW, Bd. IV, Nr. 1, S. 44.
1490 CDW, Bd. IV, Nr. 81, S. 140 – 142.
1491 Matern (1929), S. 23.

fernt liegt, könnte der Lehm auch nach dort gelangt sein, wo bereits eine Ziegelscheune existierte, die wohl auch die Stadt und Domburg in Frauenburg belieferte.

Wie aus Urkunden hervorgeht, war schon im 14. Jahrhundert die Errichtung der Pfarrkirche in Rößel eine Aufgabe des Stadtrates, der seinerzeit hiermit einen städtischen Provisor beauftragte. Er war zugleich für die Brennerei verantwortlich.[1492] Demzufolge gab es auch in Rößel eine städtische Ziegelei. Den benötigten Lehm entnahm man den Lehmlagern in Mönsdorf.[1493]

Auch in Guttstadt bestand eine Backsteinproduktion. Sie gehörte dem dortigen Stift und wurde von einem Domherren beaufsichtigt. Die Produktion diente in späteren Jahren zur Unterhaltung der Kirche und Stiftsgebäude, der Überschuß wurde verkauft.[1494] In späterer Zeit existierte in der Guttstädter Vorstadt eine Produktionsstätte, die durch die Kämmerei verwaltet wurde. Am 6. April 1779 erwarb die Bürgerschaft von Seeburg die Ziegelei durch einen Erbpachtvertrag.[1495] Im Jahre 1796 wurde allerdings die Brennerei an die Vorstadt Guttstadt zurückverkauft und eine eigene Ziegelei am Hegewald errichtet.[1496]

Desgleichen läßt sich aufgrund eines Flurnamens *"Ziegelberg"* nahe der Stadtanlage in Bischofstein, neben der Straße nach Klackendorf am jenseitigen Ufer des Stadtteichs, eine Ziegelei nachweisen. Wie lange diese Ziegelstätte zuvor in Benutzung war, ist unbekannt. Da in unmittelbarer Nähe die alte Siedlung Strowangen lag, wäre es möglich, daß die Ziegelstätte schon seit Gründung des Ortes bestand.[1497]

Die Stadt Bischofsburg besaß gleichfalls eine städtische Ziegelei, die an der alten Straße nach Lindenhorst lag. Über ihre Entstehung ist nichts bekannt. Da aber gerade gegen Mitte des 14. Jahrhunderts der größte Ziegelbedarf für den Stadtaufbau benötigt wurde, dürfte sie in dieser Zeit entstanden sein.[1498]

In Allenstein behielt man sich bereits in der Stadthandfeste von 1353 das Recht vor, auf den Stadtäckern Lehm zu graben und eine Ziegelscheune zu errichten.[1499]

Ferner befanden sich Ziegelscheunen in Mehlsack, Wartenburg, Heilsberg und Seeburg.[1500] Diese wurden erst im 18. Jahrhundert erstmalig erwähnt, dürften allerdings wesentlich älter gewesen sein.

Außer diesen urkundlich nachweisbaren ermländischen Ziegelscheunen gibt es Hinweise aus späterer Zeit, daß man Steinlieferungen auch von außerhalb des ermländischen Hochstifts liegenden Ziegelscheunen importierte. So wurden im Jahre 1493 Dachsteine aus der Rastenburger Ziegelscheune nach Rößel geliefert.[1501]

1492 ZGAE (Röhrich), Bd. 19, S. 193f. A. Poschmann (1938), S. 19.
1493 Matern (1930), S. 10.
1494 ZGAE (Brich–Hirschfeld), Bd. 24, S. 415.
1495 A. Poschmann (1938), S. 154.
1496 Ebenda, S. 156.
1497 ZGAE (Brachvogel), Bd. 35, S. 18.
1498 Teichert (1934), S. 80.
1499 Matern (1929), S. 25.
1500 a.a.O.
1501 Ebenda, S. 24.

Neben der enormen Anzahl von Backsteinen waren auch große Mengen an Kalk für den Mörtel erforderlich. Da es allerdings nur wenige Kalksteinbrüche gab, war man auf Lesekalk angewiesen. Es verwundert daher nicht, daß gerade die Landesherren bei Verschreibungen von Landbesitz sich zumeist die Rechte zur Nutzung von Kalksteinbrüchen vorbehielten, so zum Beispiel bei den Verschreibungen von Polkeim (1354), Perwangen (1381) und der Feldmark der Neustadt Braunsberg (1410).[1502] Der Kalk wurde vor der Verarbeitung gebrannt. So besaßen die Augustiner in Rößel 1394 einen Kalkofen und im Jahre 1424 wird ein *"fornax cementi"* in der Nähe der Simser erwähnt. Im Jahre 1421 wird in Wormditt ein Kalkofen *"ten dem Molenteich"* genannt. [1503] Über die Beschaffung und Abgabe von Kalk bestimmten die Städte. So findet sich 1624 der Hinweis, daß der Kommissar des Bischofs den Bürgern der Stadt Bischofstein untersagte, Kalk an Fremde zu verkaufen. Den Preis für den Verkauf bestimmte jeweils der Stadtrat.[1504] Da die einheimischen Lager nicht ausreichten, wurde schon sehr früh Kalk importiert. So erhielt 1350 der Baubetrieb der Nikolaikirche in Elbing *"Sparkalk"* aus Lübeck.[1505] Nachdem der Deutsche Orden im Jahre 1398 die Insel Gotland erworben hatte, mehrten sich die Kalkimporte von dort.[1506]

Neben der Ziegel- und Kalkproduktion stellt sich als weitere Frage, wie das Hochstift die einzelnen Baustellen der Pfarrkirchen organisierte und zentral leiten konnte, d. h., wie war es möglich, daß der Bischof oder das Domkapitel stets über den Verlauf oder die Verteilung der Baugelder informiert waren. Conrad bemerkte zur Bauverwaltung im Mittelalter:

> *Bei kirchlichen Bauherren (Bischöfe und Äbten) wählte man die Bauverwaltung aus den Reihen der Mitglieder von Kapiteln oder Konventen, beim Bau städtischer Kirchen berief der Rat zumeist Kaufleute aus ratsfähigen Familien in ein solches Amt.*[1507]

Diese übliche Vorgehensweise findet sich auch bei den ältesten Sakralbauwerken in Ermland. So zeigte sich bei der Untersuchung der Stadtkirche von Braunsberg, daß der Rat der Stadt 1367 einen Werkvertrag mit dem Maurermeister Heinrich Penkune abschloß. Dieser war als Werkmeister leitend auf der Baustelle tätig. Auch zählte er aufgrund seines seit 1347 bestehenden Bürgerrechts zu den ratsfähigen Familien von Braunsberg. Die überlieferten Rechnungen und Werkverträge in der nachfolgenden Zeit wurden vom Rat der Stadt geschlossen. Matern konnte nachweisen, daß in Braunsberg nicht nur der Rat der Stadt den Kirchenbau leitete und mit Stiftungen finanzierte, sondern sogar die Bauaufsicht ausübte. Die Aufsicht über das gesamte städtische Bauwesen war so stark, daß zum Beispiel der Rat im Jahre 1608 die Bitte um einen Platz auf Stadtgrund zum Bau eines Speichers ablehnte. Auch die Jesuiten und Franziskaner mußten um Baugenehmigungen vor dem Rat bitten.[1508] Trotz dieser nachweislich städtischen Planausführung scheint der ermländische Klerus an der Ge-

---

1502 Ebenda, S. 26. CDW, Bd. II, Nr. 215, Bd. III, Nr. 122 und 456.
1503 Matern (1929), S. 26. CDW, Bd. III, Nr. 661, 574, 605.
1504 Matern (1929), S. 26f.
1505 Ebenda, S. 27. CDW, Bd. III Nr. 364.
1506 Dewischeit (1899), S. 54. Eimer (1966), S. 313f.
1507 Conrad (1990), S. 46.
1508 Matern (1929), S. 11.

staltung der Stadt- und Dorfkirchen nicht nur finanziell maßgeblich beteiligt gewesen zu sein. Dies ist wohl einer der Gründe, weshalb das gesamte Erscheinungsbild der Bauten so einheitlich wirkt.

Betrachtet man in diesem Zusammenhang die Stellung der Pfarrer, insbesondere im Zeitraum von der Gründung der Stadtkirchen bis zur Vollendung, bemerkt man, wie bereits verschiedentlich angedeutet, daß die Geistlichen stets Domherren waren oder durch ihre Ämter in enger Beziehung zum Bischof standen.

Als im Herbst 1346 das Fundament der Braunsberger Kirche gelegt wurde, war der erste Pfarrer Otto von Russen.[1509] Er wurde bereits am 14. Juli 1342 von Papst Clemens VI. zum Pfarrer von Braunsberg ernannt.[1510] Im Jahre 1344 verlieh ihm Papst Clemens VI. das nächstvakante Kanonikat an der ermländischen Kirche.[1511] Seit 1345 war er zugleich Domherr und Vizepfarrer von Braunsberg. Dort läßt er sich noch urkundlich bis zum Mai 1380 als Pfarrer nachweisen.[1512] Demnach besaß Pfarrer Otto von Russen ein hohes Ansehen, und als Domherr war der Kontakt zum Bischof noch näher, was bei der Bauorganisation sicher von Nutzen war. Das Todesjahr von Otto von Russen ist unbekannt, er wird letztmalig 1384 urkundlich erwähnt.[1513]

Der dritte urkundlich in Wormditt nachweisbare Pfarrer Magister Johann war Notar beim Bischof, bis er 1345 als Domherr nach Frauenburg berufen wurde. Auch die beiden folgenden Wormditter Pfarrer Heinrich von Woina (Wonna) (1370 – 1377) und Nikolaus Rogettel (1377 – 1387) waren Domherren von Frauenburg.[1514] Die Wormditter Kirche entstand in der Zeit um 1345 – 1379, also in einer Zeit in der ein enger Kontakt zum Bischof bestand.

In der Regierungszeit des Bischofs Heinrich III. Sorbom (1373 – 1401) wurde die Kirche von Rößel fertiggestellt und geweiht.[1515] Während der Hauptarbeiten an der Kirche war als Pfarrer Magister Andreas Lumpe bis 1455 tätig. Er hatte zugleich eine kleine Domherrenpräbende in Frauenburg inne. Beide Stellen tauschte er am 20. April 1455 mit Caspar Buls. Nach dieser Zeit wird er als Domherr von Breslau und päpstlicher Skriptor und Familiaris bezeichnet. Auch der nachfolgende Pfarrer Caspar Buls (1455 – 1461) wird bereits 1448 als Domherr in Frauenburg genannt. Er hatte ein Kanonikat in Liebenwalde, wurde dann Pfarrer in Heilsberg und schließlich nach dem oben erwähnten Tausch von 1455 Pfarrer von Rößel.[1516] Auch hier war der Bischof stets über den Bauvorgang sowie Errichtung von Altären und Vikarstellen informiert.

Die Stadt Heilsberg wurde von Bischof Johann I. von Meißen um 1350 als Bischofsresidenz gewählt. Auf Betreiben des Bischofs begann der Bau der Stadtkirche. Die Bau-

---

1509   CDW, Bd. II, S. 84, Nr. 81. Vgl. Dehio / Gall (1952), S. 172. J. Buchholz (1903), S. 18. Vgl. Lilienthal (1846), S. 450.
1510   SRW, Bd. I, S. 213, 409.
1511   CDW, Bd. III, Nr. 629 und 630. SRW, Bd. I, S. 213, dort Anm. 4.
1512   SRW, Bd. I, S. 409, dort Anm. 113. CDW, Bd. III, S. 74, Nr. 97.
1513   SRW, Bd. I, S. 231, dort Anm. 4.
1514   Schmauch (1929), S. 38.
1515   Dehio / Gall (1952), S. 222. Ein Weihedatum fehlt. Matern (1930, S. 6) und Zink (1938, S. 24) datieren die Errichtung der Stadtpfarrkirche zwischen 1360 und 1380.
1516   SRW, Bd. I, S 97, 246 dort Anm. 140, 301, Anm. 1, S. 402.

zeit bis zur Nutzung lag zwischen 1350 und 1380. Anschließend erfolgte ab 1484 die Turmerrichtung. Da der Ort Sitz des Bischofs war, konnte dieser selbst den Bauverlauf verfolgen. Weil der Bischof zugleich Patronatsherr der Kirche war, zeichnete er neben den städtischen Stiftungen für die Finanzierung mitverantwortlich. Erst am Ende der Bauarbeiten war der Domherr zu Guttstadt Arnold Lange um 1398 in Heilsberg als Pfarrer tätig. Da Arnold Lange zugleich als Prokurator am Hofe des Bischofs in Heilsberg diente, war auch hier der Bischof laufend über die Bauaktivitäten unterrichtet.

Als erster Pfarrer von Wartenburg (errichtet 1370 – 1390) wird 1337 ein Heinricus genannt. Sein Nachfolger wurde der aus Heilsberg stammende Heinrich von Vogelsang. Er war Domherr in Frauenburg und wurde später (1401) zum Bischof gewählt. Hier zeigt sich, daß in den letzten Jahren der Bautätigkeit ein Domherr als Pfarrer eingesetzt wurde, damit der Bischof den Bauverlauf besser überwachen konnte.

Als erster Pfarrer der Seeburger Stadtpfarrkirche läßt sich von 1373 bis 1381 ein Pfarrer Renczke nachweisen. Danach folgte Magister Johannes Philippi. Er studierte 1382 die Rechte in Prag und war zumeist am Hofe des Bischofs Heinrich als dessen Jurist tätig.[1517] Im Jahre 1403 wurden Johannes Philippi und Albertus de Calba, "Warmiensis et Tarbatensis ecclesiarum canonici", als Zeugen genanntt.[1518] Wie in Wartenburg war der Pfarrer zugleich Domherr in Frauenburg und unterrichtete den Bischof über den Bauverlauf auch hier in den letzten Jahren der Vollendung. Zink datierte den Bau aufgrund der Giebelverwandtschaft mit der der Guttstädter Kirche zwischen 1360 und 1390.[1519]

Bei den Stadtkirchen von Frauenburg, Mehlsack und Allenstein besaß das Domkapitel Patronatsrechte. Demzufolge lag die Finanzierung und auch die Bauaufsicht in den Händen des Domkapitels. In Frauenburg war das Domkapitel ansässig und besaß dadurch direkten Einfluß auf den Baubetrieb. In Mehlsack residierten die Dompröpste im dortigen Kapitelhaus direkt neben der Burg. Hierdurch erhielt das Frauenburger Domkapitel stets Nachrichten über den Bauverlauf durch den dortigen Dompropst, der zugleich Domherr in Frauenburg war. Da sich in Allenstein seit 1360 das Kammeramt befand, residierte hier stets ein Domherr als Kapiteladministrator, der das Frauenburger Domkapitel über den Bauverlauf unterrichtete.

Die gegen Ende des 14. Jahrhunderts gegründete und um 1400 geweihte Stadtpfarrkirche in Bischofstein und die wohl erst im frühen 15. Jahrhundert gegründete Pfarrkirche in Bischofsburg sind die zuletzt errichteten Stadtkirchen im Ermland. Über ihre Entstehung und Bauverlauf ist kaum etwas überliefert, auch ist heute bei beiden Kirchen der alte Baubestand nicht mehr erhalten. Über die Finanzierung und den Aufbau der Frauenburger und Guttstädter Domfabrica ist bereits berichtet worden.

Auffällig ist im Zusammenhang mit der Bauaufsicht, daß bei der Elbinger Stadtpfarrkirche St. Nikolai in der Zeit zwischen 1258 und 1350 das ermländische Kapitel eben-

---

1517   SRW, Bd. I, S. 268.
1518   CDW, Bd. III, Nr. 387, S. 378.
1519   Zink (1938), S. 72.

falls ununterbrochen Domherren als Pfarrer einsetzte.[1520] Elbing lag zwar außerhalb des Hochstifts, gehörte aber zum ermländischen Bistum.

Aufgrund der oben geschilderten Fakten läßt sich resümieren, daß in den Städten häufig Domherren oder ansässige Administratoren die Bauvorhaben der Stadtkirchen mitbeaufsichtigten. Dies läßt darauf schließen, daß die Verwaltung streng zentralistisch organisiert war und hierdurch bedingt die Stadtkirchen nach einer einheitlichen Planung entstanden. Weiterhin ist auffällig, daß gerade in der Zeit zwischen 1345 und 1375, der Zeit der größten Bautätigkeiten, hintereinander drei streng päpstlich orientierte Bischöfe regierten. Dadurch war das Frauenburger Kapitel besonders unabhängig gegenüber dem Deutschen Orden. Auch versuchten diese Bischöfe, gemeinsam mit dem Papst ordensunabhängige Prälaten auf freiwerdende Domherrenstellen zu setzen.

7.2.1 Die Vorbilder in der Orientierungsphase

Betrachtet man die Bauten in der ersten Entwicklungsstufe in der Zeit zwischen 1310 und 1350, so zeigte sich eine stark westlich orientierte Architektur. In Braunsberg waren nachweislich aus Lübeck eingewanderte Maurermeister tätig. Matern bemerkte über die ordensländischen Baumeister:

> *Wir sind durchaus auf Vermutungen angewiesen; aber wir gehen wohl nicht fehl, wenn wir die Heimat der meisten Baumeister des 13. und 14. Jahrhunderts, die in Preußen wirkten, in Altdeutschland suchen. Der starke Verkehr, der das Stammland mit der preußischen Kolonie verband, und die lebhafte Bautätigkeit, die nach der Niederwerfung der preußischen Ureinwohner in dem eroberten Lande einsetzte, zog zahlreiche 'Werkmeister' mit ihren 'Knechten' in das Land und gab ihnen Verdienst und reichlich Arbeit.*[1521]

Neben einer ordensländischen Beeinflussung zeigt die Untersuchung eine starke Orientierung an der Frauenburger Dombauwerkstatt auf. Dennoch ist an den Bauten erkennbar, daß es auch die Zeit des Sammelns von Erfahrungen war. Teilweise gab es noch Probleme mit der Beschaffung des Baumaterials. Offensichtlich waren nur wenige Ziegelscheunen in Betrieb. Es wurde noch bis zur Mitte des 14. Jahrhunderts verstärkt mit Findlingsteinen in unterschiedlicher Mauertechnik oder mit importiertem Backstein gearbeitet. Matern stellte allerdings fest: "*Bauhütten in der geschlossenen Art, wie wir sie in Altdeutschland zahlreich finden, lassen sich in Preußen nicht nachweisen.*"[1522] Einzige Ausnahme hierbei scheint der Baubetrieb in Elbing gewesen zu sein. Gerade an diesem Ort waren hierfür alle Voraussetzungen gegeben. Der Deutsche Orden hatte vor der Errichtung der Marienburg auf der Elbinger Burg seinen Hauptverwaltungssitz. Wohl aus Thorn wanderten die ersten Baumeister nach Elbing. Von dort aus verbreitete sich ihr Wirkungsfeld über Werkleute nicht nur ins Weichselgebiet, sondern auch, wie nachgewiesen, bis ins Hochstift Ermland. Elbing war nicht nur ein künstlerisches Zentrum der Architektur, sondern auch Mittelpunkt der frühen ordensländischen Plastik. Schon bald nach der Gründung bildete sich eine Bau-

---

1520   SRW, Bd. I, S. 408.
1521   Matern (1929), S. 3f.
1522   Ebenda, S. 5.

schule.[1523] Matern stellte fest, daß gerade in Elbing die einzige und älteste preußische Maurerzunft als Gilde und Bruderschaft gegründet wurde. Ihre Rolle erhielt die Elbinger Gilde zwar erst im Jahre 1421, sie bestand aber wohl schon lange vor dieser Zeit.[1524]

Ein ermländisches Gewerk der Maurer läßt sich erst seit 1740 im Fürstbistum nachweisen und bestand nachweislich vor dieser Zeit noch nicht.[1525] Matern bemerkte über das ordensländische Bauwesen:

> *Trotz ... verhältnismäßig zahlreichen und eingehenden Nachrichten über das Bauwesen in alter Zeit ist es doch schwer, sich ein klares Bild von den Verhältnissen in den Bauhütten des Ostens zu machen. Die moderne Zeit hat die Baukunst eben in Bahnen geführt, daß wir in den einfachen Meistern und Bürgern des Mittelalters die Schöpfer unserer großen Bauten nicht wiederzufinden vermögen. Vor allem fällt der Mangel der theoretischen Vorbildung und des Besuches einer Bauschule auf. Einen Ersatz dafür bot die langjährige Praxis und der Anschauungsunterricht auf der Wanderschaft.*[1526]

Auch in den nachfolgenden Zeitabschnitten zeigte sich stets eine rege Wanderschaft der Werkleute. Sie wurden nicht nur aus Lübeck und Elbing ins Ermland gezogen, sondern auch aus Danzig oder dem weit entfernt gelegenen niederrheinischen Gebiet. Le Mang glaubte sogar, daß von Westfalen her die Hallenkirche durch eingewanderte Baumeister in Ostdeutschland und dem Ordensland Eingang fand.[1527] Doch zeigte sich im Verlauf der Untersuchung gerade an der ermländischen Sakralbaukunst, daß die Wechselwirkungen vielschichtiger gewesen sein müssen. Am Beispiel der Architekturgestaltung der Braunsberger Katharinenkirche konnte nachgewiesen werden, daß die ältesten Formen des Grundrisses und der Raumkonfiguration, sowie deren Deduktion sich vom niederrheinischen Gebiet über den Raum um Kleve und Westfalen bis nach Lübeck und dann nach Braunsberg ausbreiteten. Es lassen sich auch urkundlich Beziehungen zwischen dem Ordensland und den niederrheinischen Bauhütten finden. So reiste im Jahre 1360 der in Xanten tätige Meister Jacob ins Ordensland.

Eine besondere Zäsur in der Weiterentwicklung der ermländischen Sakralbaukunst stellt die Bauunterbrechung in der Zeit um 1340 dar. Danach fand ein Wechsel vom wendischen zum gotischen Mauerverband statt. Maßgeblich wurde die Unterbrechung von der damals bestehenden Sedisvakanz verursacht. In der nachfolgenden Zeit erfolgte auch ein Wechsel der Werkleute in den Baubetrieben. Bischof Hermann war erst ab dem Jahre 1340 im Ermland tätig. Bereits in den ersten Regierungsjahren verstärkten sich die Bauaktivitäten im ermländischen Hochstift erneut. Besonders einschneidend wirkte sich die Unterbrechung beim Bau des Domlanghauses, den Stadtpfarrkirchen in Frauenburg und Seeburg, den Dorfkirchen in Bertung, Pettelkau und Plaßwich aus. Allem Anschein nach festigte sich erst nach dieser Zeit die Vorstellung, wie die

---

1523 Frycz (1980), S. 52.
1524 Matern (1929), S. 6.
1525 a.a.O.
1526 Ebenda, S. 20.
1527 Le Mang (1931), S.13.

Kirchen im Ermland einheitlich gestaltet werden sollten. Reinhard Liess bemerkte zur norddeutschen Raumentwicklung:

> Die Frage 'Basilika oder Halle' erfüllte die Architekturgeschichte in Deutschland vielerorts – nicht nur in der Parler–Späre, sondern mit umgekehrter Tendenz auch vorher schon in der norddeutschen Backsteingotik, wie die Primärbeispiele von St. Marien und Dom in Lübeck und dann eine Reihe großer Stadtkirchen entlang der Ostseeküste zeigen, die z. T. noch während laufender Bauvorgänge von der Halle zur 'kathedralartigen' Basilika transformiert wurden.[1528]

Bei der Braunsberger Baugeschichte wurde gerade in der ersten Entwicklungsphase festgestellt, daß zunächst eine Pseudobasilika begonnen worden ist. Nach einer Bauunterbrechung erfolgte schließlich um 1360 der Planwechsel zur Halle. Zeitlich gesehen erfolgte dieser Wechsel erst in der zweiten Entwicklungsphase, als man sich im Ermland ausschließlich für die Hallengestaltung entschieden hatte. Die in diesem Zusammenhang typische Auflösung des klassischen Kathedraltyps dokumentiert Braunsberg in seiner Chorgestaltung. So erklärt sich in Braunsberg die gesamte Gestaltung der Ostseite des Baues aus dem Prozeß der Findung neuer Bauorganismen. Alte, mehrfach tradierte Muster werden reduziert und die klassische französische Kathedralgotik bis zur Unkenntlichkeit aufgelöst.

In Wormditt entstand nach 1340 auf Betreiben des Bischofs die einzige ermländische Basilika. Ihre Gestaltung geht auf das Vorbild der Pelpliner Klosterkirche zurück. Der Kunsthistoriker Rzempoluch konnte mit seiner Untersuchung nachweisen, daß die Pelpliner Raumgestaltung sich besonders auf die erste Danziger Marienkirche auswirkte, so wie sie Drost rekonstruierte. Von dort aus verbreitete sich diese Gestaltungsart nicht nur ins Weichselgebiet, sondern wurde durch einen Danziger Meister bis nach Wormditt übertragen. Mit dieser von der Zisterzienserarchitektur stark beeinflußten Gestaltung entwickelte sich im Ermland auf dem Wege über die basilikale Übergangsform, mit einer bereits optisch den Hallengedanken vermittelnden Wandgestaltung, die zumeist turmlose, typisch ermländische Hallenkirche als reife Synthese.

7.2.2 Die reife und selbstbewußte Phase

In der Regierungszeit der Bischöfe Hermann von Prag (1338 – 1349), Johann I. von Meißen (1350 – 1355) und Johann II. Stryprock (1355 – 1373) entstanden die meisten Bauten im Ermland. Ein ökonomischer Aufschwung und eine Blüte der ermländischen Bischofsherrschaft setzte ein. Es war auch die Zeit, in der sich enge päpstliche Beziehungen und eine auffällige Unabhängigkeit gegenüber dem Deutschen Orden zeigten.

Eine Variation der Grundriß– und Raumgestaltung fand nicht mehr statt. Bei den Stadtbauten entstanden ausschließlich Hallen mit plattem Chorschluß. Bei den Dorfkirchen wählte man den einfachen Saalraum, ebenfalls mit geradem Chor. Turmbauten erfolgten grundsätzlich nur, wenn Stiftungsgelder vorhanden waren.

1528 Liess (1988), S. 38. Vgl. hierzu auch Zaske (1968), S. 68 – 72 und 128 – 131.

Eine Sonderstellung besitzt in diesem Zusammenhang die Westseite des Frauenburger Doms. Hier war Baumeister Lifhard von Datteln tätig. Wie nachgewiesen, waren für den in Frankreich geschulten Baumeister Werkleute aus Elbing tätig. Auch an der 1388 geschaffenen Westvorhalle lassen sich Werkstattbeziehungen zu Elbing belegen. Weiterhin wird bei der Vorhallengestaltung der epochale parlerische Einfluß spürbar. Eine ermländische Nachfolge fand der Giebel nicht. Er steht somit isoliert im Vergleich zu den übrigen ordensländischen Bauten. Dies spricht allerdings für die Bedeutung des an französischer Baukunst geschulten und durch parlerische Vorbilder beeinflußten Baumeisters.

Piłecka vermutete, daß gerade in der Zeit der drei oben genannten Bischöfe offensichtlich zahlreiche Bauwerkstätten zur gleichen Zeit existierten.[1529] Trotz der verschiedenen und gleichzeitigen Baustellen baute man nach klarer Planvorgabe. Oft kopierte man einfach die Struktur der Dorfkirchengiebel im kleineren Maßstab von den benachbarten Stadtkirchen ab. Die Affinität zwischen Stadt- und Dorfkirchen läßt erkennen, daß die Werkleute nicht nur mit Großbauten betraut waren, sondern auch die Dorfkirchen errichteten.

Gerade in der zweite Entwicklungsstufe zeigt sich eine stetig entwickelnde Giebelform. Es sind Giebel, die besonders stark die Landschaft prägen und auch heute noch gerne in der Architekturforschung als "ermländische Giebel" bezeichnet werden. Auch läßt sich aufgrund der kontinuierlich sich entwickelnden Reihe vermuten, daß die Baumeister sich mit ihren Werkleuten längere Zeit im Ermland aufhielten und von einem Ort zum anderen zogen. So finden sich gerade am Anfang dieser selbstbewußten Phase Giebel, die man dem gleichen Meister zuordnen möchte, so die der Dorfkirchen von Santoppen, Peterswalde und Freudenberg. Danach folgen in der Entwicklung die Giebel in Heinrikau und Glockstein, zu denen die Giebel von Seeburg und Guttstadt in unmittelbarer Nachfolge stehen. Von Quast vermutete, daß die Domfabrica ihren Meister zunächst in Santoppen einsetzte und dieser später auch in Kiwitten und Glockstein tätig war.

Auch bezogen auf das Ende der zweiten Entwicklungsstufe glaubt man aufgrund der ähnlichen Giebelgestaltungen von Schulen, Lokau und Groß Köllen, die Person eines gemeinsamen Meisters zu erkennen.

Am Ende der Entwicklungsphase wurden nicht nur die Giebel dominant gestaltet, sondern gingen die Baumeister dazu über, auch die Langhauswände mit Blendbögen zu gliedern. Diese Gestaltung findet erstmalig im Innenraum der Stadtkirche zu Rößel Verwendung und kehrt insbesondere auch am Außenbau der Kirche zu Allenstein wieder. Diese Eigenart findet sich gegen Ende des 14. Jahrhunderts bereits an der Rathausfassade in Thorn und an der Gastkammer des Mittelschlosses der Marienburg, alles Bauten, die im Ermland bereits eine Übergangsform darstellen, welche besonders für die letzte Entwicklungsstufe von Bedeutung ist.

1529   Piłecka (1980), S. 75.

7.2.3 Das Ende und der Zerfall

In der Zeit des 15. und in der ersten Hälfte des 16. Jahrhunderts verminderte sich die Zahl der Stiftungen. Oft wurden nur zuvor unvollendet gebliebene Bauten fertiggestellt. Auch verhinderten der Städtekrieg (1454 – 1466), der Pfaffenkrieg (1467 – 1479) und der Reiterkrieg (1519 – 1525) die Weiterentwicklung. Die Bauleute verließen das Ermland. Bereits bestehende oder unvollendete Bauten wurden durch Kriegsereignisse zerstört. So kam es, daß man in der nachfolgenden Zeit mit dem Wiederaufbau beschäftigt war. Auch vermehrten sich zu Beginn des 16. Jahrhunderts nach dem Reiterkrieg erneut die Stiftungen. Man benötigte im Ermland neue Bauleute und beauftragte vorwiegend Arbeitsvolk aus der Danziger Bauhütte. Sie brachten neue Formen ins Land. Bedingt durch diese unruhigen Zeiten und politischen Umbrüche nicht nur im Ordensland, sondern auch im Ermland, gab es eine Vielzahl von baulichen Variationen an Gewölben, Türmen und Giebeln. Gleichzeitig fand in dieser Zeit auch eine neue Epoche, die Renaissance, Eingang im Ermland. Zwar finden sich noch teilweise bis zur Mitte des 16. Jahrhunderts vereinzelt gotische Formen, doch kündigt die Vermischung der Einzelformen das Ende des gotischen Zeitalters bereits durch die Unsicherheit der Meister in der Formenwahl an.

7.3 Äußere Einflüsse und Eigenarten der ermländischen Backsteingotik

Die Untersuchung ergab, daß die ermländischen Stadt- und Dorfkirchen eine gewisse Stilmodifikation, jedoch nur eine geringe Typenvariation aufweisen. Abgeleitet von einem Haupttyp, dem chorlosen und vorwiegend turmlosen Sakralbau, zeigt sich eine Entwicklungskontinuität nur bei der Gestaltung der einzelnen Bauelementen, wie Gewölbe, Giebel und Turm. Schon Zink erkannte, daß alle ermländische Sakralbauten von 1340 bis in die zweite Hälfte des 15. Jahrhunderts hinein *"eine enge stilistische Verwandtschaft"* zeigen.[1530]

Wie schon bei den Dorfkirchen nachgewiesen, existierten im ermländischen Hochstift nur wenige grundherrliche Patronate. Demnach waren es der Bischof und das Domkapitel, die als Patronatsinhaber für die Finanzierung und Ausführung der Kirchen verantwortlich waren. Somit bestimmten die ermländischen Bischöfe alle Faktoren der Architekturgestaltung. Piłecka vermutete trotz fehlender Belege sogar, daß die Bischöfe und das Kapitel eigene Meister beschäftigt hätten.[1531] Spürbar werden diese Meister gerade in der zweiten Entwicklungsphase.

Die Einheitlichkeit der ermländischen Sakralbauten mit ihren geringen Abarten erklärt sich sowohl aus historischer als auch aus soziologischer Sicht. Das de facto exempte Hochstift war zum größten Teil unabhängig von äußeren politischen Einflüssen des Deutschen Ordens, nur der Bischof oder das Domkapitel waren für Entscheidungen zuständig. Auch die Verwaltung der fabrica bzw. die Finanzierung der Bauten lag vor-

---

[1530] Zink (1938), S. 20.
[1531] Piłecka (1980), S. 74.

wiegend beim Dom. Allein eine straffe Organisation und klare Baubestimmungen oder konkrete Formvorstellungen der Stifter konnten eine Vielzahl von Grundrißvarianten verhindern. Im Gegensatz zu benachbarten Regionen fehlten im Ermland einflußreiche Rittergeschlechter. Ebenso hatte das Bürgertum nur geringe Einflußnahme auf die Gestaltung der Kirchenbauten. So gibt es nur wenige grundherrliche Patronate im Ermland. Auch standen die Patronatsinhaber oft in direkter verwandtschaftlicher Beziehung zum Bischof. Zumeist wählte der Bischof engste Vertraute aus, denen er aufgrund ihrer Verdienste Ländereien und Patronate übereignete.

Besonders in der ersten Entwicklungsphase wirken sich die wirtschaftlichen Zusammenhänge auf die ermländische Backsteingotik aus. Bereits Ehrlich konnte bei seinen Untersuchungen über Keramikfunde im Raum Elbing nachweisen, daß bei diesen im 13. und 14. Jahrhundert rheinische und kölnische Einflüsse erkennbar sind.[1532] Die im Jahre 1938 durchgeführten Untersuchungen von Helene Neugebauer verstärkten die Nachweise von Ehrlich. So bemerkte Neugebauer:

Infolge der regen, von Preußen ausgehenden Handelsschiffahrt kamen die hansischen Kaufleute Elbings vor allem in die flandrischen Städte. Gerade ebendort hatten aber auch die rheinischen Töpfer ihre Stapelplätze, von wo aus sie Europa mit ihren Waren überschwemmten. Brügge und Köln, die Zielpunkte der elbingischen Fahrten nach Flandern und dem Rheinland, werden die Berührungsorte zwischen Preußen und rheinischen Töpfern gewesen sein.[1533]

Diese engen Handelsbeziehungen erklären besonders in der Orientierungsphase, wie flandrische, oberrheinische und westfälische Stileigenarten sich vermischten und bis ins Ermland wirkten. Die Brennmeister der Backsteinproduktion konnten bei den Ofenbauern der Großtöpfereien in die Schule gehen.

Neben den äußeren Einflüssen spielten gerade in der ersten Siedlungszeit auch lokale Gegebenheiten eine besondere Rolle. So mußte man immer noch mit Überfällen der Prußen oder Litauer rechnen. Auffällig ist in diesem Zusammenhang, daß bei den ältesten Sakralbauwerken die Nordlanghausfester schmaler als die Südfenster ausgebildet wurden, so am Langhaus des Frauenburger Doms. Auch bei der Kollegiatkirche in Guttstadt zeigte sich nach der Restaurierung, daß die Nordfenster eine Verzahnung besitzen, woraus man folgern kann, daß sie ursprünglich vermauert oder für eine Vermauerung vorgesehen waren. Auch bei vielen Dorfkirchen zeigt sich, daß die Nordseite ursprünglich fensterlos war. So nachweislich in Elditten, Kiwitten, Roggenhausen, Arnsdorf, Lokau, Peterswalde (bei Guttstadt), Mingehnen und Freudenberg. Hierfür könnte man klimatische Ursachen anführen. Doch scheiden diese aus, da die an der Nordseite fensterlosen Kirchen nicht nur schlecht beleuchtet waren, sondern auch feucht wurden. Deshalb brach man später bei vielen Kirchen zusätzlich Fenster auf der Nordseite ein.

Als Grund für diese Eigenart dürfte wohl eher der Wehrcharakter eine Rolle gespielt haben. So besitzen nachweislich der Frauenburger Dom und die Kollegiate in Guttstadt eine Wehranlage. Auch bestätigen die Türme der Kirchen von Wormditt und Arnsdorf

---

1532 Ehrlich (1919), S. 62 und 68.
1533 Neugebauer (1938), S. 204.

die Wehrhaftigkeit. Zumeist besaßen die Kirchen anfangs keinen Nordeingang, sondern nur einen auf der Südseite gelegen Eingang mit kleiner Vorhalle. Auch findet sich bei der Kirche von Elditten auf der Westseite die Einrichtung einer Falltür, die im Kriegsfall ein oberes Refugium sicherte. Neben den baulichen Wehreinrichtungen verdeutlichen ebenfalls geographische Gegebenheiten die These. So liegen gerade die ältesten Kirchen in den Stadtanlagen an einer besonders gesicherten Stelle oder wie der Frauenburger Dombezirk und einige Dorfkirchen auf einer Anhöhe.

Neben den ökonomischen und fortifikatorischen Einflüssen spielen in der Entwicklung der ermländischen Sakralbaukunst Einwirkungen der Bettelordensarchitektur eine wesentliche Rolle. Schon Zink konnte mit seiner Untersuchung belegen, daß die Hallenkirchen der Landschaften von Mecklenburg und Pommern keinen Einfluß auf die ermländische Hallenentwicklung ausübten.[1534] Schmauch stimmte dieser Meinung zu und merkte an:

> Zudem fällt die Entstehungszeit jener Kirchen in die Jahrzehnte um 1300 herum; um die Mitte des 14. Jahrhunderts aber war in Mecklenburg–Pommern bereits die Errichtung eines besonderen Chores oder gar die basilikale Bauform üblich geworden.[1535]

Ebenso widerlegte Zink die These von Schmid, daß die ermländischen Kirchentypen eine Weiterbildung der einräumigen Saalkirchen darstellen.[1536]

Schmauch, Clasen und Zink stellten übereinstimmend fest, daß die Pelpliner Klosterkirche sowohl in der Grundrißproportionierung, Chorlosigkeit, als auch in der Raum- und Wandgestaltung sich stark auf die Weiterentwicklung der ermländischen Stadtkirchen auswirkte. Diese Vermittlerstellung läßt sich über die Danziger Marienkirche bis zur Wormditter Kirche beobachten. Die basilikale, chorlose Gestaltung blieb im Ermland mit Wormditt einzigartig. In der Folgezeit bevorzugten die Baumeister die chorlose Halle und entwickelten sie ohne größere Gestaltungsveränderungen weiter.

Nachdem anhand der oben gezeigten Beispiele die auffallende Einheitlichkeit der ermländischen Kirchen deutlich wurde, stellt sich am Schluß die Frage nach der Existenz einer ermländischen Bauschule. Piłecka bemerkte hierzu:

> ... die These, im Ermland habe es eine isolierte Architekturschule gegeben, die auf der Behauptung fußt, es trete hier notorisch die Form der presbyteriumslosen Hallenkirche auf, scheint in Anbetracht dessen voreilig zu sein, da in dieser Architektur auch zahlreiche, oft sehr aktuelle und auf anderen Gebieten bereits bekannte Muster zu finden sind: z. B. Gewölbe, dekorative Einteilungen der Türme, malerische Ausschmückung des Inneren und sogar Formsteine in Portalprofilen.[1537]

So zeigte die Untersuchung der Entwicklung der Giebelform, daß das Ermland stets offen für neue Formen war und, daß sich gerade in der letzten Entwicklungsphase sich

---

1534   Zink (1938), S. 37.
1535   ZGAE (Schmauch), Bd. 27, S. 403.
1536   Zink (1938), S. 38ff. Schmid (1931), S. 116.
1537   Piłecka (1980), S. 73ff.

äußere Einflüsse auf die Gestaltung auswirkten. Trotz großer Einheitlichkeit der ermländischen Sakralbaukunst existierte im Hochstift und in der ermländischen Diözese streng genommen keine "ermländische Bauschule".

7.4 Einflüsse der ermländischen Baukunst auf benachbarte ordensländische Kirchenbauten

In der bisherigen Betrachtung wurden vorwiegend die Sakralbauten innerhalb der ermländischen Hochstiftsgrenzen untersucht und miteinander verglichen. Auch die Einflüsse aus benachbarten Gebieten oder weiter entfernt gelegenen Regionen wurden einbezogen. Zum Abschluß der Untersuchungen stellt sich deshalb die Frage, inwieweit die typisch ermländischen Bauerscheinungen sich in umgekehrte Weise auf die Nachbarregionen auswirkten.

Bereits zur ermländischen Sakralbaukunst der ersten Entwicklungsstufe gibt es Analogien. So fand die Form der Giebelgestaltung des Frauenburger Domchors nicht nur innerhalb der Hochstiftsgrenzen mit dem Langhausgiebel der Pfarrkirche von Schalmey eine Nachfolge. Auch die Giebel der Kirchen in Eisenberg/Zelazna Góra und Riesenburg/Prabuty (bei Marienwerder in Pomesanien) wurden analog gestaltet.

Betrachtet man bei den ermländischen Sakralbauten die Langhausecken, so ist auffällig, daß bei den älteren Bauten, wie zum Beispiel am 1342 vollenden Frauenburger Chor, die Eckstreben noch gerade und von zwei Seiten ansetzen. In Wormditt wählte man schon die schräg gestellte Variante. Damit sparte man Baumaterial, und zugleich erhielt der Baukörper eine zusätzliche optische und bauliche Stabilität. Darüber errichtete man in der Weiterentwicklung zwei- oder vierseitig geöffnete fialartige Tabernakelaufsätze. Diese reichen Fialtürmchen finden sich bereits an der St. Jakobskirche zu Thorn und auch am Chor der Marien- und Katharinenkirche zu Krakau. Dieselben Bauelemente wurden im Ermland erstmalig an den Eckabschlüssen des Frauenburger Domchorgiebels verwendet. Durch die spätere Schrägstellung treten die Tabernakelbekrönungen freier in Erscheinung. Bei den meist turmlos geplanten ermländischen Dorfkirchen wird durch eine solche Eckbetonung ein von allen Seiten einheitlicher Saalbau geschaffen, dessen Schaugiebel und Ecktabernakel eine von weitem sichtbare Zierfunktion besitzen. So haben die Kirchen in Wormditt, Seeburg, Guttstadt besonders betonte Tabernakelaufsätze auf den Eckstreben und auch bei den Dorfkirchen in Arnsdorf, Santoppen und Kiwitten finden sich Tabernakelaufsätze auf den Eck- bzw. Chorstreben. Die im Ermland verwendeten Giebel- und Tabernakelformen fanden gerade in der zweiten Entwicklungsphase Nachfolge in einer Reihe von Beispielen außerhalb der Hochstiftsgrenzen.

Von den Dorfkirchen besitzen Falkenau/Sokolica (Krs. Bartenstein) und Löwenstein/ Lwowiec die besondere Giebelgestaltung mit platten Chorschluß in typisch ermländischer Gestaltung und Ecktabernakelbekrönung. Die Orte Falkenau und Löwenstein liegen zwar außerhalb der Hochstiftsgrenzen, zählen jedoch zum ermländischen Archipresbyterat Schippenbeil. Beide Kirchen waren zeitweilig mit Dietrichsdorf und später

427 – 434

mit Laggarben vereinigt.[1538] Die Kirche von Falkenau wurde um 1350 – 1360 errichtet. Der Ostgiebel entstand, nach seiner Gestaltung zu urteilen, gegen Ende des 14. Jahrhunderts.[1539] Ebenfalls gegen Ende des 14. Jahrhunderts wurde die sehr einheitlich gestaltete Kirche in Löwenstein erbaut. Der Ostgiebel steht in enger stilistischer Verwandtschaft zum Giebel in Freudenberg. Somit läßt sich vermuten, daß die Werkleute zunächst in der Gegend um Freudenberg tätig waren, bevor sie nach Löwenstein weiterwanderten.

435 – 441   Die ursprüngliche Hallenkirche in Gerdauen/Selesnodoroshnyj entstand im 14. Jahrhundert und wurde im Laufe des 15. Jahrhunderts mehrfach nach Bränden verändert. Bereits Gall erkannte, daß der Westgiebel ein "... *Spätwerk des Löwensteiner Baumeisters*" ist.[1540] Demnach wanderte der Werkmeister in der zweiten Hälfte des 14. Jahrhunderts nach Gerdauen und errichtete den dortigen Giebel. Da der Ort ebenso wie Löwenstein zum ermländischen Archipresbyterat Schippenbeil gehört, läßt sich auch aufgrund dieser Zugehörigkeit eine Verbindung herleiten.[1541]

Die fünfjochige Kirche in Groß Schwanfeld/Labednik entstand im letzten Drittel des 14. Jahrhunderts. Gall bemerkte: "*Unter dem Einfluß des Frauenburger Domlanghauses dicht mit schlanken, bis an das Putzband unter der Traufe reichenden Strebepfeilern besetzt, ermländisch auch die Gestaltung der Ostseite vgl. Falkenau.*"[1542] Der neunteilige Staffelgiebel im Osten besitzt hohe, schmal durchlaufende Putzblenden zwischen bündigen Fialen, die oberhalb der Stufen in Doppelpinakeln enden. Auf den diagonal zum Langhaus angestückten Ecken befinden sich offene Tabernakelaufsätze. Trotz starker Erneuerungen erkennt man eine nahe Verwandschaft zum Wormditter Rathausgiebel. Demnach entstand der Giebel wohl ebenfalls in der Zeit um 1370. Der Westturm ist ähnlich wie in Seeburg bis zur Hälfte in das Langhaus eingebaut. Das Turmportal ist reich an Formsteinen, wobei ein dreisträhniges Formsteinband als Kämpfer Verwendung findet, ähnlich wie an der Pfarrkirche zu Bartenstein. Das Untergeschoß schließt mit einem Putzband, darüber befinden sich drei Spitzbogenblenden. In der Mittelblende über dem Portal ist eine Kreisbogenblende eingelassen mit Weihekreuz auf Verputz. Der Oberbau wurde nach einer Baupause in der ersten Hälfte des 15. Jahrhunderts vollendet. Über einem Putzband sind vier schmale, überdehnte, bis zum Turmdach laufende Blendnischen eingelassen. Auf der Nordseite befindet sich der wohl ältere, fünfteilige Staffelgiebel mit durchlaufender Mittelblende, die nur durch ein schmales Binderband geteilt ist, ähnlich wie am Turmgiebel in Plausen oder in Wuslack. Die beiden daneben liegenden Blenden besitzen zweifach übereinandergestellte Spitzbogenblenden. Der südliche, fünffach gestufte Giebel hat bereits eine klare Horizontalgliederung mit übereinander angeordneten Blendnischen.

442   Die Kirche liegt zwar außerhalb der Hochstiftsgrenzen, gehörte aber zum Archipresbyterat Schippenbeil. Zwischen den Jahren 1528 und 1533 war die Kirche mit Falkenau

---

1538   SRW, Bd. I, S. 415 und 417.
1539   Antoni (1993), S. 173.
1540   Dehio / Gall (1952), S. 306.
1541   SRW, Bd. I. S. 415.
1542   Dehio / Gall (1952), S. 315.

und bis 1538 mit Langheim verbunden. Danach hatte sie einen eigenen Pfarrer.[1543] Auch bei diesem Beispiel finden sich bedingt durch die kirchlichen Zugehörigkeit enge Bindungen zum ermländischen Hochstift.

Die Gestaltung der ermländischen Stadtkirchen Rößel und Allenstein beeinflußte auch ordensländische Bauten. So wirkt das um 1380 entstandene Langhaus der Kirche in Weinsdorf/Dobryzki (Kreis Mohrungen) mit seinen hohen, engen und nischenartig bis zur Traufe reichenden Strebepfeilern besonders ermländisch. Möglicherweise plante man auch hier wie in Allenstein äußere, hohe Wandblenden. Dafür spricht ebenfalls der Planwechsel auf der Nordseite. So werden die Nischenlaibungen dort zunächst aufwendig mit Rundstabformen profiliert. Etwa in Höhe von einem Drittel erfolgt ein Wechsel zu einfacheren Formen. Im Innenraum sind die Fensteröffnungen in mehrfach gestufte Blenden eingestellt. Auf der ursprünglich fensterlosen Nordseite befinden sich im Innenraum Blendnischen. Diese Baugestaltung spricht ebenfalls für eine analoge Planung zu Rößel. Auch die beiden östlichen Eckstreben des zwischen 1320 und 1330 im wendischen Verband entstandenen Rechteckchores enden nach frühem ermländischen Vorbild mit bündigen Tabernakelbekrönungen.[1544]

443 –
450

Desgleichen bemerkte Gall zur Stadtkirche von Schippenbeil/Sępopol: *"Eine der wenigen nicht ermländischen Hallenkirchen, aus der gleichen Zeit wie diese und unter ihrem Einfluß."*[1545] Der dortige Rechteckchor entstand um 1360 – 1370, das anschließende Langhaus folgte um 1380 – 1400. Die besondere Beziehung zur ermländischen Architektur läßt sich durch die kirchliche Zugehörigkeit des Ortes zum ermländischen Archipresbyterat erklären.[1546]

451 –
456

Bereits Zink erkannte, daß die dreischiffige Hallenkirche zu fünf Jochen in Heiligenbeil/Mamonovo in ihrem ursprünglichen Zustand mit ihrer chorlosen Halle ebenfalls ein Ableger der ermländischen Gruppe war.[1547] Der Ort liegt außerhalb des Hochstifts, gehörte aber einst zum Archipresbyterat Braunsberg.[1548] Die heute nicht mehr erhaltene Kirche scheint schon in der ersten Hälfte des 14. Jahrhunderts entstanden zu sein. Gall vermutete allerdings, daß der erste Bau einschiffig war und nach wiederholten Bränden seit der Mitte des 14. Jahrhunderts zur Hallenkirche umgestaltet wurde.[1549]

Zink glaubte, daß der um 1380 entstandene Frauenburger Domwestgiebel keine ordensländische Nachfolge gefunden habe.[1550] Hier irrte er sich. Es gibt vergleichbare Giebel, jedoch nicht an städtischen Bauten, sondern an der Dorfkirche von Hirschfeld/Jelonki, (südwestlich von Preußisch Holland) und an der Kirche von Trunz/Milejewo (östlich von Elbing). Der Chorgiebel von Hirschfeld entstand wohl nach 1380 und erhebt sich über einem Blendzinnenkranz. Analog dem Frauenburger Westgiebel ist er durch drei gestaffelte Spitzbogenblenden gegliedert, die wiederum durch

457 –
458

1543 SRW, Bd. I, S. 417.
1544 Dehio / Gall (1952), S. 162. Dort eigenartigerweise mit dem Frauenburger Domlanghaus verglichen. Antoni (1993, S. 653) Druckfehler: das Langhaus entstand nicht 1660 – 1680, sondern 1360 – 1380.
1545 Dehio / Gall (1952), S. 330.
1546 SRW, Bd. I, S. 415.
1547 Zink (1938), S. 91. Die Kirche wurde 1945 zerstört. Antoni (1993), S. 253.
1548 SRW, Bd. I, S. 410.
1549 Dehio / Gall (1952), S. 315.
1550 Zink (1938), S. 32.

Zwillingsspitzblenden geteilt sind. Der Giebel von Hirschfeld ist heute nur noch fragmentarisch erhalten. Deutlich erkennt man am Westturm, daß das Dach ursprünglich höher und steiler war. Erkennbar ist, daß neben den äußeren Spitzbogenblenden sich kleinere gestaffelte Blenden befinden. Auch in Hirschfeld, genau wie in Frauenburg, war eine aufsteigende Zwerggalerie vorhanden. Die Kirche von Hirschfeld liegt zwar außerhalb des Hochstifts Ermland, gehörte aber seit Gründung zum Kirchspiel Schalmey.[1551] In einer Urkunde vom 5. November 1320 verlieh das Frauenburger Domkapitel dem Bürger Michael aus Braunsberg Ländereien nahe dem späteren Hirschfeld. In der Urkunde findet sich als Randbemerkung *"Herseueld curia alias guttichen"*.[1552]

459 – 461   Die Kirche von Trunz gehört zum Archipresbyterat Frauenburg. Die Kirche war dem Apostel Bartholomäus gewidmet. Der Ort erhielt 1320 seine Handfeste, in der die Kirche vier Hufen an Dotation erhielt. Ein Pfarrer Nicolaus wird zwischen 1348 und 1350 genannt. Die Kirche wurde wohl in der ersten Hälfte des 14. Jahrhunderts gegründet. Bischof Heinrich III. Sorbom weihte sie am 14. Juli 1389.[1553]

Der Chorgiebel gliedert sich in drei große zweiteilige, spitzbogige Blenden und kleinere Nischen. Über den Blenden ist der Giebelkamm in sieben Stufen unterteilt. Jede Stufe schließt mit einen Zahnschnitt. Der Westgiebel ist ähnlich gestaltet, jedoch steigen über den drei Mittelblenden abgetreppte Blendbögen empor.

Aufgrund der kirchliche Zugehörigkeit zum Frauenburger Domkapitel war dieses auch für den Aufbau der Kirche von Hirschfeld und Trunz verantwortlich. Vermutlich waren nach Vollendung der Domwestseite Frauenburger Werkleute zunächst nach Hirschfeld und später nach Trunz gezogen und errichteten die dortigen Giebel.

Das bedeutende Innenportal der Frauenburger Westvorhalle fand eine Nachfolge in Elbing. Bereits Hauke und Stobbe erkannten, daß das Portal des ehemaligen Elbinger Bürgerhauses, früher Wilhelmstraße Nr. 56, eine ähnliche Konfiguration und komparablen Aufbau wie das Frauenburger innere Westportal aufwies. Ob hier Liefhard von Datteln tätig war, läßt sich nicht nachweisen. Belegt ist, daß zumindest in der Zeit um 1388 zwischen Elbing und dem Frauenburger Baubetrieb enge Werkverbindungen bestanden und Werkleute nach Elbing wanderten.[1554] Wohl von dort aus scheint der Baubetrieb auch nach Hirschfeld und Trunz gewandert zu sein.

Auch für die dritte Entwicklungsstufe konnte Piłecka eine Reihe von Analogien zwischen Bauten des Ordenslandes und dem Ermland nachweisen.[1555]

So zeigt sich anhand der oben genannten Vergleiche, daß in allen drei Entwicklungsstufen stets Einzelformen aus dem Ordensstaat auf das ermländische Gebiet wirkten. Anhand von Beispielen konnte nachgewiesen werden, daß auf umgekehrten Wege sich ermländische Besonderheiten auf benachbarte Gebiete übertrugen. Es existierte trotz unabhängiger Stellung und oft ablehnender Haltung gegenüber dem Deutschen Orden

---

1551   ZGAE (Matern), Bd. 17, S. 302.
1552   CDW, Bd. I, D. Nr. 303, S. 351.
1553   SRW, Bd. I, S. 414, dort Anm. 128.
1554   Hauke / Stobbe (1964), S. 116f.
1555   Piłecka (1980), S. 77f.

und den benachbarten Gebieten eine Angleichung, die wiederum im Ermland zu eigenen Stilentwicklungen der dort tätigen Werkleute führte. Diese wiederum übertrugen ihre Eigenarten auf andere Regionen. Somit läßt sich in beiden Richtungen eine fast ungehinderte Korrelation nachweisen. Als wesentlicher Unterschied gegenüber dem ordensländischen Baubestand läßt sich feststellen, daß im ermländischen Hochstift der Hallentyp und die chorlose Saalkirche dominieren. Dies ist allerdings nicht als Beweis für die Existenz einer eigenen ermländischen Bauhütte oder Bauschule zu werten. Ohne Zweifel konnte nachgewiesen werden, daß im Ermland kein eigenständiges Bauhüttenwesen existierte. Die Verbindung bestand über die auch im Ordensgebiet tätigen wandernden Werkleute, die ihre Einzelformen in die herrschenden Bauvorgaben in freier Gestaltung einbrachten. Ein Beleg hierfür ist die Vielfältigkeit der Giebelvarianten. Somit bestätigt sich die These von Piłecka, daß das Gebiet des Hochstifts Ermland stets ein offenes Gebiet der Sakralbaukunst war.

Die Erklärung liegt im soziologischen Gefüge des Hochstifts. So verhielten sich gerade in der Zeit, in der die meisten Sakralbauten entstanden, die Prälaten und Bischöfe im Ermland besonders loyal gegenüber dem Papst und politisch unabhängig gegenüber dem Deutschen Orden. Ihre Hauptaufgabe sahen die ermländische Bischöfe nicht allein in der Kolonisierung und Sicherung der inneren Verhältnisse der ermländischen Diözese, sondern insbesondere in der Verbreitung des Christentums im Sinne der 'apostolischen Sendung'. Sie errichteten nach einem einheitlichen Prinzip die typische 'ermländische Hallenkirche', die auch als Predigt- und Kolonistenkirche zu interpretieren ist, in der sich das Chorgebet der Stiftsherren auf derselben Ebene abspielte wie die Andacht gewöhnlicher Kirchenbesucher. Nicht der Baukörper als machtvoller politischer Bedeutungsträger stand im Vordergrund, sondern der Typ der Predigtkirche, so wie ihn die Bettelorden lange zuvor im Westen gebildet hatten, doch unter vollständigem Verzicht auf die dort meist sehr dominanten und ausgesonderten Choranlagen. Dadurch entstand eine Eigenart, die ihre Ästhetik in der bewußten Verwendung von reduzierten Formen sah.

Auf diese Weise wurde der Wille zur Monumentalität, zur Weiträumigkeit und Freizügigkeit des Ostens in einen streng disziplinierten Ausdruck gefaßt, dessen klare Linienführung etwas über den religiösen Ernst vermitteln kann, von dem die Erbauer dieser Denkmale offenbar beseelt waren.

Tafel I: Anordnung der Portalplastik des Frauenburger Doms in schematischer Übersicht

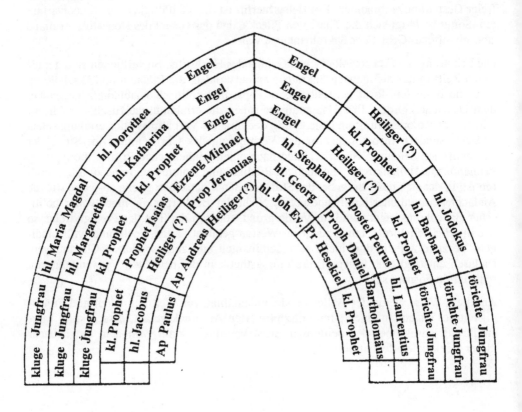

Tafel II: Organisation und Finanzierung sakraler Bauten

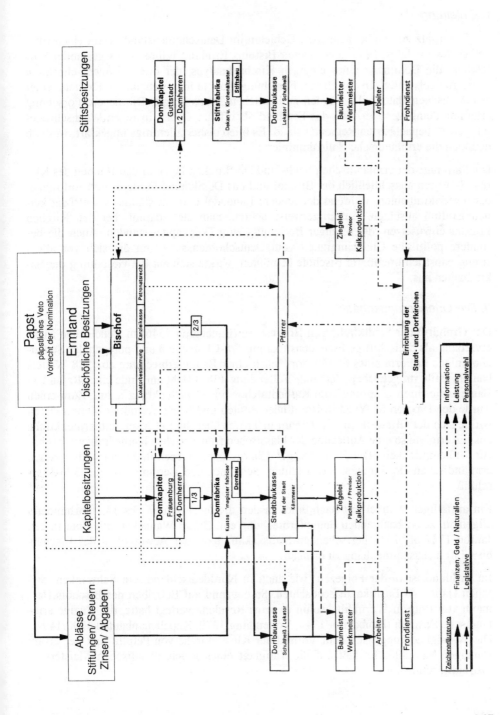

Zusammenfassung

I. Einleitung

Im Gegensatz zu den benachbarten Gebieten im Deutschordensland ist im Hochstiftsgebiet des im Jahre 1243 gegründeten Bistums Ermland während des gesamten Mittelalters die Dominanz eines einzigen Kirchenbautyps, der dreischiffigen, chorlosen Halle zu beobachten. In der älteren Forschung glaubte man stets an die Existenz einer ermländischen Bauschule, die den einheitlichen Typus prägte. Die neuere Forschung erkannte demgegenüber, daß das Ermland als offenes Gebiet in regen Wechselbeziehungen zu benachbarten Regionen stand. Es blieb bisher allerdings ungeklärt, weshalb dennoch die ermländische Halle dominierte.

Die Patronate der ermländischen Stadt- und Dorfkirchen lagen in den Händen des Klerus. So waren ausschließlich der Bischof und das Domkapitel Förderer und Auftraggeber der Sakralbauten, während der niedere Landadel und das städtische Patriziat keinen Einfluß ausübten. Auffälligerweise achtete man stets darauf, bei den Kirchen Priester einzusetzen, die in enger Beziehung zum Domkapitel standen. Auch die besondere politische Unabhängigkeit vom Deutschordensstaat, um die sich vor allem streng päpstlich orientierte Bischöfe bemühten, wirkte sich auf die Gestaltung der Sakralbauten aus.

II. Die Orientierungsphase

Der Grundriß der Stadtkirche von Braunsberg (Baubeginn 1346 im wendischen Mauerverband als dreischiffige Pseudobasilika mit 5/8-Chorschluß und polygonaler Seitenchoranlage in Form eines Staffelchors, nach einer Bauunterbrechung ab 1378 Weiterbau als Halle im gotischen Verband, Vollendung 1381) steht am Ende einer Reihe von Bauten, die ihren Ursprung vom Kathedralchor mit Kapellenkranz nahm. Zum einen wurde der Typ von St. Yved in Brain über Xanten und Kleve vermittelt. Zum anderen wirkte sich der Grundriß von St. Urbain in Troyes über die Lübecker Katharinenkirche aus. Es erfolgte so eine Auflösung der klassischen französischen Kathedralgotik bis hin zur Unkenntlichkeit. Die Braunsberger Chorgestaltung beeinflußte auch die frühen ermländischen Dorfkirchen, z.B. Elditten, Schalmey und Bertung, alle mit 3/8-Chorschluß.

Ein auffälliger Wandel trat nach einer in den dreißiger Jahren des 14. Jahrhunderts allgemein zu beobachtenden Bauunterbrechung ein. Dieser Wandel ist mit einer in den Jahren 1334 bis 1337 herrschenden Sedisvakanz bzw. der Abwesenheit des Bischofs bis 1340 in Zusammenhang zu bringen.

Im Ermland ist in der Folgezeit, wie auch in Norddeutschland, ein Schwanken zwischen Halle und Basilika zu beobachten. So entstand auf Betreiben des Bischofs Hermann von Prag in Wormditt, wohin er seine Residenz verlegt hatte, die einzige ermländische Basilika (Baubeginn 1340, Vollendung 1379, Kapellenanbauten 1390/1494). Die Wandgliederung nach dem Vorbild der Klosterkirche von Pelplin und der ersten Danziger Marienkirche läßt auf die Tätigkeit eines weichselländischen Meisters in Wormditt schließen.

Es erfolgte nun ein endgültiger Wechsel zum Typus der Hallenkirche. So wurde die Braunsberger Pseudobasilika durch den Werkmeister Heinrich Penkune zur Halle umgebaut.

III. Die reife und selbstbewußte Phase

Bei dem Dom zu Frauenburg (1329 Ablaß zum Dombau, 1342 Chorweihe, ca. 1343 Bauunterbrechung, 1356/57 Ablässe zum Bau des Langhauses, 1380 Vollendung des Langhauses, 1388 Vollendung des Westgiebels und der Westvorhalle) handelt es sich um eine dreischiffige Halle mit Langchor und geradem Schluß. Der Chorgiebel besitzt noch die Formensprache des 13. Jahrhunderts. Als Baumeister der Westvorhalle ist der in Paris und Orléans ausgebildete Lifhard von Datteln faßbar.

Unklar war bisher, ob der Dom mit seiner Gestaltung lediglich ein martialisches Aussehen anstrebte oder ob er tatsächlich fortifikatorische Funktionen ausübte. Für letzteres sprechen insbesondere auf dem Domdachboden zu beobachtende Merkmale. Für die im Deutschordensland einzigartige Gestaltung des Westgiebels sind nicht Pelplin oder Marienwerder sondern niederländische und englische Vorbilder anzunehmen.

Dem Typus der dreischiffigen Halle mit geradem Chorschluß, wie er mit dem Dom zu Frauenburg und der Stadtkirche von Wormditt entwickelt wurde, folgen in der 2. Hälfte des 14. Jahrhunderts die Stadtkirchen von Frauenburg, Seeburg, Heilsberg, Guttstadt, Wartenburg, Rößel, Allenstein und Mehlsack.

Unter den Bischöfen Hermann von Prag, Johann I. von Meißen und Johann II. Stryprock (1338 bis 1373) entstanden die meisten Sakralbauten des Ermlands. Die selbstbewußten und papsttreuen Bischöfe wahrten gegenüber dem Deutschen Orden eine unabhängige Stellung. Zwar beauftragte man Werkleute aus den benachbarten ordensländischen Regionen, doch erreichte man dank straffer Bauorganisation eine große Einheitlichkeit des ermländischen Sakralbaus hinsichtlich Raum- und Grundrißgestaltung.

IV. Der Parler-Einfluß im Ermland

Unter Bischof Heinrich III. Sorbom (1373 – 1401), der in Prag studiert hatte und Sekretär Kaiser Karls IV. gewesen war, verbreitete sich im Ermland ein deutlicher Einfluß der Parler-Schule. In seiner Regierungszeit wurden nicht nur die meisten der Stadtkirchen vollendet, sondern auch die Westteile des Frauenburger Doms gestaltet.

Für die einzigartige Westvorhalle des Doms lassen sich ordensländische Vorbilder ausschließen. Im Tympanon des prächtigen Innenportals findet sich ein Blendmaßwerk, dessen Formen sich von französischen und rheinischen Vorbildern herleiten. So gibt es gleichartige Maßwerkformen an der Südseite der Katharinenkirche von Oppenheim und an Hauptaltar und Lettner der Stiftskirche von Oberwesel. Beide Kirchen waren Kaiser Karl IV. verbunden. Peter Parler verwendete ein vergleichbares Blendmaßwerk am Treppenturm des südlichen Querhauses des Prager Veitsdoms. Im Ordensland erscheint diese Maßwerkform nur noch am Portal der Nikolaikirche zu Elbing, was auf eine Wechselbeziehung zwischen den Frauenburger und den Elbinger Werkleuten schließen läßt. Sucht man nach parlerischen Vorbildern für die Westvorhalle, so bietet sich die Vorhalle der Nürnberger Frauenkirche an, die um 1352/58 unter Karl IV. von Peter oder Heinrich Parler errichtet wurde. Besonders markant ist, daß in beiden Vorhallen musizierende Engel auf den Gewölberippen angebracht sind. Bei der Diskussion, ob parlerischer oder rheinisch-kölnischer Einfluß bei der Frauenburger Vorhalle überwiegt oder beides zusammen die Gestaltung prägte, erscheint somit insbesondere die Betrachtung der Einzelformen als geboten.

V. Die Dorfkirchen

Eine auffällige Homogenität, wie sie sich bei den ermländischen Stadtkirchen zeigt, ist auch bei den Dorfkirchen festzustellen. Sowohl hinsichtlich der Grundriß- als auch der Giebelgestaltung waren die städtischen Sakralbauten Vorbild. Die dort festgestellten drei Entwicklungsstufen finden sich bei den Dorfkirchen in gleicher Weise. Ein Grund hierfür liegt in den beschäftigten Werkleuten: So bauten umherziehende, aus dem benachbarten Ordensland stammende Werkleute nicht nur an den Stadtkirchen, sondern in der nachfolgenden Zeit auch an den Dorfkirchen. Eine ordensländische Beeinflussung ist bei den Dorfkirchen lediglich bei der Verwendung einzelner Details, etwa bei den aufwendigen Schaugiebelformen, erkennbar.

VI. Die Frage einer ermländischen Bauschule

Die Untersuchung weist nach, daß in allen Entwicklungsphasen Wechselbeziehungen zu architektonischen Formen benachbarter Gebiete bestanden. Dies bedeutet, daß das Ermland im Untersuchungszeitraum in der Tat nicht, wie in der älteren Forschung allgemein angenommen wurde, als ein weitgehend geschlossenes Gebiet gelten kann. Auch existierte trotz einer ausgeprägten Typisierung der Giebelformen nie eine eigene ermländische Bauschule, wie sie in der Vergangenheit vermutet worden ist.

Résumé

Sakralna architektura gotycka na Warmii [Backsteingotik]

I. Wprowadzenie

W roku 1243 utworzono diecezję warmińską, której część bezpośrednio podlegała biskupowi i kapitule katedralnej. W przeciwieństwie do sąsiednich terenów państwa krzyżackiego obserwuje się na tym obszarze trwającą przez cały okres średniowiecza dominację tylko jednego typu budowli kościelnej, mianowicie trójnawowej, bezchórowej hali. W starszej literaturze przedmiotu zakładano istnienie warmińskiej szkoły budowlanej, która miała być odpowiedzialna za rozpowszechnienie tego jednolitego typu. Nowe badania przyniosły natomiast rozpoznanie, że Warmia była obszarem otwartym o ożywionych kontaktach z regionami graniczącymi. Mimo to dominacja hali warmińskiej nie została dotychczas wyjaśniona.

Prawa patronatu warmińskich kościołów miejskich i wiejskich znajdowały się w rękach duchowieństwa. Dlatego też nie patrycjat miejski czy drobna szlachta, lecz wyłącznie biskup i kapituła katedralna byli fundatorami i zleceniodawcami budowli sakralnych. Uderzające jest przy tym, że zawsze zwracano na to uwagę, aby do kościołów wybierać kapłanów będących w bliskich stosunkach z kapitułą katedralną. Również szczególna niezależność polityczna od zakonu krzyżackiego, o którą starali się przede wszystkim biskupi sprzyjający papieżowi, wywarła wpływ na kształt budowli sakralnych.

II. Faza orientacji

Rzut kościoła miejskiego w Braniewie (1346 rozpoczęcie budowy w wątku wendyjskim w formie trójnawowej pseudobazyliki, z również trójnawową pseudobazylikową partią chórową, zamkniętą w poszczególnych nawach wielobocznie, w nawie głównej 5/8, po przerwie dalsza realizacja od roku 1378 w formie hali w wątku gotyckim, 1381 zakończenie prac) stoi na końcu linii ewolucyjnej, króra ma swoją genezę w chórze katedralnym z wieńcem kaplic. Z jednej strony typ ten został przejęty z St. Yved w Braine przez Xanten i Kleve. Z drugiej strony wpływ wywarł rzut kościoła St. Urbain z Troyes poprzez lubecki kościół św. Katarzyny. W ten sposób nastąpił rozkład francuskiego klasycznego gotyku katedralnego aż nie do poznania. Ukształtowanie braniewskiego prezbiterium wpłynęło na wczesne kościoły wiejskie na Warmii, na przykład w Ełdytach Wielkich, Szalmii i Bartągu, wszystkie z 3/8 zamknięciem prezbiterium. Zdecydowana zmiana nastąpiła po powszechnie dostrzegalnej przerwie budowlanej w latach trzydziestych XIV wieku. Ta zmiana wiąże się z trwającym w latach 1334-37 wakatem i nieobecnością biskupa do roku 1340.

W późniejszym okresie obserwujemy na Warmii, podobnie jak w północnych Niemczech, niezdecydowanie przy wyborze między formą hali a bazyliki. Dzięki staraniom biskupa Hermana z Pragi powstała w Ornecie, dokąd przeniósł on swoją rezydencję, jedyna bazylika warmińska (1340 rozpoczęcie budowy, 1379 zakończenie, 1390-1494 dobudowa kaplic). Rozczłonkowanie ścian według kościoła klasztornego w

Pelplinie i pierwotnego kościoła mariackiego w Gdańsku pozwala przypuszczać, że w Ornecie działał mistrz pochodzący z Pomorza Gdańskiego.

Ostatecznie zdecydowano się na przyjęcie wyłącznie typu kościoła halowego. Dlatego też pseudobazylika w Braniewie doczekała się przebudowy na halę, którą przeprowadził mistrz Henryk Penkune.

III. Faza dojrzała i stabilna

Katedra we Fromborku (1329 odpust na budowę katedry, 1342 konsekracja prezbiterium, ok. 1343 przerwa w budowie, 1356 i 1357 odpusty na budowę korpusu nawowego, 1380 zakończenie prac przy korpusie nawowym, 1388 zakończenie prac przy zachodnim szczycie i zachodniej kruchcie) jest trójnawową halą z wydłużonym prosto zamkniętym prezbiterium. Szczyt prezbiterium posiada jeszcze formy charakterystyczne dla XIII wieku. Za mistrza budowlanego kruchty zachodniej uważa się wykształconego w Paryżu i Orleanie Lifharda z Datteln.

Dotychczas nie zostało wyjaśnione, czy katedrze nadano tylko warowny wygląd, czy też rzeczywiście spełniała ona funkcje obronne. Za jej faktyczną inkastelacją przemawiają przede wszystkim ślady widoczne na poddaszu. Należy przyjąć, że kształt wyjątkowego w państwie krzyżackim szczytu zachodniego wpłynęły nie Pelplin lub Kwidzyn lecz wzory niderlandzkie i angielskie.

Typ trójnawowej hali z prosto zamkniętym prezbiterium, jaki wykształcił się w katedrze we Fromborku i kościele miejskim w Ornecie, kontynuowały w 2 poł. XIV w. fary we Fromborku, Jezioranach, Lidzbarku Warmińskim, Dobrym Mieście, Barczewie, Reszlu, Olsztynie i Pieniężnie.

Za rządów biskupów Hermana z Pragi, Jana I z Miśni i Jana II Stryprocka (w latach 1338-73) powstała na Warmii największa ilość budowli sakralnych. Pewni siebie i wierni papieżowi biskupi zachowali niezależną pozycję w stosunku do zakonu krzyżackiego. Wprawdzie zatrudniano budowniczych z sąsiednich terenów państwa zakonnego, jednakże dzięki prężnej organizacji budowlanej osiągnięto wielką jednolitość warmińskich budowli sakralnych zarówno pod względem ukształtowania przestrzeni, jak i planu.

IV. Wpływ Parlera na Warmii

Za biskupa Henryka III Sorboma (1373-1401), który studiował w Pradze i był sekretarzem cesarza Karola IV, rozpowszechnił się na Warmii znaczny wpływ szkoły Parlera. W czasie rządów tego biskupa nie tylko została ukończona większa część kościołów miejskich, lecz także partia zachodnia katedry fromborskiej otrzymała swój ostateczny kształt.

Pochodzenie wzorów z terenu państwa zakonnego dla jedynej w swoim rodzaju kruchty zachodniej można wykluczyć. W tympanonie wspaniałego portalu wewnętrznego w tej kruchcie znajduje się dekoracja maswerkowa, której formy wywodzą się z francuskich i nadreńskich wzorów. Tego samego rodzaju dekoracje maswerkowe występują na ścianie południowej kościoła św. Katarzyny w Oppenheimie jak również w ołtarzu głównym i lektorium kolegiaty w Oberwesel. Oba te kościoły były związane z osobą cesarza Karola IV. Piotr Parler użył jeszcze podobny motyw maswerkowy w wieży południowego ramienia transeptu katedry św. Wita w Pradze. W państwie zakonnym pojawia się forma takiego maswerku w portalu kościoła św. Mikołaja w Elblągu, co wskazywałoby na kontakty pomiędzy fromborskimi i elbląskimi mistrzami budowlanymi. Szukając parlerowskich wzorów dla kruchty zachodniej trafia się na kruchtę kościoła mariackiego w Norymberdze, która została wzniesiona za Karola IV przez Piotra lub Henryka Parlera około lat 1352-58. Niezwykle znamienne jest użycie do dekoracji żebr sklepiennych obu krucht motywów muzykujących aniołów. W dyskusji o tym, czy w kruchcie fromborskiej widoczne są wpływy parlerowskie, czy nadreńsko-kolońskie lub też oba, wydaje się szczególnie za wskazane oparcie się na analizie pojedynczych form.

V. Kościoły wiejskie

Wyjątkowa jednorodność, jaką obserwujemy w architekturze kościołów miejskich na Warmii, da się też zauważyć w przypadku kościołów wiejskich. Sakralne budowle miejskie były bowiem dla tych ostatnich wzorem zarówno pod względem ukształtowania planu, jak i formy szczytów. W architekturze kościołów wiejskich można rozróżnić też trzy fazy rozwoju, które odpowiadają etapom rozwoju świątyń miejskich. Do takiej zgodności przyczynili się zatrudniani mistrzowie budowlani. Wędrujący muratorzy, którzy pochodzili z sąsiednich terenów państwa zakonnego, wznosili nie tylko kościoły miejskie, lecz później również świątynie wiejskie. Jednak wpływy z terenów państwa zakonnego widoczne są w budowlach wiejskich jedynie przy użyciu niektórych detali, na przykład w dekoracyjnych formach szczytów.

VI. Problem warmińskiej szkoły budowlanej

Badania wykazują, że wymiana architektonicznymi formami z terenami sąsiednimi zachodziła we wszystkich fazach rozwoju. Z tej też przyczyny Warmia nie może w badanym okresie rzeczywiście uchodzić za obszar w dużej mierze zamknięty, jak zostało powszechnie przyjęte w starszych badaniach. Również nie istniała nigdy szkoła budowlana, jak dawniej przypuszczano, mimo wyraźnej typizacji form szczytów.

Tłumaczenie: Alexander Konieczny

Summary

Brick Gothic in Warmian Ecclesiastical Architecture

I. Introduction

Contrary to the neighbouring territories of the Teutonic Order, in the bishopric of Warmia, founded in 1243, one single type of church-architecture – the choirless hall-church with three naves – is predominant throughout the Middle Ages. It was common belief in older research that there existed some Warmian school of architecture promoting that uniform type of structure. Modern research, however, has recognized that Warmia, as an open territory, was in active contact with the neighbouring regions. However, the question remained unclear why the Warmian hall-church was predominant.

Patronage of the Warmian town and village churches was in the hands of the clergy. Thus, only the bishop and the cathedral chapter fostered and initiated the construction of churches, whereas neither the lower gentry nor the town aristocracy exerted any influence. Significantly, care was taken to install only those priests who were closely connected to the cathedral chapter. Also the specific political autonomy within the state of the Teutonic Order, which especially those Warmian bishops were striving for who were strictly papal, influenced Warmian church architecture.

II. Phase of orientation

The floor-plan of the Braunsberg town-church (begun in 1346 in Wendian brick-work as a pseudo-basilica with three naves and a 5/8-apse and polygonal side-choir in the form of a stepped choir, after an interruption continued to be built from 1378 as a hall-church in Gothic brick-work, completed in 1381) marks the end of a series of churches which had their origin in the cathedral-choir with annexed chapels. On the one hand that type was transmitted from St. Yved in Brain via Xanten and Cleves. On the other hand the floor-plan of St. Urbain in Troyes influenced Warmian churches via St. Catherine's in Lubeck, whereupon the classic French cathedral-Gothic dissolved past recognition. The Braunsberg choir-structure also influenced the early Warmian village-churches, e.g. at Elditten, Schalmey, and Gr. Bertung (all of them with a 3/8-apse).

A striking change occurred after a break in church-construction generally noticeable in the 1330's. This change should be seen in the context of the vacancy of the episcopal see from 1334 until 1337 and of the bishop's absence until 1340. Thereafter, some wavering between the construction of hall-churches and basilicas can be observed in Warmia just as in Northern Germany. Initiated by Bishop Hermann of Prague, a church was erected at Wormditt whither he had transferred his residence, which was to remain the only Warmian basilica (begun in 1340, completed in 1379 with chapels added in 1390/1494). The wall-structuring, in the style of Pelplin Abbey and the first church of St. Mary's in Danzig, is indicative of the work of a Vistula architect in Wormditt.

Then there followed the final change to the type of the hall-church. The Braunsberg pseudo-basilica, e.g., was reconstructed as a hall by the master-builder Heinrich Penkune.

III. The mature and confident phase

Frauenburg Cathedral (indulgence for construction: 1329, consecration of choir: 1342, interruption in building: ca. 1343, indulgences for construction of nave: 1356/57, completion of nave: 1380, completion of western gable and of western porch: 1388) is a hall with three naves and a long square choir. The choir-gable is still in the formal style of the 13th century. Lifhard von Datteln, educated at Paris and Orléans, can be identified as the architect of the western porch.

It was, hitherto, unclear whether this cathedral was meant just to look martial, or whether it had functions of a real fortification. The latter may be true, which can be concluded from some constructional elements particularly in the cathedral-attic. Dutch and English prototypes, not the churches at Pelplin or Marienwerder, are thought to have been influential in the design of the western gable which is unique throughout the Teutonic Order territories.

The type of the hall-church with three naves and a square choir, developed in the cathedral at Frauenburg and in the town-church of Wormditt, became in the second half of the 14th century a model for the town-churches in Frauenburg, Seeburg, Heilsberg, Guttstadt, Wartenburg, Rößel, Allenstein and Mehlsack.

Most of the Warmian churches were erected under the bishops Hermann of Prague, Johann I. of Misnia and Johann II. Stryprock (1338 – 1373). The bishops, self-assured and loyal to the Popes, maintained a position independent of the Teutonic Order. Although builders from the neighbouring Teutonic Order territories were employed, a high degree of conformity in Warmian church architecture as to structure and to floor-plan was achieved. It resulted from a strict organisation of the works.

IV. The Parler influence in Warmia

Under Bishop Heinrich III. Sorbom (1373 – 1401), who had studied in Prague and had been a secretary to Emperor Charles IV., some distinct influence of the Parler school spread in Warmia. During his episcopate not only were most of the town-churches completed, but also the western sections of Frauenburg Cathedral were erected.

Teutonic Order patterns can be ruled out as models for the unique western porch of the cathedral. The tympanum of the magnificent inner portal is embellished with blind-tracery whose shape can be traced back to French and Rhenish patterns. There are, e.g., traceries of the same kind on the south side of St. Catherine's in Oppenheim, as well as at the high-altar and on the choir-screen of the collegiate-church in Oberwesel. Both churches had ties with Emperor Charles IV. Peter Parler had some comparable blind-tracery built at the staircase-tower of the south-transept of St. Vitus's Cathedral in Prague. The only other example of this kind of tracery in the state of the Teutonic Order appears at the portal of St. Nicholas's in Elbing, which shows some contact between the builders in Frauenburg and in Elbing. Should one seek a Parlerian model for the western porch, an obvious choice would be the one at Our Lady's in Nuremberg, erected by Peter or Heinrich Parler, under Charles IV., about 1352/58. Most strikingly, both porches have on their vaulting-ribs angels playing musical instruments. When one discusses the question of whether Parlerian influence or Rhenish influence (Cologne) is predominant in the Frauenburg porch, or whether both together determined it, an analysis of the single features seems to be especially necessary.

V. The village-churches

Just as in the Warmian town-churches, some striking homogeneity can also be seen in the village-churches. Their floor-plan and gable-constructions were modelled on the town-churches. The three stages of development observed in municipal church architecture are equally appearent in village-churches. One reason is that the same builders were employed: itinerant builders from the neighbouring Teutonic Order territory were not only involved in the construction of the town-churches, but, henceforth, also in that of the village-churches. Teutonic Order influence on the village-churches, however, can only be seen in the usage of certain architectural details as, e.g., the sumptuous pseudo-gables.

VI. The question of a Warmian school of architecture

This investigation proves that there existed a relationship between Warmian architectural features and those of neighbouring territories in all phases of development. This means that, for the time under investigation, Warmia cannot be regarded as a widely isolated region, as earlier research had generally seen it. In spite of a distinct typology of gables, there never existed – contrary to conjectures in the past – an individual Warmian school of architecture.

Translation: Siegfried Koss

Quellen und Literaturverzeichnis

Abkürzungen

APM	Altpreußische Monatsschrift
CDW	Codex diplomaticus Warmiensis oder Regesten und Urkunden zur Geschichte Ermlands. (Siehe unter C. P. Woelky).
EH	Ermländischer Hauskalender
EP	Ermländisches Pastoralblatt
EZ	Ermländische Zeitung
LCI	Lexikon der christlichen Ikonographie
MEK	Mitteilungen des ermländischen Kunstvereins
NPP	Neue Preußische Provinzialblätter
SRP	Scriptores Rerum Prussicarum. Geschichtsquellen der preussischen Vorzeit bis zum Untergang der Ordensherrschaft. (Siehe unter Hirsch).
SRW	Scriptores rerum Warmiensium oder Quellenschriften zur Geschichte Ermlands. (Siehe unter C. P. Woelky).
UEB	Unser Ermlandbuch
UEH	Unsere Ermländische Heimat
WZEMAU	Wissenschaftliche Zeitschrift der Ernst–Moritz–Arndt–Universität Greifswald, gesellschafts- und sprachwissenschaftliche Reihe
ZGAE	Zeitschrift für die Geschichte und Altertumskunde Ermlands

Einzeltitel:

Ahlers, Olof, Civilitates Lübecker Neubürger 1317–1356, (Veröffentlichungen zur Geschichte der Hansestadt Lübeck, herausgegeben vom Archiv der Hansestadt, Bd. 19), Lübeck 1967.

Ambrassat, August, Die Provinz Ostpreußen. Ein Handbuch der Heimatkunde, Frankfurt a.M. 1978, (unveränderter Nachdruck der Ausgabe von 1912).

Antoni, Michael, Deutschordensland Preußen, München 1993.

Arendt, Paul (Hrsg.), Urkunden und Akten zu Geschichte der katholischen Kirchen und Hospitäler in Allenstein, Allenstein 1927.

Arszyński, Marian, Warsztat budowlany w Prusach około roku 1400, in: Biuletyn Historii Sztuki, Heft 4, Jg. 1967, S. 582–594.

ders., Technika i organizacja budownictwa ceglanego w Prusach w końcu 14 w. i pierwszej połowie 15 wieku, in: Studia z dziejów rzemiosła i przemysłu, Bd. IX. Jg. 1970, S. 7–139.

ders., und Marian Kutzner, Katalog zabytków sztuki w Polsce, Seria Nowa, t. II, wojew ództwo Elbląskie, zesz. 1, Braniewo, Frombork, Orneta i okolice (Katalog der Kunstdenkmäler in Polen, Neue Reihe, Bd. II, Wojewodschaft Elbing, H. 1, Braunsberg, Frauenburg, Wormditt und Umgebung), Warszawa 1980.

ders., Einige Gedanken zum Problem der Materialbedingtheit des Backsteinbaubetriebes; in: Mittelalterliche Backsteinbaukunst, WZEMAU 29, Jg. 1980, Heft 2–3, S. 63–65.

Bahlow, Hans, Deutsches Namenslexikon, Bindlach 1990.

Barran, Fritz R., Städte–Atlas–Ostpreußen, Leer 1988.

Becker, W., Unserer lieben Frauen Burg. Zwei kulturgeschichtliche Kapitel aus der Ordenszeit, Königsberg in Preußen 1933.

Beek–Goehlich, Maria, Die mittelalterlichen Kirchengestühle in Westpreußen und Danzig, (Bau– und Kunstdenkmäler des deutschen Ostens, Reihe B, Bd. 4), Stuttgart 1961.

Behling, Lottlisa, Gestalt und Geschichte des Maßwerks, (Dissertation) Halle 1944.

Behrens, Gerrit, Backstein in den Niederlanden des Mittelalters, in: Jahrbuch für Hausforschung, Bd. 39, Jg. 1990, S. 71–72.

Beissel, Stephan, Die Bauführung des Mittelalters, Studie über die Kirche des hl. Victor zu Xanten, Freiburg i. Br. 1889, Osnabrück 1966, (Neudruck der 2. Aufl.).

Bender, Josef, Kloster und Kirche der Franziskaner in Braunsberg, in: MEK, Heft I, Jg. 1870, S. 40–46. Benders Artikel erschien bereits, in: Braunsberger Kreisblatt, Jg. 1864, Nr. 79 und 84.

ders., Ermlands politische und nationale Stellung innerhalb Preußens an den Hauptmomenten seiner früheren Geschichte und Verfassung dargelegt, Braunsberg 1872.

ders., Über die Entstehungs– und Entwicklungs– Geschichte der Stadt Braunsberg, in: ZGAE, Bd. 5, S. 268–294.

ders., Die preußischen Kirchen der Friedensurkunde von 1349 in Warmien und Natangen, in: ZGAE, Bd. 5, S. 536–560.

Bender, Willi, Lexikon der Ziegel, Wiesbaden 1992.

Bentchev, Ivan / Leszczyńska, Dorota / Marek, Michaela / Vetter, Reinhold, Du Mont Kunst–Reiseführer Polen, Köln 1989.

Bergau, Rudolf, Über den Dom zu Frauenburg in Ostpreußen, in: Dioskuren. Deutsche Kunst–Zeitung. Hauptorgan der Deutschen Kunstvereine, Nr. 5, Jg. 1860, S. 319–320, 343–346, 371–372.

ders., Die katholische Pfarrkirche zu Frauenburg, in: Danziger Kath. Kirchenblatt, Nr. 5, Jg. 1869, S. 346–348 und Nr. 6, Jg. 1870.

ders., Die Befestigung des Domes zu Frauenburg, in: MEK, Heft II, Jg. 1871, S. 44–52.

ders., Der Dom zu Frauenburg, in: MEK, Heft II, Jg. 1871, S. 66–93.

ders., Gutachten über eine beabsichtigte Restaurierung des Doms zu Frauenburg, in: MEK, Heft II, Jg. 1871, S. 68–93.

ders., Geschichtliche Erinnerung aus Braunsbergs Vergangenheit, Braunsberg 1884.

Binding, Günther, (Hrsg.), Beiträge über Bauführung und Baufinanzierung im Mittelalter, Köln 1974.

ders., Artikel Backsteinbau, in: Lexikon des Mittelalters, Bd. I, München 1979, Sp. 1329-1330.

ders./Untermann, Matthias, Kleine Kunstgeschichte der mittelalterlichen Ordensbaukunst in Deutschland, Darmstadt 1985.

ders., Maßwerk, Darmstadt 1989.

ders., Baubetrieb im Mittelalter (Wissenschaftliche Buchgesellschaft), Darmstadt 1994.

Birch–Hirschfeld, Anneliese, Geschichte des Kollegiatstifts Guttstadt, in: ZGAE, Bd. 24, S. 273–438 und 595–758.

dies., Buchbesprechung: Georg Matern, Geschichte der Pfarrkirche S.S. Petri und Pauli in Rößel, in: ZGAE, Bd. 25, S. 824f.

dies., Drei Jubiläumsdörfer Gr. Klausitten, Frauendorf, Workhen, in: Ermland, mein Heimatland, Nr. 2, Jg. 1941.

Bischoff, Erich, Mystik und Magie der Zahlen, Wiesbaden 1992 (unveränderter Nachdruck der Ausgabe von 1920).

Biskup, Marian, Studium historyczne wzgórza kathedralnego we Fromborku na tle dziejów miasta Fromborka, Toruń 1958.

ders., Rozwój przestrzenny miasta Braniewa, in: Komunikaty Mazursko–Warmińskie, Nr. 1, Jg. 1959.

Boetticher, Adolf, Die Bau– und Kunstdenkmäler der Provinz Ostpreußen, Ermland, Heft IV, Königsberg in Preußen 1894.

Böker, Hans Josef, Die Mittelalterliche Backsteinarchitektur Norddeutschlands, Darmstadt 1988.

Bonk, Hugo, Geschichte der Stadt Allenstein, Bd. 1–5, Allenstein 1903–1930.

Boockmann, H., Artikel 'Deutscher Orden', in: Lexikon des Mittelalters, München 1986, Bd. III, S. 768–777.

ders., Deutsche Geschichte im Osten Europas. Ost– und Westpreußen, Berlin 1992.

Borchert, Friedrich, Burgenland Preussen, München 1987.

Brachvogel, Eugen, Führer durch Frauenburg, Elbing 1921.

ders., Der Dom zu Frauenburg, Braunsberg 1926.

ders., Frauenburg, die ostpreußische Domburg am Meer, in: Burgwart, Nr. 30, Jg. 1929, S. 8–30.

ders., Die Wallfahrtskirche zu Krossen, Guttstadt 1929.

ders., Der Dachboden des Domes in Frauenburg, in: UEH, 11. Jg., Nr. 9, Braunsberg 12. Sept. 1931.

ders., Frauenburg die Stadt des Koppernikus, Elbing 1933.

ders., Die altstädtische Pfarrkirche, Braunsberg schönstes Bauwerk, in: EZ, Nr. 142, Jg. 1934.

ders., Die Mönchenstraße in Braunsberg, in: UEH, Nr. 11, 12. Jg., 19. Nov. 1934.

ders., Der Dom zu Frauenburg, Braunsberg 1934.

ders., Die Pfarrkirche in Braunsberg, in: EH, Jg. 1935.

ders., Das Gotteshaus von Basien, in: Emländisches Kirchenblatt Nr. 28, Jg. 1939.

ders., Die Grabdenkmäler im Dom zu Frauenburg, in: ZGAE, Bd. 23, S. 733–770.

ders., Der Dachbau des Domes in Frauenburg, in: ZGAE, Bd. 24, S. 532–535.

ders., Die Neuausstattung des Domes zu Frauenburg am Ausgang des Mittelalters, in: ZGAE, Bd. 24, S. 49–80.

ders., Die Vorgeschichte des Franziskaner–Klosters in Braunsberg, in: ZGAE, Bd. 24.

ders., Buchbesprechung: Anton Ulbrich, Kunstgeschichte Ostpreußens von der Ordenszeit bis zur Gegenwart, in: ZGAE, Bd. 25, S. 255–260.

ders., Buchbesprechung: B. Schmid, Die Inschriften des Deutschordenslandes Preußen bis zum Jahre 1466, in: ZGAE, Bd 25, S. 809–812.

ders., Die Anfänge des Antoniterklosters in Frauenburg, in ZGAE, Bd. 27, S. 420–424.

ders., Geschichte des Kirchspiels Bischofstein, in: ZGAE, Bd. 35, S. 7–74.

Braunfels, Wolfgang, Abendländische Klosterbaukunst, Köln 1985.

ders., Die Kunst im Heiligen Römischen Reich Deutscher Nation, München 1979 – 1989 (insbesondere Bd. V.)

Bräutigam, Günther, Gmünden – Prag – Nürnberg. Die Nürnberger Frauenkirche und der Prager Parlerstil vor 1360, in: Jahrbuch der Berliner Museen, Nr. 3, Jg. 1961.

Brunning, Wilhelm, Die Stellung des Bistums Ermland zum Deutschen Orden im dreizehnjährigen Städtekrieg, (Dissertation), in: APM, Nr. 29, Königsberg 1892.

Brzeczkowski, T., Uposażenie kapituły kolegiackiej i kanoników w Dobrym Mieście w latach 1341–1587, in: Komunikaty Mazursko–Warmińskie, Nr. 4, Jg. 1983, S. 391 –409.

Buch, Felicitas, Studien zur Preußischen Denkmalpflege am Beispiel konservatorischer Arbeiten Ferdinand von Quasts (Manuskripte zur Kunstgeschichte in der Wernerschen Verlagsgesellschaft, Bd. 30), Worms 1990.

Buchholz, Joseph, Abriß einer Geschichte Ermlands, Braunsberg 1903.

Buchholz, Franz, Aus sechs Jahrhunderten. Bilder aus Wormditts Vergangenheit, Wormditt 1912.

ders., Bilder aus Wormditts Vergangenheit, Wormditt 1931.

ders., Braunsberg im Wandel der Jahrhunderte (Festschrift zum 650jährigen Stadtjubiläum), Braunsberg 1934.

ders., Eugen Brachvogel, ein Lebensbild, in: ZGAE, Bd. 28, S. 1–42, (mit Schriftenverzeichnis).

ders., Führer durch die St. Katharinenkirche zu Braunsberg, Braunsberg 1940.

ders., Epilog auf die Braunsberger St. Katharinenkirche, in: EH, Jg. 1950.

ders., Buchbesprechung: Robert Teichert, Geschichte der Stadt Bischofsburg, in: ZGAE, Bd. 26, S. 258–262.

ders., Buchbesprechung: Adolf Poschmann, 600 Jahre Seeburg, in: ZGAE, Bd. 26, S. 690–692.

Buettner, Siegfried, Die Stadtpfarrkirche St. Johannis Evangelistae zu Bartenstein, (Dissertation), Königsberg in Preußen 1939.

Burmeister, Werner, Norddeutsche Backsteindome, Berlin 1938, (insbesondere S. 37 – 39).

CDW, siehe bei Woelky.

Chojnacki, W., Chronik der Stadt Mehlsack, Leer 1955.

Chmarzyński, G., Katedra we Fromborku. Studium nad architekturą ziem pomorskich (Der Dom in Frauenburg. Eine Studie zur Architektur der baltischen Gebiete), Toruń 1949, (Manuskript in der Bibliothek des Instituts für Kunstgeschichte der Posener Universität).

ders., Frombork (Frauenburg), Poznań 1972, (Maschinenschriftl. Text in der Bibliothek des Instituts für Kunstgeschichte der Posener Universität).

Chorostian, Bogusława, Architektura kościoła Św. Jakuba w Olsztynie, in: Komunikaty Mazursko–Warmińskie, Bd. 1 (1979), Jg. 1963, S. 76–97.

dies., Zabytki Fromborka (Frauenburgs Kunstdenkmäler), in: Braniewo. Z dziejów miasta i powiatu, Olsztyn 1973.

dies., Frombork i Okolice, Gdańsk 1983.

Chrzanowski, Tadeusz, Przewodnik po zabytkowych kosciolach polnocnej Warmii, (Führer für die kirchlichen Kunstdenkmäler des nördlichen Ermlands), Olsztyn 1978.

Clasen, Karl Heinz, Der Hochmeisterpalast der Marienburg, Königsberg in Preußen 1924.

ders., Die gotische Baukunst, Wildpark Potsdam 1930.

ders., Die mittelalterliche Bildhauerkunst im Gebiet des Deutschordensland Preußen, Berlin 1939.

ders., Hinrich Brunsberg und die Parler, in: Neue Beitrage zur Archäologie und Kunstgeschichte Schwabens. Festschrift – Julius Baum zum 70. Geburtstag gewidmet, Stuttgart 1952, S. 48–57.

ders., Deutsche Gewölbe der Spätgotik, Berlin 1961.

Conrad, Dietrich, Kirchenbau im Mittelalter. Bauplanung und Bauausführung, Leipzig 1990.

Cooper, J. C., Illustriertes Lexikon der traditionellen Symbole, Leipzig 1986.

Czubiel, Lugan, Prace konserwatorskie na Wzgórzu Fromborskim w latach 1945 – 64 (Konservierungsarbeiten auf der Frauenburger Höhe in den Jahren 1945–64), in: Komentarze fromborskie, H. 1, Jg. 1965.

dies., Zabytki Fromborka, in: Komentarze Fromborskie, Olsztyn 1968.

dies., Odbudowa i konserwacja zabytkow Fromborka w 1. 1968 – 73 (Wiederaufbau und Erhaltung der Kunstdenkmäler Frauenburgs in den Jahren 1968–73), in: Komunikaty Mazursko – Warmińskie, H. 4, Jg. 1983.

Dehio, Georg, Handbuch der deutschen Kunstdenkmäler, Nordostdeutschland, Bd. II, O.o. 1906.

Dehio, Georg/Gall, Ernst, Handbuch der Deutschen Kunstdenkmäler, Niedersachsen und Westfalen, München 1949.

dies., Handbuch der deutschen Kunstdenkmäler, Deutschordensland Preußen, München 1952.

dies., Die Bezirke Neubrandenburg, Rostock, Schwerin, München 1968.

dies., Handbuch der Deutschen Kunstdenkmäler, Bremen Niedersachsen, Darmstadt 1977.

dies., Bayern I: Franken, München 1979.

Deutsch, Werner Richard, Der Dom zu Frauenburg und seine künstlerische Bedeutung, in: Ostdeutsche Monatshefte, Heft 5, 11. Jg. 1930, S. 268–294.

Dewischeit, Curd, Der Deutsche Orden als Bauherr, Diss. Königsberg in Preußen 1899.

Dinzelbacher, Peter, Wörterbuch der Mystik, Stuttgart 1989.

Dittrich, Franz, Über den mittelalterlichen Backsteinbau der baltischen Länder, in: MEK, Bd. I, Jg. 1870, S. 3–40.

ders., Die ehemalige St. Marienkirche der Franziskaner in Braunsberg, in: EP, 15, 1883.

ders., Beiträge zur Geschichte der ermländischen Kirchen, in: ZGAE, Bd. 8, S. 599–646; Bd. 9, S. 174–252 und 412–451; Bd. 10, S. 585–742.

ders., Buchbesprechung: Boettichers Inventarisation der Bau- und Kunstdenkmäler Ermlands, in: ZGAE, Bd. 11, S. 261–327.

ders., Der Dom zu Frauenburg, in: ZGAE, Bd. 18, S. 549–708 und Bd. 19, S. 1–172.

Dombrowski, Eugen, Studien zur Geschichte der Landverteilung bei der Kolonisation des Ermlandes im 13. Jh., Braunsberg 1885.

Drost, Willi, St. Katharinen in Danzig (Bau- und Kunstdenkmäler des deutschen Ostens, Reihe A, Bd. 2), Stuttgart 1958.

ders., Die Marienkirche in Danzig und ihre Kunstschätze (Bau- und Kunstdenkmäler des deutschen Ostens, Reihe A, Bd. 4), Stuttgart 1963.

Ehrlich, Bruno, Keramische und ordenszeitliche Funde in der Stadt Elbing und in der Elbinger Umgebung, Thorn 1919.

Eichhorn, Anton, Die Prälaten des ermländischen Domkapitels in: ZGAE, Bd. 3, S. 305–325.

Eimer, Birgitta, Gotland unter dem Deutschen Orden und die Komturei Schweden zu Arsta, Innsbruck 1966.

Eimer, Gerhard, Zur Problematik der Formumsetzung Haustein/Backstein, Marburger Jahrbuch 1989, S. 23 – 34.

Ellger, Dietrich, Der Ratzeburger Dom und die Frage nach der Farbigkeit romanischer Backsteinkirchen zwischen Niedersachsen und Seeland, Nordelbingen, Bd. 39, Jg. 1970, S. 9–34.

Endres, Franz Carl / Schimmel, Annemarie, Das Mysterium der Zahl, Köln 1986.

Ernestus, Der Dom von Guttstadt unversehrt, in: Ostpreußenblatt, 4, Jg. 1953, F. 25, S. 5.

Eubel, K., Hierarchia catholica, Bd. II., 1901, S. 204f.

Fehr, Götz, Artikel 'Die Wölbekunst der Parler', aus: Die Parler und der schöne Stil 1350–1400, Katalog Köln 1978, Bd. 3, S. 46–48.

Fischer, F., Norddeutscher Ziegelbau, München 1944.

Fleischer, Franz, Führer durch den Dom zu Frauenburg, Elbing 1922.

ders., Bericht des Konservators der Kunstdenkmäler der Provinz Ostpreußen über seine Tätigkeit in den Jahren 1916–1917, in: ZGAE, Bd. 20, S. 801–803.

Forstreuter, Kurt / Gause, Fritz, Altpeußische Biographie, Bd. III, Marburg 1975.

Foß, G., Untersuchungen in Gr. Bertung Krs. Allenstein, in: Sitzungsbericht der Prussia (13), 1888, S. 186–187.

Fox, Ursula, Polnische Bau- und Kunstdenkmalpflege im Ermland, in: UEH, Jg. 13, 1967, Nr. 3/4.

Frazik, J. T., Sklepienia gotyckie w Prusach, na Pomorzu Gdańskim i w Ziemi Chełminskiej (Gotische Gewölbe in Peußen, Pomerellen und im Kulmerland), in: Kwartalnik architektury i urbanistyki, Tom XXX, Warszawa 1985, S. 14.

Frycz, Jerzy, Die Burgenbauten des Ritterordens in Preußen, in: Mittelalterliche Backsteinbaukunst,WZEMAU, Jg. XXIX 1980, Heft 2/3, S. 45–56

ders., Bemerkungen über mittelalterliche Ziegelformsteine in den Gebieten Nordpolens; in: Mittelalterliche Backsteinarchitektur und bildende Kunst im Ostseeraum, Greifswald 1987, S. 85–88.

Funk, A., Geschichte der Stadt Allenstein von 1348–1943, Gelsenkirchen 1955.

Gajewska, Miroslawa / Kruppé, Jerzy, The Cathedral Hill of Frombork, Braniewo District in the Light of Recent Archaeological Research, in: Archeologia Polna, Bd. 7.

dies., Wstępne sprawozdania z badań terenowych na Wzgórzu Katedralnym we Fromborku za lata 1961 – 62 (Vorberichte über die Ausgrabungen auf der Domhöhe in Frauenburg) , in: Komunikaty Mazursko–Warmińskie, 1962.

Gall: siehe Dehio.

Greifenberg, A., Plausen. Erinnerung an ein ermländisches Kirchdorf, in: Heimatbund des Krs. Rößel, Jg. 1969, S. 124.

Greiser, W., Im ermländischen Dom zu Frauenburg, in: Allensteiner Zeitung 1927, Nr. 254.

Gross, Werner / Kobler, Friedrich, Artikel 'Deutsche Architektur', aus: Propyläen Kunstgeschichte, Frankfurt 1990, Bd. 6, S. 174–216.

Grote, H., Stammtafeln. Calendarium medii aevi, Wiesbaden 1990 (unveränderter Nachdruck der Ausgabe von Leipzig 1877).

Grunau, Wie einst der Westgiebel des Frauenburger Domes aussah, in: UEH, Nr. 12, 23.12.1923, S. 59–60.

Grunwald, Anton, Das Kirchspiel Glottau, Guttstadt 1931.

Haas, W., Artikel 'Fenster', aus: Reallexikon der deutschen Kunstgeschichte, München 1981, Bd. 7, S. 1301.

Häbler, W. L., Das Mauerwerk der Ordensschlösser, in: NPP, Bd. 7, Jg. 1849, S. 443 455.

Hasse, Max, Die St. Marienkirche zu Lübeck, München 1983.

Hauck, Albert, Kirchengeschichte Deutschland, Bd. 5, Berlin 1958, S. 1187–1188.

Hauke, Karl / Stobbe, Horst, Die Baugeschichte und die Baudenkmäler der Stadt Elbing, Stuttgart 1964.

Heinz–Mohr, Gerd, Lexikon der Symbole, München 1988, 10. Aufl.

Hellmann, Manfred / Wermter, Ernst Manfred, Artikel 'Ermland', aus: Lexikon für Theologie und Kirche, Bd. 3, Freiburg 1959, S. 1032–1035. (Auch: 3. Aufl., 1995)

Hermanowski, Georg, Das Ermland, Mannheim 1983.

ders., Ostpreußen Wegweiser, Würzburg 1989.

Hilger, Hans Peter, Der Dom zu Xanten, Königstein i. Ts. 1984.

Hipler, Franz, Bibliotheca Warmiensis od. Literaturgeschichte des Bistums Ermland, Bd. I, Braunsberg 1872.

ders., Die Kapelle des Hl. Erlösers im Dom zu Frauenburg und das Testament ihres Stifters, in: EP, 18, 1886.

ders., Die Domkirche zu Frauenburg, in: EP, 10, Jg. 20, 1.10.1888.

ders., Die Grabstätten der ermländischen Bischöfe, in: ZGAE, Bd. 6, S. 281–313.

ders., Ksp. Arnsdorf, in ZGAE, Bd. 8, S. 585ff.

Th. Hirsch / Töppen, M. / Stehlke, E., (hrsg.), Scriptores Rerum Prussicarum. (SRP) Geschichtsquellen der preussischen Vorzeit bis zum Untergang der Ordensherrschaft, Bd. 1 – 5, Leipzig 1861 – 1874.

Hoffmann, H., Der ländliche Grundbesitz im Ermland von der Eroberung Preußens durch den deutschen Ritterorden bis zum Jahre 1375, in: APM, Bd. 14, Jg. 1877 , S. 51–100 und 193–250.

Holst, Jens Christian, Romanischer Backsteinbau in Lübeck, Zweite Backstein-Fachtagung im Kloster Jerichow, 1994

Holst, Niels von, Der Deutsche Ritterorden und seine Bauten, Berlin 1981.

Hoppe, Hans W., Elbinger Stadtbuch, Bd. II, 1361–1418 in: ZGAE, Sonderheft 3, 1976, S. 120.

Jaacks, Günther H., St. Katharinen zu Lübeck. Baugeschichte einer Franziskanerkirche (Veröffentlichungen zur Geschichte der Hansestadt Lübeck, herausgegeben vom Archiv der Hansestadt, Bd. 21), Lübeck 1968.

ders., Zur Entwicklung spätmittelalterlicher Chorschlußvereinfachungen, in: Nordelbingen, Bd. 40, Jg. 1971.

Jackowska, Renata, Warmia i Mazury, Warsawa o.J.

Jähnig, B. / Biewer, L., Kleiner Atlas zur deutschen Territorialgeschichte, Bonn 1989.

Jantzen, Hans, Kunst der Gotik, Berlin 1987.

Jurkowłaniec,Tadeusz, Gotycka rzeźba architektoniczna w Prusach, Warszawa 1989.

Kaemmerer, M. (bearbeitet von), Ortsnamensverzeichnis der Ortschaften jenseits von Oder und Neiße, Leer 1988, 3. Aufl.

Kakies, Martin (Hrsg.), Das Ermland in 144 Bildern, Leer 1979, 4. Aufl.

Kamphausen, Alfred, Der Ratzeburger Dom, Heide 1966, 2. Aufl.

ders., Backsteingotik, München 1978.

Karp, Hans-Joachim, Die Eingliederung des Fürstbistums Ermland in den preußischen Staat 1772, in: Die erste polnische Teilung, Hrsg. v. F. B. Kaiser und B. Stasiewski, Köln/Wien 1974, S. 116-136

Katalog, Polen im Zeitalter der Jagiellonen 1386-1572, Ausstellung Schallaburg 1986.

Katalog, Die Parler und der schöne Stil 1350-1400, Ausstellung Köln 1987

Katalog, 800 Jahre Deutscher Orden, Ausstellung Nürnberg 1990.

Keller, Hiltgart L., Reclams Lexikon der Heiligen und biblischen Gestalten, Stuttgart 1987, 6. Aufl.

Keferstein, Halina, Bibliografia Fromborka 1800-1960, in: Komentarze Fromborskie, Jg. 1972, S. 71-96.

Kelly, John Norman Davidson, Reclams Lexikon der Päpste, Stuttgart 1988.

Keyser, Erich, Hrsg., Deutsches Städtebuch. Handbuch städtischer Geschichte, Bd. I, Nordostdeutschland, Stuttgart 1939.

Kieling, Uwe, Berliner Baumeister und Bauten, Berlin 1987.

Kiesow, Gottfried, Die Anfänge der Bachsteinbaukunst in Nord- und Ostdeutschland, Zweite Backsteinfachtagung im Kloster Jerichow, 1994.

Kilarski, Maciej, Figura Matki Boskiej z Dzieciatkiem z kościoła zamkowego w Malborku Studium technologicznokonserwatorskie, in: Podrug nieba i zwyczaju golskiego. Studie z historii architektury ofierowene Adzmari Midobgdzkiemu, Warsawa 1988, S.183-194.

Kimpel, Dieter / Suckale, Robert, Die gotische Architektur in Frankreich 1130 - 1270, München 1985.

Kirschbaum, Engelbert / Braunfels, Wolfgang (Hrsg.), Lexikon der christlichen Ikonographie, Freiburg i.Br. 1968 - 1976.

Klein, Bernhard, Die St. Johannes Bapt. Kirche zu Lokau, in: UEH, 12. Jg. Nr. 10/1932, S. 88f. und Nr. 11/1932, S. 43f.

Klein, Christine, Braunsberg oder Frauenburg als Mittelpunkt der Diözese Ermland. In: UEH, Nr. 2, Jg. 1963, S. 6.

Kletzl, Leo, Titel und Namen von Baumeistern deutscher Gotik, München 1935.

ders., Plan–Fragmente der deutschen Dombauhütte zu Prag, Stuttgart und Ulm, Stuttgart 1939.

ders., Peter Parler, Leipzig 1940.

Klinkott, Manfred, Die Backsteinbaukunst der Berliner Schule, Berlin 1988.

Kolberg, A., Die Vita II S. Adalberti v. hl. Bruno nach der Prager Handschrift XIII D 20, in: ZGAE, Bd. 15, S. 5.

Kolberg, Josef, Nachtrag zum Bau des Glockenturmes des Domes zu Frauenburg, in: ZGAE, Bd. 16, S. 670–672.

ders., Die Pfarrkirche von Wormditt, in: EH, Nr. 52, Jg. 1908, S. 81–84.

ders., Die Pfarrkirche von Wormditt, in: Ermlandbrief, Nr. 28, Jg. 1954, S. 10.

ders., Zur ältesten Geschichte der Pfarrkirche von Rößel, in: EP, Bd. 39, Nr. 4.

Köpf, Hans, Bildwörterbuch der Architektur, Stuttgart 1974, 2. Aufl.

Kowa, Günter, Architektur der Englischen Gotik, Köln 1990.

Kranich, Kirche und Kirchspiel Reichenberg. Ein Gedenkblatt zum 50jährigen Priesterjub. d. Pfarrers A. Hosmann 1853–1903, Braunsberg 1903, in: EZ, Nr. 445, S. 10 ff.

Krause, G., Erinnerungen an Guttstadt und seine Dom–Kirche, in: Unser Ermlandbuch 1968, S. 179–196.

Krautheimer, Richard, Kirchen der Bettelorden, Köln 1925.

Krebs, Marg., Die Kirche in Elditten, in: Ermlandbriefe 21, Nr. 81, Jg. 1967, S. 8–9.

Krollmann, Christian, Altpreußische Biographie, Königsberg in Preußen, Bd. I (1941); Bd. II (1942).

ders., Ermländische Burgen, Heilsberg, in: Burgwart, Bd. 4, Jg. 1903, S. 40–45.

Krüger, Hugo, Das Kirchspiel Arnsdorf, in: Ostdeutsche Landgemeinden und Kirchspiele, Heft 4, Dülken (Selbstverlag) 1967.

Kruse, Bernhard, Zu Untersuchungs– und Datierungsmethoden mittelalterlicher Backsteinbauten im Ostseeraum, in: Archäologisches Korrespondenzblatt, Nr. 12, Jg. 1982.

Kubach, Hans Erich, Deutsche Dome des Mittelalters, Königstein i.Ts. 1984.

Kugler, Franz, Handbuch der Kunstgeschichte, Stuttgart 1859, Bd. 2.

ders., Pommersche Kunstgeschichte. Nach den erhaltenen Monumenten dargestellt (Baltische Studien VIII/1), Stettin 1840.

Kuhn, E., Zur Geschichte von Peterswalde, Krs. Braunsberg, Braunsberg 1931.

Kunst, Hans Joachim, Die Marienkirche in Lübeck, Worms 1986.

Kutzner, Marian, Społeczne warunki kształtowania się cech indywidualnych sakralnej architektury gotyckiej na Warmii (Die gesellschaftlichen Voraussetzungen für die Herausbildung eines individuellen Charakters in der sakralen gotischen Architektur des Ermlands), in: Sztuka Pobrzeża Bałtyku, Warzawa 1978, S. 49 – 88.

Lagerlöf, Erland / Svahnström, Gunnar, Gotlands Kyrkor, Stockholm 1991.

Lampe, Karl H., Bibliographie des Deutschen Ordens bis 1959, Bonn 1975.

Le Mang, Irmgard, Die Entwicklung des Backsteinbaues im Mittelalter in Nordostdeutschland, Strassburg 1931.

Lewandowski, Z. H., Gotycki warsztat budowlany na terenie Warmii, Uniw. M. Kopernika, Torun 1982.

Liedtke, Franz, Der Glockenturm des Domes zu Frauenburg und seine Glocken, in: ZGAE, Bd. 15, S. 705–720.

Liess, Reinhard, Zur historischen Morphologie der hohen Chorgiebelfassade von St. Marien in Prenzlau, in: Niederdeutsche Beiträge zur Kunstgeschichte, Bd. 27 (1988), S. 38.

Lilienthal, Jacob Aloys, Historischer Nachweis über den Bau der Pfarrkirche in Braunsberg, in: NPP, 1846, Bd. 2, Folge XXXVI, S. 449–451.

Lingnau, A., Die Wallfahrtskirche in Stegmannsdorf, Braunsberg 1907.

Lorck, Carl von, Dome Kirchen und Klöster in Ost– und Westpreußen, Frankfurt 1982, 2. Aufl.

Łoziński, Jerzy, Pomniki sztuki w Polsce, Band II/1 Pomorze, Warszawa 1992.

Lubocka, Maria, Ikonografia wystroju krychty katedralnej we Fromborku (Ikonographie der Ausstattung der Domvorhalle in Frauenburg), in: Komentarze Fromborskie 5, 1973, S. 8 – 30.

Lühr, Georg, Geschichte der Kreuzkirche bei Braunsberg, in: ZGAE, Bd. 23, S. 227–273.

Lundberg, Erik, Visby Kyrkoruinerna och Domkyrkan, Stockholm 1951.

Lurker, Manfred, Wörterbuch der Symbolik, Stuttgart 1988.

Marquardt, Alois, Der Dom zu Frauenburg Ostpreussen, in: Das Münster, Heft 10, Jg. 1957, S. 438–441.

Matern, Georg, Über den Titel der Kirche von Pettelkau, in: EP, Nr.35, Jg.1903, S. 6–9.

ders., Festschrift zum 600. Jubiläum der Stadt Frauenburg, Braunsberg 1910.

ders., Preußische Bauhütten, Braunsberg 1911.

ders., Die Baupflicht in den Kirchengemeinden des Ermlands, Heisberg 1928.

ders., Eine ermländische Bauhütte des 15. Jahrhunderts, Heilsberg 1929. Aus: Ermland mein Heimatland, Beilage zu Warmia, Nr. 1.

ders., Die Pfarrkirche SS. Petri und Pauli zu Rößel, Königsberg in Preußen 1930.

ders., Geschichte der Pfarrgemeinde SS. Petri und Pauli in Rößel, Königsberg in Preußen 1935.

ders., Die kirchlichen Verhältnisse im Ermland während des späten Mittelalters, Paderborn 1953.

ders., Die Hospitäler im Ermland, in: ZGAE, Bd. 16, S. 73–157.

ders., Geschichte der Kirche und des Kirchspiels Schalmey, in: ZGAE, Bd. 17, S. 291–380.

Miłobedzki, Adam, Artikel 'Ordenspommern', aus: Die Parler und der schöne Stil 1350–1400, Katalog Köln 1978, Bd. 2, S. 512.

Möbius, Friedrich, Die Dorfkirche im Zeitalter der Kathedrale, Berlin 1988.

Mościcki, Waldemar, Architektura gotycka katedry we Fromborku, (Die gotische Architektur der Kathedrale von Frauenburg), Wrocław–Olsztyn 1988, (Maschinenschriftl. Fassung der Magisterarbeit im Kunstgeschichtlichen Institut der Universität Breslau).

ders., Der Westgiebel des Frauenburger Doms, in: ZGAE, Bd. 46, S. 7 – 20.

Müller, O., 550 Jahre Frauenburger Dom, in: Erml. Kirchenblatt, Jg. 1938, Nr. 39, S. 548–550.

Müller, Wolfgang J., Artikel "Birnstab", aus: Reallexikon der deutschen Kunstgeschichte, München 195081, Bd. 2, S. 767.

Naredi–Rainer, Paul von, Architektur und Harmonie – Zahlen, Maße und Proportionen in der abendländischen Baukunst, Köln 1986.

Nawrocki, Zbigniew, Ganki obronne katedry we Fromborku (Wehrgänge des Domes in Frauenburg), in: Kwartalnik Architektury i Urbanistyki, XX 1975.

Neugebauer, Helene, Rheinisches Steinzeug in Elbinger Bodenfunden, in: Festschrift Bruno Ehrlich, Elbing 1938.

Nietzki, Carl, Das Schloß zu Heilsberg, in: NPP, Jg. 1848, S. 19–39 und 104–117.

N.N., Zur Baugeschichte der Kirchen Ermlands, in: NPP, 3. F. 9, Jg. 1864, S. 161–172, 467–476.

N.N. (Verfasser: B. J. O.), Die Pfarrkirche zum h. Jacobus in Allenstein und deren Restaurierung, in: MEK, Heft 2, Jg. 1871, S. 52–66.

N.N., Die Kreuzkirche zu Stegmannsdorf, in: EP, Nr. 6, Jg. 1874.

N.N., Ältere gotische Altäre in den Kirchen Ermlands, in: MEK Heft 3, Jg. 1875, S. 1–38.

N.N. (Verfasser B.), Schloß und Burg von Braunsberg, in: MEK, Heft 3, Jg. 1875, S. 38–54.

N.N., Inscriptionum sepulcralium in Ecclesia Cathedrali Warmiensi centuria, in: EP, Jg. 13, 1881, S. 51–59.

N.N., Bauliche Veränderungen an den Braunsberger katholischen Kirchen und Kirchengebäuden aus 1891–1905, in: EZ, Jg. 1906, 269 und 272.

N.N., Wallfahrtsorte in Bistum Ermland, Glottau, in: Heimat und Glaube 7, Jg. 1955, Nr. 9, S. 4.

N.N., Glockstein. Aus der Geschichte eines ermländischen Dorfes, in: Rößeler Heimatbote 8, Jg. 1961, S. 435–436 und 9 Jg. 1962, S. 453–454.

Noah, Robert, Zur Backsteintechnik des Mittelalters in Ostfriesland, in: Ostfriesland 1983/3

Nußbaum, Norbert, Deutsche Kirchenbaukunst der Gotik, Köln 1985.

Obłak, Jan, Historia diecezji warmińskiej, Olsztyn 1959.

ders., Katedra we Fromborku (Der Dom in Frauenburg), Olsztyn 1969.

Olczyk, A., Siec parafialna biskupstwa warmińskiego do roku 1525, Lublin 1961.

Orłowicz, Mieczysław, Ilustrowany przewodnik po Mazurach Pruskich i Warmii, Olsztyn 1991.

Piaskowski, T., Frombork (Frauenburg), Elbląg (o.J.)

Piłecka, Elżbieta, Entwicklung der gotischen Giebelform im Ermland, in: Mittelalterliche Backsteinbaukunst., WZEMAU, Jg. XXIX, 1980, Heft 2/3, S. 73–82. Dort auch weitere Literaturangaben zu polnischen Veröffentlichungen über das Ermland.

Piwek, Aleksander, Ästhetische und konstruktive Bedingungen der Bildung von Pseudobasiliken im polnischen Gebiet der Backsteinarchitektur des Ostseeraumes, in: Mittelalterliche Backsteinarchitektur und bildende Kunst im Ostseeraum, Greifswalde 1987, S. 41–45.

Pollakówna, Marzena, Osadnictwo warmii w okresie krzyżackim, Poznań 1953.

Poschmann, Adolf, Aus der Geschichte des Kirchspiels Heinrikau, Braunsberg 1926.

ders., Die Kirche in Heinrikau, Braunsberg 1927.

ders., 600 Jahre Seeburg. Bilder aus alter und neuer Zeit, Seeburg 1938.

ders., Chronik der Stadt Mehlsack, Leer 1955.

ders., Westfalen und Ermland, in: Veröffentlichung der Ostdeutschen Forschungsstelle, Reihe A, Nr. 15, Dortmund 1962, S. 3–14.

ders., Das Kirchspiel Heinrikau in alter und neuer Zeit (Ostdeutsche Landgemeinden und Kirchenspiele Nr. 8), Marburg 1973.

ders., Das Augustinerkloster in Rößel, in: ZGAE, Bd. 24, S. 1–109. (Verg. hierzu auch Sonderdruck aus der Zeitschrift ZGAE, Bd. 25, 1930).

Poschmann, Brigitte, Bistümer und Deutscher Orden in Preußen 1243–1525, Diss. 1960, in: ZGAE, Bd. 30, S. 229–354.

dies., Artikel 'Ermland', aus: Lexikon des Mittelalters Bd. III, München 1986, S. 2159–2160.

Poschmann, Brigitte / Schwalke, Johannes, Artikel 'Ermland', aus: Marienlexikon, St. Ottilien 1989, Bd. II, S. 398f.

Pospiszylowa, Anna, Toponimia południowej warmii, Olsztyn 1987.

Pottel, Bruno, Das Domkapitel von Ermland im Mittelalter. Ein Beitrag zur Verfassungs– und Verwaltungsgeschichte der deutschen Domkapitel, insbesondere der des deutschen Ordensstaates in Preußen (Dissertation), Königsberg in Preußen 1911.

Pfefferkorn, Rudolf, Norddeutsche Backsteingotik, Hamburg 1990, 2. Aufl.

Pruszak, Michal, Olsztyn (Allenstein), Olsztyn 1990.

Quack, Ulrich, Gotland, Köln 1991.

Quast, Ferdinand von, Beiträge zur Geschichte der Baukunst in Preußen. Das Schloß Marienburg, in: NPP, Jg. 1851, Bd. XI, Heft 2, S. 116.

ders., Denkmale der Baukunst in Preussen. Das Ermland, Berlin 1852.

Reifferscheid, Gerhard, Die St. Johannis–Basilika in Wormditt 1379–1979, Köln 1979.

ders., Der Dom zu Frauenburg. Ermländische Kathedrale über dem Frischen Haff, Münster 1984.

Röhrich, Victor, Der Streit um die ermländische Kathedra nach dem Tode des Bischofs Heinrich Wogenap (1334 – 1339). Beilage zum Programm des Lyzeum Hosianum zu Braunsberg, Sommersemester 1908.

ders., Das Domkapitel vom Ermland im Mittelalter (Dissertation), Leipzig 1911.

ders., Geschichte des Fürstbistums Ermland, Braunsberg 1925.

ders., Ermland im dreizehnjährigen Städtekrieg, in: ZGAE, Bd. 11.

ders., Die Teilung der Diözese Ermland zwischen dem Deutschen Orden und dem ermländischen Bischofe, in: ZGAE, Bd. 12, S. 217–266, 601–724.

ders., Die Kolonisation des Ermlandes, in: ZGAE, Bd. 12, S. 601–724; Bd. 13, S. 325–487, 742–980; Bd. 14, S. 131–355, 611–709; Bd. 18, S. 243–394; Bd. 19, S. 173–306; Bd. 20, S. 1–227; Bd. 21, S. 277–337, 394–411; Bd. 22, S. 1–31.

Röhrig, Fritz, Die Erschließung des Ostseeraumes durch das deutsche Bürgertum, in: Vorträge zur 700–Jahr–Feier der Deutschordens– und Hansestadt Elbing ,Elbing 1937, S. 5–24.

Romahn, A., Die Diaspora der Diözese Ermland, Braunsberg 1927.

Romski, A., Frombork (Frauenburg), Warszawa 1973.

Rosenberg, B. M., Der Wallfahrtsort Stegmannsdorf, Guttstadt 1935.

Roth, Werner, Die Dominikaner und Franziskaner im Deutsch–Ordensland Preußen bis zum Jahre 1466, (Dissertation), Königsberg in Preußen 1918.

Ruhnau, Einige Darstellungen über die ehemaligen Verhältnisse des Ermlands, in: Beitrag zur Kunde Preußens, N.F. 1, Jg. 1837, S. 88–111.

Rzempoluch, Andrzej, Architektura kościoła farnego w Ornecie, in: Kwartalnik Architektury i Urbanistyki 26, Jg. 1981, S. 89 – 111.

ders., Kolegiata p.w. Najswiętszego Zbawiciela i Wszystich Świętych w Dobrym Mieście, Dobrym Mieście 1988.

ders., Lidzbark Warmiński (Heilsberg in Ermland), Warszawa 1989.

ders., Zespoł Kolegiacki w Dobrym Mieście, Olsztyn 1989.

ders., Kościoły na Warmii, Mazurach i Powiślu, Olsztyn 1991.

Sachs, Hannelore / Badstübner, Ernst / Neumann, Helga, Wörterbuch zur Christlichen Kunst, Hanau o.J.

Sante, G. W., und A. G., Ploetz–Verlag (hrsg.) Geschichte der Deutschen Länder, Bd. 1, Würzburg, o.J.

Sauerländer, Willibald, Das Jahrhundert der großen Kathedralen 1140–1260, München 1990.

Schäfke, Werner, Englische Kathedralen, Köln 1989.

Schenkluhn, Wolfgang, Ordines Studentes, Berlin 1985.

Schindler, Herbert, Große Bayerische Kunstgeschichte, Bd. I, München 1963.

Schmauch, Hans, Zur Geschichte der St. Johannispfarrkirche zu Wormditt. Zum 550jährigen Jubiläum, Wormditt 1929.

ders., Die Pfarrhufen des Kirchdorfes Layss, in: UEH, 13, 1933.

ders., Das staatsrechtliche Verhältnis des Ermlands zu Polen, in: APM 11, Königsberg in Preußen 1934, 153–167.

ders., Die kirchenrechtliche Stellung der Diözese Ermland, in: APM 15, Königsberg in Preußen 1938, 241–265.

ders., Zur Baugeschichte der St. Nikolai–Pfarrkirche in Elbing, in: Festschrift Bruno Ehrlich, Elbing 1938, S. 170–175.

ders., 650 Jahre Basien, Braunsberg 1939.

ders., Zur Geschichte des Kirchspiels Groß Rautenberg, in: UEH, 6, 1960.

ders., Franziskaner in Preussen, in: UEH, 1963, Jg. 9, Nr. 1–4 und 1964, Jg. 10, Nr. 3 und 4.

ders., Die Besetzung der Bistümer im Deutschordensstaate, in: ZGAE, Bd. 20, S. 700–722.

ders., Buchbesprechung: Buchholz, Franz, Bilder aus Wormditts Vergangenheit, in ZGAE, Bd. 24, S. 257–260.

ders., Buchbesprechung: G. Matern, Die Pfarrkirche S.S. Petri und Pauli in Rößel, in: ZGAE, Bd. 24, S. 561–564.

ders., Buchbesprechung: Carl Wünsch, Die Bau- und Kunstdenkmäler der Stadt Allenstein und Zur Geschichte der ermländischen Bischofsschlösser, in: ZGAE, Bd. 25, S. 269–273.

ders., Zur Baugeschichte von Seeburg, in: ZGAE, Bd. 25, S. 793–795.

ders., Die kirchenpolitische Beziehung des Ermlands zu Polen, in: ZGAE, Bd. 26, 271–337.

ders., Buchbesprechung: (Herbert Zink, Ermländische Hallenkirchen, Königsberg 1938); Die Eigenart der ermländischen Stadtkirchen, in: ZGAE, Bd. 27, S. 398–419.

ders., Die kirchenrechtliche Stellung der Diözese Ermland, in: ZGAE, Bd.30, S. 465–495.

Schmauch, Joachim, Springborn, in: EH, Bd. 86, Jg. 1953, S. 192–197.

Schmid, Bernhard, Elbing. Ausgrabung auf dem Gelände des Ordensschlosses. In: Die Denkmalpflege in der Provinz Westpreußen im Jahr 1914, 12. Bericht, Danzig 1915.

ders., Elbing. Ausgrabung auf dem Gelände des Ordensschlosses, in: Die Denkmalpflege in der Provinz Westpreußen im Jahr 1918/19, 16. Bericht, Danzig 1920.

ders., Marienburg, Berlin 1928.

ders., Baukunst und bildende Kunst zur Ordenszeit, in: Deutsche Staatsbildung und deutsche Kultur im Preußenlande, Königsberg in Preußen 1931.

ders., St. Marienkirche zu Elbing, in: Die Denkmalpflege in Westpreußen in den Jahren 1920–31, 18. Bericht, Königsberg in Preußen 1932, S. 7–8.

ders., Die Inschriften des Deutschordenslandes Preußen bis zum Jahre 1466, Halle 1935.

ders., Die Baumeister im Deutschordensland Preußen (Schriften der Königsberger Gelehrten Gesellschaft 15/16 Jahr Heft 1), Halle 1939.

Schneider, Ambrosius / Wienand, Adam / Bickel, Wolfgang / Coester, Ernst (Hrsg.), Die Cistercienser, Köln 1986.

Schütz, Bernhard, War die Lübecker Marienkirche ursprünglich höher geplant?, in: Nordelbingen, Nr. 47, Jg. 1978.

Schultz, Hermann, Ermland. Ein Führer und Wegweiser, Königsberg in Preußen 1928.

Schwarz, Die kirchliche Baukunst der Spätgotik im Klevischen Raum, Bonn 1938.

Servatius, Carlo / Seitz, Heinrich / Weber, Friedrich, St. Katharinen zu Oppenheim, Alzey 1989.

Sikorski, J., Frombork (Frauenburg), Olsztyn 1972.

Simson, Otto von, Die gotische Kathedrale, Darmstadt 1968.

Söderberg, Bengt, Visby – Eine Wanderung durch Jahrhunderte, Visby o. J., S. 119 – 122.

SRW, siehe bei Woelky.

SRP, siehe Hirsch.

Stange, L., Springborn, Wallfahrtsort im Ermland, in: Hedwigs-Kalender, Bd. 7, Jg. 1960, S. 93–94.

Steinbrecht, Conrad, Die Baukunst des Deutschen Ritterordens in Preussen. Die Stadt Thorn, Berlin 1885, Bd. 1.

ders., Preussen zur Zeit der Landmeister Beitrag zur Baukunst des Deutschen Ritterordens, Berlin 1888, S. 66.

ders., Beiträge zur Kunstgeschichte der Burg Heilsberg im Ermland, in: Zeitschrift für christl. Kunst, Jg. 1912, Nr.1, S. 25–36.

Sukale siehe Kimpel.

Svahnström, Gunnar, Die Kirchen von Visby, Uddevalla 1986.

Swiechowski, Zygmunt, Historia sztuki: Warmia i Mazury, Poznań 1953, Bd. I, S. 64–78.

Teichert, Robert, Geschichte der Stadt Bischofsburg, Bischofsburg 1934.

Thiel, Andreas, Beiträge zur Verfassungs- und Rechtsgeschichte des Ermlands, in: ZGAE, Bd. 3, S. 244–268, 409–459.

ders., De Capituli Cathedralis Varmiensis primordiis, Brunsbergae 1858.

Thieme, Ulrich / Becker, Felix, Künstlerlexikon Bd. 18, Leipzig 1925, S. 231f.

Thurm, Sigrid, Norddeutscher Backsteinbau. Gotische Backsteinkirchen mit dreiapsidialem Chorschluß, Berlin 1935.

Tidick, Erika, Beiträge zur Geschichte der Kirchen-Patrozinien im Deutschordenslande Preußen bis 1525, (Dissertation), in: ZGAE, Bd. 22, S. 343–464.

Töppen, Max, Die Theilung der Diöcese Ermland zwischen dem Deutschen Orden und dem ermländischen Bischofe, in: APM, Bd. III, Jg. 1866, S.630–648.

Treter, Thomas, De episcopatu et episcopis ecclesiae Varmiensis, Cracoviae 1637.

Triller, Anneliese, Die Wallfahrtskirche Krossen, Guttstadt 1929.

dies., Frauenburg am frischen Haff. Wo die Domherren wandelten, in: Ostpreußenblatt, Jg. 2, 1951, F. 9, S. 13–14.

dies., Entdeckungen auf der Domburg von Frauenburg, in: Ostpreußenblatt, Jg. 8, 1957, F. 50, S. 10.

dies., Frauendorf ein zwölfter ermländischer Wallfahrtsort, in: UEH, 4, Jg. 1958, Nr. 2, S. 6–8.

dies., Die Wiedererichtung des Guttstädter Kollegiatstiftes in: UEH, Jg. 7, Ostern 1961, Nr. 1.

dies., Der Domhof in Frauenburg heute, in: Ostpreußenblatt. Jg. 1962, Nr. 5, S. 11.

Tuulse, Armin, Der Kernbau des Doms zu Strängnäs und sein Umkreis, Stockholm 1964.

Ulbrich, Anton, Kunstgeschichte Ostpreußens von der Ordenszeit bis zur Gegenwart, Königsberg in Preußen 1932.

Ullmann, Ernst, Geschichte der deutschen Kunst 1350–1470, Leipzig 1981.

Volgger, Ewald, Die Regeln des Deutschen Ordens in Geschichte und Gegenwart, Lana 1985.

Walczak, W., Wieżba dachowa katedry fromborskiej (Der Dachverband des Frauenburger Doms), Toruń 1970. (Maschinenschrift der Magisterarbeit im Institut für Denkmalkunde und Konservation der Nikolaus Kopernikus Universität in Thorn).

Watermann, Rembert, Frauenburgs Annenspital, in: Medizinische Welt, Jg. 1965, S. 1454–1459.

Weise, Erich, Handbuch der historischen Stätten Ost- und Westpreußen, Stuttgart 1981, 2.Aufl.

Wenskus, R., Zur Lokalisierung der Prussenkirchen des Vertrages von Christburg 1249, in: Acht Jahrhunderte Deutscher Orden in Einzeldarstellungen, Bad Godesberg 1967.

Wermke, Ernst, Bibliographie der Geschichte von Ost- und Westpreußen bis 1929, Aalen 1962.

ders., Bibliographie der Geschichte von Ost- und Westpreußen für 1939 – 1970, Bonn 1974.

Wermter, Ernst Manfred, Herzog Albrecht von Preußen und die Bischöfe vom Ermland, in: ZGAE Bd. 29, S. 198–311.

ders., Geschichte der Diözese und des Hochstifts Ermland, Münster 1977, 2. Aufl.

Wieliczko, Mieczysław, Kościoły Warmii, Olsztyn 1991.

Wilkes/Rotthoff, Die Kirche des hl. Viktor zu Xanten, Berlin 1957.

Wimmer, Otto, Kennzeichen und Attribute der Heiligen, Insbruck 1990.

Wochnik, Ernst, Ursprung und Entwicklung der Umgangschoranlage im Sakralbau der Norddeutschen Backsteingotik, Berlin 1981.

Woelky, Carl Peter / Saage, Johann Martin und Schmauch, Hans (Hrsg.), Codex diplomaticus Warmiensis (CDW), oder Regesten und Urkunden zur Geschichte Ermlands, Bd. I–IV, Mainz und Braunsberg 1860–1935.

Woelky, Carl Peter / Saage, Johann Martin (Hrsg.), Scriptores rerum Warmiensium (SRW), oder Quellenschriften zur Geschichte Ermlands, Bd. I und II, Braunsberg 1866.

Wünsch, Carl, Die Bau– und Kunstdenkmäler der Stadt Allenstein, Königsberg in Preußen 1933.

Zagrodzki, T., Warownia we Fromborku jako katedralne założenie obronne (Die Festung in Frauenburg als Domverteidigungsanlage), in: Kwartalnik architektury i urbanistyki, Jg. XIV, 1969, H. 3–4, S. 181f.

Zaske, Nikolaus, Gotische Backsteinkirchen Norddeutschlands zwischen Elbe und Oder, Leipzig 1968.

ders., Mittelalterliche Backsteinarchitektur. Ergebnisse und Probleme ihrer Erforschung, in: Mittelalterliche Backsteinbaukunst, WZEMAU, Jg. XXIX, 1980, Heft 2/3, S. 5 –18.

ders., Große Baumeister. Hinrich Brunsberg, Berlin 1990, S. 9—7

Zimmerling, Dieter, Die Hanse, Düsseldorf 1976.

Zink, Herbert, Ermländische Hallenkirchen, Ein Beitrag zur Geschichte der mittelalterlichen Architektur des Ordenslandes, Königsberg in Preußen 1938.

Zoller, Dieter, Ziegelöfen des Zisterzienserklosters Hude, Archäologische Mitteilungen aus Nordwestdeutschland 5, Oldenburg 1982.

Allgemeine Abkürzungen

a.a.O.	am angegebenen Ort
Abb.	Abbildung
Abt.	Abteilung
Anm.	Anmerkung
Aufl.	Auflage
Bd./Bde.	Band/Bände
Bl.	Blatt/Blätter
ders.	derselbe
dies.	dieselbe
Diöz.	Diözese
Diss.	Dissertation
Doc.	Dokument
Dt.	Deutsch
dto.	desgleichen
erml.	ermländisch
f.	folgende (Seite)
ff.	folgende (Seiten)
fl.	Florin = Gulden
Hrsg.	Herausgeber/ in
hrsg.	herausgegeben
J.	Jahr
Jh.	Jahrhundert
Kap.	Kapitel
Kat.	Katalog
Krs.	Kreis
Lit.	Literatur
n. Chr.	nach Christus
Nr.	Nummer
o.	ohne
o. J.	ohne Jahr
o. O.	ohne Ort
Phil.	Philosophie
reg.	regiert
Reg.	Register
S.	Seite
s.	siehe
Sign.	Signatur
sog.	sogenannte
v.	von
vgl.	vergleiche

Ortsregister

(Die polnischen Bezeichnungen wurden nur bei den ermländischen Orten aufgenommen)

Aduard 13
Ahrweiler 92
Akkon 53
Allenstein / Olsztyn 49f., 55ff., 60, 63, 78, 164, 165, 171, 173, 213, 222f., 228f., 239, 242-253, 259, 266f., 269-274, 278f., 282-289, 300, 317, 323, 326, 350, 353, 357, 363
Altkirch / Praslity 344
Alt Schöneberg / Wrzesina 289, 327, 348
Alt Wartenburg / Barczewko 223
Altenburg 13
Altenkrempe 21
Altmark 11
Amiens 13, 129, 139f., 147, 155f.
Amsterdam 129
Anklam 16
Århus 37
Arnsdorf / Lubomino 185, 275, 295, 306, 317f., 359, 361
Arnswalde 21
Arras 13
Artois 13
Asien 265
Avignon 34, 61, 63f., 100, 102f., 157, 169, 290

Balga 28, 52
Baltikum 13
Bamberg 38
Bartenstein 87, 173, 186f., 190, 235, 240, 248, 280f., 362
Basien / Bażyny 294, 335
Basum 261
Bautzen 200
Belger 63
Benern / Bieniewo 312, 335, 338
Benlöse 19

Bergen 21
Berlin 21, 28, 33, 42, 126
Bertigshausen 299
Bertingen 242
Bertung / Bartąg 62, 157, 163, 166, 169, 268, 270, 299ff., 304f., 355.
Betkendorf / Biedkowo 161, 335
Birgelau 15, 137
Bischofsburg / Biskupiec 42, 46, 48, 261-264, 266f., 269-273, 283ff., 291, 335, 350, 353
Bischofspapau 132
Bischofstein / Bisztynek 42, 46, 48, 230, 257-261, 266f., 269-273, 283ff., 291, 307, 309, 320, 324, 335, 350f., 353
Bistrup 15
Blankensee / Blanki 335
Bludau / Błudowo 294, 336
Blumenau 336
Böhmen 31, 61, 62, 71, 187, 241, 280
Braine 92, 96, 291
Brandenburg 11, 15, 20, 28, 32f., 94
Braunsberg / Braniewo 43-47, 50, 53-60, 62ff., 70-101, 112, 116, 122f., 148f., 160, 173, 180, 186f., 190, 195, 199, 201, 232, 237, 240, 250, 259, 266-272, 274f., 278-287, 289, 291f., 294f., 298, 301, 304f., 336, 339, 349, 351f., 354ff., 363
Braunschweig 38
Braunswalde / Brąswałd 336
Breitenfelde 19
Bremen 13, 22, 25, 130
Breslau 13, 56, 64, 233, 352
Bretagne 309
Brodowick 27
Brügge 12f., 26, 30, 36, 287, 359
Brünn 32

399

Büchen 19
Bürgerwalde 175
Bütow 35

Cabienen 336
Cambrai 64
Cammin 20
Chartres 129, 147
Chorin 18, 21, 29f., 129, 138
Christburg 61, 90, 223, 297

Dambeck 15
Damme 13, 287
Dänemark 12, 15, 19, 21, 29
Danzig 14, 16ff., 22f., 29, 35ff., 46, 51f., 71, 76f., 81, 84ff., 89, 105, 107, 131, 134, 155, 161, 166, 173f., 176, 181, 185, 187-190, 197, 216, 228, 234, 251ff., 271ff., 278, 282f., 287, 292, 355f., 358, 360
Dargun 21
Datteln 154
Delft 287
Dessau 13
Deutsch Tierau 183, 348
Deutsch-Berting 299
Deutschenthal 315
Dietrichsdorf 361
Dietrichswalde / Gietrzwałd 337
Dirschau 35, 181
Diwitten / Dywity 327f., 348
Doberan 25, 27, 29, 34, 138, 188
Doberlug 16
Dordrecht 287
Dorpat 13, 15, 27, 33, 36, 154
Dortmund 64, 154
Düsseldorf 33

Eckersberg 223
Eschenau / Jesionowo 200, 337
Eifel 12f.
Eisenberg 277, 361.
Elbing 46, 52f., 56ff., 61, 63f., 71, 78, 84f., 101, 106, 111, 123, 132, 136f., 141-147, 149, 152-157, 183, 209, 215, 236, 251, 271, 277, 282, 291, 305, 348, 351, 353ff., 357, 359, 363f.

Eldena 21
Elditten / Ełdyty Wielkie 168, 202, 270, 275, 277, 294, 295ff., 298, 304f., 313, 326, 329, 347, 359f.
Ely 125
England 13, 22, 78, 86, 86, 125f., 129f., 135f., 143f.,223, 280f., 291
Erfurt 95f.
Eschenau / Jesionowo 293, 337
Esrom 15, 20f.
Estland 53
Exeter 126, 280

Falkenau 361f.
Finnland 13
Flandern 13, 16, 78, 129, 287, 359
Fleming / Frączki 337
Frankenau / Frankowo 337
Frankfurt/M. 38, 41
Frankfurt/O. 32
Frankreich 139, 147, 156, 277, 280, 357
Frauenburg / Frombork 22, 42-45, 47f., 55, 57, 59-62ff., 71ff., 78, 80, 95, 99-169, 171, 176, 183f., 187, 193, 195, 200, 202f., 206f.,209-213, 215f., 221, 224, 226, 232f., 242f., 248, 255, 259f., 266-272, 274-277, 279-285, 288f., 291, 293f., 298-306, 308, 310, 317, 326-329, 335, 337, 340, 347ff., 352-355, 357, 359ff., 364
Frauendorf / Babiak 337
Freimarkt /Wolnica 338
Freudenberg / Radostowo 275, 312f., 326, 357, 359, 362
Friedland 30, 34
Friesland 38

Gadebusch 19
Galinden 50, 261
Gartz 32
Gent 13, 30
Gerdauen 362
Glockstein / Unikowo 306, 319, 326f., 343, 357

Glottau / Głotowo 200f., 203-206, 217, 220, 268, 293, 299ff.
Gloucester 126, 143f.
Gnesen 51, 58, 265
Golau 132
Goldenkron 61
Gollub 34, 185
Gotland 16, 20, 53, 78, 94, 142f., 351
Göttkendorf / Gotkowo 183, 288f., 317, 323, 328, 348
Gradtken 200
Granzow 32
Graudenz 30, 90
Greifswald 20, 29
Grieslienen / Gryźliny 327, 338
Groningen 13, 21, 33
Groß Arnsdorf 257
Groß Bartelsdorf / Bartołty Wielkie 294
Groß Bößau / Biesowo 200, 293, 336, 343
Großendorf / Wielochowo 338
Groß Jonkendorf 327
Groß Kleeberg / Klebark Wielki 339
Groß Köllen / Kolno 306, 323, 326, 348, 357
Großkrebs 326
Groß Lemkendorf / Lamkowo 340
Groß Purden / Purda 289, 327, 348
Groß Ramsau 294, 341
Groß Rautenberg / Wierzno Wielkie 294, 342
Grunenberg / Gronkowo 199
Grunwald 104, 160, 249, 298, 303
Gudikus 242
Gumlösa 20
Gütersloh 21
Guttstadt / Dobre Miasto 22, 49, 57, 60ff., 78, 105f., 123, 162, 169, 171ff., 193f., 199ff., 203f., 206-222, 239, 243, 255, 257, 265-279, 282ff., 286f., 290, 293, 295, 299f., 306, 310, 312, 315f., 323, 326, 336ff., 345, 347, 349f., 353, 361

Halberstadt 200
Haldensleben 15
Halmstad 33
Hamburg 27
Hämeenlinna 30
Hamm 73
Hannover 13, 92, 245
Harderwijk 13
Harlunger Berg 20
Hattula 30
Hegewald 350
Heiligenbeil 94, 100, 217, 283, 363
Heiligenkreuz 320
Heiligelinde 99, 205
Heiligenthal / Świątki 338
Heilsberg / Lidzbark Warmiński 34, 48, 50, 53, 55-58, 60, 62ff., 70, 106, 118, 134f., 186, 190, 192-198, 216, 242, 258, 262, 266-274, 276f., 279, 281f, 284ff., 295, 307, 315f., 325, 326, 338f., 352f.
Heinrichsdorf / Wojkowo 102, 222, 310, 339
Heinrikau / Henrykowo 295, 306, 308f., 326, 344, 357
Helsingör 30
Herrengrebin 35
Hildesheim 18
Hilvarenbeek 287
Hirschfeld 363f.
Holland 12f., 18, 33, 37
Hude 12, 15, 18, 29

Italien 125, 184

Jerichow 11, 15f., 18
Jerusalem 265
Jonkendorf / Jonkowo 293
Jütland 12

Kabienen / Kabiny 336
Kalkstein / Wapnik 339
Karlstein 64, 216, 339
Kiwitten / Kiwity 275, 295, 306f., 309, 320f., 348, 357, 359, 361
Klaarkamp 13
Klaukendorf / Klewki 294, 327, 339, 350
Klein Barten 50
Klein Bößau / Biesówko 200, 293

401

Kleve 91, 92, 96f., 291, 355
Klundborg 20
Koblenz 34, 216
Köge 31
Kolbatz 20f.
Kolberg 16, 35
Kolin 31
Köln 78, 97, 149, 168, 296, 359
Königsberg in Preußen 44f., 90, 97, 132, 134, 137, 224, 292
Königsberg/Neumark 34
Kopenhagen 12, 25
Köslienen / Kieźliny 242
Köslin 72
Krakau 13, 265, 277, 361
Kranenburg 91
Krekollen / Krekole 303f., 306, 315f., 326, 348
Krossen / Krosno 99, 205, 339
Krumau 61
Kulm 15f., 18, 28, 40, 52-56, 70, 90, 138, 149, 154, 189ff., 260, 267, 274, 296
Kulmsee 28, 99

Labiau 91
Labuch / Łabuchy 339
Lamgraben 329
Landsberg a.d.W. 15
Landskrona 33
Langheim 362
Langwalde / Długobór 339
Lautern / Lutry 244, 339
Layß/ Łajsy 242, 302, 344, 348
Legienen / Leginy 294, 339
Lehnin 18, 21, 34, 138
Leiden 129
Lekno 51
Liebenwalde 352
Lichtenau / Lechowo 340
Liebstadt 185, 319
Lincoln 86, 126, 135, 280f.
Lindenhorst 350
Lingenau /Łęgno 203
Lisseweghe 13
Litauen 52, 177, 192f., 209, 255, 320
Livland 51f.

Lochstedt 17, 28f., 132, 135, 137, 152, 216, 282
Lokau / Tłokowo 275, 295, 306, 321ff., 325f., 340, 357, 359
Lötzen 223
Löwenstein 237, 361f.
Lübeck 11, 15-19, 21-31, 36, 39, 58, 63, 71ff., 88, 92, 94-97, 129, 154, 291, 351, 354ff.,
Lucca 125
Luckau 31
Lügum 16, 20
Lund 11, 20
Lüneburg 15, 18, 27, 29, 33
Lyck 56.

Magdeburg 18, 51
Mähren 71
Mainz 11, 43, 97
Mälar 13
Malmö 25
Manchengut, 314.
Marburg 28, 39, 41
Maribo 29
Marienburg 15, 28, 34f., 53, 85f., 99, 104, 118, 126f., 132, 135, 137, 144, 146f., 152, 154, 168, 186, 216, 223, 247, 251, 280ff., 357
Marienfeld 21
Marienfelde 217, 283
Marienhafe 22
Marienwalde 21
Marienwerder 29, 52, 90, 99, 121, 131f., 138, 185, 189, 222, 280, 326
Markheim 192
Mecklenburg-Vorpommern 22, 360
Mehlsack/ Pieniężno 42, 46, 48, 56f., 60, 242, 254-257, 266f., 269-274, 278, 283f., 291, 301f., 308, 340, 350, 353
Meißen 53
Meldorf 21
Melnik 62
Memel 99
Merseburg 63
Mewe 132
Michelbach 15

Migehnen / Mingajny 340, 359
Modena 125
Mohrungen 185, 187, 217, 260, 282f., 363
Mönsdorf 350
Montfort 53
Mühlbanz 185
Münster 22, 256, 263, 301
Münsterberg / Cerkiewnik 200, 293, 341

Naarden 13
Nadrauen 50
Naestved 27
Nantwich 144
Nessau 52
Neu-Kockendorf / Nowe Kawkowo 183, 289, 324, 327f., 348
Neubrandenburg 30, 126, 128
Neuenburg 54, 185
Neuendorf / Nowa Wieś Mała 206
Neuhof / Nowy Dwór 341
Neukirch 64
Neukloster 20.
Neumark 34, 53
Neumarkt 91
Neuteich 189, 274
Niederlande 129
Niederlausitz 31
Niederrhein 12, 17, 33f., 53, 91f., 96ff., 309, 355
Niedersachsen 53, 96
Norden 12
Nossberg / Orzechowo 337, 341
Novgorod 20
Nürnberg 140, 143, 156

Oberwesel 141
Odense 14ff., 21
Öhringen 15
Oliva 20f., 34, 128, 152
Oosterkerk 287
Open / Opin 341
Oppenheim 92, 140f.
Orléans 147, 154f.
Ortelsburg 223, 244
Osnabrück 22

Oostende 11
Paderborn 194
Padis 197
Paris 19, 24f., 147, 154f.
Pehsken 137
Peleponnes 265
Pelplin 18, 29, 34, 46, 86, 112, 127f., 135ff., 144, 152f., 181, 187-190, 248, 270, 280f., 291f., 356, 360
Perwangen 351
Peterswalde (b. Guttstadt) / Piotraszewo 275, 306, 312, 326, 357, 359
Peterswalde (b. Mehlsack) / Piotrowiec 341
Pettelkau / Pierchały 62, 72, 99, 149, 157, 163, 166, 169, 199, 202f., 220, 268, 270, 293, 295, 300ff., 304f., 355
Pfarrsfeld 260
Pisa 125
Plaßwich / Płoskinia 157, 163, 166, 169, 268, 277, 301, 304f., 329, 355
Plausen / Paluzy 289, 324ff., 362
Plauten / Pluty 232, 302, 305
Pogesanien 50
Poitiers 22
Poitou 22
Polen 177, 193, 209, 229, 234, 255, 308, 315, 335
Polkeim / Polkajmy 351
Pomesanien 40, 50, 55, 89, 132, 149, 189, 256, 272, 284, 320
Pommern 12, 30, 33, 52ff., 360
Prag 61, 64, 140f., 157, 216, 224, 282
Praust 90, 185
Prenzlau 16, 29, 125f., 144, 277
Preußisch Holland 52, 87, 254, 280, 363
Preußisch Stargard 188ff., 248
Prositten / Prosity 341
Pyritz 32

Quedlinburg 37
Queetz / Kwiecewo 341f.

Ramsau / Ramsowo 341

Rastenburg 217, 235, 283, 350
Rathenow 28
Ratzeburg 11, 15-19
Raunau / Runowo 342
Recklinghausen 154
Regerteln / Rogiedle 327, 342
Reichenberg / Kraszewo 342, 345
Reimerswalde / Ignalin 342
Reuschhagen / Ruszajny 223
Reval 28, 197
Rheden 33, 52, 84, 132, 135, 222, 281
Rheinland 216, 277, 291, 296, 359
Riesenburg 185, 361
Riga 13, 19, 33, 57f., 60, 61, 209, 222, 291
Ringsted 11f., 18ff.
Risumageest 13
Robaben / Robawy 342
Roggenhausen / Rogóż 275, 306, 315ff., 326, 348, 359
Rosengarth / Różanka 327, 342
Roskilde 12, 15, 18f., 21, 25
Rostock 16, 21f., 29, 33f., 58, 129
Rößel / Reszel 49f., 53, 56ff., 62f., 81, 87, 172, 185, 193, 232-242, 244, 247, 258, 266f., 269-274, 276-281, 284ff., 289, 317, 319, 323, 335, 340, 342f., 350ff., 357, 363
Rügen 21
Rügenwalde 29
Rychenbach 261

Sachsen 229
Salisbury 126
Salmien 298
Salzburg 32, 58
Salzwedel 15
Samlack 207
Samland 40, 51, 55f., 99
Sande 27
Sandomir 13
Santoppen / Sątopy 102, 149, 224, 237, 295, 306, 309-312, 314, 319, 326, 339, 348, 357, 361
Sauerbaum / Zerbuń 343

Schalmey / Szałmia 200, 202f., 256, 277, 293, 295, 297, 299f., 304f., 313, 329, 361, 364
Scheinfeld 15
Schellen / Ryn Reszelski 343
Schippenbeil 239, 361ff.
Schivelbein 29
Schlesien 13, 31, 53, 60, 192, 206
Schleswig 12, 16, 19ff.
Schlitt / Skolity 343
Schönberg / 137
Schönbrück / Sząbruk 327, 343
Schöndamerau / Dąbrowa 133, 343
Schonen 20
Schönfeld 346
Schönfließ / Dadaj 257, 329
Schönwiese / Międzylesie 343
Schulen / Sułowo 303, 306f., 314, 320f., 322, 326, 348, 357
Schwaan 19
Schwanfeld 262
Schweden 13, 20, 106, 132, 218, 255, 310
Schwerin 17, 27, 29, 34, 129
Seeburg / Jeziorany 48, 57, 60, 62f., 87, 106, 162ff., 166, 168-174, 194, 210f., 213, 215, 223, 242, 248, 250, 257ff., 262, 266ff., 271-274, 277ff., 282-286, 306f., 309f., 312f., 321, 324, 326, 335, 340, 343, 345, 350, 353, 355, 357, 361f.
Seeland 11f., 20
Segeberg 11, 18
Siegfriedswalde / Żegoty 344
Sigtuna 13, 21, 25, 33
Skandinavien 13, 33, 39
Skara 13
Skokloster 13, 21
Soest 92, 132
Sonnenberg 100
Sonnenkamp 21
Sonnwalde / Radziejewo 302, 344
Sorö 11, 16, 18, 20
Speyer 11
Springborn / Stoczek 344
Stargard 32

Stegmannsdorf / Chwalęcin 344
Steinberg / Łomy 200, 293
Stendal 18, 34
Stettin 15, 28, 30ff., 33
Stockholm 106
Stolp 29f.
Stolzhagen / Kochanówka 344
Stralsund 12, 27, 30f., 33f., 37, 58, 129
Strängnäs 13, 22-25
Strasburg i. W. 91, 185
Straßburg 13
Strowangen 257ff., 345, 350
Sturmhübel / Grzęda 345
Sudauen 50
Süßenberg / Jarandowo 345
Süßenthal / Sętal 200, 293, 337, 345

Tangermünde 18, 31, 34, 64
Tannenberg 104, 160, 249, 303
Tapiau 216, 282
Tavastehus 29
Thiérache 13
Thorn 14, 16, 18, 26ff., 33ff., 52, 54, 86, 137, 153ff., 172, 181, 185, 247, 274, 277, 348, 345, 357, 361
Thüringen 13
Tiedmannsdorf / Chruściel 44, 294, 345
Tolksdorf / Tolkowiec 327, 329f.
Tollack / Tuławki 345
Tollnigk / Tolniki Małe 345
Toulouse 22
Tournai 19, 125
Trier 168, 296
Troyes 96
Trunz 363f.
Tüngen / Bogatyńskie 345
Turku/Åbo 13, 26

Uckermark 32
Uppsala 14, 24f.

Vadstena 28, 104
Valenciennes 57
Västerås 13
Venedig 28, 53
Verden 11, 14, 24f.

Veurne 26
Vierzighuben / Włóczyska 200
Vietlübbe 19
Visby 29, 94
Vogelsang 52

Walfow 316
Warlack / Worlawki 203
Warmien 50
Wartenburg / Barczewo 48, 57, 60, 64, 213, 223-231, 242, 250f., 262, 266f., 269-274, 277, 279, 282-287, 306, 326, 344f., 350
Wehlau 54
Weidenau 64
Weinsdorf 363
Wells 144
Wernegitten / Klębowo 149, 346
Westfalen 21f., 25f., 53, 73, 92, 96, 154, 291, 355, 359
Westminster 86, 281
Wewa 60, 254
Winchester 126, 130
Wismar 21, 30, 33f., 37, 129
Wissegrad 64
Wolframskirch 64
Wolfsdorf / Wilczkowo 294, 342, 346
Wolgast 29
Wormditt / Orneta 45, 48, 55, 57, 60, 62f., 71, 81, 87, 95, 115, 155, 166, 168, 172f., 175-191, 205, 209, 225, 237, 240, 248, 267-272, 274-281, 284-289, 291f., 296, 302, 306, 308, 317f., 326, 328, 324, 341, 344, 346, 348, 351f., 356, 359-362
Wusen / Osetnik 294, 319, 337, 346, 362
Wuslack / Wozławki 289, 306, 314f., 326
Wuttrienen / Butryny 346

Xanten, 11, 91f., 96f., 291, 355.

Yeovil 144
York 126

Ziesar 33

Konkordanz der ermländischen Ortsnamen

deutsch – polnisch

Allenstein	Olsztyn
Alt Schöneberg	Wrzesina
Alt Wartenburg	Barczewko
Altkirch	Praslity
Arnsdorf	Lubomino
Basien	Bażyny
Benern	Bieniewo
Bertung	Bartąg
Betkendorf	Biedkowo
Bischofsburg	Biskupiec
Bischofstein	Bisztynek
Blankensee	Blanki
Bludau	Błudowo
Braunsberg	Braniewo
Braunswalde	Brąswałd
Dietrichswalde	Gietrzwałd
Diwitten	Dywity
Elditten	Ełdyty Wielkie
Eschenau	Jesionowo
Fleming	Frączki
Frankenau	Frankowo
Frauenburg	Frombork
Frauendorf	Babiak
Freimarkt	Wolnica
Freudenberg	Radostowo
Glockstein	Unikowo
Glottau	Głotowo
Göttkendorf	Gotkowo
Grieslienen	Gryźliny
Groß Bartelsdorf	Bartołty Wielkie
Groß Bößau	Biesowo
Groß Kleeberg	Klebark Wielki
Groß Köllen	Kolno
Groß Lemkendorf	Lamkowo
Groß Purden	Purda
Groß Rautenberg	Wierzno Wielkie
Großendorf	Wielochowo
Grunenberg	Gronkowo
Guttstadt	Dobre Miasto
Heiligenthal	Świątki
Heilsberg	Lidzbark Warmiński
Heinrichsdorf	Wojkowo
Heinrikau	Henrykowo
Jonkendorf	Jonkowo
Kabienen	Kabiny
Kalkstein	Wapnik
Kiwitten	Kiwity
Klaukendorf	Klewki
Klein Bößau	Biesówko
Köslienen	Kieźliny
Krekollen	Krekole
Krossen	Krosno
Labuch	Łabuchy
Langwalde	Długobór
Lautern	Lutry
Layß	Łajsy
Legienen	Leginy
Lichtenau	Lechowo
Lingenau	Łęgno
Lokau	Tłokowo
Mehlsack	Pieniężno

Migehnen	Mingajny	Schönfließ	Dadaj
Münsterberg	Cerkiewnik	Schönwiese	Międzylesie
Neu-Kockendorf	Nowe Kawkowo	Schulen	Sułowo
		Seeburg	Jeziorany
Neuendorf	Nowa Wieś Mała	Siegfriedswalde	Żegoty
		Sonnwalde	Radziejewo
Neuhof	Nowy Dwór	Springborn	Stoczek
Nossberg	Orzechowo	Stegmannsdorf	Chwalęcin
Open	Opin	Steinberg	Łomy
Peterswalde (b. Guttstadt)	Piotraszewo	Stolzhagen	Kochanówka
Peterswalde (b. Mehlsack)	Piotrowiec	Sturmhübel	Grzęda
		Süßenberg	Jarandowo
Pettelkau	Pierchały	Süßenthal	Sętal
Plaßwich	Płoskinia	Tiedmannsdorf	Chruściel
Plausen	Paluzy	Tolksdorf	Tolkowiec
Plauten	Pluty	Tollack	Tuławki
Polkeim	Polkajmy	Tollnigk	Tolniki Małe
Prositten	Prosity	Tüngen	Bogatyńskie
Queetz	Kwiecewo	Vierzighuben	Włóczyska
Ramsau	Ramsowo	Warlack	Worlawki
Raunau	Runowo	Wartenburg	Barczewo
Regerteln	Rogiedle	Wernegitten	Klębowo
Reichenberg	Kraszewo	Wolfsdorf	Wilczkowo
Reimerswalde	Ignalin	Wormditt	Orneta
Reuschhagen	Ruszajny	Wusen	Osetnik
Robaben	Robawy	Wuslack	Wozławki
Roggenhausen	Rogóż	Wuttrienen	Butryny
Rosengarth	Różanka		
Rößel	Reszel	**polnisch – deutsch**	
Santoppen	Sątopy	Babiak	Frauendorf
Sauerbaum	Zerbuń	Barczewko	Alt Wartenburg
Schalmey	Szałmia	Barczewo	Wartenburg
Schellen	Ryn Reszelski	Bartąg	Bertung
Schlitt	Skolity	Bartołty Wielkie	Groß Bartelsdorf
Schönbrück	Sząbruk		
Schöndamerau	Dąbrowa	Bażyny	Basien

Biedkowo	Betkendorf	Jesionowo	Eschenau
Bieniewo	Benern	Jeziorany	Seeburg
Biesowo	Groß Bößau	Jonkowo	Jonkendorf
Biesówko	Klein Bößau	Kabiny	Kabienen
Biskupiec	Bischofsburg	Kieźliny	Köslienen
Bisztynek	Bischofstein	Kiwity	Kiwitten
Blanki	Blankensee	Klebark Wielki	Groß Kleeberg
Błudowo	Bludau		
Bogatyńskie	Tüngen	Klewki	Klaukendorf
Brąswałd	Braunswalde	Klębowo	Wernegitten
Braniewo	Braunsberg	Kochanówka	Stolzhagen
Butryny	Wuttrienen	Kolno	Groß Köllen
Cerkiewnik	Münsterberg	Kraszewo	Reichenberg
Chruściel	Tiedmannsdorf	Krekole	Krekollen
		Krosno	Krossen
Chwalęcin	Stegmannsdorf	Kwiecewo	Queetz
		Lamkowo	Groß Lemkendorf
Dadaj	Schönfließ		
Dąbrowa	Schöndamerau	Lechowo	Lichtenau
		Leginy	Legienen
Długobór	Langwalde	Lidzbark Warmiński	Heilsberg
Dobre Miasto	Guttstadt	Lubomino	Arnsdorf
Dywity	Diwitten	Lutry	Lautern
Ełdyty Wielkie	Elditten	Łabuchy	Labuch
Frankowo	Frankenau	Łajsy	Layß
Frączki	Fleming	Łęgno	Lingenau
Frombork	Frauenburg	Łomy	Steinberg
Gietrzwałd	Dietrichswalde	Międzylesie	Schönwiese
		Mingajny	Migehnen
Głotowo	Glottau	Nowa Wieś Mała	Neuendorf
Gotkowo	Göttkendorf	Nowe Kawkowo	Neu-Kockendorf
Gronkowo	Grunenberg		
Gryźliny	Grieslienen	Nowy Dwór	Neuhof
Grzęda	Sturmhübel	Olsztyn	Allenstein
Henrykowo	Heinrikau	Opin	Open
Ignalin	Reimerswalde	Orneta	Wormditt
Jarandowo	Süßenberg	Orzechowo	Nossberg

Osetnik	Wusen	Sątopy	Santoppen
Paluzy	Plausen	Skolity	Schlitt
Pieniężno	Mehlsack	Stoczek	Springborn
Pierchały	Pettelkau	Sułowo	Schulen
Piotraszewo	Peterswalde (b. Guttstadt)	Sząbruk	Schönbrück
		Szałmia	Schalmey
Piotrowiec	Peterswalde (b. Mehlsack)	Świątki	Heiligenthal
		Tłokowo	Lokau
Pluty	Plauten	Tolkowiec	Tolksdorf
Płoskinia	Plaßwich	Tolniki Małe	Tollnig
Polkajmy	Polkeim	Tuławki	Tollack
Praslity	Altkirch	Unikowo	Glockstein
Prosity	Prositten	Wapnik	Kalkstein
Purda	Groß Purden	Wielochowo	Großendorf
Radostowo	Freudenberg	Wierzno Wielkie	Groß Rautenberg
Radziejewo	Sonnwalde		
Ramsowo	Ramsau	Wilczkowo	Wolfsdorf
Reszel	Rößel	Włóczyska	Vierzighuben
Robawy	Robaben	Wojkowo	Heinrichsdorf
Rogiedle	Regerteln	Wolnica	Freimarkt
Rogóż	Roggenhausen	Worlawki	Warlack
		Wozławki	Wuslack
Różanka	Rosengarth	Wrzesina	Alt Schöneberg
Runowo	Raunau		
Ruszajny	Reuschhagen	Zerbuń	Sauerbaum
Ryn Reszelski	Schellen	Żegoty	Siegfriedswalde
Sętal	Süßenthal		

Abbildungen

(wenn nicht anders vermerkt: Foto Dierk Loyal 1989 – 1991)

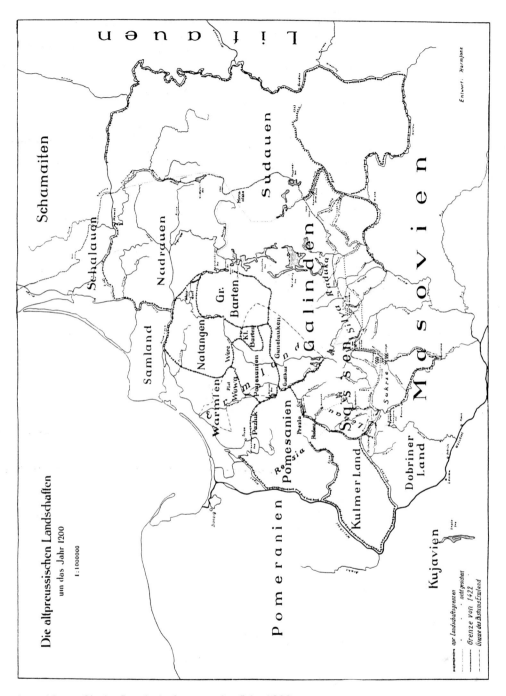

1 Altpreußische Landschaften um das Jahr 1200
(aus Hermanowski, Ostpreußen Wegweiser, Würzburg 1989).

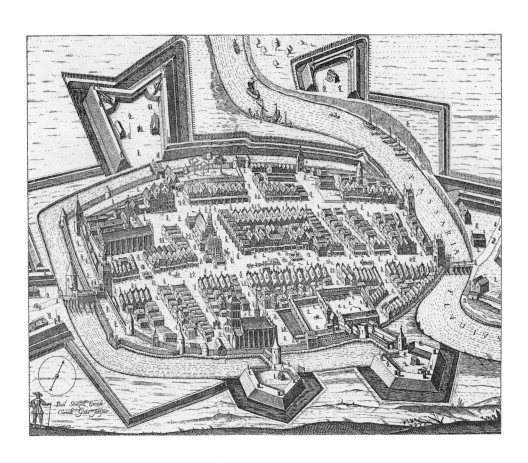

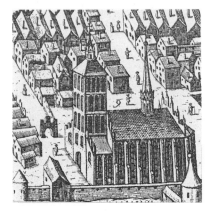

2 Prospekt der Stadt Braunsberg von 1635
   (gestochen von C. Grötke, hrsg. von P. Sterzell, aus Boetticher, Die Bau- und Kunstdenkmäler im Ermland, Königsberg 1894).

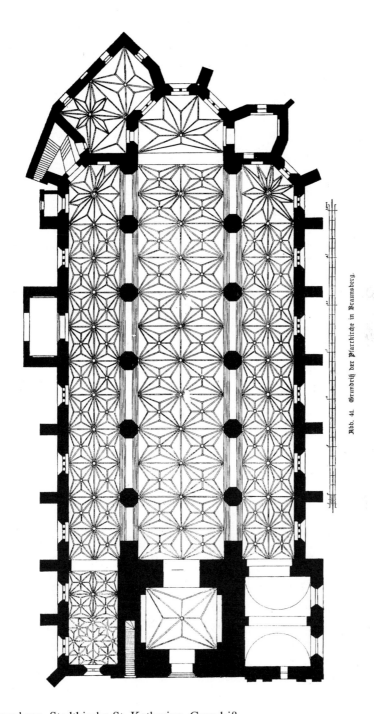

3 Braunsberg, Stadtkirche St. Katharina, Grundriß
  (Boetticher, Die Bau- und Kunstdenkmäler im Ermland, Königsberg 1894).

4 Braunsberg, Stadtkirche St. Katharina, Ost- und Westansicht
(aus F. v. Quast, Denkmale der Baukunst in Preussen, Berlin 1852).

5 Braunsberg, Stadtkirche St. Katharina, Gesamtansicht Südseite mit Kriegszestörungen von 1945.

6   Braunsberg, Stadtkirche St. Katharina, Gesamtansicht Nordseite nach dem Wiederaufbau.

7   Braunsberg, Stadtkirche St. Katharina, Nordost-Chorseite.

8   Braunsberg, Stadtkirche St. Katharina, Südwest-Chorseite.

9   Braunsberg, Stadtkirche St. Katharina, Südost-Langhausecke. Deutlich ist das beginnende Seitenschiffspolygon zu erkennen.

10 Braunsberg, Stadtkirche St. Katharina, vermauertes Südportal im 2. Joch vom Chor, darunter Eingang zu einer Gruft.

11 Braunsberg, Stadtkirche St. Katharina, Südseite, 2. Joch in Richtung Osten. Man erkennt die spätere Erhöhung der Stebepfeiler.

12   Braunsberg, Stadtkirche St. Katharina, vermauertes Südportal im 5. Joch vom Chor.

13   Braunsberg, Stadtkirche St. Katharina, Südseite in Richtung Westen.

14 Braunsberg, Stadtkirche St. Katharina, Südseite in Richtung Westen.

15 Braunsberg, Stadtkirche St. Katharina, Innenraum, südliches Seitenschiff in Richtung Osten.

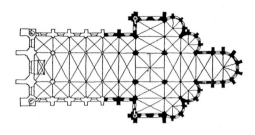
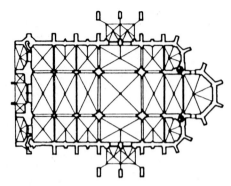

16 Braine, St. Yved
(aus Nußbaum, Deutsche Kirchenbaukunst der Gotik, Köln 1985).

17 Troyes, Saint-Urbain (nach Christe/Losowska/ Recht/Velmans, Handbuch der Formen und Stile - Mittelalter, Wiesbaden 1988).

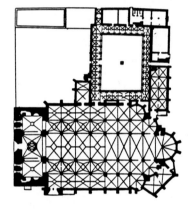
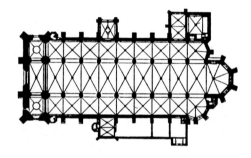

18 Xanten, Dom
(aus Hilger, Der Dom zu Xanten, Königstein i. Ts. 1984).

19 Kleve, Stiftskirche
(aus Böker, Die mittelalterliche Backsteinarchitektur Norddeutschlands).

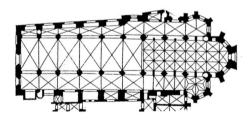
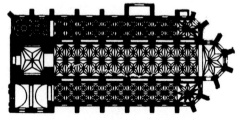

20 Lübeck, Katharinenkirche
(aus Böker, Die mittelalterliche Backsteinarchitektur Norddeutschlands).

21 Braunsberg, Stadtkirche St. Katharina
(aus Boetticher, Die Bau- und Kunstdenkmäler im Ermland, Königsberg 1894).

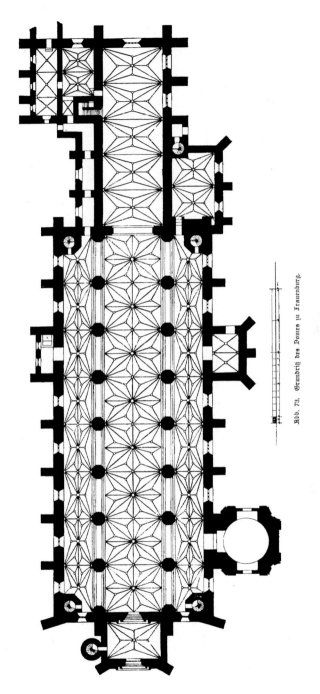

22 Frauenburg, Dom, Grundriß
(aus Boetticher, Die Bau- und Kunstdenkmäler im Ermland, Königsberg 1894).

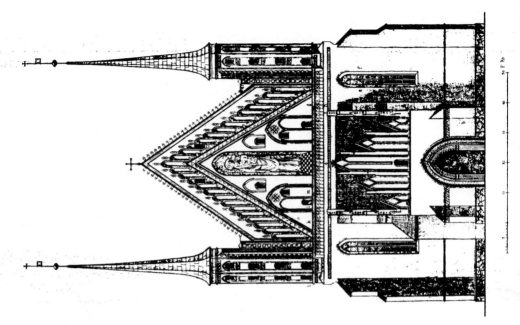

23 Frauenburg, Dom, Westseite
(aus F. v. Quast, Denkmale der Baukunst in Preussen, Berlin 1852).

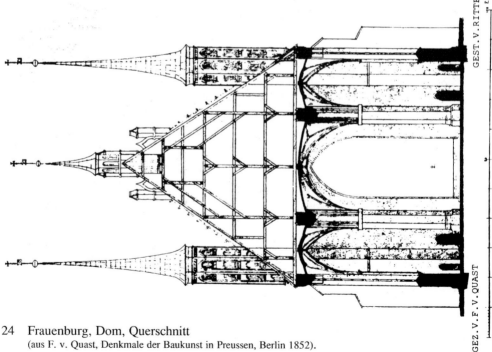

24 Frauenburg, Dom, Querschnitt
(aus F. v. Quast, Denkmale der Baukunst in Preussen, Berlin 1852).

25 Frauenburg, Dom, Domburg von der Westseite
(aus F. v. Quast, Denkmale der Baukunst in Preussen, Berlin 1852).

26 Frauenburg, Dom, Domburg von der Westseite.

27 Frauenburg, Dom, Domburg von der Ostseite.

28 Frauenburg, Dom, Südseite Langhauswand.

29 Frauenburg, Dom, Domfassade von der Westseite.

30 Frauenburg, Dom, Nordwestecke.

31 Frauenburg, Dom, Südwestecke.

32 Frauenburg, Dom, Langhaus Südseite in Richtung Osten.

33 Frauenburg, Dom, Langhaus Nordseite in Richtung Westen.

34 Frauenburg, Dom, Langhaus Südseite in Richtung Osten.

35 Frauenburg, Dom, Chor Südseite.

36 Frauenburg, Dom, Blick vom Glockenturm auf die Südwestecke der Domkirche.

37 Frauenburg, Dom, Nordostseite Sakristeianbau.

38 Frauenburg, Dom, Gewölbe der alten Sakristei.

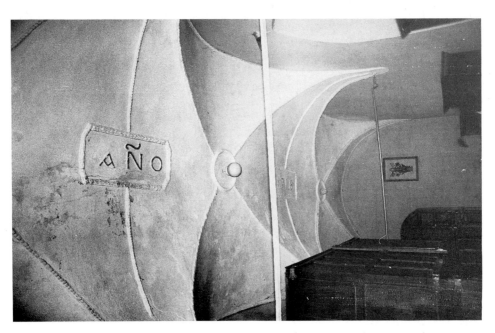

39 Frauenburg, Dom, Gewölbe im Sakristeianbau.

40 Frauenburg, Dom, Westseite mit Schaugiebel. An den Turmansätzen lassen sich die unterbrochenen Friesansätze erkennen.

41 Frauenburg, Dom, Innenraum, Langhausgewölbe in Blickrichtung Chor.

42 Frauenburg, Dom, östlicher Langhausgiebel von der Nordseite in Richtung Westen.

43 Frauenburg, Dom, Innenraum, nördliches Seitenschiff in Richtung Westen.

44 Frauenburg, Dom, Innenraum, ein Jochfeld im Mittelschiff vom Nord- in Richtung Südseitenschiff.

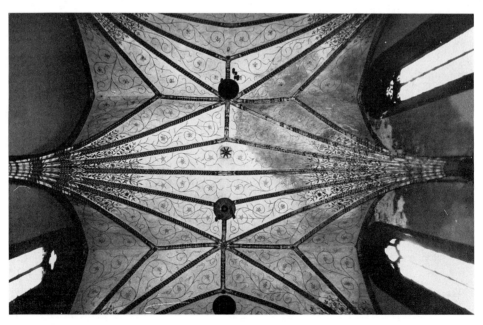

45 Frauenburg, Dom, Innenraum, zwei Giebeljochfelder im Chor.

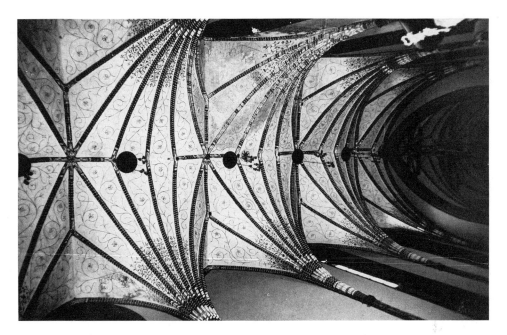

46 Frauenburg, Dom, Innenraum, Chorgewölbe in Richtung Westen.

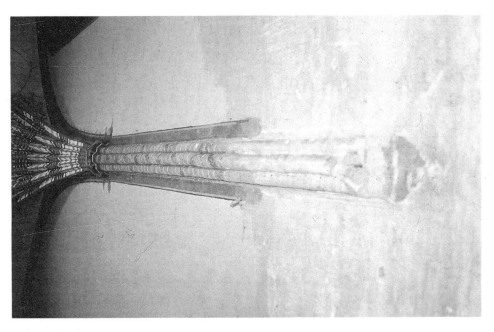

47 Frauenburg, Dom, Innenraum, dreiteiliges Dienstbündel auf der Südchorwand mit abgeschlagener Backsteinkonsole hinter dem Chorgestühl.

48 Frauenburg, Dom, Innenraum, Pfeilersockel und dreiteiliger Bündelpfeiler auf der Nordseite im Chor.

49 Frauenburg, Dom, Innenraum, Triumphbogen in Richtung Süden. Die Gewölberippen in der Südwestchorecke verlaufen auf eine Konsole. Die Schablonenmalerei aus dem 19. Jh. verfälscht somit den eigentlichen Raumeindruck.

50 Frauenburg, Dom, Innenraum, Chor Nordseite in Richtung Osten.

51 Frauenburg, Dom, Innenraum, Wandgestaltung der ehemaligen Empore (Chörlein) im nördlichen Seitenschiff der östlichen Langhausecke. Deutlich zeichnet sich die Gewölbeform anhand der schuppenartig durchgemusterten Wandfläche ab.

52 Frauenburg, Dom, Innenraum, nordwestlicher Halbpfeiler mit vorspringendem, profiliertem Sockel. Backsteinmauerwerk auf Sicht gemauert.

53 Frauenburg, Dom, Innenraum, Wandgestaltung der ehemaligen Empore (Chörlein). Aufgrund der Analogie zur Westvorhalle läßt sich auf eine gleichzeitige Entstehung um 1388 schließen.

54 Frauenburg, Dom, Innenraum, eingestellter Turm in der Südwestlanghausecke. In Höhe des südwestlichen Langhausfensters befindet sich eine vermauerte Tür.

55 Frauenburg, Dom, Innenraum, eingestellter Turm in der Südwestlanghausecke. Unterer Eingang zur Treppenspindel, die zum Domdachboden führt.

56 Frauenburg, Dom, Innenraum, eingestellter Turm in der Südwestlanghausecke. Wechsel der Schichten, des Mauerverbands und des Materials.

57 Frauenburg, Dom, Chordachboden, Ostgiebel mit zwei offenen Kaminen, dazwischen eine Türöffnung, durch die heute noch bei Bauarbeiten Lasten hochgezogen werden.

58 Frauenburg, Dom, Langhausdachboden, östlicher Giebel von der Innenseite. Die Innenwand besitzt kaum Schwärzungen durch Brände.

59 Frauenburg, Dom, Langhausdachboden, südlicher Turm mit profilierten Rundbogenportalen. Der obere Eingang diente wohl für einen zweiten Laufgang.

60 Frauenburg, Dom, Langhausdachboden, Westgiebel. An dieser Stelle befindet sich an der Außenseite die Mittelnische. Hier ist der Mauerverband stark gestört.

61 Frauenburg, Dom, Langhausdachboden, Westgiebel. Mittelnische von der Rückseite. Man sieht den alten Verlauf der Dachbalken. Auch zeigt sich an dieser Stelle, daß die Nische nur einen halben Stein tief war.

62 Frauenburg, Dom, Westvorhalle, Außenportal.

63 Frauenburg, Dom, Westvorhalle, Außenportal, umlaufende Tonplatten mit Maßwerk.

64 Frauenburg, Dom, Westvorhalle, Außenportal, linker Kämpfer.

65 Frauenburg, Dom, Westvorhalle, Außenportal, rechter Kämpfer.

66 Frauenburg, Dom, Westvorhalle, Innenraum, Nordwand.

67 Frauenburg, Dom, Westvorhalle, Innenraum, Südwand.

68 Frauenburg, Dom, Westvorhalle, Innenraum, Wandornament.

69 Frauenburg, Dom, Westvorhalle, Innenraum, Portalgewände.

70 Frauenburg, Dom, Tympanon und seitliche Archivolten mit Figurenschmuck. Das aus einem Kalksteinblock gefertigte Tympanon ist mehrfach gebrochen.

71 Frauenburg, Dom, Westportal vom Langhaus gesehen. In der Mauer neben der Tür kann man erkennen, daß das Portal nachträglich eingefügt wurde.

72 Frauenburg, Dom, Westvorhalle, Innenraum
(aus F. v. Quast, Denkmale der Baukunst in Preussen, Berlin 1852).

73 Frauenburg, Dom, Westportal, linkes Kämpferband mit Maskenköpfen.

74 Frauenburg, Dom, Westportal, linkes Kämpferband mit Maskenköpfen.

75 Frauenburg, Dom, Westportal, linkes Kämpferband mit Maskenköpfen.

76 Frauenburg, Dom, Westportal, linkes Kämpferband mit Maskenköpfen.

77 Frauenburg, Dom, Westportal, rechtes Kämpferband mit Maskenköpfen.

78 Frauenburg, Dom, Westportal, rechtes Kämpferband mit Maskenköpfen.

79 Frauenburg, Dom, Westportal, linkes Gewände mit musizierenden Figuren.

80 Frauenburg, Dom, Westportal, rechtes Gewände mit musizierenden Figuren.

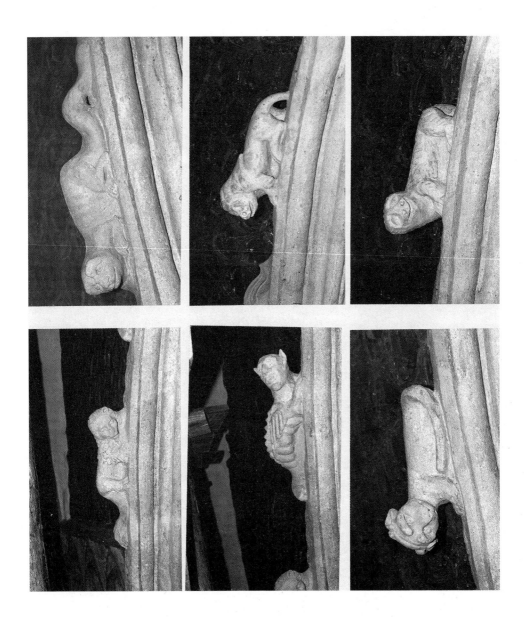

81 Frauenburg, Dom, Westportal, Gewänderand mit sechs von zehn Fabeltieren.

82 Frauenburg, Dom, Westportal, linkes Gewände, die klugen Jungfrauen.

83 Frauenburg, Dom, Westportal, rechtes Gewände, die törichten Jungfrauen.

84 Elbing, Burg, Fragmente der klugen und törichten Jungfrauen
    (aus B. Schmid, Elbing Ausgrabung auf dem Gelände des Ordensschlosses, in: Die Denkmalpflege in der
    Provinz Westpreußen, 12. u. 16. Bericht, Danzig 1915 u. 1920).

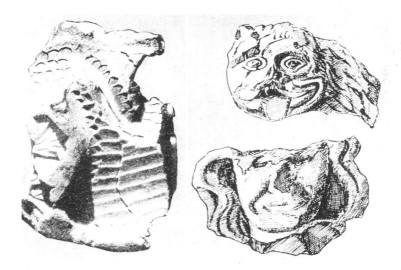

85 Elbing, Burg, Fundstücke der Ausgrabung. Fragmente der klugen und törichten
    Jungfrauen, sowie Fragmente eines Fabelwesens
    (aus Hauke und Stobbe, Die Baugeschichte und die Baudenkmäler der Stadt Elbing, Stuttgart 1964).

86 Elbing, Wohnhaus in der ehemaligen Wilhelmstr. 56
(aus Hauke und Stobbe, Die Baugeschichte und die Baudenkmäler der Stadt Elbing, Stuttgart 1964).

87 Elbing, Wohnhaus in der ehemaligen Wilhelmstr. 56
(aus Hauke und Stobbe, Die Baugeschichte und die Baudenkmäler der Stadt Elbing, Stuttgart 1964).

88 Frauenburg, Dom, Westportal, linke Archivolte und Elbing, St. Nikolai, Bekrönung einer Scheinlisene (aus Jurkowlaniec, Gotycka rzesba architektoniczna w Prusach, Warszawa 1989).

89 Elbing, St. Nikolai, Nordvorhalle
(aus Haucke und Stobbe, Die Baugeschichte und die Baudenkmäler der Stadt Elbing, Stuttgart 1964).

90 Amiens, Kathedrale, Chapelle de la Grange 1373 - 1375
    (aus Behling, Gestalt und Geschichte des Maßwerks, Halle 1944).

91 Frauenburg, Dom, Westvorhalle, Innenportal, linkes Gewände. Maria Magdalena, Margaretha, kleiner Prophet, Isaias, Heiliger (?), Andreas. Die Figur des Apostels Andreas ist stark abgeschlagen.

92 Frauenburg, Dom, Westvorhalle, Innenportal, linkes Gewände. Dorothea, Katharina, kleiner Prophet, Isaias, Heiliger (?).

93 Frauenburg, Dom, Westvorhalle, Innenportal, rechte Gewände. Ezechiel, Daniel, Petrus, kleiner Prophet, Barbara, Jodokus.

94 Frauenburg, Dom, Westvorhalle, Innenportal, rechtes Gewände. Johannes Ev., Georg, Stephan, Heiliger (?), kleiner Prophet, Heiliger (?).

95 Frauenburg, Dom, Westvorhalle, Innenportal, linkes Gewände. Oben Maria Magdalena, Margaretha, kleiner Prophet, Mitte kleiner Prophet, Jakobus d.Ä., Paulus.

96 Frauenburg, Dom, Westvorhalle, Innenportal, linkes Gewände. Drei Engel, Erzengel Michael, Jeremias, Heiliger (?).

97 Frauenburg, Dom, Westvorhalle, Innenportal, rechtes Gewände. Kleiner Prophet, Bartholomäus, Laurentius, drei törichte Jungfrauen.

98 Frauenburg, Dom, Westvorhalle, Innenportal, rechtes Gewände. Ezechiel, Daniel, Petrus, kleiner Prophet, Barbara, Jodokus.

99 Frauenburg, Dom, Westvorhalle, Gewölbe. Gewölberippen mit musizierenden Engeln.

100 Frauenburg, Dom, Westvorhalle, Innenportal, rechtes Gewände. Ezechiel, Daniel, Petrus.

101 Frauenburg, Dom, Westvorhalle, Innenportal, rechtes Gewände. Johannes Ev., Georg, Stephanus.

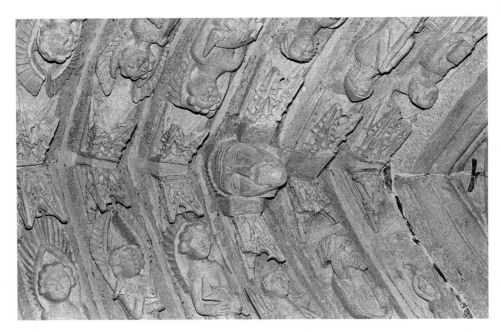

102 Frauenburg, Dom, Westvorhalle, Innenportal, Gewändescheitel. Christuskopf, oben sechs Engel.

103 Frauenburg, Dom, Westvorhalle, Innenportal, rechtes Gewände. Laurentius.

104 Frauenburg, Dom, Westvorhalle, Innenportal, rechtes Gewände, Barbara.

105 Elbing, Dominikanerkloster St. Marien, Westgiebel, nach Brand von 1504 erneuert
(aus Schmid, St. Marienkirche zu Elbing, in: Die Denkmalpflege in Westpreußen in den Jahren 1920 - 31, Königsberg 1932).

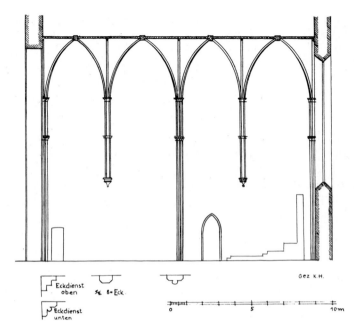

106 Elbing, Dominikanerkloster St. Marien, Nordwand um 1300
(aus Hauke und Stobbe, Die Baugeschichte und die Baudenkmäler der Stadt Elbing, Stuttgart 1964).

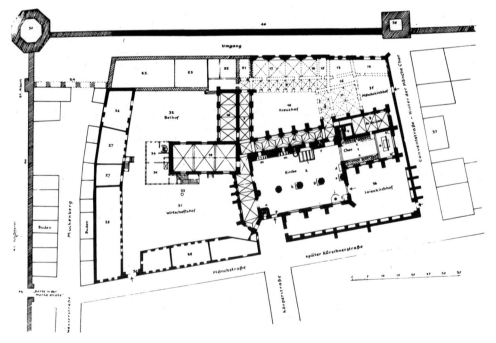

107 Elbing, Dominikanerkloster St. Marien, Grundriß und Rekonstruktion
(aus Hauke und Stobbe, Die Baugeschichte und die Baudenkmäler der Stadt Elbing, Stuttgart 1964).

108 Elbing, Dominikanerkloster St. Marien, Gewölbe im Hauptschiff
(aus Hauke und Stobbe, Die Baugeschichte und die Baudenkmäler der Stadt Elbing, Stuttgart 1964).

109 Elbing, Dominikanerkloster St. Marien, Langhaus in Richtung Osten
(aus Hauke und Stobbe, Die Baugeschichte und die Baudenkmäler der Stadt Elbing, Stuttgart 1964).

110 Frauenburg, Stadtkirche St. Nikolaus.

111 Frauenburg, St. Nikolaus
(Boetticher, Die Bau- und Kunstdenkmäler im Ermland, Königsberg 1894).

112 Frauenburg, St. Nikolaus, Innenraum
(Boetticher, Die Bau- und Kunstdenkmäler im Ermland, Königsberg 1894).

113 Frauenburg, Stadtkirche St. Nikolaus, Chorseite mit Kampanile.

114 Frauenburg, Stadtkirche St. Nikolaus, Hauptfassade mit Eingang.

115 Frauenburg, Stadtkirche St. Nikolaus, zweigeschossige Sakristei.

116 Frauenburg, Stadtkirche St. Nikolaus, Langhaus, Westseite. Deutlich sind die wiederholten Erneuerungen zu erkennen.

117 Frauenburg, Stadtkirche St. Nikolaus, zweigeschossige Sakristei.

118 Frauenburg, Stadtkirche St. Nikolaus, Langhaus, Nordwestecke, erneuerte Vorhalle und Glockenturm.

119 Frauenburg, Stadtkirche St. Nikolaus, Langhaus, Nordostecke.

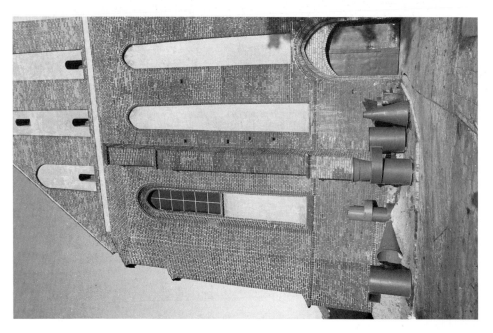

120 Frauenburg, Stadtkirche St. Nikolaus, linke Seite der Hauptfassade.

121 Seeburg, Stadtkirche St. Bartholomäus, Chorgiebel.

 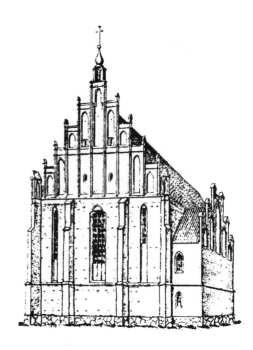

122 Seeburg, Stadtkirche St. Bartholomäus, West- und Ostansicht
(aus F. v. Quast, Denkmale der Baukunst in Preussen, Berlin 1852).

123 Seeburg, Stadtkirche St. Bartholomäus, Blick auf die Nordostseite
(aus Boetticher, Die Bau- und Kunstdenkmäler im Ermland, Königsberg 1894).

124 Seeburg, Stadtkirche St. Bartholomäus, Südwestansicht.

125 Seeburg, Stadtkirche St. Bartholomäus, Westseite.

126 Seeburg, Stadtkirche St. Bartholomäus, Turmportal.

127 Seeburg, Stadtkirche St. Bartholomäus, Südlanghausseite.

128 Seeburg, Stadtkirche St. Bartholomäus, zweigeschossige Sakristei (Nordseite) mit späterer Langhausverlängerung.

129 Seeburg, Stadtkirche St. Bartholomäus, Empore über der Sakristei

130 Seeburg, Stadtkirche St. Bartholomäus, Empore und Sakristeitür Nordseite

131 Seeburg, Stadtkirche St. Bartholomäus, Sakristeitür

132 Seeburg, Stadtkirche St. Bartholomäus, Innenraum, Blick vom nördlichen Seitenschiff in Richtung Südwestseite.

133 Seeburg, Stadtkirche St. Bartholomäus, Turmhallengewölbe.

134 Seeburg, Stadtkirche St. Bartholomäus, Innenraum, Mittelschiff in östliche Richtung.

135 Seeburg, Stadtkirche St. Bartholomäus, Innenraum, nördliches Seitenschiff in Richtung Osten.

136 Seeburg, Stadtkirche St. Bartholomäus, Innenraum, südliches Gewölbe neben Turm.

137 Seeburg, Stadtkirche St. Bartholomäus, Innenraum, nördliches Gewölbe neben Turm.

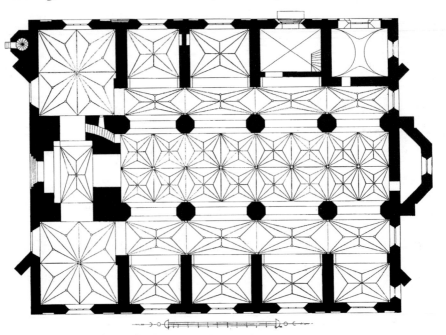

138 Wormditt, Stadtkirche St. Johannes, Grundriß
(aus Boetticher, Die Bau- und Kunstdenkmäler im Ermland, Königsberg 1894).

139 Wormditt, Stadtkirche St. Johannes, Nordostseite
(aus F. v. Quast, Denkmale der Baukunst in Preussen, Berlin 1852).

140 Wormditt, Stadtkirche St. Johannes, Nordostseite, heutiger Zustand.

141 Wormditt, Stadtkirche St. Johannes, Westseite mit Hauptportal.

142 Wormditt, Stadtkirche St. Johannes, Turm Westseite.

143 Wormditt, Stadtkirche St. Johannes, Westseite mit Hauptportal.

144 Wormditt, Stadtkirche St. Johannes, Turm, erster Stock, vermauerte Emporenöffnung in Richtung Mittelschiff. Deutlich erkennbar sind die Aussparungen für eine beabsichtigte Wölbung.

145 Wormditt, Stadtkirche St. Johannes, Turm erster Stock, westliche Fensternische.

146 Wormditt, Stadtkirche St. Johannes, westlicher Halbgiebel der Südkapelle.

147 Wormditt, Stadtkirche St. Johannes, Ansicht von Südwesten 1888
(aus Atlantis des Nordens - Das ehemalige Ostpreußen in der Fotografie, Olsztyn 1993).

148 Wormditt, Stadtkirche St. Johannes, südliche Seitenkapellen von der Ostseite.

149 Wormditt, Stadtkirche St. Johannes, Ostseite, nördlicher Strebepfeiler mit Baunaht zwischen Mittelschiff und Kapellengiebel.

150 Wormditt, Stadtkirche St. Johannes, Ostseite, südlicher Strebepfeiler mit Baunaht zwischen Mittelschiff und Kapellengiebel.

151 Wormditt, Stadtkirche St. Johannes, Südkapellen in Richtung Westen.

152 Wormditt, Stadtkirche St. Johannes, Südkapellen in Richtung Osten.

153 Wormditt, Stadtkirche St. Johannes, Südkapellengiebel.

154 Wormditt, Stadtkirche St. Johannes, Langhauswand
(aus F. v. Quast, Denkmale der Baukunst in Preussen, Berlin 1852).

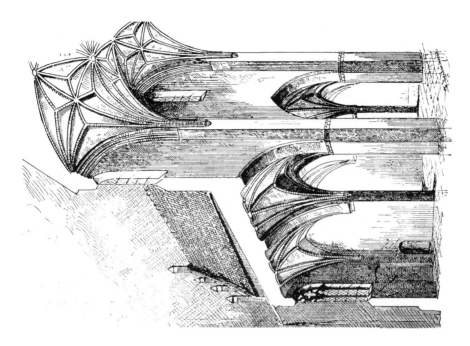

155 Wormditt, Stadtkirche St. Johannes, perspektivische Innenansicht
(aus Boetticher, Die Bau- und Kunstdenkmäler im Ermland, Königsberg 1894).

156 Wormditt, Stadtkirche St. Johannes, Innenraum, Mittelschiff in Richtung Osten.

157 Wormditt, Stadtkirche St. Johannes, Innenraum, Langhaus in Richtung Osten.

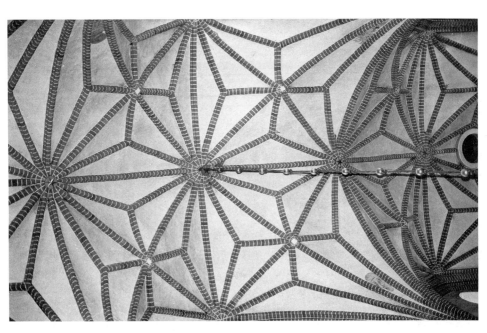

158 Wormditt, Stadtkirche St. Johannes, Innenraum, Langhausgewölbe in Richtung Osten.

159 Wormditt, Stadtkirche St. Johannes, Innenraum, südliches Seitenschiff in Richtung Osten.

160 Wormditt, Stadtkirche St. Johannes, Innenraum, nördliches Seitenschiff in Richtung Osten. Deutlich erkennt man, daß dieses Seitenschiff breiter angelegt wurde.

161 Wormditt, Stadtkirche St. Johannes, Gewölbe der südwestlichen Kapelle neben dem Turm.

162 Wormditt, Stadtkirche St. Johannes, Innenraum mit Blick vom Langhaus in eine nördliche Kapelle.

163 Wormditt, Stadtkirche St. Johannes, Nordeingang im zweiten Joch vom Chor.

164 Wormditt, Stadtkirche St. Johannes, vermauerter Nordeingang im ersten Joch vom Turm.

165 Wormditt, Stadtkirche St. Johannes, Formsteinfries auf der Südseite.

166 Wormditt, Stadtkirche St. Johannes, Formsteinfries auf der Nordseite.

167 Wormditt, Stadtkirche St. Johannes, Formsteinfries auf der Nordseite.

168 Wormditt, Stadtkirche St. Johannes, Formsteinfries auf der Nordseite.

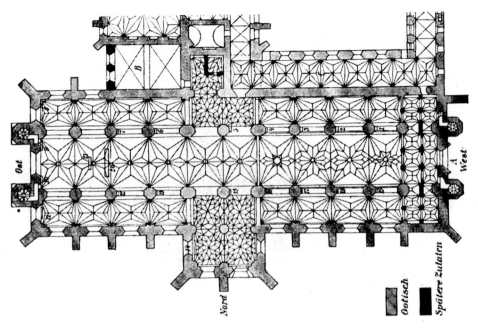

169 Pelplin, Klosterkirche, Grundriß
(aus Zink, Ermländische Hallenkirche, Königsberg 1938).

170 Pelplin, Klosterkirche, Westseite.

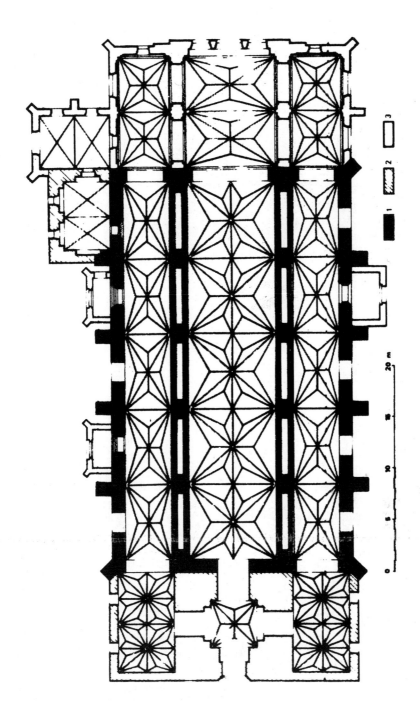

171 Heilsberg, Stadtkirche St. Peter und Paul, Grundriß
(aus Rzempoluch, Lidzbark Warminski, Warszawa 1989).

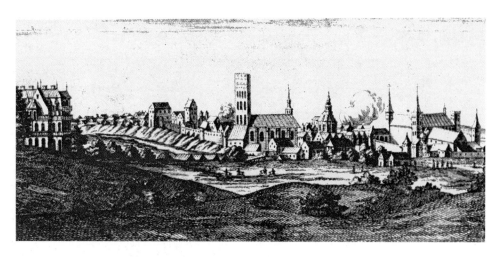

172 Heilsberg, historische Stadtansicht um 1700
(aus Rzempoluch, Lidzbark Warminski, Warszawa 1989).

173 Heilsberg, historische Stadtansicht nach G. F. Endersch von 1755
(aus Rzempoluch, Lidzbark Warminski, Warszawa 1989).

174 Heilsberg, Stadtkirche St. Peter und Paul.

175 Heilsberg, Stadtkirche St. Peter und Paul, Westseite mit Turmportal.

176 Heilsberg, Stadtkirche St. Peter und Paul, Westgiebel der südlichen Turmkapelle.

177 Heilsberg, Stadtkirche St. Peter und Paul, südliche Turmseite.

178 Heilsberg, Stadtkirche St. Peter und Paul, nördlicher Westgiebel vom Langhaus.

179 Heilsberg, Stadtkirche St. Peter und Paul, Nordseite in Richtung Westen.

180 Heilsberg, Stadtkirche St. Peter und Paul, Südseite in Richtung Westen.

181 Heilsberg, Stadtkirche St. Peter und Paul, Innenraum, Mittelschiff in Richtung Osten.

182 Heilsberg, Stadtkirche St. Peter und Paul, Innenraum, nördliche Turmkapelle.

183 Heilsberg, Stadtkirche St. Peter und Paul, Innenraum, nördliches Seitenschiff in Richtung Osten.

184 Heilsberg, Stadtkirche St. Peter und Paul, Innenraum, vermauerte Sakristeitür auf der Nordseite.

185 Heilsberg, Stadtkirche St. Peter und Paul, Innenraum, Kopfkonsolen in der Turmvorhalle.

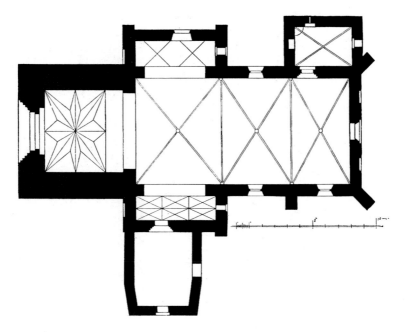

186 Pettelkau, Pfarrkirche, 1341 als erste Kollegiatkirche aufwendig mit Rechteckchor gegründet (aus Boetticher, Die Bau- und Kunstdenkmäler im Ermland, Königsberg 1894).

187 Pettelkau, Pfarrkirche, 1945 zerstört, heute Ruine, Blick auf die Chorseite.

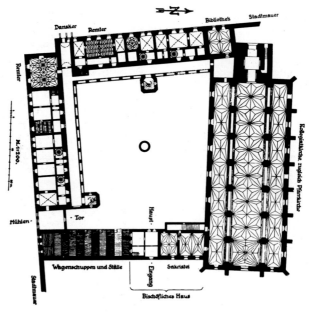

188 Guttstadt, Kollegiatstift, Grundriß nach Regierungsbaurat K. Hauke aus Heilsberg.
Teilweise mit rekonstruierten Anbauten (aus Birch-Hirschfeld, ZGAE, Bd. 24).

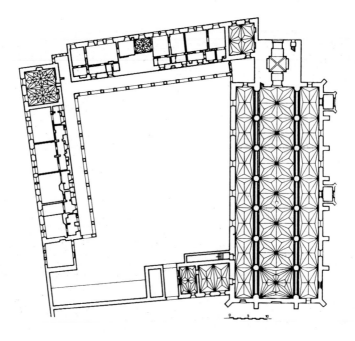

189 Guttstadt, Kollegiatstift, Grundriß heutiger Zustand
(aus Rzempoluch, Zespol Kolegiacki w Dobrym Miescie, Olstyn 1989).

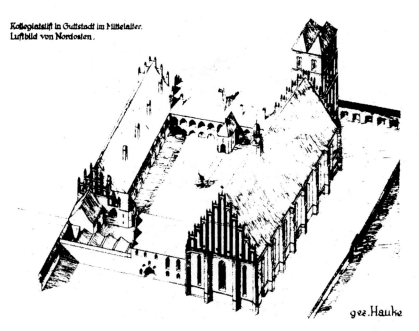

190 Guttstadt, Kollegiatstift, Zeichnung nach Regierungsbaurat K. Hauke aus Heilsberg (aus Rzempoluch, Zespol Kolegiacki w Dobrym Miescie, Olsztyn 1989).

191 Guttstadt, Kollegiatstift von der Nordwestseite
(aus F. v. Quast, Denkmale der Baukunst in Preussen, Berlin 1852).

192 Guttstadt, Stiftskirche, Nordostseite.

193 Guttstadt, Stiftskirche, Südostseite mit Sakristeianbau.

194 Guttstadt, Stiftskirche, Chorseite.

195 Guttstadt, Stiftskirche, Turm von der Südostseite.

196 Guttstadt, Kollegiatstift, nördlicher Giebel des westlichen Stiftsflügels.

197 Guttstadt, Stiftskirche, westlicher Halbgiebel des nördlichen Seitenschiffs.

198 Guttstadt, Stiftskirche, Chorseite, vermauertes Portal.

199 Guttstadt, Stiftskirche, Nordostseite.

200 Guttstadt, Stiftshof in nordwestlicher Richtung.

201 Guttstadt, Stiftshof in südwestlicher Richtung.

202 Guttstadt, Stiftskirche, Innenraum in Richtung Südwesten.

203 Guttstadt, Stiftskirche, Innenraum in Richtung Osten.

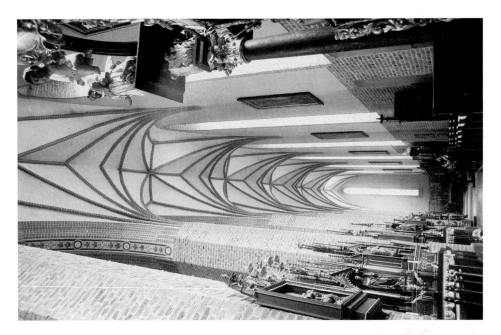

204 Guttstadt, Stiftskirche, Innenraum, südliches Seitenschiff in Richtung Osten.

205 Guttstadt, Stiftskirche, Innenraum, nördliches Seitenschiff in Richtung Osten. Fenster mit Verzahnungen an den Laibungen.

206 Guttstadt, Stiftskirche, Innenraum, Westportal

207 Guttstadt, Stiftskirche, Innenraum, letztes Gewölbejoch im Mittelschiff auf der Ostseite.

208 Guttstadt, Stiftskirche, Innenraum, Gewölbeansatz über dem ersten nordöstlichen Pfeiler vom Mittelschiff aus.

209 Guttstadt, Stiftskirche, Innenraum, nördliches Fenster mit Verzahnung an der Fensterlaibung.

210 Guttstadt, Stiftswestflügel, Zellengewölbe in Sternform.

211 Guttstadt, Stiftskirche, Sakristeigewölbe.

212 Wartenburg, Stadtkirche St. Anna, Südostseite
   (aus F. v. Quast, Denkmale der Baukunst in Preussen, Berlin 1852).

213 Wartenburg, Stadtkirche St. Anna, Nordwestseite.

214 Wartenburg, Stadtkirche St. Anna, Nordwestseite.

215 Wartenburg, Stadtkirche St. Anna, Turmportal.

216 Wartenburg, Stadtkirche St. Anna, zweigeschossige Südvorhalle.

217 Wartenburg, Stadtkirche St. Anna, Ostgiebel und neues Presbyterium von der Nordseite.

218 Wartenburg, Stadtkirche St. Anna, Nordseite in Richtung Osten.

219 Wartenburg, Stadtkirche St. Anna, zweigeschossige Sakristei.

220 Wartenburg, Stadtkirche St. Anna, Ostgiebel und Sakristei von der Nordseite.

221 Wartenburg, Stadtkirche St. Anna, Innenraum, Mittelschiff in Richtung Osten.

222 Wartenburg, Stadtkirche St. Anna, Innenraum, Mittelschiff in Richtung Westen.

223 Wartenburg, Stadtkirche St. Anna, Innenraum, vom Mittelschiff in Richtung nördliches Seitenschiff mit Empore über der Sakristei.

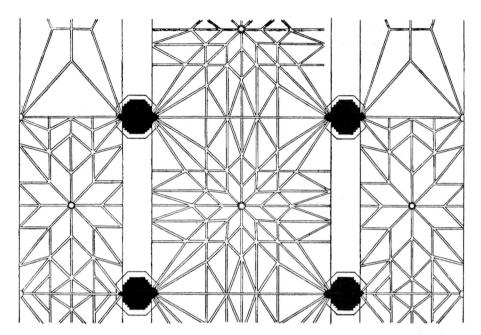

224 Wartenburg, Stadtkirche St. Anna, Gewölbeschema
(aus Boetticher, Die Bau- und Kunstdenkmäler im Ermland, Königsberg 1894).

225 Wartenburg, Stadtkirche St. Anna, Innenraum, Mittelschiff, Gewölbe Ostseite.

226 Wartenburg, Stadtkirche St. Anna, Innenraum, vom Mittelschiff in Richtung nördliches Seitenschiff mit Empore über der Sakristei.

227 Wartenburg, Stadtkirche St. Anna, Innenraum, vom Mittelschiff in Richtung südliches Seitenschff mit Empore über der Südvorhalle.

228 Wartenburg, Stadtkirche St. Anna, Innenraum, südliches Seitenschiff in Richtung Osten.

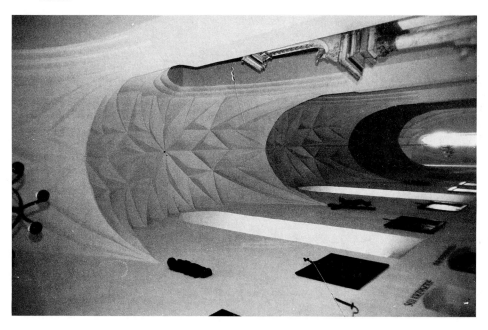

229 Wartenburg, Stadtkirche St. Anna, Innenraum, nördliches Seitenschiff in Richtung Osten.

230 Wartenburg, Franziskanerkloster, Südostseite
(aus F. v. Quast, Denkmale der Baukunst in Preussen, Berlin 1852).

231 Wartenburg, Franziskaner-Klosterkirche, Innenraum, Chor
(aus Boetticher, Die Bau- und Kunstdenkmäler im Ermland, Königsberg 1894).

232 Wartenburg, Franziskaner-Klosterkirche, nordöstliche Seite.

233 Wartenburg, Franziskaner-Klosterkirche, Südseite.

234 Wartenburg, Franziskaner-Klosterkirche, Chorgiebel.

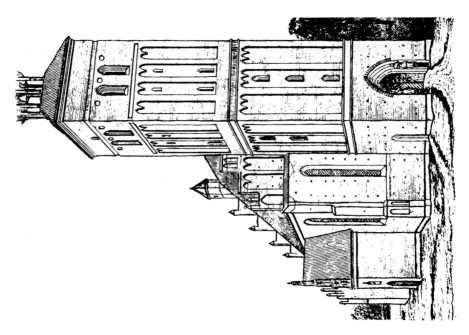

235 Rößel, Stadtkirche St. Peter und Paul, Nordwestseite
(aus F. v. Quast, Denkmale der Baukunst in Preussen, Berlin 1852).

236 Rößel, Stadtkirche St. Peter und Paul, Turm, Nordseite.

237 Rößel, Stadtkirche St. Peter und Paul, Turmvorhalle.

238 Rößel, Stadtkirche St. Peter und Paul, Südwestseite mit Turm und Treppenaufgang.

239 Rößel, Stadtkirche St. Peter und Paul, Nordwestseite.

240 Rößel, Stadtkirche St. Peter und Paul, Nordwestseite.

241 Rößel, Stadtkirche St. Peter und Paul, Nordostecke zwischen Sakristei und Ostabschluß. Zu erkennen ist, daß die Sakristei aus der ersten Erbauungszeit stammte und das gleiche Gesimsband leicht versetzt um die Sakristei gefügt wurde.

242 Rößel, Stadtkirche St. Peter und Paul, Reste des abgeschlagenen umlaufenden Gesimsbandes in Sohlbankhöhe.

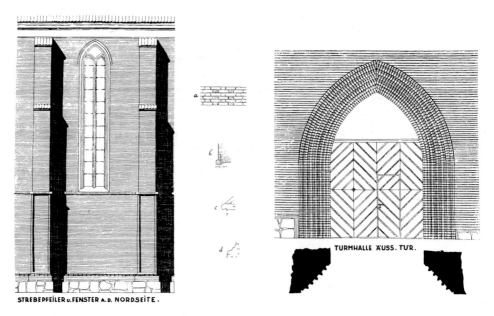

243 Rößel, Stadtkirche St. Peter und Paul, Ansichten nach Matern
(aus Matern, ZGAE Bd. 24).

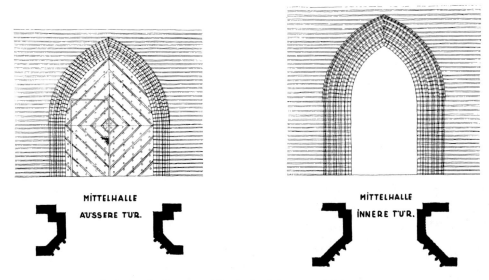

244 Rößel, Stadtkirche St. Peter und Paul, Ansichten nach Matern.
(aus Matern, ZGAE Bd. 24)

245 Rößel, Stadtkirche St. Peter und Paul, Südseite in Richtung Westen.

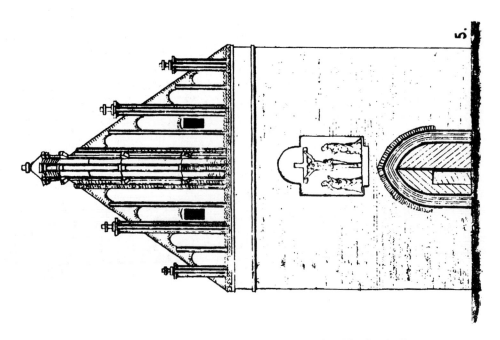

246 Rößel, Stadtkirche St. Peter und Paul, zweigeschossige Nordvorhalle
(aus F. v. Quast, Denkmale der Baukunst in Preussen, Berlin 1852).

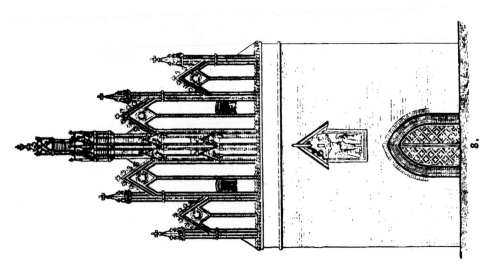

247 Rößel, Stadtkirche St. Peter und Paul, zweigeschossige Vorhalle mit Ergänzungsvorschlägen (aus F. v. Quast, Denkmale der Baukunst in Preussen, Berlin 1852).

248 Rößel, Stadtkirche St. Peter und Paul, Giebel der zweigeschossigen Vorhalle.

249 Rößel, Stadtkirche St. Peter und Paul, Chorseite.

250 Rößel, Stadtkirche St. Peter und Paul, nordwestliche Chorseite mit Sakristeianbau.

251 Rößel, Stadtkirche St. Peter und Paul, Nordseite Sakristeianbau.

252 Rößel, Stadtkirche St. Peter und Paul, Innenraum, Langhaus in Richtung Westen.

253 Rößel, Stadtkirche St. Peter und Paul, Innenraum, Gewölbeansatz vom Langhaus in Richtung Süden.

254 Rößel, Stadtkirche St. Peter und Paul, Innenraum, Langhaus in Richtung Südwesten.

255 Rößel, Stadtkirche St. Peter und Paul, Innenraum, Gewölbeansatz südöstlicher Halbpfeiler.

256 Rößel, Stadtkirche St. Peter und Paul, Innenraum, Gewölbe im Mittelschiff in Richtung Westen.

257 Rößel, Stadtkirche St. Peter und Paul, Innenraum, südliches Seitenschiff in Richtung Osten.

258 Rößel, Stadtkirche St. Peter und Paul, Innenraum, nördliches Seitenschiff mit Empore, dem sog. Schusterchor.

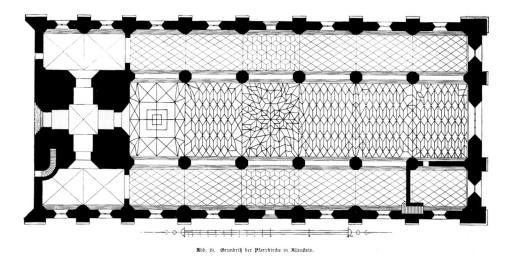

259 Allenstein, Stadtkirche St. Jakob, Grundriß
(aus Boetticher, Die Bau- und Kunstdenkmäler im Ermland, Königsberg 1894).

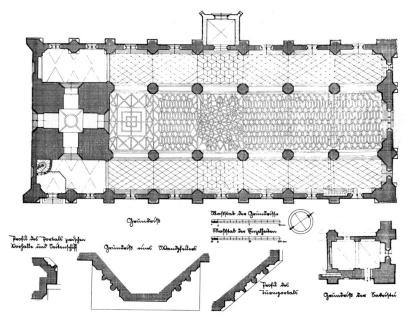

260 Allenstein, Stadtkirche St. Jakob, Grundriß
(aus Wünsch, Die Bau- und Kunstdenkmäler der Stadt Allenstein, Königsberg i.Pr. 1933).

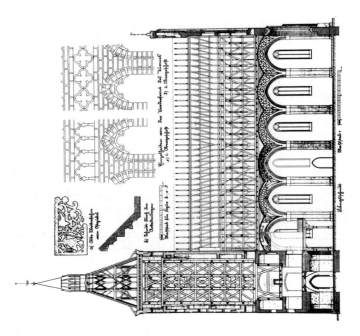

261 Allenstein, Stadtkirche St. Jakob, Querschnitt
(aus Wünsch, Die Bau- und Kunstdenkmäler der Stadt Allenstein, Königsberg i.Pr. 1933).

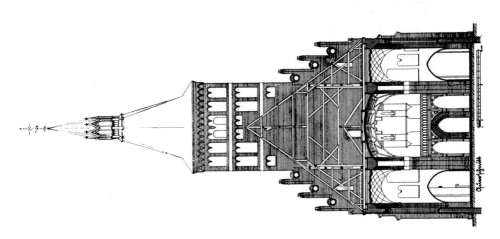

262 Allenstein, Stadtkirche St. Jakob, Querschnitt
(aus Wünsch, Die Bau- und Kunstdenkmäler der Stadt Allenstein, Königsberg i.Pr. 1933).

263 Allenstein, Stadtkirche St. Jakob, Chorseite.

264 Allenstein, Stadtkirche St. Jakob, linke Turmseite mit später ergänztem Halbgiebel der Kapelle.

265 Allenstein, Stadtkirche St. Jakob, Turmportal.

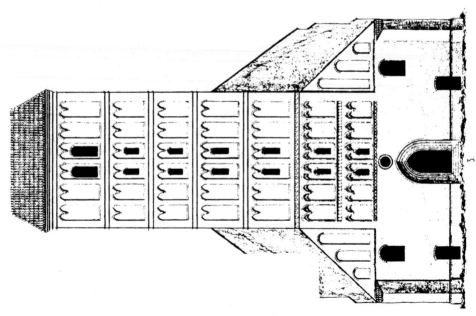

266 Allenstein, Stadtkirche St. Jakob, Hauptturmseite
(aus F. v. Quast, Denkmale der Baukunst in Preussen, Berlin 1852).

267 Allenstein, Stadtkirche St. Jakob, Hauptturmseite.

268 Allenstein, Stadtkirche St. Jakob, linke Kapelle mit Blick auf den Turm.

269 Allenstein, Stadtkirche St. Jakob, Langhaus zur Stadtseite.

270 Allenstein, Stadtkirche St. Jakob, linke Seitenkapelle und Langhaus zur Stadtseite.

271 Allenstein, Stadtkirche St. Jakob, Langhausseite mit Blick vom Chor in Richtung Turm.

272 Allenstein, Stadtkirche St. Jakob, linke Chorgiebelseite.

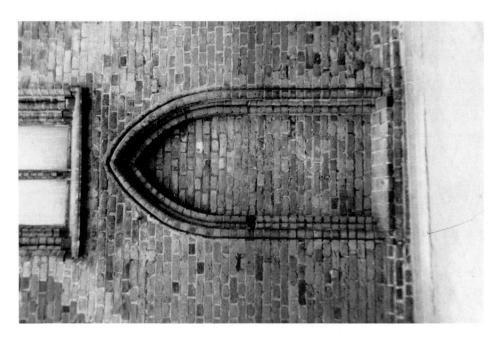

273 Allenstein, Stadtkirche St. Jakob, vermauertes Portal auf der östlichen Langhausseite.

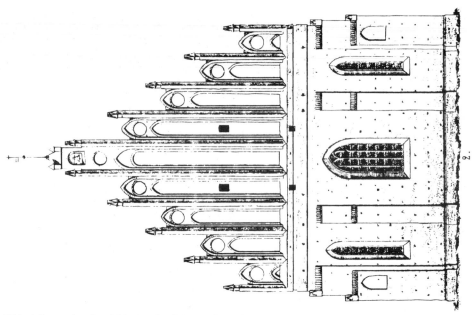

274 Allenstein, Stadtkirche St. Jakob, Chorgiebel
(aus F. v. Quast, Denkmale der Baukunst in Preussen, Berlin 1852).

275 Allenstein, Stadtkirche St. Jakob, Chorgiebel.

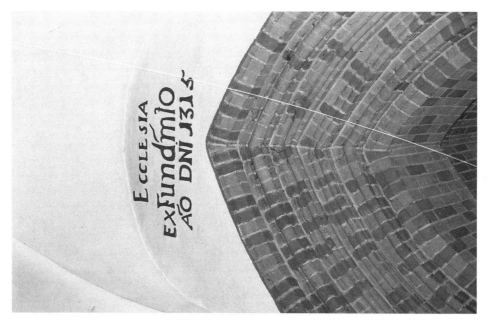

276 Allenstein, Stadtkirche St. Jakob, Bauinschrift in der Seitenkapelle.

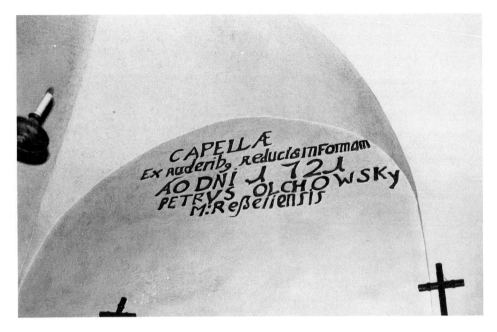

277 Allenstein, Stadtkirche St. Jakob, Bauinschrift in der Seitenkapelle.

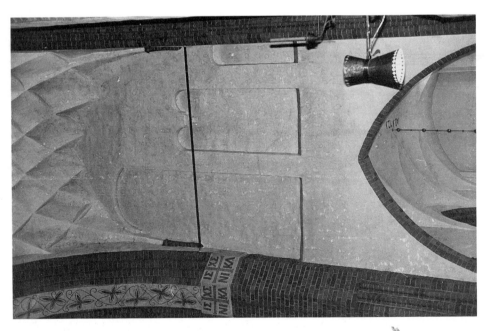

278 Allenstein, Stadtkirche St. Jakob, Innenraum, Blick vom Seitenschiff in die Seitenkapelle links neben dem Turm zur Stadtseite.

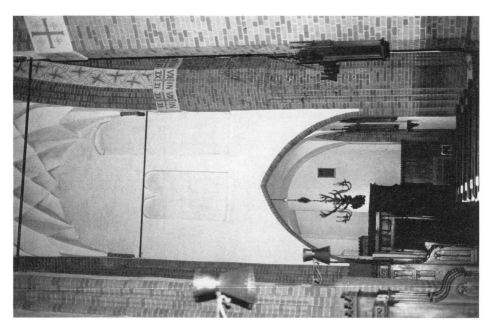

279 Allenstein, Stadtkirche St. Jakob, Innenraum, Blick vom Seitenschiff in die rechte Seitenkapelle neben dem Turm.

280 Allenstein, Stadtkirche St. Jakob, Innenraum, Blick vom Seitenschiff in Richtung Turm.

281 Allenstein, Stadtkirche St. Jakob, Innenraum, Blick vom Seitenschiff auf die östliche Langhauswand.

282 Allenstein, Stadtkirche St. Jakob, Innenraum, östliches Seitenschiff in Richtung Chor.

283 Allenstein, Stadtkirche St. Jakob, Innenraum, Blick vom Mittelschiff in Richtung Sakristei.

284 Allenstein, Stadtkirche St. Jakob, Innenraum, Blick vom Mittelschff in Richtung Turm.

285 Allenstein, Stadtirche St. Jakob, Innenraum, westliches Seitenschiff in Richtung Chor.

286 Allenstein, Stadtkirche St. Jakob, Innenraum, Wandgliederung im Langhaus.

287 Allenstein, Stadtkirche St. Jakob, Innenraum, Wandgliederung im Langhaus.

288 Allenstein, Stadtkirche St. Jakob, Innenraum, Wandpfeiler der Seitenkapelle.

289 Allenstein, Stadtkirche St. Jakob, Innenraum, Sakristei mit Empore.

290 Allenstein, Stadtkirche St. Jakob, Innenraum, Gewölbe über der Orgelempore.

291 Allenstein, Stadtkirche St. Jakob, Innenraum, Wandpfeiler der Seitenkapelle.

292 Allenstein, Stadtkirche St. Jakob, Innenraum, rechter Langhaus-Hauptpfeiler auf der Turmseite.

293 Allenstein, Stadtkirche St. Jakob, Innenraum, Gewölbe im Mittelschiff.

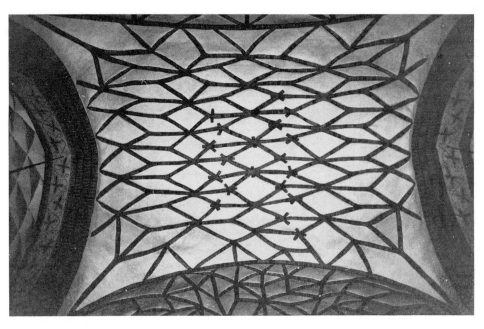
294 Allenstein, Stadtkirche St. Jakob, Innenraum, Gewölbe im Mittelschiff.

295 Allenstein, Stadtkirche St. Jakob, Innenraum, Gewölbe im Seitenschiff.

296 Allenstein, Stadtkirche St. Jakob, Innenraum, Gewölbe im Seitenschiff.

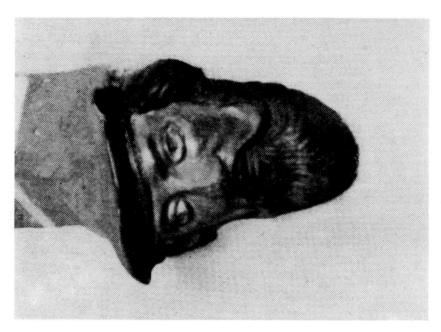

297 Allenstein, Stadtkirche St. Jakob, Innenraum, Kopfkonsole im Mittelschiff.

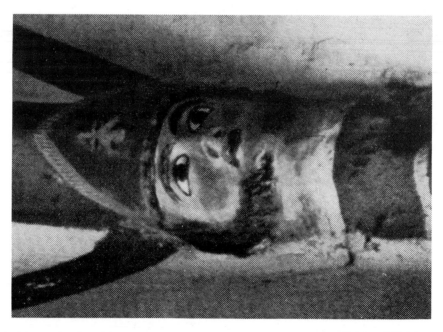

298 Allenstein, Stadtkirche St. Jakob, Innenraum, Kopfkonsole im Mittelschiff.

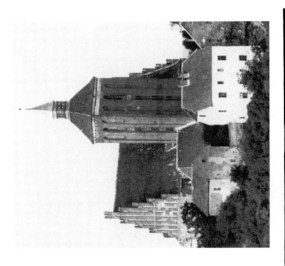

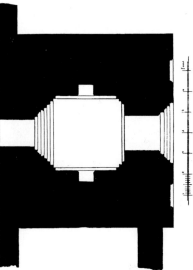

299 Mehlsack, St. Peter und Paul
(aus Boetticher, Bau- und Kunstdenkmäler).

300 Mehlsack, St. Peter und Paul, Turm
(aus Boetticher, Bau- und Kunstdenkmäler).

301 Bischofstein, Stadtkirche St. Matthias, Südwestseite mit Resten des gotischen Turmes.

302 Bischofsburg, Stadtkirche St. Johannes.

303 Bischofsburg, Stadtkirche St. Johannes.

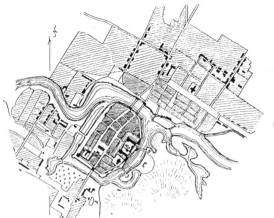

304 Braunsberg
(aus Boetticher, Die Bau- und Kunstdenkmäler im Ermland, Königsberg 1894).

305 Frauenburg
(aus Boetticher, Die Bau- und Kunstdenkmäler im Ermland, Königsberg 1894).

306 Seeburg
(aus Boetticher, Die Bau- und Kunstdenkmäler im Ermland, Königsberg 1894).

307 Wormditt
(aus Boetticher, Die Bau- und Kunstdenkmäler im Ermland, Königsberg 1894).

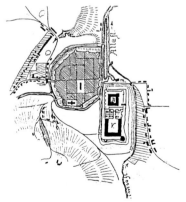

308 Heilsberg
(aus Boetticher, Die Bau- und Kunstdenkmäler im Ermland, Königsberg 1894).

309 Guttstadt
(aus Boetticher, Die Bau- und Kunstdenkmäler im Ermland, Königsberg 1894).

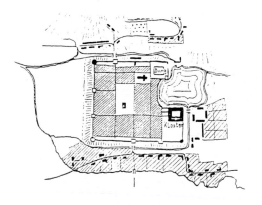

310 Wartenburg
(aus Boetticher, Die Bau- und Kunstdenkmäler im Ermland, Königsberg 1894).

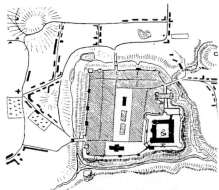

311 Rößel.
(aus Boetticher, Die Bau- und Kunstdenkmäler im Ermland, Königsberg 1894).

312 Allenstein
(aus Boetticher, Die Bau- und Kunstdenkmäler im Ermland, Königsberg 1894).

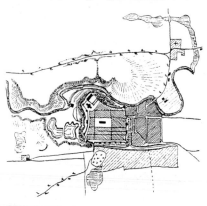

313 Mehlsack
(aus Boetticher, Die Bau- und Kunstdenkmäler im Ermland, Königsberg 1894).

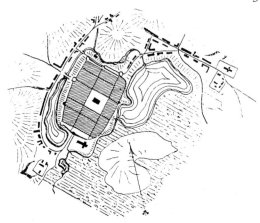

314 Bischofstein
(aus Boetticher, Die Bau- und Kunstdenkmäler im Ermland, Königsberg 1894).

315 Bischofsburg
(aus Barran, Städteatlas Ostpreußen, Leer 1988).

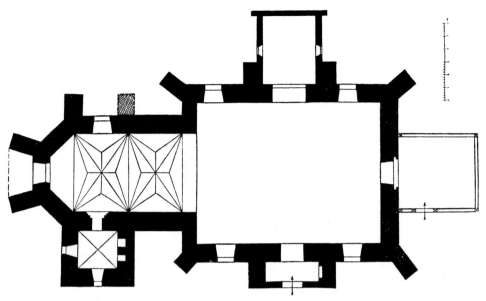

316 Elditten, Pfarrkirche St. Martin, Grundriß
(aus Matern, ZGAE, Bd. 17).

317 Elditten, Pfarrkirche St. Martin, Südostansicht.

318 Elditten, Pfarrkirche St. Martin, Nordostansicht, eingezeichnet ist die ursprüngliche dreifache Strebepfeilerform.

319 Elditten, Pfarrkirche St. Martin, Westseite.

320 Elditten, Pfarrkirche St. Martin, Sakristei Nordseite.

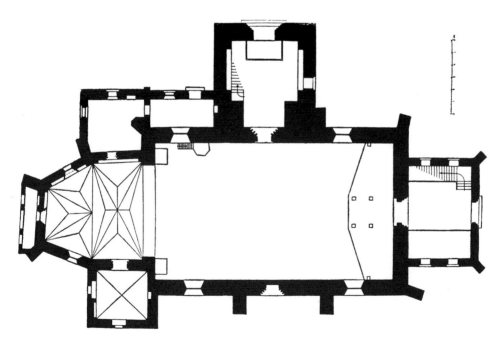

321 Schalmey, Pfarrkirche St. Georg, Grundriß
    (aus Matern, ZGAE, Bd. 17).

322 Schalmey, Pfarrkirche St. Georg, Ansicht von Südosten (aus Boetticher, Die Bau- und Kunstdenkmäler im Ermland, Königsberg 1894).

323 Schalmey, Pfarrkirche St. Georg, Innenraum in Richtung Osten (aus Matern, ZGAE, Bd. 17).

324 Bertung, Pfarrkirche Westseite (1937 dreischiffig erneuert).

325 Bertung, Pfarrkirche Ostseite (1937 dreischiffig erneuert).

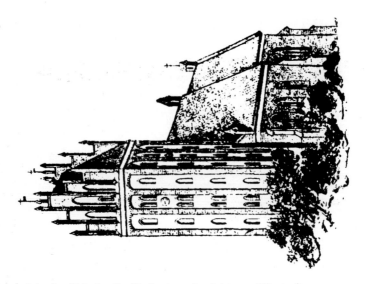

326 Plasswich, Stadtkirche St. Katharina, Ansicht von Westseite
(aus F. v. Quast, Denkmale der Baukunst in Preussen, Berlin 1852).

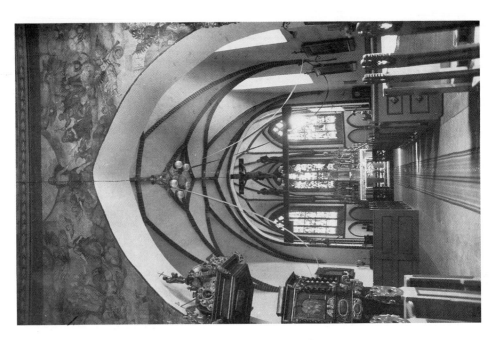

327 Plasswich, Stadtkirche St. Katharina, Innenraum, Chor.

328 Plasswich, Stadtkirche St. Katharina, Innenraum, Blick vom Langhaus in den Chor.

329 Plauten, Pfarrkirche St. Laurentius und St. Stanislaus, Südostseite.

330 Plauten, Pfarrkirche St. Laurentius und St. Stanislaus, Nordostseite.

331 Kiewitten, Pfarrkiche St. Peter und Paul, Südostseite.

332 Kiewitten, Pfarrkiche St. Peter und Paul, Ostseite
(aus F. v. Quast, Denkmale der Baukunst in Preussen, Berlin 1852).

333 Kiewitten, Pfarrkiche St. Peter und Paul, Nordseite in Richtung Westen.

334 Kiewitten, Pfarrkiche St. Peter und Paul, Ostseite.

335 Kiewitten, Pfarrkiche St. Peter und Paul, Nordseite in Richtung Osten mit Sakristei.

336 Kiewitten, Pfarrkiche St. Peter und Paul, Westseite.

337 Kiewitten, Pfarrkiche St. Peter und Paul, Südwestseite.

338 Henrikau, Pfarrkirche St. Katharina und St. Maria Magdalena, Chorseite.

339 Henrikau, Pfarrkirche St. Katharina und St. Maria Magdalena, Südseite in Richtung Osten.

340 Santoppen, Pfarrkirche St. Jodokus, Nordostseite
(aus Boetticher, Die Bau- und Kunstdenkmäler im Ermland, Königsberg 1894).

341 Santoppen, Pfarrkirche St. Jodokus, Südwestseite.

342 Santoppen, Pfarrkirche St. Jodokus, Chorgiebel.

343 Santoppen, Pfarrkirche St. Jodokus, nördlicher Sakristeigiebel.

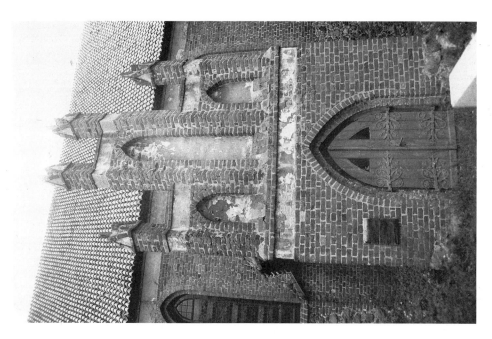

344 Santoppen, Pfarrkirche St. Jodokus, südlicher Vorhallengiebel.

345 Santoppen, Pfarrkirche St. Jodokus, nördlicher Chorgiebel.

346 Santoppen, Pfarrkirche St. Jodokus, nördliches Langhaus in Richtung Osten.

347 Peterswalde, Pfarrkirche St. Bartholomäus, Ostseite.

348 Peterswalde, Pfarrkirche St. Bartholomäus, Südwestseite.

349 Peterswalde, Pfarrkirche St. Bartholomäus, Chorgiebel.

350 Peterswalde, Pfarrkirche St. Bartholomäus, Nordseite in Richtung Osten.

351 Freudenberg, Pfarrkiche St. Georg, Ostseite.

352 Freudenberg, Pfarrkirche St. Georg, Chorgiebel.

353 Freudenberg, Pfarrkirche St. Georg, nördlicher Sakristeigiebel.

354 Freudenberg, Pfarrkirche St. Georg, südlicher Vorhallengiebel.

355 Freudenberg, Pfarrkirche St. Georg, Westseite.

356 Freudenberg, Pfarrkirche St. Georg, Nordseite in Richtung Osten.

357 Wuslack, Pfarrkirche St. Antonius Magnus, Südseite.

358 Wuslack, Pfarrkirche St. Antonius Magnus, Chorgiebel.

359 Wuslack, Pfarrkirche St. Antonius Magnus, Westseite.

360 Wuslack, Pfarrkirche St. Antonius Magnus, Nordseite Turm.

361 Wuslack, Pfarrkirche St. Antonius Magnus, Westseite, Turmportal.

362 Wuslack, Pfarrkirche St. Antonius Magnus, Nordostseite mit Sakristeigiebel.

363 Krekollen, Pfarrkirche St. Laurentius, Südseite.

364 Krekollen, Pfarrkirche St. Laurentius, Nordseite.

365 Krekollen, Pfarrkirche St. Laurentius, Chorgiebel.

366 Krekollen, Pfarrkirche St. Laurentius, Südvorhalle.

367 Krekollen, Pfarrkirche St. Laurentius, Chorgiebel.

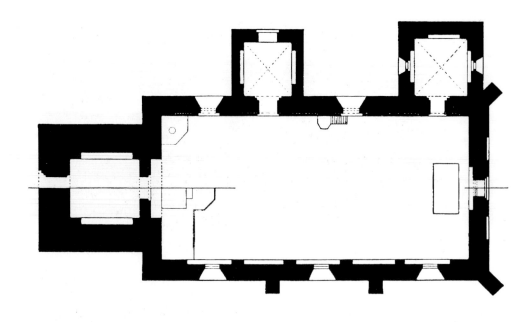

368 Roggenhausen, Pfarrkirche St. Barbara, Grundriß
(aus Boetticher, Die Bau- und Kunstdenkmäler im Ermland, Königsberg 1894).

369 Roggenhausen, Pfarrkirche St. Barbara, Westseite.

370 Roggenhausen, Pfarrkirche St. Barbara, Chorseite.

371 Arnsdorf, Pfarrkirche St. Katharina, Südwestseite.

372 Arnsdorf, Pfarrkirche St. Katharina, Südwestseite.

373 Arnsdorf, Pfarrkirche St. Katharina, Westseite mit Turmportal.

374 Arnsdorf, Pfarrkirche St. Katharina, Nordseite in Richtung Osten.

375 Arnsdorf, Pfarrkirche St. Katharina, Chorgiebel.

376 Glockstein, Pfarrkirche St. Johannes d. Täufer, Turm

377 Glockstein, Pfarrkirche St. Johannes d. Täufer, Chorgiebel.

378 Glockstein, Pfarrkirche St. Johannes d. Täufer, Nordseite Sakristei.

379 Glockstein, Pfarrkirche St. Johannes d. Täufer, Südvorhalle.

380 Glockstein, Pfarrkirche St. Johannes d. Täufer, Nordseite mit Blick auf den Turm.

381 Glockstein, Pfarrkirche St. Johannes d. Täufer, Südvorhalle.

382 Schulen, Pfarrkirche Hl. Kreuz und St. Jakobus, Südostseite.

383 Schulen, Pfarrkirche Hl. Kreuz und St. Jakobus, Chorgiebel.

384 Schulen, Pfarrkirche Hl. Kreuz und St. Jakobus, Südwestseite mit Blick auf Westgiebel.

385 Schulen, Pfarrkirche Hl. Kreuz und St. Jakobus, Nordwestseite mit Blick auf Westgiebel.

386 Schulen, Pfarrkirche Hl. Kreuz und St. Jakobus, Nordseite in Richtung Osten.

387 Lokau, Pfarrkirche St. Johannes d. Täufer, Nordostseite
(aus F. v. Quast, Denkmale der Baukunst in Preussen, Berlin 1852).

388 Lokau, Pfarrkirche St. Johannes d. Täufer, Maßwerkbemalung der Blendfenster und des Putzbandes (aus F. v. Quast, Denkmale der Baukunst in Preussen, Berlin 1852).

389 Lokau, Pfarrkirche St. Johannes d. Täufer, Nordwestseite.

390 Lokau, Pfarrkirche St. Johannes d. Täufer, Nordwestecke mit Westgiebel.

391 Lokau, Pfarrkirche St. Johannes d. Täufer, Maßwerk-Ritzzeichnungen in den Turmblenden.

392 Lokau, Pfarrkirche St. Johannes d. Täufer, Maßwerk-Ritzzeichnungen in den Turmblenden.

393 Lokau, Pfarrkirche St. Johannes d. Täufer, Ostseite mit Beinhaus.

394 Lokau, Pfarrkirche St. Johannes d. Täufer, Südseite in Richtung Ostgiebel.

395 Lokau, Pfarrkirche St. Johannes d. Täufer, Chorgiebel

396 Lokau, Pfarrkirche St. Johannes d. Täufer, Chorgiebel.

397 Groß Köllen, Pfarrkirche Hl. Drei Könige, Chorgiebel.

398 Groß Köllen, Pfarrkirche Hl. Drei Könige, Chorgiebel.

399 Göttkendorf, Pfarrkirche St. Laurentius, Chorgiebel.

400 Göttkendorf, Pfarrkirche St. Laurentius, Nordwestseite.

401 Göttkendorf, Pfarrkirche St. Laurentius, Südseite.

402 Göttkendorf, Pfarrkirche St. Laurentius, Formsteine auf der Turmnordseite.

403 Göttkendorf, Pfarrkirche St. Laurentius, Südwestecke.

404 Göttkendorf, Pfarrkirche St. Laurentius, Nordwestecke.

405 Plausen, Pfarrkirche St. Katharina, Südwestseite.

406 Plausen, Pfarrkirche St. Katharina, Südvorhalle.

407 Plausen, Pfarrkirche St. Katharina, nördliche Sakristei.

408 Plausen, Pfarrkirche St. Katharina, Ostseite mit 1890 erneuertem Giebel und Chor.

409 Plausen, Pfarrkirche St. Katharina, westlicher Turmgiebel.

410 Neukockendorf, Pfarrkirche St. Johannes, Südvorhalle.

411 Neukockendorf, Pfarrkirche St. Johannes, Südostseite.

412 Neukockendorf, Pfarrkirche St. Johannes, Nordwestecke mit Sakristei und neuer Vorhalle.

413 Neukockendorf, Pfarrkirche St. Johannes, Südvorhallengiebel mit Formsteinverband.

414 Neukockendorf, Pfarrkirche St. Johannes, Nordwestseite.

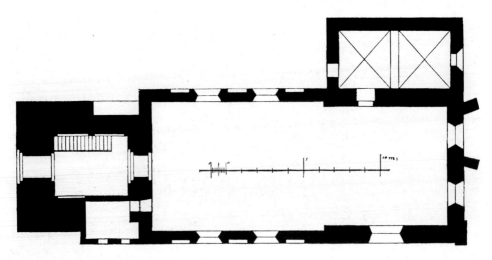

415 Diwitten, Pfarrkirche, Grundriß
(aus Boetticher, Die Bau- und Kunstdenkmäler im Ermland, Königsberg 1894).

416 Diwitten, Pfarrkirche, Chorgiebel der abgebrochenen Kirche und Turm
(aus Boetticher, Die Bau- und Kunstdenkmäler im Ermland, Königsberg 1894 und F. v. Quast, Denkmale der Baukunst in Preussen, Berlin 1852).

417 Tolksdorf, Pfarrkirche St. Martin, Südostseite.

418 Tolksdorf, Pfarrkirche St. Martin, Nordseite.

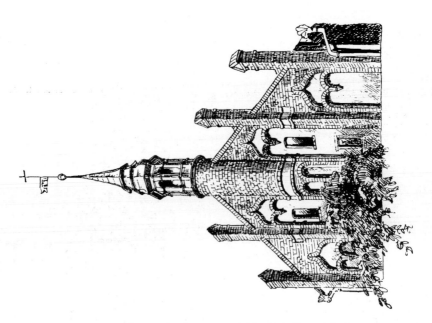

419 Groß Jonkendorf, Pfarrkirche St. Johannes d. Täufer, Chorgiebel
(aus Boetticher, Die Bau- und Kunstdenkmäler im Ermland, Königsberg 1894).

420 Groß Jonkendorf, Pfarrkirche St. Johannes d. Täufer, Chorgiebel.

421 Groß Jonkendorf, Pfarrkirche St. Johannes d. Täufer, Südseite mit späteren Anbauten.

422 Groß Jonkendorf, Pfarrkirche St. Johannes d. Täufer, Nordwestecke Turm.

423 Groß Purden, Pfarrkirche, Westseite.

424 Groß Purden, Pfarrkirche, Chorgiebel.

425 Alt Schöneberg, Pfarrkirche St. Maria Magdalena, Südwestseite.

426 Alt Schöneberg, Pfarrkirche St. Maria Magdalena, Chorgiebel.

427 Falkenau, Pfarrkirche, Nordwestseite.

428 Falkenau, Pfarrkirche, Südostseite.

429 Falkenau, Pfarrkirche, Chorgiebel.

430 Falkenau, Pfarrkirche, Turm Ostgiebel.

431 Löwenstein, Pfarrkirche, Turm Westseite.

432 Löwenstein, Pfarrkirche, Chorgiebel nördlicher Tabernakelaufsatz.

433 Löwenstein, Pfarrkirche, Ostseite.

434 Löwenstein, Pfarrkirche, Chorgiebel.

435 Groß Schwanfeld, Pfarrkirche, Südseite.

436 Groß Schwanfeld, Pfarrkirche, Südostseite.

437 Groß Schwanfeld, Pfarrkirche, Turm Westseite.

438 Groß Schwanfeld, Pfarrkirche, Turm Südwestseite.

439 Groß Schwanfeld, Pfarrkirche, Turm Nordgiebel.

440 Groß Schwanfeld, Pfarrkirche, Turm Westportal.

441 Groß Schwanfeld, Pfarrkirche, Chorgiebel.

442 Wormditt, Rathaus, Westgiebel.

443 Weinsdorf, Pfarrkirche, Südseite.

444 Weinsdorf, Pfarrkirche, Langhaus Südseite.

445 Weinsdorf, Pfarrkirche, Langhaus Nordseite.

446 Weinsdorf, Pfarrkirche, Langhaus Nordseite, Wechsel zwischen Blenden und flachen Wandvorlagen.

447 Weinsdorf, Pfarrkirche, Chorgiebel.

448 Weinsdorf, Pfarrkirche, Innenraum, Langhaus Nordseite, Blendnischen, die analog der Außenseite zunächst aufwendig profiliert wurden..

449 Weinsdorf, Pfarrkirche, Innenraum, Blick zum Chor.

450 Weinsdorf, Pfarrkirche, Innenraum, Blick zum Chor.

451 Schippenbeil, Stadtkirche, Südseite.

452 Schippenbeil, Stadtkirche, Westseite mit südlichem Treppenturm, ähnlich wie in Rößel.

453 Schippenbeil, Stadtkirche, Nordseite in Richtung Osten.

454 Schippenbeil, Stadtkirche, Ostseite mit Chor und Langhausgiebel.

455 Schippenbeil, Stadtkirche, Innenraum, Blick vom Chor in Richtung Westen.

456 Schippenbeil, Stadtkirche, Innenraum, Chorgewölbe.

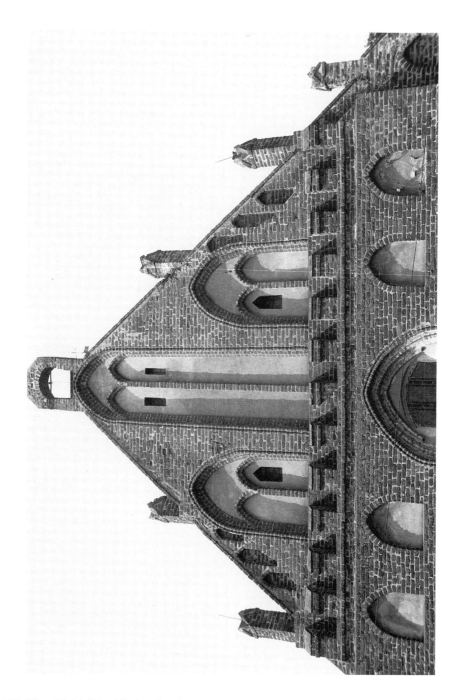

457 Hirschfeld, Pfarrkirche, Ostgiebel.

458 Hirschfeld, Pfarrkirche, Westseite.

459 Trunz, Pfarrkirche, Süostseite.

460 Trunz, Pfarrkirche, Westgiebel.

461 Trunz, Pfarrkirche, Ostgiebel.

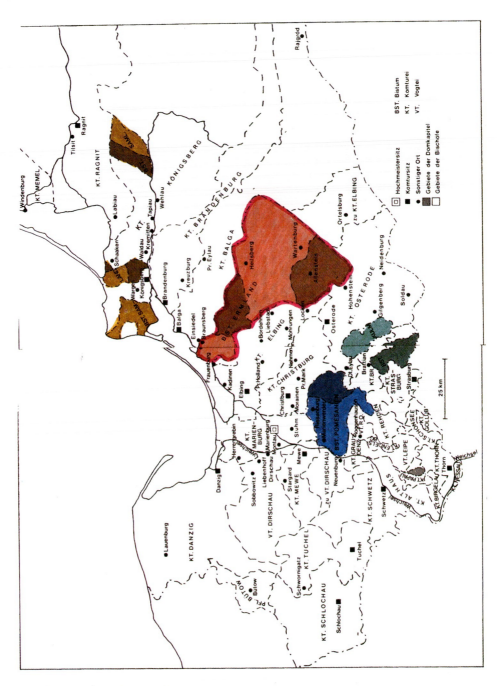

462 Preußen um 1400 mit Bistumsgrenzen
(nach Bookmann, Der Deutsche Orden, München 1989).

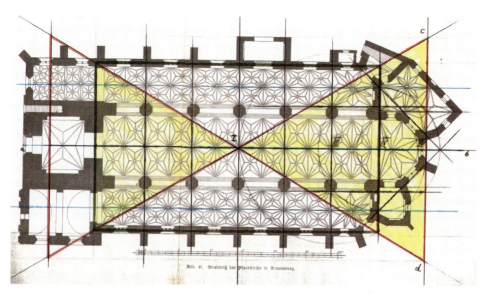

463 Braunsberg, Stadtkirche St. Katharina, Grundriß mit Proportionslinien
(nach Plan von Boetticher, Die Bau- und Kunstdenkmäler im Ermland, Königsberg 1894).

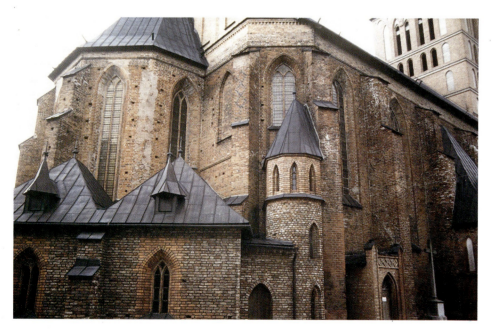

464 Braunsberg, Stadtkirche St. Katharina, Nordost-Chorseite.

465 Braunsberg, St. Katharina, Mittelschiff in Richtung Osten.

466 Braunsberg, St. Katharina, Blick ins nordöstliche Seitenschiff.

467 Braunsberg, St. Katharina, Empore in der nordöstlichen Seitenschiffsecke.

468 Braunsberg, St. Katharina, südliches Seitenschiff, Ostabschluß

469 Braunsberg, Stadtkirche St. Katharina, Innenraum, südliche Chorwand mit hochstehendem Binderband und vermauerte Ecke für die projektierten Dienstbündel.

470 Braunsberg, Stadtkirche St. Katharina, Innenraum, südliche Langhauswand mit vermauerten Portalen im 3. und 5. Joch. Umlaufendes Gesimsband mit Binderband und darüber höhergesetzte Fenster.

471 Braunsberg, St. Katharina, nördliche Langhauswand, 3. Joch vom Chor mit Portal und drei vermauerten Fenstern der ehem. zweigeschossigen Vorhalle mit Empore.

472 Braunsberg, St. Katharina, nördliche Seitenschiffswand. Erkennbar sind die ursprünglichen Gewölbeansätze der ersten Planung. Die Dienste verliefen auf kurz oberhalb des Binderbandes in Höhe der Fensteransätze gelegenen Kalksteinkonsolen.

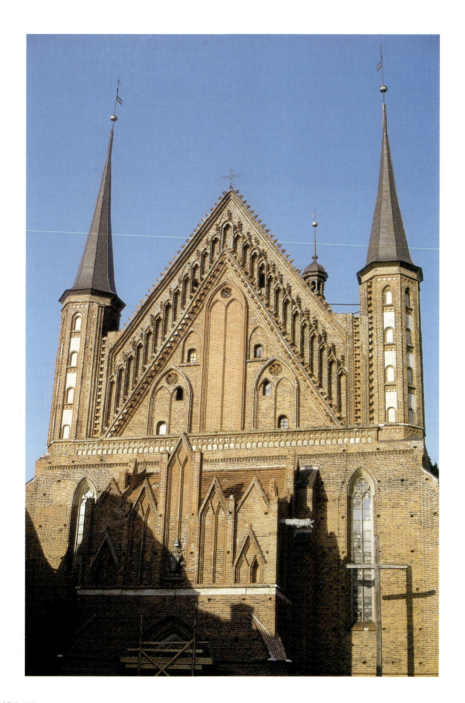

473 Frauenburg, Dom, Westseite.

474 Frauenburg, Dom, Südseite Chor, kleine Vorhalle unter dem Treppenaufgang zum Dachboden.

475 Frauenburg, Dom, Südseite Chor, Polnische Kapelle.

476 Frauenburg, Dom, Langhausdachboden, nordwestliche Tür. Brandspuren von 1551. Die Steine sind teilweise auf der Oberfläche gesintert.

477 Frauenburg, Dom, Langhausdachboden, südwestlicher Turm Innenwand mit grün glasierten Ziegeln. Die Innenwände aller vier Türme sind mit glasierten Ziegeln aufgemauert.

478 Frauenburg, Dom, Langhausdachboden, nordwestlicher Turm. Blick in Richtung Turmdach. Deutliche Brandspuren von 1551 mit schwarz gesinterten Steinen.

479 Frauenburg, Dom, Langhausdachboden, nördlicher Turm obere Tür in späterer Zeit vermauert. Auch hier die gleichen Brandspuren wie bei den übrigen Türmen.

480 Frauenburg, Dom, Langhausdachboden, südwestlicher Turm. Vor dem Brand von 1551 befand sich an dieser Stelle der alte Wehrgang.

481 Frauenburg, Dom, Westvorhalle, Innenraum, Wandornament. Kalksteinfries mit Spitzbögen und Maßwerkformen. Darunter Bauinschrift mit glasierten Tonplatten.

482 Frauenburg, Dom, Westvorhalle, Innenraum, Südwestecke. Kalksteinfries mit Eckkonsole der Gewölberippen.

483 Frauenburg, Dom, Westvorhalle, Innenraum, Gewölbe. Drei Rippen mit musizierenden Engeln.

484 Frauenburg, Dom, Langhausdachboden, Westgiebel. Hier steigt an der Außenseite die südliche Galerie empor. Erkennbar der Verlauf der alten horizontalen Dachbalken.

485 Frauenburg, Dom, Langhausdachboden, Westgiebel. Anhand der Fensteröffnung kann man erkennen, daß der gesamte Giebel nicht breiter ist als zwei hintereinander liegende Binder. Demnach war die Nische auch nicht so tief.

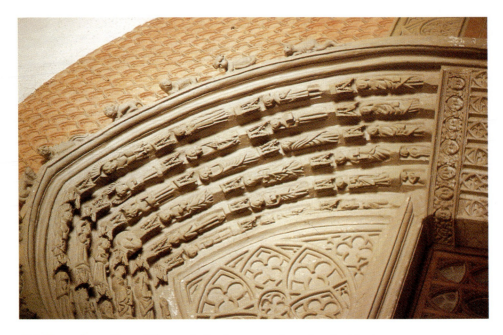
486 Frauenburg, Dom, Westvorhalle, Innenportal, rechte Archivolte.

487 Frauenburg, Dom, Westvorhalle, Innenportal, linke Archivolte.

488 Nürnberg, Frauenkirche, Vorhallenportal.

489 Nürnberg, Frauenkirche, Gewölbe in der Vorhalle.

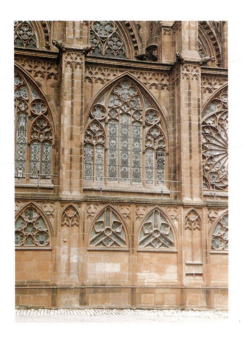 

490 Oppenheim, St. Katharina, südliches Seitenschiff um 1330 - 1340. Detail mit gegenläufigem Dreipaß in sphärischem Dreieck.

491 Wormditt, Stadtkirche St. Johannes, Ostseite.

492 Wormditt, Stadtkirche St. Johannes, Westhalbgiebel der Nordkapelle.

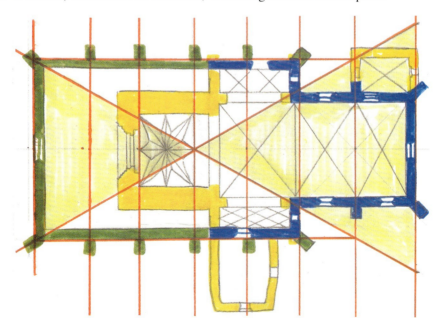

493 Pettelkau, Rekonstruktionsversuch der ursprünglichen Planung. (blau = Mauern aus der Zeit der Gründung; gelb = später angefügte Anbauten und außerplanmäßiger Westabschluß nach der Kollegiatverlegung; grün = ursprüngliche Planung)

494 Guttstadt, Kollegiatstift von der Südseite.

495 Plasswich, Stadtkirche St. Katharina, Chorseite.